铁力林业局志

（1986—2005）

铁力林业局志编纂委员会　编

方志出版社
Publishing House of Local Records

图书在版编目（CIP）数据

铁力林业局志.1986—2005 / 铁力林业局志编纂委员会编.-- 北京：方志出版社，2017.11
ISBN 978-7-5144-2654-0

Ⅰ.①铁… Ⅱ.①铁… Ⅲ.①林业—概况—铁力—1986-2005 Ⅳ.①F326.273.54

中国版本图书馆 CIP 数据核字（2017）第 273593 号

铁力林业局志（1986—2005）

编　　者：铁力林业局志编纂委员会
责任编辑：罗　滔

出 版 人：冀祥德
出 版 者：方志出版社
地址　北京市朝阳区潘家园东里 9 号（国家方志馆 4 层）
邮编　100021
网址　http://www.fzph.org
发　　行：方志出版社图书经销中心
电话　（010）67110500
经　　销：各地新华书店
排　　版：北京纺印图文设计制作有限公司
印　　刷：北京中科印刷有限公司

开　　本：889 × 1194　　1/16
印　　张：27
字　　数：965 千字
版　　次：2017 年 11 月第 1 版　2017 年 11 月第 1 次印刷

ISBN 978-7-5144-2654-0　　定价：380.00 元

序

当前，在以习近平同志为核心的党中央的坚强领导下，全国各族人民正在全面建成小康社会的决胜阶段奋勇向前、阔步迈进。全面建成小康社会，最艰巨最繁重的任务是在革命老区、民族地区、边疆地区、贫困地区。消除贫困、改善民生、实现共同富裕，是中国特色社会主义的本质要求，是中国共产党的重要使命。为了全面实现小康，党中央高度重视扶贫开发工作，全力推进脱贫攻坚工程，实施精准扶贫、精准脱贫。习近平总书记明确提出，全面实现小康，一个民族也不能少，不能落下一个贫困家庭，丢下一个贫困群众。扶贫开发是个系统工程，发展是第一要务，只有发展，因地制宜找准路子，才能最终实现精准扶贫、精准脱贫。“治贫”必先“治愚”，在加强经济和基础设施建设、提高教育水平等方面的同时，扶贫开发还要注重文化扶贫，特别是通过挖掘革命老区、民族地区、边疆地区、贫困地区的文化内涵、历史底蕴、地情资源，让广大干部群众了解地情、了解历史、了解本地区的优势和劣势，在思想上脱贫，尤为关键。

赓续不断地编修地方志是我国独有的优秀文化传统，绵延千年而不断。党中央、国务院高度重视地方志工作，近几年来，习近平总书记、李克强总理、刘延东副总理作出了一系列的重要指示。2015 年 8 月，国务院办公厅印发《全国地方志事业发展规划纲要（2015—2020 年）》（以下简称《规划纲要》），明确要求到 2020 年必须全面完成第二轮修志规划任务，这是全国地方志工作在全面建成小康社会进程中的硬性任务，也是全国地方志系统为全面建成小康社会的献礼。届时，将同步实现省省有省志、市市有市志、县县有县志，这不仅在中国文化发展史上是绝无仅有的，在世界文化发展史上也是罕见的。从目前来看，要实现这一目标任务，还存在不少困难和问题，特别是民族地区与贫困地区，面临着缺乏人才、资金等诸多困难。实现到2020年必须全面完成第二轮修志规划任务，一个省、一个市、一个县都不能少。自 2015 年 8 月，经中国地方志指导小组批准，中国地方志指导小组办公室启动民族地区与贫困地区志书出版资助工程（以下简称“资助工程”），对经国务院扶贫开发领导小组办公室认定的国家级贫困县（区、旗、县级市），中西部地区、少数民族边疆地区、经济欠发达地区存在出版经费困难的省市县三级综合志书进行出版资助。截至目前，已经确定资助两批 20 多部志书。2016 年 4 月，该工程成功入选国家新闻出版广电总局实施的“十三五”国家重点图书、音像、电子出版物出版规划项目。当前正处于全面推进扶贫开发工程的攻坚阶段，深入推进资助工程，是全国地方志系统配合推进精准扶贫、精准脱贫的重要工作，必须引起高度重视。

资助工程是地方志系统的政治工程。革命老区、民族地区、边疆地区、贫困地区蕴含着极为丰富的文化内容，编纂出版志书，对于继承和发扬优秀传统文化、民族文化、革命文化，加强民族团结、促进当地经济社会建设意义重大。革命老区、民族地区、边疆地区、贫困地区的志书是充分展示在中国共产党领导下这些地区经济社会建设取得的巨大成就、各族人民生活幸福安定的历史依据。特别是边疆地区的志书，是历代王朝、社会主义新中国对该地区行使主权的文化宣示，是真实记录边疆地区与祖国一脉相承、荣辱与共的重要载体。《规划纲要》明确要求到2020年全面完成第二轮修志规划任务，是党中央、国务院对各级政府和地方志工作机构的政治要求，必须不打折扣坚决完成，革命老区、民族地区、边疆地区、贫困地区也不能例外。资助工程既是全国地方志系统的文化扶贫工程，又是确保到2020年全面完成第二轮修志规划任务的推进工程，具有重要的政治意义。

资助工程是促进民族地区与贫困地区文化建设的基础工程。地方志书是全面系统地记述本行政区域自然、政治、经济、文化和社会的历史与现状的资料性文献，记述内容包罗万象，记述对象丰富多彩，是对一个地方的文化普查和历史资料的全面梳理。一个地方的经济社会建设，离不开文化支持。发展是硬道理，只有真正实现全面、协调、可持续发展，才能最终实现小康。与此同时，发展也必须是有序的而不是盲目的，必须是实事求是的而不是凭空设想的，必须是因地制宜的而不是照搬照抄的。实践证明，脱离当地的自然条件、历史基础、文化传承、人文习俗等搞所谓的建设，要么是盲人摸象、坐井观天，要么是揠苗助长、掩耳盗铃，要么是削足适履、画蛇添足，最终会落得个水土不服、无疾而终。对于民族地区与贫困地区来说，立足本地的资源、市场、人文旅游等优势，因地制宜找准发展路子，是确保科学发展的首要任务。民族地区与贫困地区，尤其是那些自古以来还没有编修过志书的地区，开展志书编纂既是对当地自然、政治、经济、文化、社会、生态等方面的发展历史、发展脉络、发展规律的全面摸底和调查，又是总结历史经验、汲取历史教训、挖掘历史智慧的全面梳理和探求。通过学习、利用地方志书，让各级领导干部、广大人民群众了解当地的历史、了解实实在在的地情，从历史中汲取营养和智慧为现实提供借鉴和服务，是确保民族地区与贫困地区发展不走弯路、不走冤枉路的有效手段。

资助工程是全国地方志事业协调发展的促进工程。第五届中国地方志指导小组成立以来，一直把走基层、探实情作为一项重要任务，截至目前，已经到30个省（自治区、直辖市）开展了调研。通过座谈、实地考察等多种形式，充分了解了当前全国地方志事业发展面临的主要困难和问题。其中，区域发展不平衡，中西部地区特别是边疆少数民族地区地方志工作与东部地区相比还存在不少差距，是制约全国地方志事业实现全面、协调、可持续发展的瓶颈所在。有的地方甚至出现了花费了大量的人力、物力，经过十余年的艰辛努力编纂出志书，因为缺乏出版经费迟迟未能出版的状况。正是基于以上了解到的情况，中国地方志指导小组及其办公室才下定决心启动资助工程。到2020年全面建成小康社会时，地方志事业区域发展不平衡问题必须得到妥善解决，这也是深入贯彻《规划纲要》的应有之义。而作为主业的修志编鉴，到2020年全面完成第二轮修志规划任务、实现综合年鉴编纂全覆盖的“两全目标”，是中西部地区特别是边疆少数民族地区地方志工作发展的重中之重。从现实意义来说，资助工程对于实现全国地方志事业全面、协调、可持续发展具有重要的促进作用。

在党中央、国务院的高度重视下，全国地方志事业发展迎来重大战略机遇。越是发展的关键时期，越要有大局观，越要从全国一盘棋的角度考虑问题。《规划纲要》作为顶层设计，确定的各项目标任务都要落到实处，而作为“两全目标”之一的到2020年全面完成第二轮修志规划任务，实现省、市、县一个都不能少的目标，是关键中的关键。希望借助资助工程的深入推进，进一步引起全国地方志系统对实现“两全目标”的重视，确保按期保质完成，用志书客观而忠实地记述中国共产党人带领全国各族人民全面建成小康社会的光荣与曲折历程，为全面建成小康社会贡献“志”礼。

是为序。

中国社会科学院院长、党组书记
中国地方志指导小组组长

2016年10月于北京

民族地区与贫困地区志书出版
资助工程领导小组

组　　长：王伟光　中国社会科学院院长、中国地方志指导小组组长

常务副组长：李培林　中国社会科学院副院长、中国地方志指导小组常务副组长

副 组 长：冀祥德　中国地方志指导小组秘书长，中指办党组书记、办公室主任

成　　员：刘玉宏　中国地方志指导小组办公室副主任

邱新立　中国地方志指导小组办公室副主任

民族地区与贫困地区志书出版
资助工程领导小组办公室

主　任：冀祥德　中国地方志指导小组秘书长，中指办党组书记、办公室主任

副主任：邱新立　中国地方志指导小组办公室副主任

成　员：于伟平　方志出版社总编辑

陈　旭　中国地方志指导小组办公室方志处处长

李　沛　方志出版社首席编辑、省志编辑部主任

徐　宏　方志出版社地方史编辑部副主任

王丹林　中国地方志指导小组办公室方志处副处长

铁力林业局机关办公楼（2005 年）

2007 年 9 月 23 日，抗联老战士、黑龙江省原省长陈雷回访中共北满省委老金沟遗址

2012 年 6 月，铁力林业局党委书记杨林（前左一）、局长邵维杰（前右一）陪同伊春市委书记王爱文（前左三）、市长高环（前左二）等领导到林业局检查指导工作

1992 年，林业局党委书记陈从礼（前左一）、局长李万林（前右一）、林业英雄马永顺（前右二）到山上考察幼林生长情况

2002 年 11 月 1 日，铁力林业局局长王忠林（右）采访抗联知情人

2011 年 8 月，铁力林业局党委书记杨林（右）检查木材综合利用生产情况

2012 年 6 月，铁力林业局局长邵维杰（前右三）检查多种经营情况

铁力林业局获 2011 年全国文明单位

铁力林业局人工林（1990 年）

铁力林业局塑料制品车间

铁力林业局物流中心

铁力林业局平贝基地

职工家庭奶牛养殖

蓝莓

五味子

农业丰收景象

马永顺纪念碑

日月峡滑雪场

依吉密河漂流

映山湖景点

铁力林业局建东公路通车剪彩仪式

棚改后的林业局职工住宅新居（2011 年）

夕阳俏民间艺术团表演

全国劳动模范宋福臣、李金花夫妇一家在北京参加全国群英会

青少年体育活动

社区卫生服务

《铁力林业局志（1986—2005）》第一届编纂委员会

主　　任　王忠林

副 主 任　刘录江　赵有丰　盛永国　刘文祥　宗　元
宋铁岩

委　　员（按姓氏笔画排序）
于景田　王希才　李　臣　李学东　汪绍凯
吴铁英　杨贵强　郑洪元　焦可方　薛丽华

《铁力林业局志（1986—2005）》第一稿编纂人员

主　　编　刘录江

副 主 编　李学东　王崇慧　张力维

参加编修人员（按姓氏笔画排序）
于树斌　王崇慧　李艳秋　沈春梅　武臣战

《铁力林业局志（1986—2005）》第二届编纂委员会

主　　任　张　泱

副 主 任　李显庭　刘文祥　宋铁岩　王希才　李　臣　杨贵强　曹玉双

委　　员（按姓氏笔画排序）

刘录江　刘敬元　陈　强　李　伟　李学东　时洪涛　张振华　郑洪元　薛丽华

《铁力林业局志（1986—2005）》第二稿编纂人员

主　　编　李显庭

副 主 编　李学东　王崇慧　司井玲

参加编修人员（按姓氏笔画排序）

于树斌　王崇慧　司井玲　刘敬元　张力维　张庆娟

《铁力林业局志（1986—2005）》第三届编纂委员会

主　　任　邵维杰

副 主 任　刘剑铭　刘　平　宋铁岩　杨贵强　曹玉双　赵建军　韩家勇

委　　员（按姓氏笔画排序）

王　波　王庆春　刘　义　刘汉敏　刘敬元　牟万金　陈　强　李　伟　李秀娟　李学东　张洪枫　张振华　胡　平

《铁力林业局志（1986—2005）》第三稿编纂人员

主　　编　刘剑铭

副 主 编　李学东　王崇慧　司井玲

参加编修人员（按姓氏笔画排序）

王崇慧　司井玲　陈立红　张力维　张庆娟　张洪枫

审查验收单位　伊春市地方志编纂委员会办公室

审查验收人员　曹永杰　伊春市地方志办公室主任

周　尧　伊春市地方志办公室基层指导科科长

田绍奎　伊春市地方志办公室编辑

凡 例

一、本志以马克思列宁主义、毛泽东思想、邓小平理论、“三个代表”重要思想、科学发展观、习近平新时代中国特色社会主义思想为指导，坚持辩证唯物主义和历史唯物主义的立场、观点和方法，突出时代特点和地方特色，以翔实的史料，反映铁力林业局阶段性历史与现状，为改革开放和社会主义现代化建设以及新林区建设服务。

二、本志为《铁力林业局志》（以下简称首志）的续志，上限为 1986 年，下限为 2005 年，部分内容适当上溯或下延。为与首志接轨，本志尽量保留首志的门类。按志体排列为概述、大事记、自然环境、建制、资源、林业生产、营林与“天保”工程、企业管理、改革开放、治危兴林与二次创业、党政群团、法治　军事、人口与计划生育、科技　教育　文化　体育　卫生、城建　社会福利、社会生活、人物、前志补遗、附录等门类，层次按篇、章、节、目排列，正文共 15 篇、57 章、258 节。部分篇首设无题小序，章节以下的记述则宜横则横、宜纵则纵。

三、本志重点突出改革开放这一主题。1986 年至 2005 年的 20 年，是我国政治、经济体制发生重大变革的时期，从国企改革到各条战线的改革均有重大突破，并取得良好成效。鉴于改革是一项新生事物，涉及面广，从政治领域到经济领域都在不同程度地改革，如果把所有改革集中在一篇记述，难免造成与其他篇章资料上的交叉重复，故除单独设篇外，涉及各条战线的改革内容均分述在各篇章，适度记述。

四、本志体裁为记、志、传、图、表、录等并用，以专志为主体，图表分别插附于有关记述之中。

五、本志依据“生不立传”的原则，人物记载分人物传略、人物简介两种体例。入传者均系对社会有较大影响的烈士、已故军人、模范、知名人士及少数反动人物。人物传略按卒年顺序排列，卒年不详者一律排在最后。

六、首志所载内容遗缺部分，在本志设《前志补遗》篇予以补充。

七、本志在局部重复局名时，简称为林业局、局、全局、局内。

八、数字标点遵循国家标准出版规定，GB/T 15834—2011《标点符号用法》，GB/T 15835—2011《出版物上数字用法》。

九、计量单位采用国务院 1984 年 2 月发布的中华人民共和国法定计量单位。考虑到社会使用习惯，全书中亩不统一换算，1 公顷 =15 亩。

十、本志资料大部分源于国内省级、县级的档案资料、统计资料及全局各科室、部办、林场（所）提供的有关资料，少部分来自采访的口碑资料。各种资料一般不注明出处。本志图片由李学东从《铁力林业局招商》画报和铁力林业局发展史展览馆搜集得来。

目 录

第三篇　资源

第四篇　林业生产

第五篇　营林与“天保”工程

第六篇　企业管理

第七篇 改革开放

第八篇　治危兴林与二次创业

第九篇 党政群团

第十篇 法治 军事

第十一篇　人口与计划生育

第十二篇　科技　教育　文化　体育　卫生

第十三篇　城建　社会福利

第十四篇 社会生活

第十五篇 人物

前志补遗

附录

概 述

铁力林业局地处小兴安岭西南坡与松嫩平原交会地带，地域辽阔。这里群山起伏，林海苍茫，河流密布，植被繁茂，物产丰富，为富庶之地。中华民族的先人们，很早以前就在这块土地上生息繁衍。1996 年，与铁力林业局毗邻的桃山林业局（原隶属铁力林业局），出土 70 多件石器和 6 片陶片，经黑龙江省文物保护科研人员组成的专家鉴定组认定，是新旧石器交替时期的细石器时代的遗存。这一发现，使铁力有人类活动的历史可以追溯到 4000 多年以前。后据考证，从新石器时代开始，随着气候变暖，人类一批批从华北地区和山东半岛，经过热河山地和辽东半岛进入铁力区域。先秦时期，秽貊族在此从事渔猎、采集。他们以楛矢石砮取火，归顺于夏、商、周各代帝王。汉代在黑龙江地区建立奴隶制政权——扶馀国，铁力是其属地。扶馀臣属汉王朝，受玄菟郡节制。4 世纪末，扶馀内乱，在北扶馀建立豆莫娄政权，铁力是其属地。5 世纪末，勿吉灭扶馀，铁力地域属勿吉国。魏晋南北朝时期，勿吉称靺鞨，发展成七大部落，铁力境域属黑水靺鞨部。唐代，黑水靺鞨联合契丹反唐。唐天授三年（692 年），武则天派兵击逐黑水靺鞨至张广才岭以东的三江平原和乌苏里江流域一带，黑水靺鞨部故地被纳入唐朝版图，置忽汗州都督府辖铁力地域。唐开元元年（713 年），渤海国建立，接受唐朝册封，成为隶属于唐朝的地方民族政权。开元二十五年（737 年），渤海国下设 5 京、15 府、62 州。铁力地域属铁利府。宋辽时期，在松花江中游和呼兰河中上游一带，有女真人形成的"五国部"，其中的铁甸部又称为铁骊部，就在今铁力一带。辽王朝于"五国部"头城（今黑龙江省依兰县）置"五国部"节度使，统辖包括铁骊在内的五部，隶属于黄龙府都部署司。辽重熙十八年（1049 年），辽王朝在黑龙江地区（包括苏联海滨地区）设置七大王府，其中铁骊王府就在今铁力市境内。宋金时期，铁力地域属上京路会宁府率・督畔窟之地（即呼兰河流域平原）。元代，铁力地属辽阳行中书省水达达路，其路西南为答剌罕地（包括今铁力西部平原，是铁木真的幼弟铁木哥斡赤斤的封地）。元王朝在此立屯，设万户府，由万户府统领女真人、汉人从事农业生产。水达达路下辖 5 个军民万户府，其中有 2 个在今铁力境东南。明代，铁力地域属奴儿干都司阿者迷河卫和纳剌吉河卫。明永乐元年（1403 年），元朝忽剌温地官员、女真人首领西阳哈朝拜明成祖，被封为阿者迷河（今依吉密河）卫第一任指挥史。16 世纪初，呼兰河及其以东的铁力地域的女真人南下大迁徙，至辽河上游和松花江之间定居，史称"扈伦四部"。清代皆成为满族共同体的核心。20 世纪 70 年代后，铁力林业局施业区中部的保马地区陆续出土大量北宋时期的铜币以及鱼叉、泥网胶、泥盆碎片等文物，初步推测那里是北宋时期女真人的群居地遗址。这就证明千年以前，就有先人在这里耕垦渔猎，留下灿烂的文明。

清康熙二十二年（1683 年），设黑龙江将军。康熙三十七年（1698 年），设齐齐哈尔副督统。同治元年（1862 年），呼兰城东北境设呼兰厅。光绪十一年（1885 年），呼兰厅北境划出，设绥化厅，治北团林子（绥化）。光绪三十一年（1905年），绥化厅升府，又设绥兰海兵备道，铁山包受其管辖。光绪三十二年（1906年），北团林子协领移驻铁山包。是年，东三省总督府徐世昌在筹划江省设治时，奏拟朝廷把铁山改设铁骊县，但朝廷没有准奏。民国4年（1915年）5月14日，大总统批文将徐庆县（今庆安）安邦河以东地区划归铁山包，改名铁骊，废铁山包协领署，置铁骊设治局，隶属绥兰道。同时，黑龙江巡按使任命王树声为铁骊设治局首任设治员，辖境与治城由绥兰道尹划定。民国5年（1916年），改巡按使为省长。民国18年（1929年），东北政务委员会成立，废省长改设委员制的省政府。铁骊设治局直接隶属黑龙江省政府。

清光绪二十三年至二十九年（1897—1903年），沙皇俄国在中国东北修筑"中东铁路"的北半路段，疯狂掠夺东北的森林资源。据查，沙皇俄国在小兴安岭建立采木站10多处，铁力林区也在掠夺之内。民国3年（1914年），有庆城、铁力的林商进入铁力林区砍伐林木，通过河流流送到山下，经销获利。当时先后进入铁力林区的有庆安县的王茂林、林森、明真宗、曾国本等20多家私人林商，采伐地点是大小依吉密河、大小欧根河、安邦河和西北河两岸。铁力县有黎俊、王疏英等林商，在大依吉密河右岸和上呼兰林区进行伐木。同年，庆城县始设林务局。后以治局不善，撤移归铁骊（铁山包），设治后兼办。又在庆城内设分局一处，将林务局事务统归拟税局兼办。民国7年（1918年）2月，铁骊成立铁嫩森林公司。林商由本地绅商作保，向官府领照，自行召集小股人员入山采伐。所招伐木者，必各带腰牌一张，方准入山。木把头在每年秋末进山建房，运送食物，并带领伐木者，在划定地点内，择高大成材的树木，用斧头分节截断。冬季道路冰滑时，用爬犁将木材运至河边，等待来年冰水融化后，连成木排顺河而下，运往呼兰和哈尔滨等地，销售获利。木把头将采伐照办妥后，必须先缴纳山木税，按木作价，每吊抽税800文。缴纳完山木税后，纳税者的木材方能变卖。变卖时，须由买主缴纳木植税，按木作价，每百吊抽税10吊。在林商进山伐木时，有少许人进山种植罂粟，铁力林业局施业区内至今留下一片罂粟种植地的遗迹。

民国20年（1931年）9月18日，日军侵入中国东北，此后扶持"儿皇帝"，建立伪满洲国。铁骊归属北安管辖。民国22年（1933年）5月，日本关东军侵占铁骊，不久成立伪县公署，隶属伪黑龙江省。民国23年（1934年），铁骊又归滨江省地域。民国24年（1935年），日伪成立伪满"林区株式会社铁骊分社"和"铁骊营林署"，开始在铁力林区掠夺森林资源。同时，组建双家林业柜头号，网罗大小汉奸、把头，招募苦力，抓派劳工，大肆砍伐树木。北线，通过依吉密河流送到北关出河场，再通过森林铁路运出山外；南线，通过小呼兰河流送到南埂出河场，装车外运。

抗日战争胜利后，铁力林区的民众在中国共产党的领导下，开展了轰轰烈烈的反汉奸、反把头运动和剿匪斗争，为人民政府开发大森林扫清障碍。1946年3月26日，铁骊林业公司成立，隶属于庆城县，开始有计划地开发利用森林资源。在旧社会受尽苦难的"木把"（林业工人）重新返回林区，在生产和生活极度艰苦的条件下积极生产木材，支援全国解放战争和新中国的筹建事业，涌现出以马永顺为代表的许多先进模范人物。1948年1月10日，铁骊林业公司改称黑龙江省铁骊林务局，同年10月2日改称铁骊林务局，隶属东北林业总局及黑龙江省林务局。1950年6月3日至1952年12月31日，改称黑龙江省铁骊森林工业分局，隶属东北森林工业总局和绥化森林工业管理局。1953年1月1日，改称黑龙江省铁骊森林工业局，隶属东北人民政府林业部和东北森林工业管理局。1954年，成立哈尔滨森林工业管理局后，铁骊森林工业局隶属哈尔滨森林工业管理局。1956年11月至1958年4月，黑龙江省铁骊森林工业局改称黑龙江省铁力森林工业局。1958年5月，森林工业与营林合并后，改称黑龙江省铁力林业局，隶属黑龙江省林业厅和哈尔滨森林工业管理局。1967年年初，东北森林工业总局成立后，铁力林业局划属东北森林工业总局和哈尔滨林业管理局。"文化大革命"期间，原来的林业机构被砸烂，于1968年6月26日成立黑龙江省铁力林业局革命委员会，隶属黑龙江省森林工业总局革命委员会和绥化地区革命委员会。1970年4月1日，经国务院决定，黑龙江省铁力林业局革命委员会划归伊春林业管理局，隶属伊春地区革命委员会。同时，把翠峦林业局兴安林场11141公顷的林地划归黑龙江省铁力林业局革命委员会经营。1978年10月26日，恢复黑龙江省铁力林业局名称，隶属伊春林业管理局和伊春市人民政府管辖。林业局建局初期，经历艰苦的创业时期。新中国成立后的恢复和发展林区国民经济时期，广大干部、群众在进行社会主义改造和开展政治运动的同时，抓住林区经济建设这个中心环节，广泛深入地开展增产节约运动，以木材为重点的森工生产有了长足发展，有力地支援了全国的经济建设。这期间，林业局逐步改变用工形式，把从业人员分批转为固定工人，建立铁力林区第一代林业职工队伍；同时扩大生产规模，将全局的木材生产纳入国家有计划的开发建设轨道，尤其是引进一批先进的林业生产工具，有效地提高了劳动生产率，节约了大量木材，减少了生产事故的发生。

在森工生产迅速发展的同时，恢复和发展营林生产和其他各项事业。苗圃从无到有，小面积试验更新造林，为以后落实“以营林为基础”的方针开了先河。此外，教育事业、医疗卫生事业也开始从无到有，初具雏形。恢复发展林区经济取得的成就，不但有力地支援了抗美援朝战争和国家经济建设，也为即将到来的大规模的林区经济建设和社会主义改造打下了坚实的基础。

1958年5月，中共八大二次会议提出“鼓足干劲，力争上游，多快好省地建设社会主义”的发展总路线。根据总路线和“大跃进”的要求，铁力林业局也提出全局“大跃进”规划。一个以反浪费、反保守为纲的，追求高指标的全面“大跃进”运动迅速在全局展开。虽然铁力林业局的“大跃进”规划及奋斗目标带有极强的理想化色彩和盲目性，但由于铁力林区是刚开发的原始林区，资源条件十分丰富，因此各项计划指标都基本完成。在“大跃进”运动迅速掀起的同时，铁力林区也同全国其他地方一样，开展人民公社化运动。

1963年，毛泽东提出“阶级斗争，一抓就灵”，决定在农村开展以“四清”（清理账目、清理仓库、清理财务、清理工分）为主要内容的社会主义教育运动。这项运动很快在全国蔓延。1965年，东北森工管理局派“四清”工作组进驻铁力林业局。“文化大革命”开始后，工作组全部撤出。

“文化大革命”期间，铁力林业局的经济建设受到严重破坏。中共十一届三中全会以后，全局开展拨乱反正，使被破坏的林区经济开始恢复。然而，进入20世纪80年代后，由于长期的超量采伐和企业经营超负荷运转，铁力林区开始陷入“两危”（资源危机、经济危困）困境。全局职工临危不惧，打响治危兴林总体战。1986年1月至1992年9月，为开始改革阶段。这期间，卓有成效地推行综合立体开发，逐步建立以采伐、造材、制材三个剩余物多次加工的木材综合利用体系和以种植业、养殖业、旅游业为主导产业的多种经营体系，并有重点地开发一批“短、平、快”项目，实现多种经济形式并存，国营、集体、个体、合营“四个轮子”一起转，企业开始步入市场经济轨道。1992年10月至1998年12月，为深入改革阶段。在中共十四大精神的指导下，林业局抓住导致铁力林区“两危”的主要矛盾，创造性地实施“一改两管三分”（深化改革，管住资源、管住资金，分散经营、分流人员、搞活分配）战略，使企业危困局面有所缓解。1999年以后，特别是停止主伐生产以后，铁力林区实施经济调整，启动天然林资源保护工程，林业企业由生产型开始转入经营型。森林资源培育成为企业经营的重点。进入21世纪后，铁力林业局的经济形势明显好转，“两危”基本得到遏制，企业经济开始复苏。同时因企制宜，调整经营思路，全局主要产业向林业产业转移。2002年，狠抓经济结构和产业产品结构调整，大力发展非国有经济，落实森林资源管护经营责任制。同时，采取有效措施，加大职工家庭经济、森林生态旅游、北药开发、城镇建设、社会稳定等各项工作力度，取得丰硕成果。2004年，积极推进“八项工作”（森林资源管护经营、营造民有林、发展畜牧业、北药种植、森林生态旅游、林产品精深加工、绿色食品、小城镇建设），有力地促进了林区经济的发展。2005年是“十五”计划的最后一年，也是改变企业面貌决定性的一年。为全面完成“十五”计划，为“十一五”规划开好局，林业局党委和林业局认真贯彻落实伊春市委九届十四、十五次全委（扩大）会议精神，以邓小平理论和“三个代表”重要思想为指导，牢固树立并全面落实科学发展观，坚持以改革、发展、稳定统领全局。按照伊春市委“实施生态立市、工业兴市，鼓励发展三大经济，实现六个突破”的工作部署，林业局坚定不移地搞好“一个工程”（天然林资源保护工程），不断提高“两个水平”（企业管理水平、社会管理水平），努力实现“三个确保”（确保上缴指标完成、确保职工生活水平提高、确保社会和谐稳定），强力推进“四项工作”（资源管理、招商引资、信访稳定、党的建设），规模发展“五大接续产业”（畜牧养殖业、木材精深加工业、绿色食品业、北药种植业、森林生态旅游业），全力打造大工业、大农业、大畜牧、大旅游、大招商的经济发展新格局，努力实现全局经济的大发展、快发展。经过全局上下的共同努力，较好地完成了各项工作目标和任务，取得了较好的工作成绩，一举甩掉多年欠缴和信访稳定工作落后的帽子，全局呈现出千方百计谋发展、全民创业求发展、上下协力大发展的新局面。

建局伊始到21世纪初期，铁力林业局历经60多年的开发区建设，不断发展，欣欣向荣，百业俱兴。

五大产业兴旺发达。在治危兴林和企业改革、调整中，由于全局紧紧抓住制约林区经济发展的结构性矛盾，变资源优势为经济优势，规模化发展畜牧养殖业、木材精深加工业、森林生态旅游业、绿色食品业、北药种植业这五大接续产业，扶持引导职工群众大力发展职工自营经济，实施全民创业工程，重点在种、养、采、加、服、运等产业上做文章，不断加快产业产品结构的调整和优化升级的步伐，使产业产品结构调整实现新的突破。五大产业以日趋强劲的势头成为全局经济的脊梁。

“天保”工程卓有成效。进入21世纪后，企业根据资源情况，全力实施“天保”工程，做到领导重视、上下齐动。加强森林资源管理，开展“保护红松行动”“绿剑行动”等专项整治行动，突出抓好采伐限额管理，严格实行“三总量”控制。同时，还狠抓林权、林地管理，对多种经营用地、旅游景区景点以及施业区内其他企业进行经常性检查，严令禁止一切毁林开荒和改变林地用途的行为，对违反者予以严厉打击和公开处理。全面落实森林防火责任和措施，到2005年，实现连续28年无重大森林火灾的工作目标，森林资源也开始出现长大于消的好势头。

坚持民主管理、阳光操作、挖潜增效的企业管理宗旨，上下牢固树立过紧日子的思想，在生产成本上降，在经费支出上压，努力挖掘每一处潜力，在增收增效上下功夫；同时，向清欠要效益，向林业多种经营用地收费要效益，向木材销售要效益，向转换机制要效益，通过这些措施不断强化企业管理，增强企业内力。

林区面貌和人民生活水平显著提高。山上林场（所）和山下生产单位结合精神文明建设活动，整顿和改善场（厂）容场（厂）貌，美化环境，实现绿化、美化、香化。局址道路、家属区巷道、职工住宅得到改善，部分职工住进家属楼。山上职工通过“以木换房”，多数住进砖房。进入21世纪之后，拖欠职工工资现象初步解决。通过扶贫解困献爱心活动和发放居民生活最低标准保证金，使全局大多数特困职工脱贫，有些还走上勤劳致富的道路。

精神文明建设取得新成就。社会主义思想道德深入人心，“四有”“三热爱”和艰苦奋斗教育活动广泛开展，职工群众素质进一步提高；讲文明、树新风和打造铁力林区文化的群众性创建活动效果明显；文学艺术、广播电视、计划生育等各项事业都取得新成就。

党的建设和民主法治建设进一步加强。全局各级党组织和广大党员干部自觉以邓小平理论和“三个代表”重要思想指导行动，强化领导班子建设，一批优秀的中青年干部走上各级领导岗位，基层党组织的战斗堡垒作用和党员的先锋模范作用得到较好发挥。领导干部廉洁自律，纠正部门和行业不正之风取得很大的成绩；各群团组织围绕党的中心独立负责地开展工作，发挥作用；广大干部、群众通过“三五”“四五”普法教育，增强法律意识和法治观念，社会综合治理工作成绩突出。

教育、卫生、体育、科技事业持续发展。林业局始终把教育放在优先发展的战略地位，先后制定一系列发展教育事业的规定，优化教学环境，提高教学质量。医疗卫生事业取得长足进步，全局医疗条件不断改善，服务质量不断提高。体育事业也取得可喜的成绩，全民性的体育健身活动已经成为全局40%中老年人的爱好。科技事业有了新的发展，各专业技术人员队伍不断扩大，高级技术职称和中级技术职称人员不断增多，一批科技成果项目通过市级以上鉴定。

林区社会进一步稳定。为创建稳定和谐的林区社会，全局上下从改革发展稳定的大局出发，坚持企业管理与社会管理两项工作一起抓，经济发展和社会和谐两个成果一起要，深入开展“走进百姓、共谋发展”主题实践活动，尽心竭力为职工群众办实事，确保全局社会治安的稳定。

铁力林业局美丽富饶，林区人民勤劳勇敢。进入21世纪之后，全局干部、群众在党的正确领导下，以百倍的信心和勇气，把发展作为第一要务，与时俱进，开拓进取，坚持战略性调整，突出生态林业建设，不断发展壮大五大接续性产业的规模和总量，努力实现森工企业主辅换位及资源经济转型，促进铁力林区快发展、大发展。一个欣欣向荣的社会主义新型林区，正以勃勃英姿，屹立在共和国大林业的园林之中。

大事记
（1986—2005 年）

1986 年

1 月 6 日　林业局党委和林业局召开电话会议，传达黑龙江省和伊春市计划生育工作会议精神，决定在元旦、春节期间开展计划生育宣传服务活动。

1 月 10 日　林业局召开表彰奖励冬运有功人员、掀起冬运生产新高潮誓师大会，表彰 71 名冬运生产先进个人和 15 名支持丈夫参加冬运生产的职工家属。

1 月 12—17 日　黑龙江省森工总局在铁力林业局召开黑龙江省森工系统技工学校工作会议。各林业局技工学校校长、党总支 (支部) 书记、教导主任等 100 余人参加会议。

1 月 20—22 日　林业局召开工资制度改革工作会议。各单位工会主席、主任、工资员、会计参加会议。

2 月 5 日　林业局党委和林业局召开春节座谈会，邀请劳动模范、复员转业退伍军人、知识分子、老干部、台胞、台属及宗教、统战等方面的代表共 64 人到会，畅谈一年来国内外和全局的政治、经济形势，征求各方面的意见和要求。林业局党委书记李汉章出席座谈会并讲话。

2 月 19 日　林业局党委下发《关于开展思想政治工作调查的通知》，要求各级党组织紧紧围绕“加强和改进思想政治工作，保证经济建设和经济体制改革顺利进行，推动党风和社会风气根本好转”这个中心，深入进行调查研究，把思想政治工作提高到一个新的水平。

3 月 1 日　伊春市委整党办公室巡视组苏俊峰等 3 人到林业局综合木器厂、电厂等单位检查指导整党工作。

3 月 2 日　伊春市委副书记魏秉仁到林业局检查整党工作。

3 月 11 日　伊春市纪委副书记李丙阳一行 4 人到林业局调研端正党风工作情况。

3 月 13 日　林业局党委在局职工俱乐部召开林业局机关端正党风动员大会。山下各单位机关干部近千人参加。

3 月 25 日　林业局召开春季防火工作会议，各单位主管防火主任，专兼职防火员，公安驻在员，派出所所长、指导员，消防队队长参加会议。会上对在防火工作中立功人员进行奖励。

3 月 29 日　林业局党委和林业局召开《认真查禁反动、淫秽音像制品，加强音像设备管理》电话会议，传达国务院《关于严禁淫秽物品的规定》和中央办公厅转发的广播电视部《关于加强录像设备使用管理的意见》。党委副书记刘长江代表党委就查禁反动、淫秽音像制品，加强音像设备管理问题发言。

4月4日　林业局党委批转党委宣传部《关于在全局党员中开展“为民表率，为党争光”活动的安排意见》。要求各级党组织要结合本单位党员的实际情况，有针对性地把这一活动开展好，利用典型对党员进行生动形象的思想教育，以增强广大党员的党性，提高共产主义觉悟，真正做到为民表率、为党争光。

4月7日　林业局党委下发《铁力林业局党政干部党风责任制实行办法》。要求党委和局领导成员按分管战线逐人落实端正党风责任制，促进党风尽快实现根本好转。

4月9日　黑龙江省整党巡视组到林业局检查整党工作，听取林业局党委整党办公室关于专案情况的汇报和在整党中做好整团工作的安排意见。

4月10日　伊春市委副书记魏秉仁到林业局调研整党情况。林业局党委副书记周云飞、张宝森接待并汇报工作。

4月26日　黑龙江省各战线先进人物“四有”报告团到林业局召开演讲报告会，山下机关干部和部分工人、知青、学生代表听取报告。

5月2日　黑龙江省委书记孙维本，黑龙江省农工部部长王玉生、副部长王朝槐等一行9人在伊春市委秘书长王家骥、副秘书长李艺荣和林业局党委书记李汉章，副书记刘长江、周云飞的陪同下，到林业局木材加工厂、机修厂检查指导工作，并在松涛宾馆二楼会议室听取林业局情况汇报。

是日　林业局党委和林业局召开“三春”工作组下基层会议。对下基层工作的同志提出四点要求：一定要认真负责，一定要深入下去，一定要善始善终，一定要带头端正党风。

5月8日　林业局党委批转下发《铁力林业局开展“严打斗争第三战役第一仗行动方案”》。要求各级党组织按照邓小平提出的“一手抓建设、一手抓法制”的战略思想，坚持不懈地抓好社会综合治理各项措施的落实，加强法治建设，打好打胜第三战役第一仗，为林业建设创造一个良好的秩序和更加安定的环境。

5月9—10日　林业局召开计划生育和卫生防疫工作会议。部署计划生育和防疫工作任务，并与基层单位签订计划生育合同书。

5月22日　林业局党委和林业局召开紧急基层书记会议，贯彻落实黑龙江省委书记孙维本关于解决“样子城”打通防火道的指示精神。

5月23—26日　林业部、财政部、黑龙江省财政厅、黑龙江省森工总局、伊春市管理局领导一行近40人到林业局调查林业状况。林业局领导李汉章、鲁毅、贾镛陪同考察并汇报林业局情况。

6月2日　林业局党委整党办公室在加工厂俱乐部举行国际形势报告会，伊春市委讲师团团长、伊春市整党巡视组组长苏铎作报告。

6月5—8日　林业局党委委员郑洪民带领15名先进青年到伊春市参加全市青年群英代表会。

6月9日　上午，林业局党委书记李汉章主持召开党委扩大会议，研究防火综合治理中的具体问题。会后，召开山下各基层单位负责人会议，传达党委的意见。

是日　下午，林业局在局职工俱乐部召开全局防火综合治理有线广播大会。

6月20—21日　伊春市副市长刘静一带领市防火综合治理检查组人员到林业局进行防火综合治理检查验收，对林业局打通防火道工作表示满意。

7月16日　伊春市“正家风”报告团到铁力县宣讲。林业局党委副书记周云飞带领局机关副科级以上干部及女职工到铁力县听取报告。

是日　全国林业种苗工作会议在林业局二股营林所召开。

7月22日　伊春市群众“贴心人”报告团到林业局演讲。林业局80多名计划生育员聆听演讲。

7月30日　伊春市青年“四有”教育演讲团到林业局作报告。山下1000多名青年听取报告。

8月8日　伊春市副市长唐忠德在林业局总会计师贾镛的陪同下到林业局物资供应科、刨花板建厂工地考察。

8月11—12日　林业局党委召开第十三次委员会议，听取伊春市委整党办公室在嘉荫县召开的经验交流会议和政法工作会议精神的汇报，研究第一批整党登记“三种人”核查工作和纪委案件。

8月16日　林业局泥河车站、保马车站、茂林河车站分别发现地光并有地震现象。

9月10日　林业局党委在局职工俱乐部召开庆祝教师节纪念大会。

9月20日　林业局党委召开全局政法会议，要求各级组织继续抓好“严打”斗争和普法教育两项工作。

9月29—30日　林业局党委召开第十五次委员会议。听取伊春市在铁力县召开的教育工作会议、市科协代表会议、市委宣传部部长会议精神的汇报，讨论林业局经济协作管理体制等问题，决定成立“经济技术协作办公室”，并对下一步工作提出建议。

10月8日　林业局党委和林业局召集综合木器厂、供应科、三屯农场、财务科、木材经销公司、劳动服务公司负责人开会，宣布成立铁力林业局贸易公司。

10月9—13日　伊春市委整党办公室人员到林业局检查验收第二批整党工作，抽查黑河营林所、泥河营林所、东方红林场、九连林场4个单位。

10月18—19日　伊春市市长聂秉林到林业局检查经济综合立体开发工作，先后考察九连林场、卫东林场、贮木场和木材加工厂4个单位。

10月20日　林业局党委和林业局在局职工俱乐部召开全局防火综合治理有线广播大会。林业局局长苏铎宣读林业局《关于加强安全防火的紧急通告》。

10月31日　伊春市委书记张惠芳到林业局检查工作，就如何振兴林业局经济提出四点意见：一是大力发展多种经营生产，上“短、平、快”项目；二是发扬艰苦奋斗精神；三是外出劳力找活干；四是掌握好人才利用。

11月11日　林业局党委和林业局召开山上单位“严打”斗争第三战役第三仗工作部署会议。会后，在局职工俱乐部召开全局深入开展“严打”斗争第三战役第三仗广播动员大会。

12月15—17日　林业局党委召开中国共产党铁力林业局第十三次代表大会。

12月17日　中共铁力林业局第十三届委员会召开第一次全体会议。委员通过无记名投票方式选举出党委书记1名、副书记2名，并通过《关于加强党委领导班子建设的决议》。

12月30日　林业局下发《关于设立铁力林业局法律顾问室和设立局长接待日的通知》。

1987年

1月3日　林业局党委书记李万林，副书记刘长江、周云飞，局长苏铎，党委委员张宝森、徐忠泰及体改办负责人到桃山林业局学习推行局长负责制经验。

1月22日　林业局党委和林业局在招待所会议室举办春节茶话会，邀请劳模、老干部、知识分子、知名人士、文体骨干、复员转业退伍军人等方面代表80多人到会。

1月24日　林业局党委召开全局副处级以上党员干部会议，结合目前出现的资产阶级自由化问题开展讨论，统一认识，坚定同中共中央在思想上、政治上保持高度一致的立场。

1月27日　林业局党委和林业局举办春节团拜会，邀请各基层党政主要领导、机关各部门主要负责人和离退休老干部、副局级领导共150多人参加。

2 月 18—19 日　林业局党委召开工作会议。认真传达贯彻伊春市委六届五次全委（扩大）会议和市委工作会议精神，总结党委 1986 年工作，部署 1987 年工作任务。

2 月 19 日　伊春市人大常委会主任杨福星和人大经济办主任李汉章到林业局调研体制改革情况。

2 月 20 日　林业局党委和林业局在局职工俱乐部召开 1986 年度先进集体、先进个人表彰奖励有线广播大会。

4 月 23 日　黑龙江省和伊春市安全防火检查组到林业局检查安全防火工作。

是日　林业局党委和林业局组建 8 个“三春”工作组，并召开工作组工作人员会议。

4 月 29 日　林业局党委统战部在局中会议室举办“三胞”眷属关于社会主义和资本主义两种社会制度对比情况的报告会。

是日　林业局党委和林业局在局职工俱乐部召开庆祝“五一”国际劳动节文艺晚会。

5 月 4 日　林业局团委在局职工俱乐部举行纪念“五四”运动 68 周年大会，表彰奖励 1986 年度先进团总支（支部）、优秀团干部和优秀团员。

5 月 8 日　全国人大代表佟玉华到林业局传达第六届全国人大会议精神，山下基层单位近千名职工在局职工俱乐部听取报告。

5 月 11 日　绥化市林业管理局相关人员、绥化地委专员、庆安县县长、庆安县林业局局长、庆安县防火办主任一行到林业局调查处理在泥河农场（庆安地界）发生的火情问题。

5 月 19—20 日　林业局公开招聘办公室文秘人员。40 多名干部、工人应聘。通过笔试、面试和考察，最终招聘 4 名文秘人员。

5 月 25—26 日　林业局党委召开全局党风工作会议。认真传达黑龙江省委、伊春市委党风工作会议精神；总结林业局 1986 年以来党风工作情况；研究部署今后一个时期的党风工作任务；表彰奖励党风工作的先进单位和个人。

5 月 28 日　林业局召开第二十届体育运动大会。

6 月 22 日　林业局党委召开副处级以上领导干部会议。学习国务院、黑龙江省森工总局处理大兴安岭特大森林火灾事故的相关决定。

6 月 23 日　林业局在局职工俱乐部召开林业局赴大兴安岭扑火队事迹报告会，对 10 名扑火队员颁奖。山下近千人参加会议。

7 月 11 日　林业局党委和林业局在局职工俱乐部召开打通防火道、消灭“桦子城”大会。对如何解决打通防火道、消灭“桦子城”问题提出如下意见：一是认识要加深，二是标准要达到，三是时间要抓紧，四是领导要加强。

7 月 24 日　林业局艺术茶苑开业，伊春市文化艺术馆有关方面负责人和林业局党政领导及部分基层单位的领导参加开业剪彩仪式。

7 月 25 日　林业局选举人大代表。第一选区的选举工作在林业局会议室进行。

7 月 30 日　大庆龙凤液化气灌车在哈伊公路 77 公里处突然翻车。为防止意外，哈伊公路禁止车辆通行长达 16 个小时。伊春市市长聂秉林、副市长刘静、市政府副秘书长董国顺以及市安全办、市消防科的有关人员前往现场处理；林业局 80 多人参加救援。

8 月 29 日　林业局党委和林业局在党委会议室召开党政班子成员会议。副局长徐忠泰传达 8 月 25 日市委、市政府在金山屯召开的关于清理“桦子城”和打通防火道的方法、步骤、标准的会议精神。

是日　下午，林业局彻底清理“桦子城”、打通防火道有线广播大会在局职工俱乐部召开。局长苏铎代表党委和林业局在会上讲话，要求各级领导必须认真贯彻落实好金山屯现场会议精神，高质量、高标准地完成清理“桦子城”的任务。

11月9日　林业局党委和林业局在局职工俱乐部召开欢送新兵入伍大会。

1988年

1月8—10日　伊春市委书记张惠芳和市委办公室副主任华景伟一行5人到林业局木材加工厂、森铁处、刨花板厂、劳动服务公司、卫东林场、东方红林场、红旗营林所等单位调研木材生产、多种经营、综合利用、职工住宅等情况。

2月3日　林业局和林业局分区工会在局职工俱乐部召开1987年度先进集体、先进个人表彰奖励大会。会上向先进单位（科室）颁发奖旗，宣布命名标兵的决定和出席伊春市先进集体、先进个人表彰大会的名单。这次大会采用广播会的形式召开，各单位派代表参加。

2月9日　伊春市公安局在林业局中会议室召开1987年度刑侦战线“三优一能”表彰奖励大会。

是日　林业局在局职工俱乐部召开敬老周活动总结表彰大会。

是日　林业局党委和林业局在茶苑举行春节团拜会，党委和局领导同劳动模范、知识分子、老干部、党外知名人士、台胞台属代表欢聚一堂，共贺新春佳节的到来。

3月16—17日　林业局党委在局中会议室召开党委工作会议，基层单位党政负责人和机关科室部办负责人参加会议。会上传达赵紫阳在国务院全体会议上关于改革的讲话摘要，田纪云在全国林业厅局长会议汇报时的讲话，黑龙江省森工总局党委工作会议精神，伊春市委六届七次全委扩大会议精神和党风建设座谈会议精神。观看辽宁省关广梅等同志座谈经营承包工作的录像。听取党委书记李万林所作的题为《进一步解放思想、全面深化改革，保证我局各项事业持续稳定发展》的工作报告。党委副书记刘长江作会议总结讲话。

4月22—24日　铁力林业局第十六次职工（会员）代表大会召开。

4月25日　林业局党委和林业局在局中会议室召开1987年社会治安、综合治理奖励大会，为先进单位颁奖。

5月21日　伊春市市长聂秉林到林业局木材加工厂、刨花板厂考察。林业局党委书记李万林陪同并汇报林业局工作情况。

6月22日　伊春市委常委、市总工会主席娄权喜到林业局调研工会工作情况。林业局党委书记李万林，副书记刘长江、周云飞陪同并汇报林业局工作情况。

6月24—26日　伊春市总工会主席娄权喜在林业局党委书记李万林、分区工会主席李智荣的陪同下，到林业局卫东林场、九连林场、黑河营林所、丰林林场、鹿鸣林场、兴安林场6个单位，就搞活企业和职工生活等问题进行调研。

6月30日　林业局党委和林业局在局职工俱乐部召开纪念中国共产党成立67周年大会。

7月6日　黑龙江省总工会主席倪志荣、办公室主任李荫成到林业局检查指导工作。倪志荣、李荫成先后考察林业局分区工会开办的第三产业冰棍厂、饮料厂及敬老院，听取局工会主席李智荣的汇报，并对林业局的工会工作作出指示。

7月11日　林业局党校举办《中华人民共和国企业法》学习班，基层单位书记、厂（场）长和工会主席参加学习。

7月13日　林业局山上地区发生水灾，部分公路、森铁线路、桥梁被冲毁，建设营林所等单位的苗圃被淹，家属区进水，有的水面超过炕面。

7月15日　林业局党委召开党委扩大会议。会上听取局长苏铎关于7月13日山上东、西两线水灾情况的汇报。党委书记李万林就目前全局防汛工作讲话。他指出：目前主要工作是统一思想，顾全大局，抢险救灾，恢复生产。会议还决定成立抗洪救灾指挥部。

7月16—17日　林业局发生水灾后，伊春市委、市政府十分重视，市委副书记魏秉仁率慰问团到局慰问。16日，党委书记李万林、局长苏铎陪同魏秉仁到建设营林所、二股营林所等地看望部分受灾职工群众。17日，党委副书记周云飞陪同魏秉仁到局西线察看受灾情况。

7月30日　林业局党委和林业局召开纪念"八一"建军节座谈会。局党政领导、专职武装干部、民兵代表、科室部办负责人参加座谈会。

8月16—18日　林业局党委在局中会议室召开党委工作会议，传达伊春市委工作会议精神，学习桃山、南岔、乌马河搞活基层的先进经验，制定进一步落实林业局放宽政策、搞活基层的有关规定。号召全局各级组织的党员、干部和职工群众同心同德，为振兴全局经济贡献力量。

9月2日　林业局党校二期副科级以上领导干部《中华人民共和国企业法》学习班开班。

9月3日　林业局纪委召开工作会议，传达上级纪检工作会议精神。党委副书记周云飞、纪委书记牛永春参加会议。

9月10日　林业局党委和林业局在局职工俱乐部召开庆祝教师节大会。

9月29日　市委常委、宣传部部长商伯成一行4人到林业局调研改革工作中职工思想情况，并到贮木场检查工作。

10月8日　林业局党委副书记周云飞、组织部部长张宝森向到林业局检查老龄工作的伊春市委组织部副部长刘金山汇报局敬老周活动安排情况。

10月20日　林业局建设—东方红公路通车剪彩仪式在建设地区举行。林业局党政领导李万林、苏铎、刘长江、周云飞、徐忠泰、张宝森、王义轩、牛永春，基层单位的主要领导和机关科室主要负责人参加通车剪彩活动。

10月28日　林业局党委和林业局在森铁处召开大会，表彰为修筑建设—东方红公路做出贡献的有关单位。

11月10日　林业局党委副书记刘长江召集公、检、法、司主要负责人召开会议。部署为警清廉、清除腐败现象、整顿政法干警队伍的工作。

11月20日　黑龙江省林业职工技协会议在林业局召开。林业局党委副书记刘长江、局分区工会主席李智荣参加会议，并向黑龙江省林业工会副主席康青春和伊春市总工会主席李长润、副主席李德荣汇报林业局工会工作情况。

12月5日　林业局宣传部部长王义轩接待《伊春日报》总编办公室主任王柱、发行科科长于成云等人，研究关于建立《伊春日报》发行站的有关问题。

12月6—7日　林业局党委召开第十八次委员会议。会上传达伊春市委召开的基层领导干部迎送会议精神、伊春市社会治安综合治理经验交流会议精神、中国工会十一大精神；讨论林业局十年改革总结材料；讨论上报林业总局文明单位、先进个人有关事宜。

1989年

1月2日　林业局计划生育委员会召开会议，落实1989年计划生育工作。

1月6日　林业局党委和林业局召集党政两个班子成员学习赵紫阳在全国政协新年茶话会上的讲话、黑龙江省委书记孙维本关于1990年工作的讲话、黑龙江省委组织部副部长唐宪强在市级6个班子成员会议上的讲话。

1月7日　林业局团委举办"小火炬为龙江添光辉"故事演讲会。

1 月 9—10 日　林业局党委召开第一次委员会议，听取 1988 年党建工作检查情况汇报，讨论党委工作会议报告。

1 月 11 日“营林学会、森林经理学会 1988 年年会”在松涛宾馆召开。

1 月 13 日　林业局纪委党风建设和纪检理论研讨会在党校会议室举行。伊春市纪委派一名同志参加研讨会。十余名基层单位与会者在会上就如何做好新时期党风建设和纪检工作发言。

1 月 24 日　林业局在局职工俱乐部召开公判大会。

1 月 26 日　林业局党委副书记周云飞、宣传部部长王义轩、副局长吕文斌和有关部门负责人走访慰问离休老干部王建铭、边格方及病休职工黄万良、曲德祥等人。

1 月 27 日　林业局党委副书记刘长江、副局长徐忠泰和有关部门负责人走访慰问老山前线指战员家属和退休干部徐兆才等人。

1 月 31 日　林业局党委和林业局在党校会议室召开春节茶话会，基层单位党政负责人、机关科室部办负责人和林业局党政领导欢聚一堂，共庆新春佳节。

2 月 2 日　林业局党委和林业局在党校会议室举行春节团拜会，林业局党政领导同各界人士近百人欢聚一堂，共庆新春佳节。

2 月 10 日　林业局木材加工厂第五车间发生火灾。林业局党政领导李万林、刘长江、周云飞、苏铎、徐忠泰、吕文斌、王义轩、李智荣等先后到达火灾现场，并召开有基层单位主要负责人参加的现场会。在现场会上，林业公安局局长李勇首先介绍火灾情况，局党委书记李万林、局长苏铎分别讲话。

2 月 12 日　林业局宣传部部长王义轩接待到林业局商谈建立微波站的省电视台工作人员一行 8 人。

2 月 12—18 日　伊春市政府副秘书长董国顺带领市消防支队、市安全办公室相关人员到林业局检查木材加工厂火灾的救灾情况，林业局党委副书记刘长江接待。

2 月 28 日　林业局党委组织副局级以上领导干部学习会，学习中央书记处会议纪要、黑龙江省委书记孙维本关于为政清廉的讲话和伊春市委、市纪委关于过好双重组织生活、禁止参加赌博活动等文件。

3 月 6 日　纪念“三八”国际劳动妇女节联欢会在局工会举行。林业局党委副书记刘长江、周云飞，工会主席李智荣参会并向全局女职工表示节日的祝贺。

3 月 12 日　林业局党委召开紧急会议，传达伊春市委对林业局党政主要领导工作变动的决定：李万林任党委委员、局长，陈丛礼任党委书记，局长苏铎调伊春市营林局任副局长（正处级）。伊春市委副书记张金凯在会上传达市委主要负责人的讲话。李万林主持会议，基层单位党政负责人和科室部办负责人参加会议。

3 月 16 日　新任铁力林业局党委书记陈丛礼到局报到。党委组织党委委员与陈丛礼见面。因陈丛礼要到外地治病，党委工作暂由党委副书记刘长江主持。

3 月 20 日　林业局党委中心学习组在松涛宾馆三楼会议室召开学习会，学习赵紫阳关于党建工作的讲话，传达伊春市委关于学习赵紫阳讲话精神的安排意见。

4 月 1 日　林业局党委和林业局在局职工俱乐部举行欢送新兵入伍大会。山下各单位近千名职工参加大会。

4 月 7 日　林业局党委副书记刘长江陪同伊春市副市长朱宝到林业局贮木场、劳动服务公司、木制品厂检查防火工作。

4 月 20 日　清晨，林业局西北河营林所 23 公里处发生火情，林业局党委副书记周云飞和有关人员赶赴火情现场指挥扑救工作。

4 月 24 日　林业局党政领导刘长江、徐忠泰、张宝森、王义轩、李智荣、牛永春等人和劳模一起到建设营林所植树造林。

4月29日　林业局在局职工俱乐部举行纪念“五一”国际劳动节演讲报告会。

4月30日　伊春市委召开电话会议，传达中央政治局常委会纪要和邓小平关于北京政治风波问题的批示。

5月3日　林业局团委在局职工俱乐部召开纪念“五四”运动70周年大会。

是日　林业局党委副书记刘长江、周云飞，组织部部长张宝森接待伊春市林学会工作人员。伊春市林学会代表中国林学会为在林区工作50年的林业英雄马永顺授发勋章。

5月31日　林业局党委在局职工俱乐部召开党员干部会议，传达李鹏、杨尚昆、乔石、姚依林等中央领导的讲话和北京市委书记李锡铭关于北京政治风波情况的通报。

6月1日　林业局党委副书记刘长江、周云飞和党委委员王义轩、牛永春分别到三屯农场、建设营林所、茂林河林场、丰林林场等单位传达北京政治风波的事实真相和李鹏、杨尚昆、乔石、姚依林在5月22日会议上的讲话要点。

6月23日　伊春市委副书记魏秉仁到林业局检查工作。林业局党委书记陈丛礼、局长李万林陪同魏秉仁到向阳林场、九连林场检查工作。魏秉仁在询问机关党员、生产一线党员的思想工作和先锋模范作用发挥情况后指出，各级党组织首先要加强对党员的思想教育；其次要注意发挥党员的作用，注意在生产一线发展党员。

6月30日　林业局党委召开纪念中国共产党成立68周年大会。会上表彰先进基层党委、总支、支部、党小组和模范党务工作者、优秀共产党员。

7月1日　林业局党委统战部在党委会议室召开党外人士座谈会，学习中共十三届四中全会公报。参加座谈会的党外人士一致拥护中共十三届四中全会通过的各项决定。

7月18日　伊春市第六届统战理论讨论会在铁力林业局中会议室召开。各县、区、局、厂矿等单位的统战工作负责人出席会议。林业局党委副书记周云飞出席会议并代表局党委在会上致辞。

7月26日　林业局党委书记陈丛礼、局长李万林、总会计师贾镛等向林工局原副局长杨福荣等人汇报“两危”问题的相关情况。

8月2日　林业局召开筑路会战誓师广播大会。

8月5—7日　林业局党委书记陈丛礼、局长李万林、纪委书记牛永春接待到林业局考察的林业部林产工业公司经理李春富一行。

8月10—11日　林业局党委书记陈丛礼、局长李万林带领检查组到筑路工地检查。11日晚，检查组在泥河营林所召开总结会议，肯定各单位的筑路成绩，并对下一步工作提出具体要求。

8月14—15日　林业局党委书记陈丛礼、局长李万林召集西线7个单位党政主要领导召开“以木换房打招呼”会议。李万林和陈丛礼分别对“以木换房”、秋防、冬运准备和筑路等多项工作发表意见。

9月1日　林业局召开筑路会战祝捷大会。局党政领导向荣获筑路会战“红旗单位”“筑路能手”“特别能战斗的突击队员”“优秀指挥员”等称号的单位和个人颁发奖旗、纪念品。

9月8日　林业局召开庆祝教师节大会，局党政工团领导和优秀教师石兵出席大会。

9月15日　林业局党委领导和有关部门负责人到卫东林场参加马永顺工组建组40周年庆祝活动。

9月26—27日　林业局党委书记陈丛礼、局长李万林陪同伊春市市长聂秉林到林业局向阳、九连、兴安、泥河、黑河等林场（所）检查工作。

9月29—30日　庆安县新立、曙光两个林场的山火蔓延到林业局黑河、泥河营林所等地。林业局党委副书记周云飞、副局长徐忠泰带领扑火队伍赴火区进行扑救工作。由于采取的措施及时得力，蔓延到林业局的山火于9月30日10时被全部扑灭。这次山火烧毁林业局林地、草塘20公顷左右。

为扑救山火，林业局基层单位全部停产，共出动扑火人员4500余人、车辆97台。

11月13日　林业局召开计划生育工作会议。

11月14—15日　黑龙江省森工总局副局长乔晶、伊春市副市长唐忠德等人到林业局刨花板厂、集体企业公司检查生产设备及生产情况。林业局党委书记陈丛礼陪同。

11月23日　林业局客运站运营剪彩。

12月29日　林业局党委召开第十六次委员会议。局长李万林汇报合江、山河屯企业管理工作会议精神。

是日　林业局党委副书记张宝森在党委会议室主持召开山下单位负责人会议，就认真贯彻中共中央关于清理整顿音像市场问题的通知讲话。

12月30日　林业局党委和林业局在局职工俱乐部召开整治社会治安有线广播大会。

1990年

1月5日　林业局党委书记陈丛礼，党委副书记周云飞、张宝森，纪委书记牛永春等领导到铁力市聆听东欧局势报告。

1月15日　林业局党委书记陈丛礼接待黑龙江省森工总局原领导宫殿臣一行，并就种植甜叶菊有关事宜进行磋商。

1月17日　伊春市委副书记魏秉仁、伊春市总工会主席李长润到林业局鹿鸣林场等单位慰问生产一线职工。林业局党委书记陈丛礼、工会主席李智荣陪同。

1月23日　林业局党委副书记张宝森在局职工俱乐部主持召开山下基层单位党员干部大会。副书记周云飞传达黑龙江省委书记孙维本关于东欧形势的讲话。

是日　林业局党委和林业局在党校举办春节团拜会。林业局党政领导和副处级以上离退休老干部、复转退伍军人、台属、民主人士、科技人员、劳模等方面的代表参加。

2月5日　林业局党委副书记周云飞、副局长刘长江接待农业部原副部长、全国政协委员刘培植。

2月16日　林业局党委统战部在党委会议室召开座谈会，邀请民进铁力林业局支部成员、台属等参加。会上座谈《中共中央关于坚持和完善中国共产党领导的多党合作和政治协商制度的意见》。

2月24日　黑龙江省森工总局局长孙丕文到林业局考察工作。他表示，林业局困难很大，黑龙江省森工总局十分关注，一定会想办法加以扶持。他对林业局的下一步工作安排表示满意，并要求狠抓落实，重点加强企业管理。

3月2日　国家林业投资公司、黑龙江省森工总局计划处、伊春林管局相关领导到林业局调研有关项目投资问题。

3月6—9日　林业局党委和林业局在局中会议室召开工作会议，林业局党委书记陈丛礼，党委副书记周云飞、张宝森主持会议。党委委员、党委督导员、副局长、总经济师、总会计师、资源监督专员、局各科室部办主要领导及基层党政主要负责人出席会议。会议传达黑龙江省委、省政府森工工作会议精神和伊春市委、市政府全委（扩大）会议精神及省委、市委领导的讲话。会上，10个行政科室和5个基层单位领导就大打企业管理翻身仗、发展多种经营问题发言。林业局党委书记陈丛礼、局长李万林分别讲话，总结1989年工作，安排部署1990年主要任务，并提出加强党的建设、进一步深化改革、大打企业管理翻身仗、治危兴林、搞活企业的奋斗目标。要求各级党政组织进一步统一思想，振奋精神，正视困难，加强管理，艰苦奋斗，开拓进取，夺取各项工作的新成绩。

3月10—12日　铁力林业局第十七次职工（会员）代表大会召开。

3 月 17 日　林业局党委和林业局在局职工俱乐部召开欢送新兵入伍大会。

3 月 20 日　林业局党委召开全局新闻报道工作会议。伊春广播电台副总编周忠德在会上作业务辅导。

3 月 22 日　林业局党委和林业局在松涛宾馆三楼会议室召开有关单位和部门负责人会议，研究森铁改公路工作。

3 月 24 日　伊春市委书记杨光洪到林业局检查工作，走访慰问林业局木材加工厂 4 户家属，并到刨花板厂调研生产情况。

3 月 28 日　林业局党委书记陈丛礼主持召开森铁改公路第一次指挥部成员会议。

4 月 12—13 日　林业局纪委举办纪检干部业务培训班。伊春市纪委控申室主任张奇、林业局纪委书记牛永春分别对纪检工作的性质、任务、方针、控申工作和案件检查审理工作进行辅导。

4 月 14 日　伊春市委书记杨光洪、副市长赵凤来、市纪委书记唐永旭到林业局检查工作，林业局党委书记陈丛礼接待并汇报林业局工作情况。

4 月 17 日　林业局党委和林业局召开多种经营会议。

4 月 18 日　伊春市副市长印廷文、林政局局长陈春学到林业局泥河营林所检查防火工作，林业局党委书记陈丛礼陪同。

4 月 23 日　林业局党委书记陈丛礼在松涛宾馆二楼会议室主持召开党委扩大会议，传达学习江泽民总书记在黑龙江省考察时的讲话精神。

4 月 28 日　林业局党委书记陈丛礼、局长李万林、党委副书记周云飞、工会主席李智荣、纪委书记牛永春等人同劳动模范一起到建设营林所植树造林。

4 月 30 日　林业局工会主席李智荣主持召开“庆‘五一’劳动节，心向党、做主人演讲会”。

5 月 4 日　林业局团委在局职工俱乐部召开纪念“五四”青年节创先争优表彰大会。

5 月 5 日　林业局局长李万林在工会会议室主持召开讨论《铁力林业局治危兴林方案》座谈会。

5 月 10 日　林业部副部长刘广运、林业部防火办主任徐洪、黑龙江省政府副秘书长全玉祥、黑龙江省森工总局局长孙丕文、伊春市副市长印廷文等人到林业局检查工作。刘广运对林业局护林防火工作提出具体要求。

5 月 23—24 日　伊春市人大常委会主任杨福星到林业局北关、东方红、茂林河、红旗、卫星等林场（所）及学校检查工作。他对林业局治危兴林、缓解经济危困提出具体意见。

5 月 24—26 日　林业局党委副书记周云飞、副局长刘长江、林业公安局副局长李庆祥到南岔区参加伊春市落实治安、防火签订责任状大会。

5 月 30 日　林业局召开党政班子联席会议，听取局长李万林赴北京参加《铁力林业局治危兴林方案》审查会议的情况汇报，并就如何实施该方案进行认真讨论。与会人员一致认为，国家对铁力林业局的危困情况高度重视，并给予重点扶持，全局一定要抓住机遇，利用好上级创造的良好条件，努力实现治危兴林的目标。

6 月 1 日　林业局团委在局职工俱乐部召开庆祝“六一”儿童节表彰奖励大会。

是日　林业局党委和林业局召集森铁处、汽车队党政班子成员开会，宣布成立汽运处和干部任免的决定。

6 月 3—5 日　林业局在铁力市人民体育场召开铁力林业局第二十一届体育运动大会。

6 月 14 日　林业局局长李万林向到林业局检查工作的伊春市副市长赵凤来等检查组成员汇报林业局发展农业、调整产业结构等情况。党委书记陈丛礼、副书记周云飞、总会计师张泽荣参加汇报。

6 月 20 日　林业局党委书记陈丛礼陪同伊春市政协副主席何守仁到桃山林业局考察。

是日　林业局局长李万林在党委会议室主持召开治危兴林会战指挥部成员第一次全体会议，传达《铁力林业局治危兴林方案审查会议纪要》，讨论下一步工作任务。

6月26日　国务院办公厅秘书局副局长赵小贻等一行8人在伊春市副市长印廷文的陪同下，到林业局调查研究。

6月30日　林业局党委召开纪念中国共产党成立69周年大会，表彰奖励先进基层党委、总支、支部及模范党务工作者、优秀党员。

7月3日　林业局在局中会议室召开治危兴林动员大会。伊春市副市长唐忠德、林管局副局长王利民等13人组成的扶持林业局治危兴林领导小组到会。会上传达市委、市政府对林业局治危兴林试点工作的意见，动员全局广大职工群众积极行动起来，为治危兴林贡献力量。

7月7日　林业局党委书记陈丛礼、局长李万林、副局长戴举文陪同国家计委农经司考察组到刨花板厂、木器厂等基层单位了解“两危”情况，并前往家属区察看部分危房。

7月10日　黑龙江省劳动局副局长刘淑琴在林业局调研林区职工工资偏低的问题。林业局党委书记陈丛礼、局长李万林接待。

7月18日　中央人民广播电台记者一行3人到林业局了解林区职工工资被拖欠及职工生活等情况。林业局副局长戴举文陪同前往二股营林所、西北河营林所调查，并看望林业英雄马永顺。

是日　林业局召集部分科室和基层单位领导开会，宣布党委和局关于进一步收缴公用汽车的决定。

7月24日　林业局党委书记陈丛礼到北京向林业部汇报林业局治危兴林启动工作进展情况。

7月31日　林业局党委和林业局在局职工俱乐部召开庆祝中国人民解放军建军63周年大会。

8月4日　林业局副局长戴举文在党委会议室主持财务科、计划科、木材检验科等有关科室负责人会议，研究木材销售问题。

是日　林业局党委副书记张宝森在松涛宾馆接待到林业局调研职工工资等有关问题的林业部人劳司、财务司，黑龙江省森工总局，伊春市劳动局等部门同志。

8月6日　林业局局长李万林、副局长戴举文在党委会议室召集木制品厂、贮木场、机械厂、电厂等有关单位行政领导，研究木材归口、销售、管理等事项。

8月13—15日　由全国人大常委、财经委员会委员莫文祥等人组成的国营林区视察组到林业局调研“两危”情况。林业局领导陪同视察组成员到二股营林所、木材加工厂等单位考察生产和职工生活等情况。

8月15日　林业局党委书记陈丛礼在松涛宾馆会议室接待全国人大常委、财经委员会委员莫文祥，同时汇报林业局“两危”情况。

是日　林业局党委书记陈丛礼在松涛宾馆接待到林业局检查“两老”工作的伊春市委副书记魏秉仁、伊春市老干部局局长李斌、伊春市老龄委办公室主任王凤有等人，并陪同一起看望林业局离休老干部马永顺、刘恒义、张贵武、杨泽生。

9月3日　林业局党委副书记周云飞在松涛宾馆接待到林业局检查档案升级工作的伊春市档案局局长赵殿臣等人。

9月11—12日　林业局党委书记陈丛礼、局长李万林、副局长戴举文陪同到林业局了解多种经营发展情况的黑龙江省森工总局多种经营局局长王文体考察北关农场、茂林河林场、贮木场农业段、木制品厂及地毯车间。

9月28日　林业局党委召开台胞、台属中秋节座谈会。

9月30日　林业局党委和林业局在局职工俱乐部召开庆祝国庆节大会。

是日　伊春市委常委、秘书长刘金山一行到林业局走访慰问林业英雄马永顺、红军老战士边格方和已故职工黎修斌的遗属。

10月16—17日　中国共产党铁力林业局第十四次代表大会在局中会议室召开。

10月20—21日　伊春市委书记王东华在林业局检查工作。他分别到木材加工厂、木制品厂、综合木器厂等单位了解生产情况。

11月9日　林业局党委和林业局在红旗营林所召开林业局“四文明”达标竞赛经验交流会。

11月12—13日　林业局工会主席李智荣在松涛宾馆接待到林业局了解职工生活状况的黑龙江省总工会生活部部长李永顺、伊春市总工会生活部部长王振海一行，并陪同到马永顺家进行慰问。

11月22日　林业局党委书记陈丛礼、副书记周云飞在松涛宾馆接待到林业局筹备伊春市委常委现场办公会议的伊春市委常委、秘书长刘金山和市委办公室主任李长祥一行。

11月23—25日　伊春市委在松涛宾馆召开常委现场办公会议。市委书记王东华主持会议。市委常委、市人大、市政协、市政府领导，市委、市政府有关部门负责人及林业局党委书记陈丛礼、局长李万林出席会议。市委书记王东华、市长聂秉林等人分别就林业局的工作作重要讲话。

11月26—28日　林业局党委在松涛宾馆三楼会议室召开第二次委员（扩大）会议。会议传达学习黑龙江省委关于开展促进经济稳定发展大讨论的通知和省、市领导在开展促进经济稳定发展大讨论动员大会上的讲话；传达学习伊春市委在铁力林业局召开的常委现场办公会议精神及伊春市委书记王东华、市长聂秉林在市委常委办公会议上的重要讲话。

12月3日　林业局党委书记陈丛礼、局长李万林同伊春市委副书记魏秉仁一起到庆安县联系开荒种地事宜。

12月10日　林业局党委和林业局在局职工俱乐部召开欢送新兵入伍大会。

12月16日　林业局党委书记陈丛礼、局长李万林在松涛宾馆三楼会议室向国家林业投资公司森工项目部主任高树栋、黑龙江省森工总局副局长刘彦成等领导汇报一年来治危兴林的工作情况及1991年的工作安排。高树栋、刘彦成肯定了林业局1990年的工作，对1991年的工作提出具体要求。

12月17—20日　由刘建新等5人组成的伊春市委党风廉政检查组到林业局检查工作。检查组分两组分别到林业局贮木场、发电厂、北关农场、卫星营林所等单位进行党风廉政建设检查，并召开科室部办负责人座谈会，公、检、法负责人座谈会，二、三线老干部座谈会。

12月21日　林业局党委和林业局在局中会议室召开机关副科级以上干部会议。

12月21—22日　林业局纪委书记牛永春率领党风廉政检查组到二股营林所检查党风廉政建设工作。

12月29日　林业局工会主持召开“老劳模为治危兴林再做贡献”座谈会。

12月30日　林业局团委在松涛宾馆召开“辞旧岁、迎新年、话兴林”茶话会。

1991年

1月4日　林业局党委和林业局在建设营林所召开治危兴林大讨论座谈会，各林场（所）的党政一把手参加座谈会。

1月9日　林业局党委和林业局在局职工俱乐部召开机关精简机构定编、定员及调整基层领导干部大会。

1月16日　林业局召开“以木换物”领导小组会议，总结前段工作情况，部署下一步工作。

1月17日　林业局党委副书记周云飞、组织部部长郭俊强到铁力市向伊春市委常委、铁力市委书记商伯成汇报林业局党委召开民主生活会的筹备情况。

是日　林业局党委和林业局在党校召开电话会议，落实春节“以木换物”工作，总结前一段治危兴林、促进经济稳定发展大讨论的工作，部署下一步工作和今冬明春扫黄集中行动方案。

1 月 30—31 日　林业局党委副书记周云飞代表党委和林业局到患病的科级领导干部家中走访慰问。

2 月 2 日　林业局党委和林业局在松涛宾馆三楼会议室召开党政班子联席会议。会议传达王东华在中共伊春市七届六次全体委员会议上的工作报告和市政府工作会议精神；安排 1991 年春节期间慰问老干部事宜；研究 1991 年林业局工作计划。

2 月 6 日　伊春市市长聂秉林及全国人大代表视察组到林业局卫星营林所等单位视察工作并慰问一线职工。

2 月 7 日　林业局工会举行迎新春工会干部春节团拜会。

2 月 10 日　林业局领导李万林、戴举文等一行前往伊春市参加市政府召开的林业局治危兴林工作会议。

2 月 11 日　林业局党委和林业局在松涛宾馆三楼会议室召开党政班子联席会议，研究如何贯彻落实伊春市政府扶持林业局治危兴林领导小组会议精神。

2 月 12 日　林业局党委和林业局在松涛宾馆举办迎新春基层党政一把手团拜会。

3 月 2 日　林业局党委召开“治危兴林、促进经济稳定发展大讨论”座谈会。各科室部办负责人参加会议。

3 月 5 日　林业局党委和林业局在松涛宾馆三楼会议室召开党政班子及防火指挥部成员会议，学习传达全国森林防火工作现场会议精神，认真研究和部署春防工作。

3 月 8 日　林业局工会召开庆祝“三八”国际劳动妇女节大会。

3 月 11 日　林业局在局职工俱乐部召开春季森林防火工作会议，局党政领导及各基层单位党政一把手参加会议。

3 月 15 日　林业局召集有关部门负责人研究自来水续建工程有关问题，并成立自来水管道工程现场指挥部。

3 月 15 日至 4 月 1 日　林业局局长李万林、副局长姚志荣与有关人员赴北京参加审查铁力林业局 3 万吨造纸厂拟建情况。

3 月 23 日　林业局在局职工俱乐部召开城镇防火工作会议和 1991 年计划工作会议。

3 月 25 日　铁力林业局同朗乡、桃山、双丰局、绥化行署、庆安县、铁力农场、铁力市等单位在松涛宾馆召开联防会议，部署联防工作。会议提出要不断加强相邻地县联防基础建设，在森林防火工作上做到预防有界、扑火无界。

4 月 2 日　林业局党委书记陈丛礼陪同伊春市委副书记张金凯到林业局木材加工厂观看快速扑火实战演练。

4 月 5 日　林业局党委在松涛宾馆三楼会议室召开党政班子联席会议。党委书记陈丛礼主持会议。会议听取局长李万林、副局长姚志荣关于赴北京参加审查铁力林业局 3 万吨造纸厂拟建情况和国家投资公司研究铁力林业局治危兴林问题会议情况的汇报。会议决定成立铁力林业局 3 万吨造纸厂拟建项目领导小组。

4 月 8 日　林业局党委书记陈丛礼到铁力市宾馆向伊春市委书记王东华汇报局少数退休职工上访问题。

是日　林业局在党委会议室召开第八次党委委员会议，研究对少数退休职工到局上访采取的应对措施。

4 月 12 日　林业局党委在松涛宾馆三楼会议室召开党政班子联席会议。

4月18—19日　林业局在局中会议室召开多种经营集体经济工作会议。会议的中心议题是学习贯彻伊春市农业和多种经营工作会议精神，全面分析林业局多种经营集体经济的发展形势，总结工作，进一步确定多种经营、集体经济的战略地位、发展方向和奋斗目标；部署1991年和今后一个时期的工作任务，全面推进治危兴林工程，努力实现全局经济形势的根本好转。

4月24日　林业局在局中会议室召开全局基层党政一把手和机关副科级以上干部参加的大会，传达国务院、省、市关于粮油调节价格的有关文件精神。

5月4日　林业局团委在建设营林所召开纪念“五四”青年创先争优表彰大会。

5月7日　林业局党委在松涛宾馆三楼会议室召开党政班子联席会议，传达黑龙江省委制定的监督检查用公款接待吃喝方案及伊春市委副书记魏秉仁在市直机关禁止用公款吃喝打招呼会上的讲话。

5月16日　林业局党委和林业局在局职工俱乐部召开整顿机关干部作风动员大会。

5月23日　林业局在局中会议室召开计划生育、卫生工作会议。

是日　林业局党委副书记周云飞参加老干部办公室举办的离退休老干部献计献策座谈会。

5月27日　林业局党委和林业局在局中会议室召开紧急电话会议，通报5月21日友好林业局奋斗林场发生森林火灾的情况。

6月12日　林业局党委和林业局在局中会议室召开社会治安综合治理、普法工作会议，总结1990年社会治安综合治理工作，兑现责任状，对下一步社会治安综合治理工作提出要求。

6月13日　林业局党委副书记张宝森在松涛宾馆接待到林业局检查社会治安综合治理工作的伊春市政法委领导，并汇报林业局社会治安综合治理工作开展情况。

6月14日　中国民主促进会黑龙江省铁力林业局支部委员会成立大会在局中会议室召开。

6月15—16日　黑龙江省总工会主席倪志荣、伊春市总工会副主席尹维岭等领导到林业局调研经济工作和职工生活情况。

6月29日　林业局纪念中国共产党建党70周年表彰奖励大会在局职工俱乐部举行。

7月1日　林业局在松涛宾馆三楼会议室召开党政班子会议，伊春市政府秘书长陆世贵传达黑龙江省森工总局领导关于林业局退休职工集体上访问题的指示并代表市委、市政府提出工作要求。

7月17日　林业局党委和林业局在局职工俱乐部召开公开处理违法违纪党员、干部大会。

7月25日　伊春市总工会技协副主任刘文庆等到林业局检查扶贫情况，并前往工会饮料厂调研生产、销售情况。

7月30日　林业局党委和林业局在党校会议室召开纪念“八一”建军节茶话会。

7月31日　林业局庆祝“八一”建军节暨民兵工作先进集体和先进个人表彰奖励大会在局职工俱乐部举行。会议授予茂林河林场等10个单位“民兵工作先进单位”称号，授予高永哲等17名同志“优秀民兵干部”称号，授予马子学等15名同志“先进武装干部”称号，授予刘忠等45名同志“先进民兵个人”称号。

8月21日　伊春市总工会副主席尹维岭到林业局黑河营林所调研发展家庭副业生产情况。

8月22日　伊春市人大常委会主任杨福星到林业局木材加工厂、木制品厂、刨花板厂等单位调研多种经营发展情况。

8月23日　林业局党委在松涛宾馆二楼会议室召开党政班子会议。局长李万林主持会议，听取伊春市人大常委会主任杨福星到局检查工作后的讲话。

8月27日　林业局党委书记周庆旭在松涛宾馆接待到林业局检查工作的伊春市委书记王东华一行。

9月2日　林业局党委书记周庆旭、局长李万林同局治危兴林办及有关部门负责人研究国家林业投资公司扶持林业局的项目落实问题。

9月5日　林业局党委在松涛宾馆三楼会议室召开副处级以上干部及二、三线干部参加的会议，传达伊春市委文件，通报苏联剧变的有关情况。

9月10日　林业局党委和林业局在局职工俱乐部召开庆祝教师节大会。

9月17日　林业局党委书记周庆旭、局长李万林在松涛宾馆接待到林业局检查工作的伊春市市长聂秉林，并汇报林业局的经济形势和冬运生产准备情况。

9月20日　林业局党委统战部举办台属侨眷中秋节茶话会。

9月21日　伊春市森防指挥部在林业局召开南片10个处级单位森林防火联防会议。

9月24日　林业局召开秋季森林防火工作会议，传达黑龙江省副省长孙魁文、林管局副局长王利民等领导在省、市秋防工作会议上的讲话，同时公布林业局秋防工作方案、扑大火预案和有关规定。林业局党委书记周庆旭就如何抓好当年秋季防火工作提出要求。

10月11日　林业局党委书记周庆旭、总工程师李洪成接待到林业局检查工作的伊春市副市长宁士敏一行，并陪同到刨花板厂、木制品厂、北关农场等单位调研生产及秋收工作。

10月14日　林业局党委召开全局纪检工作会议。

11月5日　国家林业投资公司总经理肖成俊、黑龙江省森工总局副局长庄壮尤、伊春市副市长唐忠德一行在林业局检查治危兴林工作，分别到林业局自来水工程及刨花板厂、木材加工厂锯材车间、发电厂、木制品加工厂等单位考察。

是日　林业局局长李万林向到林业局检查治危兴林工作的国家林业投资公司总经理肖成俊汇报工作情况。

11月6日　林业局党委书记周庆旭、局长李万林、副局长温风陪同国家林业投资公司总经理肖成俊到红旗营林所察看危房改造情况。

11月7日　林业局党委在松涛宾馆三楼会议室召开党政班子会议，讨论如何采取措施搞活企业、提高效益、缓解危困的问题。党委书记周庆旭、局长李万林对下一步全局工作特别是治危兴林工作提出意见，并指出1992年工作基本思路。

11月23日　黑龙江省政协原常委、原秘书长马景林在伊春市人大常委会副主任郑学信、铁力市委书记商伯成的陪同下，到林业局考察工作。

12月13日　林业局党委和林业局在局职工俱乐部召开欢送新兵入伍大会。

1992年

1月7日　林业局党委副书记张宝森、总工程师李洪成陪同到林业局帮助解决科技兴局问题的哈尔滨工业大学人员前往刨花板厂、发电厂、机械厂等单位洽谈技术协作工作。

1月16日　伊春市委组织部年终检查组到林业局检查党建工作。

是日　伊春市副市长沙英华、市总工会主席姜言福到建设营林所等单位走访慰问一线工人，并看望林业英雄马永顺。

1月29日　黑龙江省委书记孙维本、省委副书记马国良、黑龙江省森工总局党委书记余弘达到林业局卫星营林所考察，并前往林业英雄马永顺家走访慰问。

3月7日　林业局党委和林业局在局职工俱乐部召开纪念“三八”国际劳动妇女节表彰奖励大会。

3月12日　林业局召开党政班子成员会议，传达邓小平视察南方重要讲话和伊春市搞好大中型企业会议精神。

4月2日　林业局在松涛宾馆三楼会议室召开党政班子联席会议。会议听取党委书记李万林介绍到国家林业投资公司汇报的情况，就如何贯彻落实国家林业投资公司对治危兴林工作提出的要求，研究具体意见。

4 月 29 日　林业局党委书记李万林，党委副书记周云飞、张宝森，局长韩连声，副局长杨国栋，纪委书记牛永春，工会主席李智荣，组织部部长郭俊强，宣传部部长詹恒海与全局劳动模范一起到建设营林所植树造林。

4 月 30 日　林业局党委和林业局在局职工俱乐部举办庆祝“五一”文艺晚会。

5 月 7—9 日　国家林业投资公司和黑龙江省森工总局在林业局营林科会议室召开铁力林业局 1992 年度治危兴林工作座谈会。国家林业投资公司总工程师刘志雕、黑龙江省森工总局副局长雷加富、伊春市市长张成义、伊春林管局副局长王利民和林业局部分领导参加会议。

5 月 22 日　林业局在局中会议室召开林业局经营承包工作会议。党委副书记周云飞主持会议；党委书记李万林、局长韩连声在会上讲话；副局长吕文斌传达黑龙江省森工总局治危兴林座谈会精神；总会计师张泽荣作调整当年工作计划和经营承包方案的说明。

5 月 27 日　林业局党委和林业局在局职工俱乐部召开局机关聘任干部动员大会。党委副书记周云飞主持会议，副局长吕文斌宣布招聘方案和机关机构、定员。党委书记李万林讲话。

5 月 30 日　林业局壁毯厂发生火灾。

6 月 4 日　林业局党委在局职工俱乐部召开治危兴林“再宣传、再贯彻、再落实”动员大会。党委书记李万林在会上作动员报告。

6 月 11 日　林业局党委和林业局在局职工俱乐部召开聘任机关行政科室正职、挑头副职大会。副局长吕文斌宣布聘任名单，局长韩连声向被聘任的同志颁发聘书。

6 月 15—31 日　林业局党委书记李万林参加林业部、国家林业投资公司组织的治危兴林试点企业领导赴德国和日本考察活动。

7 月 1 日　林业局党委在局职工俱乐部召开庆祝中国共产党建党 71 周年，表彰奖励先进基层党组织和模范党务工作者、优秀共产党员，命名标准化党支部大会。

7 月 31 日　林业局党委和林业局在局职工俱乐部召开纪念中国人民解放军建军 65 周年大会。

8 月 7 日　林业局党委中心学习组在松涛宾馆三楼会议室学习陈俊生《论中国农业市场》及省委书记孙维本在黑龙江省委常委扩大会议上的讲话。林业局党政领导李万林、周云飞、张宝森、杨国栋等及林业公安局局长李勇、法院院长李铁山参加学习。

是日　林业局在局中会议室召开机关科室部办及有关基层单位负责人会议，部署迎接全国城镇卫生检查团到林业局检查的相关事宜。副局长吕文斌主持会议，党委书记李万林讲话。

8 月 24 日　林业局局长韩连声、党委副书记周云飞接待新华社黑龙江分社社长王辉等人，陪同他们一起看望和采访林业英雄马永顺，了解马永顺几十年参加林业工作和退休后造林“还账”的情况。

9 月 28 日　林业局党委和林业局在局中会议室召开机关副科级以上干部会议，对副科级以上干部提出要求：要进一步解放思想，加大改革的力度；认真执行党委和局有关定编定员，禁止借子女结婚、参军、上学之机大操大办的制度和规定。

10 月 6—10 日　林业局党委书记李万林到黑河市联系建立边贸窗口问题。

10 月 10 日　林业局新成立的经济技术开发公司召开剪彩仪式。

10 月 29—31 日　林业局党委书记李万林、局长韩连声参加林业部、国家林业投资公司在白石山林业局召开的国营林区座谈会。

12 月 15 日　林业局党委和林业局在局俱乐部召开欢送新兵入伍大会。

是日　铁力林业局原党委书记、黑龙江省森工总局纪委书记茹长胜到林业局会见离退休干部刘恒义、马永顺、孔繁玉、霍志云、姚士义、张玉贵等人。

12月22—23日　铁力林业局原党委书记、黑龙江省政协秘书长马景林到林业局考察。

1993年

1月20日　林业局党委和林业局在松涛宾馆召开迎新春团拜会。局党政领导、离退休干部及山下基层单位党政一把手，科室部办主要负责人，知识分子、劳动模范、转业军人、民主党派的特邀代表，文体骨干参加团拜会。

1月24日　伊春市长滕昭祥，副市长孟庆斌、王利民，林管局副局长潘真生，市政府秘书长安荣俊到林业局给“四局二厂”（铁力、双丰、桃山、朗乡林业局，农场、干馏厂）党政领导拜年。“四局二厂”的党政领导在松涛宾馆聚会，互相拜年。

2月9—10日　黑龙江省森工总局新任党委书记徐学、伊春市委书记王东华、市长滕昭祥先后到林业局检查工作。

2月21日　林业局党委和林业局在松涛宾馆三楼会议室召开党政班子联席会。会上讨论1993年经济指标测算情况，确定1992年合同兑现奖重奖单位，通过商业体制改革方案，确定商业承包人。

2月24日　林业局党委和林业局在局中会议室召开计划工作会议。会上传达全国国营林区重点建设会议精神和伊春市委七届九次全委（扩大）会议精神，兑现林业局和基层单位签订的1992年承包合同，同时签订1993年经营管理目标责任状。

3月3日　林业局党委和林业局在局职工俱乐部召开商业改革会议。会上宣布成立铁力林业地区商业供销总公司和聘任总经理的决定。

3月28日　林业局党委书记李万林到国家林业投资公司汇报机关机构改革情况。

4月20日　林业局党委书记李万林、局长韩连声接待到林业局考察工作的伊春市体改委领导，汇报全局机关机构改革方案。

4月24日　林业局党委书记李万林、局长韩连声到伊春市向市委、市政府汇报林业局机关机构改革方案。

4月26日　林业局全局计划生育工作会议在局中会议室召开。

是日　林业局全局政法工作会议在局中会议室召开。会议由副局长吕文斌主持，党委副书记张宝森在会上讲话。副局长李岭峰、检察院检察长曲德祥、法院院长李铁山、林业局基层单位党政一把手及机关科室部办负责人参加会议。

5月1—27日　林业局局长韩连声参加林业部和国家林业投资公司组织的考察团，先后到德国、新加坡及中国香港地区考察。

5月6日　林业局党委书记李万林在党委会议室主持召开防火指挥部成员会议，通报兴安林场发生的火情，并提出加强春防工作的意见。

5月20—21日　黑龙江省森工总局局长孙丕文、防火办主任司子臣和伊春林管局副局长张玉明、林政局局长陈春学、营林局局长佟枝春等一行10人到林业局检查工作。

6月3—4日　林业局纪委书记牛永春接待到林业局检查执法监察工作的伊春市纪委检查组一行。局长韩连声向检查组介绍林业局情况。检查期间，林业局召开木材经销公司、体改办等有关部门领导参加的座谈会，汇报林业局贯彻执行《转换经营机制条例》和《伊春市政府关于木材最低限价规定》的情况。

6月5日　林业局党委和林业局在松涛宾馆二楼会议室召开党政班子联席会。伊春市委组织部宣布市委关于林业局党委班子调整的决定：韩连声任铁力林业局党委书记，李万林、杨国栋任铁力林业局党委副书记，詹恒海任铁力林业局工会主席。同时免去李万林铁力林业局党委书记职务，免去周云飞、张宝森铁力林业局党委副书记职务；李智荣退休，免去铁力林业局党委委员职务。姚志荣、李永芳任铁力林业局党委委员。铁力林业局党委班子由 11 人组成。局长韩连声聘任李万林（正处级）、杨国栋、吕文斌、周云飞、张宝森为副局长，聘任李岭峰为总经济师，李洪成为总工程师兼营林公司经理，张泽荣为总会计师，逄俊学为总审计师，彭继德为林产工业公司经理，温风为经济技术开发公司经理。

6 月 7—9 日　林业局第 22 届体育运动大会在铁力市体育场开幕。

6 月 8 日　林业局党委和林业局在局中会议室召开全局中层领导干部会议。会上传达伊春市委常委、组织部部长徐衍民在调整林业局领导班子会议上的讲话；宣布新组成的铁力林业局党委班子成员名单，聘任的行政副职名单及改革后的机关机构设置和聘任的科级干部名单。

6 月 16—18 日　林业部森工司司长蒋祖辉在黑龙江省森工总局副局长乔境、伊春市副市长李长祥的陪同下，到林业局调查林业“两危”情况。林业局局长韩连声汇报林业局“两危”情况和治危兴林的工作情况。

6 月 30 日　林业局党委在局职工俱乐部召开庆祝中国共产党建党 72 周年大会。会上表彰奖励 10 个先进基层党委、总支、支部，10 个先进所属党支部，10 个先进党小组，20 名模范党务工作者，157 名优秀共产党员。

7 月 6—9 日　国家林业投资公司总工程师刘志雕在黑龙江省森工总局、伊春市领导的陪同下，到林业局检查工作。检查组先后到机械厂、木制品厂、刨花板厂、化工厂、自来水公司检查指导工作，并考察壁毯厂、卫生筷厂、二中教学楼、学生宿舍、食堂、家属楼、二股苗圃、人工林、透龙山旅游点及北关农场的水稻和养鱼池。

7 月 7 日　林业局在党委会议室召开机关各部门负责人会议，宣布各部门定员和富余人员安置办法。

7 月 15—16 日　林业局副局长杨国栋、总会计师张泽荣到伊春市参加全市经济工作会议。杨国栋在会上作题为《注重速度效益，创建新型林区》的经验汇报。

7 月 17 日　林业局在局职工俱乐部召开惩治刑事犯罪分子大会，严惩一批盗窃、盗伐林木的犯罪分子和其他刑事犯罪分子。

7 月 23—31 日　林业局副局长吕文斌和办公部副主任李忠辉会同市信访办接待科科长马晓珊，一同到北京处理林业局 9 名退休职工（家属）越级上访事宜。

1994 年

1 月 11 日　林业局副局长杨国栋和伊春发电厂领导及林业局生产部、发电厂等单位的领导到西北河营林所参加接通网电剪彩仪式。

1 月 11—24 日　林业局局长韩连声和办公部主任于祥林到江苏省扬州市参加国家林业投资公司和林业部召开的国有林区重点建设工作会议。

1 月 24 日　伊春市政府召开电话会议，通报林业局林业百货大楼被盗损失近 2 万元的案情。

3 月 3—4 日　铁力林业局第十八次职工（会员）代表大会召开。

3 月 5 日　林业局在局中会议室召开林业局兑现 1993 年责任状、签订 1994 年经营管理目标责任状大会。会上，局长韩连声传达林业部和国家林业投资公司在江苏扬州召开的国有林区重点建设工作会议精神并讲话。同时兑现1993年经济责任状，签订1994年责任状。重奖兴安、红旗、鹿鸣、建设等林场（所）及刨花板厂、木材加工厂、发电厂、汽运处、公路管理处、贮木场、红光农场等11个单位。

3月7—9日　林业局副局长周云飞到哈尔滨市参加黑龙江省政府召开的全省造林绿化森林防火表彰奖励大会。铁力林业局被林业部和人事部授予1990—1993年连续3年无森林火灾先进单位；被黑龙江省政府授予1990—1993年连续3年无森林火灾先进单位。同时参加黑龙江省森工总局召开的防火表彰奖励大会，受到省森工总局的表彰和奖励。

3月10日　林业局党委在局中会议室召开基层党政一把手、科室部办副科级以上干部会议。伊春市委组织部部长徐衍民代表市委宣布免去韩连声林业局局长职务、杨国栋任铁力林业局局长的决定。

3月19日　林业局副局长周云飞参加庆安县政府召开的春防工作会议和庆安联防工作会议，庆安县县长任防火总指挥，林业局副局长周云飞任副总指挥。

4月1日　林业局调整为五天半工作制。

4月1—27日　林业局党委书记韩连声到北京向国家林业投资公司汇报工作，争取扶持资金和贷款尽快到位。

4月13日　林业局在松涛宾馆二楼会议室召开局长办公会，讨论《铁力林业局商业产权制度改革方案》。

5月20—21日　国家林业投资公司总经理肖成俊、黑龙江省森工总局副局长庄壮尤、伊春市市长滕昭祥等一行到林业局考察工作。

6月4日　黑龙江省委书记岳岐峰、省委副书记马国良、省林业厅厅长贾颖、伊春市委书记王东华等省、市党政领导及省森工总局、伊春市有关部门负责人一行37人先后到林业局化工厂、大理石厂、壁毯厂、刨花板厂考察工作。在刨花板厂会议室召开的汇报会上，林业局党委书记韩连声汇报林业局治危兴林和创建社会主义新型林区的情况，其间岳岐峰多次插话询问详情。汇报结束后，考察组到林业英雄马永顺家探望。

6月27日　林业局党委副书记马伟斌和纪委书记牛永春主持召开关于清理住房、小汽车、电话等专项工作的领导小组成员会议，传达伊春市专项清理工作会议精神和伊春市政府办公室下发的《清理工作方案》的主要内容，研究安排林业局的专项清理工作。

6月30日　林业局党委书记韩连声和伊春市信访办副主任杨书敏、林业局办公部主任于祥林到北京向林业部汇报信访工作和退休职工反映的问题，并与经济技术开发公司经理温风一同前往国家林业投资公司联系贷款问题。

7月1日　林业局党委在局职工俱乐部召开庆祝中国共产党建党73周年暨“先、优、模”代表表彰奖励大会。

7月12日　国家林业投资公司外事局主任雷培玺一行2人到林业局考察。林业局局长杨国栋、副局长吕文斌、经济技术开发公司经理温风接待并陪同到自来水公司、木制品厂、刨花板厂、发电厂、装饰条厂检查工作。

7月13日　林业局党委中心组在第二中学学习黑龙江省委书记岳岐峰的三个讲话，即在纪念“七一”大会上的讲话，在黑龙江省乡镇企业发展大会上的讲话，在黑龙江省委中心学习组学习《邓小平文选》会上的讲话。

8月3—4日　林业局党委书记韩连声、局长杨国栋、工会主席詹恒海和体改办副主任李学东到伊春市参加全市经济工作会议。

8月6日　上午，林业局党委和林业局在局中会议室召开紧急电话会议，传达伊春市市长滕昭祥对处理退休职工集体上访的指示，对如何做好退休职工集体上访工作作具体的安排部署。山下基层单位党政工青负责人参加会议，山上人员通过电话进行收听。下午，市长滕昭祥、副市长王利民听取180多名退休职工集体到局上访的情况汇报。

8月7—10日 伊春市委、市政府派市政府副秘书长马庆峰、市信访办副主任杨书敏、市信访办接待科科长马晓珊等一行4人的工作组，到林业局帮助解决退休职工集体上访的问题。

8月12日 林业局在局中会议室召开全局经济工作会议，传达黑龙江省委书记岳岐峰在铁力林业局考察时的讲话及滕昭祥在伊春市经济工作会议和全市民主管理工作会议上的讲话。局长杨国栋、党委书记韩连声先后在会上讲话。多种经营公司、林产工业公司、红旗林场、兴安林场、茂林河林场等林场（所）作典型发言。

8月12—18日 经济技术开发公司经理温风陪同国家林业投资公司森工项目部副处长文跃平、中闽（福建）项目开发公司副总经理胡健、国家林业投资公司资金部刘敛对黑河市进行考察，林业局驻黑河办事处主任、方达贸易公司经理赵德臣汇报公司创办情况和工作进展情况。

8月18日 林业局在党委会议室召开山下基层单位行政一把手会议，研究讨论如何做好退休职工集体上访工作。

8月29—31日 林业局党委书记韩连声、副局长周云飞和生产部副主任王连成到东方红林业局参加黑龙江省森工系统木材生产工作会议。会上，铁力林业局被评为全省10个木材生产先进林业局之一。林业局局长杨国栋和生产部主任董义富被评为全省森工系统先进个人，并在会上介绍林业局经验。

9月6日 林业局党委和林业局在松涛宾馆三楼会议室召开党政班子联席会。通报黑龙江省交办的信访案件调查情况和处理意见。伊春市纪委副书记杨振启和林业局党委书记韩连声分别对加强党风廉政建设问题提出要求。

9月7日 中顾委原委员陈雷、黑龙江省政协原副主席李敏到伊春市参加1994年小兴安岭森林节途经铁力时，在伊春市委秘书长王森业、铁力市副市长张德文、林业局多种经营公司经理姚志荣的陪同下，到林业局大理石制品厂、透龙山进行考察。

9月7—10日 林业局局长韩连声、副局长杨国栋和林产工业公司经理彭继德到伊春市参加小兴安岭森林节，林业局有九大类百余种山特产品、木制品和其他产品参展。

9月24日 林业局党委在木材加工厂会议室召开首次政工专业职务聘任会议。多种经营公司经理姚志荣和组织人劳部主任郭俊强分别公布高、中、初级政工职务聘任人员名单。党委书记韩连声在会上讲话，并对受聘的政工人员提出要求。

9月28日 林业局党委宣传部部长李永芳在党委会议室主持召开统战对象中秋佳节茶话会。

10月11日 伊春市市长滕昭祥、副市长孟宪斌、市政府办副主任李洪斌到林业局检查工作。林业局党委书记韩连声陪同到化工厂、刨花板厂、机械厂、木制品厂、大理石厂考察，并汇报林业局建设新林区启动的情况。

10月20日 以伊春市委政研室副主任高占国为副组长的检查组一行4人到林业局检查工作。林业局党委书记韩连声、纪委书记牛永春接待并汇报全局反腐败斗争工作进展情况。

10月25日 林业局党委在局中会议室召开党委工作会议，传达中纪委二次全会和黑龙江省纪委二次全会精神以及伊春市委七届十次全委扩大会议精神，公布《铁力林业局党委贯彻落实中央、省、市委近期反腐败斗争工作实施方案》《关于坚持从严治党、保持党政干部廉洁自律的十项规定》《铁力林业局党政领导党风政风工作责任制》。

10月27—28日 伊春市委检查组到林业局检查反腐败工作，同离休干部及林业局原领导刘恒义、祖万平、杨树范谈话，并到林业局兴安林场进行民意测验和到家走访。

10 月 29 日　国家林业投资公司总经济师党彤、黑龙江省森工总局副局长庄壮尤、伊春市副市长孟宪斌到林业局检查工作，林业局党委书记韩连声汇报林业局建设新林区启动的情况。

12 月 2—3 日　伊春市委在铁力林业局召开南片党委负责人汇报会，听取 1993 年年初市委部署的 11 件大事落实情况的汇报和林业局党委副书记马伟斌的工作汇报。伊春市委秘书长王森业、林业局副局长吕文斌出席会议。

12 月 11 日　林业局党委在局职工俱乐部召开欢送新兵入伍大会。

12 月 28 日　林业局在局职工俱乐部召开林业局严厉打击刑事犯罪分子大会。

12 月 31 日　林业局党委和林业局领导班子召开联席会议，总结改革工作的经验和教训。

1995 年

1 月　林业局对原林产工业公司实行母体裂变，对裂变后重新组建的兴达公司、胶合板厂、家具厂、综合厂、刨花板厂、宾馆、液化气站、印刷厂 8 个单位先后实行委托经营。

4 月 18—23 日　林业局局长杨国栋，党委副书记马伟斌，副局长姚志荣、王忠林，总经济师李岭峰，总会计师张泽荣，局工会主席詹恒海及办公部、计划部、生产部、组织人劳部、资源办、森调队、多种经营局计财科的主要负责人亲赴山上各林场（所）进行现场办公。

7 月 21—22 日　中国共产党铁力林业局第十五次代表大会召开。

8 月 9 日　林业局党委书记曹力卓在全局基层党政领导会议上，结合贯彻落实伊春市委全委（扩大）会议精神，强调要采取“四抓”措施，大力开辟经济发展第二战场，壮大非国有经济。（1）坚持改革发展同时，继续深化改革，转换经营机制，调动各种积极因素，集中精力发展壮大非国有经济，实现经济快速发展。（2）坚持上下领导分头抓。林业局要切实加强领导，落实包扶责任制，搞好全方位服务；基层单位要根据实际情况，制订发展规划，明确责任目标，积极开发投资少、见效快的发展项目。（3）两个文明一起抓。贯彻“两手抓”方针，采取典型引路的办法，提高精神文明建设的整体水平。（4）外学内扬结合抓。在虚心学习兄弟单位的发展经验的同时，认真总结本局本单位的发展经验，发扬成绩，巩固成果，培养典型，努力把各项工作搞上去。

8 月 20 日　在伊春市委八届三次全委（扩大）会议结束后，林业局党委采取积极措施，传达贯彻会议精神，并结合实际，确定林业局开辟经济发展第二战场的思路，决心借会议东风，抓住机遇，深化改革，转换机制，把各项工作推向一个新的高度。

1996 年

1 月 5 日　林业局召开局长办公会。会议就 1996 年机关招待费的分配及小汽车费用计划指标作出决定；修改通过财务科提出的《关于加强个人占用公款的管理规定》；决定撤销汽运处原有机构，成立铁力林业局经济实业开发公司（暂时名称），成立铁力林业局客运站；继续减少会议和检查次数。

2 月 29 日　林业局召开局长办公会。会议专题研究第三中学与第二中学合并事宜。

3 月 7 日　林业局召开局长办公会。会议通过劳动科提出的《铁力林业局建立劳动市场实施方案》；通过劳动科关于教育战线执行 10% 浮动工资情况的汇报及处理意见。

6 月 30 日　林业局茂林河、东方红两个林场同时接通网电。至此，山上林场（所）全部实现电网供电，结束建局 40 多年来无常电的历史。

8月3日　林业局召开局长办公会。会议决定撤销第一小学管理机构，学生和教师合并到第二小学、第四小学；将商业公司和物资供销公司列为基层单位，原行业管理职能不变。

8月21日　林业局召开局长办公会。会议决定森利公司改名为建兴木业公司，为局直属单位，实行委托经营；茂龙实用木制品公司为局直属单位，实行一企两制；原新林制板厂改为战友实业公司，实行租赁经营，内部实行股份合作制；机械厂、汇丰公司、松涛宾馆、百货大楼、亚楼商场实行租赁经营。

1997年

4月27日　林业局多种经营公司组成的5个开荒队和基层单位组成的26个开荒队陆续奔赴生产第一线，进行开垦荒原、清理地场。

6月初　黑龙江省有关部门代表国家“两基”验收团对林业局“两基”教育工作进行全面评估和验收。验收团对林业局“两基”工作给予肯定，认为充分体现了林业局党政领导“治穷先治愚、治愚办教育”的战略思想。

6月26日　黑龙江省共青团委书记高志江到林业局就深化改革新形势下的青工状况进行调查研究。他对林业局青年响应林业局党委和林业局的号召，积极投身到种、养、采、加、服等行业中自强自立、勤劳致富的实际行动给予充分肯定；对林业局团委为青年“找出路，辟新路，指门路”的做法非常赞赏，指出团组织只有在服务经济工作实践中才能服务青年，团组织的路子才能越走越宽，表示要把林业局共青团的工作做法向中央推荐，在全省共青团系统推广。

7月1日　林业局党委宣传部主办的《铁力林业简报》第一期创刊发行。

是日　林业局党委宣传部主办的“庆祝香港回归祖国板报展”与全局职工群众见面。

7月20日　林业部部长徐有芳到伊春市考察工作时，专程来到林业局，对林业局重视森防工作、取得连续20年无森林火灾的成绩给予充分肯定；称赞林业局深化改革，实施“一改两管三分”战略成功的做法值得在全国国有林区学习推广。

7月30日　林业局党委和林业局在局职工俱乐部召开庆祝中国人民解放军建军70周年大会。

是日　林业英雄马永顺被伊春市环保局、黑龙江省环保局和国家环保局推荐出席联合国环境规划署组织的“全球500佳”颁奖典礼。

7月31日　林业局召集纪委、宣传部、公安局、法院、检察院、科技科、电话所等单位的主要负责人到东方牧业有限公司现场办公。林业局局长杨国栋强调：全局各单位、各部门要为到林业局投资企业的投资方创造宽松的经济发展环境，谁也不许“管、卡、压”。

是日　林业局召开进一步深化“一改两管三分”战略、推行参股经营会议。提出工资实行企业化，实行风险抵押金形式进行参股经营，形式上叫模拟股份制。有条件的基层单位和企业整体逐步进入股份制，为实现现代企业制度打下基础。

8月7日　林业局党委书记曹力卓在丰林林场主持召开全局精神文明现场座谈会。

8月28日　林业局党委召开整顿企业党组织工作总结会议，林业局党委书记曹力卓在讲话中强调，要进一步巩固整顿成果，为企业发展服务。

8月30日　以伊春市妇联主席关艳芝为组长的市委检查组一行4人到林业局考察泥河农场、九连林场、印刷包装公司、塑料制品厂、经济实业开发公司，并参观林业局产品展厅。

8月31日　黑龙江省森工系统第二届劳动模范表彰大会在哈尔滨市召开。林业局被授予黑龙江省森工系统先进单位荣誉称号；林业局局长杨国栋被授予黑龙江省森工系统劳动模范标兵荣誉称号；

邵士文等5人被授予黑龙江省森工系统劳动模范荣誉称号。

9月4日　中共铁力林业局委员会下发关于认真学习贯彻中共十五大精神的通知。

9月7—9日　林业局党委和林业局组织离退休老干部、老职工、在岗职工及劳动模范组成的巡视考察企业代表团，历时3天，行程数百里，深入全局山上、山下14个生产经营单位巡视考察，调研企业生产经营、精神文明建设、职工生活、家庭经济、厂（场、所）发展替代产业等方面的情况。

9月10日　林业局在局职工俱乐部召开庆祝教师节暨教育系统“先、优、模”表彰奖励大会。

9月16日　林业局党委和林业局组织第8届老干部钓鱼比赛。

9月23日　林业局党委下发关于认真学习贯彻中共十五大精神的安排意见。

9月24日　林业局团委召开全局团干部及部分青年代表会议，认真学习中共十五大报告，领会十五大精神。

9月25日　林业局党委书记曹力卓在党委（扩大）会议上作题为《学习贯彻十五大精神，高举邓小平理论旗帜，努力把林业局各项事业办好》的讲话。

9月27日　中共第十五次全国代表大会代表、伊春市委书记滕昭祥及伊春市委副秘书长杨清和等领导到林业局调查研究，指导林业局学习中共十五大精神，研究加快企业发展大计。滕昭祥强调：发展林区经济只要有利于国家森林资源的保护和发展，只要有利于森工企业摆脱危困、走向振兴，只要有利于林区职工生活水平逐年提高，就应该放开胆量去干。

10月17日　林业局党委组织局机关党群部门领导召开座谈会，畅谈学习中共十五大精神体会。党委书记曹力卓在会上强调，要完整准确地把握十五大精神，认真学习中共十五大报告原文。

10月23日　林业局团委举办第一期林蛙养殖技术培训班，准备在全局筹建14个林蛙养殖基地。

11月14日　林业局召开副处级以上班子会。会上，伊春市委常委、宣传部部长沈志成和市委组织部领导传达黑龙江省委和伊春市委关于对杨国栋任职的决定。黑龙江省委常委会议决定：杨国栋任伊春林管局副局长。伊春市委决定：杨国栋任伊春市政府党组成员，继续任铁力林业局局长、党委副书记。

11月19日　林业局发布出售住房实施方案。按照铁力市《深化城镇住房制度改革实施方案》精神，林业局决定把1992年进行房产改革时余下的住房产权全部出售。

11月25日　林业局工会在松涛宾馆召开山下职工代表团组长联席会议，就北关、五花、三屯、王杨、东山5个农场实行承包经营和在企业中推行股份合作制的问题进行讨论。

11月26日　林业公安局二股派出所针对辖区内出现的部分青少年法律意识淡薄，利用节假日捕鸟、捉林蛙等违法现象，在二股学校召开贯彻实施《中华人民共和国野生动物保护法》宣讲大会。

11月28日　黑龙江省总工会副主席、黑龙江省劳模协会会长曹秀英和省劳模协会秘书长张世德代表省总工会专程到林业局走访慰问劳模，并看望林业英雄马永顺。

12月1日　林业局在卫星营林所召开的局长办公会上，决定对五花等5个农场及贮木场的土地实行承包经营，在印刷包装公司等3个生产经营单位实施股份合作制。

12月16日　林业局党委和林业局在刨花板厂会议室召开推行股份制改造工作会议。局党政领导、机关科室部办主要负责人及基层单位党政主要领导参加会议。

12月27日　伊春市委副书记、市长吴杰凯等到林业局调查研究时强调：要深化产权制度改革，加快经济发展步伐，为全市更好地发挥示范带头作用。吴杰凯说：铁力林业局创出了“一改两管三分”的工作经验，为全市改革发展做出了极其重要的贡献，发挥了好的示范带头作用。

1998 年

1 月 1 日　林业局党委和林业局下发关于开展三年改革回顾与展望活动的实施方案，决定于 1998 年第一季度在全局开展一次三年改革回顾与展望活动。

1 月 4 日　林业局党委中心学习组集中学习，深入贯彻伊春市委八届七次全会精神，明确解放思想、深化改革、促进全局工作再上新台阶的工作思路。

1 月 6 日　国家驻伊春林管局森林资源监督专员办事处在铁力林业局召开南片森林资源监督专员座谈会。

1 月 7 日　黑龙江省森工总局副局长邵树云到林业局走访慰问。

1 月 13 日　林业局局长杨国栋主持召开局长办公扩大会议，研究林业局深化改革和下一步发展的问题。杨国栋指出：铁力林业局深化改革，要在经营机制和体制上改革，向产权制度改革发展。

1 月 14 日　伊春市委常委、铁力市委书记李醒峰，伊春林管局副局长、林业局局长杨国栋代表伊春市委市政府和伊春林管局到林业局走访慰问特困下岗职工。

1 月 18 日　黑龙江省政协副主席马国良率春节慰问团到林业局走访慰问，看望林业英雄马永顺。

2 月 8—9 日　伊春市委、市政府召开全市三级干部会议。会上，市长吴杰凯强调：打铁力牌、唱铁力戏，学习推广铁力经验要上下不变调，不走样，连抓三年，夺取缓危解困攻坚战的全面胜利。林业局党委书记曹力卓代表林业局在会上作《路在开拓中延伸》的典型经验介绍。

2 月 23 日　由伊春市电视台摄制的反映林业局“一改两管三分”等工作经验的系列电视专题片《企业之光》开始在伊春市电视台播出。

2 月 27 日　林业局党委中心学习组成员集中学习讨论，确定今后工作的重点是认清全局工作形势，明确工作目标，谋划企业发展前景，深化改革，打好缓危解困攻坚战，促进全局各项工作再上新台阶。

是日　团中央青工部部长郭孝石到林业局就下岗青年职工状况进行调查研究。在对林业局转岗就业青年职工状况进行全面了解后，郭孝石对林业局青年在分流转岗就业过程中表现出的不等不靠、勇于开拓的精神给予充分肯定。

3 月 10—11 日　铁力林业局第十九次职工（会员）代表大会召开。

3 月 13 日　黑龙江团省委副书记夏立华等一行 4 人在伊春市委领导的陪同下，到林业局就新时期青年思想和青年工作进行调研。夏立华在同林业局青年代表座谈时说：“改革使共青团工作的难度增大了，同时党政领导的支持又给共青团工作创造了良好的外部环境，只要敢为人先，动起来，活起来，发展起来了就好，林业局青年做到了这一点。”

4 月 1 日　黑龙江省教委主任张惠芳、人事处处长王宏凯、办公室秘书长李君民在伊春市教委主任王世刚的陪同下到林业局了解企业办学情况，深入研究和探讨企业办学方向，调研企业办学中存在的问题，并提出相关意见。

5 月 16 日　铁力林业百货大楼股份合作公司正式成立。

5 月 20 日　伊春市人民政府、伊春市总工会组织召开全市职工家庭经济表彰奖励大会，林业局荣获“1997 年度发展职工家庭经济先进单位”荣誉称号。

5 月 24 日　林业局将自来水公司有偿转让给铁力市政府。

5 月 25 日　林业局改造家属区巷道和排水沟工程启动实施。

6 月 5 日　在俄罗斯首都莫斯科举行的“全球 500 佳”颁奖典礼上，马永顺被联合国环境规划署授予“‘全球 500 佳’环境奖”。

6月10日　林业局刨花板厂改制为亿利人造板有限责任公司。

6月15日　第九届哈尔滨经济贸易洽谈会开幕，林业局参展产品深受参会人员欢迎。

6月30日　林业局与福建省武夷山市宏达木制玩具有限公司合作创办铁力宏达木制品工艺有限公司。

7月10日　伊春市纪委监察局挂牌保护重点企业合法权益授匾大会在林业局召开。林业局等4家单位被确定为合法权益重点保护企业。

7月18—21日　林业局参加“’98小兴安岭森林节”。森林节期间，林业局参展项目成交额突破1.4亿元。

7月23日　林业局党委宣传部、团委和教委在日军掠夺我国木材资源的北关出河场遗址，为青少年“爱国主义教育基地”揭幕。

8月3日　绥化供电区铁力林业局城市配电网升压改造工程竣工。

8月31日　朱镕基总理在哈尔滨呼兰县利民镇沿江村亲切接见林业英雄马永顺。

是日　林业局第一中学喜迎校庆40周年。

10月22日　林业局党委和林业局在二股营林所举行“马永顺林场挂牌仪式”。

12月8日　林业局透龙山风景区首期工程竣工剪彩。

12月31日　伊春市委、市政府召开“扶贫解困献爱心”活动总结表彰电视大会，林业局荣获全市“1998年度扶贫解困献爱心活动”先进单位荣誉称号，杨军等10人荣获全市“爱心奉献者”先进个人荣誉称号。

1999年

3月5日　在全局经济工作会议上，林业局局长杨国栋提出全局经济工作要“四业并存”，形成“三分天下”，达到非国有经济占半壁江山的经济工作新思路。

4月26日　林业局欢送第一批转岗女工上山工作。

4月27日　马永顺以“五一劳动奖章”获得者的身份赴北京参加全国英模会。同时，应中华全国总工会、中央电视台的邀请，参加“五一”国际劳动节文艺晚会。

5月27—29日　共青团铁力林业局第十二次代表大会召开。

6月21日　林业局将自来水公司委托铁力市人民政府管理。

6月26日　伊春市委书记王利民在马永顺林场考察工作时，要求该林场的党政班子成员要站在时代的高度，带领全场职工群众大力弘扬马永顺精神，争当全市实施“天保”工程的排头兵、深化改革的排头兵、兴场富民的排头兵。

6月30日　林业局职工医院首例胃和十二指肠破裂吻合手术成功。

7月30日　林业局党委召开中心组学习会，集中学习《中共中央关于共产党员不准修炼“法轮大法”的通知》《中华人民共和国民政部关于取缔法轮大法研究会的决定》和公安部的相关通告。

7月31日　马永顺赴北京参加“全国十佳绿化标兵”颁奖大会。

9月14日　林业局全面推行干部任前公示制。

12月12—14日　由中宣部、全国绿化委员会、国家林业局、中共黑龙江省委共同主办的林业英雄马永顺模范事迹宣传活动全面展开。由中宣部组织的中央及北京市15家新闻单位记者组成的采访团深入铁力林业局，集中采访马永顺的模范事迹。

2000 年

1 月 19 日　伊春林管局副局长、林业局局长杨国栋代表伊春市政府走访林业局特困户。

2 月 10 日　23 时 50 分，马永顺突发性心肌梗塞，抢救无效逝世。享年 86 岁。

2 月 22 日　林业局党委作出关于进一步深入学习和大力弘扬马永顺精神的决定。

2 月 24 日　林业局组织职工收看中共中央宣传部等单位在人民大会堂礼堂举办的马永顺先进事迹报告会。林业局党委书记曹力卓、马永顺林场场长贾焕、马永顺长女马春华分别在报告会上作报告。

3 月 21 日　林业局召开工作会议，安排部署 2000 年工作任务。林业局局长杨国栋作《认清形势，加快发展，全面开创我局各项工作新局面》的报告。

4 月 18—19 日　伊春市委书记吴杰凯带领调研组到林业局调研。在做了详细的调查研究和实地考察后，吴杰凯发表重要讲话，动员全局上下统一认识，进一步完善、深化、发展铁力经验，由此推动全市"二次创业、富民兴市"战略目标的实施。

6 月 15 日　林业局召开全局副科级以上领导干部会议，宣布伊春市委关于对铁力林业局行政主要领导的调整变动决定：杨国栋不再兼任铁力林业局局长，回伊春林管局工作；王忠林任铁力林业局党委委员、局长职务。

6 月 30 日　林业局党委召开庆祝中国共产党建党 79 周年暨"先、优、模"代表表彰奖励大会。

7 月 10 日　林业局召开副科级以上领导干部会议，宣布伊春市委关于对林业局主要领导调整变动的决定：曹力卓任伊春市委组织部副部长，不再担任铁力林业局党委书记、委员职务；李鹏远任铁力林业局党委委员、书记职务，不再担任伊春市委政研室副主任职务。

10 月 11 日　林业局召开第五次全国人口普查工作会议，部署全局人口普查工作，计划对参加第五次全国人口普查工作的人员进行为期 2 天的业务培训。

11 月 13 日　林业局在《铁力林业简报》上发布富余职工一次性安置的实施办法。

2001 年

1 月 8 日　哈尔滨圣中集团和加拿大多顺集团人员到铁力市就在林业局投资建稻草板厂、共同开发旅游业和种植药材等事项进行商谈，并到林业局马永顺林场、龙虎日月峡风景区和贮木场拟建稻草板厂场地进行实地考察。

1 月 11 日　伊春市委、市政府春节走访慰问组到林业局走访慰问特困职工。

是日　林业局党政工领导走访离休老干部，看望特困职工，慰问马永顺的遗孀王继荣。

1 月 15 日　黑龙江省人大常委会副主任单荣范率省委、省政府春节走访慰问团到林业局走访慰问马永顺的遗孀王继荣。

2 月 14 日　林业局召开党政工作会议。局党政领导、机关科室部办负责人，各基层单位党政主要负责人参加会议。会议由局党委副书记郭俊强主持。副局长温风、工会主席李淑杰、纪委书记李永芳分别传达黑龙江省林区经济工作会议精神、伊春市委九届二次全委（扩大）会议精神及全市基层党组织建设工作会议精神。

3 月 2 日　林业局召开 2001 年全局校长工作会议。局直属中小学校校长和业务副校长共 30 多人参加会议。会上宣读林业局 2001 年教育工作计划，指出 2001 年林业局的教育任务是稳中求发展、改革中求质量。

3月5日 林业局各中小学校以“反对邪教、破除迷信、崇尚科学、传播文明”为主题，开展“学校拒绝邪教”活动。

5月1日 东北林业大学部分师生在马永顺林场造林基地竖起“东北林业大学绿色使者协会纪念林”的标牌。

7月12日 林业局党委召开“三个代表”重要思想教育活动动员大会。林业局党委和林业局领导李鹏远、王忠林、姚志荣、王育才、温峰、刘福春，伊春市委派驻林业局“三个代表”重要思想学教活动指导督查组成员，局机关科室部办负责人，各基层单位党政负责人，局党委“学教办”成员，局派驻各基层单位指导督查组成员参加大会。

7月16日 林业局日月峡国家森林公园举行开园剪彩仪式。林业局将日月峡国家森林公园列入全局“十五”计划并进行深入开发，力争把日月峡国家森林公园打造成集森林探险、水域漂流、科学考察、享受自然、健身养生于一体的旅游度假休闲胜地，以吸引中外游客。

是日 由上海忠林石材公司总经理闫忠林投资开发建设的林业局旅游景区“水上乐园”举行开园剪彩仪式。“水上乐园”位于建设营林所依吉密河畔，占地90公顷。

9月24日 黑龙江省森工系统和伊春市劳动模范、林业局职工孙江因病医治无效逝世，享年75岁。

9月26日“林业英雄马永顺”纪念碑举行揭碑仪式。碑名由中共中央政治局常委、全国政协主席李瑞环题写。纪念碑位于马永顺林场516林班，占地面积180平方米，高9米，长20米，宽2米。

2002年

1月24日 黑龙江省政协主席马国良和副省长申立国率省委、省政府慰问团到马永顺家走访慰问。

5月9日 林业局党委和林业局召开森林防火紧急会议。林业局党政班子成员、林业局森林防火指挥部成员及有关部门负责人参加会议。

5月10日 伊春市委书记吴杰凯、市长李延芝带领市政府机关干部和驻伊春部队部分官兵，在林业局党委书记李鹏远等人的陪同下，到马永顺林场造林基地植树造林。

5月17日 林业局成立关心下一代工作委员会。

5月23日 伊春市第6届文艺创作奖揭晓，林业局曹峰的《马永顺传》获一等奖，王柏成的散文集《记忆深处》获二等奖，李学东的报告文学《走出风雨迎阳光》和刘淑清的泥塑《老英雄》获三等奖。

5月29日 林业局党委宣传部和林业局计划生育办在全局开展以“救助一个贫困母亲，建立一个幸福家庭”为目的的募捐献爱心活动。

6月7日 林业局举行为建设家园、美化林城做贡献的捐款仪式。

6月8—9日 伊春市“伊动杯”公民道德建设知识竞赛在伊春电视台演播大厅举行。铁力林业局代表队荣获大赛优秀奖。

6月15日 林业局党委召开中心学习组（扩大）会，认真学习江泽民总书记在中央党校省部级干部进修班毕业典礼上的重要讲话。

6月28日 林业局党委召开庆祝中国共产党建党81周年暨“先、优、模”代表表彰奖励大会。

7月10日 林业局教育科在机关四楼会议室召开全局班主任工作经验交流暨校长赴美国考察报告会。全局直属中小学及山上各林场（所）学校的负责人及班主任教师200多人参加会议。

7 月 15 日　林业局党委印发关于在全局党员中开展“三个带头人”活动的实施细则。

7 月 27 日　林业局举办政法系统纪念中国人民解放军建军 75 周年广场文艺晚会。

7 月 29 日　由国家林业局规划设计院设计的林业英雄马永顺陵园在马永顺林场破土动工。

8 月 13 日　中央电视台“心连心”艺术团演出小分队到林业局马永顺林场慰问演出。同时，举行中央电视台第 10 届全国青年歌手电视大奖赛（专业组）金奖颁奖仪式。

8 月 17 日　为纪念中国人民抗日战争胜利 57 周年、中国人民解放军建军 75 周年，由抗联老战士李敏及后代组成的代表团到林业局追寻抗联遗迹，缅怀先烈，重走抗联路，进行革命传统教育。林业局局长王忠林陪同代表团参观考察北关出河场遗址、滚鞍岭战斗遗址、北满省委老金沟遗址、保马文物展室等地。在保马文物展室，李敏将她亲手制作的抗联战士形象工艺品赠送给展室，并宣读一封致年轻朋友的信。

10 月 11 日　林业局工会主席李淑杰参加伊春市扶贫解困办公室在林业局召开的扶贫验收座谈会。

10 月 15—17 日　由林业局党委书记李鹏远带队，主管农业多种经营的副局长、党办、科技科、农业科、病防站等有关人员组成的调查组，深入到山上各林场（所）职工家庭，对平贝的种植管理、病害防治、价格走向、市场跟踪、经济效益等情况进行专项调查研究。

10 月 25 日　林业局党委书记李鹏远参加伊春市增收节支工作会议。

11 月 4 日　林业局局长王忠林主持召开局长办公会，听取木材生产准备、马永顺纪念馆布展、减免报刊征订、改制企业土地资源、走访帮扶等工作的进展情况。

11 月 6 日　林业局党委和林业局召开第 29 次党政联席会，重点研究部署如何做好中共十六大期间的信访稳定工作。

11 月 11 日　林业局党委和林业局召开第 30 次党政联席会，对全局信访稳定工作进行再一次部署。各包保领导对各自的包保对象的情况进行汇报。

11 月 12 日　林业局局长王忠林、党委副书记李永芳率有关部门负责人冒雪到向阳林场实地踏察，为老知青马志德寻找发展养猪的合适场所。

11 月 13 日　林业局局长王忠林率有关部门人员帮助老知青刘云甫到高峰、石门河附近寻找养殖黄牛场所。

是日　林业局副局长刘录江到哈尔滨市就兴达公司被信达公司兼并事宜进行洽谈协商。

11 月 18 日　林业局局长王忠林接待老知青代表，解答老知青要上访解决的问题。

11 月 29 日　林业局党委和林业局召开第 31 次党政联席会，传达伊春市党政领导干部大会精神、再就业工作会议精神，讨论林业局政务公开实施办法。

是日　林业局党委书记李鹏远、局长王忠林接待要进京上访的老知青，对他们做耐心细致的思想工作，使他们暂不进京。

12 月 5 日　林业局党委和林业局召开学习传达贯彻中共十六大精神会议。局党政领导、基层单位党政负责人、局机关副科级以上干部参加会议。

12 月 7 日　林业局局长王忠林主持召开稳定工作会议，通报老知青进京上访情况。

12 月 25 日　林业局党委书记李鹏远、局长王忠林主持局长信访接待日。

是日　林业局副局长刘录江参加全市再就业情况汇报会。

12 月 27 日　林业局工会召开扶贫解困捐款捐物动员大会。

是日　林业局召开落实全局低保人员会议。

是日　林业局局长王忠林主持召开全局工资补贴会议。

12 月 31 日　林业局局长王忠林召集资源科、营林科、森调队、计划科等部门负责人开会，专题研究开展营造民有林问题。副局长刘文祥传达《伊春市政府办公室关于作好全市发展民有林调查规划编制工作的通知》和《中共伊春市委办公室、伊春市政府办公室关于印发对伊春市发展非公有制林业试点工作实施细则的补充规定的通知》。会上成立局营造民有林工作领导小组，并制定营造民有林的优惠政策。

2003 年

1 月 4 日　林业局局长王忠林主持召开局长办公会，专题研究制订营造民有林规划，对优惠政策作讨论补充。

1 月 6 日　林业局党委书记李鹏远、局长王忠林到伊春市参加市委九届九次全委扩大会议。

1 月 7 日　林业局党委书记李鹏远、局长王忠林、工会主席李淑杰到伊春市参加全市扶贫解困工作会议。

1 月 8 日　林业局党委和林业局召开第 32 次党政联席会议。传达伊春市委九届九次全委扩大会议精神及第三轮扶贫解困动员大会精神，兑现“爱民工程”责任状情况，安排部署春节期间活动。会议由局长王忠林主持，党委书记李鹏远讲话。

1 月 10 日　林业局局长接待日。局党政领导全部参加接待活动。

1 月 14 日　黑龙江省森工总局机械能源局局长于小波、伊春林管局木材生产局局长潘若飞一行 4 人到林业局检查机械设备管理工作。林业局机械管理科科长汪志忠汇报工作情况。

是日　林业局副局长刘文祥主持召开安全工作会议，研究部署全局安全工作。安技科、公安局消防科、工会、客运、路管等部门领导参加。

1 月 15—16 日　林业局党委书记李鹏远、副局长刘录江、工会主席李淑杰、组织部部长贾焕带领有关部门人员，走访看望老干部、老军人、劳动模范、特困职工、贫困党员和老知青。

1 月 17 日　林业局党政领导听取马永顺事迹展室布展工作人员汇报布展方案和构思。会议由党委副书记姚志荣主持。

1 月 22 日　黑龙江省委副书记周同战到林业局进行走访慰问，并看望马永顺的遗孀王继荣。

1 月 23 日　林业局局长王忠林、副局长刘文祥在九连林场主持召开部署 2003 年五味子基地建设会议。资源、森调、向阳、九连、泥河等部门和林场（所）有关人员参加会议。

1 月 25 日　当日为信访接待日。林业局局长王忠林，副局长刘录江、赵有峰到信访办公室接待来访群众。

是日　林业局局长王忠林到三屯养殖基地走访慰问下岗职工，并送去慰问品。

1 月 26 日　林业局党委和林业局召开山上林场（所）工作会议。会议听取山上各林场（所）2002 年的工作汇报和 2003 年的工作思路。林业局局长王忠林、党委书记李鹏远分别讲话。会议由副局长刘文祥主持。

1 月 28 日　林业局木材价格领导小组召开会议。列席参加的有 40 多名林业局的木材客户。

2 月 22 日　林业局在第一中学会议室召开临时党政联席会，研究讨论职工提案解答问题。会议由局长王忠林主持。

2 月 24 日　林业局党委和林业局召开第 33 次党政联席会。“两办”、工会有关人员列席会议。会议讨论研究确定职代会各项议程和各项准备工作；讨论通过行政、党务、工会、提案解答 4 个报告及增补大会主席团人员名单。

3 月 1—6 日　林业局团委组织开展弘扬雷锋精神、争做新世纪青年的“学雷锋活动周”系列活动。

3月4日　伊春市政协副主席柴振山带领民有林工作调研组到林业局调研。林业局局长王忠林汇报林业局民有林工作开展情况，林业局党委书记李鹏远、副书记姚志荣、副局长刘文祥及资源科、营林科、森调队、办公室等有关部门领导参加座谈会。

3月11日　林业局党委和林业局召开第34次党政联席会。传达伊春市纪委工作会议、伊春市总工会八届十次全委会议、伊春市政法工作会议、伊春市计划工作会议、伊春市安全工作会议、伊春市城防工作会议、伊春市卫生工作会议精神。林业局财务科科长李臣在会上公布2002年财务支出情况及2003年财务支出计划。会议由党委书记李鹏远主持。

3月17日　林业局召开局长办公会，劳动、卫生部门有关人员出席会议。会上讨论医药费管理、工伤管理、老干部医药费管理等问题，并制订新的医疗方案。

3月25日　林业局局长接待日。林业局局长王忠林，副局长刘录江、赵静波，各战线主管领导李淑杰、王希才参加接待活动。

4月1日　林业局召开全局信访工作会议，党委和局领导王忠林、姚志荣、刘录江、李永芳、刘福春参加会议。山上林场（所）党政负责人及山下基层单位党政一把手参加会议。

4月3日　林业局局长王忠林发布关于实施全局春季森林防火戒严期的命令，并亲自到防火办对山上各林场（所）领导春防值班在岗在位情况进行检查。

4月6日　《铁林简报》总第186期刊登该报记者就林业局“老知青”串联上访问题对铁力林业局负责人的专访，同时专刊《黑龙江省人民群众来信来访工作的规定》《黑龙江省处理群众集体上访工作的暂行规定》《黑龙江省人民群众逐级上访须知》《信访条例》。

4月7日　林业局召开局长办公会，就职工医疗基本保险参保办法进行讨论决定。

4月17日　林业局党委书记李鹏远、局长王忠林主持第104次党委会。会议听取局党委组织部部长贾焕关于调整局扶贫解困工作领导小组及成立局推行“六项制度”、“优化”服务环境工作领导小组的建议。

4月25日　林业局召开全局防治“非典”工作会议。会议由副局长刘录江主持。局长王忠林在会上指出，做好非典型肺炎防治工作关系重大，要以对全局职工群众高度负责的精神，团结一致，扎实工作，全力抓好非典型肺炎疫情防治工作，为全面完成全局2003年的各项任务而奋斗。各基层单位、林场（所）党政一把手、卫生人员参加会议。

4月29日　林业局召开森林防火指挥部成员工作会议。传达伊春市政府关于下派春防检查组和组织春防巡查组的紧急通知精神，落实林业局春防巡查工作。

4月30日　林业局党委印发关于在防治非典型肺炎斗争中充分发挥党组织战斗堡垒作用和党员先锋模范作用的通知。

5月6日　林业局召开局长办公会，研究讨论圣中集团拟开发日月峡有关事宜。

5月7日　林业局召开防治“非典”紧急会议，传达伊春市委、市政府防治“非典”电视电话会议精神，部署林业局“非典”防治工作。

5月12日　林业局召开局长办公会，对防治“非典”所需的医疗设备和药品进行研究商定和专题部署。

5月20日　林业局召开信访领导小组会议，传达伊春市信访工作会议精神，落实林业局信访工作任务。林业局信访领导小组成员参加会议。

5月27日　林业局党委和林业局召开第37次党政联席会，传达伊春市信访办公室口头紧急通知，部署林业局信访工作。

是日　伊春市市长李延芝到林业局考察森林资源管护经营承包责任制和发展大项目情况。

5月30日　林业局召开局长办公会，对林政防火、平贝基地选址、城镇建设等工作进行部署。

是日　林业局召开信访工作会议，着重对外地传入林业局的《退休职工养老金附表》流传情况进行调查、部署，避免不稳定因素。

6月12日　黑龙江省圣中集团为林业局捐资22万元建设松涛生态园入园石拱桥。捐资建桥开工仪式在林业局松涛生态园址前举行。林业局党委和林业局领导、机关科室部办人员参加捐款开工剪彩仪式。

是日　林业局召开森工企业债务处理工作会议，传达黑龙江省森工总局召开的全省森工企业债务处理工作会议精神，部署林业局企业债务处理工作。

6月16日　林业局召开局长办公会，部署全局环境污染整治工作，决定在全局开展“保护绿色家园，清除白色垃圾”大会战。

6月17日　林业局党委和林业局召开第38次党政联席会，传达伊春市委“两风”建设会议精神，部署全局“两风”建设工作。

是日　黑龙江省森工总局资源局李忠、赵丰年带领省“天保”工程检查组，到林业局检查“天保”工程进展情况。

6月18日　林业局筹划创建的松涛科技创业园区举行揭牌仪式。伊春市副市长王志山、科技局局长王伟光，铁力林业局党委书记李鹏远、局长王忠林参加仪式。

是日　黑龙江省森工总局副局长刘忠敏带领“联心工程”调研组到林业局，就“天保”工程运作情况进行调研。伊春市林管局副局长马建路、市资源局局长李进祥等陪同调研。

是日　林业局党委委员扩大会议暨“两风”建设动员大会在局办公楼四楼会议室召开。会议由局长王忠林主持。纪委书记李永芳传达市委“两风”建设工作会议精神，党委书记李鹏远讲话。各基层单位党政一把手、各科室部办主要负责人参加会议。

6月23日　国家林业局驻黑龙江省专员姜春芳、伊春市林管局副局长马建路到林业局调研民有林发展情况。

6月30日　林业局召开全局基层单位党政一把手工作会议。局长王忠林对当前全局的防汛工作进行安排部署，要求各林场（所）、农场迅速开展一场全局性的“清理白色垃圾大会战”。同时，通报伊春市委经济工作会议将以“走着开”的形式进行，要求各单位做好准备工作。

是日　林业局召开局长办公会，对保护山上林场（所）平贝收获工作和加强供电线路改造工作进行部署。

7月10日　伊春市委工作会议以“边走边看”的形式开到林业局。与会领导分别考察林业局养牛基地、养鹿基地、兴达公司、松涛公司等场点。

7月19日　林业局在松涛广场举办劳动用工洽谈会，为下岗职工再就业搭建信息平台，提供信息服务。洽谈会上共接待咨询人员1000多人，提供用工信息500多条，现场与133名下岗职工签订劳动用工合同。

7月31日　国家林业局“天保”工程工作组到林业局检查“天保”工程工作情况。

8月4日　林业局召开局长办公会，部署当前防汛工作，通报国家林业局“天保”工程检查组对林业局“天保”工程的检查结果。

8月6日　林业局党委和林业局召开党政班子联席会，传达省森工总局常委工作会议精神，讨论局长王忠林在局党委（扩大）会议上的报告及《铁力林业局发展建设小康社会远景规划》《招商引资优惠政策和向上争取资金奖励办法》。

8月14日　林业局召开局长办公会，研究部署制止当前山上发生五味子被掠采的现象，安排公安局出警上山驻防。

是日　深夜，林业局遭遇一场几十年不遇的强暴雨、冰雹袭击，时间长达5个小时，平均降雨量

130 多毫米，最高时段降雨量 150 毫米以上。暴雨致使山洪暴发，施业区内的欧根河、茂林河、依吉密河等水系全部暴涨出槽，造成山上林场（所）及农场交通、通信、输电线路全部中断，林企公路路基、路面被冲毁多处，桥涵被冲走或冲毁，农田被淹，苗圃进水，部分职工家受灾，水深达 1.5 米，受灾损失严重。

8 月 17 日　林业局召开防汛工作碰头会，通报山上林场（所）受灾情况，要求全局山上合力抢险救灾。林业局防汛领导小组成员参加会议。

8 月 21—22 日，两场暴雨再次袭击林业局。暴雨来得急，雨量大，持续时间长，加大了林业局的受灾程度，扩大了受灾面。

11 月 14 日　伊春市市长、伊春林管局局长许兆君带领市政府有关人员到林业局对企业发展情况进行调研。

11 月 15 日　林业局连续 26 年实现无森林重大火灾，同时实现 2003 年森防工作无火情、零火警的突破。

12 月 15—17 日　中国共产党铁力林业局第十六次代表大会召开。参加会议的代表 146 名。会议由林业局局长王忠林主持，林业局党委书记冯玉胜代表中国共产党铁力林业局第十五届委员会作题为《与时俱进，加快发展，为建设林区全面小康社会而努力奋斗》的工作报告。大会选举产生中国共产党铁力林业局第十六届委员会。

12 月 24 日　以国家林业局工作总站副站长李近如为组长的国家林业局林权制度改革调研组来到林业局，就林权制度改革进行专项调研。

12 月 27 日　铁力日月峡滑雪场举行开业庆典暨首滑式。

2004 年

1 月 17 日　伊春市委书记杨喜军、市委副书记姚大为，市委常委、市委秘书长李洪斌及市总工会、市委办领导到林业局看望马永顺的遗孀王继荣。

2 月 7 日　林业局职工医院组织医疗小分队分别到山上各林场（所）进行巡回医疗，负责为各林场（所）的职工群众检查诊断各种疾病。

2 月 22 日　林业局党委书记冯玉胜主持召开第 5 次党委会。会议议题是讨论《关于加强基层单位机构规格、领导职数和干部职数管理意见》；讨论《关于加强干部管理若干问题规定》；听取职代会和团代会筹备工作情况；讨论干部任命。

2 月 29 日　林业局党委书记冯玉胜主持党政班子第 1 次联席会议。会议议题是听取纪委书记李永芳传达上级工作会议精神和信访办主任李伟关于信访稳定工作情况的汇报；讨论局长王忠林在党政工作会议上的讲话、冯玉胜在党政工作会议上的讲话、2002 年和 2003 年两个年度的“先、优、模”名单、局职代会提案报告、2004 年各项指标计划、2004 年度基层党政班子目标管理责任状；公布 2003 年度“爱民工程”考核结果。

3 月 3—5 日　共青团铁力林业局第十三次代表大会召开。

3 月 4 日　伊春市委书记杨喜军一行在林业局党委书记冯玉胜、局长王忠林等人的陪同下，到林业局调研、指导工作。杨喜军强调，林业局要坚持科学发展观，全力以赴培育新兴产业，深化改革，强化管理，真正实现全面可持续发展。

3 月 8—9 日　铁力林业局第二十次职工（会员）代表大会召开。

3 月 16 日　黑龙江省唯一一所独立设置、为畜牧兽医行业培养高等技术应用型人才的实训基地——黑龙江畜牧兽医职业学院外教学实训基地，在林业局松涛高产奶牛胚胎移植繁育基地揭牌。

3月31日　伊春市市长许兆君、伊春市林管局副局长杨国栋等一行到林业局对2004年春季森防工作进行检查。

4月9日　林业局党委和林业局召开全体机关干部大会，贯彻林业局第十六次党代会和党政工作会议精神。党委副书记李成林在大会上强调指出，机关干部要进一步解放思想，更新观念，破除等靠意识，积极兴办产业，兴办实体，自我解困，自求发展，为全面实现林区小康社会而努力奋斗。

4月21日　林业局党委书记冯玉胜主持第4次党政联席会议。会议议题是通报采伐“三总量”检查情况；做好迎接国家林地检查工作；做好奶牛养殖业的政策调整。

4月26日　林业局局长王忠林主持参加第5次党政联席会议，讨论《铁力林业局森林资源经营方式改革实施方案》。

12月22日　铁力林业局局长王忠林上调伊春市，张泱接任铁力林业局局长职务。

2005年

1月1日　林业局党委和林业局发表新年献词——《迎接更加光辉灿烂的明天》。

1月3日　林业局局长张泱深入山上各林场（所）和山下部分改制企业考察，详细了解各企业在发展接续产业、开拓外部市场中所做的工作。听取林场（所）党政班子和改制企业负责人的工作汇报，了解各单位、企业在生产和工作中存在的困难和问题。

1月7日　铁力林业公安局举行捐款仪式，为“黑龙江省公安民警英烈基金会”捐款。

1月15日　林业局党委和林业局召开新兵入伍座谈会。党委副书记刘福春在会上讲话，鼓励全局入伍新兵安心服役，苦练本领，为家乡和亲人争光。入伍的16名新兵一致表示，入伍后听党的话，争取立功，报效祖国和家乡父老。

1月16日　林业局警示教育活动全面启动。

是日　铁力林业公安局森保大队对木材加工点进行专项清理检查。

1月17日　林业局组织林政、公安、资源、纪检监察等部门，由副局长刘文祥带队，深入到15个林场（所）和10个直属农场，对资源管理情况进行检查。

1月20日　林业局曹峰等9人被黑龙江省作家协会授予“培育文学新苗优秀工作者”荣誉称号。

1月22日　林业局举办交通安全培训班，对从事木材生产运输的司机和林场（所）负责人进行交通安全培训。

是日　林业局在建设营林所举行公开加强烧柴管理工作现场标定会，主要针对13厘米以下的小径原木实施现场标定。

是日　林业局木材稽查大队查获一起盗伐林木案件。行为人王某盗伐林木1.2立方米，稽查大队依法对其进行处罚。

1月24日　黑龙江省森工总局春节走访慰问团到林业局走访看望马永顺的遗孀王继荣。

1月26日　林业局党委召开保持共产党员先进性教育动员会。林业局机关、公检法部门中层领导干部、各基层党组织负责人及局保持共产党员先进性教育活动领导小组成员参加会议。

1月27日　铁力林业公安局交警大队干警到局敬老院看望老人。

1月28日　林业局党委举办保持共产党员先进性教育督导组及领导骨干培训会议。

1月31日　林业局党委书记冯玉胜、局长张泱等党政班子成员走访慰问部分离退休老干部和劳模代表。

2月1日　林业局党委书记冯玉胜在局防火负责人的陪同下，对3户贫困人员进行走访慰问。

是日　林业局党委副书记刘福春、宣传部部长王景峰走访慰问部分统战工作对象和老军人。

是日　以黑龙江省委副书记周同战为团长的省委、省政府第五走访慰问团到林业局走访，看望马永顺的遗孀王继荣。

2月2日　林业局党委和林业局举办老干部迎春茶话会。党委书记冯玉胜、局长张泱、党委副书记李成林、组织部部长兼老干部办主任贾焕与60名老干部欢聚一堂，喜迎新春佳节。

2月3日　林业局党委和林业局举办迎新春团拜会，来自全局各条战线的代表和部分老干部、老军人、老劳模、老工人代表欢聚一堂，喜迎新春佳节。

2月4日　林业局局长张泱、副局长刘录江、工会主席李淑杰到部分特困混岗职工家庭探望。

是日　林业局职工医院医护人员到局敬老院为老人义诊。

是日　林业局机关工委举办共产党员先进性教育辅导讲座。党委副书记李成林为机关党员干部进行集体辅导。

2月5日　伊春市委书记杨喜军到林业局探望马永顺的遗孀王继荣。

是日　林业局党委和林业局召开党政工作会议。确立"念山水经、打绿色牌、发养殖财、走特色路"的工作思路，集全局之力打造大工业、大畜牧业、大农业、大旅游、大招商的经济发展新格局，达到职工致富增加效益，完成上缴指标，各项工作争排头、创一流，年度考核进入全市一类一档，为林业局继续做出新贡献的奋斗目标。

是日　林业局主管消防安全的副局长刘录江及有关部门人员深入到兴达公司、森龙木业等木制品加工企业的生产车间、值班室，重点对机械设备、用电设施、消防器材进行消防安全大检查。

2月5—7日　林业公安局在全局开展集中打击违法犯罪和整治社会治安的"05—1号"专项行动。

2月16日　林业局开展清运路面积雪和垃圾会战。全局机关干部、公安干警、专业卫生清扫队参加。

2月18日　林业局举办一季度警示教育画展。

3月1日　林业局制定依法治火、力争28年无重大森林火灾的工作目标。

3月7日　林业局召开"三八"妇女节座谈会。

3月15日　林业局发布2005年春季森林防火命令。要求全局认真落实森林防火责任制，切实做好森林防火宣传工作，严格规范野外用火行为，加强对进入林区人员的检查管理，坚持以人为本、安全防火、科学防火的新理念，积极做好预防和扑救工作。

是日　林业局党委和林业局开展"走近百姓、共谋发展"主题实践活动。

3月18日　林业局就业局组成党员基层服务小分队，深入全局15个林场（所），帮助下岗失业人员选择再就业项目，组织下岗人员进行订单式就业培训。

3月25日　林业局党委召开共产党员先进性教育分析评议动员会，对先进性教育分析评议的现阶段工作进行安排部署。

是日　林业局召开2005年春季森林防火指挥部成员会议，安排部署森林防火工作，并通过《铁力林业局春季护林防火工作方案》《扑救特大森林火灾预案》。

3月29日　林业局召开经济工作会议，安排部署2005年各项经济工作。会上党委书记冯玉胜、局长张泱分别与基层单位党政主要负责人签订2005年度指标考核责任状。

4月4日　林业局党委宣传部、团委、教育科联合组织中小学生500余人参加以"缅怀英烈、育爱国情操、放飞理想、铸民族精神"为主题的集体祭扫活动。

4月5日　林业局森林防火指挥部组织有关部门深入到各林场（所），对清明节上坟烧纸等违规行为进行检查。清明节期间，林业局纪委抽调林业公安局交警大队、林区电视台人员组成联合检查组，对公车私用扫墓的行为进行检查。

4 月 7 日　林业局召开城镇防火指挥部成员会议，传达伊春市城镇防火工作方案并学习《铁力林业局防火救援及处置突发事件应急预案》。林业局局长、局城镇防火指挥部总指挥张泱在会上讲话。

4 月 8 日　林业局党委书记冯玉胜深入到东方红林场调查研究。

4 月 9 日　林业局林政科、二股派出所、建设派出所组成联合调查组深入到鹿鸣林场、建设营林所等单位进行烧柴检查。

4 月 11 日　在伊春市职工自营经济总结表彰大会上，铁力林业局和林业局养牛大户王晓冬受到表彰。泥河营林所、第一中学获模范集体荣誉称号，韩冰峰获特级劳动模范称号，林业局另有 13 人获劳动模范称号。

4 月 14 日　林业局城镇防火指挥部组织公安局消防科、安全技术监督科、林政防火科成立检查组，对辖区内木材加工企业、易燃易爆等消防安全重点单位进行抽查。

4 月 15 日　林业局分别召开安全生产、营林、计划生育工作会议，对 2005 年的安全生产、营林和计划生育工作进行安排部署。

5 月 1 日　林业局对“五一”假期期间的安全防火工作作出部署。

5 月 6 日　林业局党委书记冯玉胜深入到东方红林场、茂林河林场和大伟亚麻纤维有限责任公司调查研究。

5 月 8 日　伊春市委常委、宣传部部长华景伟一行到林业局，就集中开展创建千里文明交通线行动进行检查。

是日　林业局党委副书记、纪检委书记李永芳深入到丰林林场走访调研，解答群众关心的热点难点问题，了解党风廉政建设情况。

5 月 10 日　林业局召开职工自营经济研讨会。

5 月 13 日　伊春市党史研究室主任金学权到林业局调查抗日战争时期铁力林区人员伤亡和财产损失情况。

6 月 1 日　林业局党委宣传部、教育科、团委联合举办庆“六一”少年儿童文体活动会。

6 月 8 日　林业局制定下发《铁力林业局医疗费管理办法》。

6 月 10 日　林业局党委书记冯玉胜、局长张泱、副局长盛永国及有关部门负责人参加哈尔滨经济贸易洽谈会，在会上向参会人员介绍林业局招商引资的优惠政策及优势条件。大连群峰投资管理有限公司、内蒙古伊利实业集团股份有限公司和民营企业业主李大伟分别与林业局签订意向合同。

6 月 14 日　林业局党委副书记、纪检委书记李永芳到丰林林场考察平贝种植情况。

6 月 18 日　马永顺中学党支部组织全校党员和积极分子到马永顺林场参加抚育劳动。

6 月 28 日　林业局党委副书记李成林率鹿鸣林场党政领导和平贝种植户到丰林林场实地考察平贝种植技术。

6 月 30 日　林业局党委召开庆祝中国共产党建党 84 周年暨“先、优、模”代表表彰奖励大会。党委副书记、纪检委书记李永芳主持大会。会议上表彰各条战线涌现出来的党员先进工作者、优秀党员和党员劳模。

7 月 9 日　林业局党委召开第二批先进性教育活动工作会议，安排部署第二批先进性教育活动工作任务。党委副书记李成林主持会议。党委书记冯玉胜在会上讲话。伊春市委督导组人员出席会议，并就铁力林业局第一批先进性教育活动进行总体评价。

是日　林业局党委召开第二次保持共产党员先进性教育活动骨干分子培训会议。全局基层单位的党员、支部书记、专职副书记，先进性教育活动办公室和督导组成员参加会议。

7 月 13 日　林业局局长张泱等人深入到山上林场（所），察看刚竣工的四公里半大桥、黑河营林所大桥和茂林河大桥。

7 月 14 日　林业局局长张泱、党委组织部部长贾焕、副局长盛永国深入到丰林林场，围绕保持共产党员先进性教育、职工自营经济、生态林场（所）建设等方面的情况进行调查研究。张泱一行还询问林场大龄青年的婚姻问题，并深入到家属居民区实地察看林场文明建设的情况。

7 月 20 日　民进铁力林业局支部荣获 2004 年度全国先进基层民进组织称号。

7 月 21 日　伊春市政协副主席姜海涛率领市环保局、市科协等部门的负责人到林业局，就生态畜牧业发展情况进行专题调研。

7 月 23 日　中央政法委副秘书长、中央社会治安综合治理委员会办公室主任陈冀平一行在伊春市委副书记张学平的陪同下，到林业局马永顺林场和二股派出所就社会治安综合治理工作进行考察。陈冀平对马永顺林场和二股派出所为确保社会稳定所做的工作及取得的成绩给予充分肯定。

7 月 26—27 日　林业局党委副书记李成林深入到部分农场调查研究，认真询问党员队伍状况和党员先进性教育学习提高阶段开展情况。

8 月 2—5 日　林业局召开第 23 届体育运动大会。来自全局的 3000 多名运动员参加 300 多个体育项目的比赛。

8 月 8 日　伊春市政府助理巡视员齐秀娟率市政府教育局负责人到林业局走访慰问一线贫困教师和退休教师，表达市委、市政府对林业局教师的关怀。

8 月 9 日　林业局召开教师节表彰奖励大会，表彰奖励来自全局教育战线的优秀教师、优秀教育工作者、铁林园丁及尊师重教先进个人、尊师重教先进单位。

8 月 12—15 日　林业局党委副书记刘福春，工会主席李淑杰，宣传部部长王景峰，副局长盛荣国、刘文祥、宗元率林场（所）党政领导和非国有经济有关部门的负责人，分别前往新青、桃山、五营、友好等林业局和铁力市，就非国有经济、商品林流转、管护经营及职工自营经济发展情况进行参观学习。

8 月 13 日　林业局党委和林业局组织老干部到山上部分林场（所）和山下部分改制企业参观考察生态林场（所）建设、职工自营经济和招商引资取得的成果，感受近年来林业局的发展和变化。

8 月 15 日　林业局举办《信访条例》培训班。伊春市政府副秘书长任洪利应邀在培训班上作辅导。全局副处级以上领导干部、基层单位党政负责人、局机关各部办负责人及从事信访工作的人员参加培训。

8 月 20 日　伊春市副市长张金铸、市经贸委主任宁怀文、市中小企业局局长邢国良就实施加快经济转型、工业兴市战略到林业局调研。林业局党委书记冯玉胜、局长张泱陪同。

是日　黑龙江省省长助理、黑龙江省森工总局党委书记张效康率有关部门负责人到林业局对企业结构调整和接续产业发展情况进行调研。伊春市林管局副局长杨国栋、马建路陪同。

8 月 22 日　伊春市档案局局长王淑珍、副局长王志鹏一行 4 人到林业局检查指导档案工作。

8 月 24 日　林业局召开党政工作会议，传达伊春市委九届十五次全会精神，总结上半年工作，分析全局经济工作形势及存在的问题，安排部署下半年工作任务。

8 月 28 日　林业局西北河营林所领导班子成员及黑木耳经营户 60 余人到翠峦区、五营区学习黑木耳栽培技术。

8 月 29 日　铁力林业公安局在松涛广场举行大练兵活动。

9 月 7 日　林业局党委召开开展解放思想学习教育活动动员会。局党委宣传部部长王景峰宣读《铁力林业局解放思想学习教育活动实施方案》，党委副书记刘福春代表党委讲话。

11 月 4—6 日　林业局党委宣传部举行“我为团旗添光彩”主题团日活动，全局 2000 多名团员参加“高举团旗跟党走，增强意识做贡献”团员争先进活动。

12 月 4—6 日　林业局组成安全生产和城镇防火工作联合检查组，深入到全局山上、山下各生产单位进行检查。

12 月 9 日　伊春市老区建设促进会在铁力林业局召开会议。伊春市老区建设促进会会长王家骥，副会长陈廷璧、张际权，朗乡、桃山、铁力、双丰 4 个林业局和铁力市老区建设促进会负责人参加会议。铁力林业局老区建设促进会在会上介绍研究铁力林区抗联斗争史的情况。

12 月 12 日　林业局党委召开保持共产党员先进性教育活动总结大会，对全局一年来先进性教育活动情况进行总结，并部署“回头看”、巩固扩大成果的工作任务。

是日　林业局 2005 年应征新兵入伍。

12 月 21 日　林业局党委和林业局召开向困难群众送温暖献爱心动员大会。林业局党委书记冯玉胜、局长张泱等党政领导出席会议。林业局机关工作人员在会议现场捐款 1 万多元。

12 月 29 日　林业局党委和林业局召开非公有制经济业主迎新年座谈会。

第一篇　自然环境

第一章 地名 地质

第一节 地 名

一、铁骊

铁力林业局的前身为铁骊林业公司。“铁骊”的由来众说纷纭，各有其理。一说民国之初，铁力地区招民放荒，大批河北、山东移民入境从垦。由于当时开荒工具笨拙，又缺少马匹，开荒进度慢，拓荒者渴望能有骊马（黑色强壮之马）牵铁犁垦荒，铁骊之名故此而来。二说铁力西部平原是依吉密河、安帮河、欧根河、呼兰河等河流冲积而成，铁力大地犹如几条“骊龙之蟠”。骊龙，为黑色之龙，相传出自山东产铁之地，铁与黑色有骱节难分关系，故称骊龙。同时，铁力城恰在骊龙之颌下，如颌下明珠，故将这几条大河冲积而成的平原称为铁骊。三说宋辽时期，在小兴安岭以南、松花江北岸、通肯河以东有女真人的部落，称“铁骊部”。“铁骊部”地域位置相当于今铁力市地域位置。1049 年，辽王朝在黑龙江地区（包括苏联远东海湾地区）女真人居地，设置七大王府，其中的“铁骊”国王府就在今铁力市之北，故“铁骊”一名来源于古“铁骊部铁骊国王府”的历史称谓。

二、九连

1946 年，中国人民解放军林业三师某部九连官兵开赴东北林区开发大森林，在今铁力林业局老九连林场施业区内修筑一条森林铁路。林场建场时便把场名定为九连林场。

三、鹿鸣

1950 年，林业部派一支森林调查设计队在今铁力林业局鹿鸣林场施业区调查设计森林铁路和林场场址。在设计队人员商量为林场起名时，忽然一只马鹿来到森调人员所住的帐篷旁，长鸣一声，震山悦耳，于是林场便被取名为鹿鸣林场。

四、卫东、保马

卫东林场原名是依通河林场，保马车站原名是六号沟车站。“文化大革命”时期搞“红色海洋”，铁力林业局一些单位改了名字。依通河林场改为卫东林场，意为捍卫毛泽东思想；六号沟车站改为保马车站，意为保卫马克思列宁主义。

五、二股

二股营林所位于依吉密河支流西北河与丰林沟河两股河流的交汇处，由此得名。

六、茂林河

相传民国初期，有位名叫王茂林的林商，在今铁力林业局茂林河林场施业区内的茂林河沿岸砍伐木材，故此河被称为茂林河，茂林河林场也由此得名。

七、北关

日伪时期，北关作业所是日本北关门嘴子警防所和北关门嘴子出河口所在地。东北光复后，铁骊林业公司在此建作业所，取名北关作业所。

八、小黑河

此名有两种说法：一种是施业区内有一条小河，因水黑而得名小黑河；另一种是民国时期，有位外号叫小黑鱼的渔夫常年在欧根河的一条支流上打鱼，以后人们便把这条河称为小黑河。小黑河所在的林场被取名为小黑河林场，后更名为黑河营林所。

九、老金沟

为向阳林场施业区内一沟系。此名从何而来，众说不一。一说前清时期，在这里发现金矿，储量不少，曾有采金者在此开采，故叫老金沟。抗联老战士于兰阁在《绥化地区抗日烽火》一书的著文《抢在敌人前面》中提到："老金沟……这沟里有条小河，出金子。过去许多人在这里淘金，鬼子来了就没人淘了，所以叫老金沟。"二说清朝，有位金姓满族人在此种大烟，老金沟是以他的名字得名的。三说老金沟的名字源于山形地貌。从地图上看，老金沟为南北走向，东面山和西面山对峙，中间是一条狭长的沟系。沟系的最东端凹下去，拐了个深弯，犹如一个钩子，故称老金沟。

十、明朗

位于卫星营林所施业区。铁力林业局建局初期曾在这里设林场，叫明朗林场。这里山峦跌宕，地形复杂，几个山头峰岭相似，人进去后难辨方向，容易迷路，故日伪时期称"迷魂阵"。新中国成立后，人民政府开发大森林，派森调队进山勘测，查明地形，并绘制地形图。"迷魂阵"不再神秘莫测，故更名为明朗。

十一、张家湾

位于依吉密河上游。河水流经这里拐弯向下奔去，形成一个较大的河弯。据传民国时有位姓张的猎户在这里顶趟子狩猎并种大烟，张家湾由此得名。

十二、鱼眼泡

位于二股营林所施业区，为大依吉密河的一个支流水泡。水泡的形状像一条鱼，故叫鱼眼泡。抗日战争时期，抗日将领朴吉松率部在鱼眼泡附近攻打日军川之泽警防所，激战中朴吉松被打瞎一只眼睛，之后人们又把鱼眼泡叫"一眼泡"。

十三、依吉密河

原名为阿者速河。明永乐元年（1403 年），女真人首领西阳哈被明成祖册封为阿者速河卫第一任指挥史。清朝，阿者速河改名为依吉密河。"依吉密"为满语，与汉语有细鳞鱼的河意同。

十四、奶子山

位于欧根河支流三道河河畔，距双河农场 0.5 公里，是南北对峙的两座山。山不高，山形浑圆，像女人的两个乳房，故称奶子山。

第二节 地 层

铁力林业局境内地质复杂多样，古生界、新生界地层均有分布。

一、古生界地层

（一）二叠系下统玉泉组

零星分布于铁力林业局施业区的二股西山。岩性主要为乳白色、灰白色及黑色厚层大理石，白云岩夹凝灰砂，云母石英片岩，泥质页岩等。地层厚度大于 346 米，含镁质碳酸盐类岩和夹碎屑沉积岩。本组地层在施业区内未见顶底，上下部均被花岗岩侵入，未与其他地层接触。岩石在与华力西晚期花岗岩类及燕山早期花岗岩类相接触的地层，普遍呈蛇纹石化、硅化、透辉石化、透闪石化等固岩蚀变状。特别是与本组的白方岩、大理石岩石接触地层，多产生有矽卡岩及铁、有色金属的矿化，并能形成有工业意义的铁等多金属矿床。本组的地层生成时代为二叠世早期。

（二）二叠系下统土门岭组

主要分布于铁力林业局施业区的马鞍山东北。本组地层为一套浅海相至海陆交互相沉积层生成。沉积物质自下而上由细变粗，凝灰碎屑物质逐渐增加，碳酸盐成分逐渐减少，显示海退相的沉积特征。地层按沉积物质成分自下而上可明显地分为三部分：下部为浅海—滨海相沉积，岩性富含钙质成分，有钙质砂岩、砂岩、粉砂岩夹结晶灰岩、不纯大理岩；中部属海陆交相化石层位，岩石含炭质较多，有灰黑色粉砂炭质斑点板岩、炭质板岩夹石墨凝灰砂岩；上部属陆相。

（三）二叠系下统交界屯组

主要分布于铁力林业局施业区的二股东山、二股西山等地。岩性主要为乳白色、黑灰色厚层状大理岩、结晶灰岩、白云岩夹砂岩、凝灰岩等，为一套海相碎屑岩与碳酸岩生成。

（四）二叠系上统五道岭组

主要分布于铁力林业局施业区的马鞍山和二股一带，厚度大于 3400 米。本组地层自上而下由中性火山岩、灰沉积岩、中酸性凝灰岩、凝灰熔岩、扩酸性火山岩组成。下段主要由深灰绿色安山粉岩夹黑色粉砂、质板岩及砂砾岩组成；上段为流纹斑岩、流纹斑岩质凝灰色砾岩及其凝灰熔岩夹薄层岩组成，形成一套陆相火山喷发的沉积岩特征。

二、中生界地层

（一）侏罗系

主要分布于铁力林业局施业区的马鞍山及二股以南等地。地层可分为上下两个岩性段。下段为灰绿色、紫红色中酸性熔岩及其凝灰岩，厚度大于 1230 米；上段为酸性熔岩和中酸性凝灰角砾熔岩，最大厚度为 1309 米。本组地层岩性单一，岩组稳定，纵向横向变化都不大，其生成时代为中侏罗世。

（二）青山口组

主要分布于铁力林业局施业区南部的平原地区。全部被第四系掩盖，地表未有出露，为一套内陆湖相沉积的灰色、灰绿色、棕红色砂页岩、油页岩砂岩、砂岩及粉砂岩层，夹有少量薄层石膏及碳酸岩层。本组地层厚度大于200米，生成时代为早白垩世。

三、新生界地层

（一）丁山村组

零星分布于铁力林业局施业区马鞍山西南一带，为一套胶结疏松或未胶结的灰色、紫红色砂砾岩层，厚度大于50米。砂砾主要成分为花岗岩，直径1.5~10厘米，砾石磨圆度一般较好。本组地层上部被第四系覆盖，又不整合覆盖于二叠系下统土门岭组、侏罗系中统太安屯组以及华力西晚期花岗岩之上，依据形成特征，其生成时代为早第三世。

（二）全新统

主要分布于铁力林业局施业区内大小河谷地带，为一套近代河流相沉积的砾石、砂砾、砂及黏土层。本地层呈整合覆盖在上更新统组之上，超覆于下白垩系青山口组及其他前第四系地层之上，最大厚度43米。按其生成先后，又可分为：（1）早期河相堆积。主要为河流冲击层，其次为山前坡积洪积层。该期沉积物构成区内I级阶地，主要由砂砾、砂、淤泥及黏土等构成，最大厚度18米。（2）晚期河床、河滩相堆积。沿区内各河流皆有分布，为河漫滩相沉积的松散砂砾石、砂及黏土层，最大厚度为25米。

第三节 侵入岩

铁力林业局施业区内地质构成的主要岩石为侵入岩。侵入岩以深层的花岗岩石为主，并有部分混合岩。

一、华力西晚期侵入岩

本期侵入岩因受华夏系物造影响，呈东北向沿复背斜轴部侵入向上古生界地层中。本侵入岩又可划分为两个岩组。

（一）辉长岩、混杂花岗岩岩组

本岩组在铁力林业局施业区内的丰林林场有丰林岩体，呈东北向展布，由混杂的中粗粒花岗闪长岩、花岗岩组成，岩相变化不明显。

（二）似斑状花岗岩岩组

本岩组在铁力林业局施业区内主要有两个岩体：一是西北河岩体，岩体南起响水河，北又向西延伸，呈北东向展布于西北河一带，由中粗粒似斑状斜长花岗岩、黑云母花岗岩角岩组成；二是双河岩体，呈北东向展布于向阳林场一带。主要由中粒似斑状花岗岩组成。

二、燕山早期侵入岩

本期侵入岩在铁力林业局施业区内出露零星。多呈岩体及岩脉状产出。

（一）花岗闪长岩岩组

本岩组在铁力林业局施业区内有二股平安东南山、西北河等岩体，均呈岩珠状产出。各岩体岩性变化不大。

（二）白岗质花岗岩岩组

本岩组在铁力林业局施业区内主要分布于二股东山、马鞍山东麓，均呈小岩珠状产出，主要由粗粒、中粗粒白岗质花岗岩及白岗岩组成。

第四节 地质结构

铁力林业局处于新华构造体系——小兴安岭隆起带东南端和松辽盆地边缘，施业区内地质结构形迹多样，比较复杂，主要结构线巍迹模恕姜北东、北北东及近南北向。依据地质力学观点，可以划分为华夏系、新华夏系构造体系。

一、华夏系构造体系

华夏系构造体系为铁力一带发现较早、活动时间较长、波及幅度强烈的构造体系。主要发育在上古生界地层及华力西晚期花岗岩体中，可分巍迹模恕姜北东向挤压带和北西向张扭性断裂带。在北东向挤压带中又分为褶皱和断裂带。

（一）褶皱

二股背斜与三谷峰向斜相辅出现，轴部通过二股及庆安县徐老九沟呈北东向展布，断续长约18公里，宽15公里。背斜被南北向扭断层错断，西盘相对向南移动，两端呈倾状。西南端由于被北关至平安冲断层截断，下陷幅度较大，除被侏罗系中统太安屯组火山岩覆盖外，又被第四系掩盖。背斜轴部除在二股等地由二叠系下统玉泉组大理岩组成外，其余皆被华力西晚期西北河岩体占据和中生界火山岩覆盖，两翼仅在马鞍山北见有二叠系下统土门岭组地层，西翼岩层倾向西北，东翼倾向东南，倾角60~70度。

铁力—丰林向斜。向斜出现于二股—徐老九沟和神树复式背斜之间，核部通过马鞍山、丰林林场，呈北东—南西向延伸，长大于50公里，由二叠系下统土门岭组砂板岩组成。沿河部分布有中生界火山岩及燕山期小侵入体，于向斜西南端在铁力县城附近急剧下陷，与松嫩沉降带边缘接壤，形成坳陷盆地。

二股—丰林复式背斜。位于铁力林业局施业区二股至丰林之间，呈北东方向展布，长20余公里，轴部与翼部均由古生代地层组成。

（二）断裂带

北关—平安冲断层。位于铁力林业局施业区西北部，呈东北向延伸至伊春市境内。此断层控制中生界火山岩的分布，断层派生的西北河南北向扭断层，控制二股西山多金属矿床的分布。

二、新华夏系构造体系

铁力林业局施业区内上古生界地层及华力西北期花岗岩体中均有发育。这一构造体系起到改造华夏系构造成分的作用。新华夏系构造体系严格控制中生界地层和燕山早期侵入岩的展布，呈明显的北偏东带状分布，有坳隔带和挤压带。本区内坳隔带分布方向均巍迹模恕姜北偏东，均由中生界侏罗系中统太安屯组火山岩组成。

第二章 地 貌

第一节 地系概述

铁力林业局处于小兴安岭南麓山区及松嫩平原（松嫩盆地）交会地带。在黑龙江地貌区划图上，占据小兴安岭南部山区、山地山麓冲积洪积平原区及松嫩平原区三部分地貌；中部以红旗山冈为“屋脊”，东南部以小兴安岭余脉为界，总的地势是北高南低、东高西低，呈西窄东长的三角形地带。境内多为起伏不平的山岳台地，部分为丘陵和沼泽地，有少数属平地草原地带。按地貌特征可分为中低山区、丘陵区和平原区。中低山区由占据施业区北部和东北、西北部的尖山子、大砬子、三谷峰和马鞍山等山脉构成。海拔高度500~1500米。丘陵区即山区向平原区的过渡地带，海拔高度300~500米。平原区主要指依吉密河与欧根河下游地带，主要有欧根河平原、三屯平原，海拔高度190~300米。

铁力林业局施业区地貌分为山地地貌、流域地貌、断裂构造地貌、丘陵平原地貌等。

一、山地地貌（侵蚀构造地貌）

铁力林业局施业区内的山地地貌，是构成区内地貌景观的骨架，是区内地貌的基本单元。山地具有切割剥蚀性质，物理、化学风化明显，以流水侵蚀作用为主，山脊呈圆形或穹形，轮廓缓和，山峰浑圆，山坡多为上缓下陡的凸型坡。山体岩石主要由华力西晚期的似斑状花岗岩、白岗质花岗岩、花岗闪长岩及少量火山岩和混积岩构成。

二、流域地貌（河流侵蚀堆积地貌）

铁力林业局施业区内河流湖沼较多。河流皆为外流河，属松花江支流水系，河网密度小于0.5公里。河系类型多为树杈状水系，依吉密河局部为角状水系。河谷类型多为河漫滩河谷，河曲较发育，为壮年期河流，多为自由河曲。河漫滩宽度数十米，冲积扇及洪积扇不发育，可见有堆积阶地。整个流域植被发育良好，森林密布，水土保持较好。泡泽沼地发育，有利于泥炭矿产的形成。

三、断裂构造地貌

断裂构造地貌属山地的一部分。铁力林业局施业区内主要分布于二股西山一带，断层三角面明显、河谷侧蚀作用强烈，河谷为不对称箱形谷，是冲断层形成的典型地貌类型。

四、丘陵平原地貌（剥蚀堆积地貌）

铁力林业局施业区内的丘陵平原地貌主要分布于依吉密河、欧根河以南的三角地区，小黑河、北关一带最为突出。平原与山区在北部为断裂接触，断裂线大部分与直线延伸的断裂谷重叠。断裂东南部河流被错断，呈直角拐弯，在南部平原与山区为不整合接触；分界线为曲线状，分界线两侧有明显的灰阶差异。丘陵平原地貌可分为两个亚类：岗阜丘陵，是山区与平原区的过渡地段，海拔高度300~500米，被水系切割成舌状，为呼兰河的I级地；冲积平原海拔高度190~300米，北东高、西南低，其中的非宜林地带现已大部分被开垦为农田。

第二节　山　川

铁力林业局施业区内重峦叠嶂，有大小山脉几十座。其中有名的山川6座，分布于区内的北部和北东部山区。

一、大砬子山

位于茂林河林场施业区内。山势陡峭，峰峦恢宏，主峰高618米。地理坐标为北纬47° 29′ 26″、东经128° 8′ 59″。山脉呈东西走向。

二、尖山子

位于西北河营林所施业区内，主峰高805米。地理坐标为北纬47° 19′ 24″、东经128° 19′ 56″。山形尖削，故名尖山子，山脉为西北—东南走向。山中植被以针阔叶混交林为主。

三、么河山

位于卫东林场施业区内，主峰高580米，山脉为西南—东北走向。

四、丰林南山

位于丰林林场施业区内，主峰高916米。地理坐标为北纬47° 14′ 6″、东经128° 40′ 05″。为依吉密河发源地，山脉为西南—东北走向。山中植被多为针阔混交林。

五、三谷峰

位于卫东林场施业区内，山高坡陡，主峰高665米。地理坐标为北纬47° 21′ 38″、东经128° 13′ 59″。山脉为西南—东北走向。

六、锅盔岭

位于鹿鸣林场施业区内，主峰高1016米，为铁力林业局施业区内最高的山。地理坐标为北纬47° 21′ 21″、东经128° 28′ 01″。此山山势险要，山区积雪时间较长。山中植被多以针叶林和针阔混交林为主。

第三节　水　文

一、地表水

铁力林业局施业区雨量充足，河网发育充润。区内有大小河流15条，皆为外流河，属松花江水系。其中较大的河流有 2 条，分别为依吉密河和欧根河。

（一）依吉密河

从丰林南山起自北向南，流入呼兰河。河长 82 公里，平均河宽 45 米。其支流小依吉密河，河长 33 公里，平均河宽 30 米；西北河，河长 27 公里，平均河宽 20 米；响水河，河长 10 公里，平均河宽 8 米；五道河，河长 14 公里，平均河宽 10 米；小黑河，河长 18 公里，平均河宽 12 米；香草河，河长 11 公里，平均河宽 10 米。

（二）欧根河

从庆安县地界流入铁力林区。河长 39 公里，平均河宽 40 米。其支流茂林河，河长 14 公里，平均河宽 15 米；胜林河，河长 10 公里，平均河宽 8 米；干帮河，河长 10 公里，平均河宽 7 米；双河，河长 18 公里，平均河宽 15 米；李二小河，河长 14 公里，平均河宽 10 米；依通河，河长 29 公里，平均河宽 30 米；小泥河，河长 14 公里，平均河宽 10 米；石门河，河长 7 公里，平均河宽 6 米。

此外，还有流经东方红林场的里股流河、外股流河、毛利小河，流经向阳林场的小西北河，流经卫东林场的大东沟河，流经西北河营林所的徐老九沟河、养马沟河，流经丰林林场的丰林小河、东北沟小河、清溪沟小河，流经鹿鸣林场的红旗小河、大十一小河、小十一小河、青杨沟小河、解放沟小河，流经马永顺林场的南沟小河、大砬沟小河，流经建设营林所的响水河、建清河，流经兴安林场的兴华小河、兴中小河、东山小河、锅盔岭小河。

上述河流在铁力林区纵横交错，河水清澈，对养育两岸的土地起到重要的作用。

二、地下水

铁力林业局施业区内水源充足，建局初期不注重地下水的开发和利用。随着工业和生活用水量的不断增加，水资源趋于紧张，林业局开始重视地下水的开发和利用。

（一）地下水的类型

铁力林业局施业区处于松花江支流水系，主要在欧根河、大依吉密河水系之中。上游地带降水充足，河流反渗，补给充分，有利于地下水的贮存。

区内地下水类型有以下几种：

1. 第四系松散沙砾石层孔隙潜水。这类地下含水层由全新统和上更新统冲积堆积层中浅黄色、浅灰白色、灰黄色的砂、沙砾石、卵石等组成。其上部普遍被亚粒土或亚砂土覆盖。主要分布在河谷平原底部。本区主要分布在五花地区，水位埋深 4~15 米。地下水位随季节变化而变化。单井涌水量 100~1000 吨 / 日，属中等水量。水质一般。

2. 碎屑岩类裂隙孔隙水。主要分布在接近庆安疆界一带的高原及河谷平原底部的一级阶地地带。含水层由白垩系泥质粉砂岩、砂岩及沙砾岩等组成。含水层厚度 6~70 米，属中等水量。

3. 基岩裂隙水。本区内的山区广泛分布有花岗岩、火山碎屑岩及变质岩类。这些岩石在长期风化作用下，裂隙发育，易于集水。又因区内地质构造断裂较多，因此形成许多基岩裂隙水地带。

4. 风化带网状裂隙水。主要分布在山缘地带中低山区各水系的上游地带。这一带地壳岩性主要以华力西晚期花岗岩及元古代花岗岩为主，其次由中生界碎屑岩和古生界浅变质岩组成。风化壳厚度 15~60 米，分水岭处的地下径流模数为 3~6 升 / 秒·公里；各河流两侧的山坡地带，地下径流模数为 1~3 升 / 秒·公里，水质普遍良好，呈弱碱性。河谷地带由于风化壳薄（小于 15 米），底下径流模数小于 1 升 / 秒·公里。

（二）地下水的补给、流径与排泄

铁力林业局施业区内水系河床坡度与河谷横坡较大，有利于径流的形成。山区的地下水，有的以泉水形式外溢，有的沿风化带向下流走，补给河谷平原内的地表水或孔隙潜水。其他剩余的水以地表径流的方式通过各河流出区内。大依吉密河与欧根河下游的河谷平原一带，地下水流径方向与地表水流径方向一致，均向西或向南直接排出区内。

第四节 水 塘

铁力林业局施业区内河网较多，地势平坦处或低洼地形成不少水塘。其中大欧根河中游的水塘（当地俗称泡子）有顺山泡、滚鞍泡、月亮泡；大依吉密河的水塘有五花泡、透龙泡、清溪泡；西北河的水塘有鱼眼泡。

第三章 气 候

第一节 气候特征

铁力林业局属于北寒温带大陆性季风气候区。由于地理位置、太阳辐射、大气环流、海陆分布地形的影响，全局一年四季的气候差异很大。冬季漫长干燥，寒冷；夏季温和多雨；早春低温多雨雪易涝，暮春少雨易干旱；秋季降温迅速，常有冻害发生，有时阴雨连雪，形成雨封冻。因区内地形复杂、山脉纵横、河流密布，造成明显的地区差异，形成小气候。本区四季气候划分为：4—5月为春季，6—8月为夏季，9—10月为秋季，11月至次年3月为冬季。春季气温回升快，4月上旬至5月下旬气温每旬平均递增3.3℃；降水量少，占全年总降水量的12.7%；多大风，易出现旱涝灾害；常有冷空气侵入，气温骤降，出现晚霜冻。夏季温和多雨，降水量占全年总降水量的62.5%，主要集中在7月、8月；盛夏易出现大暴雨和冰雹天气。秋季降温迅速，常有冻害发生。10月气温每旬平均递降3.8℃，降水量占全年总降水量的18.9%。每隔4~5年有一次秋涝。冬季长达5个月，平均气温–19.9℃。气温低于–30℃的天数每年平均有60天。东部山地气温较西部山地平均低2℃，降水量为全年总降水量的5.9%。

一、气温

本区因受地形影响，南北气温存有差异。东北部山区的鹿鸣林场、兴安林场、丰林林场及西北河营林所，年平均气温仅0.4℃。10月中下旬见霜，气温降至冰点。冬季最冷的时间为11月中旬至次年2月中旬，气温降至–38℃ ~–40℃左右。西南部的北关农场、建设营林所的平原地带气温较高，年平均气温在1.8℃以上。

二、降水

铁力林业局施业区内降水充足。年平均降水量为638.2毫米。夏季6—8月是降水的集中期，降水量占全年总降水量的62.5%，秋季降水量次之，春季少于秋季，冬季最少；每年7月为全年降水的高峰月，由于受地形条件的影响，区内各地降水量有差异。南部平原降水量少于东部山区，西部平原年平均降水量为587毫米，北东部山区年平均降水量为781毫米，二者相差近200毫米。

三、降霜

铁力林业局施业区内无霜期短，东西差异较大。一般年份，东部山区比南部平原的初霜要提前15天左右。

四、积雪

铁力林业局施业区内年积雪天数超过 100 天。东北部山区积雪比西南部平原积雪长 8~10 天。

五、风

铁力林业局施业区全年多东南风，春季时有西南风，冬季时有西北风，风速 1.5~2.0 米 / 秒，最大风速 3 米 / 秒以上；一年之中各月风向、风速、频率变化很大。

第二节　气候区别

铁力林区地属北寒温带气候，在黑龙江省属温暖多雨区。根据区内不同的地貌类型和气候特征，可分为 3 个气候区。

一、平原温暖区

主要在大依吉密河、大欧根河和呼兰河冲积形成的河谷平原地带，包括林业局驻地铁力镇及五花农场一带。该区地势平坦，平均海拔 180~300 米，全年平均活动积温 2400℃，无霜期 113~130 天，年降水量 587 毫米，日照时数 2750 小时。

二、近山温凉区

主要在香草河、小黑河、北关农场、建设营林所一带。全年平均活动积温 2335℃，无霜期 113~128 天，年降水量 630 毫米，日照数 2770 小时。由于年际气温变化较大，受地势、地形影响，该区内常有冰雹发生，秋季易出现早霜。该区无霜期积温高低相差 668℃。

三、山地高寒区

主要在东部、西部和北部深山区。该区域是小兴安岭的主山脉，平均海拔高度在 500 米以上。全年平均活动积温 1900℃，无霜期 93~113 天。降水量偏多，年降水 781 毫米，最大降水量 823 毫米。在海拔 1000 米以上的山巅，如马鞍山，有时山背坡上的积雪常年不化。

第四章 土壤植被

第一节 土 壤

铁力林业局施业区地形地貌复杂，土壤种类繁多。既有地带性土壤（黑土），也有非地带性土壤（河游土、沼泽土）；既有水成土壤（泥炭土），也有半水成土壤（草甸土）；既有自然成形的土壤，也有人为创造的土壤（水稻土）；既有宜农土壤，也有宜林、宜牧土壤。本区土壤肥沃，资源丰富，为农林牧副渔全面发展提供了有利的条件。但是随着森林的开发及土地垦殖面积的日益扩大，土壤侵蚀（水土流失）现象也日趋严重。特别是山区向平原区的过渡地带，地势高低起伏大，垦殖后的土壤自然植被破坏，使大片土地失去天然保护层，如遇暴雨连降之年，流失更为严重。

一、土壤理化性质

铁力林业局施业区内土壤为酸性到弱碱性，pH 值 4.5~6.2。酸性土壤对土壤肥力的有效利用和作物的生长发育有影响。全区土壤平均容量 0.8~1.5 克 / 厘米。从表层向下，土壤的容量亦愈大，土体愈紧实。全区的三相比（即土壤中固、液、气三相体积之比）32.18~58.51：29.17~59.98：0~29.69。本区土壤的三相比中，液相比接近或超过固相比，液相比过大，说明土壤含水量过高，土壤冷浆，不容易提高地温。

二、土壤种类

本区土壤可分为 8 个土类、24 个区类、20 个土属、39 个土种。主要有黑土、白浆土、草甸土、暗棕土、沼泽土和沙壤土；还有河流土、水稻土、泥炭土等土类，但分布面积不大。

（一）黑土

此类土壤是腐殖质多年沉积与淋溶作用的产物。土壤中腐殖质含量高，结构好，营养成分丰富。土壤中含有机质 6.87%、全氮 0.324%、碱解氮 339ppm、速效磷 15ppm、速效钾 413ppm。土壤的酸碱度为弱酸性，pH 值 5.68，容重 1.14 克 / 立方厘米，三相比 43.67：32.66：23.67。质地为重壤，黏性含量 45.3%。本区的黑土类是林业局的主要农业土壤，分布在机修厂农业队（韩家屯）、五花、北关、建设、黑河等地带。黑土类土壤在垦殖初期，养分含量丰富，是肥沃的土地。但由于长期耕种，大量摄取，少量补充，致使其养分含量明显下降。

（二）白浆土

此类土壤是山地自然植被经腐殖质沉积过程和白浆化过程而生成的。土壤中的腐殖质主要集中在表层，其中层养分含量很少。土壤中含有机质 7.12%、全氮 0.337%、全磷 0.212%、全钾 3.26%、碱解氮 354ppm、速效磷 24.8ppm、速效钾 359ppm。土壤的酸碱度为酸性或弱酸性，pH 值 5.67，容重

1.24 克 / 立方厘米，三相比 48.29 ∶ 38.58 ∶ 13.13。质地为重壤，黏粒含量 45.16%。

（三）草甸土

此类土壤是直接受地下水浸润的草甸植被，经草甸化过程发育而成的非地带性半水成土壤。主要分布在各河流沿岸、沟谷低地。土壤中含有机质 8.41%、全氮 0.383%、全磷 0.295%、全钾 3.19%、碱解氮 440ppm、速效磷 21.5ppm、速效钾 445ppm。土壤的酸碱度为弱酸性，pH 值 5.53，容重 1.07 克 / 立方厘米，三相比为 43.01 ∶ 39.13 ∶ 17.86。质地为中壤或重壤，黏粒含量 44.56%。草甸土有机质含量高，土体较疏松，是肥沃的土壤。但因土壤冷凉，其养分的有效性较差。

（四）暗棕土

此类土壤是铁力林业局施业区土壤的主要种类，主要分布在山地林区。暗棕土的成土过程，主要是冷温湿润针阔叶林地带腐殖质积累及酸性淋溶过程。土壤中含有机质 7.69%、全氮 0.24%、全磷 0.23%、全钾 3.41%。土壤的酸碱度为弱酸性，pH 值 5.9。质地为轻黏壤或重壤。暗棕土有利于林木生长。

（五）沼泽土

此类土壤是一种非地带性的水成土。在低洼地中，由沼泽植被苔草、小叶樟群落长期过湿沉积母质，经过草甸化、沼泽化过程发育而成。分布较零星，主要分布在大依吉密河、大欧根河及其支流沼泽地和沟谷盆地低洼处。土壤中含有机质 13.97%、全氮 0.46%、全磷 0.31%、全钾 2.8%、碱解氮 510ppm、速效磷 37ppm、速效钾 434ppm。土壤的酸碱度为弱酸性，pH 值 5.4，容重 1.04 克 / 立方厘米，三相比 36.74 ∶ 33.57 ∶ 29.69。质地为重壤，黏粒含量 50.63%。沼泽土养分潜在含量高、土体结构好，但其土壤冷浆，养分的有效利用性不高。

（六）沙壤土

此类土壤覆盖铁力林区大部分地区，质地为粉沙壤土，有机质含量丰富。但由于多分布在坡度较高的山地，如丰林林场、西北河营林所等，霜来得过早，因此农业利用价值小。

第二节 植 被

铁力林业局施业区属大陆性北寒温带季风气候，多山地。自然植被覆盖率 93.4%，其中 86.4% 为有林地，7% 为荒原和难利用土地，6.4% 为耕地，0.2% 为水域。

根据本地区地貌特征，植被分为山区植被、丘陵漫岗区植被、河谷沼泽区植被、平原区植被。

一、山区植被

铁力林业局施业区内的山区平均海拔高度 500 米以上。由于地貌、土壤、气候等条件对植被的影响，山区植被可分为 3 大类型：深山针阔叶混交林、浅山阔叶林、低山次生林。

（一）深山区

海拔高度 900 米以上，植被主要是针叶林和针阔混交林。针叶林主要树种有红松、兴安落叶松、云杉、冷杉；针阔叶混交林主要树种有榆树、水曲柳、黄菠萝、蒙古柞、椴、色、楸等；野生植物有山葡萄、猕猴桃、五味子等。大森林开发初期，高 20 多米、胸径 40 多厘米、树龄 200 年以上的红松在深山区随处可见。但由于过量采伐，原始针叶林已尚存无几。卫东原始林、二股南山的日月峡原始林，已被划为自然保护区。

（二）浅山区

多为阔叶林群落，主要树种有蒙古柞、白桦、黑桦、枫桦、香杨、黄菠萝、水曲柳、春榆、色、楸等；野生植物有兴安杜鹃、刺五加、五味子、平贝、党参、野玫瑰、黄瓜香、蕨菜以及榛柴、灌木等。

（三）低山区

主要树种有山杨、白桦等；野生植物有山槐、暴马子、山丁子、野梨、榛子、刺五加、野玫瑰等；部分低湿地带还有苔藓、地衣等原始植物群落。

二、丘陵漫岗区植被

丘陵漫岗区指山地向平原过渡地带。海拔高度300~500米。主要有山槐、胡枝子、白丁香、山里红、大叶蔷薇、山樱桃、毛榛、阴地苔、舞蹈草等。“二次创业”时期，漫岗、坡地多已开垦为耕田。21世纪初期，一部分耕地已退耕还林。

三、河谷沼泽区植被

河谷沼泽区主要指欧根河、大依吉密河流域内的平原、洼地。这些地区的植被主要有小叶樟植物群落、沼柳植物群落、苔草植物群落等。沼泽植物主要以地塔头苔草、大小叶樟为主。沟谷边缘较高处，以中生杂草占绝对优势，主要有地榆、蒿、野豌豆、野火球、黄花菜、苔草等。

四、平原区植被

平原区指山下和山上的宜农荒原，海拔高度190~300米，地势平坦。铁力林业局施业区内绝大部分已被开垦成农田，自然植被大部分被破坏。仅在边缘地区有小部分大小叶樟、三楞草、黄蒿、蒲公英、剪刀股、灰菜、火碱草、鸡眼草等草本植物。在这一地区，取代自然植被的是人工植被。粮食作物主要有大豆、玉米、蔬菜，中药材基地有人参种植基地、平贝种植基地等，林农间作的人工林中有落叶松、青杨等。

第五章　自然灾害

铁力林业局施业区内自然灾害主要是水灾和低温。区内干旱、暴风、冰雹、霜冻、鼠虫害少见，只有零星地带闹灾，损失不大。

第一节　水　灾

进入20世纪80年代后，铁力林区水灾多有发生。其中最严重的水灾发生在1986年7月。暴雨过后山洪暴发，林业局内公路被洪水冲毁76公里，8座桥涵被拦腰截断，62公里通信线路和48公里输电线路遭到严重破坏，27510平方米的房屋倾斜或倒塌，3480立方米木材流失，3874公顷农田遭水淹，1310公顷农田绝产，几百头牲畜被冲走，10公顷水面的鱼塘被冲毁绝产，大批生产生活物资被冲坏、浸泡，全局直接损失3.4亿多元。2003年秋季，铁力林区又遭受水灾，造成卫星营林所等几个单位的农田全部绝产。

为有效防止水灾，铁力林业局根据本地区的实际情况，于2002年6月制订《铁力林业局防汛工作方案》(以下简称《方案》)。《方案》的指导思想是认真贯彻“安全第一，常备不懈，以防为主，全力抢险”的方针，以最不利的情况作为工作的出发点，一旦洪水形成灾害，把国家和人民的生命财产损失控制在最低限度之内。建立健全各级行政首长负责制，明确责任，为全局经济发展提供防洪安全保障。《方案》还确定春汛期、夏汛期的时间限定：每年4月1日至5月15日为春汛期，6月15日至9月15日为夏汛期。同时，对防汛通信、工程抢险、洪水发生后的灾民安置等事项都作出明确规定，为进一步加强防汛工作起到重要作用。

第二节　低　温

低温也是铁力林区的主要灾害之一。林下种植的作物在整个生长发育期或某一段时间内，气温低于作物所需要的临界温度，使作物延迟发育，生长缓慢，直接影响产量和质量。特别是夏秋两季，阴雨天气多，日照不足，低温造成的灾害尤为严重。1986—2005年的20年中，铁力林区有60%的年份存在低温天气。尤其是2005年，春季气温低于常年，降雨也偏多，育种后有三分之一的农作物不能下种，严重影响产量和质量。

第二篇 建 制

铁力林业局建局之初，由于木材生产规模较少，职工不多，机构设置仅有1个林业公司（铁骊林业公司），下设2个基层生产单位（北关作业所、南梗作业所）。随着林业事业的发展，林业局机构设置不断扩大，管理部门不断增多。

第一章 机构设置

第一节 党群工作机构

2005 年铁力林业局党群工作机构一览表

表 2-1

党委办公室	纪检委	组织部	宣传部	武装部	政法委	工会	团委	老干部办	机关工委	司法局

第二节 行政工作机构

2005 年铁力林业局行政工作机构一览表

表 2-2

马永顺展览馆	企业和非国有经济管理科	就业和社会工作局	多种经营局	农机管理站	木材专员办	计划生育办	档案史志科	资源管理科	会计管理科	林产工业科	外经贸科	旅游局	信访办	行政办	总务科	商务科	科技科	生产科	畜牧科	机电能源科	审计科	劳动科	人事科	计统科	财务科	卫生科	教育科	基建科	安技科

第三节 企业基层单位设置

铁力林业局自改革开放以来，通过产业和产品结构调整，企业经营由单一木材生产，逐渐向以林为主、多业并举的企业经营方向发展。到 21 世纪，基层单位设置实现多元化，生产单位由过去的全民企业为主转变为集体与私营企业为主。

表2-3

1986—2005年铁力林业局企业基层单位一览表

年 度	基层单位名称
1986	东方红林场、茂林河林场、卫东林场、九连林场、向阳林场、鹿鸣林场、兴安林场、丰林林场、泥河营林所、黑河营林所、建设营林所、二股营林所、卫星营林所、红旗营林所、西北河营林所、森铁管理处、贮木场、木材加工厂、刨花板厂、木制品厂、木器厂、汽车队、机修厂、发电厂、工程处、矿产公司、生活服务公司、劳动服务公司、三屯农场、北关农场、泥河农场、商业科、物资供应科、资源科、教育中心、第一中学、第二中学、第三中学、职业高中、技工校、第一小学、第二小学、第三小学、第四小学、党校、职工医院、公安局、检察院、法院
1987	东方红林场、茂林河林场、卫东林场、九连林场、向阳林场、鹿鸣林场、兴安林场、丰林林场、泥河营林所、黑河营林所、建设营林所、二股营林所、卫星营林所、红旗营林所、西北河营林所、森铁管理处、贮木场、木材加工厂、刨花板厂、木制品厂、木器厂、大理石制品厂、汽车队、机修厂、发电厂、工程处、三屯农场、北关农场、泥河农场、生活服务公司、劳动服务公司、商业科、物资供应科、资源科、教育中心、第一中学、第二中学、第三中学、职业高中、技工校、第一小学、第二小学、第三小学、第四小学、党校、职工医院、电话管理所、森调队、公安局、检察院、法院
1988	东方红林场、茂林河林场、卫东林场、九连林场、向阳林场、鹿鸣林场、兴安林场、丰林林场、泥河营林所、黑河营林所、建设营林所、二股营林所、卫星营林所、红旗营林所、西北河营林所、森铁管理处、贮木场、木材加工厂、刨花板厂、木制品厂、木器厂、大理石制品厂、汽车队、机修厂、发电厂、工程处、电话管理所、森调队、三屯农场、北关农场、泥河农场、林木良种场、劳动服务公司、生活服务公司、第一中学、第二中学、第三中学、职业高中、技工校、第一小学、第二小学、第三小学、第四小学、党校、职工医院、成人教育培训中心、商业局、供应科、公安局、检察院、法院
1989	东方红林场、茂林河林场、卫东林场、九连林场、向阳林场、鹿鸣林场、兴安林场、丰林林场、泥河营林所、黑河营林所、建设营林所、二股营林所、卫星营林所、红旗营林所、西北河营林所、森铁管理处、贮木场、木材加工厂、刨花板厂、木制品厂、木器厂、大理石制品厂、汽车队、机修厂、发电厂、基建工程处、电话管理所、森调队、林木良种场、三屯农场、北关农场、泥河农场、林木良种场、劳动服务公司、生活服务公司、第一中学、第二中学、第三中学、职业高中、技工校、第一小学、第二小学、第三小学、第四小学、党校、职工医院成人教育培训中心、商业局、供应科、公安局、检察院、法院
1990	东方红林场、茂林河林场、卫东林场、九连林场、向阳林场、鹿鸣林场、兴安林场、丰林林场、泥河营林所、黑河营林所、建设营林所、二股营林所、卫星营林所、红旗营林所、西北河营林所、森铁管理处、贮木场、木材加工厂、刨花板厂、木制品厂、木器厂、大理石制品厂、汽车队、机修厂、发电厂、工程处、电话管理所、森调队、林木良种场、三屯农场、北关农场、泥河农场、林木良种场、劳动服务公司、生活服务公司、第一中学、第二中学、第三中学、职业高中、技工校、第一小学、第二小学、第三小学、第四小学、党校、职工医院、成人教育培训中心、商业局、供应科、公安局、检察院、法院
1991	东方红林场、茂林河林场、卫东林场、九连林场、向阳林场、鹿鸣林场、兴安林场、丰林林场、泥河营林所、黑河营林所、建设营林所、二股营林所、卫星营林所、红旗营林所、西北河营林所、林木良种场、汽运管理处、贮木场、木材加工厂、刨花板厂、机械厂、发电厂、工程处、木器厂、木制品厂、大理石制品厂、森调队、电话管理所、商业科、供应科、北关农场、泥河农场、三屯农场、劳动服务公司、生活管理科、医院、党校、职业高中、技工校、成人培训学校、第一中学、第二中学、第三中学、第一小学、第二小学、第三小学、第四小学、公安局、检察院、法院
1992	东方红林场、茂林河林场、卫东林场、九连林场、向阳林场、鹿鸣林场、兴安林场、丰林林场、泥河营林所、黑河营林所、建设营林所、二股营林所、卫星营林所、红旗营林所、西北河营林所、林木良种场、汽运管理处、贮木场、木材加工厂、刨花板厂、机械厂、发电厂、工程处、木器厂、木制品厂、大理石制品厂、森调队、公路管理处、自来水公司、碳酸钙厂、北关农场、泥河农场、三屯农场、劳动服务公司、生活管理科、电话管理所、商业科、供应科、党校、职业高中、技工学校、成人中心学校、第一中学、第二中学、第三中学、第一小学、第二小学、第三小学、第四小学、医院、公安局、检察院、法院
1993	东方红林场、茂林河林场、卫东林场、九连林场、向阳林场、鹿鸣林场、兴安林场、丰林林场、泥河营林所、黑河营林所、建设营林所、二股营林所、卫星营林所、红旗营林所、西北河营林所、林木良种场、汽运管理处、贮木场、机械厂、发电厂、工程处、大理石制品厂、木制品厂、壁毯厂、刨花板厂、森调队、物资供应公司、商业供销公司、营林公司、多种经营公司、经济技术开发公司、林产工业公司、木材经销公司、外贸公司、生活科、电话管理所、公路管理处、化工厂、自来水公司、北关农场、泥河农场、三屯农场、医院、成人中心学校、第一中学、第二中学、第三中学、第一小学、第二小学、第三小学、第四小学、公安局、检察院、法院
1994	东方红林场、茂林河林场、卫东林场、九连林场、向阳林场、鹿鸣林场、兴安林场、丰林林场、泥河营林所、黑河营林所、建设营林所、二股营林所、卫星营林所、红旗营林所、西北河营林所、林木良种场、汽运管理处、贮木场、机械厂、发电厂、工程处、大理石制品厂、刨花板厂、森调队、物资供应公司、商业供销公司、营林公司、多种经营公司、经济技术开发公司、林产工业公司、木材经销公司、外贸公司、生活管理科、电话管理所、公路管理处、化工厂、自来水公司、木制品厂、壁毯厂、北关农场、泥河农场、五花农场、红光农场、三屯农场、医院、成人培训中心学校、第一中学、第二中学、第三中学、第一小学、第二小学、第三小学、第四小学、公安局、检察院、法院

续表 2-3

年 度	基层单位名称
1995	东方红林场、茂林河林场、卫东林场、九连林场、向阳林场、鹿鸣林场、兴安林场、丰林林场、泥河营林所、黑河营林所、建设营林所、二股营林所、卫星营林所、红旗营林所、西北河营林所、林木良种场、汽运管理处、贮木场、机械厂、发电厂、工程处、大理石制品厂、刨花板厂、森调队、营林公司、物资供应公司、商业供销公司、多种经营公司、经济技术开发公司、林产工业公司、木材经销公司、外贸公司、生活管理科、电话管理所、公路管理处、化工厂、自来水公司、木制品厂、防火办、液化气公司、兴达木制品有限公司、胶合板厂、家具厂、综合木器厂、塑料制品厂、综合厂、印刷包装公司、北关农场、泥河农场、五花农场、红光农场、三屯农场、成人培训中心学校、第一中学、第二中学、第三中学、第一小学、第二小学、第三小学、第四小学、职工医院、公安局、检察院、法院
1996	东方红林场、茂林河林场、卫东林场、九连林场、向阳林场、鹿鸣林场、兴安林场、丰林林场、泥河营林所、黑河营林所、建设营林所、二股营林所、卫星营林所、红旗营林所、西北河营林所、北关农场、三屯农场、红光农场、王杨农场、五花农场、泥河农场、林业百货大楼、亚楼商场、松涛宾馆、自来水公司、贮木场、客运站、工程处、路管处、森调队、房产处、塑料厂、松涛集团公司、兴达公司、森利公司、营林公司、印刷包装公司、防火办、退管（一、二、三、四站）、酒类专卖局、刨花板厂、汽运处、机械厂、发电厂、大理石制品厂、物资供应公司、商业供销公司、木材经销公司、外贸公司、电话所、化工厂、家具厂、综合木器厂、敬老院、气功所、医院、药站、第一中学、马永顺中学、第三中学、第一小学、第二小学、第三小学、第四小学、公安局、检察院、法院
1997	东方红林场、茂林河林场、卫东林场、九连林场、向阳林场、鹿鸣林场、兴安林场、丰林林场、泥河营林所、黑河营林所、建设营林所、二股营林所、卫星营林所、红旗营林所、西北河营林所、北关农场、三屯农场、红光农场、王杨农场、五花农场、北星农场、泥河农场、贮木场、客运站、工程处、自来水公司、路管处、森调队、房产处、塑料厂、松涛集团公司、兴达公司、实业公司、营林公司、印刷包装公司、防火办、退管（一、二、三、四站）、刨花板厂、汽运处、机械厂、发电厂、大理石制品厂、物资供应公司、商业供销公司、木材经销公司、外贸公司、电话所、化工厂、家具厂、综合木器厂、松涛宾馆、林业百货大楼、亚楼商场、酒类专卖局、气功所、疗养所、敬老院、医院、药站、第一中学、马永顺中学、第三中学、第一小学、第二小学、第三小学、第四小学、公安局、检察院、法院
1998	东方红林场、茂林河林场、卫东林场、九连林场、向阳林场、鹿鸣林场、兴安林场、丰林林场、泥河营林所、黑河营林所、建设营林所、二股营林所、卫星营林所、红旗营林所、西北河营林所、北关农场、三屯农场、红光农场、王杨农场、五花农场、北星农场、泥河农场、贮木场、客运站、工程处、路管处、森调队、房产处、塑料厂、松涛集团公司、兴达公司、实业公司、物资供应公司、商业供销公司、营林公司、燃料公司、配件公司、汇丰公司、印刷包装公司、林政防火科、东华机械厂、兴山公司、松涛宾馆、公安局、检察院、法院、医院、药站、疗养所、第一中学、马永顺中学、第三中学、第一小学、第二小学、第三小学、第四小学、退管（一、二、三、四站）、酒类专卖局
1999	东方红林场、茂林河林场、卫东林场、九连林场、向阳林场、鹿鸣林场、兴安林场、丰林林场、泥河营林所、黑河营林所、建设营林所、二股营林所、卫星营林所、红旗营林所、西北河营林所、北关农场、三屯农场、红光农场、王杨农场、五花农场、北星农场、泥河农场、贮木场、客运站、工程处、路管处、森调队、房产处、塑料厂、松涛集团公司、兴达公司、实业公司、物资供应公司、商业供销公司、营林公司、燃料公司、配件公司、汇丰公司、印刷包装公司、森林管护大队、东华机械厂、兴山公司、松涛宾馆、气功所、公安局、检察院、法院、医院、药站、疗养所、第一中学、马永顺中学、第三中学、第一小学、第二小学、第三小学、第四小学、退管（一、二、三、四站）、酒类专卖局
2000	东方红林场、茂林河林场、卫东林场、九连林场、向阳林场、鹿鸣林场、兴安林场、丰林林场、泥河营林所、黑河营林所、建设营林所、二股营林所、卫星营林所、红旗营林所、西北河营林所、北关农场、三屯农场、红光农场、王杨农场、五花农场、北星农场、泥河农场、贮木场、客运站、工程处、路管处、森调队、房产处、塑料厂、松涛集团公司、兴达公司、实业公司、物资供应公司、商业供销公司、营林公司、燃料公司、配件公司、汇丰公司、印刷包装公司、森林管护大队、东华机械厂、兴山公司、松涛宾馆、气功所、公安局、检察院、法院、医院、药站、疗养所、第一中学、马永顺中学、第三中学、第一小学、第二小学、第三小学、第四小学、退管（一、二、三、四站）、酒类专卖局
2001	东方红林场、茂林河林场、卫东林场、九连林场、向阳林场、鹿鸣林场、兴安林场、丰林林场、泥河营林所、黑河营林所、建设营林所、二股营林所、卫星营林所、红旗营林所、西北河营林所、北关农场、三屯农场、红光农场、王杨农场、五花农场、北星农场、泥河农场、贮木场、客运站、工程处、路管处、森调队、房产处、塑料厂、松涛集团公司、兴达公司、实业公司、物资供应公司、营林公司、燃料公司、配件公司、汇丰公司、印刷包装公司、林政防火科；东华机械厂、兴山公司、公安局、检察院、法院、医院、药站、疗养所、第一中学、马永顺中学、第三中学、第一小学、第二小学、第三小学、第四小学、退管中心、酒类专卖局
2002	东方红林场、茂林河林场、卫东林场、九连林场、向阳林场、鹿鸣林场、兴安林场、丰林林场、泥河营林所、黑河营林所、建设营林所、二股营林所、卫星营林所、红旗营林所、西北河营林所、北关农场、三屯农场、红光农场、王杨农场、五花农场、北星农场、泥河农场、贮木场、客运站、工程建筑公司、路管处、森调队、房产处、塑料厂、松涛集团公司、兴达公司、实业公司、物资供应公司、营林公司、燃料公司、配件公司、汇丰公司、印刷包装公司、东华机械厂、兴山公司、公安局、检察院、法院、医院、药站、疗养所、第一中学、马永顺中学、第三中学、第一小学、第二小学、第三小学、第四小学、退管中心、酒类专卖局

续表 2-3

年　度	基层单位名称
2003	东方红林场、茂林河林场、卫东林场、九连林场、向阳林场、鹿鸣林场、兴安林场、丰林林场、泥河营林所、黑河营林所、建设营林所、马永顺林场、卫星营林所、红旗营林所、西北河营林所、北关农场、三屯农场、红光农场、王杨农场、五花农场、北星农场、泥河农场、贮木场、客运站、工程建筑公司、路管处、森调队、房产处、塑料厂、松涛集团公司、兴达公司、实业公司、物资供应公司、营林公司、燃料公司、配件公司、汇丰公司、印刷包装公司、森林管护大队、东华机械厂、兴山公司、公安局、检察院、法院、医院、药站、疗养所、第一中学、马永顺中学、第三中学、第一小学、第二小学、第三小学、第四小学、退管中心、酒类专卖局
2004	东方红林场、茂林河林场、卫东林场、九连林场、向阳林场、鹿鸣林场、兴安林场、丰林林场、泥河营林所、黑河营林所、建设营林所、马永顺林场、卫星营林所、红旗营林所、西北河营林所、北关农场、三屯农场、红光农场、王杨农场、五花农场、北星农场、泥河农场、林木良种繁育场、驻卫东专员资源监督中心站、驻建设资源监督中心站、贮木场、客运站、工程建筑公司、路管处、森调队、房产处、塑料厂、松涛集团公司、兴达公司、实业公司、物资供应公司、营林公司、燃料公司、配件公司、森林管护大队、东华机械厂、兴山公司、公安局、检察院、法院、医院、药站、第一中学、马永顺中学、第三中学、第一小学、第二小学、第三小学、第四小学、退管中心、酒类专卖局
2005	东方红林场、茂林河林场、卫东林场、九连林场、向阳林场、鹿鸣林场、兴安林场、丰林林场、泥河营林所、黑河营林所、建设营林所、马永顺林场、卫星营林所、红旗营林所、西北河营林所、北关农场、三屯农场、红光农场、王杨农场、五花农场、北星农场、泥河农场、双河农场、林木良种繁育场、驻卫东专员资源监督中心站、驻建设资源监督中心站、贮木场、客运站、工程建筑公司、路管处、森调队、房产处、塑料厂、松涛集团公司、实业公司、物资供应公司、营林公司、燃料公司、配件公司、汇丰公司、印刷包装公司、森林管护大队、兴山公司、公安局、检察院、法院、医院、药站、第一中学、马永顺中学、第三中学、第一小学、第二小学、第三小学、退管中心、酒类专卖局

第二章 林场、营业所、农场区划

1986年，铁力林业局企业有直属林场8个、营林所7个、农场3个。2003年二股营林所更名为马永顺林场。到2005年，林业局企业有直属林场9个、营林所6个、农场8个。

第一节 林 场

一、卫东林场

位于铁力市西北部，距局址75公里，属庆安县行政区。东邻翠峦林业局，南靠红旗营林所，西与向阳林场、泥河营林所相接，北与茂林河林场毗邻。施业区总面积15272公顷，设38个林班，森林覆盖率84.7%，耕地面积1866公顷。总人口1459人，530户。

卫东林场建立于1963年。建场前期中央林业部经理调查时，在此建立庆安县欧根河营林所。1958年森工与营林合并时，划归铁力林业局管辖，改为欧根河林场。1963年转为依通河营林所。1968年与三谷峰小工队合并建立林场，当时正值“文化大革命”期间，故起名为卫东林场。

卫东林场四面环山，大欧根河及其支流依通河贯穿整个施业区，还有驰名的三谷峰和日伪留下的警备道。该地区平均海拔450米，年平均降水量750毫米，全年无霜期80~90天。

1964年10月，卫东林场开始投入木材生产，以生产原木为主。刚开始生产时，伐区都是在森林铁路两侧，采后造材，集材距离非常近。那时候，采伐已不用弯把锯，而是用油锯。当时有油锯7台，集材拖拉机5台，绞盘机2台。集材拖拉机最多的时候达24台。

卫东林场先后成立后勤段、作业段、采伐段。后勤段主要负责全场职工的吃住；作业段专门负责修建集材道、修建家属房；采伐段专门负责采伐、造材、装车。此后，又单独成立机械段，与原来的采伐段合在一起，实行采、打、造、集、装一条龙的作业方式。其间，卫东林场建立机械检修所、铁烘炉、医务所、学校、榨油厂等后勤服务部门和生产辅助部门。

卫东林场为国家的经济建设事业做出巨大的贡献。每年都超额完成林业局下达的生产指标，木材年生产量曾连续多年创全局第一，被林业局授予“先进单位”光荣称号。1971年，木材年生产量创历史最高纪录，达12万立方米。2001年以后，木材生产量锐减，每年只生产5000~6000立方米。

1965年，马永顺工组在卫东林场建营林新村。1967年，归属卫东林场。该组自成立以来无一次生产事故发生。在几十年的木材生产中，共生产木材40多万立方米，为国家做出巨大的贡献。老组长马永顺，从采伐英雄到植树英雄，多次受到毛泽东主席和周恩来总理等党中央领导同志的亲切接见。老劳模、绞盘机手衡彦孝是省级劳模，多次出席黑龙江省劳模表彰大会。

1982年卫东林场建起一所职工俱乐部，供职工群众娱乐活动，并定期在俱乐部内放映电影。治危兴林时期，林场发展种植业，主要种黄豆，最多时年产黄豆200多万公斤。进入21世纪以来，大力发展家庭经济，种植平贝，现已初具规模。有的职工利用本地资源优势，大力发展林下经济，其中种植的五味子销量可观，已初见成效。

卫东林场保留一处面积315公顷的原始红松林，位于三谷峰北坡，是铁力林业局迄今幸存不多的未经采伐的森林，比较完整地保留着亘古森林的原貌，被称为“活化石”。林区开发旅游资源，卫东林场的原始林被纳入旅游项目，进行保护性开发，使这片原始林以新的风姿和新的价值呈现在人们的面前。

卫东林场这片土地曾是抗联战士杀敌的战场。20世纪80年代，一些人在此挖药材时，挖出过长枪和短枪。在通向三谷峰的警备道旁，埋葬着一名叫佐佐木的日本少佐军官，他就是在一次战斗中被抗联战士击毙的。

二、丰林林场

位于铁力林业局施业区东北部地区。距局址71公里（属铁力市行政区），是大依吉密河的发源地。东与带岭林业实验局接壤，南接马永顺林场，西靠鹿鸣林场，北与翠峦林业局毗邻。施业区总面积11295公顷，设23个林班。有林地面积11110公顷，森林覆盖率97%，耕地面积175公顷，人口502人。

丰林林场四面环山，丰林南山是铁力林业局施业区内最高峰，海拔1500米。该林场平均海拔600米左右，年平均气温0.3℃，年降水量750毫米，全年无霜期80~90天。

丰林林场始建于1948年，是铁力林业局最早的林场之一。建场初期主要以原木生产为主，用弯把子锯采伐，人力装车，在庆安县农村雇佣马套子集材，延续到1959年。1960年秋季准备作业时，朝鲜族人洪凡道发明土滑道，适宜冬季集材，大大提高了集材效率。1963年林业局调来5台东方红集材拖拉机，1965年林场与太平营林所合并时又将东方红集材拖拉机调走，重新采用马套子、土滑道方式集材。

木材产量从1957年开始逐年增加，1970年最高年生产木材10万多立方米。随着木材产量的逐年上升，职工队伍也随之逐年增加。1981年全场住户400户左右，总人口已达1100多人。1985年以后木材生产量逐年调减，职工随之减少。到2005年，全场住户220多户，总人口550多人。

1998年实施天然林资源保护工程，林场职工开始种植平贝。到2005年，每户平均年产值1.5万元左右，全场年收入300万元左右。

三、兴安林场

位于铁力市东北部，距局址75公里（属翠峦行政区）。西、北两处与翠峦林业局接壤，东靠乌马河林业局，南与鹿鸣林场相连。施业区总面积为11248公顷，设27个林班，森林覆盖率88.9%。兴安林场重峦叠嶂，平均海拔420米。平均气温0.2℃，年平均降水量750毫米，全年无霜期80~90天，全场有耕地169公顷。

兴安林场始建于20世纪50年代，1950—1952年为兴安作业所。之后，在施业区内先后建立兴安一场、二场、三场，联合一场、二场、三场，武松一场、二场，兴华伐木场，兴中伐木场以及兴安伐木场、联合伐木场。每个伐木场小的只有几户人家，多的有几十户。大多数工人都住在集体宿舍，粮食和蔬菜全靠从山外运进来，生活条件十分艰苦。生产作业靠人力和畜力。一年分三季采伐，即春采、夏采和冬采。春秋两季采伐后，在山上吊成卯，到冬季用马爬犁集到装车场归成清楞，由林业局装车工队装车，用森铁小火车运往铁力。通往林场的森铁线经过一条200多米的开山口，是建场时劳改队用一年的时间挖成的。当时正赶上国家恢复经济建设和抗美援朝，木材需求量比较大，小火车每天不分昼夜地运送木材。1956 年多数伐木场基本停止木材生产，1959 年林场所有伐木场均停止木材生产，人员全部撤出。

1975 年，兴安林场二次建场，场部设在森铁兴安车站，距家属区 1 公里，林场（所）人员由西北河林场整体迁入。

兴安林场是一个以木材生产为主的机械化作业林场。建场前期，年生产木材（原条、原木）5 万立方米；中期，年产木材约 3 万立方米；后期，由于林场可采森林资源越来越少，作业条件越来越差，大部分伐区都经过两三遍回头采伐，年采伐仅 1 万立方米左右。从建场到 2005 年，林场共为国家生产木材近百万立方米。

进入 20 世纪 90 年代，由于采伐量过大，林区出现“两危”（资源危机、经济危困）困境，木材产量逐渐下降，企业陷入困境。林场由过去单一的木材生产开始向多元化方向发展。先后建立锯材加工厂、削片厂、地板块厂、筷子厂、木旋厂，同时发展养殖业和种植业，职工自营经济发展很快。国家全面实施天然林资源保护工程后，木材主伐停止，林场逐步由以木材生产为主的经济效益型转变为以营林生产为主、培育森林资源的生态型，各项生产实行承包责任制。林场机构也进行精简，人员进行分流，撤销工段以及后勤服务部门。与此同时，推进“以场自立、以户自立”，大力发展非国有经济。到 2005 年，职工自营经济产值已占全场经济总产值的 50% 以上。

在兴安林场与向阳林场的交界处，有抗日时期“中共北满省委所在地”的遗址。

四、茂林河林场

位于铁力市西北 72 公里处（属庆安行政区）。东与翠峦林业局交界，北与东方红林场毗邻，西与九连林场相连，南与卫东林场接壤。欧根河从与翠峦林业局分界的山底发源，由东向西，流经场区，直抵西面的大砬子山底，迂回向南而下，汇入呼兰河。施业区总面积 14594 公顷。设 37 个林班，分布在东沟、北股流、胜林沟、卫星河、干巴河五大作业区内。

茂林河林场建立于 1967 年。建场初期，280 多名创业者汇集大砬子山下茂林河畔。他们大都是从马鞍山小工队调来的“单身汉”。到 2005 年，全场住户 461 户，总人口 1400 人。其中有回族、蒙古族各 1 户，其余均为汉族。

茂林河林场以木材生产为主，每年的生产量在 6.7 万立方米以上。进入 20 世纪 80 年代后，森林资源濒临枯竭，木材产量锐减到 1 万立方米。2001 年开始停止主伐生产，林场经济重点依托非国有经济。到 2005 年，耕地面积 1796 公顷，主要种植大豆、玉米，养殖业主要为养野猪、鸡。2005 年家庭经济突破 600 万元。

从建场到 2005 年，茂林河林场共为国家生产木材 200 多万立方米，曾荣获铁力林业局和伊春市先进单位称号。

茂林河林场在抗日战争时期，是抗联打击日本侵略者的战场，大砬山战斗、干巴河战斗都发生在这里。大砬子山、干巴河等地建有多处抗联密营。场部附近曾有抗联营长肖某的坟墓。

五、九连林场

位于铁力市西北部，距局址 72 公里（属庆安县行政区）。东邻东方红林场和茂林河林场，南靠卫东林场，西与向阳林场接壤，北与绥棱林业局毗邻。施业区总面积 11061 公顷，设 29 个林班，森林覆盖率 74.5%。

九连林场的前身是香草河林场。1959 年 6 月中旬，林业局明朗伐木场停止采伐，该单位一半的干部和工人调入小黑河林场，另一半干部和工人到香草河林场建场。同时，林场还从外地招来一批临时工参与原木生产。在以后的时间里，林场曾三次搬迁。

1961 年秋天，林业局为香草河林场调入 7 台德特 40 集材拖拉机、2 台苏联进口的瓦斯集材拖拉机以及 3 台绞盘机从事集材、装车生产，从此结束原木集材冬季马套子、夏季放平车的集材方式。1963 年，林场采伐工序也由人力弯把锯伐木改为油锯伐木。整个林场的原条生产除人力打枝工序外，采、集、装、归全部实现机械化作业。1964 年，铁道兵某部九连修建泥河沟铁路线。为纪念官兵们为开发大森林做出的贡献，香草河林场改名为九连林场。1974 年搬迁到双河，仍然叫九连林场。1974—1984 年，九连林场的木材年生产量一直位居林业局各个林场（所）的前列。

九连林场技术革新成果显著，自研自制的柴油三级过滤技术受到黑龙江省森工总局的嘉奖。在育苗生产中，自制的行走式大型苗圃自动喷灌机得到外地技术权威人士的认可，并专程到林场参观。修理工苏琪、庞玉芬和老干部胡俭荣获黑龙江省森工总局革新能手称号。高级工程师金万昌研发的“小兴安岭红皮云杉培育技术和万亩速生丰产样板林”项目得到国家林业投资公司的赞助。

1986—1990 年，林场施业区资源接近枯竭。林场年木材生产量由 50000 立方米削减到 3000 立方米。林场大力推进营林生产，年更新造林 8000~10000 亩。

1991 年以后，林场的主要生产项目转型，开始利用非林宜农荒原开垦土地。农业生产所需劳力由木材生产的多余劳力替代。全场 80% 以上的职工家庭从事农业生产，搞起职工自营经济。种植、养殖、采集、加工、商服 5 项支柱产业产值占全场总产值的 90%，实现了林场 1995 年提出的“一年开荒一千五，三年实现万亩田，主业生产工艺脱林木，全靠种采养家园”和“放下斧子锯，奔向黑土地，不能等、靠、要，户户能自立”的经营思路。到 2005 年年底，非国有经济总产值突破 400 万元；全场住户 273 户，户均产值 16653 元；总人口 798 人，人均产值 5679 元。在伊春市三级班子干部大会上，九连林场场长邵世文代表伊春地区 230 个林场（所）作经验性发言，受到伊春市委、市政府的赞许，并奖励林场价值 7 万元的农机设备。

六、向阳林场

位于铁力市西北部，距局址 75 公里。东邻九连、卫东两个林场，西北与绥棱林业局接壤，南靠庆安县。施业区总面积 15326 公顷，设 41 个林班。向阳林场三面环山，一面平原，林地平坦，平均海拔 430 米以上，年平均气温 0.3℃，年平均降水量 750 毫米，全年无霜期 80~90 天。

向阳林场始建于 1974 年 3 月。建场时的职工、知识青年和家属来自全局山上、山下 29 个单位。2005 年，向阳林场有全民职工 274 人、集体工人 305 人、退休职工 96 人，总人口 1324 人。可耕种土地 1603 公顷。

向阳林场以林为主，兼搞多种经营。木材生产停止主伐后，林场经营转型，开始全力发展替代产业。

进入 20 世纪 90 年代，职工群众的生产、生活条件发生很大变化。1990 年，林业局将森林铁路改建成公路，由原 3 天一趟的森林旅客列车改为 1 天一趟的公路客车。木材运输工具由小火车改为汽车，方便了职工群众的生产和生活。1995 年接通网电，职工群众告别照明用煤油灯、生产靠自发电的历史。2000 年、2004 年，程控电话和移动电话分别开通，给职工群众对外联系和沟通带来极大方便。1996 年建立地面卫星接收站，电台由原来靠电视天线接收 1 个台变为靠卫星接收 10 个台，丰富了职工群众的文化生活。木材生产鼎盛时期，年产木材 4.5 万立方米。到 20 世纪 90 年代中期，木材生产量逐年减少到年平均 3 万立方米。林业局实施“天保”工程后，林场于 1999 年停止木材主伐生产。

向阳林场老金沟是抗联的重要活动区之一，中共北满省委驻地和抗联第三路军总指挥部、后方医院、被服厂都设在这里，并建有多处密营。

七、东方红林场

位于铁力市西北部，距局址 76 公里（属庆安县行政区）。北与绥棱林业局东风林场、跃进林场相邻，东与翠峦林业局昆仑气林场接壤，西靠九连林场，南接茂林河林场。施业区总面积 9668 公顷，设 29 个林班，森林覆盖率 80.1%。平均海拔 400 多米，年降水量 200~300 毫米，全年无霜期 80~90 天。2005 年林场有住户 275 户，人口 1150 人，职工 238 人，退休职工 116 人，可耕种土地 605 公顷。

东方红林场建立于 1967 年，林场职工由原平安林场搬迁而来，1970 年由建设营林所又迁入 40 多户。建场前期，因该场四面环山、地势较高、森林茂密，故命名高峦林场；建场后，结合红松超群、太阳从场址东头升起的特点，改名为东方红林场。

东方红林场是林业机械化林场。1969—1979 年平均每年生产木材 7 万立方米；1980—1989 年平均每年生产木材 3 万立方米；1990—1993 年平均每年生产木材 5000 立方米；1994—2000 年平均每年生产木材 3000 立方米；2001—2002 年平均每年生产木材 2000 立方米；2003 年停止采伐。

建场初期，农业生产主要是耕种蔬菜。林场成立农业段，1988 年农业土地面积增加到 65 公顷，增加小麦、谷子等耕种品种。1990 年，农业土地开始承包给职工群众耕种，林场收取土地承包费。1996—1998 年，林场增加土地面积 52 公顷。2002 年年末，林业局将林场 40 公顷土地拨给大伟亚麻厂。2000 年以后，农业生产主要种植大豆。由于受地理位置和气候条件等因素的限制，大豆每公顷产量 1500~2000 公斤，公顷效益 2000 元左右。

从 1988 年开始，林场实施以多种经营和全面发展家庭经济为主的发展思路。经过十多年的努力，职工群众在自营经济发展上初见成效。2005 年，林场职工的家庭经济收入占全场经济总收入的 60%。自营经济的主要项目是：种植业（经济作物、蔬菜、青贮饲料、粮豆）；养殖业（养猪、养羊、养黄牛、养鸡鸭鹅、养蜂、养兔、养林蛙）；采集业（五味子、山野菜、蘑菇）；加工业（饲料加工、食品加工、炸油坊、修理部、豆腐坊）；商服业（小卖店、饭店、摊床、诊所）；运输业（货运汽车、货运三轮车、农用四轮车、农用拖拉机）。

东方红林场施业区内发现有煤矿，大约百年后才能开采。

八、鹿鸣林场

位于铁力林业局施业区东部，距局址 63 公里。东邻丰林林场，南靠马永顺林场，西与翠峦林业局接壤，北与兴安林场相连。施业区总面积 13982 公顷，设 41 个林班，森林覆盖率 96.07%。

鹿鸣林场从 1956 年开始，历经 3 次建场，1970 年正式成为独立林场。2005 年，全场总户数 236 户，总人口 702 人，职工总数 218 人。

进入 20 世纪 80 年代以来，鹿鸣林场的干部、群众面对森林可采资源危机和企业经济极度危困的情况，团结一心，艰苦拼搏，企业改革和经济结构调整取得一定成效。木材生产年产量大幅度调减，已由历史上最高的 10 万立方米，降到 2005 年的 1 万立方米；营林生产和森林管护发展迅速，多种经营生产异军突起，成为支撑林场经济的骨干产业。到 2005 年，平贝种植面积发展到 50 公顷，西洋参种植面积 8 公顷，养黄牛 70 头。此外，农业、林蛙养殖业也都出现持续发展的良好势头。林场经济的复苏，使职工生活水平有了提高，场容场貌也发生明显变化。

九、马永顺林场

位于铁力市东北部，距局址 35 公里。东邻桃山林业局，南靠建设营林所，西连西北河营林所，北接鹿鸣林场。施业区总面积 16197 公顷，设 46 个林班。平均海拔 200 米，年平均气温 1℃，年降水量 670 毫米，全年无霜期 95 天。

马永顺林场，原为二股营林所，位于依吉密河的两条支流——西北河、丰林沟河的交汇处，由此得名。

马永顺林场四面环山，林木繁茂。林场内有日月峡国家森林公园、透龙山古洞、马永顺林、马永顺纪念碑。同时还有铁矿石、水泥石、白灰石、大理石等矿藏。

日伪时期，日本侵略者大肆掠夺铁力林区的森林资源。日本关东军第三中队在这里建大二火锯厂。1946 年 9 月，铁骊林业公司接管大二火锯厂，为中国人民解放军第四野战部队生产板方材。1948 年，森林铁路修到二股转运站，铁骊的物资被运到二股。当时营林所内有森铁运材岔线 39 公里、大小桥涵 86 座，最大的桥梁长 34 米。1950 年抗美援朝战争爆发，部队撤走。同年，铁骊林务局武松伐木场与平安伐木场合并，成立二股伐木场，接管大二火锯厂。1963 年，二股伐木场与响水河林场合并，改称二股林场，下设 7 个生产工段，年产木材 10 万立方米，创历史最高纪录。1968 年，二股林场被撤销，改称二股森林经营所。同年 3 月，成立两个营林新村，一个是 42 林班营林新村，另一个是 48 公里营林新村。1976 年，两个营林新村同时被撤销。

“文化大革命”开始后，二股营林所成立两个造反团。1968 年两派联合，成立二股营林所革命委员会。1971 年又改回“二股营林所”的名称。1983 年筹建办公楼和俱乐部。1984 年进入新办公楼办公。1995 年接通网电，安装有线电视。进入 20 世纪 80 年代，森工企业进入“两危”时期，二股营林所木材生产任务锐减。职工群众全力开展治危兴林，发展替代产业，成果颇丰。2003 年，二股营林所改名为马永顺林场。到 2005 年，全场农、副、多种经营全面发展，多业俱兴，职工收入明显提高。

第二节 营林所

一、黑河营林所

位于铁力市西北部，距局址 30 公里（属庆安县行政区）。东邻卫星营林所，南靠铁力市，西与庆安县接壤，北与泥河营林所毗邻。施业区总面积 13452 公顷，设 39 个林班，森林覆盖率 71.7%。

黑河营林所三面环山，一面是平原，平均海拔 400 米，年平均气温 0.9℃，年平均降水量 780 毫米，全年无霜期 90~100 天。施业区内的森林多数是过伐林，材质一般。

2005 年，黑河营林所总户数 274 户，总人口 935 人。

黑河营林所始建于 1951 年，前身是小黑河林场。场址在现营林所以北叫作“二十六”的地方。随着作业地点的逐步下移，1974 年秋季，整个单位搬迁至现在的场址。因为木材产量的减少，营林所由过去以木材生产为主转为以营林生产为主，并于 1969 年更名为黑河营林所。

原小黑河林场从建场到 1956 年，木材生产一直采用手工作业，采伐用弯把锯，集材用马套子。从 1957 年开始，木材生产逐步向机械化发展，集材开始使用拖拉机。1963 年春天，马永顺到小黑河林场办起油锯手训练班，培养出小黑河林场第一批油锯手，使采伐生产实现机械化。小黑河林场是当时铁力林业局第一个机械化林场。1959 年木材生产量创历史最高，突破 10 万立方米。农业生产自 1978 年起步，经过 20 多年的发展壮大，已成为营林所经济的支柱产业。2005 年，营林所粮食总产量达 800 吨，多种经营总产值超过 4900 万元。

黑河营林所地区曾是抗联第三路军雷炎部的根据地，现存抗联密营遗址和抗联无名烈士墓群。

二、卫星营林所

位于铁力林业局西北部，距局址 39 公里。周边与红旗营林所、建设营林所、黑河营林所、卫东林场 4 个林场（所）接壤。施业区总面积 14095 公顷，设 36 个林班。2003 年，森林总蓄积为 531148 立方米。

卫星营林所始建于 1954 年 1 月，建所前期起名张家湾林场，后于 1955 年更名为依吉密林场，1969 年更名为卫星林场，1971 年又更名为卫星营林所。

卫星营林所施业区地势平坦，平均海拔 300 米左右。流经施业区内有大小 3 条河流，分别为南大河、西小河、明朗大河。卫星营林所气候属于寒温带—半温带，湿润—半湿润季节气候。主要特点是冬长夏短，气温变化悬殊。全年平均气温 0℃左右。1 月平均气温 -40℃ ~-17℃，7 月平均气温 18℃ ~25℃，年积温 2100℃左右。全年无霜期 80~90 天。降水集中在 7—8 月，年降水量 700 毫米左右。

卫星营林所自 1959 年开始造林，累计造林 12444.53 公顷，保存面积 7790.33 公顷，保存率为 62.6%。1986 年生产原条 2.2 万立方米。1998 年实施“天保”工程后停止主伐生产。1995 年 2 月 17 日接通常电，结束了营林所 30 多年使用柴油机发电的历史。1995 年年底接通有线电视。1988 年秋林企公路开通，结束了小火车运输的历史，开始使用汽车运输。

2005 年，卫星营林所耕地面积 521 公顷，呈种植业、养殖业、采集业、加工业、农机运输业、商饮服务业多业发展的势头。

三、西北河营林所

位于铁力市东北 48 公里处，地处哈伊公路沿线，交通便利。东邻鹿鸣、兴安林场，南靠马永顺林场，西与红旗营林所接壤，北与翠峦林业局毗邻。森林经营总面积为 17180 公顷，设 60 个林班，森林覆盖率 93.2%。

西北河营林所山水相连，有著名的尖山子，海拔 1000 米以上。该所年平均气温 0.3℃，年平均降水量 750 毫米，全年无霜期 80~85 天。境内还有丰富的大理石矿。

西北河营林所建于 1951 年，前身是西北河林场。因场址前有一条西北河，故得名西北河林场。建场初期，没有固定的场部，只有 1 栋房屋，共 8 户居民，又称“八大家”。20 世纪 60 年代，林业局分别成立西北河林场、新曙光营林所、西北河小工队、西北河架索队、西北河岔线队 5 个单位。1971 年，西北河小工队全员调到兴安林场。1982 年，西北河林场与新曙光营林所合并，正式成立西北河营林所。

西北河营林所木材生产量最多的一年是 1966 年，生产量达 12 万立方米。

2003 年，西北河营林所采伐木材 9000 立方米。在家庭经济上，确定以“近期木耳、平贝，中期五味子、黄牛，长期民有林”的三步发展目标，形成以“种植业、采集业、养殖业、商服业、运输业、食用菌”六大产业为主体的新格局。2005 年，全所实现家庭经济年产值 556 万元，年人均收入达 3000 元。

四、红旗营林所

位于铁力市东北部，距局址 51 公里（属庆安县行政区）。东邻西北河营林所，南靠卫星营林所，西北两面与卫东林场接壤。施业区总面积 11752 公顷。设 31 个林班，森林覆盖率 79.5%。

红旗营林所的前身是红旗林场，始建于 1958 年 6 月。因施业区内有一红旗大岗而得名。

建场初期，从小黑河林场调来部分干部和职工参与生产。因森林铁路只修至张家湾车站（现卫星营林所），距离红旗林场还有 12 公里，帐篷、粮食、蔬菜等生活必需品还都靠人力倒背运输。

1958 年 11 月，红旗林场开始采伐生产，主要以原木生产为主。生产伐区都在森铁线路两侧，采后造材装车，距离很近。当时以人力作业为主，用弯把锯采伐，人力装车。1959 年秋季，森铁线两侧近距离的树木基本被采光，较远距离的树木又不便于装车；到冬季时，林场从庆安农村雇马套子运材。此后，林业局调来 3 台苏联进口的瓦斯拖拉机运材。

1959 年年末至 1960 年年初，大量民工从关内各省涌入林区。仅一年多的时间，红旗林场招收的工人就多达 1500 人左右。随着人员的增多，红旗林场先后成立后勤段、作业段、采伐段。后勤段主要负责全场职工的吃住。作业段负责修建集材道、铺木杆道、修建家属房等工作。采伐段负责采伐、造材、装车等工作。后期，苏联进口的瓦斯拖拉机被淘汰，林业局调来 10 台国产 40M 拖拉机，多时达 20 多台。此时，单独成立机械段，与原来的采伐段合并在一起，实行采、打、造、集、装一条龙的作业方式。这种生产方式一直到 1979 年 4 月红旗林场被撤销为止。其间，红旗林场建立机械检修所、铁匠炉、医务所、小学校、砖厂、木材加工厂、炸油厂等后勤服务行业。

1968 年 10 月，大批知青上山，红旗林场接收局机关职工子女 50 余人。知青从事农业生产和修筑岔线，同时成立知青段。至 1969 年年末，多数知青返城，少数人在当地成家，转正为工人。1969 年，红旗林场大部分条件较好的伐区已基本被采光，剩余的大部分位于高山脚，采伐、运材条件十分艰苦，拖拉机无法作业。在这种情况下，林业局将建设营林所的清河沟、卫星营林所的明朗沟划拨给红旗林场。职工通勤最远距离近 50 公里。林场在清河、明朗伐区建立临时机库、宿舍、食堂。一般机械故障在山场处理，处理不了的用车运回场部检修所维修。1979 年 4 月，红旗林场被撤销。林场的技术工人、骨干劳力被调到丰林、西北河、向阳、九连等林场（所）从事木材生产。剩余的少量营林、后勤等人员（约 100 人），组建成立营林段，隶属于卫星营林所，主要以造林为主，冬季生产少量的原木。1980 年 11 月，第二次建场，改名为红旗营林所。冬季以生产原木、车立柱、大棚杆、削片材为主。其余时间从事营林生产。每年木材生产量 4000~5000 立方米，造林整地 200 公顷左右。1981 年用冰雪滑道进行木材生产，集中在高山脚、红旗大东山伐区，属第三次回头采。20 世纪 90 年代后，集中在原红旗沟、红光沟、马头沟、胡头沟、黑瞎沟等老伐区“摘山帽”。2005 年，全所总户数 170 户，总人口 476 人，家庭经济总产值 292 万元，户均纯收入 9500 多元，人均纯收入 3400 多元。

五、泥河营林所

位于铁力市西北 50 公里处。东邻卫星营林所，南靠黑河营林所，西与庆安县相交，北与卫东林场毗邻。平均海拔 350 米，年平均气温 0.3℃，年平均降水量 750 毫米，全年无霜期 90~100 天。施业区总面积 12064 公顷，设 26 个林班，森林覆盖率 77.1%。营林所施业区内大部分为过伐林。2004 年有土地 541 公顷，总住户 291 户，总人口 749 人，企业职工 219 人。

泥河营林所始建于 1982 年 3 月，起初为泥河水湿地改造大队。1984 年更名为泥河营林所。建所初期以水湿地改造育林为主业。居民有半数是泥河农场、森铁处职工及家属。1983 年建所时，林业局从黑河营林所调入部分干部和职工，又从全局 30 个单位抽调 50 多人参与建所。

泥河营林所先后成立营林段、生产段、后勤段。营林段负责水湿地改造等营林生产；生产段负责基本建设、抚育伐生产；后勤段负责全场职工吃住等后勤供给。此外，还建立机械检修所、烘炉、医务所、托儿所等后勤服务部门。1995 年通上网电，开通自来水，解决了职工群众用电、用水难的问题。

在国家政策允许下，1997 年营林所职工开荒种地，选种大豆，大豆年产量最高达 85 万公斤。秋季，职工全员出动采集山野菜、蘑菇、五味子等山特产品。进入 21 世纪以来，泥河营林所职工群众大力发展家庭经济。到 2005 年，全所养奶牛 196 头、黄牛 320 头、绒山羊 600 只，养蜂 2000 多箱，平贝种植、五味子改培已初具规模。

六、建设营林所

位于铁力市东北哈伊公路96公里处，距局址26公里。所址在大依吉密河和小依吉密河分水岭中间。东邻桃山林业局，南靠铁力市东胜林场，西与黑河、卫星营林所毗邻，北与马永顺林场接壤。平均海拔200米，年平均气温1.1℃，年平均降水量650毫米，无霜期100~110天。施业区总面积17048公顷，设37个林班。天然林以针阔混交林为主，人工林以落叶松为主。

建设营林所始建于1955年，原名依吉密经营所，隶属于铁力林管区，主要工作是监督木材采伐以及森林管护、春季造林、生产作业人员临时招工。1958年隶属于铁力林业局，主要工作是春季造林、秋季采树籽，生产作业人员以招临时工为主。1959年至1960年年初，广原农场合并到该经营所后，依吉密经营所更名为建设营林所，开始木材生产，成立木材生产段、后勤段。采、打、集、归都是人力手工作业，集材作业是从庆安、绥化等地招来的马套子，年生产量4000立方米左右。1964年，该所进入机械化作业时期。采伐方式基本是皆伐，生产量6000立方米左右。生产只在冬季进行，春夏季造林、抚育，秋季整地、采树籽。1968年，大批青年上山，营林所成立知青工段，主要从事山场清林、苗圃育苗、农业耕种等工作。1969年，大部分知青陆续返城，只有少数知青留在所内工作，后来转为林区正式职工。1982年，林业局林木种子园与建设营林所合并。1986年，建设营林所又与林木种子园分开。1996年第三中学解体，营林所所址迁到第三中学院内，原办公楼封闭。1997年又迁回原办公楼，当年木材产量7000立方米。1998年以后木材产量逐年减少，生产作业条件较差，有的伐区已进行多次重复采伐作业。进入21世纪，随着林业经营的转型，替代产业蓬勃发展，主要是种植业、养殖业、加工业和商饮服务业。职工家庭经济占据营林所经济结构的主要部分。建设营林所建立以来，多次受到省、市、局的表彰，涌现出许多劳动模范和先进集体。1983年，女工彭德丽被全国妇联评为全国“三八红旗手”。

第三节 部分企办农场

一、泥河农场

位于铁力市西北50公里处（属庆安县行政区）。该场在泥河营林所施业区内。经营耕地面积103.93公顷。

泥河农场建于1968年，是由下放到这里的林业局机关干部创建的。后来下放干部逐渐恢复工作，改由知青经营。知青返城后，农场的土地全部承包给农工。

泥河农场地势平坦，水源丰富，土质肥沃，气候温和。平均海拔350米左右，年平均气温0.3℃，年平均降水量750毫米，全年无霜期90~110天。该场以种植业、养殖业和其他副业为主。生产基本实现机械化。2004年，林业局开始发展奶牛业，农场办起奶牛养殖基地。

二、红光农场

位于泥河营林所与保马农场之间（属庆安行政区），原属香草河林场。九连林场建场后，成为该场的农业段，又称九连菜地，以种植蔬菜为主。1992年4月成立红光农场，隶属于铁力林业局。此时以种植粮食和经济作物为主。1966年以前职工人数40人左右，到1980年达250人，1992年降为30人，2005年又增至66人。

红光农场初创阶段，镐头开荒，土地面积30公顷。1966年土地面积80公顷，1992年土地面积200公顷，2005年土地面积425公顷。种植品种有大豆、小麦、玉米、水稻、亚麻、紫花苜蓿、北药等作物。

1996年以前红光农场为集约经营，2000年改为委托经营，2001年以后改为场长承包经营。

三、三屯农牧良种场

位于铁力市西北23公里处（属铁力市行政区）。该场东南邻铁力农场，西北靠铁力市三屯生产队。

三屯农牧良种场地处平原地带，土质肥沃，气温适宜，雨水调和。平均海拔200米左右，年平均气温1.1℃，年平均降水量650毫米，全年无霜期100~115天。1958年，林业局要求基层单位搞多种经营生产，贮木场、工程处在靠近铁力市新华村（原名三屯）建立农业点，各开垦10公顷地用于种植蔬菜。1967年改为铁力林业局三屯"五七"干校四分校。学员是下乡知青，约100人。1972年改为铁力林业局三屯农牧良种场，从林业局工程处调去一批转制工人，人员达400余人，耕种土地250多公顷。1995年以前，该场实行集体经营，场方对内部职工实行个体承包，每名职工承包3公顷地，交纳地租。1995年实行委托经营，把该场的经营权有偿委托给场长。2000年实行承包经营，一包10年，定死上缴基数。委托人对下承包，每名职工承包3公顷土地，地租根据年景一年一定。

该场主要产品有大豆、玉米。2005年耕地面积340公顷，职工67户，115人。

四、北关农场

位于小兴安岭南麓哈伊公路100公里处（属铁力市行政区），是铁力林业局施业区的最南端，也是进入伊春林区的必经之路，因此有"小兴安岭第一关"之称。该场东北部在建设营林所施业区，南邻铁力市东胜林场，西与黑河营林所相接，耕地面积147.93公顷，主要分布在建设营林所施业区和铁力镇工农乡境内。

北关农场始建于1974年，前身是铁力林业局西北河林场的一个生产作业点。1970年建立北关青年点，主要人员是铁力林业局的上山知青，共200多人。林业局配备农业机械进行开荒，土地主要在马鞍山1~9公里处和所址附近。之后，经过开发建设，北关农场成为林业局规模较大、机构健全、管理规范的一个半机械化直属农场。有机关、学校、商店、卫生所、检修所，并设农业段、基建段、生产段、后勤段等部门。建场后盖10多栋木刻楞家属房。从1980年开始，家属住房逐渐实现砖瓦化。1976—1980年，农场除农业生产外，还进行木材生产。有T50集材拖拉机4台、采伐油锯5台，年产木材1万立方米左右。

北关农场的土地归集体所有。20世纪80年代以前，生产方式是集体生产，每年按林业局下达的农业生产计划种植大豆、小麦等作物。部分农场职工和青年拥有少量的自留地。

进入20世纪90年代后，随着改革的进行，农场实行承包责任制，土地承包到户（农场职工、青年户）。在当时的政策允许范围内，部分职工、青年开始开垦属于个人经营的土地，实行包产到户。农场的机构设置也相应地进行改革，逐步撤销工段；商店、卫生所由个人承包；部分场房因闲置，承租给职工或外来投资人员搞养殖业；农场的机械设备、农机具等也由林业局收回或卖给职工。到2005年，农场先后接通网电、有线电视和程控电话，职工生活有了新的变化。

第三章 社区管理

为加强社会化管理服务工作，2004 年 6 月，铁力市在铁力林业局辖区内设 5 个社区管理服务区，即站前社区、新铁社区、团结社区、东林社区、东风社区。同年 9 月，团结社区与新铁社区合并为一个社区。2005 年 4 月，铁力林业局成立社区工作协管站，归属林业局劳动就业局。

第一节 社区协管工作划分

1998 年 7 月，林业局成立由党委常务副书记为组长，工会主席、主管劳动和社会保障的副局长为副组长，组织部、宣传部、公安局、劳动就业局、劳动科、信访办、困难职工帮扶中心负责人为成员的铁力林业局社区工作协管领导小组。领导小组下设办公室，办公室下设 5 个社区工作协管站：第一协管站，责任区范围为东林社区、向阳社区；第二协管站，责任区范围为西城社区、正阳社区、宏伟社区；第三协管站，责任区范围为团结社区；第四协管站，责任区范围为东岗社区、东风社区；第五协管站，责任区范围为站前社区、群英社区。

山上单位也以林场（所）及农场所在地为中心划分社区，成立社区工作站，其职能与林业局社区工作协管站相同。

第二节 社区协管站工作职责

一、深入社区，入户走访

采取多种形式，把劳动保障和再就业的各项政策，林业局发展经济、扩大就业、致富职工群众的工作思路、重大决策和具体措施以及党委、林业局对职工群众的关心及时地传播到各家各户。发现不稳定因素，及时反馈到林业局，畅通林业局与下岗职工的联系渠道，构建林区和谐社区。

二、掌握情况，动态管理

全面掌握辖区内林业职工和下岗失业人员的构成情况以及就业岗位分布情况，详细记录职工群众的意见和要求，不断充实和完善辖区内林区群众的基本情况档案和数据库，建立健全各项工作基础管理台账，实行动态管理。

三、提高服务水平，增强服务实效

坚持开展为职工群众送政策、送信息、送岗位、送技能、送服务的“五送”活动。做到家家有人管、事事有人问，达到理顺情绪、化解矛盾、鼓舞士气的目的。

四、开发社区就业岗位

详细掌握林区下岗失业人员的就业需求，切实做好就业安置工作。特别是对大龄就业困难人员进行就业援助，帮助其在社区内实现灵活就业。

五、及时收集、传递就业岗位信息

对下岗职工开展有针对性的就业指导。组织推荐下岗职工参加就业再就业培训和创业技能培训，不断提高下岗职工的职业技能和技术水平。

六、鼓励自主创业，培养劳动致富典型

鼓励林区下岗失业人员自谋职业、自主创业，帮助符合条件的下岗失业人员办理“再就业优惠证”和申请小额贷款，并实行跟踪问效，从中发现和培养劳动致富的典型。

七、实行目标管理，开展工作竞赛

实行激励机制和目标管理，层层分解，责任到人，积极开展社区工作竞赛。

第三节　阶段性成果

铁力林业局社区工作协管站成立后，按照职责要求，坚持深入社区入户走访。走访对象的情况资料全部录入计算机。结合走访，发放各项劳动保护政策传单和就业信息。开发社区就业岗位，安置下岗职工，为特困职工送去米、面、油等物品。2005 年，又为下岗的混岗知青清查档案，为到年龄的混岗知青办理退休手续。经过广大干部群众的不懈努力，全局的社会化管理服务水平得到很大提高。

第三篇 资 源

铁力林业局施业区有着广袤的森林、优质的木材，是国家重要的木材宝库，也是东北木材生产基地之一。进入20世纪80年代以后，铁力林业局逐步陷入资源危机、经济危困的境地。全局广大干部群众经过不懈的努力，克服重重困难，不仅为国家生产大量商品木材，还营造出大面积的人工林。林产工业和林下经济也呈现蓬勃发展的良好势头。通过实施天然林资源保护工程，长期过量消耗出现危机的森林资源，也得到恢复和发展。

第一章 森林资源

第一节 森林经理调查

森林经理调查是森林经营的基础和重要组成部分。为掌握资源状况、编制森林经营方案、制订林业生产经营计划、提供森林资源数据，铁力林业局已进行4次森林经理调查。第3次和第4次森林经理调查的主要内容是调查全局剩存的森林资源状况，包括天然林、人工林、用材林、成过熟林、母树林及野生动植物资源。

一、第3次森林经理调查

铁力林业局第3次森林经理调查从1986年4月开始，由林业部华东林业规划院在1976年第2次森林经理调查的基础上进行，于1987年3月提交调查结果。这次调查结果是，在边界没有变更的情况下，全局总经营面积较上次调查增加1098公顷［在10个林场（所）、378个林班内］。根据调查结果，林业局向黑龙江省森林工业总局提交关于林业局经营面积增加的报告。

二、第4次森林经理调查

根据黑龙江省森工总局黑森字〔1998〕84号文件精神，黑龙江省第二林业调查规划设计院于1999年对铁力林业局进行第4次森林经理调查，历时一年，于2000年结束。同年7月，编制森林经营方案。

第二节 更新造林普查

1999年与2000年，按照伊春市布置，铁力林业局分别进行第4次和第5次更新造林普查。普查的主要内容是对全局历年的森林采伐、更新造林的面积和蓄积进行调查。普查的对象是人工林、无林地、沼泽地、宜林地、人工母树林。普查以林场、营林所为单位，在各个林班分别设置调查工作线，选设样地进行调查。对林班的面积、蓄积及林分主要因子进行实际量测，其他因子进行目测调查。

第二章　林分组成

铁力林业局施业区天然林类型有红松林、落叶松林、云杉林、冷杉林、针叶混交林、针阔混交林、水曲柳、胡桃楸、柞树林、榆树、色树、枫桦、黑桦、段树、白桦林、山杨林等。

第一节　红松林

红松是铁力林区植被的代表树种。林区原有的红松蓄积量十分丰富。红松林中有规律地混交着其他树种，主要有云杉、冷杉和紫椴、裂叶榆、色树、风桦、水曲柳、黄菠萝、胡桃楸等阔叶树种。红松林公顷蓄积量一般在 300~400 立方米。原始成、过熟的红松林，林龄在 200 年以上，几乎为纯红松林，俗称红松岗。林下木比较稀少，主要有兴安杜鹃、榛柴、胡枝子、青楷子、花楷子、黄花忍冬、山梅花、刺梅果、刺五加、花楸子、接骨木等。林下草种类繁多，常见的有旱生性的丝叶苔草、乌苏里苔草、草乌、蚊子草、黑藓、毛蕨菜等。

第二节　落叶松林

落叶松是耐寒树种，抗风力强，喜光，不定根，能生长在其他树种不能生长的土地上，如泥炭沼泽较严重的土壤地段。林分结构多数是单层林，也和云杉、冷杉、白桦混交。林下草有苔草、风毛蕨、小叶樟、地榆、塔藓、黑藓等。

第三节　云冷杉林

主要是以云杉和冷杉为主。其自然分布多在红松群系与落叶松群系之间。林中常混交着红松、白桦、落叶松等。林下木有珍珠梅、胡榛子、稠李、山梅花、柳叶绣线菊、刺五加等。林下草有酢浆草、唢呐草、兴安鹿药、七瓣莲及蕨类。

第三章　森林资源类型划分

第一节　林地资源

2005 年，全局经营面积为 204234 公顷。其中陆地面积 203817 公顷，占总面积的 99.80%；内陆水域面积 417 公顷，占总面积的 0.20%。

在陆地面积中，林地面积 176477 公顷，占陆地面积的 86.58%；荒地面积 1423 公顷，占陆地面积的 0.70%；农地面积 13142 公顷，占陆地面积的 6.45%；难利用地面积 11818 公顷，占陆地面积的 5.80%；其他土地面积 957 公顷，占陆地面积的 0.47%。森林覆被率 84.60%。

在林地面积中，森林面积 172756 公顷，占林地面积的 97.89%；疏林地面积 555 公顷，占林地面积的 0.31%；亚乔林地面积 27 公顷，占林地面积的 0.02%；无立木林地面积 3039 公顷，占林地面积的 1.72%；苗圃地面积 100 公顷，占林地面积的 0.06%。

在森林面积中，针叶纯林面积 29862 公顷，占森林面积的 17.29%；阔叶纯林面积 9231 公顷，占森林面积的 5.34%；针叶混交林面积 2144 公顷，占森林面积的 1.24%；阔叶混交林面积 108511 公顷，占森林面积的 62.81%；珍贵混交林面积 7976 公顷，占森林面积的 4.62%；针阔混交林面积 15032 公顷，占森林面积的 8.70%。

第二节　林木资源

2005 年，全局有各类活立木总蓄积 950.1 万立方米。其中森林蓄积 883.9 万立方米，占全部活立木蓄积的 93.03%；疏林地蓄积 0.8 万立方米，占全部活立木蓄积的 0.08%；散生木蓄积 65.4 万立方米，占全部活立木蓄积的 6.88%。枯倒木蓄积 1.2 万立方米。

在森林蓄积中，针叶纯林蓄积 112.2 万立方米，占全部森林蓄积的 12.69%；阔叶纯林蓄积 43.4 万立方米，占全部森林蓄积的 4.91%；针叶混交林蓄积 24.3 万立方米，占全部森林蓄积的 2.75%；阔叶混交林蓄积 565.8 万立方米，占全部森林蓄积的 64.01%；珍贵混交林蓄积 35.9 万立方米，占全部森林蓄积的 4.06%；针阔混交林蓄积 102.3 万立方米，占全部森林蓄积的 11.57%。

第三节　各类型森林面积、蓄积

2005 年，在全局 172756 公顷的森林面积中，禁伐区 65495 公顷，占森林面积的 37.91%；限伐区 64615 公顷，占森林面积的 37.40%；商品林区 42646 公顷，占森林面积的 24.69%。

在森林面积中，幼龄林 33773 公顷，占森林面积的 19.55%；中龄林 128805 公顷，占森林面积的 74.56%；近熟林 7850 公顷，占森林面积的 4.54%；成熟林 2115 公顷，占森林面积的 1.23%；过熟林 213 公顷，占森林面积的 0.12%。在森林面积中，天然林 142080 公顷，占森林面积的 82.24%；人工林 30676 公顷，占森林面积的 17.76%。

在全局 883.9 万立方米的森林蓄积中，禁伐蓄积 301.7 万立方米，占全部森林蓄积的 34.13%；限伐蓄积 348.3 万立方米，占全部森林蓄积的 39.41%；商品林蓄积 233.9 万立方米，占全部森林蓄积的 26.46%。

在森林蓄积中，幼龄林蓄积 82.6 万立方米，占全部森林蓄积的 9.34%；中龄林蓄积 682.4 万立方米，占全部森林蓄积的 77.20%；近熟林蓄积 81.3 万立方米，占全部森林蓄积的 9.20%；成熟林蓄积 30.4 万立方米，占全部森林蓄积的 3.44%；过熟林蓄积 7.2 万立方米，占全部森林蓄积的 0.82%。

在森林蓄积中，天然林蓄积 773.7 万立方米，占全部森林蓄积的 87.53%；人工蓄积 110.2 万立方米，占全部森林蓄积的 12.47%。

一、限伐林面积、蓄积

在限伐林面积中，幼龄林 12653 公顷，占全部限伐林面积的 19.58%；中龄林 47683 公顷，占全部限伐林面积的 73.80%；近熟林 3224 公顷，占全部限伐林面积的 4.99%；成熟林 1055 公顷，占全部限伐林面积的 1.63%。

在限伐林蓄积中，幼龄林蓄积 32.1 万立方米，占全部限伐林蓄积的 9.20%；中龄林蓄积 268 万立方米，占全部限伐林蓄积的 76.95%；近熟林蓄积 35.4 万立方米，占全部限伐林蓄积的 10.16%；成熟林蓄积 12.8 万立方米，占全部限伐林蓄积的 3.69%。

在限伐林面积中，天然林 53628 公顷，占限伐林面积的 83.00%；人工林 10987 公顷，占限伐林面积的 17.00%。

在限伐林蓄积中，天然林蓄积是 309.6 万立方米，占限伐林蓄积的 88.89%；人工林蓄积是 38.7 万立方米，占限伐林蓄积的 11.11%。

（一）天然限伐林面积、蓄积

在天然限伐林中，幼龄林面积 4154 公顷，占天然限伐林面积的 7.75%；中龄林面积 45728 公顷，占天然限伐林面积的 85.27%；近熟林面积 2818 公顷，占天然限伐林面积的 5.25%；成熟林面积 928 公顷，占天然限伐林面积的 1.73%。

在天然限伐林蓄积中，幼龄林蓄积 9.1 万立方米，占全部天然限伐林蓄积的 2.94%；中龄林蓄积 256.9 万立方米，占全部天然限伐林蓄积的 82.98%；近熟林蓄积 31.2 万立方米，占全部天然限伐林蓄积的 10.08%；成熟林蓄积 12.4 万立方米，占全部天然限伐林蓄积的 4.01%。

（二）人工限伐林面积、蓄积

在人工限伐林中，幼龄林面积 8499 公顷，占人工限伐林面积的 77.36%；中龄林面积 1955 公顷，占人工限伐林面积的 17.79%；近熟林面积 406 公顷，占人工限伐林面积的 3.70%；成熟林面积 127 公顷，占人工限伐林面积的 1.16%。

在人工限伐林蓄积中，幼龄林蓄积22.9万立方米，占人工限伐林蓄积的59.17%；中龄林蓄积11.2万立方米，占人工限伐林蓄积的28.94%；近熟林蓄积4.2万立方米，占人工限伐林蓄积的10.85%；成熟林蓄积0.4万立方米，占人工限伐林蓄积的1.03%。

二、商品林面积、蓄积

在商品林面积中，幼龄林面积5994公顷，占商品林面积的14.06%；中龄林面积34372公顷，占商品林面积的80.60%；近熟林面积1883公顷，占商品林面积的4.42%；成熟林面积397公顷，占商品林面积的0.93%。

在商品林蓄积中，幼龄林蓄积14.7万立方米，占商品林蓄积的6.28%；中龄林蓄积193.5万立方米，占商品林蓄积的82.73%；近熟林蓄积21.2万立方米，占商品林蓄积的9.06%；成熟林蓄积4.5万立方米，占商品林蓄积的1.92%。

在商品林面积中，天然林面积34626公顷，占商品林面积的81.19%；人工林面积8020公顷，占商品林面积的18.81%。

在商品林蓄积中，天然林蓄积202.2万立方米，占商品林蓄积的86.45%；人工林蓄积31.7万立方米，占商品林蓄积的13.55%。

在商品林面积中，用材林面积42589公顷，占商品林面积的99.87%；经济林面积57公顷，占商品林面积的0.13%。

在商品林蓄积中，用材林蓄积233.3万立方米，占商品林蓄积的99.74%；经济林蓄积0.6万立方米，占商品林蓄积的0.26%。

（一）天然用材林

在天然用材林中，幼龄林面积1588公顷，占天然用材林面积的4.59%；中龄林面积31335公顷，占天然用材林面积的90.50%；近熟林面积1328公顷，占天用材林面积的3.84%；成熟林面积375公顷，占天然用材林面积的1.08%。

在天然用材林蓄积中，幼龄林蓄积3.2万立方米，占天然用材林蓄积的1.58%；中龄林蓄积179.6万立方米，占天然用材林蓄积的88.82%；近熟林蓄积15.2万立方米，占天然用材林蓄积的7.52%；成熟林蓄积4.2万立方米，占天然用材林蓄积的2.08%。

（二）人工用材林

在人工用材林中，幼龄林面积4406公顷，占人工用材林面积的54.94%；中龄林面积3037公顷，占人工用材林面积的37.87%；近熟林面积555公顷，占人工用材林面积的6.92%；成熟林面积22公顷，占人工用材林面积的0.27%。

在人工用材林蓄积中，幼龄林蓄积11.5万立方米，占人工用材林蓄积的36.28%；中龄林蓄积13.9万立方米，占人工用材林蓄积的43.85%；近熟林蓄积6.0万立方米，占人工用材林蓄积的18.93%；成熟林蓄积0.3万立方米，占人工用材林蓄积的0.95%。

第四章 森林资源变化

第一节 林地利用程度

一、森林覆被率

第 4 次森林经理调查数据显示，林业局森林覆盖率 84.6%，比上一经理期的 66.6% 增长 18 个百分点，超过上一经理期规划（79%）5.6 个百分点。

二、林业用地中森林面积比率

第 4 次森林经理调查数据显示，林业局森林面积 172756 公顷，比上一经理期的 136076 公顷增加 36680 公顷，增长 27%，超过上一经理期规划（161476 公顷）11280 公顷。

第二节 森林蓄积变化情况

依据第 3 次和第 4 次森林经理调查数据，全局活立木总蓄积由 1986 年的 1161.8 万立方米减少到 1999 年的 950.1 万立方米。在此期间生产商品材 162.4 万立方米，年均生产商品材 12.5 万立方米。上期经营方案确定年生产商品材 12 万立方米，实际年均超采 0.5 万立方米。

第 4 次森林经理调查数据显示，全局活立木总蓄积 950.1 万立方米，同 1999 年年末林业局森林资源档案数 1304 万立方米相差 353.9 万立方米。相差的原因：（1）第 3 次森林经理调查时，照片与现地不符，造成调查误差，13 年累计虚增 184 万立方米；（2）自然灾害、病虫鼠害消耗蓄积 84.5 万立方米；（3）电力建设、道路建设、基本建设 13 年间消耗蓄积 45 万立方米；（4）综合使用林地等消耗蓄积 5 万立方米；（5）现行生长率偏高，13 年累计虚增 35.4 万立方米。

第三节 森林结构质量评定与调整

一、林种结构

森林经理调查将全局森林资源的林种结构划定为用材林、防护林、特种林 3 种。现实林种结构因新增果园面积，调整为用材林、防护林、特用林、经济林 4 种。林种以用材林为主，现实面积占森林总面积的 81.1%。

二、龄组结构

根据第 4 次森林经理调查，全局龄组结构中幼龄、中龄、近熟、成熟林的现实林分面积比为 1.4∶8.1∶0.4∶0.1，蓄积比为 0.6∶8.3∶0.9∶0.2。数据表明，全局中龄、幼龄林比重较大。

三、林木径级组结构

根据第 4 次森林经理调查，用材林中、小径木株数所占比重加大，由 76% 提高到 89%；大、特大径木株数减少，由 24% 下降到 11%；中、小径木蓄积加大，由 22% 提高到 52%；大、特大径木蓄积减少，由 78% 下降到 48%。

四、森林分类经营

1997 年，林业局根据林业部对森林实行分类经营的指示和《伊春林区森林分类经营规划实施方案》的要求，制订《铁力林业局森林分类经营实施方案》，并且开始实施。

森林分类的原则：

1. 坚持与企业近期森林资源二类调查材料、森林经营方案、林业区划、发展规划等有关资料相衔接的原则。
2. 坚持统一规划、分步实施、逐步提高的原则。
3. 坚持生态效益、社会效益、经济效益协调发展的原则和局部服从整体的原则。
4. 坚持林地生产力与经营方向和经营水平一致的原则。
5. 坚持地域相对集中，便于发挥森林目标效益的原则。
6. 坚持科学性、实用性和可操作性相结合的原则。

五、森林分类划分的标准

（一）公益林

以最大限度满足社会对森林生态的需求为目的，经营管理上以追求最大生态效益和社会效益为核心，并且具有一定规模的生态和社会公益功能的森林。

划分标准：

1. 自然保护区：经县级以上政府批准的已建成或拟建的各类自然保护区、森林公园。
2. 水土保持林：包括岩石裸露的跳石塘，坡度大于 30 度的生态脆弱地带的森林和主要山脊、分水岭两侧以内的林地，森林破坏后难以恢复的森林和水土流失严重的林业用地。
3. 水源涵养林：各类水库库区，河流两岸的第一层山脊以内的林地。
4. 沼泽化林地：地势低洼、排水不良、伐后易引起沼泽化的林地。
5. 护路林：铁路公路两侧的护路林（哈伊公路 300 米内的森林）。
6. 特种用途林：现有规划的种子园、母树林、风景林及国防林等特种用途林。

（二）商品林

以市场为导向，以最大限度满足社会对森林物化商品需求为目的，经营管理上以追求最大经济效益为核心，并且立地条件好，开发潜力大，能实现高投入、高产出、集约规模经营的森林。

划分标准：

1. 林业用地中Ⅰ、Ⅱ地位级的有林地、疏林地、宜林地及可改造的沼泽地。
2. 土层厚度为 35 厘米以上的各类土壤林地。

3. 坡度小于 15 度、排水良好的地段。

4. 集中连片面积不小于 10 公顷，距现有和拟建的交通线路在 5 公里以内。

5. 各类薪炭林和经济林。

（三）兼容林

界于商品林和公益林之外的地域。这部分林地既具有生态环境保护作用，又能生产木材和其他林产品。限于经济条件和经营水平，目前还不能按照商品林和公益林的经营水平进行经营，只能在低水平上发挥其公益效能和商品价值。兼容林将在相当长的一段时间内承担林业企业大部分木材生产任务。

六、森林分配总体布局

根据森林分类原则和标准，结合现有森林资源状况，林业局在现阶段将防护林、母树林划分为公益林，将用材林中的一部分划为商品林，将除公益林、商品林以外的其他林业用地划为兼容林。

（一）公益林

对公益林的经营以保护为主。

1. 防护林。以体现其防护作用为目的，对现有的防护林的中龄林进行抚育，改善林内的卫生状况，促进林木生长，发挥其防护效能。对防护林中的成熟、过熟林因林制宜进行卫生清理，伐除风折木、病腐木和生长不良的过熟木。对需要更新的地段，实行以人工更新为主的方式，对现有宜林地进行造林，对熟林地进行全面改造。造林树种选择适合本地生长环境的优良树种，使其迅速而长久地发挥其防护作用。

2. 母树林。对母树林适时进行抚育，改善林内卫生状况，增加光照，扩大营养空间，提高结实量。

3. 种子林。对种子园进行科学管理，与科研部门结合，进行科学研究，促进结实，逐步使无性系种子园代替种子林。

（二）商品林

对商品林的经营采取保护利用相结合、社会需求与定向培育相关联、近期目标与森林永续利用相协调的指导思想。根据不同的林种和要求，实行高度集约经营。

1. 速生丰产林。采用优良的速生树种和现代化农业栽培技术，对不同工业用途的林分进行定向培育，以其使林地生产力提高，轮伐期缩短。

2. 经济林。按照林农复合经营模式，营造林参、林药、林果等经济林，逐渐增加经济林面积。

（三）兼容林

实行林农复合经营。在条件比较适合的九连林场实行小区农业开发，熟化林地；在水草肥沃的二十八农场充分利用自然湖泊，发展渔业。

此外，强化分类经营的管理、监督，不断扩大森林保护力度，坚持依法治林，保证森林分配经营取得实际效果。

七、林地综合开发利用

1997 年，为保证林地综合开发使用，林业局制订《综合开发使用林地规划工作方案》（以下简称《方案》），确定规划期为 1997—2001 年。总体目标是：木材生产和林地综合开发并举；木材产量和收入减少，多种经营规模和收入增加，全局总收入不减；企业经济和家庭经济齐上，职工收入增加，生活水平提高；森林资源恢复得到促进，大面积速生丰产林逐渐形成，森林资源数量长大于消。《方案》实施后，10 度坡以下的林地开始发展林农、林药及其他林下经济，取得了一定成效。

第五章　野生动植物与矿产资源

第一节　野生植物资源

铁力林业局施业区山多林密，地肥水足，气候温和，故草木繁茂，有经济价值的野生植物共380余种。

一、树木类

有红松、落叶松、冷杉、云杉、樟子松、水曲柳、榆树、色树、黄菠萝、胡桃楸、白桦、椴树、柞树、山槐、白杨、青杨、红毛柳等。

二、草类

有无芒雀麦、五花草、隐子草、靰鞡草、直穗鹅观草、苔草、燕麦草、芝麦、小叶樟、大叶樟、长芒野稗、野苜蓿、野大豆、马兰等。

三、药用类

有人参、党参、刺五加、三棵针、铃兰、灵芝、五味子、防风、蒲公英、黄花蒿、石苇、卷柏、重楼、白头翁、白芷、草乌、兴安杜鹃、冬青、益母草、菟丝子、 扁蓄、苍术、大蓟、小蓟、天南星、黄檗、野菊、百合、柴胡、萱草等。

四、食用类

有猴头蘑、榛蘑、榆黄蘑、元蘑、油蘑、黑木耳、松树籽、刺老芽、榛子、猫爪菜、刺秋菜、山茄子、山芹菜、山韭菜、山露、黄瓜香、山梨、山丁子、山里红、山葡萄、山猕猴桃等。

第二节　野生动物资源

铁力林业局施业区内的群山密林中，繁衍生育着260多种野生动物。自20世纪60年代以来，由于林业资源过度开发，自然植被被严重破坏，一些动物失去生存条件。特别是多年来的乱捕滥杀，使东北虎、黑熊、马鹿、獐、獾、松花蛇等稀有珍贵的野生动物已濒临绝迹。区内野生动物资源逐年减少。自20世纪90年代起，国家出台相关法律法规保护野生动物资源，林区内一些动物数量缓慢增加。

本区内主要野生动物有：

一、兽类

（一）黑熊

别名狗熊，又称黑瞎子。是珍贵药用兽。性情凶猛，体重 150~250 公斤，全身毛皮黑色，肚腹微呈白色。擅爬行，也能用后肢掌支持立走，多直行，不擅拐弯。冬天在树洞中冬眠。

（二）马鹿、梅花鹿

原属肉用兽，也是珍贵药用兽。体高约 1.2 米，长约 1.8 米，四肢与马相似，体重 40~50 公斤。毛皮呈灰褐色，间杂少量的白色，其肉可食。鹿茸、人参、貂皮被称为“东北三宝”，鹿胎、鹿鞭也是珍贵药材。

（三）野猪

属肉用兽。形似家猪，体略大，体重 75~150 公斤。嘴上长有两颗獠牙，长且锋利，为扑食较小动物时的武器。全身皮均为黑色或棕黑色。其繁殖能力极强。

（四）东北虎

为森林中百兽之王。性凶猛，体长且大，体重 100 公斤左右。擅腾跃，啸声若雷，多食肉类。毛皮呈黄色，斑斓明显。虎全身为珍贵药用品。铁力林区开发初期，尚有东北虎。

（五）狍子

属毛皮兼肉用兽。大于原麝小于鹿，体重 30 公斤左右。奔跑轻盈，擅长腾跃。

（六）犴达罕

食肉用兽。头似鹿而非鹿，尾似驴而非驴，背似驼而非驼，蹄似牛而非牛，故称“四不像”。体重 150 公斤左右。铁力林区开发初期东方红林场多见。

兽类野生动物还有原麝、猞猁、紫貂、水獭、黄羊、狐狸、灰鼠、野兔、黄鼬、狼、山狸、貉、獾、猬、水耗子、香鼠、银鼠、花鼠等。

二、鸟类

（一）飞龙

又称榛鸡。体重 0.3~0.4 公斤。身上羽毛有花点，脚上有毛。为黑龙江林区珍禽。

（二）山鸡

又称野鸡。较家鸡体长，羽毛美丽，体重约 1 公斤，多在山边一带栖身。

（三）鸳鸯

为水鸟。羽毛颜色美丽，形状像凫，但比凫小，雌雄常在一起。铁力林区不常见，仅在泥河养鱼池、北关农业段的河中出现过。

（四）野鸭

类似家鸭，群居，在河边和湖泊边的草丛中筑窝栖身，其肉可食。

（五）沙斑鸡

生存在道路两旁林丛之中，体重 0.25 公斤左右，故被称为“沙半斤”。

铁力林区的鸟类还有鹰、雉、鹜、斑鸠、鹌鹑、乌鸦、燕子、大雁、布谷鸟、莺、山雀等。

三、水产类

（一）林蛙

亦称田鸡，生于河泡中。幼时体圆，有青尾；大时出四肢，尾部退化。背褐色或黑色，腹白色，间杂红色，擅水中游，亦能陆上跳。早春及初冬时节可以食用，肉白、细嫩、清香，维生素、蛋白质、脂肪均多，具滋补强壮功能。其油可治胃、脾等数十种疾病，与飞龙、熊掌、猴头蘑一起被称为“林区四宝”。

（二）鲫鱼

产于河泡水中。呈纺锤形，身体长满圆形鳞片。肉鲜美。

（三）鲶鱼

产于河泡水中。体稍长，尾大，背土黄色，腹白色。无鳞，表面黏滑，不宜手捉。其肉质较鲫鱼稍次。

（四）细鳞鱼

产于河水中。鳞小，食用时可不去鳞。肉白，为东北林区特产。

（五）狗鱼

产于河泡水中。体长头大，牙齿锋利凶猛，体黑鳞小。肉鲜美。

（六）柳根鱼

产于河泡中。体甚小，褐背白腹，无鳞。肉白且嫩。

（七）葛氏鲈塘鳢

产于泡泽中。呈纺锤形，黑色或黑褐色。头部略大，占全身一半多。无鳞，其肉灰白色，头部常有菌虫寄生，故食用时多去头。

（八）花鳅

产于河水中。体如扁担条形，细且长，头部常勾回，背褐色，软腹亦白。重量甚轻，通常百多条仅重斤余。肉可食。因其头部两侧有 7 处黑斑，故又称七星鱼。

（九）花斑副沙鳅

形似鲫鱼，体形较鲫鱼小。褐背、白腹、褐白相交处鳞片为紫色。味同柳根鱼。

此外，还有沙乎路鱼、白鲢鱼、草根鱼、泥鳅鱼及蛤蟖、草虾等。铁力林区的鱼类多为冷水鱼，出河即死。

第三节　矿产资源

铁力林业局施业区内矿产资源丰富。地质矿产部门已探明有铁矿、铜矿、铅矿、锌矿、沙金矿、石墨矿、白云矿、大理石矿和花岗岩石材矿。

一、金属矿产

（一）二股东山铁锌矿床

位于北关—平安断裂带东侧，地理坐标为北纬 47° 10′ 10″、东经 128° 23′ 15″。矿体是华力西晚期似斑状黑云母花岗岩，为中型矿床。矿体有 3 个：1 号矿体是以锌为主的铁矿体，呈透镜条带状，长 325 米，宽 400 米，厚 8.27 米；2 号矿体是以铁为主的多金属矿体，长约 300 米，宽 70 米，厚 4.44 米，在其延续部位还有 9 个从属矿体；3 号矿体是以铁、钼为主的多金属矿体，长约 240 米，宽约 280 米，厚 9.67 米，在其附近还有 8 个从属矿体。矿石平均品位：全铁 28.29%、铜 0.48%、铅 1.07%、锌 2.24%。铁矿 D 级储量：铁 14.6 万吨、铜 0.53 万吨、铅 0.61 万吨、锌 9.85 万吨、钼 7 吨、镉 76.51 吨、镓 46.2 吨、铟 109 吨、锗 27 吨。

（二）二股二十八公里铁矿点

地理坐标为北纬 47° 8′ 54″ 、东经 128° 17′ 52″ 。矿体是华力西晚期花岗岩与二叠系下统玉泉组角岩侵入接触形成的矽卡岩，表层被第四系砂砾及黏土覆盖。根据物探资料证实，该矿体为埋深在 500 米以下的隐伏矿体，呈圆锥体，倾斜直径 100 米，近南北走向，倾向南，倾角 78 度。磁铁矿石品位 30%~40%，最高品位达 50.26%, 并伴生有铜、铅、锌。

（三）二股 3 林班铁锌矿点

地理坐标为北纬 47° 08′ 40″ 、东经 128° 20′ 34″ 。矿体为二叠系下统玉泉组角岩砂岩和大理岩与华力西晚期花岗岩侵入形成。矿体呈带状分布，近南北走向，倾向东，倾角 73 度。矿点内有 2 个矿体：1 号矿体长约 100 米，平均厚度 2 米，延伸 126 米，有 4 个从属矿体；2 号矿体长约 180 米，平均厚度 2 米，延伸 95 米，有 1 个从属矿体。矿石平均品位：全铁 39.82%、铜 0.4%、铅 61.31%、锌 1.22%。铁矿石 D 级储量 : 铁 21.23 万吨、铜 203.8 吨、铅 819.9 吨、锌 93.9 吨。

二、非金属矿产

（一）大理石矿床

铁力林业局施业区内已发现 3 处大理石矿床:（1）二股西山矿床。属于白花色大理石，晶莹纯洁，色泽润亮。该矿床大理石质量好，蕴藏量丰富。（2）二股东山矿床。属纯白色大理石，洁白如玉，有油脂光泽。（3）西北河徐老九沟矿床。属黑色及万年青灰绿色大理石，质量在国内属上乘。

（二）白灰石、水泥石矿床

主要分布在二股西山，矿石质量好，已经被开发利用。

三、固体可燃矿石

铁力林业局施业区内发现一处，即西北河煤矿点。分布在西北河 23 公里处，含煤层夹于泥岩中，煤层厚 10 厘米，详情尚未探明。

第四节　红云冷针叶混交林和红云冷针阔混交林

一般是原始红松林经过择伐后，红松组成下降，其他树种组成相对上升形成，或者是一部分阔叶树种天然更新形成。其面积和林木蓄积，都在铁力林区占有很大的比重。

第五节　阔叶混交林

一般是原始红松林经过采伐后，残留的阔叶树种林木得到发展形成，或者是先锋树种（杨桦）天然更新形成。前者以枫桦、椴木、榆木、水曲柳等阔叶树种为主；后者以杨桦树为主，常称之为次生林。在其林下草原的基础上，一些阳性喜光的植被迅速生长发育，因此皆伐迹地若不及时更新造林，往往形成杂草丛生的荒山荒地。

第六节　柞树林

一般生长在陡坡、岩石裸露、土层瘠薄、土壤干燥的地段。常见于森林草原和山杨、白桦林间。主要树种是柞树，伴生有黑桦、康椴、山杨等。林下木有杜鹃、原枝子、榛柴、暖木条子等。林下草有铃兰、羊蹄草、苍术、柴胡、沙参等。

第六章　森林资源管理

铁力林业局森林资源综合管理始于20世纪70年代，局营林科设森林资源管理股，重点抓伐区管理和林政、防火。1982年，林业局成立资源管理科，其职能扩展为森林资源林权、林地管理，野生动物植物管理，森林资源档案管理与伐区拨交验收。1990年，林业局转发《伊春林业管理局森林资源监督试行办法》。同年，制定下发《铁力林业局关于加强森林资源管理的若干规定》，对执行林木采伐蓄积的消耗限额，对野生动植物资源的保护，以及坚持“以木为本、以农促林、双向启动”的经营原则和强化监督、依法治林、发挥局场两级监督机构作用等方面作出具体规定。同年，又制定下发《铁力林业局关于加强山场造材和山场中楞管理暂行规定的通知》，对保证山场合理造材，做到林尽其用、多造长材、多造优质材，充分利用好现有森林资源，提高木材利用率，缓解资源危机，提高经济效益和企业管理水平起到重要作用。1999年，林业局在实施天然林资源保护工程中，改革资源经营方式，推行森林资源分类经营和森林资源管护经营，森林资源经营管理进入新阶段。2000年，在林权林地管理中，非公有林应运而生。初步实现以管护促发展，以经营促管护和职工“家有其林、户有其山、划林为片、划地为块”的经营模式，有效地促进了森林资源的恢复和发展。

第一节　档案管理

森林资源档案是林业各项生产作业及各项森林经营活动的科学依据，也是森林资源管理的一个重要环节。从20世纪80年代起，森林资源档案实行伊春林管局、林业局、林场（所）三级管理制度。铁力林业局成立专职档案管理机构，设森林资源档案室，隶属于资源管理科。建立多种不同层次的森林资源档案。各林场（所）也都成立档案室。到2005年，全局专兼职森林资源档案管理人员达16人。森林资源档案以林班为单位，分别记载林班、林场（所）、林业局的森林资源。林场（所）森林档案以小班为单位，记载小班、林班、林场（所）的森林资源。局、林场（所）的森林资源档案设专室、专柜、专人进行管理。每年根据森林经营活动消耗的森林资源和林木的年生长量，对资源档案进行修订，并按时逐级上报。为提高档案管理人员的素质，林业局组织档案管理人员参加上级部门组织的业务培训，并定期进行业务考核，持证上岗。从20世纪90年代起，全局的森林资源档案管理实现微机化，有效地提高了管理水平。

第二节 林权林地管理

20 世纪 70 年代以前，林业局的林权林地归营林部门管理。80 年代初，林权林地管理纳入资源管理部门的森林资源管理范围。1982 年林业局资源管理科成立后，成立林权林地管理机构，设专人管理。依据国家有关林地管理的法规政策及《伊春市林权林地管理办法》，健全和完善各项有关林权林地的管理制度，对合理占用林地并采伐宜林地上的树木及其他消耗森林资源的经营活动，要求经营者按规定执行申请、批准等程序并缴纳一定数量的森林资源消耗补偿费，然后才能进行合法的经营活动。凡使用林业多种经营用地者，均需与资源管理科签订有偿使用林地合同。合同明确有偿使用林地位置（林班、小号及地理坐标），有偿使用费标准，有偿使用费收缴方式、时间，双方权利、义务，合同期内终止合同时双方的责任，合同有效期等。有偿使用林地合同不超过两年。本着合理开发利用的原则，对占用林地的行为进行严格审批，实行两级审批制度，即林场、营业所初审盖章，资源管理科现地复核。对违反规定私建乱占林地的现象予以取缔。1999 年实施森林资源管护承包责任制，按照“远封近分”的原则，将全局林场（所）的林地划分为三种管护类型：（1）对距林场（所）居民点较近、便于职工管护的林地，全部划分为管护责任区，采取职工个人承包的形式进行管护；（2）对距离林场（所）较远、林内经济植物比较贫乏、沟系比较完整的区域实行封山设卡；（3）对构不成完整沟系、地块比较分散、暂时不适合职工承包的区域，通过采取签订责任状的形式，由专业管护人员管护。为推进森林资源管护经营的顺利实施，林业局建立和完善制约机制和服务体系。对责任区内因不管护不经营、工作不主动、不到位的承包者，取缔其管护资格，收回承包林地。林业局每年拿出 20 万元，作为管护经营的奖金和扶持基金，调动职工群众管护和培育森林资源的积极性。2004 年，根据国家林业局和伊春林业管理局关于开展森林资源管理年活动的通知要求，林业局制订《开展森林资源管理年活动方案》，并于 2004 年 10 月在全局范围内实施。活动中，对征占用地进行清理整顿，对私占滥建的违法行为予以取缔。同时按照有关规定，整章建制，规范运作，正确处理管护和经营的关系，规范管护经营行为，促进管护经营责任制的健康发展。

第三节 野生动植物管理

1982 年林业局资源管理科成立后，把野生动植物管理纳入职能，配备野生动植物专管人员。从此，全局的野生动植物管理工作逐渐全面展开。

一、爱鸟周活动

1986—2005 年，林业局每年都开展爱鸟周活动。每年的爱鸟周，资源管理科都周密安排，制订宣传方案，利用广播、电视、宣传标语等多种形式，大力宣传保护鸟类及其他野生动植物的意义。同时，野生动植物专管人员深入到林场（所），发动群众揭发检举捕鸟、粘鸟、贩鸟的违法行为。2005 年，在全局各林场（所）张贴标语近百幅，通过电视台播放科教片 3 次，受教育群众达万人以上。

二、狩猎管理

伊春市政府发出《关于加强野生动物资源管理的通知》后，林业局根据上级要求及本地区野生动物资源情况和管理现状，制定下发林业局野生动物资源管理办法。确定驼鹿、马鹿、原麝、青羊、梅花鹿、东北虎、猞猁、紫貂、水獭、啄木鸟、杜鹃、鸳鸯等多种野生动物为禁猎动物，同时规定不准乱捕林蛙。林业局于1999年制定下发《铁力林业局林蛙养殖办法》，规定林业局多种经营公司、资源管理部门、公安局、林政科负责全局林蛙养殖管理、监督工作。养殖林蛙的单位和个人，必须申请领取“国家重点保护野生动物驯养繁殖许可证”。领取许可证的养殖户，3年内不准擅自捕杀林蛙。严厉打击强占泡泽、河泽、泡系、河流和侵犯养殖户利益的行为。资源管理科建立野生动物资源档案，加强对野生动物产品收购管理，定期检查野生动物资源的保护和利用情况。同时还与公安部门配合，严厉打击乱捕滥猎野生动物的行为。1986—2005年，共查处乱捕滥猎案件近百起，放生各类野生动物数以万计。由于加强保护和管理，铁力林区的野生动物数量逐年增多。

三、野生植物管理

进入20世纪90年代以后，市场开放，林下经济迅速发展，采挖有经济价值的野生植物的行为日趋增多。资源管理科结合加强林权林地管理，制定管理措施，实行申请、审批和定点定植物品种采挖。1999年，林业局下发《关于进一步加强山野菜资源管理的通知》，对山野菜的采集、运输、收购、加工实行统一管理，合理保护、利用、开发山野菜资源。2003年，又作出《保护五味子、红松球果、刺五加等野生资源的有关规定》，要求对野生资源实行保护，严禁挖根、割茎、断枝。管护经营责任区内的山特产品，由管护经营人采集。采集时实行“采集证制度”。入山收购人员需办理收购证。对违反规定造成损失的予以处罚。2004年，林业局又下发关于保护五味子、刺五加等野生资源的规定，对刺五加、五味子等易毁母本的野生植物限制采挖量，加大人工培植力度。对申请培植的经营户优先划给林地，对无证进山乱采滥挖的行为实行经济处罚。

第四节　林木采伐管理

为强化林木采伐管理，防止森林资源过量消耗，林业局资源管理科设立伐区拨交股，配备伐区质检员，负责全局的伐区拨交管理。在伐区拨交前根据《黑龙江省伐区调查设计质量管理实施方案》，对森调队的伐区调查设计进行抽样复核。确保伐区调查设计严格按照规程进行，并与分类经营相结合，杜绝在禁伐区内调查设计。严格合理控制限伐区、商品林区的采伐强度。实行调查设计三级审核制度（分别由森调队、资源科、伊春林管局审核）。对调查设计中存在的伐开线宽度不够、通视不好、采伐木确定不合理等问题进行纠正，使调查设计达到规程的标准，确保伐区调查设计质量。

在实施限额方面，按照黑龙江省森工总局的相关规定，林业局下发限额蓄积消耗11.8万立方米、出材6.8万立方米的规定。按照不同的采伐类型，实行木材蓄积量和木材产量双项控制。按照任务量的大小，一次性分配到各林场（所），同林场（所）签订目标责任状，实行责任追究制度，明确责任。

为提高伐区管理作业质量，根据上级部门核发的“林木采伐许可证”，将伐区分批拨到林业局驻林场监督站，由监督站会同林场进行现场拨交，实行“采一号、清一号、验收一号、再拨一号”的伐区管理原则和伐区作业公示制度。在冬运期间，资源管理科深入到山场，组织业务精湛的人员进行指导和检查，发现问题及时整改。对于已完成生产作业的伐区，进行验收；对于不合格的伐区，予以限期整改。在伐区生产作业中，严格按照调查设计的方式组织生产，确保伐区作业质量。

第五节 森林资源防护

一、机构

铁力林业局开发初期，在营林部门和各作业所设专职人员负责林政与护林防火工作。20 世纪 80 年代，林业局成立护林防火指挥部，下设办公室，辖北关、五花 2 个检查站。同时，与铁力铁路联合设立检查站，1984 年被撤销。1986 年，防火办增加防汛职能，使职能扩展为防火、林政、防汛。1994 年，林政职能从防火办划出，成立林政科，同时组建林政稽查大队，林政防火科科长兼任林政稽查大队队长。林政科的组织机构为 2 个防火小队，2 个检查站（五花、北关）及防汛指挥部。

二、森林防火

在破坏森林的诸多因素中，林火是破坏森林最严重的因素。铁力林业局十分重视森林防火工作。1986 年，林业局整顿防火组织机构，设森林防火总指挥部。由局长任总指挥，党委书记任政委，主管副局长、主管副书记任副总指挥。防火指挥部下设办公室，各林场（所）设防火领导小组，组长由场长、所长担任。林业局防火办公室设有专业扑火队、瞭望人员、检查站检查人员。截至 2004 年，共有 175 人。林业局通信设备齐全，通过有线和无线通信联络系统，形成全局指挥网络。为加强火险区治理，林业局针对本区实际，区划出重点火险区、中等火险区和一般火险区。重点火险区设有 15 人组成的快速扑火队、30 人组成的群众扑火队以及 20 人组成的防火专业队。另外，在重点火险区实行行政领导负责制。每年的防火期，防火专业队坚持每天巡逻，昼夜不离岗位，严格控制火源。此外，林政防火科和全局各单位不断加大森防力度，完善各项措施。（1）不断加大森防工作宣传力度，充分利用广播、板报、标语、宣传站、过街旗、小学生上街宣传等形式，广泛深入宣传《森林防火条例》及其他有关法律法规，力争达到家喻户晓、形成共识。（2）加强对入山人员的管理。把好入山检查关。每年从 3 月 15 日开始，各林场（所）组织人员全面清山、清林、清河套，清除林内一切散杂人员；各检查站和检查人员及时上岗，认真履行检查职责，无证人员和无证车辆一律不准进入林区；各林场（所）严格发放和管理入山证。对进入林区承包土地和生产经营的单位及个人，由所在林场（所）负责与其签订防火合同，划定责任范围和活动区域，实行辖区管理。（3）明确责任区域，落实防火责任。各林场（所）按施业区域分片、分段、分沟系划分责任区。凡是划定的森林防火责任区，都把森林防火领导责任和具体工作责任落实到单位、落实到人头。出现问题追究单位党政一把手的责任。（4）加强扑火队伍建设，确保人员、机具、车辆“三落实”。林业局专业扑火队人员达 100 名，各林场（所）快速扑火小分队在戒严期内，一律集中待命。同时，各单位的快速扑火小分队做好参加“远征”扑火的各项准备工作，以便随时听从上级的调动。（5）实施重点时段重点防范措施，加强对野外火源的监控工作。清明节期间是森林火灾的高发时段，各单位加强火源管理，实行重点防范。在重要地段和入山路口设专人严密看守，巡护员上道巡护，杜绝燃放烟花爆竹、焚烧纸钱、烧香点烛等现象的发生。坚决执行“见烟就查、点火就罚、违法就抓”的原则，林业公安局、山上林业派出所和驻在民警都认真配合各林场（所）春防检查工作，对各种野外随意弄火的行为严厉打击。对林场（所）吸烟的职工、家属登记造册，逐人签订保证书。凡是 4 级风以上的高火险天气，禁止一切生产和生活用火。清明节、“五一”以及 4 级风以上的高火险天气，各林场（所）党政一把手亲自参加巡护工作。防火办各职能部门进一步加大防火督察工作力度，认真履行分片包干职能，确保万无一失。（6）抓好重点部位重点人员的防范，做到宁严勿宽。各单位对重点防火部位以及大面积的人工林、原始林、母树林、旅游景区实行严格看守，确保不发生漏岗现象。哈伊公路沿线的各个入山道口均派专人把守，对入山人员及车辆严格检查，确保重点部位、重点地段的安全。强化对重点人的管理工作。对痴、傻、呆、疯等特殊群体落实专人监护。对“危险人”与其监护人签订责任书。对各旅游景点进一步加强森防管理工作，宣传到位，责任落实，确保不出现问题。（7）进一步加强联防工作，形成纵向到底、横向到边的联防网络体系。各联防区域的单位密切团结协作，及时召开联防会议，制订有效的联防联扑方案。各联防区域的单位承担“远征扑火”工作任务，确保随叫随到。各林场（所）密切同周边跨区、跨县单位的联防联扑关系，坚持经常开展联防活动，充分发挥联合预防、联合扑救的作用。（8）严明奖惩制度，依法从严治火。全局实施用经济手段管理防火。每个林场（所）在防火期内，都与林业局签订防火责任状，并向局森防指挥部交纳防火抵押金。在防火期结束后，局森防指挥部根据各林场（所）春防工作的实际情况予以奖励或处罚。由于全局上下多年努力，森防工作成绩卓著，到2005年，全局实现连续28年无森林重大火灾。

三、林政管理

铁力林业局的林政管理紧紧围绕中央《关于加强山林保护管理，制止破坏山林树木的通知》和国务院《森林保护条例》精神，健全林政管理机构，充实人员。林政管理部门一方面清理查处滥伐木材的违法行为，一方面加强宣传教育，严格制止企业内部乱砍滥伐。林业局和有关部门经常组织林政大检查，宣传《中华人民共和国森林法》（以下简称《森林法》），制止破坏资源行为。2001年，集中开展打击破坏林地资源的专项斗争，查处破坏林木和侵占林地以及违反《森林法》砍伐林木、占用林地的违法案件行为；查处盗伐林木、破坏森林资源和侵占林地案件；重点查处在阴山背后等隐蔽地点盗伐林木、劈烧柴的违法案件；查处《森林法实施条例》实施以来发生的未办理“使用林地许可证”或未经资源管理部门审核同意违法占用林地的建设工程和毁林开垦等侵占林地的案件以及在旅游、开矿中违法侵占林地的案件。对已退耕还林的地块进行检查，特别是对已经退耕还林的地块又重新耕种的案件进行严厉打击。

2003年，林政管理部门集中开展打击盗伐林木破坏森林资源专项斗争。这次斗争集中打击乱砍滥伐、盗伐林木、偷拉私运、毁林开荒、扩地边、滥开平贝地、超标准私拉、偷藏烧柴等行为，重点打击毁幼树、扩地边的违法行为。清理整顿山下木材经营加工点，按照上级文件要求，做好登记、复查工作。集中检查各林场（所）对林业局制定的烧柴管理办法的执行情况。集中清理西线侵占林地、毁坏幼树扩地边，东线种平贝滥取土等违法违规行为。在行动中坚持依法行政，对违纪违法行为本着从严、从快处理的原则，予以查处。

2004年，林政管理部门针对违法开垦林地行为出现抬头的情况，对1998年以后毁林、毁草开垦和扩地边、拱地头开垦的林地，依照国务院相关文件的要求，按照“谁破坏谁恢复、谁主管谁负责”的原则，于2005年统一收回并进行退耕还林。对造成毁林、毁草开垦和扩地边、拱地头开垦等违法开垦林地问题负有责任的有关人员，按照国家林业局《关于违反森林资源管理规定造成森林资源破坏责任追究制度的规定》追究责任；对毁林、毁草开垦和扩地边、拱地头开垦的违法行为人，按照《森林法》《森林法实施条例》的有关规定给予行政处罚。在林政管理中，林业局还加强烧柴管理，杜绝浪费木材行为，并于1999年相继制定下发《加强林政管理的规定》《烧柴管理三年工程方案》《加强木材运输稽查工作的有关规定》，推进烧柴管理和林区烧柴革命。同年，又制定《铁力林业局烧柴管理办法》，加强以“一站”（各基层单位建立烧柴管理站）；“三限”（限制烧柴数量、限制树种、限制径级）；“八不准”［不准在伐区或指定地点外捡烧材；不准在山坡、林中、沟口、偷藏或贮存烧材；不准买烧材加工削片或其他制品；烧柴不准外卖或送人；不准将伐区枝丫、小杆或购买的职工烧柴送给他人；不准林场（所）烧好材；公安机关办案扣押的烧柴要扣在当地的派出所或烧柴站，不准外运；不准采伐活立木或在没有“采集烧柴许可证”的情况下捡伐烧柴］为主要内容的烧柴管理办法。“一站”“三限”“八不准”实施后，效果极佳，结束林区历年烧好柴的历史，这个办法也得到黑龙江省森林工业总局的认可，在全省加以推广。2001年，对烧柴管理办法作补充规定：（1）各单位烧柴站必须设办公室，必须有公章、烧柴采集许可证、捡打烧柴清单、烧柴审核单、林政烧柴管理整改通知书、烧柴管理登记簿。（2）各单位烧柴站要对本单位住户烧柴、炉灶检查登记，摸清底数，统一管理。没有登记或不在指定地点贮放的烧柴一律收缴。（3）用烧柴的单位和住户捡打烧柴必须到烧柴站填写捡打烧柴申请单，由烧柴站审批数量及伐区地点，捡打的烧柴由烧柴站设专业人员审验。如超标准、超数量，由烧柴站收缴。（4）山上各单位烧柴一律不准外运。如有特殊情况，必须携带林场（所）、农场呈请报告、工作调令、户口迁移证复印件，到林政主管部门审批，办理准运手续（一户不得超过一车）后，检查站方可放行。检查员如有玩忽职守，私放烧材，一律开除检查队伍。（5）推广使用新型燃料。各单位积极与液化气公司联系，建立液化气销售点，逐步使本单位住户使用液化气、电饭煲。修改老式炉灶，提倡使用节能炉灶，减少森林资源的消耗。（6）烧柴站要和本单位住户签订烧柴管理协议书，保证做到不滥伐、不乱砍、不私卖、不烧好材。（7）生产抚育伐的油锯，停产后必须由林场（所）统一收缴、封存，杜绝利用油锯私采滥造的行为。烧柴站要定期（每月不少于两次）检查烧柴情况，发现不按规定打运的烧柴，要下达烧柴管理整改通知书，立即整改。烧柴站每年两次向林政科做检查情况的书面汇报，对违反烧柴管理规定的，采取罚、缴、报的处理办法（罚：按情节给予处罚；缴：超标准、超数量全部收缴；报：情节严重的报公安机关处理）。

与此同时，林业局对林场（所）、农场烧柴径级、数量、树种进行严格限制。小头直径5厘米以上（含5厘米）的枝丫不许捡打烧柴。每户贮柴量不得超过10层积立米，每户年用柴量不得超过15层积立米（养殖业形成一定规模的，增加用材量需另行审批）。不毁坏任何活立木，不烧好材。烧柴向枝丫、蒿杆、茅草、农作物秸秆方向发展。

四、防火经费与防火设施

铁力林业局的防火经费支出范围主要有森林防火机构经费，防火线路及设施保护费，防火宣传及奖金兑现费，打烧防火线、防火基础和零星设备购置费。实施天然林资源保护工程以后，林政防火机构职能增加，经费矛盾日趋突出。林政防火科提出“以主业（防火）带副业，以副业养主业”的工作思路，制定“四边”[边防火、边修路（林企公路）、边护林、边发展]工作模式和“双无双百双增效”[无火灾，无重大林政案件；副业种百公顷田，修百公里路；通过以路养队（专业队），以副养站（检查站），补充不足经费，做到职工增收]目标。仅2003年，林政防火科副业创收就达38.7万元。

20世纪80年代开始，林业局在自力更生基础上，因地制宜，加强森林防火基础设施建设。全局建立4座观察瞭望塔，分布在茂林河林场、泥河营林所、马永顺林场、西北河营林所，瞭望覆盖面达90%以上。每年打防火线800公顷。山上地区还设立防火隔离网。有公路防火隔离网330公里，自然防火隔离带119公里，生物防火隔离带89公里。

第四篇　林业生产

第一章　木材生产

铁力林业局建局初期，以收拣日伪遗留的木材为主，组织小规模生产。1948年10月，为支援解放战争，开始组织人力进行大规模生产，生产作业仍然沿用日伪时期的工艺、方法和工具。20世纪50年代初开始，进行合理采伐、合理造材、合理利用。同时开始使用拖拉机集运木材，开创林区木材生产历史上的机械化作业局面，生产组织指挥形成调度指挥网络，木材生产也由单一的取材型转向采育结合及综合利用型。1964年，推广东风、新青林业局“采育双包”“采育结合”的改革经验。“文化大革命”期间被批判废止，导致生产管理放松，很多规章制度被废弃，林区的木材生产遭到破坏。拨乱反正后，木材生产吸取“重采轻育”的教训，调减木材产量，加大营林力度，又于1988年拆除森铁小火车道，修建林企公路，森铁运输开始改为汽车运输。木材生产劳动组织由以混合劳动组织为主体的工队、工段、工组，逐步向林场（所）工段、工组、家庭联产承包式发展。木材生产开始实行目标管理。进入90年代后，由于长时期超量采伐，导致森林可采资源濒临枯竭，木材产量逐年调减。1986—1997年，为使产量调减后的木材生产增加经济效益，林业局统筹安排产量、产值计划，放开林场（所）生产组织自主权。林业局把主要注意力放到抓伐区作业质量管理、安全生产和文明生产上。针对各个阶段的生产态势，及时检查、及时指导、及时协调。同时，突出“一个中心”，狠抓“两个效益”，加大“三个力度”，强化“五项管理”。即全局的经济工作要突出木材生产这个中心，自觉地服从于木材生产、服务于木材生产。在具体措施上，狠抓生态效益和经济效益。加大原木生产力度，减少原条生产；加大人畜集材力度，减少机械集材力度；加大伐区管理力度，打好伐区管理翻身仗。强化车辆运输、收发票据、产值交接、产品检验、制度指挥五项管理。全局木材年产量由过去最高的90万立方米减少到11万立方米。1999年全局停止木材主伐生产。以后每年全局进行少量的抚育伐生产。木材生产设备卖给职工个人，木材生产战线劳力向营林和其他战线转移，2001年恢复主伐生产，年产量限定在5万~6万立方米。

第一节　伐区调查设计

伐区调查设计是林业生产的第一道工程。在建局初期，铁力林业局的伐区调查工作是林业局和生产单位领导、技术人员到山场踏察、目测，靠估测组织生产。1950年，学习苏联经验，东北林区开始伐区生产工艺设计。铁力林业局成立验山队，后又更名为森林调查队，归生产科管理。20世纪60年代初，设计人员分散到各个林场，由林场负责伐区生产工艺设计。60年代中期，又恢复专业调查设计队伍。1984年森林调查队与资源科合并；1987年又与资源科分离，独立工作。到2005年，全队有干部、工人65人，其中机关设财务、内业、质检3个股室，分设15个调查小队。工作范围是负责林业局的木材生产、营林生产、道路调查设计。“天保”工程实施后，又增加分户经营林地的调查设计任务。

一、伐区调查

伐区调查是木材生产的基础环节。每年根据国家下达给林业局的木材生产任务量，由林业局主管副局长组织有关部门和森林调查队共同研究，将任务量落实到各林场。各调查设计小队结合运材支岔线的分布，收集总体规划和森林资源调查资料，进入具体的林班进行踏察和伐区区划。首先按自然运输系统，把一个装车场的吸引范围区划为作业区，按作业区的林分结构，在有利于森林更新和水土保持、充分利用森林资源、方便木材生产、因林因地制宜的基础上，确定好采伐方式，并根据地势坡度确定好集材方式。然后采用标地法、抽样等调查法，调查出作业区的面积、蓄积、出材量。最后按林班进行伐区申请。

二、伐区生产工艺设计

伐区生产工艺设计是木材生产过程中对伐区阶段的生产工艺设计，是有计划地组织木材生产、进行合理采伐、合理经营和利用森林资源的依据。充分利用自然条件，最大限度地发挥机械设备能力，为确保计划指标完成、指挥和检查生产提供可靠保证。

（一）采伐方式的设计

森林主伐的采伐方式，根据《森林采伐更新规程》及黑龙江省的细则，结合采伐伐区林班、小班的林况和地况，因林因地制宜地采取经营择伐、小面积皆伐两种方式。

（二）集材方式的设计

集材是伐区生产阶段中的主要工序，也是木材生产过程中最繁重的一项生产作业。集材成本约占伐区生产成本的50%~60%。合理设计集材方式，是保证实现伐区生产计划、提高木材生产水平的重要环节。20世纪80年代后期，根据可采资源状况，在集材方式设计中，一般将地势坡度在19度以下的伐区划定为拖拉机集材；小片、零散出材量较少的伐区确定为畜力集材。采取机、畜相结合的方法来设计。

（三）工程设计

首先选定设计好森林铁路运材或汽车运材的支岔线，使支岔线尽量延伸到伐区腹部。运材岔线坡度控制在9度左右；其次是按运材支岔线伸入的情况设计好装车场和中楞场。装车场一般设计在地势平坦、干燥不积水的地方。按照装车场的吸引伐区范围设计集材的主、支岔道。拖拉机集材道的控制坡度在22度以下，畜力集材道的坡度控制在16度以下。生产段的房舍设计选在便于运输物资、距伐区较近、地势高、向阳的地方。

（四）设计资料的编制

在调查设计基础上，编制伐区调查与工艺设计说明书。说明书中包括：（1）调查设计区域注明施业区林班号；（2）立地条件：地势的坡向、坡位、坡度、土壤种类；（3）交通运输条件：产品运输类型，干、支、岔线的距离；（4）地类：用材林地、疏林地、其他用地、未成林造林地、无林地、非林业用地。

（五）伐区工艺设计

1. 采伐：伐木、打枝、造材、清理伐区的任务量；采用机具类型，工具种类及数量；劳动组织，工人数量。

2. 集材：任务量、集材机械类型及数量、畜力集材数量及需要畜力数；劳动组织及工人数，平均集材距离。

3. 装车：装车任务量，装车机械类型和数量，劳动组织及生产人员。

4. 准备作业工程：集材主、支道长度和数量，运材岔线长度和数量，拖拉机库、工人房舍、电站房、机械检修房、柴油过滤房、绞盘机房等栋数和工程数量、需工数等。

三、伐区复查

在生产前，各林场（所）对即将进行生产的伐区，根据伐区调查和设计资料（调查设计说明书和图表等资料），组织有关人员对伐区进行复查。复查的项目是：根据伐区林地况确定的采伐方式、集运材方式，集材主、支道的设置，装车场或楞场的设置，运材岔线的设计，各项准备作业工程的设计，林场等级，集材距离，各项工程的施工难易等。确认调查设计合理、准确、经济、无误后，森调人员提出伐区复查验收书，作为编制年、季、月作业计划的依据。

四、分户经营林地调查

对林业局的分户经营地块，由森调人员进行进一步踏察，按户划分经营地块。

五、抚育伐伐区调查

在已确定的抚育伐伐区，森调人员本着“采小留大、采劣留好”的原则，确定被伐木，并划上标记。

第二节　生产流程

日伪时期至新中国成立初期，铁力林业局的木材生产为季节性原木分段作业。1955 年，木材生产由季节作业改为常年流水作业，森铁运输由运原木改为运原条，山上造材、山楞、中楞工序也移到贮木场。1968 年，卫东林场创造原条分季作业法，即夏天搞原条采集，在山场归大楞，冬季搞运输，提高工效。1986 年以后，木材产量大幅度调减，生产流程变为采、打、集、装、清、运一条龙作业。1998 年以后，木材放开销售，木材商参与部分生产工序，木材采、打、集由生产单位经营，装、清、运、贮等工序由木材商经营，林政部门负责监督管理。

一、准备作业

准备作业是继森林调查设计后的首道工序。建局初期，一般由作业所长或山场技术员到伐区现场凭经验测定位置估算工程量，然后施工。准备作业主要是盖工棚，修建集材道和楞场。1951 年后，森林调查队把准备作业纳入调查设计。20 世纪 90 年代以后，由于木材产量大幅度调减，拖拉机等机械卖给个人，准备作业工序只需修建集材道、汽车运材道及装车场，作业量相对减少。

二、采集装作业

（一）采伐方式

建局初期，林业局实行择伐生产。1953 年，东北人民政府开始执行新的采伐方案，规定采伐方式有皆伐、择伐及抚育伐。马永顺工组首先实行“采育结合”的采伐方式。1956 年林业部颁发《国有林主伐规程》，虽然规定径级择伐、疏密度择伐和隔带皆伐等采伐方式，但实际上重点还是推行连续带状隔带皆伐。自此，铁力林业局步入皆伐为主的年代。1964 年东北林业总局推出采育兼顾伐经验，皆伐比重开始下降。20 世纪 90 年代，林区陷入“两危”困境后，伐区多数是高山脚和边远的“山帽”，林业职工为了青山常在，仍然坚持采育兼顾伐，抚育伐力度加大。1999 年全局全面停止主伐，采伐作业方式仅是抚育伐。2001 年恢复主伐生产，但产量极低，抚育伐仍然进行。

（二）打枝、造材、清林

打枝是树木伐倒后的一道工序，采用人力和机械两种作业方式。人力打枝时通常由根部向梢头打，紧贴树干砍去枝丫，即打出“白眼圈”。原条集材的打枝在原条小头直径 6 厘米处截断。为便于集材时捆索，梢木留出 1~2 个枝丫根。造材是打枝后的下一道工序，是将原条截成原木的作业。20 世纪 90 年代中期到 2005 年，林业局运材方式实行“汽运”，木材生产以原木为主。造材工序在山场进行。在日伪时期，铁力林区采取掠夺式生产方式，根本不搞林场清理。新中国成立后，林业局把林场清理作为木材生产必不可少的工序。建局初期的清林方式是把作业后的枝丫堆积起来任其自然腐烂。60 年代实行带状堆积，便于更新造林。70 年代，马永顺工组创造采、打、集、装、清一条龙作业法，把清林同上一道工序结合在一起，强化了伐区管理。这种作业方法在全局推广后，延续到 21 世纪。

（三）通道、吊卯

通道工序从建局初期开始直至 2005 年，一直为手工作业，即手工将藤条树枝清除，通成小道，便于原木集中。吊卯是用人力将原木集中到小道旁，一头指向集材道，呈 30 度左右角，用原木作楞腿吊垫，垫的高度为 30 厘米。实行拖拉机集材后，铁力林业局只有少量畜力集材，伐区生产中的通道、吊卯工作量减少。20 世纪 90 年代后期，木材产量减少，伐区又零星分散，不便于机械集材，人畜力集材恢复。通道和吊卯工序又开始成为集材前的主要工序。

（四）集材

铁力林业局建局初期，集材工序主要是畜力和冰雪滑道。实行机械化后采取机、畜结合的方法，大片伐区用机械集材，小片零散出材量不多的伐区用畜力集材。畜力集材时间为每年 11 月中旬封冻开始，至翌年 3 月中旬止，作业时间 90~110 天。畜力集材用牛或马拉爬犁集材。马爬犁用 2 匹马，牛爬犁用 1 头牛。机械集材开始实行时，使用 KT—12 拖拉机，这种拖拉机以烧小木柈为动力。1964 年后逐渐被国产 S—50 型拖拉机所代替。进入 21 世纪后，木材产量锐减，又恢复畜力集材。

（五）归楞、装车

建局后至 1962 年，归楞和装车使用人力。1963 年开始使用拖拉机自集自装。1964 年后改为机械装车。原条装车用架杆缆索、双筒柴油绞盘机。“森运”改“汽运”后，原木装车用悬臂式起重机。伐区在边远林地和高山角地带的，用人力装车。山场归楞一般采取半清楞，只分材长，不分等级和树种，运材至贮木场后再造材，采用机械归楞方式。1995 年以后又全部改回人力归楞。

第三节　家庭采育双包

1985 年以后，林业经济体制改革不断深入，西北河营林所首创家庭采育双包形式，就是木材生产从采到集至育一次承包给职工家庭，或几家邀伙承包。林场与承包者订立承包合同。将采集清育任务量及作业项目和质量要求写进承包合同，单位负责跟踪检查作业质量。作业结束后一次验收。此后，这种经营方式在全局推广。

第四节　木材运输

木材运输是林业生产三大阶段中的中间阶段。这个阶段的生产成本在整个木材生产总成本中约占1/4。日伪时期至20世纪50年代，铁力林区的木材运输以水运为主，以后发展到“森运”并间许有畜力运材。1989年林业局扒掉全部森铁岔线，1990年又全部扒掉森铁干线，出动近万名劳力修筑公路。铁力林业局从此结束木材“森运”的历史，改为汽车运材。

一、森林铁路运输

铁力林业局1990年以前以森铁运材为主，汽车运材为辅。1947年，林业局设立森铁管理处。原为铁骊森铁分局（隶属绥化林业管理局管辖，与铁骊林业公司同级单位），1949年划归铁骊林务局直属，改称铁骊林务局森铁管理处，担负全局木材和物资运输任务。1990年铁力林业局运输方式发生变革，森铁改公路。森铁管理处解体，分为汽车运输管理处、公路管理处和客运站3个单位。森铁管理处存在的43年中，干部、工人勤劳敬业，较好地完成了木材运输任务，为发展林业生产建设做出了贡献，曾荣获全国林业系统先进单位、黑龙江省林业系统先进单位和地区先进单位等光荣称号。1043号青年包车组于1959年出席全国群英代表会。

（一）组织机构

铁力林业局森铁管理处，位于铁力镇东岗街。1986年，全处共有职工1780名，待业青年1144名，家属1791户，总人口8394名。按照森铁运输的性质，机关设有10个股室（生产股、运输股、技术监察股、财务股、总务股、材料股、劳动工资股、文档秘书股、职工教育办、调度所）。基层设有机务段、车务段、车辆检修段、工务段、电务段、大修段、水塔段、修旧利废段和农业大队。各段均有班组（包车组）等生产第一线组织。另外增设公安派出所。

（二）森林铁路构成

铁力林业局森铁主干线由铁力车站到五花车站，再从五花车站分为东西两大干线，辐射全局15个林场（所）、2个农场和技工校、装车工队、第三中学。干线和支线共长271公里。其中东干线长56公里，辐射兴安林场、鹿鸣林场、丰林林场和二股营林所、建设营林所、卫星营林所、红旗营林所、北关农场、技工校、第三中学；西干线全长63公里，辐射东方红林场、茂林河林场、卫东林场、九连林场、向阳林场、泥河营林所、黑河营林所、泥河农场。此外有场区铁路140.9公里。东北部地区有一条与森铁东干线平行的哈伊公路，在铁力林业局施业区内42公里，用于汽车运材。外有54公里营林公路，被称为第二运输线。

（三）运输工具与效能

铁力林业局建局初期，接收日伪时期留下的一条从铁力到丰林沟森林铁路（道影）线路70.8公里，其中有铁轨的铁力至北关的铁路20公里。接收后加以维护，成为当时运材主线。运材工具由旧的小5T、7.5T机车变为15T、28T蒸汽机车，小普式台车逐步更新换代到20B型台车、20A型台车和7T台车。实行走车次的运输方法，由下行排空，上行运载。用铁台车装原条，平车装原木，年平均运输木材45万立方米，物资接近千吨。

全国先进包车组1043号青年包车组，常年战斗在森铁运输线上。包车组全体人员创造“一三二”小锹快速焚火法和“一准、二快、三适当、四勤、五不、六注意”的操纵方法，平均每年为国家节煤8吨。

（四）站区与线路维修

为了使小火车车次正常运行和安全运输，充分发挥车次的作用，森林铁路沿线共建100多个站区（车站、工区、电务），负责铁路的维修和管理。

（五）通信与管理

木材“森运”期间，铁力林业局的通信事业隶属森铁管理处。森铁管理处下设电务段，专门负责全局的通信管理和设备管、用、养、修等项职能。段内成立 4 个职能组，较大的站区配备电讯组。在林业局东西两线中心地区设立 2 个电话交换所（泥河电话交换所、依吉密电话交换所），专门负责电话通信。铁力镇内设机械室，负责电话通信管理、使用保养和维修。“森运”改“汽运”后，站区被撤销，职能归属林业局电话管理所。

二、汽车运输

（一）生产组织管理

森铁改公路后，汽运成为铁力林区的主要运输方式。林业局于 1990 年成立汽运处和路管处，负责全局汽车运输管理和林企公路管护。运材汽车的车型主要是东风 140，也有部分解放牌汽车。

生产管理方式上，汽运处引入激励与约束机制，实行单位核算，立方米包干。按车辆状态和运输全程核定燃料、材料费，同工资捆在一起确定立方米单价，节约归己，超支不补。生产股股长、运输队队长实行效益工资，根据完成运输计划的百分比上下浮动。这种管理方式一直延续到汽运处解体。1996 年，汽运处解体，汽车全部归基层单位，司机和助手随车走，一部分人员留下成立兴山公司，发展多种经营，其他人员归到路管处。路管处实行路段承包，把公路质量与工资挂钩。

（二）工艺

汽车运材的木材装车工序由林场（所）承担。汽车空载行驶到原木山楞或中楞场进入装车线，对好楞头、楞位后，由装车工进行装车。装车方式根据木材生产单位木材产量的大小，有的采用机械装车，有的采用人力装车。运材车驶入贮木场后，按指定卸车地点进行绞盘机或人力卸车。为防止木材中途流失，林政管理部门实行装车场、检查站、卸车地点三处通报信息，木材在山场装完车，检查站和卸车地点就知道木材数量。

（三）运材公路

1989 年森铁改公路后，全局共有主干线和岔线公路 627.3 公里，其中主干线 263.3 公里、岔线 364 公里。路管处负责公路管理及主干线公路的管护。后来防火办承包部分公路，路管处负责检查验收。岔线公路由林业局基层单位就近负责养护。“森运”转“汽运”初期，汽运处下设养路段，负责公路的养护与管理。公路哪里出现搓板路、马蹄坑，养路段人员就到哪里去填沙子，修路拱，补路肩，疏通堵塞水沟。冬季路面出现冰湖，养路段人员就去刨冰。养路所用的沙子就地撮取，使用的工具是锹、镐、水桶等。随着林业事业的发展，公路的养护与管理开始逐步走向正规化和科学化。按不同的季节安排不同的维修工艺和养护法。春季主要是清除积雪，疏通排水设施，搞好春融路面防治；夏季进行以预防为主的全面维修养护和薄弱地段的技术改造；秋季搞好秋封路面防冰防雪；冬季进行次年备料、维修设备、防雪防滑、大修桥涵和处理冰湖。实现部分机械配合的养路作业。同时，开始建立公路养护管理技术责任制和定期质量检查制度，建立路桥档案。路况技术状态标准参照交通部门的标准，建立优、良、次、差 4 个等级的统一标准和路基、路面、桥涵、标志、绿化 5 项定期检查内容，以确保全面养护、综合治理。

第五节　贮木场生产

贮木场生产是木材生产的最后阶段，它集中接纳从伐区运下来的原条或原木，经过选材、造材、贮存和保管，予以必要的机械加工，最后按国家调运计划装车外运。铁力林业局贮木场兼有木材生产、保管和销售三重任务，因此，贮木场生产是组织木材生产、管理木材生产的主要环节。

一、生产规模

铁力林业局贮木场位于绥佳线铁力车站东北部。几经改（扩）建，到2004年，已形成规模的生产体系，承担全局15个林场（所）的到材、贮存。贮木场占地面积20.7公顷，其中生产用地面积13.1公顷、辅助生产用地面积7.6公顷。设计楞位326个，年最大吞吐量50万立方米，最大结存量8万立方米。下设6个工段，其中选材2个工段、归楞装车4个工段。划分3个原木贮材区，设2条国铁支拨线，总长为1.8公里，有效长1.7公里。场区公路6公里。主要生产设备有电动机26台（其中归楞11台、装车13台、卸车2台）和桥式起重机1台。

二、生产工艺

（一）卸车

建局初期，贮木场到材原木卸车作业完全使用人力，后经逐步改造，修建主站台和一条长达600米的自动蚂蚁道，卸、造、运全部实现电动化。还配备桥式起重机1台，使贮木场的卸车生产完全摆脱人力劳动。进入20世纪90年代后，贮木场生产规模缩小，到材量锐减，卸车又恢复人力作业。各种机械和电动设备暂时闲置。

（二）造材、选材

当原条和原木卸到造材台后，由检尺员进行量材划尺，电锯手（油锯手）按检尺员划尺标准进行造材。造材后，由拨材工将原木拨向选材线。建局初期使用人力推平车进行选材，20世纪70年代改为电瓶车进行选材，后又改为传送带进行选材。90年代以后，贮木场存材场划给存材户使用，选材和选材工序由存材户自行管理。

（三）归楞、装车

建局初期采用“蘑菇头”方式人力归楞，以后使用绞盘机架杆归楞。归楞按楞序进行，楞头设置标牌，标明树种、材种、等级、材长，实行分级归楞。归楞大小头颠倒，截面边齐，不倾斜，有安全坡度，楞顶呈平型。

装车是贮木场最后一道工序。建局初期使用人力装车，1970年后用电动绞盘机装车。国铁调车员按贮木场调度配车计划，把各种型号的板车、斗车送到指定楞位，由装车工用电动绞盘机装车。检尺员按装车的木材分树种、材种、等级、材长、小头直径、棵数，分头记好账。装车完毕后，检尺员计算出装车数量交划拨员进行划拨，按林业部《木材统一送货办法》实行木材保送。20世纪90年代后期，贮木场的存材为木材商寄存，装车工序从调拨车辆到装完发送，均由个人办理。

第六节　木材生产工具

铁力林区广大职工在开发和建设林区的伟大实践中使用的生产工具，半个世纪以来，经历不断变革，它是林海儿女聪明才智和无限创造力的结晶，也是共和国林业事业不断发展的佐证。

一、伐木工具

锯是伐木必不可少的工具之一。抗日战争胜利后，大森林回到人民的怀抱。为了筹建共和国、支援全国解放战争，人民政府开始开发大森林，锯便成了林业职工征服自然、艰苦创业的工具。铁力林业局建局初期，林业工人伐木用的是原始的大肚子锯，其名称是由锯的形状而来，它中间宽两头窄，有齿一面呈弧形，齿钩相向而倒，一般为96~100个齿，长2.2米，重2.1公斤。两头有木质锯把，两个人使用，一人握一头，跪着来回拉。其效率仅是后来的弯把子锯的一半。用这种锯，采伐不易掌握树倒方向，树倒时抽锯不方便，人又不易躲闪，安全性较差。

弯把子锯是20世纪50年代中期开始在铁力林区推广使用的。这种锯是在大肚子锯的基础上改造而成的，长110厘米，重1.05公斤，有48个齿的，也有53个齿的。锯把是弯形的，因此叫弯把子锯。马永顺是铁力林区第一个使用弯把子锯的，他使用后效率大增，一个人完成6个人的伐木作业定额。马永顺还根据一年四季的季节特点和软硬杂木的情况，创造“四季锉锯法”“安全伐木法”，在全国林区推广，使弯把子锯在一定的历史时期，为推动木材生产做出重要贡献。林业生产机械进入林区后，用弯把子锯伐木的作业方式受到冲击。马永顺工组首先使用油锯。从1959年到1960年的两年中，马永顺工组在油锯的应用上不断探索，改进“汽化器”“节油调解气伐”，每台油锯一年为国家节约4个劳力，每天节约0.8公斤汽油，机械运用率由65%提高到75%。20世纪90年代末期，铁力林区森林资源濒临枯竭，可采蓄积急剧减少，木材产量锐减，油锯仍然应用在木材生产的各道工序上。

二、集材工具

马套子。马套子是用马拉的一种特制的爬犁。这种爬犁的用料及制作极其简单。爬犁脚选用6厘米左右粗的桦树，从根部挖出（根部必须有疙瘩）；爬犁梁的材质则没有特别的要求。用活动轴连接爬犁梁和爬犁脚，爬犁就可以使用了。装载木材行进时，碰到各种障碍物，爬犁会自动转向，顺利通过。马拉这种爬犁在雪地或冰道上集运木材，既省力又安全。日本侵略者投降后，人民政府开发大森林，铁力林区从20世纪40年代末期到50年代中期，集材一直使用马套子。21世纪初，一些高山脚上的伐区仍使用冰雪滑道和马套子集材。

集材拖拉机。铁力林业局刚开始用拖拉机时，用的是KT12拖拉机，烧木块。当时的林业工人都是手工作业者，不懂机械，又没有实践经验，烧木块热能不够，拖拉机常出故障，运用率低。直到后来引进KT40拖拉机后，集材拖拉机才真正发挥作用。尤其是KT50拖拉机，马力更大，生产效率更高。进入20世纪90年代后，铁力林区木材产量锐减，而且生产伐区多数是高山脚。在集材生产中发挥重要作用的拖拉机由于集材成本高，又不能爬高坡，陷入尴尬境地，遭到冷落。马套子又开始进山，成为主要的集材工具。21世纪初期，林业局搞产权制度改革，闲置的集材拖拉机全部被卖给了个人，成为林区职工二次创业中的开荒工具。

三、装车工具

从大森林开发到20世纪50年代，林区的木材装车生产用的是“蘑菇头”。8个人，4条扛（也有4人2扛和6人3扛的），顺着搭车的跳板一步一步艰难地将木头往车上抬，费力且危险。随着林区机械化的全面推广，木材装车也开始实现机械化。最早是森铁装车工队用绞盘机装车，接着贮木场装大火车也开始用绞盘机。德式台车进入铁力林区后，森铁木材运输改原木为原条，装车开始使用集材拖拉机。方法是在森铁线路旁修装车场，固定两根架杆，挂上滑车和绳索。拖拉机停在架杆对面，卸下履带，把架杆上的绳索一头挂在拖拉机启动轮上，用来代替绞盘机，将捆好的原条吊起来，装到台车上。从60年代到90年代，林区的木材装车都用这种方式。进入21世纪后，木材产量锐减，集材拖拉机闲置，木材装车又恢复用“蘑菇头”。

四、运材工具

铁力林业公司成立后，一面利用日伪丢下的“森铁线”和“嘎斯林”内燃机抢运山材，一面抓紧修筑北关至丰林的森铁线路。1947 年，蒸汽机车代替内燃机车，小火车开始驰骋在铁力林区。1990 年，铁力林区的运材方式发生变革，森铁改公路，小火车和铁轨从此没有了踪影，取而代之的是各种机动车辆。汽运成为运材的主要工具。铁力林业局森铁管理处被撤销时，汽运处有汽车近百辆，各林场（所）也都有汽车。每到冬运木材生产期间，林企公路上车来车往，木材被源源不断地运到贮木场。集体的、个体的汽车修理点应运而生，一些家庭也购置汽车，参与木材运输。

1999 年，铁力林业局停止主伐生产，启动天然林资源保护工程，运材汽车遭到冷落。2001 年，林业局组织机电科、企管科、财务科和生活管理科深入基层单位，把公家的汽车全部卖给个人。主伐停止期间，允许生产少量的抚育伐材，其运输全部由个体车辆承担。

第七节　生产管理

一、伐区拨交和验收

根据《中华人民共和国森林法》的规定，林业局建立并实行年度伐区拨交与验收制度。生产前各林场（所）根据林业局下达给林场（所）的生产任务和已审批的年度伐区调查设计资料，向资源科申请年度生产伐区。资源科根据年度伐区的申请报告，经审查认为伐区面积、蓄积、采伐方式等符合《森林采伐更新规程》和黑龙江省细则规定后，向伊春市资源局申请采伐许可证。伊春市资源局批发采伐许可证后，各林场（所）进入年度生产伐区进行采集作业活动。

在年度生产伐区作业完成后，各林场（所）提出生产后的伐区检查验收报告。资源科接到各林场（所）的报告后，会同营林处、生产技术科等有关科室，对各林场（所）生产后的伐区进行检查验收。伐区检查验收主要是根据“采伐许可证”的规定进行检查验收。验收的项目是：采伐方式是否执行国家规定和黑龙江省细则；有无违反“采伐许可证”要求的问题；伐区是否进行清理；集材道路是否采取防冲刷措施；有无越界和乱砍滥伐等现象；根据伐区检查验收的标准，伐区内保留木、遗弃材等是否符合国家规定。上述项目确认无误后，予以验收。不合格者按规定进行返工，直到符合规定后方予以验收，否则不拨给下一年度的生产伐区。

二、限额采伐

为加强森林资源的合理经营和科学管理，林业局根据《中华人民共和国森林法》《森林法实施条例》以及上级提出的关于保护森林资源的有关规定，从 20 世纪 90 年代起，实施限额采伐。实行年森林采伐限额总量控制和分项管理办法。凡立木胸径 5 厘米以上的森林蓄积消耗和符合木材缴库标准的全部木材产量均记入森林采伐限额。森林采伐严格履行调查设计和采伐审批制度，实行凭证采伐。林业局资源科凭上级核发的“林木采伐许可证”，依据采伐限额和生产需要，将伐区分批下拨到驻场森林资源监督站，由监督站会同林场将伐区现场拨交。在伐区拨交过程中，向生产者说明作业伐区的位置、面积、采伐方式、采伐强度、出材量，并根据作业进度和作业质量验收情况，按“采一号净一号、验收一号拨一号”的原则签发“作业证”。同时实行伐区前公示制度。作业小班采伐时，填写“采伐木记录卡”。伐区作业结束后，经过验收不合格，属技术上超采的，扣下一号的生产指标；属作业质量不合格的进行返工，限期整改至合格后，再拨下一号。

生产单位在取得“作业证”后，按照采伐规定的范围和设计资料提供的技术数据，对设计挂号的被伐木进行采伐。不得越界采伐和超强度采伐，不准改变采伐方式和串树种采伐。生产单位在采伐作业时，有技术负责人在现场指导，抚育伐区内不准修建运材线，集材道宽度不准超过 3 米。

严格管理计划外资源消耗。对确需收拣和清理的风倒风折木、枯立木、火烧木、病虫害林木，结合当年伐区木材生产进行。

三、生产组织

20 世纪 80 年代以前，林业局生产量大，木材生产实行常年流水作业。90 年代后，由于木材产量逐年调减，实行季节性生产，主要是冬季木材生产。生产前，各生产单位抢时间做好准备作业，提前修好道路，把参加冬运木材生产的人力、物力准备充足，并调整到最佳状态，合理投入生产劳力和设备，确保冬运生产均衡、连续、不断档。在生产中，加强伐区质量管理。够标准的木材全部集净拉光，够缴库的一律缴库。同时做好伐区清理工作，做到随采随清，把伐区内的枝丫材全部拣净归集到指定地点。将不能运下山的薪材归集起来，作为削片原料，避免资源浪费和效益流失。此外，做到山场合理造材。根据市场需求，生产适销对路产品，多造长材和优质材，不超长短尺、不长材短造、不优材劣造、不坏材带好材。

在生产中搞好各级核算，保证成本费用不超支。加强岗位合同管理，严格按定额组织生产。同时把安全生产放在首位，做好上岗前的安全培训，使上岗人员懂业务、懂技术，坚持层层落实责任制，定期检查，及时清除隐患，堵塞漏洞，确保冬运生产任务顺利完成。

四、稽查

为加强对山场造材、装车、运输、木材验收等环节的管理，林业局从 2002 年起开展木材稽查管理工作，并成立林政稽查队。对山场采伐、造材的林班小号随时抽查。对长材短造、坏材带好材、超长短尺以及不按规定执行最终造成损失的单位，由林政稽查队按《林政处罚条例》给予处罚。对缴库、销售的木材随时进行抽查。对串径级、串树材种、量尺不符、利用职务之便搞权钱交易的行为人严肃查处，情节严重、触犯法律的移交公安司法机关处理。

为切实加强木材稽查工作，有效减少企业经济效益的流失，林业局下发《木材稽查管理规定》，对造材、装车、检尺、木材运输作出明确规定。

（一）造材

按照木材检验规定合理造材，杜绝长材短造、坏材带好材，做到材长准确。

（二）装车

为保证木材车辆检尺准确，山场装车不论长车厢还是短车厢，必须做到：

1. 原木小头一律朝后。
2. 短车厢装车，原木前头要距车厢前板 20 厘米以上。
3. 材长不足 4 米的，要在小头标明原木长度（短材装在长材上部，不混装，以便检尺准确）。
4. 材长不足 2 米的碎木头不准混装在原木里。
5. 薪材、次加工材必须装在车的两侧，以便检尺、评等。

（三）检尺

山上各林场（所）检尺必须严格执行检验管理规定，逐根量尺、评等，不准估检，做到树种准、材种准、径级准、根数准、米数准。严禁串树种、材种、径级。托运单填写要清晰，计算要准确，计算和复核的检验员要加盖名章。

（四）木材运输

运材车在山上检完尺后，司机和检尺员必须认真对准根数。运材司机在运输过程中要保管好托运票据，不准遗失。

第八节　木材生产运输与销售管理

一、木材运输管理

森铁改公路以前，林业局木材运输实行托运。改为汽运后，实行新的运输管理办法。凡是参加木材生产运输的车辆，必须由运输单位主要负责人携带介绍信和运材司机驾驶证复印件到林政科申请办理“准运证”和“木材运输发送票”。经审核批准后，到指定的林场（所）运输木材并进行登记。

运材车辆接受林政检查站的检查并出示“木材运输发送票”。对不接受检查的车辆和人员，林政稽查队和检查站有权扣留车辆，将木材收缴国库，并将“准运证”收回，造成的经济损失由运材司机自己承担。林政检查站在管理上严格执行“十清”标准，即时间清、字迹清、树材种清、数量清、规格尺寸清、车号清、司机姓名清、验收员姓名清、装车单位清、卸车单位清。运材车辆在途中发生事故、掉材或因故需要卸车的，司机应把有关情况及时报告林政检查站。如发生上述情况不及时报告，造成的损失由运材司机承担。如有中途偷卸木材或不按指定地点卸车的，按照《中华人民共和国行政处罚管理条例》予以处罚，违反法律的移交公安司法机关追究法律责任。

二、木材经销管理

1996 年，林业局下发木材经销暂行规定。木材销售以局木材经销公司为主，实行局销和林场（所）代销的多种销售办法。山下局内部加工厂及客户同山上林场（所）自愿洽谈，达成协议，通过局木材经销公司签订合同。根据市场及产品销售情况，由主管副局长提出木材销售价格意见，领导小组讨论决定后，全部统一执行。不分交款额大小、时间长短，一个时期执行统一一个价格。放开经营的林场（所）自销原木，事先需经主管副局长会同经销公司、贮木场等有关人员验质定价、划拨转账。严禁验劣卖优或隐瞒数量。各林场（所）自己加工的所需原料（原木）运到本场加工点集中堆放。由主管副局长、木材经销公司、贮木场验质定价划拨转账，经局长审定后，方可加工。不准验次加好或私自动用国库中楞原木进行加工。处理降等降价木材，由主管副局长带领木材经销公司、贮木场等有关人员到现场按质定价。处理锯材及综合利用产品必须由本单位承包人会同有关人员，按质定价。处理木材运输事故损失，由主管副局长、木材经销公司、贮木场共同研究确定。各林场（所）生产的锯材、刨花板、胶合板等综合利用产品，由生产厂家自行销售，价格自定，自负盈亏。月末将生产销售统计报表报局木材经销公司，由局木材经销公司统一汇总上报。

订货合同签订后，原木货款交到局木材经销公司，锯材及三板综合利用产品货款交到本单位财务。木材经销公司及各场支拨员接到本单位财务收款通知后，按收到的全部货款金额开产品调令，原木调令须木材经销公司财务负责人、科长、主管副局长签字后，到贮木场或指定卸车点付货。付货后，由包销单位或客户自主经营。锯材三板等综合利用产品经本单位财务负责人、经销场长签字后在本单位付货。贮木场及各场的供销股按产品调令内注明的树种、等级、数量、交款额付货。

2005 年，林业局改革木材销售形式，实行卖方主导、集体定价、公平销售、阳光操作的木材经销形式，3 次上调木材售价，使木材生产实现效益最大化，直接节约生产成本近百万元。

第二章　林产工业

铁力林业局的林产工业生产是在林区开发建设以后兴起的。经过近60年的建设发展，已经形成制材、人造板、木制家具、林产化工四大生产体系，成为铁力林区主要支柱产业之一。

到2005年，全局共有龙森公司、综合厂、兴达公司、兴林公司、森利公司、汇丰公司等多家企业。产品有人造板、家具、刨光材、集成材等。全局基本形成以人造板为龙头的林产工业生产线。

第一节　产业项目

一、锯材

铁力林业局的锯材生产单位主要是木材加工厂，其前身是铁骊林业公司制材厂。1986年以后，随着木材产量调减，锯材产量也随之逐年调减。1993年，林业局实行产权制度改革。1995年，木材加工厂解体，延续近40年的国有企业锯材生产暂告停止。

（一）制材工艺流程

铁力林业局的制材工艺是“一行多带”的工艺流程。这种工艺流程的特点是灵活性大、适应性强、综合出材率高。但单机效率低，实现机械化和自动化困难，半成品流转距离长，搬运次数多。20世纪80年代以后，由林业部委托林产工业设计院设计，采用短工艺运输机（带），直接将制材车间的废料运到综合加工车间进行再生产，提高自动化和半自动化程度，减少“人背、肩扛、肚皮顶”等繁重的体力劳动。

（二）产品

铁力林业局锯材产品分普通锯材和订制材两大类。普通锯材生产执行国家标准（TB153-79），主要产品有板材、方材2种。板材分薄板、中板、厚板3个规格；方材分大方、中方2个规格。订制材按用户需要结合生产条件特殊加工。材质和规格按林业部和黑龙江省森工总局颁发的标准执行。主要产品有枕木、客车材、货车材、汽车材、跳板材、机台木、贯道木、箱子板等。

1. 产品现场。木材加工厂设板材院，按材种等级划分贮材区。场区内配有架杆机、有轨电车、平车、叉车等设备。

2. 产品管理。按材种、规格分区实行以楞为库，分类设账，检清规格、等级、数量后分别缴库，保证通风、干燥、防腐。20世纪80年代以后，实行商品化管理，产品车间实行岗位负责，按选、装、运、垛等工序实行经济责任制和全面质量管理。

3. 产品检验。根据国家普通锯材标准进行造材品等区分。20世纪80年代以后，产品验收采取“两面翻”“四面选”，特殊材种实行“六面选”。

（三）小板方材生产

铁力林业局大搞木材综合利用，生产布局以林场（所）为点、林业局为面，形成上下齐动的局面，开始利用采伐和木材加工剩余物生产小板方材。山上山下建立一批小板方材生产厂。林场（所）拣集枝丫材，除部分运到山下作小板方材原料外，其余就地加工。此外，风倒木、困山材也作为小板方材的加工原料。贮木场、木材加工厂以板皮和木截头为原料生产小板方材。木材加工厂解体后，林业局直属点不再生产板方材，而是由私营企业木器厂（点）承担，按客商提出的规格进行加工，林业局不再介入管理。

二、人造板

1973 年，卫东林场压出第一张纤维板，开启铁力林业局人造板生产的先河。此后，这项产业迅速发展。到 2005 年，全局有人造板厂 10 多家，产品扩大到 20 多种。

（一）刨花板

全局的刨花板生产除林业局刨花板厂外，山上林场（所）都参与过，但因设备不过关，除北关农场的志新刨花板厂生产出产品外，其余的都相继下马。而之后志新刨花板厂也因火灾而停产。20 世纪 90 年代以后，林业局刨花板厂成为全局唯一一家刨花板生产厂。

林业局刨花板厂于 1984 年开始筹建，1986 年工程建设完成 50%，1987 年投产。生产设备为国家林机公司配套产品，年生产能力 3 万立方米。1993 年更名为亿利公司，2000 年更名为兴林公司，实行股份制经营。2003 年，完成刨花板总产量 1.5 万立方米。2004 年，完成刨花板总产量 1.75 万立方米。2005 年，完成刨花板总产量 1.8 万立方米。

（二）胶合板

林业局胶合板厂生产始于 1979 年，由木材加工厂的一个车间生产。设备自制，年产小胶合板 3000 立方米。1995 年，林业局木材加工厂解体，林业局胶合板厂成立，从上海、牡丹江、沈阳、江西等地购进生产设备。厂址在原木材加工厂五车间，年产大胶合板 3000 立方米。1995 年在产权制度改革中，胶合板厂厂房、设备被租赁给个体经营者，由林业局林产工业科管理。2003 年，生产大胶合板 4500 立方米。

（三）胶黏剂

亿利刨花板厂投产后，胶黏剂制造随即上马。工厂成立制胶车间，从鞍山引进设备，产品为甲醛尿素胶，年产量 1000 吨，基本满足该厂刨花板生产的需要。

三、木制品、家具

铁力林业局木制品、家具生产始于 1958 年。林业局木材加工厂建立加工能力 1 万立方米的细木工车间 2 座，主要产品有细木工板、农具和家具。以后林业局又在木材加工厂办起空心门生产车间，年产量 20 万套。20 世纪 90 年代实行产权制度改革，厂房设备卖给个体经营者。1998 年，林业局林产工业公司解体，所辖的生产单位单独经营，分别成立兴达公司、兴林公司、森利公司。私营企业的公司、厂（点）也纷纷建立。这些厂（点）自主经营，抢占市场，增加产品，经营范围已延伸至国外。

第二节　产业管理

铁力林业局在 20 世纪 80 年代中期还在延续计划经济管理制度。林业局对各生产厂（点）下达计划，统一销售产品，实行局、厂（点）两级核算。林业局成立林产工业公司后，负责全局的林产工业生产组织、管理。林产工业公司被撤销后，各林产工业生产单位解体，以产业为单位独立经营。林业局成立林产工业科，接替原林产工业公司的职能。90 年代后期，经过产权制度改革，全局各林产工业厂（点）所占用的企业资产全部买断或租赁给个体经营者。各厂（点）的私营企业通过联合，均实现公司化经营。

第三节 木材加工小区管理

2001 年，林业局下发《木材加工小区管理规定的通知》（以下简称《通知》）。《通知》要求，各零散个体木材加工厂（点）一律搬迁到加工小区。凡申请“木材经营许可证”的经营者，必须在加工小区内具备以下条件：（1）有固定的厂址、厂房；（2）有加工设备；（3）有流动资金；（4）有合法原料来源渠道；（5）有定型产品；（6）有固定的从业人员；（7）有工商营业执照。

经营者必须严格遵守林政管理规定，认真履行“木材加工许可证”规定的经营项目、经营范围。厂名、厂址必须一致。实行一厂一证一照制，不准串用，不准一证多用。

加工厂（点）实行进材台账管理制度，对进材和销售成品及时登记。台账登记内容包括木材来源、品种、规格、数量、进材时间以及出成品规格、数量、销售时间、去向。台账登记做到原料与成品比例货账相符，进原料发票、运输证明附在台账上。

加工厂（点）的原料应从有销售权的部门购进。地拨木材需有林业局的调令和税务部门认可的发票。外进木材需有发票或证明木材合法来源的运输证明。

不准任何加工厂（点）为他人代存木材，进入加工厂（点）的原料，未经加工一律不许外运。对外来加工木材的单位和个人，凡加工数量在 0.5 立方米以上的，必须持有证明木材来源的合法凭证和林政部门办理的加工通知单。

林政科、稽查队每年对木材加工厂（点）的进材、销售以及台账登记情况进行两次以上监督检查，发现问题及时查处。加工厂（点）必须积极配合。

加工厂（点）进材运输管理遵循以下原则：（1）地拨木材进加工厂（点）凭木材调拨单或发票到林政科办理木材调运证明。（2）外进木材进加工厂（点）到林政科登记、审验运输证明，合法后方可落地；业户要留下运输证明、发票、登记台账等备查。（3）收售无证运输木材的，没收运输的全部木材，依法追究责任。（4）以伪装方式逃避检查的，没收非法运输的全部木材，并依法从重追究法律责任。（5）运输木材的数量与木材运输证明记载不符、又无正当理由的，没收超出部分的木材。

加工厂（点）在销售成材时，无论公路、铁路运输都必须办理运输证明。办理运输证明应遵守以下原则：（1）出示合法的原料发票、木材运输申请单，原木按综合出材量的 65%，次、小、薪、剩余物按出材的 30% 给予办理成材运输证明。（2）业户按时按要求登记台账。

木材加工小区的建立及对其进行的严格管理，规范了木材加工经营，堵死了木材流失口子，促进了木材加工经营业的繁荣和发展。

第四节 生产管理

铁力林业局自建局以来，特别是中共十一届三中全会以后，随着林区经济建设的不断发展和改革开放的步步深入，以生产建设为中心的各项经营管理工作得到不断提高。

1985 年以后，经济核算是以林场（所）为单位进行核算，管理上采取林场（所）、工段、工组三级管理方式。生产组织上，场（所）长对场（所）的工作负全责，上承林业局的生产指挥，下督促各生产段的段长指挥，督导工组长组织好工组的生产。1983 年全局改变过去“三单一大”的局面，实行综合立体开发，大搞综合利用和多种经营生产，全局的生产结构发生变革，生产管理增加新内容，管理机构也相应增加。成立多种经营公司、林产工业公司、木材经销公司和物资供应公司。山上林场（所）也由场、段、组三级管理变为场、组两级管理。管理水平有了新的提高。20 世纪 90 年代初期，林业局开始陷入“两危”困境，可采森林资源的枯竭和木材生产量的锐减，使生产管理也随之产生了变化。生产指挥不再围绕木材生产，林产工业也被纳入指挥范围之中。尤其是森铁运输改公路运输和一些以木材生产为主业的基层单位分营和解体之后，生产管理出现放开的势头。私营业主异军突起，除资源外，脱离林业局的管理范围。生产科、计划科、人事科、财务科的职能开始缩小，物资供应公司、多种经营公司等管理部门被撤销，各基层生产单位全部放开，自主管理，生产管理除资源管理外，均由法人直接管理。林业局的机关管理机构缩编，各职能科室由生产管理部门转变为指导和服务部门。生产管理基本处于分散经营管理状态。只有资源和企业资金两项管理集中到林业局。

第三章 林业基本建设

铁力林业局建局初期无基本建设任务。公用房舍是日伪留下的旧房舍。以后职工大量增加，部分职工家属也随之进山，山上开始修建作业所和家属房。山下在原职工“老家族”处修建20多栋草泥拉合房。当时基本建设没有专业队伍，也没有专门机构，由生活福利部门抽调人员代管。林业局基建工程处成立后，负责全局的森林铁路、运输公路、营林公路、厂房、家属房、局址办公楼、家属住宅楼及生产性房舍、非生产性房舍的管理和修建。1980年林业局成立基建科，负责全局的基建管理，1984年工程处与基建科合并。1986年工程处与基建科又分开，基建科负责工程设计，既负责局内工程设计，又外揽业务，自负盈亏。工程处负责施工，既承担局计划内的工程施工，又外揽工程，经营方式也是自负盈亏。森林铁路改公路后，全局林企公路养修，干线归公路管理处，岔线归林场（所），山下房舍维修归生活福利公司。工程处经过改革，走向市场。2002年工程处实行股份制经营，改为松涛工程建筑责任有限公司。

第一节 机 构

铁力林业局的工程设计归基建科。1984—1986年，基建科与工程处为一个部门、两块牌子。1986年5月，基建科与工程处分开后，各自单立科室。基建科的职能是:（1）负责全局基本建设设计，任务不饱满时，对外另揽设计业务;（2）负责工程处施工质量监督;（3）负责全局基本建设工程的计划与统计;（4）编审林业局基本建设年报。随着林业事业的不断发展，基建科的各项工作全部使用计算机操作，基本实现无笔化，队伍不断扩大，人员素质不断提高。截至2005年年末，有国家二级注册建筑师2人、高级工程师1人、工程师6人。

第二节 工程项目及施工队伍

铁力林业局基建工程由铁力林业局基建公司负责，主要工程项目是局内外的建筑、道路的修建及桥梁维修等。

20世纪80年代以后，铁力林业局基建施工队伍主要是铁力松涛工程建筑责任有限公司。其前身是黑龙江省森工局第三工程处，1984年改为铁力林业局基建工程处，其后改为铁力松涛工程建筑责任有限公司。

随着林业基本建设事业的稳步发展，工程项目从施工生产的作业方式到管理程序都有显著的改进。添置运输、上料、搅拌、喷灌等施工中的附属设备，基本实现施工半机械化或机械化，工程质量有了新的提高。2000 年 3 月，公司正式改制后，实行民营。主要构成股东 68 股，有员工 150 人。其中工程师 10 人、会计师 4 人、政工师 4 人、技师 8 人。改制以后，公司投入大量资金更新设备，添置塔吊、砼搅拌机、挖掘机、装载机等大、中、小型机械设备。先后承建铁力林业局发电厂、白灰厂、大理石厂、铁力林业第一中学教学楼、第二小学教学楼、铁力林业局办公楼、马永顺纪念馆、铁力林业公安局办公楼、铁力林业局家属住宅楼、松涛花园小区，以及林企公路、桥梁工程。其中铁力林业第一中学教学楼被黑龙江省森工总局评为优良工程；1999 年，铁力林业局家属住宅楼被伊春市建设局评为“红松杯”优良工程；2002 年，松涛花园小区被伊春市建设局评为优良工程。

第三节　工程管理

1987 年，林业局制定《铁力林业局基本建设管理暂行办法》，对基本建设的计划管理，设计、预算管理，施工技术管理，建筑市场管理提出具体要求。在计划管理上，要求凡已纳入林业局计划的基建项目（包括更新改造、育林基金、自筹资金、贷款项目等），都要按计划控制，不得任意扩大建设规模，改变结构，提高标准，超过投资。凡属大中型基建项目，必须事先搞好可行性研究，在此基础上方能确立建设规模和投资计划。在设计、预算管理上，凡已纳入林业局计划内的基建项目，一律由基建科统一设计，施工单位在施工中无权变更设计图纸。凡纳入计划内的基建项目预算，统一由基建科负责编制，并确定基建项目的投资。在施工技术管理上，凡纳入林业局计划的项目，施工技术方面的事宜由基建科统一负责。在建筑市场管理上，凡是林业局计划内的项目，施工单位需要外委的，必须首先向基建科申报，由基建科统一安排外委。1998 年，林业局根据企业改革的实际情况，对基本建设工程管理作出规定：项目投资实行预算包干制，工程管理实行项目法人责任制。工程质量由局质检部门进行监督检查，工程竣工后，建筑单位向局计划部门呈送验收报告，然后组织有关部门对工程进行全面验收。工程质量不合格的，按照有关规定对建筑单位领导和施工单位进行处罚，并追回已拨付的工程款。

第四节　林场（所）的基本建设

铁力林业局山上林场（所）的基本建设任务原则上由林业局工程部门承担，林业局拨给一定数量的基本建设费用。

一、房舍建设

1986 年以后，山上林场（所）仍保持原来设置，没有公用房舍建筑任务，所建的都是家属房。方式分为两种：一种是林场（所）出资建筑，职工住户交一定数量的房租。另一种是私建公助，由林场（所）出资购买原料，个人出工建筑，产权归林场（所）所有。20 世纪 90 年代，林业局实行产权制度改革，产权属于林场（所）的职工住房全部卖给个人。

二、以木换房

20 世纪 80 年代末期，伊春市政府下发文件，允许各林业企业用销售自留材的收入建造职工家属住房。林业局抓住这一机遇，在山上林场（所）实行“以木换房”，要求建房费用必须是林场（所）销售自用材收入，不准挪用其他款项，违者严查严办。同时要求改造的房舍应是年久失修的草泥拉合房和木刻楞房，新建房舍必须是砖瓦结构。“以木换房”措施大大改善了职工的住房条件，使每个林场（所）50% 以上的职工住房实现砖瓦结构。

三、房舍维修

山上林场（所）的公用住房和职工住房维修，统一纳入基本建设项目。林场（所）实行经营承包前，维修费用由林业局拨给。20 世纪 90 年代后期实行林场（所）自主独立经营后，由林场（所）自行支付。

第四章 林业机械

从20世纪70年代起，铁力林业局的林业机械化从木材生产发展到营林、林产工业、基本建设、林办农业等生产领域。林业局设机电能源科，负责全局的林业机械设备以及能源、供电、供热设备管理。基层生产单位也建立相应的管理机构，充实技术力量，实行林业机械全面综合管理。1986年，林业局转发《伊春林业管理局机械稽查工作暂行规定》和《机械违章处罚标准》，结合林业局实际情况，作出如下规定：（1）凡局内各类设备（包括集体部分）均由机电能源科按照国家和上级机关颁发的条例、办法及技术标准实行机械稽查制；（2）局内各类设备（包括集体部分）操作人员（不含机动车驾驶员）的技术考核、发证、审验、转籍等工作，统一由局机电能源科负责；（3）机械稽查人员在企业范围内执行稽查任务；（4）机电能源科对全局各类机械操作人员建立技术档案；（5）全局各类机械设备（包括集体部分）的调动、转籍、落籍、封存、启用、报废、购置、产权转移等，必须报请机电能源科，并办理手续。同年，林业局又制定下发《关于机动车辆驾驶员安全技术管理的暂行规定》，规定要求报考驾驶人员必须参加技术培训，并对有驾驶证人员也明确管理范围。1989年，林业局制订《机械设备管理同行业竞赛方案》。

通过建立上述管理制度，使全局机械设备做到管理与使用相结合、修理改造与更新相结合、专业管理与群众管理相结合，推动了林机事业的发展。为满足林业生产发展的需要，进入20世纪90年代以后，林业局在挖掘技术潜力、设备潜力、生产潜力的基础上，调整管理机构设置。1993年机电能源科与生产科合并，组成生产部。同年，林业局局长发布“一号命令”，全局的机械设备统一归口，全面综合管理，建立局、林场（所）、机械员三级管理网络。1996年，能源机械管理从生产部分出，恢复机电能源科。同年，农业机械设备管理从机电能源科分出，成立农业机械管理站。在“科学管理，合理使用，强制保养，计划检修”方针指导下，全局机械设备的完好率和运用率稳步提高。

第一节 林业机械设备

20世纪80年代，铁力林业局拥有大量的机械设备，基本满足木材生产及农业生产的需要。90年代末期，由于木材产量大幅度调减，机械设备大部分闲置。1999年，在产权制度改革中，大部分林业机械卖给职工个人。

一、林业生产机械设备及管理

林业生产采运机械主要用于木材采伐、运输，包括油锯、集材拖拉机、汽车、电站等。

（一）强化管理，充分发挥机械效能

林业局于1999年制定《木材生产采运设备管理规定》，规定木材生产运输专用车辆、集材拖拉机可以无偿租赁给本车司机，作为生产转移后职工再就业的生产工具。各林场（所）除保留小汽车、集材拖拉机、柴油发电机组各一台外，其他就地封存，由局统一处理。

（二）静态、动态管理

内业资料是搞好设备管理的基础。由于铁力林业局建局较早，摊子大，生产项目繁杂，全局机电设备分布在83个单位和部门，最远的林场（所）距局址近百公里，加之受“两危”的影响，设备管理的基础资料不够健全，不同程度地影响了设备的管理工作。为改变这种局面，在伊春市机电局等上级主管部门的指导帮助下，林业局配合企业管理，狠抓设备的静态和动态管理。

1. 建立健全设备台账，加强设备静态管理。自1993年设备普查之后，进行全面总结，查找出管理上存在的问题，进行认真整改。首先根据普查后的设备，分单位、分类别，逐台（辆）登记上账，建立机电能源科、财务科及设备使用单位相符的账本、账卡，做到规范化、标准化、准确化。其次，印制“设备购置审批单”“购置固定资产交接证明书”“大修理工程竣工报告单”“设备报废审批单”“设备内部调令”等各种维护保养报表。2000年又添置计算机，使办公向现代化迈进一步。通过这些软件的建设，有效加强了机电能源科设备的静态管理，为防止设备的流失奠定了基础。

2. 完善设备调拨和报废制度，加强设备动态管理。为充分发挥设备的性能潜力和效率，提高利用率，林业局根据性能和生产需要随时调拨。首先制定调拨制度，印制设备内部调令，一式四份，机电能源科、财务科、调出单位、调入单位各一份，注明设备类别、名称、规格、数量、原值、净值、投入使用年限、调转原因等项目，由经办人、财务科科长、机电能源科科长、主管副局长分别签字盖章，最后由财务科加盖固定资产调转专用章后生效。调出、调入单位接此调令，进行设备和设备卡页移交，做销账和升账处理。同时，机电能源科、财务科也相应变动账卡，做到来去有据。

设备在使用过程中有磨损、有折旧。利用率越高，折旧越快。国家在设备的使用年限上有明确的规定。除年限规定报废时间外，设备报废还与使用维修有很大关系。由于铁力林业局建局较早，大部分设备都是早期投入。为了严格把住设备报废关，设备需报废时首先由设备使用单位提出报废申请，经机电能源科专业技术人员现场鉴定，确认达到报废程度，然后再填报申请表，由财务科科长、机电能源科科长、主管副局长审批。对可利用的部分配件，由报废单位到财务科交纳报废设备残值。否则，报废设备由林业局统一收回。

（三）确保国有资产保值增值

铁力局的机械设备管理坚持以《设备管理条例》为基础，认真学习和借鉴外地改革经验，结合实际情况，坚持“保证设备完好有效，保值增值”这一宗旨，把设备保值增值作为设备管理工作的一个突出重点。

1993年铁力林业局被确定为黑龙江省清产核资试点单位。在上级主管部门的指导下，林业局经过连续3个月的工作，将全局山上、山下所有单位的固定资产进行了全面清查，建账立卡，彻底摸清了全局设备底数，为顺利进行产权制度改革提供了可靠的依据。

在产权制度改革过程中，本着“实现国有资产的合理流动和资产优化配置，把国有资产搞活用活”的原则，对在用设备移交给经营者后，多余设备就地封存，报废设备统一由机电能源科收回管理，做到设备资产明晰、评估准确、管理严格、国有资产不流失，达到保值增值的目的。1999—2003年，机电能源科、财务科等部门共为36个单位1084台（套）设备评估作价，使这些几乎闲置的设备重新发挥出它们的利用价值，达到盘活资产的目的。

（四）机械设备普查

2002年，林业局组成7个普查工作组，对全局国有机电设备进行全面普查，做到“六清”（设备产地清、数量清、购置价格清、投入使用年限清、设备运用情况清、设备状态清)。普查工作历时近两个月，共普查机电设备 2036 台（套），设备原值 9159.6 万元，净值 4744.6 万元。其中：完好设备 1609 台（套），设备原值 7776.4 万元，净值 4315.2 万元；非完好设备 427 台（套），设备原值 1383.2 万元，净值 429.4 万元。

二、林办农业机械设备

铁力林业局林办农业机械设备来源有两条渠道：(1）从企业木材生产战线拨出一部分拖拉机用于开荒;(2）林场（所）和农场提出申请计划，林业局审批后拨款购置。20 世纪 90 年代企业转型，非国有经济蓬勃发展，农副业生产在企业经营比重加大，国有和私有农副业机械增多。1999 年，林业局制定《科技兴农机械化工程实施细则》，对农业化生产和技术推广、农业装备和新农机推广、农机基础建设、农机管理、农机技术培训等工作的实施与考核作出明确规定。为强化管理，2003 年 3 月，林业局将农机管理与林业机械管理分开，单独成立农机管理站。职责范围为：(1）农机标准化管理，包括农机队伍整顿与培训，农机具常年保养和维修，农机标准化作业工艺组织。(2）推行机械封存、淘汰制度。(3）依法执行农机安全监理工作。①对农业机械及驾驶操作人员的监督管理；②对场库棚建设搞好机务区标准化管理。1999 年，林业局实行产权制度改革，卖给经营业户一部分农业机械和农机具。到 2005 年，全局共有各类农机设备 8310 台（套），分类为：大型联合收割机 16 台、链轨拖拉机 82 台、大中型胶轮拖拉机 26 台、小四轮拖拉机 1780 台、农用三轮车 1572 台、手扶拖拉机 24 台、农用运输车 185 台、农产品加工机械 485 台、大型机引农具 537 台（套）、小型农引机具 1580 台（套）、各类拖车 1925 台、水利排灌设备 28 台、畜牧机械 35 台、农机检修设备 35 台。

第二节 电力供应设备

铁力林业局设直属发电厂 1 处。主要职能是担负全局山下地区的生产、生活用电及供热，为兴达木制品厂和刨花板厂供气。20 世纪 90 年代，拥有 1 台 35 吨锅炉、2 台 3000 千瓦汽轮发电机组，年平均发电量 2000 千万千瓦时。1999 年，在产权制度改革中，该厂免费出租给铁力市，期限 20 年。林业局供电方式采用以国网电为主、区域电网和企业外电网相结合的网络供电方式。

一、能源管理

林业局于 1989 年召开节约能源管理工作会议，总结全局能源进存及消耗去向，并制定《节约能源管理实施细则》。全局上下建立能源管理体系，确定机电能源科为能源管理、监督部门，并明确管理范围。在此基础上，加强能源供应管理，负责煤炭、成品油供应。根据企业生产、基建计划、设备实有量和职工人数确定消耗定额，向上级编报年度能源申请计划，积极组织货源和供应。对煤场、油库、加油站、液化气站、泵房、烧柴场也进行严格管理，合理供应，防止跑冒滴漏。与此同时，加强生产用能源管理，建立能源计划分配制度，凭票凭证供应，限额发放。加强生活用能源管理，在保证人造板、林产品原料供应的前提下，合理燃用木材剩余物，尽量扩大利用率，满足职工生活需要。

二、地区供电

地区供电由绥化电业局铁力二次变电所 10 千伏直接转供，电力产权由铁力供电局所辖。企业生产、生活用电计量收费。

三、林场（所）供电

山上地区15个林场（所）实现国网供电。其中：丰林林场由企业外带岭变电所6千伏安转供；其余14个林场（所）供电由绥化电业局二股区域变电所转供，线路名称为“铁二线”，66千伏变电，二次侧电压10千伏，变电所容量1800千伏安，设计馈电出线4个回路。山上地区供电投入运行馈电2个回路，线路名称兴安线、北关线。

二股区域变电所林区供电户5418户，年均供电量为150万千瓦时，平均负荷3000千伏，最高负荷6000千伏。配电变压器44台、设备容量3790千伏安，10千伏线路总长18165公里，供电平均半径88公里。

兴安线：供二股、西北河、鹿鸣、兴安4个林场（所）。供电户1434户，配电变压器14台，设备容量1545千伏安，10千伏输电线路总长5375公里。

北关线：供建设、红旗、卫星、黑河、泥河、卫东、向阳、九连、茂林、东方红10个林场（所）。供电户3984户，配电变压器30台，设备容量2245千伏安，10千伏输电线路总长127.9公里。

四、输电线路

截至1999年，林业局有输配电线路181.65公里，其中LGJ—95线长0.6公里、LGJ—70线长6公里、LGJ—50线长27.01公里、LGJ—35线长148.04公里。

五、配电变压器

2005年，全局有配电变压器44台，设备总容量3790千伏安。

2005年铁力林业局配电变压器统计表

表4-1

单位：台

型号	SJ—10/10	SJ—20/10	SJ1—30/10	SJ—30/10	SJ1—50/10	SJ—50/10	SJ—80/10
数量	6	1	2	6	1	4	5
型号	SJ—100/10	SJ1—100/10	SJ—125/10	SJ—200/10	SJ1—250/10	SJ—315/10	合计
数量	11	1	1	3	1	2	44

六、热电厂改扩建

林业局热电厂由单纯电力供应向地区供热转型后，于1994年经林业部批准，将热电厂改扩建纳入治危兴林项目，对现有的热电厂按新增1台无锡产UG35/39-450锅炉设计方案进行改扩建。核定主要车间土建工程1440平方米，25米线桥1座，60米高烟囱1座，总投资471.32万元。

第三节　自来水供应设备

铁力林业局山下地区居民长期吃地表水，经化验对人体有害的各种物质含量严重超标。1988年，伊春市建委组织有关单位对中国市政工程东北设计院承担的铁力林业局上水工程初步设计进行会审，提出一些建设性意见。

1990年，林业局将建立自来水公司列为治危兴林项目之一。当年投资筹建自来水工程，1991年完工供水。1998年产权制度改革中，自来水公司资产被卖给铁力市，资产评估作价567万元。

第四节　通信设备

20 世纪 80 年代初，铁力林业局正式成立电话管理所，将陈旧的摇式磁石式电话机改为自动选号机。1991年改为“921”纵模制自动交换机。1996年6月开始安装程控交换机，同年11月5日正式开通，下设 4 个通信工区。山上分别安装 4 个光环路机站，通往山上通信线路是环路传输，通信线路全部由光缆传输。光缆线路总长度 207 公里。山上、山下全部安装程控电话，实现全国直拨，并能拨打国际长途。为加强长途电话管理，林业局于 1987 年制定《电话通讯管理暂行办法》，1996 年又制定《电话安装使用管理办法》《长途电话管理暂行办法》，对电话管理所的职能、电话安装维修、电话费用收缴、电话线路管理都作出明确规定。2000 年，伊春市政府决定，铁力林业局的通信设备等资产无偿移交给黑龙江省网通公司。

第五节　林业机械检修

铁力林业局的林业机械检修主要由局机械修理厂承担。该厂为林业局所属基层生产单位，主要经营项目是林业局内的机械检修、加工，小型设备制造和机械零件生产。建厂以来为铁力林区林业生产的发展做出贡献。20 世纪 80 年代初期，林业企业陷入“两危”困境，木材产量锐减，林业生产机械设备相对减少，林业机械检修出现任务不饱满、经济效益低下的状况。为了求生存、求发展，90 年代初期，局机械修理厂开始进行配套改革。（1）进入市场，跨越厂区，广泛承揽对外加工业务，先后制造 J—50 平轴头、齿圈等产品，并于 1994 年成功制造 QT16A 型塔式起重机。该起重机经黑龙江省有关部门鉴定达到国家标准，并取得产品合格证。1995 年，与黑龙江省林科院联合开发项目，生产出 XP 型削片机，实现产值 40 多万元。1996 年，研制地板块机，又先后制作刨花板液压机、锯机、干燥机等全套小刨花板生产设备，以及拔根机、开荒机等小型农机具，获得较好的经济效益。1998 年实行租赁经营后，企业加强经营管理，管住物资材料，最大限度降低各种材料消耗，做到生产上能用自制件的不到外边采购，能修复使用的不更换新件。杜绝物资材料随意借、送、给的现象发生，节省材料支出。（2）加强产品质量管理，从上到下建立质量管理机构，层层抓管理，健全质量监督制度。成立质量管理领导小组，根据市场反馈的信息，定期召开产品质量分析会，落实保证产品质量措施，为企业赢得荣誉。

20 世纪 90 年代末期，林业局实行产权制度改革，局机械修理厂成为私营企业，更名为华丰机械公司，自主经营，不再纳入林业局企业管理之中。同时，林业局的林业机械检修生产也不再纳入企业的经营项目之中。

第五篇　营林与“天保”工程

营林生产是整个林业生产的基础。1954年铁力林业局成立林业生产指挥部，将营林事业纳入企业生产项目之中。1956年成立营林科，开始大面积造林和森林抚育。20世纪80年代以后，更新造林、森林抚育、森林病虫害防治、天然母树林培育、人工种子林培育及水湿地改造，已经成为与木材生产同等地位的产业。1999年林业局停止主伐生产，实施“天保”工程，营林被摆上更重要的位置。铁力林业局营林处下设种子站、绿化办公室、病防站、生产科、综合科、验收队、气象站。2000年，生产科与营林处合署办公，负责全局的木材生产组织及营林生产，为加强营林生产创造了更加有利的条件。山上林场（所）也都成立营林组织机构，配备专业队伍，使以营林为基础的林业建设方针得到进一步落实。

第一章 营林生产

第一节 种 子

铁力林业局建局初期到20世纪70年代末期，营林育苗生产的林木种子靠天然林人工采集。80年代以后，强化种子管理。林业局成立种子站，隶属营林公司。种子站建立林木种子基地，按照国家母树林有关标准，从一部分人工林和天然林中筛选划定母树林，年培育母树林1230公顷。其中卫东林场313公顷，建设营林所25公顷，卫星营林所74公顷，西北河营林所22公顷，兴安林场239公顷，丰林林场51公顷。各片母树林建立档案，编号挂牌，严格保护。1982年，林业局建立建设种子园，园址在建设营林所施业区内，面积300公顷，培植的树种有红松、云杉、落叶松、胡桃楸等。这些树种中，除胡桃楸为实生外，其余皆为嫁接，没有产籽高峰期，只有零星结实。除建设种子园外，还建立无性系种子园。每到秋季采种季节，林业局组织专业队到指定地点采集，一般2~3人为一小组。采集工具主要有采种剪、砍刀、脚扎子、安全绳、麻袋等。采种分两期进行：夏天5月末至6月上旬，主要采集杨树、榆树等树种；秋天8月下旬至10月初，主要采集红松、落叶松、水曲柳、胡桃楸等秋熟树种的种子。种子入库后分等级保管。

人工采集种子的检验工作由各林场（所）种苗技术员兼管。营林公司收购时由技术人员检验。检验主要分目测、手摸、抽样3种方法。前两种方法主要是通过观察种子的色泽、饱瘪、杂质等来确定其成熟度、纯度、含水量。抽样是取100粒种子，分1~3组来测定种子的饱满度与发芽率，或用发芽器皿测发芽率。

铁力林业局种子产量半年可达5万公斤。营林公司将收购的种子交到伊春种子公司统一保管，林业局所需的种子由伊春林业公司统一调配。林业局只管采，不管储藏。

第二节 育 苗

20世纪80年代以前，铁力林业局各林场（所）都有苗圃，苗木自产自用。90年代后，全局苗圃集中由局营林处统一管理，苗圃数量由原来的15个缩减到10个。到2003年，全局有5个苗圃，其中建设苗圃、卫星苗圃为省级标准苗圃，茂林河苗圃、兴安苗圃、鹿鸣苗圃为市级标准苗圃。60年代以前，苗圃作业均采用畜力翻地、人工作床、人工担水浇灌的方式，费工费时，效率低，作业质量差。为适应林业发展的需要，营林处技术人员发明“机引作床犁”作业法，工效比人力提高60倍。苗圃的排引灌也实行机械化。在苗圃管理上，营林公司设专职管理人员，职称皆为工程师。各林场（所）的苗圃都设专职管理人员。林业局于1996年以后，转换育苗生产经营机制，对林场（所）

苗圃实行委托经营。委托经营的对象是企业内部有一定育苗经验和经营能力的职工。委托经营周期：红松、红皮云杉为4年，落叶松、杨树为2年。委托经营内容：（1）完成局下达的育苗生产面积计划和合格苗木产量；保证苗圃现有固定资产不损失、不减少；保持苗圃现有级别。（2）以现行苗木售价的80%核定苗木各树种、苗龄成本。苗圃利润局和林场（所）五五分成。苗圃费用按完成的工作量分期垫付，年末结算。在床苗木折算成本后暂时挂账，待苗木出圃时一次结清。（3）受托方每年向委托方上缴风险抵押金，按实际育苗面积计算，15元/亩。经考核，年末完成委托合同所规定的指标时，由委托方退还给受托方全部抵押金。如未完成合同中规定的指标，委托方不再退还受托方的抵押金。受托方新播用种必须由局营林公司统一供给，不准私自购买。苗圃休床地，在有利于恢复地力、不影响苗木生长发育的前提下，可自行安排使用，还可利用多余房舍和其他设施开展第二产业，其收入可由受托方自行支配。生产的苗木在满足本场和林业局更新造林所需苗木的前提下，多余苗木由受托方自行销售。按规程规定在计划内所生产的多余合格苗木，由林业局统一承担。

第三节 更新造林

20世纪80年代以后，铁力林业局主伐任务量逐年调减，采伐迹地随之减少，更新造林工作的重点放在补还欠账上。

一、生产工艺

（一）割带

为更新造林前清理割除林地内的藤条、灌木和非目的树种，为整地造林做准备。割带分为窄带、中带和宽带。窄带即在1~1.5米宽的范围内割除藤条灌木，横山带状堆放。带内如有目的阔叶树种，每米保留1~2株，针叶树种全部保留。中带即在2米宽的范围内割除藤条灌木，横山堆放。宽带即割除4~6米范围内的藤条、灌木，保留1.5米，每带内造林3行。割带时间一般7月开始9月结束。割带方法一般用镰刀手工作业，20世纪70年代实行过一段割灌机作业，卫东林场女子割灌机作业班曾名扬一时，但由于作业成本高及技术性强，不久后即被放弃。90年代以后，造林地块多数郁闭度强，不适宜割带。清除的藤条灌木多数改为堆状堆积。

（二）整地

为便于植树和造林后的林木顺利生长，在所清理的造林地内将土壤疏松，为造林前的准备作业。铁力林业局的整地作业一般在每年秋天进行。

1. 穴状整地。又称块状整地。穴深20~35厘米，穴面大小多为50厘米×50厘米、60厘米×60厘米。整地时用镐将穴内土壤疏松，土块碎好，清除树根、石块及其他杂物，并将碎好的土翻到穴里，做成凸形。每亩穴数视造林树种的造林密度而定。

2. 鱼鳞坑整地。适用于陡坡造林。即在陡峭的山坡或山崖上将草皮揭开，露出岩石和砂砾后形成鱼鳞式排列或棋盘式排列，把土壤用草蒌包起来，用人工背到陡坡放在鱼鳞坑中进行造林。2000年以来，铁力林业局的采伐多数在高山角，这种整地造林方法已经大面积被采用。

3. 揭草皮整地。适用新旧采伐迹地整地，即将迹地上的草皮用人工揭起。面积为50厘米×50厘米，将草皮堆在穴旁，露出鲜土后等待造林。铁力林业局部分新采伐迹地采用该方式整地。

4. 筑高台或筑土垅整地。适用于沼泽地造林。用人力或机械，先将塔头去掉，然后将塔头下的泥土翻上来，做成块状或带状大垅。块状地长1~2米，宽1~1.5米，垅宽1~1.2米，垅长视造林地位置而定。土块碎好后做床，高出地面50厘米，待第二年或第三年春土壤腐熟后再进行造林。铁力林业局的高台和大垅造林多见于路旁的沼泽地，整地工具多用三刃镐。20 世纪 80 年代以后开始使用半自动刨穴机。

（三）植苗

1. 起苗。为更新造林第一道工序，由苗圃完成。从 2000 年开始，实行出土的苗木在吸水生根液中短时间浸泡，对提高造林合格率起到一定作用。

2. 运苗。苗木上山造林，均用苗木罐或草包装，草绳捆包，盛水保湿，快速运到造林地。2000 年以后，营林公路开通，上山苗木多用汽车运至造林地，实行苗圃、林场（所）和营林公司三级负责制，互相交接。

3. 假植。苗木运至造林地，不能及时造林或不能及时用完，为防止风吹日晒，要进行假植。假植一般选择山下低洼和水源充足的地方。找好假植地点后，挖出深 0.3~0.5 米的沟，将苗木打成捆栽在沟内，培土、踏实、浇水，防止水分蒸发。为防止日晒，苗木上面用草袋盖好。

4. 栽植。一种方法为明穴栽植，即在已经整好的丘形穴块上，用镐在丘形中间刨出深 20~30 厘米的土坑，沿坑的一面将苗木栽入穴中，半培土，提苗，再培土，踏实，盖好草或再培一层土，以防止水分蒸发。另一种方法是暗穴栽植。即使用“郭式锹”或经改造的造林铲。植苗时持锹或铲用力插入穴中，前推后拨，挤出一缝，送入苗木，于锹一寸处，再插入第二锹，先板夹住苗根，后推挤苗基。第三锹将第二锹所插之缝封死。该方法运用于新采伐迹地及低洼处造林。

二、更新造林管理

进入 20 世纪 90 年代以后，铁力林区木材产量大幅度调减，采伐方式以抚育为主，致使造林地多为造林欠账留下的旧采伐迹地和抚育伐区，林地郁闭度大，影响造林成活率。铁力林业局狠抓造林质量，将不适宜造林的地块舍去，不硬造滥造。同时，因地制宜，1998 年开始对伐区郁闭度高的林地改造林高密度，将每公顷 4400 株降到每公顷 3300 株。2002 年，又进行隔带更新，增加造林地的透光度，提高造林成活率和保存率。在更新造林地的管理形式上，林业局引入承包机制，制订更新、造林承包经营方案，确定以户承包、邀伙承包和工组承包等多种承包形式。具体内容是：更新造林从割带、整地开始，直至幼林抚育期结束，实行全过程承包。有条件的也可以从木材生产准备作业、采伐集材开始，直至幼林抚育期结束。综合管理达到标准，林业局按规定收购兑现。承包经营以公费造林为主。同时，提倡在交通不便的偏远地区实行个体和集体自费造林。

造林承包户所使用的造林苗木暂由林场（所）赊给，造林当年年末一次结清。承包户负责做好承包区内的林政管理、护林防火、病虫害防治，以确保森林资源的安全。同时，在各道工序的作业上要严格执行安全操作规程，保证安全生产。在个体和集体自费造林上，林业局与林场（所）或个人签订自费造林合同。合同一经签订，双方要共同承担相应的权利和义务。个体和集体自费造林的具体方法按伊春市政府 1998 年颁发的《伊春市集体个体自费造林试行办法》执行。

三、更新造林普查

2000 年 3—6 月，铁力林业局按照国家林业局、黑龙江省森工总局文件精神及伊春林管局的有关要求，进行更新造林普查。这次普查的目的是查清全局采伐更新和宜林地现状，核定更新造林成果，总结更新造林正反两个方面的经验教训，为全面推动“天保”工程的顺利实施、进一步提高经营管理水平、促进林区发展提供可靠的依据。凡在铁力林区内的一切采伐（不含抚育伐）、更新、造林后的林场、营林所均在这次普查范围之中。普查的任务是：在国有林区森林分类区划的基础上，（1）清查新中国成立以来至 1999 年年末全局的采伐面积；（2）截至 2000 年更新、造林面积（含全民义务植树所营造的各种义务林、纪念林）；（3）迹地更新欠账面积与适宜开展造林的土地面积，以及更新造林发展规划，特种用途的人工母树林。普查方法是：根据《黑龙江省森工林区更新造林普查技术规定》以及伊春林管局的有关要求，以林场（所）为单位，依次对林班、小班进行普查。为保证更新造林普查工作的顺利进行，林业局成立领导小组，各林场（所）也都相应成立普查组，拨发普查经费。普查结束后，林业局营林处将资料汇总并上报上级有关部门。

第四节　森林抚育

一、幼林抚育

当年所造幼林，在造林结束后，立即进行第一次抚育，主要是扶正、踏实、扩大穴面、培土、除草。第二次抚育在当年或次年的6月中旬开始到7月中旬结束，主要用镰刀割除带中和穴中的杂草，做到不伤苗根、不割苗稍、不漏树穴。以后是先当年后隔年，先小苗后大苗；先杂草多地块后杂草少地块；先丰产林，后一般林；先落叶松、樟子松等阳性树种，后阔叶及云杉等阴性树种；先润湿地块，后干燥地块。2000年以后，铁力林业局的更新造林实行承包机制，幼林抚育纳入承包内容。三年苗木保存率达到国家要求，并经验收合格后，才支付承包费（包括幼林抚育工资）。承包机制对调动造林者责任感、提高更新造林及幼林抚育质量起到保证作用。

二、天然幼壮林抚育

自20世纪80年代以来，铁力林业局根据天然幼壮林的自然状态，采取封护、生长抚育、透光改造和有林沼泽排水等措施。生长抚育对象为：郁闭度0.7以上的林分；下层目的树种幼林较多，分布均匀，郁闭度0.6以上的林分；遭受轻度病虫鼠害、火灾危害的林分。低产林改造的对象是：不符合经营目的的低产劣质林分；郁闭度0.3以下的疏林地；经多次破坏性采伐或多代萌生无培育前途的林分；遭受严重病虫害及火灾危害的林分。在整个培育期，对林木实行有效调解的间伐体系。定量间伐的方法较科学，但应用时较麻烦，铁力林业局应用不多。

三、透光抚育

透光抚育是以清除有碍生长的乔木、灌木，改善主要树种生长状况为目的的森林抚育措施。透光抚育能解决森林的种间竞争，保证目的树种不受其他乔、灌木的压抑。幼林郁闭前，主要是清除挤占目的树种生长的林木和影响幼树生长的灌木，改善幼林生长条件，保证目的树种占有稳定的优势，促进郁闭成林，保证幼树于全光下生长。对中庸、耐阴针叶树，透光抚育强度要小，以适应树种的生物学特性。幼林郁闭后，经过透光抚育，适当调整树种构成，伐除非目的树种及目的树种生长不良的林木。铁力林业局过去受单纯取材思想的影响，透光抚育发展缓慢。从20世纪80年代才开始全面采用透光抚育方法。

四、公益林的生长抚育

1999年，林业局下发《铁力林业局关于印发公益林生长抚育有关管理办法的通知》，明确公益林生长抚育的对象和抚育强度。

1. 人工林。林分进入Ⅱ龄级时期，连年生长量下降时，进行生长抚育。一般林分平均胸径达6厘米以上时，开始第一次生长抚育。主要是调整林分密度，解决乔木种内林间争斗，适当调整树种组成，为保留木创造适宜的营养空间，促其生长快、干形好。抚育强度为：林龄超过15年生，经营密度控制在0.6；抚育后林分平均胸径比抚育前增加10%~20%；抚育后平均胸径、单位面积不超过设计

的 ±5%。

2. 天然幼中林。抚育对象为：林分密度超过经营密度或者郁闭度在 0.7 以上的林分；下层更新良好，幼林达 1500 株 / 公顷，或者幼苗达 3000 株 / 公顷，上层郁闭度达 0.6 的林分。抚育强度严格按照调查设计执行。

抚育方法分下层抚育、上层抚育、综合抚育 3 种。

1. 下层抚育。砍除被压木，保留优良木，增大保留木营养面积。

2. 上层抚育。伐除妨碍培育木生长的上层木，保留不影响培育生长的有益木。

3. 综合抚育。砍、留的林木分布于林冠层的各部位，伐除有害木，保留有益木，培育良种。

无论人工纯林、人工混交林还是天然林，一律实行优良木、有益木、砍伐木三级木分级法。优良木是目的树种中生长迅速，树干挺直圆满，自然整林良好，树冠发育正常的林木；有益木是有利于促进林木生长发育和对土壤起保护和改良作用的乔、灌木；砍伐木是林分中的枯立木、病腐木、弯曲木以及丛生过密的林木。尽量砍除砍伐木，保留优良木和有益木。对林中的霸王树要尽量采伐利用，也可环状剥皮使其自然枯死。在没有目的树种的地段，对暴马子、山槐、柳树等非目的树种，要适当保留。对丛生及 1 平方米多株的，要选好的保留 1 株，以增加森林的生态效益。

为切实搞好公益林的生长抚育，林业局的营林部门和资源部门强化管理，严格按照黑龙江省森工总局颁发的《森林抚育质量检查验收办法》进行检查验收，对验收不合格的小号，不支付作业成本，有效地提高了公益林生长抚育的质量，促进了林木的生长。

第五节　民有林

1984 年以后，铁力林业局实行职工自费造林，当时称“短期自费林”，2000 年改为民有林。经营方式是把林地分块划分给职工，指定用材树种，由职工自费造林和抚育。落叶松 3 年成林后，由林业局按国家规定价格收购；红松、云杉 5 年成林后收购。自费林中包括经济林培植的五味子、刺老芽等经济作物。民有林的林权归属造林者，林业局只负责林政管理和成林收购。

第六节　森林病虫鼠害防治

铁力林业局的病虫鼠害防治工作贯彻“预防为主、综合治理”的方针，坚持做到防重于治、防治并举。林业局营林处设有病防站，负责全局森林病虫鼠害的预测、预报、防治和森林植物检疫。2000 年以来，病防站在编 3 人，其中高级森林保护工程师 1 人，助理工程师和技术员各 1 人。针对铁力林区是森林病虫鼠害多发区、森林资源过量采伐、林相变劣的实际情况，病防站采取多种防治措施，取得一定效果。

1990 年，在建设营林所进行预防黑绒金龟子试验。试验林地面积 10 公顷，取得预期效果，在全局进行推广。

进行部分林地森林病虫鼠害普查。全局普查面积 172666.67 公顷，摸清了该地区森林病虫鼠害种类、分布情况、危害程度，为以后的预测预报和防治奠定了基础。

在二股营林所苗圃发生棕色鳃金龟子虫害后，病防站在原地进行 0.67 公顷圃地的治理实验并取得成功。通过大面积地推广该治理方法，这种虫害基本被消灭。

1999 年，林业局将森林病虫鼠害防治纳入“天保”工程治理项目，开始由化学防治转为物理防治，减少生态污染。同年，在66.67公顷林地里采用下鼠夹的方法防治鼠害，取得效果，以后逐年加大力度。又针对森林鼠类啃横不啃竖的特性，清理林地时采取堆积方式，形成食物带，减少林木的鼠害。

2003年，采用埋瓶的方法，防治森林鼠害。这种方法成本低、有效期长、没有生态污染，已在全局推广使用。

在人工防治病虫害上，逐年减少化学药物防治，采取剪枝等物理方法，减少环境污染。

2005年，森林植物检疫纳入森林病防。防疫站既负责森林植物的现场检疫工作，又负责监督处理不符合检疫要求的苗木、种子等森林植物，签发检疫证，掌握本地区或本单位危险性病虫害发生情况，协助开展防治病虫害工作。

附：铁力林区森林病虫鼠害名录

病　害

松苗立枯病　松落针病　落叶松枯梢病　红松疱锈病　落叶松根朽病　落叶松早期落叶病　樟子松疱锈病　红松根朽病　杨树根癌病　红松烂皮病　落叶松溃疡病　樟子松叶锈病　根室息病　杨毛毡病　杨树溃疡病　松针锈病　椴毛毡病　杨灰斑病　黄菠萝锈病　红松芽枯病　杨烂皮病

虫　害

树粉蝶　朝鲜鳃角金龟子　芳香木蠹蛾　褐边绿刺蛾　绿金龟子　稠李巢蛾　黄刺蛾　黑绒金龟子　白杨透翅蛾　竹黄枯叶蛾　大黑金龟子　柳沫蝉　落叶松枯叶蛾　蒙古异金龟子　乌鲁木齐芳蠕　白杨枯叶蛾　白星花潜金龟子　丁目天昊蛾　苹果枯叶蛾　黑体红翅叩头虫　胡桃楸天蚕蛾　李枯叶蛾　细胸叩头虫　西伯利亚吉丁虫　杨枯叶蛾　细纹叩头虫　白贤衣夜蛾　竹斑枯叶蛾　小地老虎　落叶松球蚜　杨二尾舟蛾　松稍象鼻虫　红松球蚜　黄园掌舟蛾　松大象鼻虫　落叶松大蚜　拟扁舟蛾　大青象钾　落叶松卷叶蛾　榆白边舟蛾　黄星尺蠖　杨丝天牛　醋栗尺蠖　双斜线尺蠖　杨虎天牛　桦尺蠖　落叶松尺蠖　曲纹天牛　李尺蠖　三带尺蠖　黄纹花天牛　善提六点尺蠖　杨目天蛾　黑绿花天牛　云杉大黑天牛　兰目天蛾　双班松天牛　云杉花黑天牛　白尾天蛾　青杨天牛　云杉小黑天牛　黄脉天蛾　光肩星天牛　长角灰天牛　松黑天蛾　松齿天牛　紫长角灰天牛　星线天蛾　松皮天牛　四点象天牛　银波天社蛾　松纵坑切稍小囊　隆纹幽天牛柳　木白尾天蛾　松十二齿小囊　杨干白尾象鼻虫　天纹天蛾　落叶松八齿小囊　落叶松花蝇　伪小眼夜蛾　松六齿小囊　落叶松种子小蜂　缟裳夜蛾　云杉、松小囊　杨兰金花虫　客来夜蛾　云杉、稍小囊　落叶松隐条斑螟　光裳夜蛾　星坑、小囊　落叶松球果卷叶蛾　大棱夜蛾　果卷叶象　松稍螟　莜客来夜蛾　胡桃揪扁叶钾　球果螟　柳叶蛾　山杨卷叶象钾　落叶松毛虫　红腹夜蛾　松大象钾　落叶松蛸蛾　柳裳夜蛾　落叶松红蜘蛛　落叶松皮细卷叶蛾　杨疫棉蚜　落叶松红腹叶蜂　非洲蝼蛄　椴裳夜蛾　落叶松小卷叶蛾　朝鲜黑金龟子　双尾天社蛾　天幕毛虫　海松干蚧　绿带燕凤蝶　朱蛱蝶　二十八星瓣虫　闪紫蛱蝶　榆粉蝶　黄菠萝凤蝶　柳紫闪蛱蝶　黄钩蛱蝶　黄凤蝶

鼠　害

花鼠　石兔　黑线姬鼠　松鼠　棕背鼠（平）　沼泽田鼠　莫氏田鼠　大林姬鼠　红背鼠（平）

第七节　营林质量验收及监督

质量是营林事业的基础。从20世纪80年代初开始，铁力林业局建立局、林场（所）和生产工组（承包户）三级质量管理网络。营林部门设验收队，检验队下设专职质量验收员。在种子收购、苗圃育苗、造林、抚育等环节中，深入基层一线轮流监督作业质量，按照国家规定的质量标准实地验收。主管领导和营林处负责人包片监督质量。林场（所）设专职营林验收员，负责检查监督本单位的营林质量。

第八节 绿 化

铁力林业局十分重视绿化工作。2002 年 7 月成立绿化办公室，对营林部门的绿化工作进行督办。以后，绿化办公室又与营林处合并，对山上和山下的绿化工作统一规划、统一组织、统一检查验收。由于全局上下齐抓共管，绿化工作力度大，林业局绿地面积增长较快。到 2003 年年末，在全面完成造林绿化计划的基础上，全局街道和庭院绿化植树保存 40 万株；花坛 154 个，2.2 万平方米；绿篱 9719 延长米；草坪 1.45 万平方米。林业局局址内建起 2 处公园，即松涛生态园和百树园。绿化树种也由过去单一的杨树向乡土树种和花草灌木立体化方向发展。

2005 年，黑龙江省森林工业总局下发关于森工林区创建生态林业局、林场（所）的活动方案后，铁力林业局及所属林场（所）成立活动领导小组，负责该项活动的检查、评比、表彰等工作。同时结合林业局实际情况，紧紧围绕上级确定的建设生态园林城市的奋斗目标，以改革为发展动力，以城市建设为突破口，以提高小城镇园林绿化水平为重点，制订发展规划，确定发展目标。

一、林业局局址绿化目标

各级机关庭院、工厂、企业、医疗、卫生单位、居民区加快街道绿化。规划到 2006 年，绿化覆盖率达 35% 以上，应绿化面积占局址总面积的 95% 以上。2004 年 20% 的单位绿化达标，2005 年 70% 的单位绿化达标。

二、生态林场（所）绿化目标

林业局共有 15 个林场（所），规划 2004 年有 3 个林场（所）绿化达标，2005 年有 7 个林场（所）绿化达标。

三、林区道路绿化目标

林业局界内哈伊公路已绿化完毕，符合省级公路绿化带每侧不小于 10 米的要求。全局林企路共 226.5 公里，到 2005 年已绿化 136.5 公里，还有 90 公里需要绿化，规划每年绿化 30 公里，每侧不小于 5 米。

四、绿化树种

本着适地适树、适地适草的原则，以乔木为主，乔、灌、花草复层栽植；乡土树种为主，速生与慢生，常绿与落叶合理搭配。实现冬有绿、春有花、秋有果的目标。

实施中，林业局在按照既定的目标强化局址绿化工作的同时，严格要求基层单位加大环境建设力度，改善城镇及厂（场）区生态环境。同时，还将此项工作作为企业加强精神文明建设和改善职工群众生产、生活环境的一项重要内容，全力推进。结合实施“天保”工程，制定适合当地资源特色的产业结构调整政策。调整森林资源采育比例，开展封山育林工作，使森林资源得到有效保护。林业局在资金十分紧张的情况下，挤出专项资金用于创建林业生态局工作。经过全局上下的共同努力，林业局绿化工作进展迅速，成果显著。

第二章 “天保”工程

实施天然林资源保护工程（以下简称“天保”工程），是中共中央、国务院为保护生态环境，实现可持续发展作出的重大决策，也是森工企业森林资源得以休养生息、经济发展实现重大历史转折的希望工程。1997年，国家林业局在全国5个林业局进行“天保”工程试点，铁力林业局就是其中之一。同年5月，国家林业局主持召开5个试点林业局工作会议，对试点工作作具体部署。1998年1月，“天保”工程试点方案开始编制。2002年，黑龙江省林业设计研究院、伊春林业勘察设计院和铁力林业局共同制订《黑龙江省铁力林业局天然林资源保护工程实施方案》（以下简称《方案》）。该《方案》分为9个部分：（1）基本情况及工程实施的必要性；（2）工程实施两年试点情况与基本经验；（3）工程实施的基本思路与主要目标；（4）森林分类区划与木材产量调减；（5）森林资源管护；（6）商品林基地建设及发展规划；（7）富余人员分流与企业养老保险社会统筹；（8）工程资金投入估算与效益分析；（9）工程组织管理与保障措施。

《方案》的制订与实施，使林业局内的“天保”工程实现了系统化、规范化。

第一节 “天保”工程管理

1997年6月，黑龙江省森林工业总局会同黑龙江省林业设计研究院，编制《铁力林业局天然林资源保护工程规划》。林业局成立局长任组长，党委副书记、主管副局长为副组长，资源、营林、计划、财务、劳资、森调、农业等部门负责人为成员的“天保”工程实施领导小组。抽调业务工作能力强的具体工作人员，成立办公室。各基层单位也相应建立组织机构。同时，按照上级要求，结合本企业实际情况，对全局“天保”工程进行全面设计和规划，编制完成《铁力林业局天然林资源保护工程实施方案》《铁力林业局天然林资源保护工程营林生产质量管理办法》等一系列规章制度，保证“天保”工程全面启动和有效实施。在此基础上，实行目标管理。局与各林场（所）层层签订目标管理责任状，将责任落实到人头，年终兑现奖惩。增强职工群众管林、护林、造林的责任感和积极性。此外，还加强局和林场（所）两级工程信息管理。按照省森工总局的要求及时建立完善局与林场（所）两级森林资源管理、公益林建设、基础设施建设、人员分流安置等档案，并实行微机化管理。在局级“天保”工程档案规范管理的基础上，进一步完善山上15个林场（所）的“天保”工程信息档案，使“天保”工程管理逐步走上规范化轨道。

第二节　木材产量调减

为了减少森林资源的消耗，增加森林的生态效益、经济效益和社会效益，确保“天保”工程有效实施，林业局切实加强森林资源管理，逐年调减木材产量。1998 年木材产量由上年的 12 万立方米调减到 11 万立方米。同年 12 月 25 日，提前一周时间停止全部主伐，警力进驻山上林场（所）的生产伐区进行监护。根据各林场（所）的资源状况和生产计划，制定各林场（所）的采伐限额，杜绝超限额采伐。1999 年，林业局完全停止天然林主伐生产，当年抚育伐出材计划 3 万立方米。由于严格按抚育伐规程作业，不以经济取材为目的，而且只允许基层完不成任务，不允许超采，当年仅完成 28758 立方米的抚育伐生产。2000 年在继续停止主伐的基础上，抚育伐生产出材计划 3 万立方米，实际完成 29458 立方米。2001 年恢复小量主伐生产，计划抚育伐 3 万立方米，其他采伐 3.8 万立方米，实际完成 65688 立方米。2002 年计划 6.8 万立方米，实际完成 66891 立方米。2003 年计划 6.8 万立方米，实际完成 67038 立方米。2004 年计划 6.8 万立方米，实际完成 67517 立方米。2005 年计划 6.8 万立方米，实际完成 67915 立方米。经有关部门测定，1999—2005 年全局采伐量大大小于增长量。

第三节　森林资源管护

在森林资源管护上，积极推行森林资源管护经营责任制，实现管护与经营协调发展，做到“七个结合”:（1）森林资源管护经营与森林防火、林政管理、森林病虫鼠害防治结合。结合管护经营，切实加强林政管理，对破坏森林资源的行为予以严厉打击。加强烧柴管理，杜绝烧好柴和梓子下山。（2）森林管护与职工家庭经济结合。在采、种、养等方面加大扶持力度。2003 年林业局拿出 20 万元作为职工发展家庭经济的扶持资金，鼓励职工发展家庭经济。（3）管护经营与营造民有林结合。积极为造林户营造宽松的政策环境。按照“林定权、树定根、人定心”的总体要求，研究制定相关的优惠政策，与营造民有林的职工签订 30~50 年的合同。同时，还切实抓火灾保险、苗木供应、地块落实、技术指导和人员培训等各方面的服务工作，将营造民有林的地块落实到职工人头。（4）管护经营与林企道路养护和加强林道网建设结合。截至 2005 年，维修废弃的林企公路 293 公里、桥涵 182 座，修建环形管护路 8 条，使林道网密度由原来的 1.8 米 / 公顷上升到 2.5 米 / 公顷，方便职工从事管护经营和农业生产。（5）森林管护与森林生态旅游结合。保护性开发日月峡、透龙山等风景资源，增加全局经济收入。（6）管护经营与北药开发结合。积极发展北药种植业。（7）管护经营与山下职工就业结合。鼓励山下富余职工、老知青和一次性安置的职工到山上参加农业多种经营。几年来，林业局在冬季采伐作业中，没有发生一起超采及越界采伐现象。林政案件和森林病虫鼠害得到有效控制。同时，林业局积极鼓励和扶持职工群众发展林下经济，林下资源得到合理开发和利用。截至 2005 年，全局管护经营区划 544 个林班，落实管护承包地块 3462 块，设立管护标牌 3400 块，安放管护房 30 座，落实管护人员 3462 人。全局森林资源应管护面积 204234 公顷，实际管护 204234 公顷，管护责任落实率达 100%。

第四节 营林生产质量管理

为贯彻执行《中华人民共和国森林法》和《国有林区采伐更新管理办法》，确保“天保”工程的质量和数量，以达到预期的生态效益、社会效益和经济效益目标，林业局于1999年制定下发《铁力林业局天然林资源保护工程营林生产质量管理办法》（以下简称《办法》）。《办法》适用于天然林资源保护工程各项作业项目。其中包括营林生产的调查设计资料、营造林主要作业环节（种苗、清林、割带、整地、拔苗、各种抚育）、天然林资源保护工程的各种基本建设、封山育林、病虫鼠害防治。

“天保”工程营林生产质量管理标准，严格执行《黑龙江省营林技术标准》、国家《造林技术规程》。质量和数量实行局、林场（所）、工组三级管理和三级检查验收制度。在此基础上兑现奖罚。凡按规定时间保质保量完成营林生产任务的单位和承包经营者，除兑现承包合同外，林业局给予通报表扬。成绩突出的单位和个人，林业局给予物质奖励。凡是通报表扬单位的驻林场（所）验收员、资源管理站的质量监督员和有关人员，林业局给予物质奖励。凡连续3年受局通报表扬的单位和个人，林业局给予重奖。凡完不成营林生产计划、作业质量不达标的单位，林业局给予批评，造成损失和影响的，给予单位主要领导党内和行政处分。损失和影响严重的，撤销单位主要领导职务并视情节给予经济处罚，对该单位的驻林场（所）验收员、资源管理站质量监督员也给予相应降职或经济处罚。

第五节 公益林基础建设

林业局按照上级下达的“天保”工程营林项目计划，全面完成“天保”工程公益林建设各项任务。2000年人工造林面积1166.67公顷，到2002年为1166.67公顷，人工造林三年保存率达100%。1998年公益林人工造林1000.6公顷，成林135.73公顷；1999年公益林人工造林888公顷，成林352.93公顷。1998年封山育林实际完成4400公顷，成林4400公顷，封山育林成林率达100%；1999年封山育林实际完成2356公顷，成林2356公顷，封山育林成林率达100%；2000年封山育林实际完成5753公顷，成林5753公顷，封山育林成林率达100%。

2000年公益林建设设计面积1166.67公顷，施工1166.67公顷，作业设计率达100%。2002年公益林幼林抚育面积为46.5公顷，局验收46.5公顷，检查验收率达100%。

第六节 富余职工分流

实施“天保”工程后，林业局加大富余职工的安置力度，积极实施再就业工程。采取政策扶持与利益驱动相结合、调整经济结构与拓宽再就业渠道相结合的措施，通过建立转岗再就业基地等办法，使富余人员重新得到安置，年人均收入达到或超过原岗位。（1）成立再就业工作领导小组。根据上级会议和文件精神，研究制定全局再就业工作的相关办法，规范用工行为，完善用工制度，用好用活国家出台的各项优惠政策。进一步搞好调查统计工作，组织有关部门对全局下岗和失业人员进行全面的调查统计，为下岗和失业人员再就业做好准备。（2）加强对下岗职工的管理和培训工作。成立下岗职工再就业管理中心。将实施“天保”工程后，进入托管中心的职工、一次性安置的职工和解体单位的下岗职工统一管理起来，加强就业技能培训，为全局下岗职工再就业提供良好服务。（3）建立再就业基地。结合实施“天保”工程后下岗和失业人员较多的实际情况，把发展农业多种经营生产和林下经济作为安置下岗和失业人员再就业主渠道，在全局山上山下建立再就业基地。将局直属的8个农场和其他7个小农场及部分有安置能力的家庭农场建成下岗职工再就业基地，积极吸纳和安置全局下岗和失业人员再就业，使全局大部分下岗和失业人员在农业、多种经营领域里显身手、做文章、奔富路。将丰林林场的平贝基地作为再就业基地。继续扩大平贝种植规模，修复职工宿舍和食堂，为到林场再就业的职工提供食宿。扩大鹿鸣林场的西洋参基地规模，在过去安置就业的基础上，增加就业人数。将向阳林场和哈伊公路沿线的两条百里经济带作为再就业基地，安置全局下岗和失业人员。积极培植五味子、刺五加、串地龙、刺嫩芽、山野菜等林下经济以及养牛、养猪等特色养殖业。扩大亚麻种植规模，增强亚麻加工厂的加工能力，扩建厂房和修建家属住房，安置富余职工就业。继续扩大建设营林所人参种植基地的规模，使就业人员数量不断增加。继续加大森林生态旅游的深度开发，不断优化个体经济发展环境，支持个体经济加快发展，进一步拓宽下岗和失业人员的就业空间。截至2002年年末，全局共分流安置7965人，其中分流到森林管护战线530人、一次性安置6045人、农业安置846人、养殖业安置321人、其他行业安置223人。2002年当年分流人员639人。2005年，全局80%的下岗职工得到安置。

第七节 “天保”工程资金管理

为认真贯彻落实财政部有关“天保”资金管理政策和国家林业局提出的“慎用钱”的方针，以及黑龙江省财政厅关于“天保”财政资金管理实施细则，林业局在“天保”资金管理、使用和核算上严格按照“天保”财政资金核算的相关规定执行，做到封闭运行、独立核算、集中统一管理、专户存储、专款专用。

一、政社性支出

截至2001年，全局有政社经费开支人数1875人，其中教育职工1287人、公检法司324人、医疗卫生264人。

2002年，全局政社性经费支出178.2万元，其中财政专项补助143万元、企业承担35.2万元。教育经费支出126.1万元。

二、森林管护事业费支出

2002年，全局森林管护事业费支出476.1万元，其中人员经费支出335.3万元、公务费支出38.2万元、设备购置费支出25.6万元、修缮费支出61.5万元、业务费支出15.5万元。当年财政补助476万元。森林管护承包面积194062公顷。

三、替代产业项目开发支出

2000年，九连农业小区改良土壤项目，国家投入资金126万元。

2001年，五花农业小区旱田改水田项目，国家投入资金90万元。北关农业小区旱田改水田项目，国家投入资金140万元。奶牛胚胎移植项目，国家投入资金115万元。

2003年，胜利河农业小区种植亚麻项目，国家投入资金130万元。日月峡滑雪场项目，招商引资4000万元，先期到位2000万元。

2004年，卫星河农业小区种植亚麻项目，国家投入资金140万元。金骊木业家具项目招商引资

2000 万元，先期到位 1000 万元。

至 2005 年，林业局在“天保”工程实施过程中没有发生 1 起违规使用资金情况。

第八节　实施“天保”工程取得的阶段性效果

通过实施“天保”工程，使林业局企业发生可喜变化，取得显著效果。

一、生态效益

（一）林木资源得到有效的恢复和保护，过量采伐、过度消耗的势头得到全面遏制

全局“九五”计划定产 12 万立方米，实施“天保”工程后，锐减主伐生产。特别是森林管护承包责任制推开以后，基本制止毁林开垦、乱占林地等各种破坏森林资源的行为，进一步增强了职工群众保护森林资源的责任心和保护生态环境的意识。

（二）后备森林资源得到发展

实施“天保”工程后，加强以营林为基础的工作力度，全面完成公益林建设任务，使森林资源得到有效的恢复和发展。经 2000 年第 4 次森林经理调查，全局森林覆被率达 84.6%，比第 3 次森林经理调查增长 18 个百分点。

（三）野生动植物资源得到有效保护

过去由于森林资源逐年减少，加之职工群众保护野生动植物观念淡薄，使林区内野生动植物资源遭到严重的破坏。实施“天保”工程后，在加强森林资源管理的同时，大力加强野生动植物的保护工作，认真宣传贯彻《中华人民共和国森林法》及其实施细则，组织职工群众认真学习“两个司法解释”。同时，在全局开展打击破坏野生动植物资源专项活动，使职工群众保护野生动植物的意识明显增强。职工群众从过去乱捕、滥猎、乱采变为现在自觉保护野生动植物。为了防止鸟兽破坏庄稼，全局职工群众采取不捕杀、在自家地里扎制稻草人或是燃放爆竹的方法驱赶鸟兽。至 2005 年，野生动植物资源得到较快的恢复，已经多年不见的珍贵野生动物如驼鹿、原麝等又重新返回森林，狍子、山鸡、林蛙、山兔等野生动物随处可见。林区的生态环境得到较大改善。

二、经济效益

（一）改善职工群众的生活条件

实施“天保”工程后，从林业生产主业上分流下来的一部分人员转移到“天保”工程建设上来，另一部分人员通过经济结构战略性调整进入农业、养殖业、商饮服务业等第三产业和非国有经济领域，改变了以往“独木支撑”的经济结构。职工的生活水平发生较大的变化。过去每年只能拿到半年工资，职工生活极其困难。实施“天保”工程后，全局职工仅从“天保”工程一项就可以获得 2000 多万元的经济收入。加之农业多种经营等第三产业的收入，职工的生活条件普遍得到改善。自 2004 年以来，全局职工群众每年都能拿到 12 个月的工资，职工收入有所增加。山上林场（所）全部接通网电，安装程控电话和有线电视。

（二）减轻企业负担

2002 年，“天保”工程为林业局养活了过去靠企业养活的文教、公检法司等事业单位人员，并补助退休职工部分养老统筹金，以上单位人员的收入都较以前有所增加。

三、社会效益

（一）为农业稳产、高产创造风调雨顺的气候条件

实施“天保”工程以来，全局没有发生大的自然灾害。就连近邻铁力市也受益匪浅，近几年铁力地区的农业连年获得大丰收。

（二）为林区职工增加就业渠道

实施“天保”工程后，先后安置3508名富余人员就业，对林区社会的繁荣稳定、健康发展起到积极的推动作用。

（三）促进教育事业的发展

由于“天保”工程资金的专项投入，改善了教育办学条件，提高了教师工资待遇，调动了各方积极性。2003—2005年，马永顺中学连续三年高考成绩都名列伊春市前列。

第六篇　企业管理

中共十一届三中全会以后，铁力林业局认真贯彻中央关于“调整、改革、整顿、提高”的方针，对企业管理方式和管理制度进行全面整顿和改革。实行综合立体开发，企业开始由生产管理型向生产经营型转变。全面推行局长、场长负责制及目标管理、全面质量管理和各种经营承包制，使企业经营管理水平不断提高，企业活力和发展后劲不断增强。尤其是企业由计划经济向市场经济转变后，经过产业产品结构的调整，企业多种经济成分并存，形成国有、集体、个体经济三足鼎立的格局。企业经营管理进一步加强，促进企业经济的发展。1999年开始实施天然林资源保护工程，企业经济虽然仍受“两危”的阻碍，但管理水平得到提高。2004—2005年，是铁力林业局企业管理工作扎实深入、成效显著的两年。全局上下紧紧抓住企业管理这一永恒的主题，牢固树立“过紧日子”的思想，深入开展建设节约型机关和节约型林区活动。仅2005年，就增收节支1300多万元，维持了全局的资金平衡。在加强林区企业内部管理的同时，还积极帮助指导个体私营企业提高管理水平和生产经营水平，使整个林区经济走上健康发展的轨道，出现前所未有的大好形势。

第一章 计划统计

铁力林业局建局后，把计划与统计管理职能贯穿在组织、指挥、监督、调整及其他职能之中。尤其是从20世纪80年代开始，林业局全面实行各种形式的经济责任制和承包制，促进企业的计划管理，使全局的计划和统计工作进入现代化管理阶段。1986年，铁力林业局的经营格局由以木材生产为主转为木材、营林、林产工业和多种经营全面发展。计划管理的宗旨也随之调整，即贯彻党的路线、方针、政策，使计划工作为改革服务，为企业经营调整服务，为经济建设服务。1986—1995年，铁力林业局计划管理的基本原则是以计划经济为主、市场调解为辅，在注重经济效益的前提下，综合确定主要产品产量和质量指标。1995年以后，由于市场经济的崛起，计划经济开始消退。林业局计划除木材、营林两项生产作业为主要指标纳入计划管理之外，其他计划只作为参考，不受指令性限制。

第一节 计划管理

铁力林业局建局初期到20世纪80年代，由于受计划经济指导方针的制约，计划形式是单一的计划经济，指令性计划。企业计划基本由两部分组成，即生产作业计划和技术组织措施计划。技术组织措施计划的表现形式是生产技术财务计划，它是一种单纯的执行计划。80年代以后，林业局认真贯彻中央改革搞活方针，企业由单纯生产型向经营型转变，产业结构由木材生产向综合立体开发转变，经济形式由单一的全民经济向多种经济形式并存的方向转变。计划管理开始实行统一领导，分级管理，采取指令性计划、指导性计划、市场调解3种计划管理形式，做到加强宏观管理、微观放宽搞活。

一、长远规划

2000年，林业局以计划科为主，会同有关业务部门，在主管副局长的主持下，集中编制《铁力林业局“十五”计划》。经局务会讨论修订，再经党委会讨论同意后，召开计划会议统一下达，由林业局组织全面实施。

（一）“十五”计划指导思想

根据中共十五届四中全会对21世纪国家现代化建设的总体部署以及伊春市经济、社会发展“十五”计划纲要和“十五”期间经济与社会发展的客观实际，确定铁力林业局国民经济和社会发展规划。总的指导思想是：高举邓小平理论伟大旗帜，认真贯彻中共十五届五中全会精神，以“三个代表”重要思想为指针，与时俱进，以发展为主题，以结构调整为主线，以实施“天保”工程为重点，以改革开放和科技进步为动力，以提高人民生活水平为根本出发点，搞好经济结构的战略性调整，积极推进“两个根本性的转变”，提高经济质量、经济素质、经济效益和经济竞争力；继续加强基础设施建设，培育新的经济增长点，创造优良的经济发展环境，促进经济持续、健康发展和社会事业全面进步。

（二）基本原则

坚持以经济建设为中心，把发展作为主题，进一步解放和发展生产力，抓住机遇，采取综合措施，确保较快的发展速度，加快经济发展。

坚持以改革开放和科技创新为动力，把调整作为主线，加快建立现代企业制度的步伐，健全企业法人治理结构，成为市场竞争主体。推进国有经济布局和所有制结构调整，加快非国有经济发展。

坚持可持续发展战略，把“天保”工程作为重点。继续实施“天保”工程，加快森林资源的培育、保护和利用，实现林区人口、资源、环境与社会的协调和持续发展。

坚持以人为本，把提高人民生活水平作为根本出发点。深化分配制度改革，鼓励资本、技术等生产要素参与分配。逐步完善社会保障体系，不断提高人民生活水平。

坚持“两个文明”一起抓。切实加强物质文明和精神文明建设，满足人民群众日益增长的多方面精神文化要求。同时加强民主法制建设，加强公民道德建设，正确处理改革发展和稳定的关系，保持社会的长期稳定，为改革开放和现代化建设创造良好环境。

（三）发展目标

1. 总体任务。根据黑龙江省“十五”计划纲要的规划目标和伊春市“十五”计划及经济发展的实际，铁力林业局“十五”期间经济发展的总体任务是：现有天然林资源得到有效保护，人工林保存面积大幅度增加；经济保持较快发展速度，经济增长方式得到有效的转变，经济综合实力明显增强；经济结构战略性调整取得明显成效，企业摆脱困境，走上良性循环的轨道；经营环境、生活环境进一步改善，人民生活水平进一步提高。

2. 具体目标。（1）国内生产总值到2005年达10162万元，年均增长6.2%。其中工业增加值3195万元，年均增长6.1%，在国内生产总值中第一、第二、第三产业分别增长37.2%、34.6%和32.4%。到2010年国内生产总值达13727万元。（2）工农业总产值到2005年达24230万元，按可比口径平均每年增长7.4%。其中工业总产值达7795万元，平均每年增长7.4%。在工农业总产值中，非国有经济产值20248万元，占总产值的83.5%，到2010年，工农业总产值达32710万元。（3）木材采运到2005年，实现产值2076万元，年均增长18.3%。（4）林产工业到2005年，实现产值3410万元，年均增长5.4%。（5）多种经营到2005年，实现产值17744万元，年均增长7.9%。（6）木材生产到2005年为6.8万立方米，比2000年增加3万立方米。五年合计生产木材34万立方米。（7）到2005年扭亏为盈，收支平衡，人民生活水平有所提高。（8）营林生产到2005年，更新造林0.29万公顷，比2000年增加0.04公顷；育苗24万公顷，比2000年减少3.1万公顷；封山育林0.08万公顷，森林抚育1.34万公顷，比2000年增加0.71万公顷。（9）森林资源得到较好的恢复和保护。到2005年，森林覆被率达85%，活立木蓄积达1050万立方米。（10）到2005年，一、二、三产业结构由2000年的48.2∶32.6∶19.2调整为47.2∶29∶23.8。（11）“十五”期间，全局累计分流富余人员2400人。（12）巩固和加强农业的基础地位，继续农业综合开发，把小区建设成为现代化的示范小区。到2005年，农业产值达11693万元。其中种植业8650万元、畜牧业1925万元、渔业198万元、副业920万元。（13）大力发展旅游业。以国家级森林公园日月峡旅游休闲开发区为中心，辐射全局发展特色旅游。到2005年，旅游业产值达1000万元，占工农业总产值的4.1%。（14）社会发展指标：切实抓好计划生育和优生优育，到2005年，人口自然增长率控制在4‰。逐步建立健全科技创新机制，科技进步对经济增长的贡献率达30%。加快建立和完善社会保障体系，积极推进医疗机构改革和药品流通体制改革，积极探索社会保障管理和服务的社会化。全面普及九年义务教育，深入学习公民道德建设实施纲要，基本建立起多层次的基础教育与职业教育相结合的教育体系。人人享有初级以上卫生保健，文化生活较为丰富，社会秩序安定。

二、基本建设

（一）主要任务

“十五”期间要完成的主要任务有：（1）进行经济结构战略性调整，加速建立社会主义市场经济体制，努力构建优势特色经济新格局，从更高层次上解决根本出路问题，为今后的长远发展打下坚实基础，尽快使全局经济走上良性循环的发展轨道。（2）创造性地实施“天保”工程，切实保护、培育和发展林区人民赖以生存和发展的森林资源，实现几代林区人梦寐以求的“青山常在、永续利用”的追求和目标。（3）进一步弘扬“马永顺精神”，努力建设出品质高雅、风格独特的文明社区。（4）在生产发展、社会生产力提高的基础上，真心实意、尽心竭力、坚持不懈地为人民群众办实事，不断满足人民群众日益增长的物质文化需求，使人民群众生活更加富裕。

（二）“十五”期间投入测算

1. 总投入 66441 万元。（1）基本建设投入。“十五”期间，基本建设需投入 30867 万元。（2）财政专项补助资金。“十五”期间，尚需财政专项补助资金 35574 万元。

2. 中央投入 57262.4 万元。（1）基本建设拨款。“十五”期间，基本建设资金需中央投入 24950 万元。（2）财政资金。“十五”期间，财政专项补助资金需中央投入 32312.4 万元。

（三）规划实施的组织管理与保障措施

1. 解放思想，加强领导，落实一把手亲自抓、负总责制度，为实施“十五”计划提供领导保证。坚持“发展是硬道理”和“三个有利于”标准，一切从实际出发，一切从有利于团结、稳定、发展的大局出发，抛弃长期以来形成的固定经济动作方式和思维模式，树立敢闯敢试、敢为天下先的精神，以思想的大解放、观念的大转变促进经济结构的大调整和全局经济的大发展。

2. 进一步强化经营管理，提高企业经济运行质量，使管理步入规范化、科学化轨道，初步建立现代企业制度。（1）全面提高领导干部和管理人员的素质。（2）加强计划管理，健全完善企业各项管理制度，使企业各项管理纳入科学化、规范化的轨道上来。（3）建立领导目标考核管理责任制。从 2001 年开始，在全局范围内全面推行工作目标量化管理，与干部的奖励提职挂钩，完不成指标的就地下岗。（4）全力抓好挖潜增效工作。全局上下树立“过紧日子”的思想，狠挖潜力，增收节支。继续大力盘活企业闲置资产，通过积极推进产权制度改革、招商引资及合资合作开发新兴产业等措施，盘活存量资产，促其增值增效，把局制定的 20 条挖潜增效措施抓实落靠。（5）建立有效的监督约束机制，不断加大对企业经济活动的审计检查力度。

3. 坚持引进和培养并举的方针，切实提高职工队伍的素质。“十五”期间，为加强人才队伍建设，努力营造培育人才、吸引人才、合理使用人才的良好环境，坚持引进和培养并举的方针。（1）建立利益分配机制，创造留住人才的良好环境；（2）进一步深化人事、劳动制度改革，建立以聘任制为基础的人才使用机制；（3）注重青年人才的培养和使用，创造有利条件，使其脱颖而出，人尽其才；（4）制定更优惠政策，多种方式、多渠道吸引高层次人才；（5）积极培育和发展人才市场，促进人才资源共享。

4. 坚持“两手抓”，确保“十五”计划的顺利完成。站在讲政治的高度，精心组织，稳步推进。一把手要带头学习中央、省、市有关文件精神，切实加强思想道德建设，坚持用邓小平理论和“三个代表”重要思想武装头脑，深入开展群众性精神文明建设活动。弘扬正气，狠刹歪风，防止腐朽思想的蔓延和丑恶现象的滋生。倡导科学文明，反对迷信愚昧，努力塑造铁力林区整体文明新形象，全面谋划本单位“十五”期间的工作，亲自抓好各项目标的落实。通过对上争取、内引外联、招商引资、开展各种经贸洽谈会等方法，围绕重点项目、支柱产业、特色经济，不断拓宽资金来源。切实做好用产权换资金，用设备换项目，盘活存量资产，真正把资金争取到位，确保计划顺利实施。

第二节　调度指挥

为了保证作业计划的完成，林业局设立综合调度指挥系统。在生产科设立综合调度室，1998 年生产科与防火办合并，综合调度室也归属于防火办，负责企业全面生产指挥。局调度员受主管生产副局长责成指挥日常生产。各基层单位设有专（兼）职调度员。基层单位的调度员上承局调度室，对当月计划安排，经基层领导研究之后，下达到段，并按照局和场的意见安排好月份生产。建局初期到 20 世纪 90 年代末，林业局一直坚持生产平衡会制度，各基层单位也坚持调度会制度。企业改制后，局综合调度室只对山上林场（所）行使指挥，集体和私营企业不在调度指挥之内。

第三节　计划和统计工作

林业局在计划科内设置统计机构。各基层单位都设有专（兼）职统计员。基层单位统计员的职能是做好计划原始记录的整理工作，每旬、月末编制旬、月报，进行统计分析，把每月的生产计划完成情况、劳力使用情况、原材料消耗情况、基本建设工程进展情况汇总报林业局计划科，作为检查计划执行情况的依据。为加强统计工作，林业局先后制定《统计工作管理办法》《统计人员责任制》《统计人员执行守则》《统计工作评比竞赛办法》《原始记录管理办法》等制度和方法，促进了林业局统计工作水平的提高。实行经济体制改革后，私营企业快速发展，林业局的统计工作仍由计划科负责。但统计工作的取向是企业内部的经济活动，集体、私营企业不包括在内。

第四节　计划统计管理规定

为了切实提高统计数据的质量，加强和改善宏观调控工作，增强计划统计工作在企业管理中的核心作用，全面、准确、及时地反映国民经济和社会发展情况，促进全局经济特别是非国有经济的健康发展，适应我国加入世界贸易组织的需要，林业局于 2002 年制定加强计划统计工作管理的有关规定。

一、计划管理

按照“发展是硬道理”的思想，进一步调整和明晰经济发展思路和发展战略，大打企业管理攻坚战。按照“十五”计划提出的战略目标及《铁力林业局调整产业产品结构、加快发展优势特色产业方案》的要求，因地制宜，综合平衡，全面加强计划管理，推进企业经济的发展。

（一）生产计划

生产计划是以间接调控为主。各单位年初提出生产发展规划（包括营林生产、木材生产、多种经营及其他各项生产计划），由计划部门组织有关部门进行审定。经过综合平衡后，确定各项经济发展目标和措施，突出计划的宏观性、战略性和政策性。林业局将计划以文件形式下发各单位、部门。计划如需调整，上报计划部门审核通过后方可进行。

（二）基本建设计划

各基层单位在年初将本单位当年的基本建设计划项目（包括桥梁、道路、房舍维修等）报林业局计划部门，由计划部门牵头组织有关部门到现场勘察后，向林业局汇报，经研究同意，列入林业局年度基本建设计划，以林业局文件形式下发各单位。需要编制预算的，由计划部门通知设计部门编制预算。项目实行预算包干、超支不补的原则。新建工程及维修工程开工前，通知基本建设部门，经同意后开工，然后按工程形象进度进行拨款。形象进度由基建部门把关，确保工程质量。项目完工后，由单位向计划部门提出验收申请，计划部门组织各有关部门进行质量验收。验收合格后，形成竣工报告，由林业局主管副局长和各部门负责人签字后交财务部门列决。

（三）各项费用计划

各单位、部门的费用严格按照林业局下达的财务成本费用计划执行，如遇变动，须向林业局提出申请。

二、统计管理

统计工作必须紧跟结构调整的步伐，及时对林业局的经济发展规模、水平、速度和效益进行统计分析。在市场经济条件下，林业局党政领导实施科学决策、宏观管理，充分开发利用统计信息资源，进一步提高统计信息的科学性、准确性、全面性，提高统计工作对国民经济宏观决策的快速支持能力，实现统计信息的社会共享。

（一）加强统计队伍建设

支持统计人员参加统计业务知识和法律知识培训，经考试合格持证上岗，提高统计队伍综合能力和整体素质。统计人员变动，需向统计战线领导和主管部门请示，征得同意后，方可调整，保证统计队伍的人员稳定。

（二）加强统计基础建设

按照国家有关规定，搜集、整理、分析、提供和管理本单位的基础统计资料，建立健全统计台账、原始记录和统计工作制度，确保源头数据的准确可靠。

（三）深入开展统计“四五”普法教育活动

认真学习、宣传、贯彻执行《中华人民共和国统计法》（以下简称《统计法》）和《黑龙江省统计监督处罚条例》，提高各级领导干部和统计工作者的依法统计意识，达到自觉维护统计数据的准确性和权威性。

（四）认真贯彻执行《统计法》

不论是股份制企业，还是国有集体企业，都要认真贯彻执行《统计法》，都有责任、有义务按照规定的报表时间，准确、及时地向统计部门报送生产、劳动工资等情况。各类验收单和会计生产月报、工资汇总表须由统计部门签字（包括营林财务报表）并留存后，财务部门方可受理。为了避免数出多门，各项生产统计数字均以统计部门提供的统计资料为准。

第二章　物价及物资材料供应管理

第一节　物　价

20世纪90年代中期，林业局建立物价管理体制，成立物价管理委员会，负责全局产品价格的管理、监督和检查等工作。

列入价格管理的范围是：（1）主要工业产品（原木、加工成材、综合利用主要产品的销售价格）。（2）主要农副产品的收购价格或销售价格。（3）主要外贸出口产品的收购或销售价格。（4）由全国统一管理、统一安排的产品价格。（5）其他一些主要产品的收购和销售价格。

为了管理好以上五种产品的价格，采取的措施是：（1）准确及时地执行上级规定的价格，准确地按照上级规定的各种差价和调拨作价的计算方法和原则计算价格。根据物价管理权限，合理制定由林业局掌握的价格。（2）经常注意价格执行出现的问题，及时地、实事求是地向上级有关部门反映价格执行情况和意见，提供有关价格方面的资料。（3）正确执行和宣传物价方针政策，如实反映需材单位对物价的意见，经常研究物价中的问题，不断改进物价管理工作。（4）坚持社会主义方向，反对资本主义经营思想和经营作风，揭露并打击利用价格进行贪污盗窃等破坏活动。

1989年，林业局的物价管理工作归属于企业管理科，设1人负责，后归属于工商物价科。1996年以后，归属于计划科。

第二节　物资材料供应管理

20世纪80年代至90年代初，铁力林业局的物资管理体制实行“五统一”，即：统一计划，根据年度生产、基本建设计划，参照物资消耗定额，编制各种物资需要计划，按计划采购，按计划供应。统一定购，林业局所需的生产物资和材料一律由物资供应科统一组织定购，统一催办催运，缺口物资统一组织协作。统一加工采购，三类物资由专职采购员根据计划统一采购、统一分配，全局的生产物资和材料，物资供应科根据各项生产需要，本着先重点后一般、先急后缓、先入库后供应的原则，统一安排、统一分配。统一调度，物资供应科负责对林业局所有的生产物资和材料统一调度，执行调度命令。林业局设物资总库，基层单位设分库，实行专人保管，专人发放。统一管理，物资供应科建立以岗位责任制为中心的物资管理制度，形成局、场两级管理网，在计划、定额、供应、限额、统计，出、入库手续以及保管、运输、核销、财务等都有统一的要求、统一的管理办法。

1986年铁力林业局物资供应科增加职能，既负责全局的生产物资与劳动保护用品的供应，又负责安置本部门的待业青年。内部机构为物资股、综合股、配件股、财务股、总务股、保卫股、调度室、仓库、王杨农业点。

1988 年，铁力林业局物资供应科增设废旧物资回收站，负责物资修旧利废；燃料股，负责全局生产用煤与燃料油的供应。同时设立三类物资股、待业青年服务社及集体综合厂。集体综合厂内设铸造、轴承、白铁、被服等车间，加工制造一部分生产物资和劳动保护用品。

1995 年，林业局成立物资总经销公司，下设 3 个子公司，即物资经销公司、配件公司、燃料公司。全局的物资供应工作开始走上市场，基层单位与物资供应部门实行买卖关系，现金交易。所需物资和材料，用现金到物资供销公司购买，也可以到外地购买，林业局不作限制。

1998 年，物资供销总公司解体，分解为物资供销公司、物资经销公司、石油燃料公司。各公司将库存物资卖给基层单位，仅剩一小部分由物资供销公司经营变卖。各公司自负盈亏，创办实体，定额上缴，节余归已。其中物资经销公司和石油燃料公司实行个体经营。铁力林业局的物资材料供应工作，在全局的经济发展中，发挥了重要的作用。随着林业的发展和林业经济体制的改革，物资供销工作退出企业生产管理领域，但其历史作用不可抹灭。

第三章 财 务

1984 年，铁力林业局实行局长负责制，财务管理实行总会计师负责制。林业局成立总会计师办公室，财务科归总会计师办公室管理。1993 年，林业局机关机构实施改革，成立财务部，行使总会计师办公室、审计科与财务科的职能。1996 年财务部解体后，财务科独立办公，负责林业局的财务核算与管理。

第一节 管理体制

铁力林业局按照“统一核算、分级管理”的原则，以林业局财务科为资金管理和经济核算中心，建立各基层会计核算单位。林业局对所属各事业单位实行年度预算管理，拨付备用金；按日报结账制度，对各生产单位实行拨付备用金，每月按产品缴库数量核算生产成本。20 世纪 90 年代以后，对各生产单位实行一次拨给制造费、自行支配、超支不补制度。

一、商业财务

商业部门成立财务科，负责林业局商业经济核算，在林业局一本账计算盈亏，由林业局统一汇总上报伊春市财政局。1992 年，商业体制改革，商业科变为商业公司，只负责指导全局基层商业财务管理，不再上报伊春市财政局。

二、基本建设财务

1986 年后，林业局工程处和生活管理科各设财务股。工程处财务股负责林业局基本建设的财务核算。生活福利科负责林业局道路和房舍维修的财务核算。为适应新的经济形势的需要，林业局财务科设置基本建设会计，负责林业局基本建设项目的拨款和工程竣工的会计核算，并向上级提报会计报表。

三、物资材料财务

1992 年，林业局供应科改为物资供销公司，由生产供应型改为供应经销型，独立核算，自负盈亏。1995 年成立物资供销公司，下设物资经销公司、石油公司、配件公司、再生利用公司 4 个分公司。1998 年物资供销公司解体，下设的分公司变为林业局直属单位，自主经营，不再列入林业局财务科管理范围之内。

四、集体经济财务

20 世纪 80 年代初期，按照中央知青工作会议精神，全民经济与集体经济分开，实行独立核算，各基层单位知青队均设立财务管理人员，林业局知青办设立财务科。80 年代后期，林业局撤销知青办，集体财务归属局财务科管理。

五、营林财务

1979 年以后，林业局营林处恢复半全能机构，重新设立财务股，负责林业局营林事业费的核算，并按年、季、月向伊春营林局编报财务预算和决算。2002 年，营林处财务归林业局财务科，设专人管理营林财务。

第二节 财务管理制度

1985 年以来，根据国家和上级主管部门在各个时期的要求和具体规定，逐步建立健全一整套适应林业局实际情况的财务管理制度，对加强财务管理、发展生产、提高企业经济效益起到一定的促进作用。主要制度有《财务工作管理制度》《铁力林业局资金管理办法》《成本开支范围和费用划分规定》《现金管理制度》《财产、物资清查制度》《利润留成和上缴制度》《纳税制度》《集体经济财务管理制度》《家庭式林场经营承包核算办法》《国有林分户、联户经营承包核算办法》《会计人员交接制度》《财务档案交接保管制度》《财经纪律检查和财务各项审核制度》《会计人员考核和例会制度》。

第三节 会计核算

一、核算内容

会计核算是财务管理工作的重要组成部分。其主要是以货币（元）为主要计算单位，用会计记账、算账、报账的方法，对林业局的生产经营活动的全过程和各项预算的执行情况，进行系统的记录和计算。根据计算的会计资料，按年、季、月编报会计报表，全面反映和分析全局的生产经营活动结果。

二、核算形式

林业局会计核算形式分为集中核算和非集中核算两种。集中核算，即以林业局财务科为全局的核算中心，对林业局经济业务包括筹集资金、按规定分配使用资金、产品销售结算、汇总产品生产成本、分配费用、计算资金使用效果、上缴利税等综合计算；非集中计算，即林业局所属各基层生产单位和事业部门所发生的经济业务，都要进行原始记录，办理会计手续，履行全部会计核算程序。

三、核算方法

根据有关核算法规，铁力林业局从局财务主管部门到基层单位严格执行核算制度。

（一）根据国家和主管部门的统一规定，设置账户和使用会计科目

结合林业局的实际经济业务内容，使用一级会计科目和二级会计科目。一级会计科目设置总分类账、库存现金日记账、银行存款日记账；二级科目设置明细账，根据明细科目，设置明细分户账，使用复式记账法，账簿格式为二栏式账簿。由于记账方法不同，账页格式内容也不同。

（二）在记账程序上，根据原始凭证填制会计凭证，按会计凭证登记明细账和明细分类账

接收付款凭证由出纳人员编号，顺时逐笔登记库存现金和银行存款日记账。每月根据经济业务繁简，将会计凭证（包括收付款凭证、转账凭证）按会计科目进行汇总，根据科目汇总表登记分户账。同时将会计凭证编号装订成册，按总分类账和各有关明细账余额记录情况编制会计报表。

（三）确定账簿之间的核对关系

账簿之间的核对关系是库存现金和银行存款日记账的余额，分别等于总分类账的库存现金和银行存款科目的余额。各明细分户账的余额也需与总分类账各科目的余额相等。

（四）实现局、场（厂）两级管理、两级核算，并根据实际情况，认真执行权责发生制

各林场木材生产成本核算到装车，为采、集、装工序的成本。产品装车后核算运输成本，到贮木场缴库，由贮木场核算产品的卸、造、选、归各工序的成本。最后由财务科按产品阶段汇总全部产品成本。产成品一律缴库，实行统一销售。各所属单位在生产过程中所发生的一切费用，实行计划管理，按月编制会计月报，到财务科核算。对于半成品成本、教育经费、医药经费、职工福利费等支出，每月编制支出月报，由财务科审核拨款。1998 年以后，由于全局生产规模缩小，由两级核算改为一级核算，基层财务实行报账不核算，所发生的费用拿到局财务科核销。

第四节　利润和分配

一、利润

林业局按照国家规定的统一价格出售产品（木材、锯材及其他产品）的收入，扣除销售成本、育林费、缴纳营业税后的纯收入为实现的销售利润。从销售利润中减去营业外支出的净额，即实现利润。

1986 年，林业局处于“两危”初期，生产条件差，成本及营业外支出增多，实际亏损 193.1 万元，比计划亏损增亏 52.1 万元。

1987 年木材产量比上年调减 20%，实际亏损 42.6 万元，比计划亏损减亏 43.3 万元。

1988 年实际亏损 210.1 万元，包括商业亏损 8.6 万元。

1989 年实际亏损 2184.6 万元，比计划亏损增亏 294.3 万元。

1990 年实际亏损 2527.7 万元，比计划亏损超亏 1588.2 万元。

1991 年实际亏损 2184.6 万元，比上年减亏 343.1 万元。

1992 年实际亏损 1398.2 万元，比上年减亏 786.4 万元。

2000 年实际亏损 188.3 万元，比计划亏损减亏 1576.9 万元。

2001 年实际亏损 945.2 万元，比计划亏损超亏 449.4 万元。

2002 年实际亏损 788.1 万元，比上年减亏 157.1 万元。

2003 年实际亏损 559.2 万元，比上年减亏 228.9 万元。

2004 年实际亏损 497.2 万元，比上年减亏 62 万元。

2005 年实际亏损 617.2 万元，比上年增亏 120 万元。

二、利润分配

按照国家规定，林业局实行利润大部分上缴国家，小部分作为企业基金或利润留成，体现国家、企业、职工个人三者之间的利益。基层生产单位及山下单位实行承包责任制，定额上缴，超额归己，有效地调动承包者的积极性。1983 年以后，实行利改税，将实现利润总额的一部分作为所得税和调

节税上缴国家财政，余下部分作为企业利润留成。

第五节　成本管理

一、成本计划

根据木材采运生产（包括其他产品生产）的各阶段连续性作业和生产量大的特点，林业局采用按生产阶段实行全过程的计划管理，即每年按国家下达给林业局的成本指标，编制各生产阶段成本计划，落实到生产单位和各生产工序，由财务科主动配合有关部门对形成的产品成本的全过程实行计划管理和定额控制。从1984年开始，建立"统一领导、分工管理"的经济核算体制。财务科编制成本计划，分解落实成本指标，控制成本开支，定期检查成本计划执行的情况，并按各单位成本计划的完成情况提出奖惩意见。

二、成本范围

林业局的成本范围是根据生产经营实际情况规定的。概括起来有：（1）生产经营过程中实际消耗的各种原材料、辅助材料、备品配件、外购半成品、燃料、动力、包装物，低值易耗品的原值和运输、装卸、整理等费用；（2）固定资产的折旧费、修理费；（3）进行科学研究、技术开发、新产品试制发生的不构成固定资产的费用，购置样品、样机和一般测试仪器的费用；（4）按照国家规定列入成本的职工工资、福利费、技术改进和合理化建议所需费用；（5）按规定比例计算提取的工会经费和按规定列入成本的职工教育经费；（6）产品包修、包换、包退的费用，废品的修复费用或报废损失，停工期支付的工资，职工的福利费，设备的维修费和管理费等；（7）财产和运输保险费，契约合同公证费的登记费，专有技术使用以及应列入的排污费；（8）流动资金贷款利息；（9）销售商品发生的运输费、包装费、广告费和销售机构管理费；（10）办公费、差旅费、会议费、报刊费、劳动保护用品费、冬季取暖费、消防费、检查费、林区津贴、仓库经费等；（11）经财政部门审查批准的列入成本的其他各项费用。

三、成本核算

成本核算是检查总结企业成本计划实现的情况。林业局的成本除销售费用外，根据计算区内完工产品（或工程）的统计（或工作量、完成工程量）、实际消耗和实际价格，按照责权利的原则进行核算，决算出企业的产品成本。但是不得以计划成本、估计成本、定额成本代替实际成本。计算过程中对产成品、半成品和劳务按计划成本或定额成本进行核算的，要及时调整分配。

四、成本管理责任制

成本管理责任制，是根据当年的生产任务来编列成本和费用计划，按照控制和管理的成本计划及上级下达的指标审查，对各基层单位的成本，也同样按照生产计划审批考核，林业局的成本管理实行职能部门和总会计师负责制。2000年撤销总会计师，由财务科负责。各基层单位实行成本包干。2000年以后，成本费用含在制造费之中，一次下达，超支不补。

五、成本监督

林业局财务部门对基层单位的成本进行检查和监督。各基层单位必须接受检查和监督，并做到如实反映情况、提供资料。

六、1986 年以来部分年度成本情况

1986 年，木材单位成本计划 75.50 元，实际完成 75.44 元，比计划减少 0.06 元，比上年提高 6.86 元。锯材综合单位成本 190.94 元，比上年提高 29.75 元。其中原料成本 165.26 元，比上年提高 22.97 元；加工成本 25.68 元，比上年提高 0.78 元。

1987 年木材单位成本计划 77.28 元，实际完成 81.19 元，比计划提高 3.91 元，比上年提高 5.75 元。锯材综合单位成本 267.70 元，比计划降低 21.92 元，比上年提高 76.76 元；其中加工成本 29.25 元，比计划降低 0.01 元，比上年提高 3.57 元。

1989 年木材单位成本 130.43 元，比计划提高 6.85 元，比上年提高 26.09 元。锯材综合单位成本 340.57 元，比上年提高 32.97 元；其中加工成本 42.82 元，比上年提高 3.37 元。

1990 年木材单位成本 167.09 元，比计划提高 30.87 元，比上年提高 36.66 元。锯材综合单位成本 365.68 元，比上年提高 25.11 元；其中加工成本 57.86 元，比上年提高 15.04 元。

1991 年木材单位成本 181.08 元，比上年提高 13.99 元。锯材综合单位成本 546.60 元，比上年提高 180.92 元；其中加工成本 95.09 元，比上年提高 37.23 元。

2000 年木材单位成本 184.33 元，比上年降低 82.82 元。

2001 年木材单位成本 136.94 元，比上年降低 47.39 元。

2002 年木材单位成本 135.70 元，比上年降低 1.24 元。

2003 年木材单位成本 163.03 元，比上年提高 27.33 元。

2004 年木材单位成本 146.35 元，比上年降低 16.68 元。

2005 年木材单位成本 145.06 元，比上年降低 1.29 元。

第六节　资金管理

林业局在生产经营活动中，由财务科负责按规定的来源筹集资金和使用资金，实行资金统一调度制度，保证企业的支付能力。资金周转过程中，在完成上缴任务的同时，处理好财务关系，提高资金的使用效益。

一、固定资金管理

固定资金，即用于厂房建设购置机器设备的资金。林业局固定资金的来源主要是国家基本建设投资及专项基金，如育林基金、更新改造基金、“天保”工程基金及林业局自筹购置和新建固定资产资金。固定资金所购置的财产，按照“统一管理，分级保管使用”的原则，在局所属基层单位之间实行移动固定资产卡片、办理拨入调出手续，定期进行财产清查，掌握财产的保管使用情况。

凡是使用期限在一年以上、单价在 500 元以上的设备和物资都列为固定资产。不具备以上两个条件的工具、用具不列为固定资产。按林业会计核算办法规定，帐篷、油锯、电锯、7 千瓦以下的电机不列为固定资产。固定资产的折旧，林业局采用“年限法”计算综合折旧率，按固定资产的原值计算折旧额。在用的固定资产（包括工业生产在用、非工业生产在用和出租的固定资产）都提折旧，纳入成本。季节性停用或因大修停用的固定资产和车间内替换使用的机械设备，也作为在用固定资产提折旧。

二、流动资金管理

流动资金，即用于购买材料、燃料、支付工人工资以及其他生产周转所需要的资金。林业局流动资金的来源：（1）由国家拨给的企业自有流动资金；（2）由银行借入的流动资金；（3）企业内部形成的结算资金。按照资金运动的规律和流动资金在生产过程中的表现形态，林业局的流动资金分为定额流动资金和非定额流动资金两部分。定额流动资金包括：（1）储备资金。表现为主要材料、辅助材料、燃料、包装物、修理用备件和低值易耗品占用的资金。（2）生产资金。表现为产品生产、在产品。（3）产品资金。表现为出售的库存产成品占用资金。（4）商品资金。表现为库存商品占用资金。非定额流动资金包括：（1）结算资金。即在物资供应、产品销售和内部结算过程中发生的各项应收款、暂付款占用的资金。（2）货币资金。表现为库存现金、银行存款、外埠存款的资金。

林业局流动资金管理在局长的领导下，以财务科为资金管理专业部门，利用归口下达平均占用额的办法，加强资金管理。

三、现金管理

林业局的现金管理实行财权集中、一支笔批钱、一个口管钱、一个部门出钱的制度。全局只有财务科一个银行结算账户，其中借贷款、货款回收和现金支付都由财务科办理结算手续。基层单位的银行转账和使用现金，由财务科办理转账和开现金支票到银行取款。现金提取和使用的范围：（1）凡是符合国家和企业计划、政策规定的职工工资、津贴、福利费等。（2）公出人员必须随身携带的差旅费。（3）基层单位对个人的其他支付，如抚恤金、助学金、退休金、退职金等。（4）商业采购部门对农林生产队或个人的收购农副产品资金。（5）现金管理单位之间 30 元以下零星交易往来，可以使用现金。超过 30 元往来支付通过银行办理转账。现金使用的核准限额：各单位零星开支、备用金、业务周转金核定一定限额，作为保留现金使用的最高额度。各单位现金收支及时入现金账，做到账库相符，严禁用支付凭证或白条子顶替现金库存，不准私设小金库。现金支付实行专人负责。局财务科和基层单位配备现金出纳员，建立健全现金账目，逐个记录现金收付账目，日清月结，账款相符，做到“七不准”（不准私人借公款、不准单位之间互相借用现金、不准假造用途套取现金、不准用转账凭证套换现金、不准将单位收入的现金以个人名义存入银行储蓄、不准保留账外公款、不准发行变相货币）。财务科对现金的管理情况定期检查，发现问题及时处理。

第七节　专项基金管理

一、福利基金

根据国家规定以工资附加费的形式按照工资总额的 11% 提取，加上各项福利事业收入，作为主要资金来源。20 世纪 90 年代以后，国家为照顾职工生活，增加洗理费、高寒补贴开支，福利基金多数年份支大于收，企业不得不用企业基金、利润留成弥补。

二、基本折旧基金

林业局按上级规定采用分类折旧法，按上级要求的固定资产折旧率要求，把固定资产在使用过程中逐渐消耗的价值转移到各使用部门的产品成本、管理费或商品流通中去。学校、医院等单位的固定资产折旧费统一由企业管理费承担。由局汇集后，一部分上缴国家作为财政收入，一部分留给企业作为更新改造资金。

三、大修理基金

林业局根据国家批准的提取比例按月从成本中提取，计入各单位的生产成本和管理费，由局统筹安排，集中使用，按计划用于固定资产大修理工程的支出。

四、育林基金

育林基金是国家从木材采运企业征收的育林费中用于发展营林事业的专用基金。提取的育林费全部上缴市林业管理局。林业局更新造林、森林抚育、森林保护和机构经费支出，按年度编制营林事业费支出计划，再由市林业管理局审批拨款，执行预决算制度。属于基本建设投资的育林部分，按基建程序办理。

五、天然林资源保护工程基金

天然林资源保护工程基金来源于国家预算内拨款、中央财政拨款、专项贴息贷款、国家政策性贷款和地方配套资金。

六、清理资金

为加强资金管理、盘活资金、减少资金占用、缓解资金紧张的局面，铁力林业局自1986年以来，多次进行清理资金工作。特别是1994年，林业局针对实际情况，制订《资金清理工作方案》，确定了资金清理的内容、目标和措施。

（一）清理的内容

1. 定额流动资金。包括：（1）超储积压物资；（2）在储产品和产成品的短缺；（3）有问题商品。

2. 非定额流动资金。包括：（1）在途货款；（2）计划外基本建设和计划内基本建设超支挂账；（3）各项成本、费用超支挂账；（4）局与各单位的往来占款；（5）企业内部三角债；（6）职工欠款和各项备用金占款；（7）其他各项应收款；（8）“以木换房”时期各林场（所）赊销的木材款；（9）各项上缴款和其他应付款。

（二）清理目标和措施

1. 定额流动资金的清理。（1）储备资金。查清库存情况，分析库存结构，核定超储积压物资，制定处理意见，积极进行处理。通过清理，达到账货相符、账库相符。超储积压物资要集中统一管理；实行统一采购和在指定厂（点）进货，限额领料，以旧换新，丢失损坏包赔等制度。健全各项材料消耗定额制度，为今后物资管理奠定基础。通过清理，储备资金占用额要比年初压缩20%，各单位超储积压物资自行处理50%。（2）生产资金。彻底清点产品结存，清查盈亏原因，按规定履行报批手续。通过清理，核对并统一各专业口的结存数字。（3）商品资金。通过清理核定库存，搞清有问题商品及其产生原因，分类排队制定公平的计价处理意见。同时通过清理，彻底搞清赊销挂欠情况，限期全部收回。其中该转账的转账，该扣回的扣回，该交款的交款。通过清理，商品资金要比年初压缩20%，对有问题商品经过审批进行处理。

2. 非定额流动资金的清理。（1）在途货款。采取分类排队、区别对待、狠抓大户、领导亲自抓、司法部门通力配合、先外后内、先易后难、限期收回的办法，将拖欠货款全部结清。“以木换房”期间，各场（厂）所赊销的木材款尚未收回的，谁经手赊销的由谁挂职清理，清理不回，要追查经手赊销人的责任。（2）基本建设挂账。对基层单位的各项基建挂账分析原因。属“以木换房”工程及局承认的各项挂账统一转局处理；属各单位自行挂账的由各单位自行处理，未处理前向局缴纳占款利息。（3）林业局与各单位的往来占款。通过清理，对所有往来账户余额查清差账原因及数额，进行相应的调整与处理，保持往来账的余额一致。对集体占用全民的资金，根据实际情况，通过多种经营公司每季末结算一次。全民与集体之间逐步杜绝往来，一切结算业务要通过银行办理。

3. 其他应收款。职工欠款和各项备用金占款。各单位的个人欠款，张榜公布，依靠群众监督清理收回。各级领导干部带头偿还欠款，确有困难不能在短期内还清的，经群众评议和领导批准后，欠款人制订还款计划，分期还款。调出林业局的职工在原单位尚有欠款的，要查明调入单位，向调入单位发函清理。严格控制职工借款，基层单位个人借款不准到林业局支款，由单位会计人员办理。生活困难人员的借款，要顶替当年开的工资；治病借款和公出借款，要做到上次不结算清、下次不再借。

4. 其他各项应收款。凡是账内、账外存有应交（缴）局款项（如水、电、房费和各项罚款等），通过清理，在月结时全额交局。属于林业局内三角债的，报局研究处理。属于坏账损失的，详细说明情况，专案报局。其他各项应收款，通过清理，要比年初占用额下降 30%。

5. 各项上缴款和其他应付款。通过清理，核实企业各项债务，各项应上缴款，争取按进度上缴入库，不拖不欠。

6. 各项专用资金占款的清理。通过清理，核实各项专项资金的超支。各单位大修理费用超支额全部由单位自行处理。应付福利费和奖励费也要坚持量入为出的原则。其中，福利费要实行预算管理，严格控制超支额。奖励费要进行整顿，清理整顿出来的各项专用款项的超支挂账，由单位自行消化。

7. 清理银行贷款，减少逾期贷款。凡在各专业银行开户的单位，如再需要增加新的贷款，必须事前向局提出贷款用途报告，经局长和总会计师审批后，方能贷款并保证按报告中的用途使用贷款。

8. 建立责任制，实行目标管理。在清理整顿的基础上，建立资金、财务管理责任制，将资金指标纳入企业计划和各级领导的经营管理目标，签订责任状。清理资金为财会人员的重点工作，按战线分工落实责任，实行分工管理。健全内部银行结算制度，重新核定资金定额，内部银行账户没有存款的单位，不予办理结算业务；内部银行借款和不合理占用的资金（成本费用、基建、大修超支挂账、不合理垫付资金），要按现行国家专业银行贷款利率加收利息。利息由单位自行处理。

七、会计管理

铁力林业局的财会队伍随着林业生产建设事业的不断发展而扩大。到 2001 年，林业局成立局会计管理科。2005 年年底，全局有财务会计 115 人（企业直属 93 人、改制企业所属 22 人），其中高级职称 3 人、中级职称 14 人、初级职称 40 人。为加强会计管理工作，依照中纪委关于“要实行会计委派制”的要求，对基层单位会计实行委派制，强化会计管理科的职能。

（一）会计管理科职能

会计管理科的基本职能是依照《中华人民共和国会计法》（以下简称《会计法》）的相关要求进行企业内部的行业管理。具体工作内容是在局长的直接领导下，负责全局财务会计人员的业务培训、业绩考核、人员选拔、岗位轮换、调整等具体工作以及局长交办的临时工作。

会计管理科组建后，先后对林业局直属基层单位及财务科的财务会计人员进行岗位轮换和调整，针对基层单位在财务会计工作中存在的不同层面的各种问题，深入细致地调查研究，严肃认真地检查指导，提出正确的或具有建设性的整改意见并督促落实。同时，本着努力提高现职在岗财务会计人员的业务能力和综合素质的宗旨，自编培训辅导资料，并自命考题，按照《会计法》和上级主管部门的要求，实现现职在岗财务会计人员持证上岗，完善所有从业人员的法律认证手续。由于在会计管理工作中成绩优异，会计管理科曾被伊春市财政局评选为全市各林业局当中唯一的会计管理工作先进单位，并且在全市历年历次的会计执法和会计基础工作检查中均名列前茅。

（二）会计委派制度

为了强化会计工作管理，规范会计行为，保证会计资料真实、完整，加强经营管理和财务管理，防止和遏制违反财经纪律的现象，保障会计人员依法行使职权，使会计工作更好地为经济发展服务，林业局于 2001 年实行会计委派制度。

1. 委派会计必须具备的条件：（1）高举邓小平理论伟大旗帜，拥护党的路线、方针、政策，坚定地同党中央保持一致。（2）能够坚决执行《会计法》及国家的财经法律法规等规章制度，具有扎实的财会知识、较强的业务技能、丰富的实践经验，敢于坚持原则、依法办事。（3）具有中等财会专业学历或初级以上会计职务任职资格。（4）持有“会计证”“珠算证”，从事会计工作两年以上。（5）身体健康，能够胜任财务工作。

2. 委派会计的来源：（1）全局现有的符合条件的财务人员。（2）全局现有未分配的财会专业学校毕业，符合条件的大中专毕业生。

3. 会计委派的范围：（1）全局范围内各单位的财务人员。（2）其他经济形式和经济类型的企事业单位的会计人员，暂缓委派。

4. 委派会计的职责与权限：被委派会计依据国家法律法规政策从事会计工作。对违反财经纪律的经济行为进行制止、纠正，对单位负责人违反财经法规和财务制度的行为，被委派人员有权拒绝执行。重大问题不能解决的应及时向上级管理部门报告，实事求是地反映情况。对重大问题不抵制、不报告，造成工作失误的委派会计，根据情节追究其经济责任或开除会计队伍。

5. 委派会计的人员管理：对被委派会计人员实行会计管理科和受派单位双重领导，以会计管理科的领导为主。（1）按照规定的任职资格和来源渠道，从政治素质、政策水平、职业道德、业务技能、专业资格、工作经验、身体状况等方面进行综合考核，确认称职后方可委派。（2）会计管理科对委派会计有委任、调动、轮换和免去职务的权力。但须经领导小组讨论，报主管副局长审批。会计人员的岗位原则上每三年轮换一次。会计人员与单位领导有亲属关系的，不得委派到该单位，实行亲属回避制度。被委派会计人员的组织人事关系暂由所在单位管理。（3）会计人员的工资、经费和在林业局应享受的一切福利待遇暂由所在单位负责。（4）委派下去的会计由会计管理科统一组织培训学习。考核合格者由会计管理科委派上岗，并在规定时间内，到指定单位报到上岗。考试、考核不合格，不胜任会计工作的，继续培训学习。经学习仍不胜任的，调离会计工作岗位。（5）会计管理科要认真做好委派会计的晋级、专业技术职称报名考试和聘任的审核、申报、批复工作。被委派会计的评定一律按现行规定办理，参加全国统一考试。（6）会计管理科建立委派会计业绩档案，对会计人员进行德能勤绩考核考评，作为奖惩依据。

第四章 审 计

1984年，铁力林业局遵照第五届全国人民代表大会通过的《中华人民共和国宪法》第109条关于“县级以上的地方各级人民政府设立审计机关”的规定和国家审计署“边组建、边工作”的方针，按照伊春市政府的有关要求，成立审计科。1993年又根据黑龙江省森工总局《关于试行总审计师制有关问题的通知》，实行总审计师制，并设立总审计师办公室，与审计科合署办公。1995年，撤销总审计师，总审计师办公室同时被撤销。林业局内部审计工作由局长主管，审计部门的主要职能是企业内部审计、监督，并定期向伊春市审计局报送林业行业内部审计情况表（年度）和部门内部单位审计机构及人员情况表（年度）。铁力林业局坚持严格的审计监督制度，对为维护企业正常的经济秩序、减少经济损失、促进经济发展起到重要的作用。

1988年，全局审计34个单位，查出有问题资金83.9万元。

1989年，全局进行联营点审计3个，重点单位审计7个，承包经营单位审计2个，伐区道路延伸费审计17个，育林基金计划审计8个，自筹资金来源审计3个，厂长离任责任制审计7个，定期审计24个。通过审计，查出违纪资金125.5万元，收缴违纪资金18.8万元。

1990年，通过审计，查出违纪资金176.2万元，收缴违纪资金9.3万元，调账处理166.9万元。

1991年，通过审计，查出违纪资金163万元，调账处理163万元。

1992年，全年进行10个项目的审计，查出违约资金233.6万元，收缴违约资金23.3万元，调账处理209.3万元。移交司法机关处理的经济责任人1人。

1993年，通过审计，查出违纪资金180.7万元。

1994年上半年，共进行8个项目的审计，其中在建项目1个、承包经营项目3个、经济效益项目1个、财务收支项目1个、厂长离任项目2个。通过审计，促进增收节支134.5万元，2名责任人被移交司法机关处理。

1995年，通过审计，查出违纪资金126.3万元，追回外流资金32万元，为企业挽回经济损失91万元。

1996年上半年，进行52项审计，查出违纪资金75万元，收缴违纪资金2.5万元。

2001年，进行离任经济责任制审计8项、审计调查2项、财务收支审计52项、“天保”工程审计2项、基本建设审计12项、专项审计22项，共查出违纪资金90.7万元，调账处理83万元。

2002年，进行离任审计62项、任期内经济责任审计8项。通过审计，纠正违规资金58万元。

2004年，进行经济责任制审计9项。

2005年，审计调查8项，审计资金320万元，纠正违规资金12.3万元。经济责任制审计10项，审计调查5项，审计资金190.7万元，纠正违规资金6.9万元。

第一节 审计制度

1993年2月，林业局在实施总审计师制度中，制订《铁力林业局实行总审计师制度试行方案》，对试行总审计师制度试点工作的指导思想、工作意见和工作安排作出具体部署。接着，又制定《铁力林业局关于实行总审计师制度的有关规定》，确定总审计师职责权限和内部审计机构。在实施企业内部审计中，又相继制定审计工作制度和审计管理制度。审计工作制度有《铁力林业局内部审计实施细则》《铁力林业局内部审计关于违反财经法规处罚实施细则》《铁力林业局委托经营审计试行办法》《铁力林业局内部单位行政主要负责人离任经济责任制审计办法》《铁力林业局关于开展基本建设项目开工前审计办法》《铁力林业局关于开展企业内部审计工作的规定》《铁力林业局关于进一步加强内部审计工作的有关规定》《铁力林业局内部审计工作程序实施细则》；审计管理制度有《铁力林业局内审档案管理办法》《铁力林业局审计工作标准及考核办法》《铁力林业局内部审计工作公开制度的暂行规定》《铁力林业局审计工作管理目标》《审计科长责任制》《铁力林业局审计员责任制》《铁力林业局审计人员岗位责任制》《铁力林业局内部审计工作暂行办法》《铁力林业局内部审计廉政建设制度》。通过制度建设，林业局的审计工作逐步进入制度化的轨道。

第二节 内部审计

一、经济责任制审计

铁力林业局制定的有关法规中确定，经济责任是指审计部门依法对企业领导干部任职期间所在单位的财务收支的真实、合法、效益，资产保存，重大经济事项的决策执行，领导干部的廉洁自律，以及其他经济活动负有直接责任进行评估。直接责任是指领导干部对下列行为应当负有的责任：（1）直接违反财经纪律、法规、规章和组织、授意、强令、纵容、包庇下属人员违反财经纪律、法规、规章，徇私舞弊，弄虚作假，给国家、集体造成损失；（2）滥用职权玩忽职守，给国家、集体造成财产损失；（3）重大经济事项违反民主程序决策或者失误、实施不当，给国家和集体造成财产损失；（4）其他由于领导干部的不当行为而应当负的直接责任；（5）贪污、受贿。

审计部门及审计人员在审计中有下列权限：领导干部任职期间实现定期经济责任制审计制度，一般2~3年审计一次。（1）要求被审计单位的领导干部及其所属单位提供经济责任审计的有关资料；（2）就经济责任事项有关的问题进行调查；（3）依法查询被审计领导干部所在单位在金融机构的各项存款；（4）有根据涉及领导干部及其所在单位可能转移、隐匿、篡改、遗弃会计凭证，会计账簿，会计报表以及其他与财务收支有关资料的，有权采取措施，必要时经审计单位负责人批准，有权暂时封存违反国家规定的与财务收支有关的账册资料。

领导干部责任制审计内容：（1）任职期间主要经济指标完成情况，国有资产保值增值情况；（2）财务收入支出、效益的真实性和合法性；（3）所在单位有关财经管理制度的建立和执行情况；（4）领导干部遵守财经法律、法规、规章和廉政自律情况；（5）任职期间单位资产，负债增减变动情况；（6）其他需要审计的事项。

经济责任审计程序：基层单位行政主要领导干部在职务任免时，组织部门向审计部门下达经济责任监交审计提请，审计部门接到通知后，制订审计方案，向被审计单位发出《审计通知单》，在规定的时间内进入被审计单位，实施经济责任审计。被审计单位交接双方在接到组织部门任免通知7日内，按照所规定的交接内容做好接受经济责任审计的准备工作。离任移交者要将准备接受审计的全部资料转交给接任者。接任者应向提供这些资料的职能部门或人员进行咨询和认定。审计部门在实施审计中要充分听取双方的意见，对有异议的交接事项，要按照实事求是、客观公正的原则予以认定。审计结束时应向局提交审计报告。审计报告要对交接双方有争议的事项及审计核实情况做出说明，并就有争议的事项提出处理意见。同时还要对离任者任职期间应承担的经济责任、各项责任目标完成的情况和国家政策法规及财经纪律执行的情况作出结论和审计评价。在审计报告报送之前，应征求交接双方的意见。审计报告报送局主要领导及纪检部门。审计结论性文件，要装入被审计人员的档案，作为考核干部的依据。

在经济责任审计中，发现被审计单位违法、违规造成重大经济损失或严重干扰社会经济秩序的，要给予经济处罚；对责任人，要给予党政纪处分；构成犯罪的责任人，依法移交司法机关查处。

林业局的经济责任制审计工作自开展以来，经过不断的探索和实践，逐步深化和发展。在党委和局的领导下，审计部门加强与组织、人事、纪检、检察等部门的密切合作，将经济责任审计与预算执行审计、专项资金审计、企业财务收支审计有机结合起来，严格执行审计程序。一是对年度的经济指标完成情况、收支成本、费用、损益等情况进行全面检查；二是对存货、固定资产进行抽查；三是对现金进行实际盘点；四是对有异议的问题进行询问；五是对债权债务实行内查外调相结合，跟踪审计与调查相结合；六是财务账与报表审查相结合，做到审计工作扎实，记录完整、真实、细致。然后汇总审计记录，出具审计报告，提交审计科负责人。最后经科务会通过，作出审计结论、审计决定。林业局审计部门自成立以来，按照相关程序，圆满地完成局交办的各项审计工作任务。

二、委托经营审计

委托经营审计范围包括承包经营审计、租赁经营审计和国有民营审计。

委托经营审计内容：（1）委托经营合同是否符合国家规定，有无违反国家有关政策、法令的条款。（2）审计委托经营合同确定生产经营目标完成情况，评价经营目标与财务收支有关经济事项完成程度。（3）评价和确认国有固定资产保值和增值。对流动资产、固定资产进行审计，评价资产的增减变化、保管、计价、盘盈、盘亏、损毁、积压、呆滞，以及固定资产的合理有效使用、保养、大修、折旧的提取，流动资金摊销等实际情况。（4）评价和确认债权债务的真实、合理，评价确认各种形式的潜亏挂账，不合理的资金投放，并明确其经济责任。（5）确认盈亏的真实性，核实各项收入有无虚假、隐瞒，审查成本、费用、预提、待摊等盈亏的真实性，利润分配及利税上缴是否及时。（6）审查应付福利费提取是否符合规定，使用是否合理，有无滥发奖金实物及补贴情况。（7）审查基本建设和技术改造项目的投资效益，对概算、预算执行情况，投资后达到设计能力，投资回收期还贷能力进行审计评价。（8）对内部控制制度评价。评价委托经营单位会计、统计、业务核算制度是否健全；资金成本，物资采购、验收、保管、发放，生产经营计划等管理制度是否有效；重要的生产经营决策是否进行成本效益预测。（9）受托经营者执行各项经济方针、政策，遵守财经纪律情况，评价受托经营者在组织生产经营活动中做出的重大经营决策是否正确，有无因决策失误给企业造成重大经济损失；有无严重违反财经纪律、侵占挪用国家资财、营私舞弊的行为。（10）委托经营合同执行期间，由审计部门每年对其实行委托经营单位按照合同规定的各项经济指标完成情况进行一次全面的考核，对合同确定的经营目标实现情况、经营者的经济责任进行审计评价，向企业法人代表提出审计报告。

委托经营审计的实施：林业局审计部门在实施委托经营审计中，侧重三个环节。一是委托经营前的资产评估，债权债务及各项损失的确认。1995 年对商业的商品进行清仓查库。审计工作除清理库存外，还做了大量的国有资产确认及债权债务、资产损失确认。同时查明各项损失、浪费、盘亏、报废、削价、毁损情况，明确责任。对委托前的经济效益加以认定，为科学制定委托经营上缴基数提供依据。在对山上林场（所）及山下生产单位的委托经营审计时，以查账为主，以大量的调查取证为辅，对债权、债务、财产、效益等项做了全面审计。对各单位取得的债权、债务做相应的账务处理，重新评估资产、设备价值及完好程度，保证划分的准确性。二是委托经营进行中的审计重点，看效益及国家资产的保值增值。在审计中，以委托经营承包合同为基础，检查各项经济技术指标的落实和完成程度。对违反国家法规、经营管理无方的情况，形成审计报告，上报局长。三是对委托经营单位的经营成果及经济责任进行审计，跟踪问效。1997 年 7 月，审计部门对化工厂 1995 年利润及上缴经济指标进行审计时发现该厂上缴指标没完成，及时帮助该厂查找亏损原因，并提出改善管理的建议。局长根据审计部门审计的结果，依照委托经营合同对该厂经济责任人进行经济处罚。

第三节　挂账审计调查

为进一步摸清林业局和各基层单位亏损挂账情况，分析资产结构和资产质量，为产权制度改革提供资料，林业局于 2002 年 5 月开展企业经营挂账审计调查。审计调查的范围是林业局所属各基层单位和财务科。审计调查的主要内容：（1）企业资产中的各种资产损失和支出挂账，包括非正常的“待摊费用”“递增资产”“无形资产”挂账；正常的“待核销营林支出”挂账；会计制度改革前无法收回的“发出商品”损失；企业的“无弥补亏损”挂账；企业尚未处理的“短期投资”“长期投资”损失；企业的“待处理流动资产损失”挂账；企业非正常的“在建工程”挂账。（2）企业资产中的各种资产盘亏，报废损失。（3）企业的各种资产盘盈。主要是企业的各种存贷、固定资产盘盈。（4）企业负债中的无须支付的各种收入、收益。主要是企业的“应付账款”“应收账款”“其他应付款”“应付福利费”“预提费用”的损失挂账。（5）企业负债中无须支付的各种收入、收益。（6）企业负债类科目，借方中的损失挂账。（7）企业转入的费用。（8）企业转入的各种收益。

第四节　内审档案管理

审计档案是审计人员在审计过程中形成并作为历史记录保存起来以备考查的审计文件资料。林业局档案部门十分重视这项工作，做到逐年收集整理、资料准确完整、专人保管。1999 年以前，内部审计档案归档案科管理。2000 年以后，收集的内部档案由审计科保管 3 年后，再交档案科管理。

一、审计档案收集范围

包括：上级内审机构或领导对审计事项的批示和实施审计的法律依据文件；审计通知书，委托书；审计报告，被审计单位对审计报告的书面意见书及审计机构审定审计报告的会议记录；审计结论，处理决定的各项讨论、结论和处理决定的会议记录；有关对审计项目的情况报告、通报及有关部门的决定文件；被审计单位执行审计结论和处理审计决定的情况报告及审计回访资料；形成审计报告的有关证据资料；审计计划，实施方案和审计工作总结材料；涉及审计监督活动的文件、电报、报表、凭证、信件、照片、声像磁带等。

二、审计档案的立卷

根据审计对象和内容的不同，采取不同的立卷方法。一个项目的审计文件材料立主卷，重要审计项目立副卷。定期审计项目，将所有被审计单位的单项审计材料统一装订，放在一个卷宗内。离任经济审计，任期目标经济责任审计和承包经营审计，按法人代表或二级模拟法人代表分别立卷。审计调查或专项审计项目单独立卷。

第五章 劳动工资

铁力林业局劳动工资科的职能为：劳动调配，劳动统计和进行统计分析，编制年、季度工资使用计划，招收新工人、组织工人技术培训和生产技术考核，维护劳动纪律，负责劳动保护和劳动保险及档案管理。1993年机构改革，劳动工资科与组织部、人事科合并，成立组织人劳部。1996年又分开，恢复劳动工资科，其职能又增加医疗保险、失业保险、劳动保险和下岗职工再就业的安置。劳动工资科的工作有三大块：保险、劳力调配、职工再就业。财务股负责保险工作。2004年，职工再就业从劳动工资科分离出来，成立再就业局，为林业局直属部门。

第一节 劳动管理

一、劳动力管理

建局初期到20世纪80年代，铁力林业局的职工一部分是从农村招来的民工，一部分是林业局职工子女就业。1986年以后，停止社会上招工，进入林业局的职工都是林业局技工学校毕业生、转业军人和大中专毕业生。1987年开始实行合同制用工。开始是从林业局职业高中录用一部分合同制工人。1988年后在林业局集体工人和待业青年中大量录用。合同制工人同林业局劳动部门签订劳务合同，确定使用年限。合同期间，同林业局职工享受同等待遇。

（一）劳动力市场

1994年经过林业局第十八次职工（会员）代表大会审议通过，成立劳动力市场。

1. 劳动力市场服务。（1）用工单位：林业局所属各基层的全民、集体所有制单位、股份制企业、外商投资企业。（2）求职人员：企业内的待业人员及社会待业青年。

2. 劳动力市场的服务内容。（1）为用工单位招收、聘用工人提供服务。局全民、集体所有制单位，外商投资股份制企业招收、聘用新工人，可直接进入劳动力市场，供需见面，直接洽谈，并为用工单位提供招工报名、面试、发放准考证、出题、考试、体检、录用等指导性服务。（2）收集传递劳动力供求信息。（3）为用工单位提供临时性、季节性用工。需要临时工、季节性劳动力的单位，劳务市场负责登记、介绍、办理手续。（4）为局属各单位调剂劳动力余缺牵线搭桥；为在职职工合理流动提供服务；为待业人员提供信息，协调交流；为流动的职工保存档案。（5）为待业人员办理登记，存入劳动力资源库，推荐介绍就业。（6）为职工培训提供服务，向用工单位推荐各类就业前培训班和职业学校培训的人才。根据用工单位需求，协调职业技术培训机构培训所需人才，为单位组织职工专业训练提供服务。（7）为私营企业、个体工商户和居民家庭用工提供服务。（8）为劳务输出疏通渠道。与林业局外劳务市场建立劳务协作关系，通过地区间的劳务交流，拓宽就业渠道。

3. 待业人员安置。（1）大力发展非国有经济，千方百计开辟新的就业门路，创办独立核算的经济实体，大力吸纳待业人员。（2）对原预退和持家人员进行劳动能力鉴定。符合退休条件的办理正式退休手续。确因身体有病不能上班工作的，享受病假待遇。其余的一律按待业人员掌握，进劳动力市场求职，取消原有工资待遇。（3）各单位需用临时工或季节性劳力时，到林业局劳动力市场办理用工手续，由林业局劳动力市场调剂解决。（4）待业职工进入劳动力市场后，未安置期间可发给生活补助费，属自立型和半自立型单位的，其费用由所在单位承担；属保障型单位的，其费用由林业局承担。（5）林业局劳动力市场由劳动科负责管理。各基层单位建立相应的劳动力市场，由基层行政一把手担任领导，配齐工作人员，具体负责本单位待业人员的管理工作。积极主动地组织安排他们开辟新的生产就业门路，准确掌握他们的基本情况，如年龄、性别、工种、技术专长、求职愿望等。做好待业人员待业卡、册、表的填报统计工作。及时向林业局劳动力市场报送待业人员安置情况和求职情况。

（二）下岗分流

20 世纪 90 年代初，林业企业陷入“两危”困境，木材生产任务急剧减少，多员问题十分突出。林业局推行“一改两管三分”举措，把减员分流作为其中一个重要内容。1988 年，全局林业职工总数 17415 人，其中固定职工 13152 人、合同制工人 3531 人、临时工 565 人、外委工人 167 人。到 2003 年，通过转岗和下岗分流及 2001 年一部分职工与企业签订合同，工龄实行一次性买断，职工数量减少。林业局全局在册职工 8253 人（在职职工 4779 人、在岗职工 3474 人），集体工人（知青）14998 人，离退休职工 5404 人，职工遗属救济 2243 人。

（三）劳动调配

根据各基层单位编制的劳动用工计划，林业局对劳动力进行余缺调剂。不足单位通过招收临时工或以委托生产方式解决。1996 年以后，随着林业经济市场化的推进，劳动部门仅负责企业固定职工和合同制工人的管理和调配，其他用工由用工单位自行安排。

（四）奖罚制度

为增加企业职工国家主人翁的责任感，鼓励其积极性和创造性，提高劳动生产率和工作效率，林业局对在生产工作中有突出贡献的和做出优异成绩的人员，根据其贡献情况分别给予表扬、记功、记大功、授予先进生产（工作）者等形式的表彰，按其程度颁发奖金或晋升工资。对违反劳动纪律的，按其程度、影响和损失大小，分别给予批评、警告、记过、记大过、降级、撤职、留用察看、开除公职和罚款等处分。1998 年和 1999 年，林业局实行委托经营，对完成委托经营合同确定指标的单位分别奖励单位党政一把手 5000 元。对于违法犯罪被司法机关判刑的人员，企业予以除名。

（五）待业青年安置

铁力林业局待业青年较多，截至 1986 年，已经突破 1 万人。多年来，林业局通过多种渠道进行安置。（1）在山上大搞“采集、种植、养殖、加工”，山下大办工、商、服、运；（2）鼓励和支持适龄青年参军；（3）在林业局内部招收一部分合同制工人和临时工。通过这些途径，全局 50% 的待业青年得到安置。对尚未安置且生活水平在贫困线下的青年，企业积极协调政府有关部门为其争取最低生活水平保障待遇。2005 年，对混岗工人实行老有所养，解决他们的后顾之忧。

二、合同制管理

1995 年，林业局制订下发《全员合同制管理试行方案》。

（一）合同制管理的程序与步骤

基层单位依据本单位经营机制、生产工艺流程的特点以及林业局下达的各项经济技术指标，在科学合理的定额、定员的基础上，对原有劳动力总量和结构重新进行配置，层层组合，择优上岗。首先，进行厂（场、所）级组合，由厂（场、所）进行中层组合，即组合股（段）长或车间主任；其次，车间主任组合班组长；最后，班组长组合工人。层层组合完毕后，正式签订劳动合同。劳动合同以书面形式订立，具备下列条款：劳动合同期限、工作内容、劳动保护和劳动条件、劳动报酬、劳动纪律、劳动合同终止的条件、违反劳动合同的责任、双方认为需要约定的其他事项。

劳动合同分为固定期限合同、无固定期限合同和以完成一定的工作为期限的合同3种。除签订临时用工合同外，其他劳动合同请上级劳动仲裁部门予以签证；以完成一定工作期限的临时性或季节性劳动合同经林业局劳动部门予以签证。

合同的签订按厂（场、所）—车间（工段、股室）—工人的程序展开，层层分解落实到个人，建立合同网络。局长与厂（场、所）长有任期目标合同，厂（场、所）长与车间主任或股段长有聘用合同，厂（场、所）长与工人有岗位合同。

（二）遵循的原则

1. 在优化组合中坚持任人唯贤的原则，根据劳动者的技能、劳动态度用人，坚持严格考核、条件公开、机会均等、择优上岗。

2. 优化组合在局内进行，消化局内现有职工。

3. 实行动态组合，不搞一次组合定终身。

4. 组合中坚持民主管理，制定的原则、政策、条件都应提交到职工（会员）代表大会讨论。使全员合同化管理变为职工群众的自觉行动。

5. 组合中要掌握“治懒不治病、治滑不治弱”的原则，对老弱病残职工给予妥善安置。

6. 实行全员合同制管理后剥离的富余人员，采取转岗培训，兴办其他产业或厂内待业。

7. 本着自我消化的原则，不能把矛盾上交。

8. 对工作需要而无正当理由拒绝签订劳动合同的职工，林业局一律不分配工作，保留其原有职工身份，不再承担任何工资及有关保险福利待遇。

三、定额管理

铁力林业局的劳动工资主要实行3种形式，即计时工资、计件工资、计时工资加奖励。每一种工资形式都是以定额为计价基础的。劳动定额分为统一劳动定额、地区劳动定额和企业劳动定额。统一劳动定额是省级以上机关颁发的劳动定额，地区劳动定额是市级管理部门制定并颁发的定额。铁力林业局建局后实行计件工资制的生产工人执行原哈尔滨管理管局颁发的定额。20世纪80年代后期，为适应林业生产的新形势、新情况，结合林业部《设计技术规程》的要求，林业局重新修订编制林业生产《企业劳动定额》。新编《企业劳动定额》主要包括伐区生产、准备作业、营林生产、运搬工程、贮木场生产及其他参考数据等部分。在修订调整《企业劳动定额》的同时，全员实行经济承包责任制。在工资和奖金分配上大体分为计时加奖励、计件工资、浮动工资、费用包干、利润分成、计价承包、营林定保、家庭承包、工组综合承包、单项承包等十几种形式。其中，实行计件生产的经济承包，主要有工组综合承包、单位承包、营林定保3种形式。各种劳动形式都以劳动定额为依据，发挥定额在劳动计酬上的基础作用。

在定额管理中，林业局允许基层单位根据本单位的具体情况，以有利于提高劳动生产率和调动职工生产积极性的原则出发，对定额作适当调整。基层单位凡属条件变化等原因必须调整的，由基层单位提出完整的定额测定资料和统计资料及说明降低原因的文字材料，报局批准后即可执行。对定额执行情况的检查，除劳动部门跟踪检查外，由劳动工资科、机电能源科、财务科、企业管理科组成检查组定期检查。

四、工资管理

主要是工资基金管理。按上级核定的工资基金总额，根据工资基金计划平衡月份工资基金数额，依据月份生产完成情况，通过计划、财务等部门审定后，办理工资基金支付手续，严格控制各单位计划外工资支付。20 世纪 90 年代后，林业局实行经济体制改革，生产经营推行经济责任制，工资管理逐渐淡化。

（一）工资制度改革

1986 年，铁力林业局根据伊春市《企业工资制度改革方案》的要求，制订《工资制度改革实施方案》。

1. 工资制度改革的原则：主要是把现行的工资制度，纳入新的工资制度的轨道，逐步理顺企业内部的工资关系。企业工资制度改革是自费工资改革。

2. 改革的具体标准：按照国家规定，干部执行企业干部职务等级工资标准五类区第三种，工人执行企业工人工资标准五类区第五种。套改的基数是：在本人现行基本工资基础上，按照新的标准先套后升。套级，人均月份增资不超过上级控制标准。现有的附加工资，保留工资和各类补贴均不能作为这次套改的基数。今后经营管理好、套改之后有自费负担能力的，经过考核还可以按规定实行浮动升级。

3. 套改新标准的具体方法：在定员定编的基础上，本人标准工资在现任职务最低等级线以下的，可进入最低等级线；在最低等级线与最高等级线之间的，就近向上套改；同最高等级线相平或超过的，照发原工资。各级领导干部的工资进入职务等级线以后，其原来实行的职务工资、职务津贴、浮动工资都予以取消。工程技术人员的职务工资等级线，执行上级有关规定。各类专业技术人员同行政人员一样，按其担任的实际职务确定职务工资。企业工人按现行级别和标准工资额对应新工资标准就近向上套改。接近正级的套入正级，接近副级的套入副级。增资额为零的，可就近向上套改。现标准工资额达到或高于新标准本工种等级线的，照发原工资。

（二）职工升级

职工的工资套入新标准后，进行自费升级。工资制度改革在套改基础上一般只升一级。建立健全职工的考核制度，对职工的劳动态度、贡献大小和技术高低进行认真考核，对经过考核不合格的，取消其升级工资。

对于套改新标准后已达到本工种最高等级线的工人和达到本职务最高等级线的干部，以及纳入最低等级线后比原来提高两级以上（含两级）的干部和新参加工作定级不满一年的职工，不再升级。

（三）新工作人员工资待遇

1. 学徒工的工资待遇。执行学徒制的工人学徒期间的生活补贴（包括服装补贴），第一年每人每月 30 元，第二年和第三年执行一级工资标准。学徒期间与本企业职工同样享受奖金待遇和各项劳保福利待遇。

2. 执行熟练期制度工人的工资待遇。熟练期间执行一级工资标准，熟练期满定二级工资标准。繁重体力劳动的工人，熟练期满定三级工资标准。

3. 技工学校毕业生的工资待遇。技工学校毕业生分配工作后，满一年转正定级，从事原专业技术工种的执行三级工资标准；从事非所学专业技术工种的，执行二级工资标准。

4. 执行 1985 年定级工资标准。定级满一年以上的人员（大中专、技工校毕业生，学徒工，熟练工）参加套改和升级后，其工资仍低于 1985 年定级水平的，分别按 1985 年定级工资标准执行。

1986—1990年铁力林业局职工在册人数统计表

表6-1

单位：人

工种＼人数＼年度	1986	1987	1988	1989	1990
全部职工	17181	17917	17915	17701	17684
一、工业	16184	16674	16803	16809	16862
二、基建	997	1243	1112	892	822

1986—1990年铁力林业局职工工资总额统计表

表6-2

单位：万元

工种＼金额＼年度	1986	1987	1988	1989	1990
全部职工	2004.0	2043.1	2553.4	2569.1	2617.9
一、工业	1869.0	1931.6	2394.9	2431.7	2469.1
二、基建	135.0	111.5	158.5	137.4	148.8

1991—1995年铁力林业局企业工人在册人数统计表

表6-3

单位：人

工种＼人数＼年度	1991	1992	1993	1994	1995
全部职工	9241	8212	8388	8012	7274
一、工业	8615	7845	8003	7710	7020
二、基建	626	367	385	302	254

1991—1995年铁力林业局职工工资总额统计表

表6-4

单位：万元

工种＼金额＼年度	合　计	1991	1992	1993	1994	1995
全部职工	15213.5	3055.5	2703.7	2948.7	3222.9	3282.7
一、工业	14384.3	2857.3	2528.9	2817.1	3071.6	3109.4
二、基建	829.2	198.2	174.8	131.6	151.3	173.3

2001年铁力林业局从业人员与劳动报酬统计表

表6-5

项　目	年末全部职工（人）	年末在岗职工（人）	离开本单位仍保留劳动关系的职工（人）	年末离退休人员（人）	在岗职工年平均人数（人）	在岗职工年劳动报酬（万元）	离退休人员年生活费（万元）
合计	23159	4242	18917	5372	4733	2391.6	2380.8
国有经济	7914	3995	3919	5372	4420	2215.1	2380.8
“三资”经济	247	247	—	—	313	176.5	—
集体经济	14998	—	14998	—	—	—	—

表 6-6

2002 年铁力林业局从业人员与劳动报酬统计表

项　目	年末全部职工（人）	年末在岗职工（人）	离开本单位仍保留劳动关系的职工（人）	年末离退休人员（人）	在岗职工年平均人数（人）	在岗职工年劳动报酬（万元）	离退休人员年生活费（万元）
合计	23251	5111	18140	5404	4495	2211.3	2899.2
国有经济	7796	4779	3017	5404	4241	2092.8	2899.2
“三资”经济	457	332	125	—	254	118.5	—
集体经济	14998	—	14998	—	—	—	—

表 6-7

2003 年铁力林业局从业人员与劳动报酬统计表

项　目	年末全部职工（人）	年末在岗职工（人）	离开本单位仍保留劳动关系的职工（人）	年末离退休人员（人）	在岗职工年平均人数（人）	在岗职工年劳动报酬（万元）	离退休人员年生活费（万元）
合计	23081	5055	18026	5385	4278	20598	2802
国有经济	7695	4787	2908	5385	4008	19025	2802
“三资”经济	388	268	120	—	270	1573	—
集体经济	14998	—	14998	—	—	—	—

表 6-8

2004 年铁力林业局从业人员与劳动报酬统计表

项　目	年末全部职工（人）	年末在岗职工（人）	离开本单位仍保留劳动关系的职工（人）	年末离退休人员（人）	在岗职工年平均人数（人）	在岗职工年劳动报酬（万元）	离退休人员年生活费（万元）
合计	23167	5284	17883	5457	4358	21787	3234.4
国有经济	7943	5058	2885	5457	4140	20287	3234.4
“三资”经济	226	226	—	—	218	1500	—
集体经济	14998	—	14998	—	—	—	—

表 6-9

2005 年铁力林业局从业人员与劳动报酬统计表

项　目	年末全部职工（人）	年末在岗职工（人）	离开本单位仍保留劳动关系的职工（人）	年末离退休人员（人）	在岗职工年平均人数（人）	在岗职工年劳动报酬（万元）	离退休人员年生活费（万元）
合计	22142	5222	16920	5894	4365	2237.6	3024.5
国有经济	7394	5006	2388	5428	4141	2112.6	3024.5
“三资”经济	216	216	—	—	224	125.0	—
集体经济	14532	—	14532	466	—	—	—

五、劳动保险

（一）养老保险

林业局自20世纪80年代开始先后试行养老保险、医疗保险、失业保险和工伤保险。1994年以后，各种保险实行规范化管理，建立机制和规章制度。费用收缴与支付标准与上级统一口径。林业局劳动科设劳动、工伤保险股，养老失业保险股和医疗办公室，负责管理各种保险业务。

林业局的养老保险从1986年开始试行。合同制职工每月缴纳一定数额的养老保险金，企业从综合福利补贴中拿出15%作为职工养老保险金。在职正式职工不缴纳保险金。1994年，在企业经济管理体制改革中，对养老保险制度进行改革。规定基本养老保险由企业和职工（含合同制职工）共同负担，实行社会统筹与个人账户相结合。除企业参加养老保险并按规定比例缴纳职工基本养老保险费外，林业局的职工（含合同制职工）都参加基本养老保险，并按月缴纳基本养老保险费。参加基本养老保险的职工（含合同制职工），达到规定的退休年龄和缴纳基本养老费的年限，享受基本养老保险待遇。企业按照上一年度总额的20%缴纳基本养老保险费，职工（含合同制职工）按照本月工资的4%缴纳基本养老保险费。职工缴纳基本养老保险费的比例每两年提高1个百分点，最高到8%。离退休、退职人员不缴纳基本养老保险费。

（二）失业保险

1992—1998年，失业保险被称为待业保险，职工个人每月缴纳1元作为待业保险费。1998年以后，林业局每年按照本企业工资总额的2%缴纳失业保险金，企业职工按照本人工资的1%缴纳失业保险费。具备以下条件可以领取失业保险金：（1）按照规定参加失业保险，所在单位和本人已按规定履行缴费义务满1年的；（2）非本人意愿中断就业的；（3）已办理失业登记，并有求职要求的。

（三）医疗保险

林业局的医疗保险从2001年开始实行。具体办法是单位缴纳工资总额的6%，职工缴纳工资的2%作为医疗保险金。离退休人员不缴纳医疗保险金。参保职工发生疾病住院治疗时，按规定支付医疗费用。设立医疗办公室，归属劳动科。医疗办公室的职能是负责医疗保险费的收缴、管理工作；负责制订全局医疗保险费征缴计划；指导、检查基层单位的医疗保险工作；按照规定管理医疗保险基金的支出，办理医疗保险参保的相关手续及增减变动工作。

（四）工伤保险

按照《工伤保险条例》的规定和要求，林业局于2004年6月开始实行工伤保险统筹。林业局按本企业工资总额1%缴纳工伤保险费，职工个人不缴费。工伤保险的待遇是：职工因工作遭受事故伤害或者患职业病进行治疗，享受工伤医疗待遇。职工住院治疗工伤的，由所在单位按照本单位因公出差伙食补贴标准的70%发给伙食补贴费。经治疗机构出具证明，报经办机构同意，工伤职工到统筹地区以外就医所需支付的食宿费用，由所在单位按照本单位职工因公出差标准报销。

第二节　离退休职工管理

一、退休职工管理

铁力林业局建局较早，退休职工逐年增多。建局初期到20世纪90年代中期，退休职工由所在单位管理。1997年，林业局试行退休职工统一管理，在兴山木业公司搞试点，把邻近的路管处、机修厂、工程处等8个单位的退休职工归属到一起集中管理。1998年，林业局成立4个退休职工管理站，把全局的退休职工都集中到管理站进行管理。2001年，4个退休职工管理站合并为2个。2002年又将2个退休职工管理站合并到一起，成立退休职工社会化管理中心。职能是负责退休职工工资管理，组织业余文化活动和料理退休职工病丧事，及时接待居住外埠的退休职工来访。到2005年年末，全局纳入社会化管理的退休职工3523人，社会救济1709人，精减下放救济27人。

二、离休干部管理

在新中国成立前参加革命的铁力林业局老干部，20 世纪 80 年代以前统归组织部管理，未设专门机构。1984 年林业局设立老干部办公室，与组织部合署办公。1990 年老干部办公室从组织部分出，单独办公。1993 年机关机构改革，老干部办公室又与组织部合并。老干部办公室的基本任务是宣传贯彻中共中央有关老干部的方针政策，做好老干部的安置服务和管理工作。具体职能是负责离休老干部的政治学习，文件传阅，听重要报告，参加有关会议和政治活动等具体组织工作；对行动困难的离休老干部，按照阅文规定，在不违背保密制度的原则下及时派人给他们送文件和传达有关会议精神；配合有关部门组织离休老干部参加社会活动，充分发挥和调动老干部的积极性和具有丰富社会经验的优越性，为社会的发展做贡献。林业局党政组织把离休老干部工作纳入重要工作内容，明确分工，落实责任，并强化老干部办公室的职能，尽力为老干部办实事，完善活动设施，对特殊困难的老干部优先照顾。同时健全制度，先后建立《老干部工作例会制度》《党委委员与老干部联系制度》《老干部工作责任制》《老干部管理工作规定》，使老干部工作有章可循。

1985 年，全局有离休老干部 196 人，其中老红军 1 人、老抗联 1 人、第一次革命战争时期参加革命的 12 人。截至 2004 年年末，离休老干部有 97 人。

为充分发挥老干部的余热，为铁力林区的老区建设和下一代成长做出贡献，按照上级要求，林业局成立关心下一代工作委员会和老区建设促进会。这两个部门为党委和局领导下的常设机构。

（一）关心下一代工作委员会

铁力林业局关心下一代工作委员会（以下简称关工委）成立于 2002 年 5 月，成员是退休干部。关工委成立之前，这项工作由老干部办公室负责。关工委的具体职责是对青少年开展经常性的爱国主义、集体主义、社会主义教育，道德行为规范教育，法制和纪律教育；引导青少年树立正确的世界观、人生观、价值观，养成良好的道德风尚；组织动员社会各界人士关心、爱护青少年，维护未成年人的合法权益。从成立到 2005 年的 3 年间，关工委的工作初见成效。一是扎扎实实地开展《中华魂》主题读书教育活动。在各中小学校和林场（所）学校发放 6000 册《弘扬民族精神，全面建设小康社会》小册子，同时举办读书教育讲演汇报，使广大青少年增长知识，树立讲奉献、讲公德、讲礼貌、讲团结的道德风尚。二是培养文学新人。帮助全局各中小学校建立文学社 24 个，培养省级小作家 14 人、市级小作家 1000 多人，在省、市报刊发表作品 700 余篇，出版专集 3 册。三是组织青少年开展学习马永顺活动。在中小学校中开展 6 场主题为《向林业老英雄学习，做建设绿色家园的环境小卫士》的专题报告会，受教育人数多达 5000 余人次。四是寓教于乐开展校园文化活动。根据全局各中小学校不同的情况，适时开展文艺演出、体育竞赛、诗歌朗诵、夏令营、春游、参观等活动。通过校园文化活动，广大青少年综合素质有了很大的提高。五是为特别需要关心的青少年建立档案，给予特别关爱。

（二）老区建设促进会

铁力林业局老区建设促进会（以下简称局老促会）于 2001 年成立，成员是退休干部。铁力林区是抗日根据地和抗联重要游击区之一，被定为三级抗日革命老区。按照伊春市的部署，局老促会的主要职能是：（1）挖掘与研究铁力林区抗日斗争历史。（2）调查与总结铁力林区在两个文明建设中涌现的新经验，起到参谋咨询作用。（3）对上争取革命老区扶贫项目资金；指导老区林场（所）经济建设。局老促会成立以来，由于领导重视，部门积极努力，取得了一定成绩。（1）通过全面考察，印证铁力林区抗日斗争的历史，出版 2 部以铁力林区抗日斗争历史为题材的纪实著作。查清抗联战斗、生活遗址和日伪罪证遗址 44 处，收集挖掘抗日战争时期历史文物 700 余件。（2）建立以铁力林区抗日斗争为主要内容的铁力地区历史文物展馆。展馆面积 200 多平方米，展出图片文物 100 多件。（3）调查总结铁力林业局发展替代产业的情况，并在伊春市老区建设促进会召开的会议上作介绍。

第三节　再就业管理

进入 20 世纪 90 年代以来，随着木材产量的大幅度调减，铁力林业局下岗职工日益增多。为保证下岗职工和其他待业人员的生活水平不降低，促进社会稳定，加强再就业工作，2002 年，林业局成立再就业管理中心，隶属于林业局劳动工资科。2004 年，将再就业工作从劳动工资科分出，成立铁力林业局就业局。

一、机构设置

就业局设专职工作人员 9 人，另聘工作人员 27 人。就业局设外业股、内业股和综合股。在就业服务体系上，一是建立局职业介绍所和劳动力市场；二是在山上林场（所）和山下社区建立劳动保障工作站。

二、管理工作范围和对象

再就业工作的管理范围是：（1）辖区内新增劳动力和下岗失业人员的就业和再就业。（2）林业局属国有单位和各种经济类型的改制企业，在册的下岗失业人员的再就业工作。

具体对象是：辖区内新增劳动力，下岗失业人员和林业局属单位下岗失业人员的原全民所有制身份职工以及下岗失业的新办集体企业工人。

三、工作任务和职责

林业局自再就业工作纳入企业劳动工资管理以来，坚持以“三个代表”重要思想为指导，以以人为本为服务宗旨，以维护林区稳定为出发点和落脚点，以实现就业服务体系制度化、专业化和社会化为目标，全力做好下岗失业人员的再就业工作。一是深入实际，结合局情，广泛收集用工信息，积极开发再就业渠道，保证有求职要求的下岗失业人员和新增劳力的就业和再就业。2004 年，同山东、北京、青岛、哈尔滨等 41 家招工单位建立联系。到 2005 年，联系单位增至 98 家。二是拓宽就业市场，积极开展劳务输出工作，促进林区下岗失业人员和新生劳动力尽快实现就业和再就业。截至 2005 年，已经向黑龙江省内和外埠招工企业、部门输出劳力 1153 人。三是开展就业和再就业的培训工作。就业局成立以来，重点抓培训基地的建设。在培训内容上，选择一些市场急需、就业前景好、适应林区经济发展的专业项目以及适合自谋职业的第三产业项目进行培训。四是贯彻落实再就业的优惠政策，为符合条件并提出申请的下岗失业人员办理小额贷款。帮助安置下岗失业人员较多的改制企业规范完善享受优惠政策的相关手续，协调有关部门办理减免税费。截至 2005 年，已办理“再就业优惠证”3466 份，协调办理小额贷款 85 户 162.6 万元。五是按照就业服务“新三化”（制度化、专业化、社会化）的要求，加强劳动力市场建设，积极推进职业介绍所工作，做到求职登记、职业介绍、培训、社会保险代理“一站式”服务。同时，根据就业领域的新变化、新情况，不断扩展职能，提高就业服务实效。

第六章　劳动安全

铁力林业局负责安全的机构虽经历多次调整，但始终坚持“安全为了生产、生产必须安全”的统一方针，机构不撤，人员不减。1985 年林业局设安全监察科，职能为：环境保护管理，山上山下的劳动安全、交通安全监督管理，事故统计，劳动保护用品管理。1993 年在机关机构改革中，安全监察科与生产科合并，组成生产部，安全监察科保留职能。1996 年生产部解体，安全监察科成为独立部门，环保职能、劳动保护职能和交通安全职能分别移交给福利科、交警队等部门。2002 年安全监察科与技术监督科合并，更名为安全技术监察科。职能增加计量、标准化和全面质量管理及“三废”（废气、废渣、废水）管理，林企路、场（厂）内机动车辆、道路交通安全及事故分析处理，锅炉检查与检验年检等。

第一节　安全管理

20 世纪 80 年代中期，林业局认真总结过去安全生产的经验教训，逐级建立安全生产责任制，使安全工作范围清、责任明。其间，在深入宣传贯彻国务院劳动保护“三大规程”（《工人安全卫生规程》《建筑安装工程技术规程》《工人职员伤亡事故报告规程》）和各项决定的同时，吸取渤海 2 号钻井船事故的教训，积极开展“安全月”竞赛活动和以安全生产为主要内容的“百日无事故”竞赛活动。此外，还重点抓以下工作：一是舍得在安全基础上投放资金。1985 年以来已投入几百万元用于道路养护、机械升级、供电线路改造等项目，为安全生产奠定物质基础。仅 2004 年就投资 1.5 万元，用于“安全生产月”的专项检查活动。二是把安全第一的思想灌输于群众之中。多次举办专题性安全教育电视讲座。通过《铁林简报》介绍安全常识，从而使每个职工群众基本做到思想上警钟长鸣、行动上常防不懈。三是加强安全工作队伍的建设。2002 年，林业局安全技术监察科工作人员由 4 人增加到 6 人，其中有 2 人是经济师。各基层生产单位也都配备安全员。全局上下基本形成安全生产管理网络。四是积极探索安全管理工作的新方法。随着企业改革和个人承包林业生产项目的出现，以变应变，改革安全管理组织和管理办法，变集中管理为分散管理，把安全管理制度、教育、技术、措施等落实到每一个承包户。实行干部带工人、职工带家属、父带子、兄带弟、夫带妻、老带新的安全管理办法，建立多层安全管理体系。五是强化主管部门的作用。林业局安全技术监察科下设安全生产指导、外业检查、锅溶管特等专业组，坚持深入生产第一线，指导各道工序的安全生产。根据季节和生产项目的变化情况，还坚持定期不定期的安全检查，发现问题及时纠正，杜绝安全隐患。此外，在抓好安全培训的同时，重点抓好特种行业从业人员的培训和严格执行持证上岗制度。对保证安全生产发挥了重要的作用。六是根据林业生产安全规程，结合林业局情况，于 1986 年制定 12 条安全生产工作制度：（1）按照“谁主管，谁负责”的原则，局属各基层单位和个体业主及有关单位安全工作第一责任人，对本单位的安全工作负总责。每季度亲自或委托主管安全工作副职至少召开一次防范安全事故的工作会议，分析、布置、督促、检查本单位防范安全事故工作。研究解决安全生产工作中重大问题并形成会议纪要。其副职做好分管战线的安全生产工作。（2）有健全的安全生产工作责任制度，层层签订安全生产工作责任状，做到目标明确、措施得力、责任到人。（3）各基层单位依据《中华人民共和国安全生产法》的有关规定，建立安全管理机构，并配备专、兼职安全管理人员。（4）杜绝一次死亡 3 人以上的重大生产事故。因工死亡事故控制在从业人员的 0.06‰以内；重伤控制在 0.08‰以内。杜绝城镇特大火灾，控制重大火灾，减少一般火灾。对发生重大火灾的单位实行一票否决；对发生一次死亡 1 人以上事故的单位实行一票否决。（5）加强锅溶管特管理。按照国家质量监督检验检疫总局规定标准，对发生因工死亡 1 人，或受伤 19 人以下，或直接损失 50 万元以上，以及无人员伤亡的各种设备爆炸事故实行一票否决。（6）认真组织安全生产监督检查，每年责任区范围内的安全大检查不少于 4 次，重大隐患整改率达 80% 以上，一般隐患整改率达 100%。（7）重视重大隐患的监测整改，建立整改档案并投入必要的整改资金。（8）将道路、消防设施建设列入城市建设整体规划并同时实施。消防、道路交通安全设施投入不低于上级规定标准。（9）安全宣传教育面达 95% 以上，特种作业人员培训率和持证上岗率达 100%。要害部位要设置醒目的安全警示标志。（10）认真落实“三同时”原则，所有新改扩建工程项目，必须做到安全设施和主体工程同时设计、同时施工、同时验收投入使用。“三同时”率达 100%。（11）按照“四不放过”（事故原因未查清不放过，事故责任人未受到处理不放过，事故责任人和广大群众没有受到教育不放过，事故没有制订切实可行的整改措施不放过）原则，严肃查处各类安全事故。事故结案率达 100%，无行政复议和上访告状问题。（12）认真开展事故统计和事故分析工作，无瞒报、迟报、漏报事故的问题。

强化安全生产工作，林业局实施安全工作责任制考核。2001 年林业局与伊春市政府签订安全工作责任状。根据伊春市政府下达给林业局的安全工作任务，与基层生产单位签订《安全生产责任状》。同时，根据《伊春市安全工作责任制考核办法》的有关规定，制定《铁力林业局安全工作责任制考核办法》（以下简称《考核办法》）。《考核办法》对考核标准、考核程序、奖励与处罚作出了明确的规定，使全局安全管理制度得到完善。

1986—2005 年铁力林业局伤亡事故统计表

表 6-10　　单位：人

年度	轻伤	重伤	死亡	年度	轻伤	重伤	死亡
1986	127	12	3	1996	9	3	1
1987	179	18	3	1997	7	2	1
1988	135	24	—	1998	19	2	2
1989	107	17	2	1999	16	1	1
1990	76	4	4	2000	22	3	1
1991	51	4	1	2001	14	2	3
1992	39	3	2	2002	9	1	—
1993	28	4	1	2003	21	1	—
1994	24	2	2	2004	17	1	—
1995	12	1	—	2005	9	1	—

第二节　劳保用品发放

在 20 世纪 90 年代以前，铁力林业局按照国家规定每年按时向职工发放劳动保护用品，主要发放范围是从事木材生产、木材加工、营林生产、森铁运输、机械修理、林产化工、森调等工作的从业人员。发放品种为棉大衣、棉袄、棉裤、棉手套、皮裤、皮大衣、棉胶鞋、大毡袜、工作服、安全帽、套袖、帆布手套、涂胶手套、线手套、防蚊布、裹腿、雨衣、胶靴、垫肩、披肩帽、防渗帽、围裙、护目镜、风镜、口罩、背带裤、鞋盖、毛巾、棉坎肩、绝缘手套等30多种。在发放上由安全、供应部门共同负责。安全部门按工序审批数量，供应部门负责采购、加工、发放、回收、保管。20世纪90年代后期，林业生产实行承包经营，安全、供应部门失去劳动保护管理职能，劳保用品的发放由基层生产单位自行负责。

第七章 标准质量管理

铁力林业局十分重视标准计量工作，将其纳入企业管理之中，并于1981年成立计量所，归属于科技科。1991年计量所独立，增加职能，编制提升为铁力林业局标准计量科。1993年标准计量科被撤销，职能归属企业管理科。1995年又独立为标准计量科。2002年标准计量科被撤销，职能归属安全科。

第一节 标准化管理

林业局的标准化管理工作从1981年开始，计量所设标准化管理小组，开始深入到各基层生产单位对产品技术标准执行情况进行调查。1980年伊春市标准计量部门《制定修订产品标准的方法和要求》下发后，林业局结合实际情况制定下发《铁力林业局执行产品标准的通知》。局计量所派人到市计量局参加培训学习，然后又在林业局组织培训班。主管计量的工作人员坚持常年到林场（所）、木材加工厂、食品厂、饮料厂等基层单位检查督促产品标准化的执行情况。从1995年开始，各基层生产单位自行负责自己的标准化管理。

第二节 产品质量管理

林业局的产品质量监督共分为三个部分。一是全面质量管理。1994年已投入人力深入各基层生产单位，对产品种类进行调查摸底，立档建册。在此基础上开展TQC质量攻关活动，全局两次召开TQC成果发布会，并参加伊春市TQC成果发布会。其中发电厂的锅炉改造TQC成果获市三等奖。二是开展质量监督检验。质量管理部门坚持每年到基层生产单位对刨花板、家具、小规格材等产品进行监督检验。冬运期间，原木造材质量是重点检验项目。质检人员到山上林场（所）蹲点检查监督，对商服网点进行检查，并对销售假冒伪劣商品的经营人进行处罚。三是计量管理。1981年林业局计量所成立后，配置一定数量的计量检验设备。同年伊春市开展计量整顿及升级工作，并下发《关于开展“五查”整顿的通知》。林业局根据通知精神，在全局内开展“五查”，即查计量基准器、标准器是否符合要求，精度是否准确可靠，配套仪器设备是否符合要求，技术档案是否齐全；查量值传递是否按周期进行，是否认真执行检定规程；查检定人员的水平是否符合要求；查完成检定修理任务情况；查实验室的各项制度执行情况和清洁卫生情况。在此基础上，建立健全以岗位责任制为中心的各项计量管理制度。计量管理人员坚持深入到场（厂）、车间，对在用计量器具进行检测。企业改革后，局属国有企业所剩无几，大多数转为民营。为增强私营企业主计量安全意识，除加强宣传外，还对企业在用器具重新普查，逐单位逐户催促计量器具检定，使计量标准器具和使用中的计量器具的受检率、合格率明显提高。

第八章　企业管理改革升级

1990年6月4日，铁力林业局为进一步贯彻落实中央治理整顿、深化改革的方针和伊春市委“以大解危”的战略措施，结合自身实际情况，制订下发《铁力林业局大打企业管理翻身仗行动方案》，并动员各方力量，全面组织实施，使全局的企业管理明显改善，增强了企业内力，促进了企业经济的发展。

第一节　挖掘企业内部潜力

一、挖掘资源潜力

企业陷入“两危”困境以来，铁力林业局一方面面临资源危机，另一方面资源浪费现象严重，林区“三剩”“三废”及动植物资源、矿产资源没有得到充分开发利用，没有转化成经济优势。对此，林业局一是采取一切有效措施，下功夫搞好综合利用，以便充分利用“三剩”搞综合利用生产，在调整产品结构、对现有木材进行深加工、减少初级产品的同时，巩固和发展“三板”生产。刨花板厂通过设备改造，增加经济效益。同时，利用刨花板、细木工板、胶合板“三板”优势，扩大家具生产，并且引进先进技术，不断更新样式，提高市场竞争能力。小材小料生产山上山下一齐动手，形成生产规模，有条件的在伐区就地加工。1994年全局“三剩”工业利用率达70%以上。二是合理利用森林资源，提高木材利用率，在经济培养和发展森林资源、加速培育速生丰产林的前提下，实行原条、原木和小薪材一次下山，把伐区内一切能利用的木材集净拉光。1991年森林资源采伐利用率达66%，原条出材率也有所提高。坚持合理造材和合理制材，提高木材立方米售价。贮木场的合理造材实行奖罚制度，多造长材和优质材，木材立方米售价不断提高。木材加工厂加强锯材的质量管理，实行划线设计、合理下锯工艺，提高出材率、利用率和订制材比例。锯材一等品率达到国家要求标准，按可比口径降低生产成本。三是充分利用土地资源，发展农业生产。从1990年开始，凡是宜农的荒山荒地大部分都被利用起来，全局达人均1亩地，实现蔬菜、饲料、种子、定购粮、补助粮自给。四是综合开发地上地下资源，大力发展多种经营生产，中草药种植业、畜禽养殖业有了新发展。1991年中草药种植面积比1989年增长20%，1994年年末养牛数量也有大幅度增加。充分挖掘地下资源，发展白灰、水泥、理石板、米石为主的建材工业，增加经济收入。

二、挖掘费用和消耗上的潜力

通过经济核算，控制非生产性支出和物资的发放、零用，全面执行费用和物资消耗目标管理制度，两项费用均未超过上级下达的指标。在资金管理上，改革管理办法，加强营业外支出的管理，对营业外支出项目建立专项预决算制度，改革现行的结算制度，实行先付款后发货，积极催收货款并清理内部不合理的资金占用。设立清理资金常设机构，一手抓清理，一手抓管理。在划小核算单位、实行资金归口管理、分灶吃饭的基础上，推行流动资金有偿使用制度，有效地松动资金，加速资金周转。

三、挖掘劳力潜力

各生产单位加强定额管理，按定编定员组织生产，广开生产门路，安排富余人员，减少编外开支。严格控制外委外包市场，同时全部清退外包人员。1991 年全局非市场人员比例降低到 25% 以下，全员劳动生产率接近全省同行业的平均水平。

四、挖掘库存物资和固定资产潜力

通过产权制度改革，搞清仓利用，建立健全利益驱动机制，实现生产要素的合理流动，把闲置的设施、设备及滞呆物资都充分利用起来，变死物为活物，发挥其应有的作用。设备平均利用率大大提高，闲置的设备合理流动，闲置期大大缩短。

第二节　企业基础建设

一、加强标准化管理

林业局上下按照本行业、本单位的特点，制定包括工作标准、技术标准、管理标准在内的完整的标准化管理体系，按照标准规范企业经营行为，加强计量管理和产品质量监督检验，根据实际情况充实计量人员，添置计量设备，完善计量手续。燃料、物资、商品入库，都经过标准计量器具计量。各种计量器具都按检定周期检定。加强全面质量管理，建立 TQC 组织，保证体系健全。进一步调整和理顺三级质量管理网络，促进工作质量和产品质量的提高。

二、加强档案管理

完善各类原始档案材料。加强流程管理，严格管理办法，兑现奖惩制度，使档案管理水平得到提高。

三、加强经济核算

建立三级核算制，使企业经济核算渗透和制约生产经营活动的全过程。

第三节　“双增双节”和“对标达标”

林业局把“双增双节”作为大打企业管理翻身仗的一项重要内容，精打细算，厉行节约，反对铺张浪费，节约一寸木、一块煤、一度电、一分钱。从一点一滴做起，全局每名职工每年平均实现增收节约 100 元。在“对标达标”活动中，各单位、各部门选择与自己条件相近，但管理好、效益高的对象作为学习目标，找出差距，明确努力方向，制定赶超先进的目标和措施，扎扎实实地工作，在全局掀起一个“对指标、找差距、长志气、赶先进、奋发向上”的竞赛热潮，促进企业管理水平和经济效益的提高。

第四节　经营承包责任制

纠正以包代营的倾向。在制订承包总体规划及分步实施目标时，制定与之配套的强化企业管理方案，使承包方案与管理方案融为一体。在认真总结试行各种类型承包经济责任制的基础上，进一步引进竞争与风险机制，完善招标方式和集体风险抵押承包方式，实行租赁制与股份制，对各林场（所）实行以目标承包为主。此外，加大企业内部放开经营的力度。对有林可采的林场（所）及山下两个集体大厂试行放开经营。按抚育伐、造林、修路、管理费及各项非生产开支项目包死费用。不足部分，由放开单位自己“找米下锅”，自负盈亏。林业局在鼓励发展非林脱木产业的同时，给予必要的扶持，促进放开单位自主经营，自我发展。

第五节　技术改造

铁力林业局立足实际，从党员职工提出的合理化建议抓起，集思广益，确定革新、改造项目和主攻方向。在商品经济改革的指导下，坚持技术先进性和经济合理性相结合的原则，按照企业的发展与近期需要，单项改造与近期需要的关系，有计划、有组织地抓好革新、改造项目的落实。对重点改造项目进行方案比较，做好技术经济可行性分析和论证，择优选定。拓宽对外联合渠道，引进人才、设备、资金，加快技术进步步伐。充分发挥科协的组织作用，广泛开展技术协作、技术交流和科技成果的推广工作，促进科技兴局兴企，按照社会主义的发展规律和企业实际，逐步使企业从思想、组织、人才、方法、手段等方面形成具有自己特点的现代化管理体系，积极推广与应用目标管理、市场预测、流动计划、优化技术、投入产出、全面经济核算及量、本、利分析等方法，促进企业实现现代化管理进程。

第六节　强化职工素质

在企业管理翻身仗中，全局上下把提高经营者、管理者、生产者的政治素质放在第一位。一是建立有效的激励机制，加强职工群众思想政治工作，坚持不懈地向职工群众进行坚持四项基本原则教育，进行爱国主义、集体主义、社会主义和自力更生、艰苦奋斗的思想教育、革命传统教育，大张旗鼓地宣传具有无产阶级本色的先进人物、先进思想和先进事迹，增强职工群众的主人翁责任感和事业心，调动职工群众关心企业、热爱企业的积极性，真正树立“局兴我荣、局衰我耻”的思想观念，自觉为改变企业面貌献计出力。同时采取生动活泼的形式，把教育活动放到文化体育活动之中，增强政治思想工作的有效性。加强法治教育和法治建设，打击各种刑事犯罪和经济犯罪活动，促进企业和社会安定团结。二是狠抓职工培训，提高企业各类人员的业务素质。对于技术较高和有特殊技能的职工，采取措施防止外流，保持企业技术队伍的稳定性和连续性。三是建立企业内部约束机制，坚持依法治理企业，进一步完善各项岗位的规章制度，经常检查，定期考评，严明奖惩，使每一名在岗人员都能各司其职、各负其责，扭转有章不循、执纪不严的状况。

铁力林业局通过大打企业管理翻身仗，收到了显著的效果，全局实现“五个转变”。一是改变企业管理基础薄弱状况，使企业的全面质量管理、标准化管理、档案管理、计量管理、能源管理、经济核算逐步走向正规化、规范化和科学化。二是改变企业管理粗放、效益低、消耗大的状况，实现“一压”“二降”。“一压”是压缩不合理资金占用、非定额流动资金占用，社会福利基金超支要压缩到最低限度。“二降”是降低物资消耗，产品单位物资消耗不超过国家定额或当年计划指标，并在此基础上有所降低；降低管理费用，两级管理费降低到全省同行业平均水平以下。三是改变生产成本上升过猛和产品质量低、经济效益差的状况，可比产品成本不超过自然增长指数，产品、作业工程质量的价格率或一、二等品率及优良品率达到国家规定的指数。四是改变资金占用大、周转慢、利用率低的状况。五是改变职工队伍松、散、乱状况，使职工素质不断提高，厂纪、厂风、厂荣、厂貌明显改观。

第七节 学习邯钢

邯郸钢铁集团有限责任公司是国有企业率先进入市场的典范。邯钢经验的精髓是企业由计划经济向市场经济体制转变，由粗放经营向集约经营转变，增强市场竞争意识和能力。1996 年 7 月，伊春市政府要求学习邯钢“模拟市场核算，实行成本否决”的经验。铁力林业局根据上级指示，制订《学邯钢、抓管理、扭亏增盈活动方案》。

一、学习邯钢人的市场观念，摒弃传统计划经济观念，解决企业市场经济观念淡薄问题

结合本企业、本单位实际，组织职工群众开展一次如何面对市场和大胆走向市场的大讨论，同邯钢率先进入市场这一成功范例做比较。通过对照邯钢经验找出差距，树立起国有企业可以进入市场“闯天下”的坚定信心。

二、学习邯钢靠深化改革使企业扭亏增盈的经验，转换经营机制，针对亏损原因有的放矢地解决问题

通过划小核算单位，实行内部委托经营，各自为战，分块搞活。对企业内部优势单位实行分立、重组，实现分散突围。认真落实局搞活基层的各项措施，为从根本上解决企业亏损打好基础。采取切实有效措施，生产适销对路的产品，扩大市场覆盖面，提高经济效益。对木材产品生产，通过合理造材、出口材，使木材平均售价提高 3%。对市场前景好的刨花板、胶合板、家具、地板块、卫生筷子等产品，用“倒推”的办法，挖掘成本潜力，增强盈利能力，以优质、名牌产品为龙头，开展联营、联牌，增加生产批量，扩大市场覆盖面。对荒山、荒地和草原充分利用，开发第三产业。对市场畅销、利润高的多种经营产品积极扶持，加快发展。对建材等产品采取扶优、扶强的措施，形成优势产品为主导、系列化配套发展。对不适应市场需求、积压严重的产品及不提管理费还亏损的产品，及时进行调整，积极开发新产品。同时学会和善于运用适应市场经济的营销手段和策略，增强广告意识，强化销售管理，提高适应市场、驾驭市场的本领。

三、学习邯钢实现经营机制转换的成功经验，推进企业改革再上新台阶，建立能上能下的用人机制

从精简机构、压缩非直接生产人员和社会性工作人员入手，企业机关管理人员，文教、卫生、公检法司等社会性人员必须按局的定编定员标准核定人员和费用总额，一律不准突破。建立能进能出的

用工机制。采取“带资分流”“转岗分流”“挂职分流”“买断分流”等措施加大改革力度，分流企业富余职工。按照黑龙江省森工总局的有关规定，全面推进劳动合同制。企业的非生产、社会性单位依据定编定员的标准与职工签订劳动合同；生产单位依据生产任务和劳动定额与职工签订劳动合同；营林生产、木材生产的伐区作业，多种经营生产，建筑、安装工程用工可与职工签订以完成一项季节性工作，“长期招用、短期在岗”“长短结合”的劳动合同。没有生产任务和生产任务不饱和的单位以及富余职工，按黑龙江省森工总局颁发的分户经营方案，将荒山、荒地、耕地划给职工承包经营。

四、学习邯钢全面强化企业管理的经验，大力开展增收节支，挖潜增效

坚定不移地落实局与各单位签订的委托经营合同目标，层层分解，建立目标体系。企业内部生产、经营单位要落实利润和成本指标。机关、公检法司和其他社会事业性单位要进一步核定费用总额。突出成本管理，解决产品质量差，设备利用率低，能源、原材料消耗高的问题。定期组织员工对本单位产品的成本及森林资源培养的成本构成逐项解剖研究，一笔一笔地算账挖潜，制定降低成本的具体措施。确定新的成本目标，与奖罚挂钩，使每名职工干哪项工作就对哪项成本负起责任来。进一步树立质量第一的思想，产品一次合格率按本企业历史最好水平计算。凡一味追求降低成本，而使产品质量下降、售价降低、造成企业效益损失的，损失部分要从成本中找回来，并追究有关领导者的责任。夯实管理工作基础。全面加强定额、计量、标准化以及原始记录、档案等基础工作建设。加强工段、班组核算，优化现场管理，综合治理“跑、冒、滴、漏”，修订企业规章制度，整顿劳动纪律。

林业局开展的学邯钢活动，使企业焕发了活力，出现了生机，生产水平、企业管理水平和经济效益都有了很大的提高。1998 年林业局确定的工业总产值、非国有经济产值、企业减亏、职工开支等经济指标，均在当年完成。

第八节　企业升级

进入 20 世纪 80 年代中期，伊春市开展企业升级活动。铁力林业局企业升级工作由局企业管理科负责。主要在前段整顿的基础上，巩固提高，进一步改善经营管理，为实现省级先进企业打好基础，争取进入国家二级企业行列。确定的具体目标是：

一、营林更新造林

营林更新造林三年保存率达到 90%，万元营林支出完成标准工作量；1988 年达 830 标准亩；1989—1990 年达 740 标准亩；皆伐迹地更新率达 100%，迹地更新率达 90% 以上；苗圃管理达一级标准；出圃成苗率平均达 85% 以上；当年造林成活率达 85% 以上；万元营林支出完成营林价值工作量 9500 元；抚育质量合格率达 90%。

二、木材生产

森林资源采伐利用率 1988 年达 66%，1989—1990 年达 68%；伐区作业质量达 95 分，森铁干线和岔线质量分别达 80 分和 60 分；贮木场实现商品化管理，原木合格率达 95%，优质比重达 70%，原条出材率达 95%，检验误差率达 ±5%；木材生产综合耗能：伐区阶段单位耗能 1988 年 5 公斤标煤，1989—1990 年 4.36 公斤标煤；运输阶段单位耗能：汽运 1988 年 0.140 公斤标煤、1989—1990 年 0.131 公斤标煤，森运 1988 年 0.389 公斤标煤、1989—1990 年 0.389 公斤标煤。

三、林产工业生产

锯材单位用电量 22 千瓦时；锯材出材率以分析后出材率为标准，锯材规格合格率达 85%，锯材等级合格率达 96%。胶合板一、二等品合格率达 75%，刨花板一等品率达 3%，胶合板合格率达 95%，刨花板合格率达 95%，胶合板和刨花板单耗木材量 1988 年为 2.7 立方米和 1.5 立方米，1989—1990 年为 2.5 立方米和 1.5 立方米；胶合板和刨花板单位耗胶 1988 年为 67 公斤和 80 公斤，1989—1990 年为 65 公斤和 80 公斤。胶合板和刨花板单位综合耗能 1988 年为 955 公斤标煤和 782 公斤标煤。

四、基本建设

单位工程优质品率达 80%，红砖合格率达 95%，泥瓦合格率达 95%。

五、农副业生产

农副业产值占企业工农业总产值的 35% 以上。

六、综合指标

年度“双增双节”指标列入企业计划，纳入厂长目标管理责任内容。木材生产成本（包括大理石、刨花板）降低 5%~7%；营林生产成本降低 4%~6%；工程预算总额节约 3%；建材生产成本降低 4%~6%；各种费用（包括企业管理费、车间经费）降低 3%~5%；原木、锯材两项主产品立方米平均售价比计划提高 6%~10%。

铁力林业局的企业升级工作由于领导重视，做了大量基础工作。但由于 20 世纪 90 年代省、市不再搞企业升级工作，林业局的这项工作也随即终止。

第九节　经济合同管理

为贯彻执行《中华人民共和国合同法》，加强经济合同管理，铁力林业局于 2002 年制定加强经济合同管理的若干规定。

1. 林业局经济合同实行统一管理。范围是以林业局所有的有形资产和无形资产为标的签订各种合同或协议。包括买卖合同、借款合同、租赁合同、融资租赁合同、承揽合同、建设工程合同、运输合同、技术合同、委托合同等。

2. 企业管理科为企业内部各项经济合同的管理部门，负责各项经济合同的审批、签证工作。检查、监督、指导合同在履约过程中的各项事宜。法律顾问负责合同审查、认定和从事法律服务。房产管理处负责全局房产出租后的合同管理和房产管理。房产租金由房产管理处收取，其他合同的租金由局财务科收取。

3. 凡是林业局内部单位与单位、单位与私企及个体经营者签订的经济合同，固定资产和土地转让或出租合同，土地、草塘、鱼池承包合同，经济技术协作开发项目转让合同，建设工程合同，局或基层单位与企业外部签订的一切经济合同都必须经有关业务主管部门审核后，报企业管理科审批、签证，并由法律顾问认定是否符合法律或有关规章制度。

4. 各单位或部门未经企业管理科审批、签证和法律顾问认定的经济合同一律无效。擅自执行的，一经发现，除没收合同所确定的全部非法所得外，还对单位或部门主要负责人及直接负责人处以非法所得金额 5% 的罚款。

5. 各单位、部门未经企业管理科审批、签证、法律顾问认定的经济合同，发生经济纠纷造成经济损失或其他后果的，要追究单位、部门主要负责人的经济责任、行政责任直至刑事责任。

6. 林业局内各单位之间签订的各项经济合同，必须由法人代表或法人代表委托代理人签订。不具备法人资格或未受法人代表委托的部门或个人，无权代表单位签订经济合同。与外部企事业单位、集体单位、私营企业或个体经营者发生经济往来，需要签订经济合同的，必须以局名义，由法人代表（局长）或法人代表委托的代理人签订，否则视为无效合同。

7. 凡经林业局企业管理科审核、签证并由法律顾问认定的经济合同，即发生法律效力。任何一方提出修改或终止合同时，必须向企业管理科提出修改或终止合同申请，经批准后方可修改或终止。如不经批准，单方擅自修改或终止合同的，所造成的一切经济损失及后果由修改或终止方负责。

8. 经林业局企业管理科审批、签证和法律顾问认定后的经济合同，在执行过程中发生纠纷时，由企业管理科牵头，会同法律顾问及有关业务主管部门进行调解。调解无效时，合同当事人可向铁力林区基层法院起诉，由铁力林区法院裁决。

铁力林业局自经济体制改革后，合同化管理已经成为企业经营的重要组成部分，对规范经营人行为、强化企业管理起到重要的作用。

第七篇　改革开放

铁力林业局在生产经营方式上，偏重于单一木材生产、单一林业经济、单一全民所有制，致使企业产业结构和所有制结构畸形发展，多种经营资源优势得不到充分发挥，经济形势每况愈下。中共十一届三中全会以后，为了解决木材严重过量采伐带来的资源危机、财力拮据而形成的经济危困和大批青年需要就业的突出矛盾，铁力林业局认真贯彻落实伊春市委、市政府提出的“主题推进，两翼齐飞”的工作指导思想和“一下四上一活”发展林区经济的路子，进行了一系列的改革。1986年1月3日，伊春市委、市政府在朗乡林业局召开全市经济体制改革会议。会议确定：深入贯彻落实中央关于经济、科技、教育体制改革的决议，以提高经济效益为目的，着手经济改革。这次会议之后，铁力林业局立即召开全局经济体制改革工作会议，认真总结前段经济体制改革工作的经验和教训，结合讨论制订“七五”（1986—1990年）计划的同时，深入贯彻伊春市委、市政府经济发展战略，实施改革开放和综合立体开发。

第一章　经济体制改革

铁力林业局经济体制改革关键阶段始于1992年。全局认真学习邓小平视察南方重要讲话和中共十四届三中全会精神，采取实际措施，紧密联系企业实际，提高认识，清理“左”的思想，解决在改革开放中理论与实际上的一些模糊认识，市场经济和改革开放意识不强的问题以及几十年计划经济体制下形成的传统观念。按照《中共中央关于经济体制改革的决定》要求，借企业整党之机，对企业内部的经济体制和分配形式进行整顿和改革。1985年在茂林河林场进行招聘场长试点后，全局的改革工作更加深入，全面实行各种形式的经济承包责任制、奖罚制、干部招聘制，对基层单位简政放权。先后对10个生产单位实行放开经营，注重客观间接控制与微观搞活。同时加强横向经济联合与综合立体开发。强化企业管理，各项生产出现协调发展的好势头。中共中央、国务院《关于认真贯彻执行全民所有制工业企业三个条例的补充通知》下发后，林业局党委和林业局把改革的重点转向领导体制的改革上，在对林业局党政班子进行优化调整的基础上，对28个基层生产单位实行场（所）长负责制，其中有8个单位实行党政一把手一人兼。之后，又重点抓文教、卫生等战线校长、院长负责制的落实。截至1987年年底，全局步入全面实行厂（场、所）长负责制的新时期。中共中央关于贯彻执行《中华人民共和国企业法》（以下简称《企业法》）的通知下发后，全局又把贯彻执行《企业法》作为实施经济体制改革的重要内容，确定企业的法人地位，突出厂（场、所）长在企业中的中心地位，进一步理顺党政关系，有效地推动改革工作的顺利进行。1992年，铁力林业局以转换企业经营机制为重点，以建立社会主义市场经济体制为目标，不断深化企业内部改革，采取各种形式和途径搞活基层。对整体进入不了市场的单位，实行划小核算单位，分块自立搞活；对技术设备落后、产品无市场、无力更新的单位，实行引进技术和与外资嫁接，改造搞活；对产品雷同的企业，进行生产要素和资产优化配置，组建集团，兼并搞活；对产品无市场、无内在发展动力的企业，通过协作开发，滚动发展搞活；对局属小型企业实行以转、股、租、兼为主要形式的产权制度改革；对没有主伐任务的林场、营林所实行两权分离和国有民营；对林业局属辅助性、服务性生产经营单位，实行放开经营和国有民营；对林办商业中的山上林场（所）网点，实行拍卖和租赁；对山上林场（所）商店，实行租赁，零散网点卖给个人经营。

在森林经营体制改革上，重点抓林木生产商品化改革工作。制定有关制度和管理办法，逐步做到“上卖青山、下卖青苗”。森林资源区划管理、分户承包，采、抚、造综合经营。1995年，伊春市对铁力林业局实行整体委托经营，林业局对下通过招标的方式，把基层生产单位的经营权委托给受托人。林业局制定委托经营整体方案，同时制定12个子方案。按照方案要求。局长对基层单位只管一个受托人、一纸合同（责任状）、资源消耗一本账，全面放活基层。受托人交纳一定数量的抵押金。林业局改原来的车间报账制为模拟银行利润核算制。局对基层单位的经济往来实行现金交易，不再转账。在推行委托经营机制的同时，林业局还推行企业内部复合改革。通过采取关、停、合并、转让、出售产权、转变职能、团体裂变、分块重组、分路突围等办法，先后解体撤销经济开发公司、汽运处等部门和基层单位，将这些部门和基层单位通过租赁承包、股份制等形式推向市场。1998年是全局治危兴林的攻坚时期，林业局根据自身实际情况提出“大船调头、小船扬帆”（企业的大船，由计划经济向市场经济转航；基层单位自强自立，各自突围）和“一改两管三分”（坚持改革，管住资源、管住资金，分流人员、搞活分配、分散突围）战略，全局的改革出现前所未有的大好形势，企业经济开始从低谷中缓慢回升。伊春市委、市政府派工作组调查总结铁力林业局的经验，并提交《事在人为，路在脚下》的调查报告。此外，在国有资产不流失、保证增值的原则下，出租和卖断部分闲置的房屋、设备。1997年，全局在以产权制度改革为重点的企业内部改革继续推进的同时，结合实施“天保”工程，调整产业结构，紧缩国有经济，大力发展集体经济和个体经济，使企业经济实现多元化。到2000年，全局的国有经济、集体经济和个体经济基本形成三足鼎立的局面，不仅搞活了企业经济、增强了内力，也促进了“天保”工程的实施。到2005年，个体私营经济快速发展，占据了全局企业经济的半壁江山。

第一节　经营方式改革

铁力林业局经营方式的改革是从扩大企业自主权开始的，起初只是进行单项改革，1985年逐步形成配套改革。其主要内容是推行各种经济责任制。改革的力度虽然很大，但仍然存在着经济效益下降、生产技术进步缓慢、产业产品结构不合理、企业后劲不足等问题。一是局、厂（场）长缺乏经营自主权，放不开手脚，企业捆绑过死，使潜在的优势得不到充分发挥。二是生产门路窄，青年就业难。三是经济危困，财力不足。主要表现在：更改资金不足，福利资金不足，企业留利水平低，社会性负担重。尤其是进入20世纪80年代后，木材产量调减，而减少木材产量就意味着要减少企业利润和财政收入，致使经济陷入困境。为尽快摆脱困境、搞活企业，党委和局立足实际，大胆创新，对企业的经营方式进行大刀阔斧的改革。

一、局长负责制

1984年8月，黑龙江省森工总局，伊春市委、市政府根据全国人大六届二次会议和国务院《关于国营企业中逐步实行厂长（经理）负责制的决定》精神，在桃山林业局开展森工企业局长负责制试点工作，1985年在伊春市推行。铁力林业局根据上级要求，于1985年3月开始试行局长负责制，制定《铁力林业局局长负责制条例》（以下简称《条例》），确定局长应具备的条件、权限、职责和义务。

《条例》制定后，林业局党委、职代会、工会分别作出相应决定。林业局按照此项要求和《条例》规定，实行政治体制和领导体制改革，实现党政分离，做到党、政、工、团各司其职、各负其责。同时还对机构设置、干部管理制度等进行调整和改革，配备“四总师”（总工程师、总会计师、总经济师、总审计师），增加行政机构的职能。在基层单位也分别实行厂（场、所）长负责制。直至1995年伊春市政府对铁力林业局实行委托经营制后，局长负责制才暂缓实施。

二、委托经营制

委托经营机制是林业企业经营方式改革的重大突破，打破了企业统管、统分的经营方式，为实施“能人战略”创造条件。这种经营方式通过契约形式，把企业委托给有经营能力的受托者实行有偿经营。1995年年初，伊春市政府（林管局）对铁力林业局实行总体委托经营试点。林业局根据上级要求，在全局范围内推行委托经营机制。

（一）实行委托经营的原则

坚持以公有制为主体，通过改革，促进发展，保持稳定；坚持国有经济和非国有经济共同发展，促进全局经济的良性循环；坚持所有权与经营权相分离，最大限度地实现国有资产保值增值；坚持兼顾企业所有者、经营者和生产者的利益，实现其责任、权力、利益和风险相衔接、相对应；坚持以营林为基础的工作方针，加强森林资源的管理、培育、保护、利用；注重生态效益和社会效益，确保森林资源的持续增长。其基本内容是：按照《伊春市国有企业实行委托经营试点实施意见》，林业局凡是具备条件的基层生产单位，都实行委托经营。原来实行承包经营的单位，与委托经营相衔接，从承包内容到承包指标，都融会到委托经营之中，实现规范化。

（二）委托经营的相关配套措施

1. 各生产经营单位实行开放经营，林业局只管一个法人代表、一纸合同和林木资源一本账。在林业局控制总成本费用的前提下，基层单位可自行调解构成总成本的各个要素的支出。

2. 从严治企、管企，强化管理，完善制约机制。一是加强森林资源的经营管理。各单位按上级下达的资源消耗、林木采伐、木材销售“三总量”的限额要求组织生产经营，接受资源管理部门的检查和监督；加强林政管理，减少森林资源的过度消耗和效益流失；坚持合理采伐，及时更新采伐迹地；开展森林保护、抚育和利用，搞好林业综合集约经营。二是加强财务、物资、机械及劳力管理。各业务主管部门根据要求和放开经营的新情况，及时制定出新的科学合理的管理办法，建立健全各项管理制度，把住消耗（支出）口子，最大限度地提高资金（资产）营运效益，增强企业内力。三是进一步开展增收节支活动。在确保国有资产增值的前提下，广开渠道，多路进财，节约挖潜，少投入多产出，努力寻求新经济增长点，实现企业效益最大化。

3. 妥善安置富余人员。采取开发新产品、兴办多元化产业和自谋职业等多种办法分流人员。对兴办非国有企业和第三产业的人员，各单位在条件允许的情况下，在资金、福利待遇上给予扶持。

推行委托经营，实行“能人治企”，为企业增添活力。林业局局长对受托单位只管一个受托人、一纸合同和林木资源消耗一本账，全面放活基层。林业局限定经营指标，并将其纳入目标管理，同受托人签订合同（责任状）。对按期、全面完成指标的受托人给予奖励，完不成指标的进行处罚。1996年，51个受托单位中，有49个单位全面完成各项指标，厂（场、所）长、书记受到奖励。2个单位没有完成指标，场长、书记就地免职，风险抵押金缴局。在实行委托经营中，还强化内部审计，跟踪问效。1996年通过月份审计考核，有3个单位管理不善，林业局立即终止委托经营合同，解聘受托人。

三、一改两管三分

铁力林业局在经营方式改革中，步步推进，把缓危解困的突破口选定在实施“一改两管三分”（坚持改革，管住资源、管住资金，分流人员、搞活分配、分散突围）上，收到一定效果。到1996年年末，基本遏制经济下滑，企业危困的局面有所缓解。1997年，全局近10年来第一次开满12个月工资。铁力林业局的“一改两管三分”经验得到林业部、省、市各级领导的充分肯定。中共伊春市委、市政府连续两年召开全市三级干部会议，提出“唱铁力戏，打铁力牌”，在伊春林区全面推广“一改两管三分”经验。

（一）深化改革，转换经营机制

铁力林业局以改革总揽全局，突出以改革为主线的各项工作，促进企业经营机制的根本转变。

1. 按照现代企业制度方向，重塑经营机制。1995年年初，《铁力林业局实行内部承包经营总体方案》和与之相配套的12个子方案出台，全局山上山下37个生产经营单位实行委托经营。受托人依据委托经营合同，行使经营自主权，按照各自实际情况，选择资产经营责任制、承包租赁、股份合作、合资等多种经营方式，并逐步向集团化发展，适应市场经济的要求。

2. 深化人事用工制度改革。林业局普遍实行“双聘制”，局长聘任副局长和基层行政正职，正职聘任副职。正职解聘，副职随之解聘。在聘任过程中，坚持把领导聘任、个人意愿和职代会民主评议及监督有机结合起来。1995—1998年，依据职代会的推荐和民主评议，先后选拔70多名敢于改革、懂经营、会管理的人才进入局、场两级班子。其中6名科级干部被聘为副局长、总会计师和总经济师，同时解聘50多名不称职的科级干部。在用工制度上，全局实行全员合同化管理。企业职工一律签订劳务合同和上岗合同。全局非生产人员减少到职工总数的12%，其中管理人员只占职工总数的7%。

3. 对辅助生产单位、福利事业和医疗制度等实行配套改革。对林业电话所实行以话养话，只拨给机关电话费和少量维修费。发电厂实行以气电养厂，只拨给机关事业单位气电费。1998年，将供电管理权移交给绥化电业局。自来水公司实行企业化经营，由亏损变上缴。1998年，按照公益事业社会化的要求，将自来水公司有偿转让给铁力市政府。职工医院走向社会。职工医疗费，生产单位按工资总额的8%、非生产单位按工资总额的7%直接核定给基层，年节支120万元。学校根据生源变化，撤并5所学校，教职工由1300人减少到680人，教育经费由原580万元减少到300万元。公有住房产权全部出售给职工个人，年节约维修费80万元。

（二）管住资源，管住资金

在资源管理上，一是严格采伐限额的计划管理与伐区拨交验收制度，不准无证采伐和超量采伐，划定责任区，分别由主管副局长负责监督资源管理。二是实行产值、产量双挂钩。木材生产由原来只掌握产量变为产量、产值双向控制，生产与效益挂钩，使生产单位由单纯的产量计算转向以经济效益为中心的产值计算。三是加强木材运输销售管理，坚持采、运、销“三对口一本账”，并成立木材稽查大队。四是建立林业生态体系，启动天然林资源保护工程。

在资金管理上，一是依法合理筹集资金，广开财路，努力开源增收，狠抓“老财源”，提高原木、原条出材率和优质材的比重，提高木材售价；开辟新财源，狠抓伐区剩余物的拣集和综合利用，加强技术改造，促进产品结构调整，发展多种经营；培养新的经济增长点，出租闲置房屋，盘活存量资产。通过以上措施，年增收千万元左右。二是压缩费用，节约支出。精减后勤守卫300余人，后勤守卫工作由机关干部轮流承担，年节支80万元；山上林场（所）自行解决制造费用，部分林场（所）解决社会救济、劳保和子弟校经费，年节支400万元；撤销电厂，年节支400万元；公路实行道路承包，年节支150万元；电话所自负盈亏，年节支110万元；汽运处汽车租赁年节支150万元；改变作业方式，减少机械化作业，年节支150万元；学校教育经费年节支200万元。加上其他节支项目，年经费节支达1900万元。三是对资金实行“两保三控制”（保生产、保工资，控制一般性支出、控制基本建设投资、控制设备大修投资），年减少支出200万元左右。

（三）分流人员，搞活分配，分散突围

在分流人员上，一是建立职工再就业服务体系，先后举办各类技术培训班18期，培训人员1300多人次，增强下岗人员的再就业适应能力。二是制定扶持政策，为下岗职工再就业创造宽松的环境。三是拓宽就业渠道，扩大转岗就业领域。到1997年年末，累计分流8054人，就业率达90%，占全局在册职工总数的50%，年节约工资费用1600多万元，其中95%以上的下岗职工人均收入达到或超过原来岗位的收入。

在搞活分配上，一是对山上生产一线工人实行“以死任务，活时间，死工资，活身子，死费用，活分配”为主要内容的“年度定量分配法”。二是对山上林场（所）机关大多采取“五五”工作制的办法，发半年工资，创收解决半年工资。三是对山下生产单位和辅助生产单位，实行多元化工资结构。以劳动定额为依据计算劳动者报酬的生产一线职工，采取计件工资和小包干工资。由于全面推行“年度定量分配法”和多元化工资分配形式，职工收入与1994年以前相比有了成倍的增长，来自职工自营经济的收入占年收入的50%或全部，职工生活水平和生活质量明显提高；山上单位接通程控电话时，每个单位预留的30台自费电话均被一抢而空。通过规范分配行为，林业局月工资由原来的550万元下降到370万元。

在分散突围上，放开放活基层，加快小企业经济发展步伐。一是放权，允许基层生产单位自己确定经营管理方式，自行采购物资，聘用干部，自主用工，自主分配，自行支配自有资金。二是产权改造，把基层分块搞活。通过关停并转、出售产权、母体裂变、分离重组、分路突围等一系列办法，剥离、撤并、重组26个基层单位。到1997年年末，基层生产单位无一亏损。三是为企业卸包袱。对放开经营单位的债务，审计后一律由林业局承担。基层生产单位退休职工集中成立退管站，使各基层单位轻装上阵，平等地参与市场竞争。

1996年12月10日，中共伊春市委八届五次全委（扩大）会议上确定，1997年在全市唱响铁力林业局深化国有森工企业改革的主旋律，指出：在“一改两管三分”中，铁力林业局的干部群众断了“后路”，没有“退路”，自加压力，振奋精神，转变观念换思想，依靠改革找出路。铁力林业局能够做到的，全市国有林业企业都应该能做到。1997年2月，全市三级干部会议在伊春市召开。市委副书记、市长王利民对铁力林业局经验的内涵进行了全面分析和评价，对如何学习推广铁力经验作出具体部署。市委书记滕昭祥作题为《抓住机遇，开拓进取，用铁力经验引导和推动全市的经济工作》的讲话。

1998年年初，伊春市三级干部会议再次全面推广铁力林业局“一改两管三分”的经验。

第二节　制度改革

一、产权制度改革

铁力林业局从1997年开始，根据上级要求和林业局实际情况，把推进产权制度改革作为深化经济体制改革的重要内容，以建立适应市场经济的现代企业制度为主要目标，解放思想，加大力度，创新性地开展工作，力求有新的突破，并因企制宜制订产权制度改革方案。在明确指导思想的基础上，确定改革的形式和内容。一是进一步深化商业产权制度改革，对从商业供销公司剥离分立、实行新机制的店点和商场，积极引导，促进规范化运作。同时，推进公司机关及附属部门的产权制度改革。公司机关充分利用好现有的资产，开辟新的门路，招商引资，自主经营，自负盈亏。收购站、罐头厂、冷库、粮油公司实现新企新制，或租，或卖，全部实行国有民营或民有民营。二是大力发展股份制经济。林业局在胶合板厂、刨花板厂、装饰条厂、化工厂、大理石厂、壁毯厂等10个单位首先推行股份合作制，从建立法人产权制度入手，在清产核资、评估作价、界定产权、明确企业资产总量的基础上，把企业全部资产折成股份参股，吸收社会和职工个人入股，使企业成为以法人参股为主体的经营集团。其他单位也开展清产核资，理顺产权关系，转换经营机制，宜租则租，宜卖则卖，宜包则包，做到分块启动、分散突围。在部分分厂和车间、工段实行股份制，趟出路子，为整体推进股份制创造条件。加强企业资产管理监督，防止流失。在产权制度改革中，不论采取哪种形式，必须明晰产权关系，合理确定资产价值，保证企业资产保值增值。对闲置的设备及小型工器具，认真清理，评估作价后报废或出租出售。各单位和部门闲置的房屋，实行租赁或拍卖，促进其由物体形态向效益形态合理流动，提高资产营运效率。三是推行“一企多制”和“一场一策”。企业内部要发展多种所有制成分，改变全民所有制一统天下的状况，大力发展集体经济，提高集体所有制在企业的比重，鼓励与支持职工个人兴办民营企业，允许个体户以联营、出资、入股形式参与全民企业和集体企业的生产经营。基层单位的工段、车间的产权制度改革，区别不同情况，采取适应本行业特点的改革模式，不必同所在单位搞同一模式。有条件的可以剥离出来，分户自立，自成经济实体。

在推行产权制度改革中，全局按照有利于国有资产保值增值、有利于增加职工收入、有利于盘活资产、有利于稳定的“四个有利于”要求，全面改革，做到一厂（场）一定、一厂（场）多策、一企多制、因企施策，不搞大帮哄，不局限一种模式，不搞“一刀切”。对职工参股积极性高、企业又具备改制条件的单位实行先卖后股。实业公司的前身是汽运处，担负着全局的木材运输任务。1996年该单位解体，汽车和主要设备外调，经营项目改为第三产业，林业局不再下拨费用，实行自主经营，自负盈亏。在改制中把公司闲置资产全部卖给内部职工，实行股份制经营，公司更名为兴山木业有限责任公司。内部300多名职工全部持股，成为股东，人人参股经营，极大地释放了经营力，扭转了亏损局面，增加了职工收入。原工程处在改制前摊子大，管理人员多，企业经营不景气。2000年年初对其实行全面改制，将资产卖给企业内部职工，成立铁力松涛建筑安装公司，实行股份制经营。改制后，该公司在局城镇建设上发挥重要作用，为美化林城、振兴林区经济做出贡献。对企业内部不能一次性买断资产的单位，实行先租后股，即先将企业租赁给个人经营，然后在企业内部搞股份制改造，待企业经营有一定起色后，再将资产整体出售给企业。森利公司实行这种形式后，首先在市场潜力比较大、效益比较好的卫生筷子车间进行股份制改造，调动员工的参股积极性。而后在全公司推开，进行股份制改造，顺利地完成改制任务。塑料厂改制前因资产较多，数额较大，经营人一时筹措不到资金就将其资产先租赁给经营人，在企业内部实行股份制经营，待其筹措齐资金后再出售。改制后，不但常年生产，职工月平均工资也提升至500元以上，彻底扭转企业常年亏损的局面。对资金数额较大的刨花板厂实行企业内部员工参股经营，由公司法人代表租赁林业局资产。企业成为市场经济的主体。灵活的经营机制，现代企业的管理理念，使企业焕发了生机和活力。经营者和职工的积极性、创造性得到空前的发挥。对俱乐部小区等地理位置较好的商服网点实行竞价出售并开发。评估后作为竞标的起始价，向社会上的自然人或法人竞价出售，直至达到最终成交价格。俱乐部小区以50万元的价格出售给社会上的一名自然人后，在较短时间内得到开发，仅半年时间工程就全部竣工。亚楼商场评估价58.7万元，通过竞价，以80万元价格成交，增值21.3万元。到2000年年末，林业局在产权制度改革中，完成股份制企业2个，股份合作制企业13个，整体出售8个，实行租赁经营18个，实行土地承包经营18个，资产经营制26个，独资经营4个，委托经营1个，合资经营1个，全局经济结构基本形成多元化。

二、领导体制改革

《中共中央、国务院关于认真贯彻执行全民所有制工业企业三个条例的补充通知》下发后，1993年6月，铁力林业局按照上级组织的要求，调整林业局党政领导班子。党委书记、局长一人兼，党政领导交叉兼职，党政部门合二为一，成立组织人劳部、宣传部、生产部、办公部。直至1995年，党政部门才分开办公。为使领导体制改革卓有成效，林业局建立以“一长”（局长）、“四师”（总经济师、总工程师、总会计师、总审计师）为主的生产指挥系统，强化对经济工作的领导；制定局长、党委、职代会工作条例实施细则，明确各自的职责、工作程序和具有的权限；明确党政关系，在全局推行厂长负责制，突出厂长在企业中的作用和地位，初步建立和形成企业的新型领导体制。通过以上工作，全局以党代政的状况有了明显改变。在此基础上，进一步健全职工代表会和其他民主管理制度，推动实行厂长负责制后的民主化管理。

三、人事、用工、分配制度改革

在用人制度改革上，本着公开、平等、竞争的原则，实行聘任制度。林业局制定下发《关于干部管理的暂行规定》，对全局的基层单位和局机关职能科室全部实行干部聘任制。局长直接聘任副局长、“四师”、基层单位一把手和行政科室的正副科长；基层单位副职由行政一把手聘任。在聘任中坚持能者上、庸者下的原则，打破身份界限，不拘一格起用人才，优化干部队伍。仅 1997 年，林业局机关和基层就有 5 名科级干部被聘为副局长、总会计师、总经济师。林业局机关人员通过聘优汰庸，由原来的 480 人精减到 286 人，其中 5 个科室 40 人自创工资。通过干部制度改革，使部门领导中懂经济、会管理的人员比例增大，机关干部为经济工作的意识不断增强。用工制度改革上，全局职工全员实行合同化管理。林场（所）对个人签订劳务合同。在此基础上实行双向选择，即：工（班）组可以跨行业选择工人，工人可以凭自己意愿选择车间、工（班）组，车间、工（班）组同工人再层层签订劳务合同。发生合同纠纷，由局劳动部门仲裁。在工资分配上，实行多元化工资分配制度，向生产一线、苦脏险的重要岗位及有成果的科技人员倾斜。对山上生产一线工人的工资，林业局只拨给木材生产和营林生产的直接成本，职工按定额计件开支。职工其余的经济来源从开荒种地、搞副业创收中解决。对山下生产单位实行效益工资和岗位技能工资，对无法用定额和技能约束的工种，如守卫、厨师等实行计时工资。

四、 社会保障体制改革

（一）福利事业和医疗制度、养老保险改革

为了在企业“两危”形势十分严峻的情况下，企业内部福利事业得到保障，林业局对福利事业单位进行改制转型。电话所由原来的费用单位改为以话养话，只拨给机关电话费和部分维修费，其余部分一律自负，既减少了林业局的投入，又调动了该单位自强自立的积极性。热电公司、自来水公司实行以气电（水）养厂，林业局只拨给机关事业单位气电费，其余一律由电厂收费解决。20 世纪 90 年代末，林业局又把热电厂、自来水、电话所对外转让或出售，将企业节省资金用于社会福利事业。对职工医院由原来的费用补贴单位改为全自立单位，林业局只拨给气电费和老干部药费，院内医护人员择优上岗。按照《国务院关于建立城镇职工基本医疗保险制度的决定》和《黑龙江省城镇职工基本医疗保险制度的总体规划》，企业和职工个人分别向所属医疗保险经办机构缴纳医疗保险费。缴费比例为：职工个人缴费率为 20%，退休人员个人不缴纳基本医疗保险费，由所在企业缴纳 60%；住院医药费由过去的职工承担 10%、企业承担 90%，改为职工承担 20%、企业承担 80%。职工养老保险本着企业拿一点、个人拿一点的原则，职工退（离）休前缴纳一定数额的养老保险金。根据《黑龙江省国有企业职工个人缴纳基本养老保险费暂行办法》及林业局制定的企业内部职工《缴纳基本养老保险费暂行办法》，在职职工按照职工工资总额的 2%（劳动合同制职工和请长假或放假、工伤、预退、长病、待业的固定职工个人缴费也按此标准）、停薪留职职工按停薪留职前月的费用额为标准继续缴纳，在实行职工个人缴纳基本保险费之前，按国家有关政策规定计算连续工龄，仍然享受国家规定的退休待遇，职工个人不按规定连续缴纳基本养老保险费的，欠缴时间不计算养老保险年限。退（离）休后，养老金实行社会统筹。

（二）住房制度和公有设备改革

在企业经济结构调整中，铁力林业局彻底改革福利房制度，把职工居住的公房产权作价卖给个人。凡是林业局房产管理部门直接管理和基层单位自行管理的公有住房，均在向职工出售之列。以成本价或标准价向职工出售公有住房按下列规定给予价格折扣：一是实行工龄折扣。工龄折扣款从成本价中冲减。二是职工购买现住旧房折扣公有住房出售后，房屋共用部位共用设施的维修、更新费用，由管房单位从售房款收入中提取 20%。供暖设施的维修、更新费用，由供热单位承担。第一次房改中，除危房一次性低价卖给职工外，其他公房只卖给职工 60% 产权，40% 产权归企业所有。第二次房改则把产权全部卖给职工个人。林业局鼓励房产开发商在林业局辖区内开发房产，并给予一定的优惠政策，促进了职工住宅小区的建设。对基层单位的房产和机械设备（包括集材拖拉机、汽车），本着谁创业和谁正在使用就卖给谁的原则，全部卖给职工个人。

（三）最低生活保障制度

为保障职工的基本生活水平，林业局进一步完善职工最低生活保障制度。林业局成立由工会牵头的帮扶中心，委派专职工作人员，同铁力市政府有关部门密切配合，对实际生活水平低于当地居民最低生活保障标准的，按照维护其基本生活标准进行差额救助。林业局在铁力市政府出资救助的基础上，采用发放困难补助的方法对救助人员进行救助。对有劳动能力的救助对象优惠划给地块扶持发展种植和养殖业，靠劳动脱贫致富。对贫困户的在校学生，在学业费用上实行减免；对生病的救助对象，在指定医院就医享受免挂号费、减收门诊检查费。

（四）下岗再就业

进入 20 世纪 80 年代后期，由于企业陷入“两危”困境，生产任务量少、富余人员多的矛盾十分突出，林业局审时度势，把解决职工下岗和再就业作为深化企业改革的具体内容。为使广大职工明白减员与增效的关系和下岗分流是企业增效、缓危解困重要措施的道理，林业局采取在新闻媒体开设专题、通过各种会议宣传和领导下基层面对面讲解等形式，大力开展局情、企情教育。把林木资源情况、经济形势、历史上过量采伐的教训、面临的主要困难以及发展上的潜在优势说清说透，让职工群众明明白白地算经济账，了解企业效益和养活职工的能力；明明白白地算劳力账，掌握企业到底应该有多少人，才能以产定人、以人定效。通过广泛的宣传教育，使职工群众认清转岗分流、减员增效是国有企业改革的必然趋势。从而增强职工“上山、入地、下海”，靠自主择业、自我发展勤劳致富的主观能动性，为转岗分流创造有利的社会环境，在全局营造一种自谋职业、转岗光荣的氛围，下岗人员从结构调整、分流再就业、个人价值发挥中看到了希望。随着企业结构的调整和下岗人员的增多，铁力林业局从 1994 年开始实施减员增效和再就业工作。在 1997 年伊春市三级干部会议后，加大下岗分流和实施再就业工程的力度。下发《关于深入实施再就业工程意见的通知》，总结“下岗不离企业、低成本就业、短时间待岗、分流与安置同步”的再就业形式。为实施再就业工程，林业局专门成立由局长任组长、各有关部门主要领导为成员的实施再就业工作领导小组，统一组织领导再就业工作，使再就业工作有了可靠的组织保证。1997 年建立职工再就业服务中心，负责对下岗职工实行统一管理，提供职业介绍、就业指导、转岗转业训练、劳务输出等再就业方面的帮助和服务。再就业服务中心加强对现有下岗职工基本情况的调查摸底，按工种和个人特长建档立卡，为搞好职业介绍和组织劳务输出做了必要的准备。与此同时，采取有力措施，创建宽松的再就业环境。一是坚持政策扶持，实行利益驱动。想方设法积极筹集再就业资金。在再就业资金的使用上，坚持统一管理、统筹使用。1997 年全局投入资金开发“五荒”（荒山、荒坡、荒土、荒滩、荒水），同时对山野菜加工、小木制品制作、建筑材料生产等具有较强安置能力的生产项目，给予一定的资金扶持。为了扶持、安置下岗职工再就业，林业局制定下发关于对分流人员扶持再就业的 10 项优惠政策，为下岗职工再就业提供较为方便的条件。其间，实行政策引导和利益驱动相结合，鼓励机关事业单位职工停薪留职，自谋职业。给停薪留职两年以上的职工补发全部拖欠工资作为启动资金。规定自愿到山上林场（所）工作的职工工资向上浮动一级，安家落户的职工补发全部拖欠工资。对领办、创办经济实体并安置下岗人员的单位，三年内可无偿使用企业闲置资产。还把闲置的厂房、场地、设施设备优先租赁给下岗职工，将现有耕地以优惠租金承包给下岗职工经营，下岗职工开荒五年内免收各种费用。二是加大培训力度，提高就业能力。林业局十分重视下岗职工的职业技能培训工作。把转岗培训和就业安置计划同步设计，同步实施。通过岗位培训，掌握烹调、服务、食用菌栽培、畜禽养殖、大棚蔬菜、水稻种植等实用技术，使下岗人员增强转岗再就业的适应能力。三是树立成功典型，发挥示范作用。在实施再就业工程中，注意总结典型经验，以点带面，发挥典型的拉动力。将一批下岗职工再就业后发家致富的成功经验，进行广泛宣传，在群众中起到良好的示范作用。通过典型引路，使很多下岗职工转变观念，坚定信心，鼓起劲头，推动再就业工程的展开。四是开展扶贫解困，建立帮扶制度。林业局把解决下岗职工再就业和解困工作紧密结合起来，建立领导包扶目标责任制度、各级领导帮扶结对制度、扶贫解困专项资金制度和向特困职工发放“特困证”制度，开展“扶贫解困献爱心”活动。对生活比较困难的职工无偿提供技术培训。对选好发展项目的困难职工，借给一定数量的启动资金，扶持其重新就业。在实施再就业工程中，积极克服经济结构单一的制约，从调整就业结构入手，依据林区林木、土地、矿藏、山特产品等资源丰富，可开发就业空间广阔的优势，结合调整产业、产品结构以及所有制结构，广开职工转岗就业安置的门路。一是向林木综合利用进军。引导下岗职工从木材生产主战线向木材精深加工和开发利用“三剩”行业转移。二是向开发性产业进军。通过集中开荒、分户开荒、引资开荒，使下岗职工向农业转移。三是向第三产业、多种经营和职工家庭经济发展。动员并扶持职工搞“养、种、采、加、运、建、服”等多种经营生产活动，安置下岗人员。此外，还通过兴办新项目，增强对转岗职工的吸纳能力。兴达公司通过新上指接拼板、木线条、小木制品等项目，安置下岗职工367人；森利公司通过新上刨光材、胶合板、床垫等项目，安置下岗职工216人；山上林场（所）通过发展小材小料加工、削片、新刨花板、木旋等项目，安置下岗职工1288人。

到2005年年末，林业局在开展企业减员增效、分流人员工作的同时，因地制宜，因企施策，通过多渠道转岗安置企业富余职工8000多人，安置率达83.6%。在下岗职工中，有一半以上的人员通过转岗安置和自谋职业等途径，年均收入超过5000元，普遍高于原岗位的工资收入水平。通过扶贫解困、结对帮扶，下岗职工中90%的特困职工脱贫。大批下岗职工在自强自立、艰苦创业中重新找到了自己的位置，实现了自身的价值。

第三节 内引外联

20世纪80年代，为适应外向型经济和市场经济的发展，林业局先后成立经济技术开发公司、林产工业公司、营林公司、多种经营公司、商业供销公司、物资供销公司、木材经销公司、外贸公司8个公司，建立黑河市办事处、连云港市办事处等办事处，初步形成以经济技术开发公司为主体、以驻外办事处为窗口、以外贸公司为骨干的经贸和信息网络，为进一步发展外向型经济奠定基础。在发展市场经济上，一方面制定政策，把企业推向市场；另一方面依托各公司，把企业带进市场。在市场拉动下，各单位纷纷开发市场适销对路产品。木器厂恢复卫生筷子生产，并与外商联营，新上牙签项目和节能灯项目。机械厂除大力生产林机配件以外，又新上塔吊生产项目。多种经营公司在黑河市新上轧钢生产项目，开辟新的生产门路。发展市场经济，使许多单位焕发了生机，增强了活力。内引外联，将基层单位推入市场，在一定的时期，对搞活企业、发展经济起到一定的促进作用。20世纪90年代后期，由于企业调整产业产品结构，部分公司被撤销。

第四节 具体举措

为充分调动各方面的积极性，促进生产建设的发展，缓解面临的经济困难，铁力林业局根据有关放宽政策、搞活基层的规定，本着保护森林资源、发展多种经营、致富基层的原则，制定并实施放宽政策，致富基层，缓解危困。

1. 多渠道筹措资金造林，搞好森林资源培育。林场（所）在完成局下达的造林计划后，可通过集资、个人投资、义务劳动等方式多造林。山下有条件的单位和职工个人可以承包荒山荒地造林。种苗由局免费提供。3~5 年成林后，局按不同树种、不同林龄实行有偿回收。红松、云杉林龄 5 年，公顷保存 2700 株，红松每亩 110 元，云杉每亩 105 元；落叶松林龄 3 年，公顷保存 2700 株，每亩 65 元；杨树林龄 3 年，公顷保存 1600 株，每亩 55 元。经营期间允许林粮同作，农业收入归经营者。

2. 允许各林场（所）苗圃在完成上级下达的苗圃生产计划和技术要求的前提下，自行开辟资金来源，扩大经营面积。其多产苗木可进入市场议价销售。允许自行引进和栽培绿化、水果、药材等经济苗木，所得收入归苗圃。

3. 没有主伐生产任务的林场（所），可以实行放开经营，以一业为主，兼营其他，发展增值项目。各林场（所）可根据不同的生产任务和作业条件，对职工实行班组或个人承包，适合家庭经营的，可以实行家庭承包。

4. 允许各林场（所）在不扩大森林资源消耗的前提下，拣伐区剩余物，够规格的缴入国库。12 厘米以下的小径木可以自行加工或销售，收入归林场（所）。

5. 对枝丫材产值实行利润分成。林业局对各林场（所）生产的枝丫材，按每层积立方米 10 元收购，扣除直接生产成本，剩余部分林场（所）与生产人员自行分成。

6. 各单位自筹资金购置或引进设备。发展综合利用、替代产业多种经营生产的其他产品允许自销，所得利润全部留给基层用于扩大再生产和职工急需办的福利事业。

7. 允许各单位自销的产品，在销售收入 5% 的幅度内，提取奖励或活动费。各单位自定对销售人员的奖励标准。

8. 积极鼓励集体和个人集资开荒。凡新开荒的土地 3 年内免缴一切税收。

9. 以优惠的政策支持和鼓励山下职工、青年到山上从事农副业生产。山下的职工到山上从事多种经营生产的，可在本人基本工资的基础上向上浮动一级。工作满 5 年以后可以固定。家属随之迁居山上的，林业局发给 500 元安家费，优先安排住房。山下青年到山上从事多种经营生产的，可以优先录用为合同制工人。调离山上的，合同制自然取消。

10. 鼓励和支持职工停薪留职，发展庭院经济和家庭副业，自谋生计。对停薪留职职工按规定缴纳劳动保险基金，工龄可连续计算，退休时享受全民职工劳保待遇。

11. 各单位多种经营产值，在现有的基础上，新增产值达 50 万元以上的，有关人员浮动工资固定。年产值增长低于 5 万元或完不成局下达的年度计划的单位，不能评为林业局先进单位，主管领导和分管领导不能晋级、提升、重用。

12. 林业局对各基层单位实行费用包干责任制。年初按生产任务量及职工定员数额，局给核定生产、管理费用，一次下拨基层。由单位自主经营，自负盈亏，年终结算节余的按 1% 奖给其单位党政主要领导。超费用的单位，党政主要领导工资下浮一级。造成严重损失浪费、亏损的，罢免党政主要领导职务。

13. 允许各基层单位在完成局指令性计划的前提下，根据原料来源和市场需求，自行安排其他生产。

14. 积极鼓励职工清欠货款。对清理回 2~5 年欠款的，经林业局主管部门批准，可按清回货款的 3%~6% 提取费用支付给有关人员。

15. 实行有奖推销积压品。凡在库储存（含在外地代销和保留）一年以上的产品，均可视为积压品进行推销处理。全局各级领导干部、工作人员、职工、家属以及其他人员均可参加推销。林业局根据积压产品推销的难易程度设计奖金提取比例，奖金最高不得超过回收货款的 20%。对于推销产品高于规定价格，其超收部分可以按 80% 奖励给推销人员。

16. 允许物资供应部门“以货易货”，换回林业局生产和生活急需物资，但“以木易物”须经局木材科统一经销。

17. 允许各单位对积压设备、自用但型号不对路的原材料进行调剂串换，经局批准后，可进入流通领域。

18. 允许商业部门采取灵活的经营方式，划小核算单位，实行部组承包，独立核算，自购自销，允许将多余的营业设施对外出租，对大宗耐用消费品和部分积压滞销商品，实行有奖销售和让利销售。

19. 允许基层自找门路借贷款，开发新项目，用足用好多种经营贷款贴息政策。

20. 山上各林场（所）在本单位生产淡季，可自行安排职工放假，从事种植、养殖、采集及其他农副业生产［林场（所）领导除外］。放假期间，职工工资停发。山下生产工作量不饱和的单位，可实行弹性工作制和“五五”工作制，利用工余时间，职工自己创收解决两个月工资。

21. 充分调动科技人员和职工群众的积极性，广泛开展合理化建议、技术革新和发明创造活动。对提出合理化建议，经过技术革新和实际应用，在生产或工作中取得成效的，按年节约或创造价值的4%~6% 给予物质奖励；对不能直接计算经济效益的合理化建议，根据其作用大小和推广范围，给予适当奖励。

22. 保护各厂（场、所）长的合法权益，全力支持他们的工作。对在执行上级搞活经济的政策、规定中出现问题的情况，只要不涉及中饱私囊、违法乱纪，一律不追究个人责任，以总结经验教训为主。

第二章　放开经营与经济转型

第一节　扩大企业自主权与“一下四上一活”

一、经营自主权

20 世纪 80 年代初期，铁力林业局按照中共中央和黑龙江省委、伊春市委的经济体制改革精神，结合自身实际情况，制订扩大企业自主权方案，并有序地开展扩大企业自主权的工作。

（一）加强领导，为“扩权”提供组织保障

林业局成立“扩权”领导小组，党委书记为组长，局长为副组长，抽调 11 名科部长为成员。下设办公室。基层各单位也都由主要领导负责，建立企业管理领导小组，负责抓“扩权”中的日常工作。

（二）确定“扩权”指导思想

以中央、省、市有关文件为指导，在企业整顿的基础上，认真搞好经济管理体制的改革。贯彻以营林为基础，以更新造林和木材综合利用为中心，搞活经济，提高效益，实现国家、企业、职工“三增收”，以调动各方面的积极性。深入开展企业改革和增收节支活动，提高生产、技术、管理“三个水平”，促进营林、木材综合利用以及多种经营全面发展，为建设林、工、农、商一体化的社会主义新林区做贡献。

二、“扩权”内容

鉴于伊春市给林业局的自主权范围，林业局结合自身实际情况，确定基层单位经营管理的自主权。

（一）森林经营管理权

凡有林权单位，在所辖经营区内，严格执行森林法和林业政策。对不经局批准、擅自在施业区内从事林业生产活动者，有权制止；对经林业局批准，但影响合理经营的，有权停止其作业；对违反林业政策的，有权按森林法提出处理意见。

（二）确定生产方式权

在不影响森林更新采伐规程的前提下，林场对调查设计资料中不合理部分有权提出修改，但须在施工前 10 天报局复查。如 10 天内仍未批复，林场有权改变不合理部分，事后报局备案。

（三）生产计划安排权

在不影响区（局）下达年度计划的前提下，单位有权自行安排生产作业计划。在生产任务不饱时，有权广开生产门路，“找米下锅”，增加收入。对林业局各业务部门随意安排的不合理生产项目，单位有权拒绝接受。有权自行安排林副产品、多种经营生产计划。

（四）物资选用权

对超计划、质次价高、实际不需要、硬性分配的物资和商品，单位有权拒绝接受。对局物资部门供不应求的短缺急需的零星物资，经局物资部门同意，单位有权自行采购。

（五）超计划利润、降低成本、节约投资、节约经费、减亏以及综合利用留成支配权

根据局与林管局分成合同规定，林业局利润留成部分，用于生产发展基金不少于60%，职工福利和奖金不多于40%。各单位根据核定的留成比例，有权支配超计划利润留成节约投资部分，节约经费留成以及减亏留成部分用于挖、革、改（非生产单位补充办公用品）30%，用于职工集体文化福利设施和奖励70%，并要经职代会审定，报局备案，用于基本建设项目的要报局批准。提成要采取月计季提，每次提取应得部分的一半，年终结算的办法。当年结余留成资金，可转下一年使用，费用节约分成资金，属于什么费用，就出在什么项目上。

对木材综合利用利润中全民和集体留成部分，用于扩大再生产的不得少于一半，剩余部分用于职工集体福利和奖励。

（六）原料费用的收缴和支配权

为培育和扩大森林资源，补充营林经费不足，林场（所）有权收缴集体单位拣集的过伐区遗弃材、风倒材、火烧迹地枯立木的原料，每立方米收缴25元。其中上缴局15元（用于营林10元、用于维修营林道路5元），场留10元（用于营林科研和建房）。

（七）劳动组织调整和劳动工资管理权

按照生产需要，单位有权调整和改善劳动组织，进行岗位定员，并自行制定无现行规定的生产定额，报局审批。对人事和劳动部门在定员之外分配的人员，单位有权拒绝。

（八）奖励和惩罚权

单位有权对在试制新产品、技术革新、提高“三率”以及优质、高产、低耗方面和管理方面有突出贡献的人员给予物质奖励。对于经常性的奖励，贯彻多劳多得的原则，防止平均主义和滥发奖金。个人奖金年累计额最多不得超过本单位一个半月的平均标准工资。

对违反劳动纪律、破坏规章制度、屡教不改、浪费大量原材料、生产大量次品、损坏主要设备和破坏森林资源的职工，单位有权处罚，按情节轻重分别给予警告、记过、减发工资（不超过30%）、降低工资等级（半年以内）等处罚，并报局备案。对降低工资超过半年及开除留用（只发生活费）处分的，须报局批准。对干部处分应按干部管理范围上报批准。

（九）干部民主选举任命权

各基层单位有权民主选举“三长”（班组长、工段长、车间主任），选举后须经基层党组织批准。

三、“扩权”分成类型

林业局与基层单位的分成形式有以下几种类型：

（一）成本包干

确定此年度成本计划基数，在完成产量、质量、效率和材料消耗指标基础上，对降低更新造林、抚育、木材、锯材、大中修、红砖等产品成本部分，实行局、厂（场）五五分成。

（二）盈利、亏损包干

盈利单位，以当年盈利计划为基数，超额部分局与基层单位四六分成（留四缴六）。

（三）减亏分成

亏损单位，以当年亏损计划为基数，超亏不补，减亏部分，局与单位六四分成（留六缴四）。

（四）预算、投资包干

以局批准的年土建（大修）工程计划为依据，按核定的预算为准，超支不补，节约归已。

（五）经费包干

以年计划经费为基数，超支不补，节约部分局与单位（部门）五五分成。

（六）木材综合利用分成

企业用自筹资金办的全民性综合利用厂，凡有超年计划的利润部分，实行局、场（厂）四六分成（留四缴六）。

通过企业“扩权”改革，为企业宽松了经营环境。使企业经济效益同企业利益直接挂钩，结束了过去那种对企业统得过死、管得过严的状况，使企业获得自我发展的条件，扩大了企业的自主权，促进了企业经济体制的重大变革。林业局在企业扩权中，改革企业管理体制，全局普遍建立各级职工代表大会制度，加强民主管理，推行民主选举局长、场（厂）长、段长（车间主任）的“三长”选举制度，改革企业的领导体制，增强企业活力，使企业经济体制改革迈出了关键的一步。

扩权工作的开展，在一定意义上调动了基层单位的积极性。但是，此次扩权还不能真正还权于企，松绑的范围及尺度还不够宽松。至 1983 年推行经济责任制和企业改革后，扩权工作逐步深入，经济效益、社会效益有了更明显的变化。

四、一下四上一活

“一下四上一活”是市委、市政府推出的发展经济举措，就是把木材生产从过度的高强度采伐调减下来，大上营林生产、木材综合利用生产、多种经营生产、地方工业生产，搞活经济。林业局结合自身实际，狠抓落实工作。

（一）大上营林生产

树立以营林为基础的思想，把森林的休养生息、加快恢复和发展森林资源的步伐作为党委和林业局的首要任务。一是细化营林工作。进行营林体制改革，扩大营林队伍，推行以个人、家庭、邀伙等形式的承包制，加强对育林资金的管理和使用。实行科学化管理，搞集约经营，推广应用技术，加大机械化作业的比重。二是加大对苗木培育、更新、整地、抚育、管护、防治等环节的管理力度。三是加大植造速生树种比例，营造大面积速生丰产林，缩短林木生长周期。

（二）大上木材综合利用生产

认真贯彻上级有关“靠山制材，就地加工，大上加工业”“变原料生产基地为加工工业基地”等一系列指示，适当安排锯材生产，尽量做到原木不出局。在木材加工的深度、广度上做文章，搞多层次、多方面的深加工、精加工。基本形成以木器家具、造纸、“三板”（胶合板、刨花板、纤维板）、木旋、筷子、活性炭等为主要产品的比较完整的生产体系。

（三）大上多种经营生产

林业局制定下发若干激励性政策，推行经济承包责任制，鼓励全民集体个人大搞多种经营生产，基本形成种、养、采、加、服、商饮、采掘、运输等生产体系，出现一批专业户、重点户。在此基础上，林业局又以龙头拉动的办法，使多种经营生产遍地开花，在养殖业、种植业和采集加工业上拓宽职工的就业门路。

（四）大上地方工业生产

林业局强化工业运行调度，鼓励企业增产增效，支持企业开拓市场，扶持出一批林产工业企业。

通过“一下四上”，搞活了全局经济，打破了旧的生产格局，开发了新的经济增长点，促进了整个区域经济的发展。

第二节　经济转型

为全面贯彻落实国务院振兴东北地区老工业基地领导小组第二次会议精神，紧紧抓住国家把伊春市纳入全国资源型城市经济转型试点的重大历史机遇，2004 年年末，铁力林业局参照《伊春市资源型城市经济转型试点工作方案》精神，制订《铁力林业局经济转型方案》，并积极组织实施。

一、经济转型途径和主要任务

（一）由不完善的市场经济体制向完善的社会主义市场经济体制转型，加快体制机制创新

1. 认真实施林权制度改革。按照国家林业局的要求，积极推进林业产权制度改革试点，在“林地不能逆转、资金不能流失”的前提下，创新国有林区森林资源管理体制，把森林资源管理权从森工企业剥离出来；探索林地承包经营机制，实行国有林地承包经营和林木有偿流转，充分调动所有者、经营者和林区职工参与林业建设的积极性，优化森林资源、资金、技术和劳动力等生产要素的配置，从根本上解决现有森林资源经营管理中存在的森林资源过度消耗、利用效率低下、育林资金投入不足、企业经济负担沉重、林业职工生活贫困、林区社会不稳定等问题。实现森林资源培育发展和保护利用并举，国家、企业和个人利益共享，生态效益、经济效益和社会效益兼顾。

2. 活化企业内部运行机制。按照建立现代企业制度的要求，打破计划经济下形成的管理体制和组织方式，逐步建立规范的法人治理结构，加速推进干部制度、人事劳动制度、分配制度改革，实行全员合同制，变身份管理为岗位管理，形成干部能上能下、职工能进能出、收入能高能低的管理机制。

3. 大力发展民营经济。在推进经济转型的过程中，坚持民营经济为主体的指导思想，放宽民营经济的准入领域，实施大户带动战略，引进和培植高新技术型和非林木型民营企业大户，实现民营经济发展领域、整体规模、质量效益的扩张。

（二）由木材生产为主向生态建设为主转型，扩大延伸“天保”工程，建立比较完备的森林生态体系，充分发挥小兴安岭的生态功能和天然屏障作用

1. 继续调减木材产量。在政策到位的情况下，林业局将全面停伐，实施封山育林。

2. 积极培育后备森林资源。加快更新方式和林种、树种结构调整，培育乡土珍贵树种，增加人工促进天然更新和速生丰产林、针阔混交林的营造比重，采取各种有效培育措施，促进林木生长和林分质量提高。大力发展民有林，鼓励各类社会主体投资发展林业；积极发展经济林，通过改培、移植、补植，把相对集中连片的山野果、山药材、山野菜转化为天然经济林。同时，利用荒山荒地、退耕还林地加快培育、栽植人工经济林。

3. 加快林场（所）布局调整。根据主伐任务量，科学调整，统筹规划，因地制宜，撤并结合，撤小留大，将林业局所属 15 个林场（所）调整到 10 个。东方红林场、茂林河林场合并，向阳林场、九连林场合并；红旗营林所、卫星营林所合并；兴安林场、鹿鸣林场、丰林林场合并；卫东林场、西北河营林所、马永顺林场、建设营林所、泥河营林所、黑河营林所保留。撤并林场的居民主要向中心林场和局址集聚。

4. 继续推进“严管林”。坚持依法治林，坚决杜绝超计划、超限额采伐和盗伐林木，严格“三总量”控制。认真落实天然红松林木停伐的决定，保持“红松故乡”的美誉。严厉打击涉林违法活动，严查侵占、超占和改变林地用途的行为，限期恢复植被，防止林地逆转。加强对山特林特资源的管理，保护生物多样性，杜绝一切掠夺性开采。坚持惜木如金，节约森林资源，通过提高伐区作业质量管理，确保能利用的资源全部得到利用。抓好森林防火工作，确保不发生重大森林火灾。做好森林病虫鼠害测报和防治，加强对外来生物的检测，防止有害生物入侵。

（三）由单一林业经济向复合型林区经济转型

大力发展替代产业，建立比较发达的林业产业体系，全面构建优势特色经济新格局。按照“横向抓项目、纵向抓产业扩大规模、两头抓龙头带基地”的思路，构建木材精深加工、旅游、绿色食品、生态畜牧、北药等五大接续和替代产业。

1. 大力发展木材精深加工业，建设人造板、家具、小木制品生产基地。充分整合资源，统筹规划，引导和促进企业由粗加工向精深加工发展，实现提档升级。开发优质刨花板等环保型新产品。大力发展二次加工项目，以素板为基材，开发复合地板、装饰板等终端产品，突出木艺制品的林区文化特色，开发独创性工艺，努力提高产品的科技含量和收藏价值。

2. 大力发展旅游业，建设中国森林生态旅游胜地。以“中国森林之都——伊春”为整体形象品牌，围绕黑龙江省重点发展“铁力—伊春—嘉荫”黄金旅游带，整合日月峡国家森林公园的旅游资源，培育龙头企业，拓宽客源市场。同时，整合开发不同季节的旅游资源，开辟红色旅游资源，使森林观光、度假、漂流、滑雪成为黑龙江省的名牌旅游项目。

3. 大力发展以绿色食品业为主的现代农业，建设全省最大的绿色食品、有机食品、山特产品生产加工基地。坚持“打绿色牌，走特色路”，以整体打造纯天然、无公害的“小兴安岭大森林”品牌为目标，发展菌类、山野菜、山野果等特色栽培和有机绿色水稻、大豆等特色种植。不断扩大小兴安岭绿色食品的知名度和市场占有率。加快农业产业化进程，推进农业和森工多种经营发展，努力提高产业化水平，全面繁荣林区经济。

4. 大力发展生态畜牧业，建设全省主要的畜牧养殖和产品加工基地。按照伊春市委、市政府提出的“南牛北羊，中部鸡兔，各地蛙鹿”的规划布局，因地制宜确定全局发展项目，通过龙头企业带动，重点加大五大畜产品系列开发力度。（1）优质奶牛系列产品开发。依托林业局奶牛性控繁殖技术，建设以优质品种奶牛为主的高产养殖园区，积极加强与伊利乳业等大集团合作，建立规模较大的乳制品加工企业。（2）搞好林蛙系列产品开发。引导林场（所）有条件的职工群众和个体大户，大力发展林蛙养殖，开发林蛙系列产品，逐步扩大林蛙油等畅销产品的市场占有率。从建设专业小区、专业林场（所）入手，开展千家万户普养，集小群体为大规模，发展基地生产，实行规模经营。同时，加快标准化建设，强化技术服务，完善防疫灭病体系，推进畜牧业规范化经营、规模化饲养、标准化管理。

5. 大力发展北药产业，建设兴安北药开发基地。以“制药兴财政、药材富百姓”为发展目标，加快建立结构合理、独具特色、效益突出、科工贸一体化的“林都北药”经济体系。到 2005 年年末，全局平贝种植面积 300 公顷，人参种植面积 8 公顷，西洋参种植面积 2 公顷，五味子种植面积 600 公顷（其中裸地栽培 30 公顷），刺五加培植面积 113 公顷（其中裸地栽培 20 公顷），穿山龙改培面积 103 公顷。依托黑龙江中医药大学和黑龙江省科技厅的支持，建立穿山龙、西洋参、五味子 3 个种植基地。

6. 加大招商引资力度。充分利用国家资源型城市经济转型试点的“名片效应”，以转型促开放，以开放促转型。抓住“外资中移”“南资北移”的机遇，积极承接国内产业和资本转移，重点围绕立市立局项目、非林脱木产业、林权制度改革、城市基础设施和工业区建设进行招商引资，吸引国内外知名的大财团、大企业到林业局投资发展，积极探索招商引资的新方法、新途径，采取建立基地、定点招商，组建队伍、专职招商，外设机构、常年招商，密切感情、以商招商，积极参展、规模招商等办法，多路并进，多策并举，不断增强招商引资的对接和成功率。

（四）发展不平衡的林区社会向和谐社会转型，注重协调发展，保持社会稳定，逐步提高人民生活水平和质量

1. 兼顾各方面的利益，高度重视和维护人民群众最现实、最关心、最直接的利益。千方百计增加

群众收入，注重理顺收入分配关系，维护和实现社会公平。此外，落实各项再就业政策，加强服务体系建设，大力发展劳动密集型产业，鼓励支持下岗失业人员自谋职业、自主创业、灵活就业，健全社会保障体系，加大社会保障资金投入，提高社会保障水平。加大收入分配调节力度，逐步提高林区在岗职工工资。健全临时救济、政策扶持、社会互助和家庭保障等配套措施。高度重视弱势群体的社会救助工作，深入开展“一帮一”扶贫解困活动，做到以治本为主，必要的物质帮助与扶持相结合。

2. 加快教育、文化、卫生、体育等社会事业的发展。突出教育优先发展的战略地位，进一步加大教育投入，加强教育基础设施建设，全面提升各级各类学校的办学水平。繁荣小兴安岭文化，造就大森林文艺劲旅，增强文化精品意识，打造兴安文化品牌，创造一批具有林区特色、反映时代精神的优秀作品。广泛开展全民健身活动，提高全民体育水平。加强医疗卫生工作，逐步完善公共安全和处置突发事件的救助机制，提高保障能力，保障人民的生命财产安全。

3. 继续推进精神文明建设。加强社会公德、职业道德、家庭美德和未成年人思想道德建设，继续开展创建“小康之家”、文明社区、文明行业。发展社会主义民主政治，保证人民依法行使民主权利。加强新形势下的群众工作，营造平等友爱、融洽和谐的人际环境。

4. 认真保持社会稳定。高度重视、妥善解决经济转型期出现的各种社会矛盾，引导群众以理性、合法的形式表达利益要求。积极预防和妥善处置群体性事件，建立维护稳定的各项机制，采取治本措施，及时化解各种不稳定因素。加强普法宣传教育，提高全民法律素质。大力加强社会治安综合治理工作机制，严厉打击各种刑事犯罪和经济犯罪，切实保障人民群众的生命财产安全。牢固树立安全第一的思想，认真抓好安全生产，防止重大安全事故发生。

二、推进经济转型的保证措施

（一）解放思想，转变观念，将思想和行动统一到经济转型上来

克服“等、靠、要”思想，积极主动地参与到经济转型中来，把转型的基点定位在自力更生上，发扬“伊春精神”“马永顺精神”和“孙海军精神”，做到依靠不依赖、苦干不苦熬，永远保持创业时期自力更生、艰苦奋斗、创造辉煌的劲头，不管困难有多大、任务有多重，都敢于创新，真抓实干，打开经济转型的局面，实现新的创业。同时，切实加强转型期的思想政治工作，有针对性地解决好职工群众在经济转型过程中出现的各种思想问题，营造积极向上的氛围，加快推进林区经济转型。

（二）实施“科教兴局”战略，为经济转型提供人才保证和智力支撑

按照转型方向，组织有关部门加强与高等院校、科研单位对接，建立开放、稳定的合作关系，围绕林业局的资源优势，集中力量组织专家在生物工程、木材精深加工、制药、绿色食品、营林等重大领域开展联合攻关，使科研院所成为支撑转型的技术创新基地。建立健全有利于科技创新的运行机制、激励机制和动力机制，增强企业主导产品关键技术的自主开发能力，提高新技术和先进适用科技成果运用的能力。抓好引进技术的消化吸收和科技成果的推广应用，提高科技成果的转化率。实施稳住、引进与培育并举的人才发展战略，加快实用性人才特别是技能人才的培训，建设高技能职业经营管理人才队伍。

（三）充分利用伊春市委、市政府提出的实施“百项工程”契机，用大项目拉动林业快速转型

坚持从大项目抓起，强力推进“百项工程”建设，重点抓好立局项目建设。

1. 选择好国家重点支持的项目。以经济转型总体规划为指导、以国家产业政策为导向，重点选择以生态建设、资源保护为主的环境保护项目；以实现产业置换为主的接替产业项目；以加强重大基础设施建设为主的交通、能源、水利项目；以增加就业和富民为主的经济发展项目。围绕上述几个方面调整项目库，做到重点突出，兼顾其他；远近结合，近细远粗；经济效益优先，兼顾社会效益；滚动

发展，适时调整，确保项目在关键时能拿得出、用得上。

2. 利用好国家开发银行的贷款。准确把握国家投融资改革的新特点，在用好贷款的基础上，多向国家开发银行申请软贷款，借助黑龙江省借贷平台，认真汇集、筛选、上报符合开行贷款投放范围的重大项目。从实际出发，将小项目集中，采取捆绑式运作，使项目达到开行贷款要求。

3. 组织好项目的实施。对已确立的重大项目实行分工责任制和督办反馈机制。对重大项目建设目标实行细化分解，落实责任，做到一个项目一个班子、一套人马一个方案，务求取得实效。同时，强化项目跟踪督办，确保重大项目建设顺利进行。

（四）落实相关政策，争取国家必要支持

在实施经济转型过程中，认真落实国家和省的各项扶持政策，研究建立资源开发补偿机制和衰退产业援助机制，积极向上汇报，争取必要的扶持和帮助。

1. 争取国家扩大和延伸“天保”工程。比照大兴安岭林区的“天保”工程政策，争取专项资金全额补助，相应扩大、提高补助范围和标准。争取国家对林业局调减木材产量减少的收入给予补偿。

2. 争取国家对剥离企业办社会给予费用补助，将剥离企业办社会职能所需资金纳入财政基数，在分离费用基数、分离范围、接受人员和解决历史遗留问题等方面考虑实际情况，给予政策倾斜。

3. 争取国家对资源型城市经济转型试点设立专项资金，用于发展项目和基础设施建设的投入。重点支持接续和替代产业危房改造、农村农林公路等基础设施项目的建设。

（五）建立推进机制，加强组织领导

实施经济转型是一个涉及诸多方面的宏大系统工程，必须高度重视、精心组织、明确责任、专题推进，扎扎实实地做好各方面的工作。为加强对林业局经济转型工作的领导，林业局成立经济转型工作领导小组，党委书记、局长任组长，林业局有关领导任副组长，各有关部门主要负责人为成员，统筹重大问题的决策和推进工作。成立专门的经济转型办公室，办公地点设在林业局计划科，具体负责情况综合、工作协调、政策研究、舆论宣传、信息反馈，形成专门的工作系统。同时，抽调得力人员，分解任务，落实任务，合理推进。

第三章　林场（所）经济

铁力林业局通过改革开放、放开政策，为基层松绑放权、放活林场，促进了林场（所）经济的发展。各林场（所）结合天然林资源保护工程的深入实施，根据林区改革发展和职工生产生活的实际情况，依托林区资源优势和巨大的发展空间，大力发展林场（所）经济，确定“念山水经，打绿色牌，发养殖财，走特色路”的职工自营经济发展思路，积极引导和扶持林场（所）职工发展自营经济，不断加强林场（所）基础设施建设，努力提高林场（所）的经济实力和职工的生活水平，林区经济和社会事业取得长足发展和进步。全局上下形成“千方百计谋发展，全民创业求发展，上下协力大发展”的发展局面，为推进企业经济全面发展奠定了坚实的基础。

第一节　林场（所）经济发展

一、转变职工群众思想观念

多次召开以“摆局情，讲现状”“交家底，保稳定”“看前景，求发展”为主题的形势任务报告会，并组织发展多种经营生产事迹宣讲团，加大宣传引导力度，使林场（所）经营者和职工群众在困境中找到自我解危的出路，增强自我发展的紧迫感。

二、产业产品结构调整

林业局注重培育和壮大优势特色产业，加快产业产品结构调整的步伐，坚持发展质量效益型农业，采取有效措施减少传统农作物的种植面积，增加经济作物比重和科技含量，积极推广科学种田的新技术和新成果，提高单位面积产量，使有限的土地资源发挥更大的效益。根据市场需求，启动新的养殖项目；加强绿色食品基地、龙头企业和市场销售体系建设，不断增强和壮大林场（所）经济的发展后劲和发展实力，有效地调动林场（所）发展经济的积极性。

三、政策扶持

为鼓励林场（所）经营者发展林场（所）经济，林业局制定奖励制度，重奖在发展林场（所）经济中有贡献的个体经营者，并对职工搞自营经济进行政策扶持。发展奶牛养殖业初期，对林业局饲养2头奶牛的在岗职工，奖励一级工资；饲养5头奶牛的在岗职工，奖励两级工资；饲养10头奶牛的在岗职工，奖励三级工资。奖励工资进入职工档案，终身享用。林业局每年还拿出10万元作为风险担保基金，增强养殖户的抗风险能力。

四、资金扶持

仅2005年，林业局就完成畜牧养殖业投资630万元，完成景区景点基础建设投资420万元，完成维修道路桥梁投资116万元，完成添置农业喷灌设备投资45.1万元，为职工发展自营经济奠定了坚实的基础。

五、技术扶持

2001—2005年，林业局先后累计举办培训班20期，培训人员1500多人次；同省畜牧职业学院采取异地联合办班的形式，在林业局开办畜牧兽医专业中专班，培养50名畜牧专业实用技术人才。结合“科普之冬”活动，组织有关部门开展科技上山活动，购买科技知识影碟到林场（所）巡回播放，购买大批实用技术书籍发给职工群众，将科技知识送到职工群众身边。

六、典型扶持

除大力宣传发展林场（所）经济成绩突出的单位外，2000—2005年，林业局先后扶持发展自营经济生产典型示范户26户，其中市级示范户6户。对影响大、技术精、效益好的发展大户，在局“双先”表彰大会上给予表彰奖励。平贝种植大户张兆义，2004年纯收入达20多万元，被授予市级致富能手荣誉称号；局计育办副主任王晓冬，走出机关自己筹资养殖进口优质奶牛50多头，被林业局评为创业先进个人，2005年又被市总工会授予“职工自营经济个体大户标兵”荣誉称号。

第二节　取得的成效

全局林场（所）致力于发展林场（所）经济，在调整结构、致富群众、扩大就业、稳定社会和推动全局经济快速发展中起到了重大作用。

一、拓宽就业渠道

林场（所）经济不但承接木材产量调减的富余人员，而且安排大量新增劳力，成为林区就业再就业的主渠道。2001—2005年，全局林场（所）职工自营经济领域安置劳力近1.2万人，其中种植业（绿色食品及北药种植业）5500人、畜牧养殖业1400人、旅游业900人、商饮服务业700人、运输业800人、灵活就业2700人。农忙季节甚至出现劳力紧缺的现象。

二、增加职工收入

林场（所）经济的发展，带动了职工自营经济，成为职工群众收入的主渠道。2005年，全局私营企业职工自营经济纯收入12000多万元，是在岗职工全年工资收入的5倍多。从业人员年人均收入5801元，也已超过在岗职工年平均工资（360元 ×12月 =4320元）。2005年年末，收入在1万元~3万元的私营企业职工2891户，3万元以上的私营企业职工485户。山上15个林场（所）中，职工自营经济增加值超500万元的有7个，超千万元的有3个。许多转岗职工通过发展自营经济，实现以户自立。

三、优化经济结构

林场（所）经济的发展，推动了个体、民营等非公有制经济的发展，优化了经济结构。2005年，全局非公有制经济总量达29596万元，占全局经济总量的89.6%，其中林场（所）经济占非公有制经济总量的85.8%。林场（所）经济的发展优化了林区产业结构，推动了经济转型，促进了全局经济的快速发展。仅职工个人经营的种养业和旅游、商服等第三产业，就分别占全局经济总量的47.8%和27.4%。

四、推动社会进步

林场（所）经济的发展，拉动了社会事业的发展，加快了林区城镇建设的步伐。到2005年，全局修建白色水泥路面7000多米，改造和新建4个住宅小区共16万平方米。许多林场（所）职工群众致富不忘企业，积极回报社会。在林业局开展的“建设家园、美化林城”“扶贫解困献爱心”等活动中，全局职工群众共捐款160多万元，林区社会呈现出和谐稳定的良好局面。

第八篇
治危兴林与二次创业

进入20世纪80年代中期，铁力林业局遭遇到有史以来最困难的时期，森林资源濒临枯竭，企业经济极度危困，森工企业陷入“两危”困境。全局干部群众临“危”不惧，奋发努力，积极实施治危兴林和二次创业工程，在林区的发展史上留下了辉煌的一页。

第一章 治危兴林

1992年，中共伊春市委、市政府根据伊春林区木材产量大幅度调减、森林资源危机和经济危困形势十分严峻的实际情况，提出抓住机遇、加快发展、实施治危兴林战略。铁力林业局干部、群众认真学习邓小平视察南方重要讲话和中共十四届三中全会精神，积极实施治危兴林工程。通过广泛开展解放思想和治危兴林大讨论，举办治危兴林学习班，增强全局干部、群众临危不惧、自强自立的信心和勇气。同时，通过外出学习考察，借鉴外地改革开放的经验，开阔眼界，解决林区长期形成的封闭意识和闭关自守问题。尤其通过学习南岔林业局自我解危、自求发展的经验，促进了各级领导和广大干部、群众思想的解放和认识的飞跃，以新观念、新思路创造性地投入治危兴林工程。林业局成立治危兴林领导小组，党政主要领导任组长。对治危兴林的重大问题，如治危兴林规划、经济发展重大项目的立项，都进行认真讨论，并明确责任，落实到人，分兵把口，抓好落实。在此基础上出台《铁力林业局治危兴林方案》(以下简称《方案》)。《方案》对治危兴林的总体构想和主要目标、发展重点和主攻方向、基本对策和保证措施进行了详细的规定和阐述。林业局和基层林场（所）统一实行领导目标管理责任制，把各项指标层层分解落实，使全局的治危兴林从上到下形成一个有机整体。

第一节 治危兴林面临的困难

铁力林业局虽然贯彻执行伊春市委“一下四上一活”的方针及全面经营的经济发展战略，调减木材产量，加强营林基础工作，发展后续替代产业，从国有到集体、私营、合营，利用一切资源，采取多种形式，通过多条途径解决危困问题，但经济失调积重难返。到20世纪80年代中期，“两危”形势日趋严峻，企业运营举步维艰，涉及职工生活和社会的问题也逐年增多，全局经济发展被三大矛盾困扰着。

一、资源矛盾

长期以来，由于国家生产建设需要大量木材，上级主管部门一直对铁力林业局下达超量的木材生产计划。虽然林业局长期坚持以营林为基础方针，林木蓄积逐年增加，但由于树木生长周期长，可采伐资源增长十分缓慢。所剩林地中可采林木单株材积小，加之超量采伐，林木可采资源逐年减少，造成林木资源危机，并连带产生一些其他矛盾。1985年全局木材产量只维持在30万立方米。有的林场没有主伐林可采，只生产少量的抚育伐材。由于可采资源面临枯竭，生产伐区零星分散又多数在高山角和边远林地，生产作业条件差，生产成本高，一些单位木材生产不干不赔，一干就赔。林业局建局近60年来，对国家的贡献是以大量消耗林木资源为代价换来的。林木资源锐减，造成木材产量下降。

二、经济矛盾

由于企业经济高度依赖林木资源，林木资源锐减，导致经济矛盾突出。主要体现在人口、经济与林木资源消耗严重失调，收支难以平衡。按当时木材立方米平均售价计算，林业局经济平衡点的木材年产量应为40万立方米。“七五”期间，木材平均年产量不到20万立方米；“八五”期间，木材平均年产量不到14万立方米，致使企业经济矛盾加剧，各项生产和事业难以为继。虽然调减木材产量有利于林木的消长平衡，但调减后形成的经济收入亏减一时难以弥补，出现设备闲置、人员大量富余、固定性支出增加、营业外支出逐年加大、企业流动资金被挤占、职工工资被拖欠、职工生活福利被欠账等矛盾。

三、结构矛盾

从所有制结构上看，国有林业企业年产值占70%，而其他所有制企业年产值占30%。全民经济一统天下的格局约束了企业内在活力，限制了企业的发展。从产业结构上看，林业产业一直占主导地位。木材产量大幅度调减后，其他产业没有形成替补能力，林业产业结构极不合理。从产品结构上看，由于长期受计划经济的影响，产品单一，基本上是“原”字号卖出，产品效益未得到有效开发。改革开放以来，产品计划调出比重虽然减少，但由于企业经济危困，难以筹措资金进行技术改造和产品更新换代。另外，林业局虽然多种经营起步早，但由于没有形成规模效益，没有龙头企业和拳头产品，不利于招商引资，也制约了企业经济的发展。

第二节　治危兴林总体思路的确定

1988年，全局上下开展轰轰烈烈的治危兴林大讨论。通过“摆企情、看优势、找出路”，使广大干部和群众认清林业企业作为资源型企业，有着无限的发展潜力，只要坚定信心，广开门路，充分发挥资源优势，林业企业还会实现可持续发展。

1995年，林业局召开经济活动分析会议，对企情进行认真研究、深入思考和再认识，从客观上把握经济和社会发展的规律，探索冲出困境、振兴林业局的路子。会议认为：（1）虽然林区经济危困，但各种生产要素的潜力尚未充分发挥出来，经深入挖掘和优化组合，可以形成强大的生产能力。（2）虽然林木可采资源接近枯竭，但其他自然资源比较丰富，经合理开发利用，可以转化为经济优势。（3）虽然产业结构不尽合理，但发展接续产业领域广阔。通过壮大地方经济，可以建立起多支撑点的经济新格局。（4）虽然木材优势劣化，但某些优势对外仍具有一定的吸引力。通过大力推进横向经济联合，可借助外部力量壮大自身的经济实力。（5）虽然林业生产面对技术饥渴的现实，但还有一定数量的科技人才。只要创造条件，发挥他们的聪明才智，就可以提高科技进步因素在经济发展中的比重。（6）虽然现实困难给林业局带来很大的压力，但全局广大职工群众有不畏困难、艰苦奋斗的优良传统，只要发挥这一优势，就可以变压力为开拓前进的动力。

铁力林业局对企情的再认识，是对以往认识的深化与升华，是实事求是、解放思想的具体体现，为企业冲破“三大矛盾”困扰、提出新的工作思路、打好治危兴林总体战奠定了思想基础。在此基础上，林业局提出治危兴林总体思路：以中共十四届三中、四中全会精神为指针，以产权制度改革为中心，以转换经营机制为重点，坚持“大船调头”（企业由计划经济向市场经济转航），“小船扬帆”（基层单位自强自立、各自突围），“多路突围”（多条渠道、多种途径进行突围），“自我解危”（基层单位各自为战，自强自立冲出困境）。经过拼搏，力争一年后经济危困有所缓解，三年后经济有大的缓解，为20世纪末全局经济翻两番奠定基础。具体举措是："放管结合"（放开林业局权力范围内束缚生产力和经济发展的各种制约，主要是放权、转机制，对应核算的部分坚决管住）；"推扶并举"（区分类型，把基层推向市场，对需要扶持的给予扶持）；"调改同抓"（调整产业结构和深化改革同抓）；"稳中求进"（在保证稳定的前提下深化改革，发展经济，向兴企富民的道路迈进）。

第三节 治危兴林方案

1990年3月6日，黑龙江省森工总局转发省政府《关于印发治理森工"两危"实现"两个良性循环"方案的通知》。9月19日，伊春市政府、林管局制订《伊春林区治危兴林方案》。铁力林业局根据黑龙江省和伊春市的方案精神，于1990年年末制订《铁力林业局治危兴林方案》。方案分为6部分：（1）铁力林业局概况。包括建局以来为国家做出贡献的英模人物。（2）介绍"两危"局势。即森林资源危机相当严重，企业经济严重危困，历史欠账过多，社会负担过重。（3）治危兴林的有利条件。外部条件是国家对铁力林业局"两危"问题十分重视，决定把铁力林业局作为全国唯一的森工企业治危兴林试点单位；国家计委、林业部、伊春市委市政府对铁力林业局的治危兴林确定"加强领导，优先照顾，积极支持"措施。内部条件是林业局各种资源比较丰富，各种生产要素潜力很大，具有良好的投资环境。（4）明确治危兴林的主要任务。即加速培养后备森林资源，合理利用现有森林资源，努力发展林产工业，积极发展多种经营，全面加强经营管理，扩大对外合作。（5）向上级请求优惠政策及资金扶持。（6）林业局成立治危兴林领导小组。

《铁力林业局治危兴林方案》的制订和实施，既规划了治危兴林的实施方法、内容和步骤，又明确了治危兴林的困难和有利因素，使职工群众在明确方向的同时，看到了肩负的重任和光明前景，鼓舞了士气，增添了干劲，促进了治危兴林工程的实施。

1991年年初，林业局又向各基层单位下发《关于制订治危兴林方案的通知》，要求各基层单位安排一名主要领导负责制订方案工作，抽出专人搞好调查研究，摸清本单位的资源、劳力、资产等方面的情况。根据自身的实际情况，选准治危兴林的突破口。山上单位以培养森林资源和发展农业、多种经营为主，把兴林和治危有机结合；山下单位重点解决好发展替代产业，转移劳动力，提高经济效益。治危兴林方案要立足当前，兼顾长远，本着近、中、远相结合的原则，实事求是地确定近期、中期和长期的目标及措施。其中近期目标及措施要具体，解决近期危困的项目和效益要明确。各基层单位根据林业局的要求，立足本单位实际，均制定出可行的治危兴林方案，使治危兴林工程层层落实，成为全局的共识和行动。

第四节 治危兴林项目

一、速生丰产林

铁力林业局计划从1991年到1993年营造速生丰产林3333.33公顷，总投资763.93万元。丰产林设计以营造落叶松为主。1991年计划营造丰产林1066.67公顷，实际完成1091.93公顷；1992年计划1066.67公顷，实际完成1117.8公顷；1993年计划1200公顷，实际完成1356.2公顷。3年共完成3565.93公顷。速生丰产林基地面积相对比较集中，平均每个小号面积4.07公顷，每片面积最小10公顷，而且每个小号的立地条件总分都达71分以上。初植密度平均每亩279.3±14.3株（培育中小径材）。造林苗木质量达到GB6000–1985《主要造林树种苗木质量分级》规定Ⅰ级标准的占93.1%，植苗合格率92%。本项目国家林业投资公司投资169万元。其中1991年投资100万元，购置7台（套）设备，花费15.8万元；修建道路26.24公里，花费81.2万元；设计费花费3万元。1992年投资69万元，购置112台（套）设备。

二、扩建壁毯厂

该项目由国家林业投资公司在森工预算贷款中安排185万元，其中已到位159万元，流动资金由申请地方银行贷款和企业自筹解决。壁毯厂扩建后，生产规模为年产1万平方米壁毯，利润预期可达27.52万元。扩建后可安排生产工人2400人。1991年共完成300架梁，其中综合木器厂60架、木制品厂60架、汽运处50架、工程处20架、木材加工厂60架、电厂20架、机械厂20架、贮木场10架，完成投资59.82万元。1992年完成300架梁，投资66.65万元，按时完成计划任务规定的架梁数量。1992年完成主厂房1222平方米，棉毛线库400平方米，投入资金72.4万元，其中主厂房61.1万元、棉毛线库11.3万元。因国家林业投资公司资金没有到位，上述资金均由林业局自行垫付。围墙、道路、供热、电网等工程和设备因投资没到位尚未完成。此项目最终夭折。

三、刨花板厂设备改造

在国家林业投资公司及有关领导的支持和帮助下，林业局先后经过7次反复修改和设备写实，最后确定了对刨花板厂料仓、干燥机等16项设备进行改造的方案。同时，由上而下确定项目负责人，并由国家林机公司金玉民处长、高级工程师杨薪振任总技术顾问，全面负责设备改造的总体方案和实施质量检查工作。林业局同时成立设备改造领导小组，下设4个分组，全面负责设备改造。1991年10月设备改造全部完成，一次试车成功。这次设备改造计划投资250万元，实际使用258.8万元。其中设备改造38万元，设备检修25万元，购买设备配件157.3万元（钢带120万元），其他费用38.5万元。

四、木材加工厂锯材车间填平补齐工程

该工程从1991年8月开始实施，1991年10月1日全部竣工，完成投资154.63万元，其中林业投资公司贷款80万元、林业局自筹74.63万元。新上设备14台（套），对影响产品质量的设备全部进行更替，对其他设备也进行维修改造。改造完成后，基本满足生产需要，给木材加工厂带来较好的经济效益。

1. 节约效益。每年节约各种费用43.98万元。其中电费10.98万元，大修理费10万元，维修费11万元，材料费10万元，厂房维修费2万元。

2. 创收效益。每年增加创收187.2万元。其中：提高出材率2%，年耗原料4万立方米，多出材800立方米，木材售价按560元/立方米计算，增收44.8万元；提高定制品率40%，年定制品25000立方米，多出定制材1万立方米，与普通材差价120元/立方米，多创收120万元；提高产品质量，减少改锯材，提高出材率1%，多出材400立方米，木材售价按560元/立方米计算，增收22.4万元。

五、自来水工程

该工程从1990年9月开始施工，总投资534万元，其中国家林业投资公司贷款414万元、企业自筹120万元。工程包括：打水源井3眼、深水井1处；修建净水厂（清水池、吸水井、净化间、二级泵房、加氯间、检修、盐库、锅炉房等）；修建总长125800米的输水管网（其中主管道为4200米、支管道为89800米、进户管道31800米）。工程竣工后，全局山下地区5700户职工和45个基层单位用上自来水，供水能力达4500吨/日。

六、扩建塑料制品厂

该项目总投资 50 万元，其中设备投资 40 万元、厂房改造 10 万元。1992 年生产塑料管 17 吨、食品袋 12 吨、编织袋 56 吨，共实现利润 35.53 万元（其中塑料管 8.53 万元、食品袋 5.1 万元、编织袋 21.9 万元）。

七、筹建轻质碳酸钙厂

该项目生产规模为 5000 吨 / 年，总投资 251 万元，经济效益预计 72.06 万元 / 年，安排人员 250 人（包括行政管理人员和后勤服务人员）。

该项目于 1991 年 6 月 20 日动工兴建，1993 年 5 月底竣工，共完成投资 251 万元。其中土建投资 88.9 万元，设备投资 162.1 万元。后因设备与原料等因素，于 1994 年年初下马。

八、危房改造

1991—1993 年，国家林业投资公司共投资 300 万元用于林业局危房改造。1991 年完成危房改造建筑面积 4340 平方米，解决 72 户职工住房，投资总额 156.1 万元，其中林业投资公司 50 万元、局配套资金 106.1 万元。1992 年完成危房改造建筑面积 5430 平方米，解决职工住房 90 户，投资总额 188.2 万元，其中林业投资公司 70 万元、林业局配套资金 118.2 万元。1993 年完成危房改造建筑面积 9600 平方米，解决职工住房 159 户，投资总额 480 万元，其中林业投资公司 180 万元、林业局配套资金 300 万元。

九、红光、王杨农场项目

该项目总投资 121.2 万元，投资款项于 1991 年 11 月到位，1992 年年初开始实施，1992 年上半年竣工。共开荒 3000 亩，购置设备 46 台（套），建造水泥场院 2 处 4500 平方米，公路 8 公里，机井 1 眼。

（一）红光农场项目

项目投资 37.1 万元，其中开荒费 6 万元、设备购置 24.1 万元、水泥场院 5.4 万元、公路 1.6 万元。1992 年红光农场新开荒 200 公顷，种植面积 162 公顷，盈亏持平。

（二）王杨农场项目

项目投资 84.1 万元，其中设备购置 75.8 万元、水泥场院 4.7 万元、机井 2 万元、公路 1.6 万元。1992 年王杨农场种植面积 223 公顷，实现利润 5.2 万元。

第五节　实施“五以”战略

1989 年 6 月 11 日，中共伊春市第七次代表大会召开，提出了振兴全市经济的“五以”（以智取胜、以林为本、以大解危、以技立身、以联促活）战略。铁力林业局认真贯彻这次会议精神，研究制定实行“五以”战略措施，即在今后一个时期的治危兴林中，坚持改革开放总方针，调整“两个结构”（产业结构和产品结构），开发“两种资源”（林木资源和非林木资源），挖掘“三大潜力”（资源潜力、资产潜力、管理潜力），努力缓解“三危”（林木资源危机、经济危困、生态环境危机），为全局经济发展以及实现治危兴林整体目标奠定坚实基础。林业局又根据伊春市提出的“五以”战略具体内容，结合自身实际情况，制订实施方案。

一、以智取胜，大力发展教育事业

牢固树立“百年大计，教育为本”的思想，进一步确立教育的战略地位，全面贯彻党的教育方针，深化教育改革，改善教育环境，调整教育结构，促进成人及各级各类教育协调发展，更好地为全局经济和社会发展服务。

二、以林为本，打牢基础

从1989年起，将木材生产调到合理定产水平，加大扶育力度，使森林资源得以休养生息。与此同时，尽力创造条件，调动各方面力量，使营林事业有一个大发展。为实现这一目标，在抓好常规造林的同时，采取多种形式大造速生丰产林和原料林，逐步加强现代化生产要素的投入，加强林政管理，杜绝乱砍滥伐，力争消灭森林火灾。

三、以大解危，通过挖掘“三大潜力”，缓解“两危”局面

挖掘资源潜力，进一步改变产品结构，在产品的精深加工上做文章，提高“三剩”利用率。积极创造条件，开发其他资源。挖掘资产潜力，通过深化经济体制改革，加强企业间的横向联合，促进生产要素的合理流动与优化组合，把闲置的生产要素充分利用起来。挖掘管理潜力，通过强化管理，实现内涵增值，不断提高管理干部政治与业务素质，造就一批适应现代化大生产需要的管理人才。全面加强企业各方面管理基础工作，建立健全以经济责任制为中心的各项管理制度，鼓励职工提高产品质量和生产效率。继续抓好企业升级工作，坚持标准，从严要求，以此实现企业的整体优化。加强职工的主人翁思想教育，深入开展“双增双节”活动，动员广大职工自觉堵塞“跑、冒、滴、漏”，献计挖潜，革新增收，形成一种人人关心企业、自觉参与管理的良好风气。

四、以技立身，依托林业，大力发展地方经济

以市场为导向，以科技为动力，上下一起动，大、中、小项目一起上，逐渐建立起家具、建材、药材、食品等支柱行业，初步形成行业配套、均衡发展的地方经济体系。

五、以联促活，推进全方位横向联合，增强企业内在经济活力

不断拓宽联合领域，改进联合方式，丰富联合内容，做到内部联合与外部联合相结合、生产联合与技术联合相结合、紧密型联合与松散型联合相结合。按照发展后续支柱产业的需要，积极组建科研生产联合体和企业集团，开展具有实质意义的多边协作，借助外部联系参与国际市场竞争。

“五以”战略是铁力林业局在伊春市委、市政府的指导下，面对经济困难，“反弹琵琶”的重要举措，经过几年的实施，对全局经济发展发挥了重要的作用。

第六节　改善经济环境

1988年9月，中共十三届三中全会提出治理经济环境、整顿经济秩序、全面深化改革的方针。黑龙江省、伊春市根据这一方针，分别制定相应措施。铁力林业局根据中央、省、市的安排，认真总结10年改革给企业带来的变化：一是人们传统观念受到冲击，市场经济思想和时间、效益、竞争等新的观念逐步确立。二是经营模式得到改变，各种责任制不断完善，并普遍实行企业内经营承包责任制、厂（场、所）长责任制、厂（场、所）长任期目标责任制和各种形式的包干责任制，大大调动了

经营者和生产者的积极性，使企业经营管理水平有了较大幅度的提高。三是经济成分开始发生变化，产业结构得到初步调整。在木材产量逐年减少的情况下，营林生产、多种经营生产有了较快的发展。同时，还指出林业局企业内部改革的现有问题是改革意识不强、经营管理不善、收入分配不公、资金管理不严，尤其是过惯“大木头”的日子，缺乏重新创业的思想，致使许多资源优势得不到发挥。

治理经济环境、整顿经济秩序是打好治危兴林攻坚战的关键。根据黑龙江省、伊春市提出的工作要求，铁力林业局制定改善企业内外部环境的20条措施，归纳起来就是压缩投资规模，清理在建项目，控制社会购买力，整顿木材销售和其他经济领域的秩序，深化改革产业管理，极大限度地挖掘企业内部潜力，节约增效，调整产业产品结构，发展多元化经济，逐步实现自立。同时，抓住国家林业投资公司在林业局搞“治危兴林”试点的契机，对上争取宽松政策，对内搞活经济，力争尽快摆脱“两危”困境。接着，林业局又相继起草下发《“治危兴林”方案》《党政干部保持廉洁的规定》《整顿企业方案》《整顿木材销售的意见》。为保证上述文件的贯彻实施和各项工作任务的完成，林业局强调全局上下加强治危兴林的宣传工作，号召党员和群众振奋精神、努力工作，在治理经济环境、整顿经济秩序中发挥积极作用。通过各经济领域的整顿，林业局企业经营活动开始步入规范化轨道，为实施治危兴林工程创造了良好的经济环境。

第七节　转换经营机制

针对企业经营管理现状，铁力林业局把经济工作的重点转换到经营机制的建设上来，调整经营思路，从转换企业经营机制入手，搞活经济，增强企业内力，促进治危兴林。按照中央林业部和黑龙江省森林工业总局的要求，继续推行经营改革试点工作，进一步理顺全民与集体、林业局与各公司、公司与基层单位之间的职权划分和业务关系，促进其在治危兴林中发挥各自的积极性和创造性。引入承包机制，完善以承包经营为主的多种形式的经营责任制，实施全过程、全方位、全员承包，不断提高经营责任制水平。对私营工业、集体企业，实施自主经营、自负盈亏、定额上缴的经营机制。本着激励一线、鼓励劳动力上山的原则，推行联产联优、联勤计酬的形式。对山上单位实行死任务、活动劳力作业方式。职工搞季节性生产，非生产季节搞副业增加收入。在财务管理机制上，开展财务核算制度改革，按照“模拟法人、模拟价格、模拟利润”方法，建立自计盈亏的财务核算办法，打破传统收支的财务核算制度。林业局和基层单位之间，基层单位与基层单位之间，经济往来实施现金交易，取消转账制，杜绝资金浪费和以权谋私的现象。林价上采用企业内部模拟林价核算制度和营林核算制度，推行借款造林、收购青山的工程造林制度。转变集体经济体制，通过采取自主经营、自我发展、扩大自主权、扩大退出国企力度等办法，有效地解决集体经济中“人财物、产供销、责权利”互相脱节的管理体制问题。全民经济与集体经济逐步分开，使集体经济走上自我发展的道路。此外，还引入“能人治危”机制，通过招标选聘方法，把部分企业经营权交给懂经济、会经营的能人，鼓励并支持他们利用现有的资源和设备，推进要素合理流动和组合，充分利用山上资源优势和山下劳力优势。按照发挥优势、取长补短、互惠互利、共同发展的原则，促进山上与山下、全民与集体的经济联合，转换企业机制，使企业发挥潜能，增强内力，促进治危兴林工程的开展，也为之后以产权制度改革为中心的企业内部综合配套改革打下了基础。

第八节 创建社会主义新型林区

1992年11月5日，国家林业投资公司总经理肖成俊在国有林区“治危兴林”试点局工作座谈会上指出：治危兴林试点工作下一阶段目标是创建有中国特色的社会主义新型林区。1993年1月12日，国有林区试点建设工作会议在北京召开，林业部就建设有中国特色的社会主义新型林区工作进行部署。林业部、国家林业投资公司和黑龙江省森工总局、伊春林管局于1993年1月中旬在北京就铁力林业局1993年试点工作进行研究，要求铁力林业局在试点工作已经取得阶段性成果的基础上，本着“解放思想，转变观念，深化改革，大胆试验，加快步伐，创出新路”的宗旨，把建设有中国特色的社会主义新型林区作为第二阶段试点工作的目标加以推进，重点是发展经济。具体规划目标是：“八五”时期扭亏，“九五”时期致富，奋斗8年，把铁力林业局建设成以营林为基础、以林产工业为先导、林农结合多产业并举、集约经营的新型联合企业。铁力林业局按照相关要求，坚持以经济效益为中心，采取有效措施，加大工作力度，认真实施建设有中国特色的社会主义新型林区的规划。

一、广泛宣传

认真贯彻邓小平视察南方重要讲话和中共十四大精神，紧密联系实际，围绕发展经济这一主题，深入开展创建社会主义新林区和解放思想换脑筋的再发动、再教育，使广大干部、群众，特别是各级领导干部，在思想观念上发生很大变化。一是破除低速低效、平稳发展的旧思想，树立起敢于跨越式发展的新观念，充分发挥潜在优势，对实现经济的加速发展起到重要作用。二是破除自我封闭、孤立发展的旧思想，增强机遇意识，树立自立发展的新观念。这些观念的转变，使全局各级干部在思想上产生飞跃，焕发出昂扬向上、奋发有为的士气和斗志，从而转变成推动企业经济速度和效益同步增长的物质力量。职工的主人翁责任感明显增强，更加关心企业和单位的经营管理，主动为企业搜集信息、联系项目、提合理化建议。各级管理干部联系自身工作实际，从促进速度和效益同步增长的原则出发，提出并实现一系列加强管理、深化改革、推动经济发展的新措施，使企业经济进入快速发展的轨道。

二、转换机制

把加速转换企业经营机制、深化以“三项制度”为主要内容的各项配套改革，作为加快速度和效益同步增长的关键措施来抓。一是改革领导体制。按照党政班子一体化、党政职能一体化、党政机构一体化的思想，经市委批准，调整林业局领导班子。党委书记、局长一人兼，党政领导交叉兼职，党政职能部门合二为一，突出企业法人代表的中心地位，强化局长对经济工作的经营决策权。二是改革机关机构。按照“小机构，大服务”的思路和“精简、统一、效能”的原则，改革机关机构设置，精减人员。三是改革干部制度。引入竞争机制，按公开、平等、竞争的原则，对副科级以上干部实行聘任。干部的责任感和竞争意识普遍增强。四是改革劳动制度。在全局推行全员合同化管理，打破干部、工人（合同制工人）的界限，实行平等竞争、双向选择、择优上岗，层层优化组合。林业局制定政策，采取多种渠道解决落聘和富余人员的就业问题，落聘人员和富余人员得到妥善安置。五是改革分配制度。全局普遍实行计件工资和岗位技能工资，使工资分配向四个方面倾斜，即向山上倾斜，向生产一线倾斜，向苦、脏、累、险等重要岗位倾斜，向有成果的科技人员倾斜。机械厂、刨花板厂通过实行工效挂钩，使分配重点向生产一线倾斜，极大地调动了职工群众生产积极性，经济效益不断提高。六是改革商业体制，成立商业供销总公司。林业局对总公司、总公司对分公司层层实行聘任承包经营，对各商业网点实行经营、价格、分配、用工“四放开”。七是改革医疗制度。职工医院面向社会，放开经营，增加收入；职工医疗费实行双向承担，职工和企业共同分担。职工门诊药费一律不予核销，每人每月增发2元医药费补贴；住院医疗费用由过去的职工承担10%、企业承担90%改为职工承担20%、企业承担80%，减轻企业负担。八是积极推行股份制试点。对新上项目轻质碳酸钙厂进行内部职工参股经营试点，从职工到厂长全部缴纳参股资金。厂内采取“三资”企业的管理方法进行管理，努力为提高企业经营管理水平探索新的路子。

三、加强管理

在加快企业经济增长速度、提高经济效益的过程中，林业局立足内部挖潜，把管理的重点放到木材生产上。一是加强伐区管理，木材加工剩余物不准扔在山上，必须全部用光榨净。二是加强木材运输管理，严禁使用个体车辆运材，同时努力提高运输载量，降低成本，避免个体车辆在运材过程中出现偷盗木材、套取工资等问题。三是加强木材销售管理，木材统一归口经销，严格禁止基层私卖木材。缴库材的质量和数量均有较大幅度的提高。同时，加强原条造材管理，优质材比重增加。注重引入激励机制，对管理到位、经济效益好的基层单位党政一把手实行重奖。四是狠抓创收节支、减亏增效工作，使两级管理费大幅度削减。

四、走向市场

按照中共十四大关于建立社会主义市场经济体制的总体构想，林业局在把基层推向市场、引导它们在速度和效益同步增长方面进行了积极探索。一是调整机构设置，适应市场经济发展的要求。将原治危兴林办公室改为经济技术开发公司，并将营林公司、林产工业公司、多种经营公司、商业供销公司、物资供销公司、对外贸易公司、木材经销公司全部转换成生产经营型经济实体。二是面向市场确定经营重点，围绕重点搞好服务。在锯材生产中，注意克服片面追求产值、忽视效益的倾向，确定以提高效益为标准的经营战略，减少产品积压，保证速度、效益的同步增长。林业局在市场研究中发现，人造板市场行情看好，于是充分利用现有生产能力，千方百计扩大刨花板和胶合板的生产规模，从局机关到厂领导都围绕增加产量、提高质量、保证效益这个中心开展工作。电气供应不足，宁肯停机关大楼和非生产单位的用电，也要保证重点产品生产。三是树立典型，引导基层进入市场。将机械厂、刨花板厂、工程处、木材加工厂、大理石制品厂和5个企办农场列为走向市场的试点单位，允许其在银行立户，给它们下放生产经营决策权、机构设置权、产品定价权、人事劳动权和工资分配权。帮助它们逐步适应市场经济新体制，增强驾驭市场经济、在市场经济中求得生存和发展的本领，取得了初步成果。四是创造条件，积极把基层推向市场。林业局明确规定，允许各单位到市场找项目，允许自筹资金购置或引进设备，其产品可以直接进入市场。枝丫和小材小料、木削片的收入全部归基层，可以用于开发适应市场需要的新产品。这些政策规定调动了基层主动进入市场的积极性。同时，对一些长期依赖林业局保原料、交任务的单位，采取增加压力、断其“皇粮”的办法把它们推向市场。经过改革，基层单位自己闯市场、找项目已形成常态，皮革、服装、木珠、节能灯、卫生餐具、饮料、酿酒等生产项目相继上马，有的还打入外省市开办分厂，取得了可观的经济效益。削片生产过去是一项很难落实的任务，改革后有条件的林场（所）争相生产销售，枝丫储备不足时还收购居民烧柴作为原料。创建社会主义新林区，搞活了企业，促进了企业经济的发展，为以后的深层次创建工作打下了基础。

第九节 综合立体开发

1985 年，中共伊春市委从伊春的实际情况出发，在治危兴林过程中提出综合立体开发的经济发展战略。铁力林业局结合自身实际情况，确定林业局综合立体开发总体思路，并于 1986 年开始实施。林业局综合立体开发的基本模式是：打破单一木材生产、单一林业经济、单一全民所有制的旧模式，扬山富之长，避林贫之短。对山上山下、地上地下的各种自然资源进行统筹规划，不断开发新资源、新产业、新产品和新市场，使全民、集体、个体、合资、合作等多种经济形式互相促进，共同发展，形成多层次、多元化的经济结构。与此同时，相应确立总体开发目标，即建立一个多层次的立体生态林区，全民合理地开发利用林木、动植物、土地、水利、矿产五大资源。重点做好木材、人造板、种植业、养殖业、中草药、建筑材料、饮食服务、旅游等产业，实现林区经济的良性循环，进而达到把林子养起来、职工富起来、环境美起来、对国家贡献大起来的目标。

综合立体开发战略，注重森林资源培育，注重林区产业结构调整及所有制结构调整，使林业经济形成多层次、多元化、立体发展的经济结构，对铁力林业局治危兴林，建立新型的、开放式的林业产业基地，成为各业兴旺、经济繁荣的社会主义现代化林区，起到了强有力的推动作用。

一、实施综合立体开发的具体措施

（一）更新观念

铁力林业局综合立体开发战略措施制定后，首先着眼的是思想解放，更新观念。通过各种形式进行宣传，在全局干部群众中，重点破除和确定“五个观念”。即破除以木为纲、单一林业经济、单一木材生产的观念，树立以营林为基础、采育结合、综合开发、建立多样化产业结构的观念，破除自然经济观念，增强市场意识（信息观、竞争观、价值观、流通观、经营观等），确立发展商品化生产的观念；破除单一全民所有制的观念，明确集体经济和个体经济的地位与作用，树立全民、集体、个体、合作经济“四个轮子”一起转的观念；破除“老守田园”的封闭隔绝意识，树立广泛发展横向联系，形成多层次、全方位开放的观念；破除墨守成规、不思进取的观念，树立自力更生、艰苦奋斗、进行创造性工作的开拓观念。通过对陈旧观念的破除和对新观念的确立，为林区的综合立体开发奠定了坚实的思想基础。

（二）敞开山门，广泛发展横向联合

铁力林业局过去封闭隔绝的经营方式，不断遭到经济体制改革和商品生产发展的有力冲击。为适应综合发展林区经济的要求，使生产要素得到进一步的优化组合，林业局向省内外敞开山门，积极开展内引外联工作。到 1990 年，已与外省市的几十个地、市级单位建立信息情报交流关系；与黑龙江大学、东北林学院（今东北林业大学）等大专院校签订长期经济、技术协作协议；同日本、韩国等国家和中国台湾、香港地区的财团建立业务关系；在哈尔滨、北京、大连、深圳等地设立区域性的对外窗口和联营经销点；签订各种合同和协议，引进技术、人才、设备、资金。进入 21 世纪后，为实现全局经济的快发展、大发展，林业局把招商引资作为重要工作来抓，加大内引外联力度，实施工业兴局战略，形成党政一把手亲自抓、招商指标分解到班子成员和相关部门合力抓的工作机制。工作中，依托企业资源优势和产业基础，“走出去”“请进来”，借助各种展会，宣传招商引资优惠政策，树立企业形象，拓宽招商引资渠道。通过招商引资、依托外力，发展民营经济、拉动内力，做强做大现有企业、激活潜力的办法，三力合一形成动力，推进工业兴局战略的稳步实施。做到林权改革带项目，奶牛养殖联项目，绿色食品扩项目，土地资源引项目，北药加工扩项目，木材加工招项目，民间

资本聚项目，非林脱木促项目，招商引资立项目。根据林业局自身情况，确立奶制品综合加工、绿色食品速冻项目扩产、北药初级加工、红杉豆引种、日月峡景区开发、风力发电、复合地板扩产、塑料编织袋扩产、亚麻粗加工项目改造和根雕工艺品生产10个重点招商项目，同时建立招商引资项目储备库。在招商引资工作中，建基地，实行定点招商；建队伍，实行专职招商；建外设机构，实行常年招商；密切感情，实行以情招商；积极参展，实行规模招商，提高了招商引资的对接率、履约率和成功率。林业局招商的良好氛围、留商的管理办法、护商的保障措施、富商的投资环境、创业的可靠平台、发展的优惠政策、周到的热情服务、潜在的无限商机，使大批有识之士纷至沓来，投资创业谋发展。2005年，林业局招商引资签约额达1.18亿元，到位资金3740万元，完成计划指标的144%，提前超额完成市政府下达的招商引资计划指标。口味速冻食品有限公司、鸿大木业有限公司、天发木业有限公司、森涛木业有限公司、建林木业有限公司、亚鑫木业有限公司6家规模以上企业已投入生产。

（三）制定优惠政策

制定切实可行的优惠政策，是推进综合立体发展的重要保证。实施综合立体开发后，铁力林业局在深入调查研究的基础上，出台适合林业局具体情况、有利于综合立体开发的政策。包括开展国内横向经济联合的优惠办法，引进人才的规定，加快发展个体经济的有关规定，开展横向经济联合、推进综合立体开发等。这些政策性规定比较全面，也比较配套，为综合立体开发提供了可靠的保障和必要的条件，有力地促进了林区经济的发展。

（四）挖掘人才潜力

综合立体开发能否有效进行，关键在于人才。铁力林业局十分注重挖掘人才潜力。对现有人才状况进行调查摸底，对所用非所学专业人才按其特长进行归口管理。同时采取招标考试、群众推荐等办法广选人才，用优惠政策稳定专门人才。制定《铁力林业局鼓励科技人才来企工作的实施办法》《铁力林业局吸引人才和稳定人才的若干规定》，出台《优秀专门人才评选奖励办法》。对所有在林业局工作的大中专毕业生，分别给予每月200元和100元的工资奖励。通过以上工作，全局的人才队伍和知识结构发生了一定的变化，尊重知识、尊重人才的风气在全局范围内形成，为综合立体开发提供了有效的智力支持。

二、综合立体开发的实践及效果

铁力林业局从兼顾经济效益、生态效益、社会效益和实现青山常在、永续利用的目的出发，实施综合立体开发战略。

（一）狠抓基础性产业

营林是全局的基础性产业，铁力林业局组织大规模的森林资源调查，摸清了资源底数。在此基础上，从育苗、造林、抚育、管护四个环节下功夫，通过全民、集体、个体力量一起上，使营林工作取得突破性的进展。

（二）综合开发利用林区的多种资源

铁力林业局针对林区内动植物、土地、草原、水源、矿藏、旅游等资源十分丰富的优势，开发新产业、新产品向经济优势转化。林业局的综合立体开发在兼顾生态效益和社会效益的前提下，对各种资源进行多层次、全方位的开发利用。逐步建立以采伐、造材、制材“三个剩余物”多次加工的木材综合利用体系。大力发展以种植业、养殖业、采集业、小加工业和服务业为主的多种经营模式。有重点地开发一批“短、平、快”项目，提高产品增值能力。在综合立体开发中，注重发展一批投资少、见效快、有市场的生产项目，开展“一厂（场）一品”活动。以一厂（场）带多厂（场），一品带多品，从产品系列化和多次增值中增加效益。多种资源的开发利用，为林区经济注入了活力，为森林资源的休养生息提供了较宽松的条件。同时，拓宽了待业人员的安置门路，促进了社会的安定团结，给林区经济和社会发展带来了新的生机。

（三）发展多种经济形式

多年来，铁力林业局经济成分单一，全局 7 万多人口基本靠吃全民经济“大锅饭”过日子，致使生产门路狭窄，企业负担过重，群众生产经营的积极性得不到充分发挥。为彻底扭转这种“全民经济、职工社会、林业企业一统天下”的局面，林业局在坚持以国营经济为主导的前提下，大力发展集体经济、个体经济与合作经济，做到国营、集体、个体、合营“四个轮子”一起转。进入 21 世纪后，企业经济结构通过调整，集体经济逐步退出，私营经济、合营经济长足发展，已占据全局经济的主导地位。

（四）开拓市场，建立商品流通网络

流通是连接生产和消费的纽带，搞活流通是发展商品经济的根本要求。1986 年以后，全局商业、外贸、物资等部门积极改革渠道少、环节多、封闭式的体制，扩大聚集能力和扩散能力。一方面改革经营体制，对小型店（点）实行转制、租赁和放开经营；另一方面积极组织货源，扩大工业产品销售，促进商品流通。进入 21 世纪后，商业、外贸、物资等部门从林业局整体经营中裂变退出，全部实现民有民营，活跃了市场，搞活了流通，减轻了企业负担。

第十节　产业、产品结构调整

为加快治危兴林步伐，林业局在木材生产大幅度调减、企业经济单靠木材收入已不抵支出的情况下，根据自身情况，调整产业、产品结构，大力发展多种经营和其他替代产业。1992 年，可采资源已告枯竭的九连林场打响了发展替代产业的第一枪。林场在停止主伐生产的情况下，转换脑筋，调整产业、产品结构，向黑土地进军，利用非宜林荒地开荒种地，副业收入远远超过木材生产时期，实现以场自立。林业局抓住这个典型，在全局大力宣传，推动了以多种经营为主业的脱木替代产业的发展。为加快产业、产品结构调整步伐，铁力林业局出台《铁力林业局经济和社会发展十年规划》、《铁力林业局“八五”计划纲要（草案）》（以下简称《纲要（草案）》）、《铁力林业局经济和社会发展计划安排意见》，对铁力林业局的重大经济结构作出调整。主要是压缩木材经济比重，实现木材采运、林产工业、多种经营产值各占全局经济总产值的三分之一，形成三足鼎立的经济发展格局。根据《纲要（草案）》的整体构想和伊春市提出的“抓开发、快调整”的要求，林业局确定产业、产品结构调整思路，总的要求是发展基础产业，巩固主导产业，扩大后续替代产业。重点抓了以下三个方面工作：一是依托林地资源，搞好开发性调整，尽快让资源优势转化为经济优势。着重在深加工、精加工上下功夫。在现有林木产品生产中引进新技术、新工艺，多创高附加值的名优产品，做到一品带多品，促进产品更新换代，提高现有脱木产品的质量，逐步形成生产多品种系列化产品的新格局。开拓和扩大绿色食品新市场，充分利用“三个剩余物”扩大削片生产，搞好山特产品系列加工，利用好多种森林资源。二是以市场为导向，搞好经营性调整。紧紧盯住市场，实行“一厂一品、一厂一改、一厂一联”，以达到“上一品、活一厂，兴一业、富一处”的目的。搞好市场超前预测，对适销对路、出口创汇产品，抓住机遇，满足原料供应，促其扩大生产。对市场前景不好的产品马上转产，开辟新的生产门路。三是以发展林下经济为重点，搞好产业、产品结构调整。对山野菜、木耳、蘑菇等山产资源，广泛开发利用。尤其是开发旅游业，使林区风景资源及生态资源得到充分利用。

第十一节　增收节支

铁力林业局针对不同发展阶段出现的新情况、新问题，采取相应的措施，促进治危兴林。1992年实施增收节支，1993年开展大打扭亏增盈总体战。特别是抓住木材及林副产品畅销的机遇，强化木材销售工作，实行木材最低限价政策，森工主产品木材、锯材、人造板售价提高20%左右。木材平均售价312元，比1992年增长27.51元。1994年，学习南岔林业局依靠内力、精打细算、挖潜增效、持之以恒的经验，层层制定减亏增盈目标，与36个基层单位签订“减亏增盈”合同，明确各项经济质量指标与考核体系，定期进行综合考评，严格兑现奖惩。坚持领导帮扶亏损大户，制定帮扶亏损单位措施，给予亏损单位优惠政策，把亏损严重又无减亏能力的单位重组或推向市场。在林场（所）开展以场自立、以户自立活动，制定相应政策，鼓励职工依山致富、靠地生财，增强自我解亏能力。树立“过紧日子”思想，实行节支措施，把有限的资金用在刀刃上。通过全面加强企业管理、挖掘企业内部潜力，使企业效益不断提高，增收节支、扭亏增盈工作取得突破性进展，全局亏损额逐年大幅度减少。2004年、2005年，林业局坚持局务公开、阳光操作、挖潜增效的企业管理理念，在节支降耗上下功夫。通过在生产成本上“降”，在机构编制上“减”，在经费使用上“压”，在医药费管理上“严”的措施，有效地堵上了企业管理的漏洞。在增收节支上下功夫。组成清欠队伍，依法清欠，确保企业各项收入应收尽收；对各林场（所）及农场土地重新丈量，规范承包合同，科学合理地制定土地收费标准，增加职工收入；适时调整木材生产计划，坚持公开竞价，实行“零库存”的销售方式，以此增加木材销售收入；规范改制企业，盘活企业陈旧闲置资产，拍卖8个苗圃，盘活资金。2005年全局增收节支1300万元，减亏400万元，一举甩掉多年未完成上缴任务的落后帽子，实现新突破。

第十二节　科技兴林

铁力林业局坚持把依靠科技进步作为经济工作的中心环节，作为治危兴林的根本途径，作为推动经济发展的首要因素，切实把科学技术摆在第一生产力的位置，使科技兴林的方针体现得更突出、更充分、更全面、更具体，成为全社会的共识和自觉行动。通过科技成果的应用，加速了科技成果的转化进程，逐步加大了科技进步因素在经济发展中的比重。通过健全科技进步运行机制，促进企业对科技进步因素的自觉需求和吸纳能力。制定和实施科技开发与成果转化的配套政策，建立科研、生产、计划、财务“四位一体”的保障体系，健全和完善科技推广网络，深入开展创科企活动，促进企业的科学决策、科技开发、科技教育和科学管理水平的提高。聘请大专院校科研单位的专家学者到林业局进行科技培训，促进产品开发和科技攻关。通过进一步落实知识分子政策、发挥科技人才作用、放活科研单位和科技人员、改善科技人员的工作和生活条件，调动了科技人员的积极性，使一大批科技人员走上经济建设的主战场。林业局还制定科技进步的指标体系，并将其纳入企业承包合同的任期目标，使科技工作不断得到强化。

第十三节　三年解困

1996年，黑龙江省森工总局下发文件，对全省森工系统提出三年解困的要求。铁力林业局按照文件要求，结合贯彻落实黑龙江省委七届五次会议精神和黑龙江省森工总局第5次局长办公会精神，把三年解困作为治危兴林的重要工作，于1996年6月5日制订下发《铁力林业局三年解困方案》(以下简称《方案》)。《方案》共分三部分。第一部分是铁力林业局现状，阐述林业局的基本情况、资源开发利用情况、现有固定资产情况、林区职工及人口现状、生产经营状况。第二部分是指导思想与总体目标。指导思想：以邓小平建设有中国特色的社会主义市场经济理论为指导，积极推进“两分”和委托经营，大打发展经济大决战，开辟经济发展第二战场，培育新的经济生长点，强化管理挖潜增效，狠抓两个根本性转变，实现森林资源和经济协调同步增长，力争1996—1998年三年解困。总体目标：奋战两年，基本建立起适应市场经济体制要求的产权明晰、权责明确、管理科学的现代企业制度；以提高经济效益为中心，加快经济发展步伐，争取在1998年年末实现全局解困。第三部分是主要保证措施。

为使三年解困成为全局的共识和一致行动，林业局要求各基层单位根据自身实际，制订本单位三年解困方案。

在实施中，全局上下把三年解困视为森工企业走出低谷、走向振兴的重大举措，齐心合力，强力推进，具体采取8个方面的保证措施。

一、提高认识，深入开展三年解困活动

开展三年解困的再宣传、再贯彻、再落实活动，在全局上下进一步宣传三年解困的重大意义和有利机遇，使之家喻户晓，振奋职工群众的精神，激发战胜困难的信心和勇气。与此同时，深入开展国有企业和职工进入市场的大讨论，使职工的思想和行动均进入社会主义市场经济轨道，用市场经济的新思维、新观念、新取向去审视工作，充分挖掘各方面的潜力，调动一切可以调动的积极因素，与开展社会主义劳动竞赛结合起来，有效地提高职工群众的主人翁责任感，以忘我的劳动热情，积极投身到三年解困中来，为振兴林业局经济尽心尽力。

二、深化改革，全力推行现代企业制度

林业局抓住三年解困这一契机，以委托经营为龙头，进一步深化企业内部多种形式的复合改革。落实企业自主权，将《中华人民共和国企业法》中所规定的企业应有的权力全部下放给委托经营单位。通过划小核算单位、断“皇粮”等多种办法，把企业引向一企多制、新企新制上来；对有条件的基层生产单位，从实行股份制起步，积极创造条件，加快改革步伐；对独立的分厂、车间、苗圃以及由富余人员搞起来的经济实体，本着宜委则委、宜包则包、宜租则租、宜售则售、宜股则股的原则，因企因场制宜，走向市场，实行自主经营、自负盈亏。进一步实行委托经营，建立与现代企业制度相适应的人事、劳动、分配制度；进一步理顺分配关系，实行效益工资、计件工资和岗位技能工资等不同的工资分配形式，使职工收入依据其贡献大小适当拉开档次，重点向苦、脏、累、险和科技生产第一线岗位倾斜。本着“精简、统一、效能”的原则，进一步理顺机构，精减人员，强化服务，提高工作效率。按照省森工总局规定的标准，压缩管理人员和服务人员，节约开支。

三、强化管理，努力提高经济效益

从严治企、管企，坚定不移地抓管理，练内功，挖潜力，增效益，千方百计采取各种有效措施增收节支，做到少花钱多办事，让有限的资金发挥出更大的经济效益。强化企业的基础工作，切实加强企业人、财、物的管理，堵住一切漏洞，减少企业资产和效益的流失。同时，全局上下学习先进的管理方法和手段，不断提高企业的管理水平。挖掘企业内部各种生产要素的潜力。通过优化配置，使闲置的生产要素合理流动，实现内部增值。继续加大扭亏增盈的工作力度，实行分类指导，建立扭亏责

任制，严格兑现奖惩。在保证全局三年解困目标实现的同时，充分调动企业经营者的积极性，加强对受托人的业务培训，不断提高企业管理人员的素质。实行“能者上、庸者下”的能人导向机制，创造和形成有利于能人脱颖而出的内外环境，让能人管理企业，使企业在竞争中活起来。

四、依托资源开发，大力调整产业结构

把林产工业作为结构调整的重点，加快刨花板设备改造，完善木制装饰条附属项目，扩大综合生产能力。不断提高木材精深加工能力。延长产业链，提高附加值，实现原木不出局。以开辟木材加工市场为龙头，鼓励和支持林场（所）、集体、个体大搞“三剩”资源加工利用，推进木材资源的二次开发和深度开发。在三年解困中，以刨花板、卫生筷、牙签、雪糕柄等产业为龙头，大力发展劳动密集型的木制品加工业；以实业公司为龙头，重点发展木旋、木珠等小木制品生产，走大规模、小商品、大市场的路子，增强市场竞争能力，把全局“三剩”资源用干榨净。充分利用宜农荒山荒地多和低产田改造潜力较大的优势，鼓励集体、个人开荒，发展规模效益型农业。充分利用林区其他资源，发展非林替代产业。以白灰、水泥、石材产品为龙头，加速开发石灰石等地下矿产资源，带动建材工业的发展；以山特产品为龙头，加速开发山野菜、山野果等饮料食品系列产品，带动食品加工业的发展；加速发展以畜、禽为主的养殖业，带动畜牧业和家庭养殖业的发展，以茂林河林场、建设营林所人参基地为龙头，扩大生产能力，大力开发人参、平贝、五味子等药材种植加工业，带动药材种植业的发展。在此基础上，调动社会各方面的积极性，积极发展第三产业，重点发展投资少、效益好、就业容量大、与经济发展和人民物质文化生活密切相关的产业，促进企业经济的发展。

五、加速壮大非国有经济，培育新的经济增长点

加速开辟以发展非国有经济为主攻方向的第二战场。打破现有的所有制格局，加快非国有经济发展，改变非国有经济规模小、经营领域单一的状况，实现跨越式发展。根据黑龙江省委关于开辟“第二战场”的决定，按照发展市场经济的要求，充分挖掘各种发展潜力，调动各方面的积极性，发展创造宽松环境，推动非国有经济以更快的速度向前发展。林业局从有利于非国有经济快速发展出发，不单纯强调哪种形式为主，集体、个体、私营、“三资”、民营等几个轮子一起转，哪个轮子转得快就支持哪个。创造性地用活政策，为非国有经济参与市场竞争创造公平的外部环境。走“温州发展”的路子，引导千家万户兴办家庭工业，不断积累资金，扩大生产经营规模。

六、全力推进“两分”战略

实施“两分”（即山上推行林、田、荒、水等资源分户经营，山下实行租、卖、分、股等形式快速搞活）战略是涉及林区生产经营体制的根本性改革。林业局加大分地力度，对于现有的耕地和宜开垦荒地，打破厂与厂、山上与山下的界限，以工资田、劳保田、就业田等形式，优先安排给本局职工，对国有林地实行多种形式的承包责任制。1996 年已分配 104 户职工进行自费造林，面积达 449.46 公顷。

七、实施“科技兴局”战略，推动企业经济发展

林业局大力推进科技进步，充分发挥现有科技人员和科研机构的作用，强化科技攻关和科研成果的推广作用，引进、推广新技术，开发新产品和高附加值的拳头产品。林业局进一步落实知识分子政策，创造更加有利于知识分子发挥聪明才智的环境，推动技术人员进入经济建设主战场。稳定知识分子队伍，建立人才竞争机制和激励机制，从而调动广大知识分子献身林区建设的积极性。

八、强化领导，建立解困责任制

林业局党委和林业局组建三年解困会战领导小组，由局长、党委书记任组长，加强对三年解困工作的领导。实施目标管理，建立目标责任制，把三年解困方案的指标层层落到基层，并以此作为考核单位和干部政绩的主要条件。把此项工作作为全局的中心工作，党政班子齐抓共管，有关部门互相配合，共同把三年解困举措致力于实施。

通过全局上下的共同努力，铁力林业局三年解困工作初见成效，基本完成各项指标，为以后打好、打胜企业翻身仗奠定了基础。

第二章　二次创业

第一节　二次创业的总体思路

铁力林业局从20世纪40年代中期的第一次创业算起，已历经近60年的历程，取得了辉煌的成就。但随着资源危机、经济危困的出现，传统的企业生产方式、思维方式被打破。经过长期的实践总结，人们已经初步认识到没有替代产业的林业是缺乏应变能力、没有后劲、无法摆脱“两危”困境的林业。基于这种考虑，铁力林业局确定二次创业的总体思路，就是贯彻“一个主题”（落实《中共中央关于建立社会主义市场经济体制若干问题的建议》全面推进改革），打好“两个硬仗”（扭亏增盈总体战和治危兴林攻坚战）。林业局把加速营林生产建设、立体开发及综合利用森林资源作为二次创业的奋斗目标，作为治危兴林的突围点。因企制宜，确定以下战略：一是把建立集约经营区、培育森林资源确定为二次创业的基础产业。在集约经营区的现有林地上通过改造、改培、抚育等途径，建立速生丰产林基地；通过提高抚育强度，促进林木生长，加速森林资源的恢复和发展。二是把多种经营和木材综合利用确定为二次创业的支柱产业，建立起以农业为龙头的多种经营生产链和以人造板为龙头的综合利用生产链。积极招商引资，大力发展非国有经济，为二次创业创造良好的经济环境。三是把改造热电厂、自来水公司和刨花板厂确定为二次创业的基础建设，更新设备，引进新技术，提高生产水平和经济效益。

第二节　经济发展的第二战场

随着铁力林业局可采资源的逐年减少，单纯依赖林木发展经济已经不能适应客观形势的需要。进行资源二次开发、开辟林业经济发展的第二战场、培育新的经济增长点、把资源优势转化为商品优势和经济优势，已经成为林业局当前和今后一个时期的紧迫任务。1995年林业局召开经济工作会议，全面总结全局经济形势，提出“政策引导，全面出击，积极开辟多元经济，发展第二战场”的思路。根据这一思路，铁力林业局确定开辟第二战场的三项内容：一是坚持林木资源深度开发，不断提高木材综合利用水平。本着深化改革、调整结构、提高效益的原则，引进先进技术和先进工艺，在巩固已经形成比较完整的林产工业体系的生产项目的基础上，新上或改造技术含量高、产品质量优、经济效益好的林产工业项目。二是进一步明确林业发展方向，迅速壮大非国有经济。针对非国有经济项目发展规模小、层次低的实际情况，在经营方式上采取帮扶措施。三是促进个体企业快速发展。针对全局个体私营经济只局限在种植、养殖和生活服务领域，活动比较单一的局面，引导个体私营经济找大项目，开发国内外大市场，扩大生产领域和生产规模。林业局制定相关优惠政策，鼓励和支持有条件的个体私营企业买断、承包、租赁国有、集体中的小企业。此外，采取多种办法，以林场（所）发展家庭经济为基础，以场自立、以户自立。在巩固传统种植业、养殖业、采集业的基础上，努力向生产加工、产品增值的方向发展，使家庭经济收入成为职工收入的重要组成部分。

第三节 “两分”战略

“两分”是双丰林业局1994年在二次创业中创造的振兴经济的经验，即山上推行林、田、荒、水等资源分户经营，山下实行租、卖、分、股等形式快速搞活。1995年5月30日，伊春市市长滕昭祥在市、县、区负责人会议上对双丰经验给予充分肯定。中共伊春市委下发《关于推进“两分”战略措施的决议（草案）》。铁力林业局认真学习双丰经验，联系实际，立足企情，制订“两分”实施方案。山上分户经营，将基本生产单位从林场（所）划小到职工户，使职工户成为生产经营单位的主体。为此，林业局实施四项措施：一是土地分户经营。发挥农业得天独厚的自然优势，动员林场（所）开荒。土地一部分用作劳保田分给离退休职工，每户2公顷，不收租金和各种费用，其收益顶替离退休工资；一部分用作就业田，企业转制后精减的机关干部，每人分给2公顷，其收益作为工资；一部分用作工资田，对生产一线职工，下岗职工，工伤、病残及家庭困难职工，每人分给1公顷，以其收益补充生产任务不足而减少的工资收入；一部分用作职工创办家庭农场。二是“五荒”分户经营。林业局制定“一年分荒到户，三年完成开发”的工作目标和优惠政策，将宜农非林荒地划分给职工开发利用，并允许林场（所）吸引资金加快开发速度。三是实行养老保险等制度，一方面将旧迹地和荒山宜林地，在不改变所有权的前提下，无偿有限期地出让给企业内部职工自费造林；另一方面将局无力兑现的自费林出售给职工，以其营造或购买的人工林收益顶替职工离退休后的工资。四是国有林分户经营。木材生产、营林生产实行采、造、托管一条龙管理，分户经营。林业局对各项技术指标统一考核，以生产定额为基数支付成本，兑现奖惩。山下分块搞活，就是进一步划小核算单位，明确产权关系，明确责、权、利，分大“块”，立小“块”，活整“块”。具体措施：（1）企业分立。将能够独立生产的车间变为自主经营、自负盈亏的经济实体，实行委托经营。（2）成立多种经营公司，其所辖的单位实行公司制。（3）将林场（所）的商店一次性作价拍卖，实行私有民营。直属各店（站）实行租赁经营。（4）物资供应市场化，成立物资经销公司承包经营。（5）剥离经营。（6）成本变费用。汽运处解体，汽车分归基层单位。（7）对事业单位全部实行费用包干的运营方式。

铁力林业局把本局二次创业的思路同双丰林业局的经验结合起来实施，效果明显。1994年，在经济发展第二战场上，林业局仅农业粮食产量就超过6000万公斤，创历史新高。木材每立方米售价达448.78元，比上年提高62.27元，全年增收740多万元。在增收减支因素大幅度增加的情况下，做到减收无增亏。企业亏损945万元，比上年减亏370万元。投资80万元修筑商业公司至刨花板厂1100米的水泥公路；投资400多万元为山上7个单位接通网电；投资70多万元建设电厂改造基础工程。

第四节 民营企业

铁力林业局在发展民营企业中，实施大户牵动战略，多元发展，重点帮扶，推动民营企业上速度、上规模、上档次、增效益，全局民营企业保持良好的发展态势。

大开放、大招商，为铁力林业局发展民营企业提供了广阔的发展空间和舞台。为使民营企业做大做强，更快更好地发展，林业局采取了一系列措施。一是借助外力谋发展。采取借鸡生蛋、借船出海、引资生财的方法，内引外联上项目，不断扩大产业规模，形成发展合力；利用经济转型的契机，多路并进，多策并举，借助外力推进民营企业的发展。二是放宽民营经济的准入领域，激活民间资本。大力发展民营经济和股份制经济，积极鼓励扶持职工利用闲散资金兴产业、上项目，组建规模适度的股份制企业。重点帮扶松涛、兴达、兴林、方尧、顺达等一批以产业结构调整为主，具有一定规模、科技含量高、有林区特色的民营企业和股份制企业，实施大户牵动战略，培养新的经济增长点，实现民营经济发展领域整体规模、质量和效益的扩张。三是把项目建设作为促进经济发展和经济转型的重要支撑，以国家政策为导向，以资源优势为依托，认真做好国家、省、市重点支持项目的筛选、汇集和上报工作。活化项目运作方式，探索新的项目融资渠道，引导社会投资参与产业发展和基础设施建设项目。对已落实的项目实行分工责任制和督办反馈机制，对大项目建设目标实行细化分解，落实责任，做到一个项目一个方案，相关部门协调作战，从而保证项目建设的顺利进行。良好的发展环境、具体的帮扶措施、周到热情的服务，使分布在全局林产工业、建筑业、机械修理、建材、客货运输、批发零售、旅游、住宿餐饮等行业的企业落地生根，开花结果。年产3.5亿支铅笔的方尧笔业有限公司发展迅猛，已跻身全国铅笔行业前五名。顺达塑料厂引资扩建，塑料编织袋年产量由原来的2000万条增加到6000万条。2005年，全局非国有经济增加值比2004年同期增长15.8%，民营企业已成为推动企业经济发展的又一个新的增长点。

第五节　产业结构调整

进入20世纪90年代中期，铁力林业局在二次创业中，通过调整产业结构，企业经济出现持续发展的势头。支柱产业逐步抛开木材，由替代产业所接续，农业、多种经营快速发展，百业俱兴。

1995年，林业局提出“到本世纪末，全局经济要‘四业并存’，农业、多种经营经济占据‘半壁江山’”的奋斗目标。全局上下积极运作，农业、多种经营有了长足的发展，为企业深化改革、实施“天保”工程、保证职工有活干、促进政治安定与社会稳定、加快奔小康步伐起到了重要的作用。

一、农业、多种经营向产业化转变

林业局实行经营转型以后，抓住农业小区开发的有利契机，不断加大农业开发力度。截至20世纪末，累计投入资金1530余万元购进先进设备60多台（套），开发农业耕地面积。到2004年，全局农业耕地面积已经发展到13333.33公顷，专业化农场发展到17个。同时，按照“一局一业”的要求，加快以北药种植为龙头的多种经营基地建设，组建28个多种经营基地，相应地带动运输业、商业服务业和加工业的快速发展。截至2005年，全局山上山下个体汽车、四轮车和小三轮车已由1994年的200多台增加到3285台，全局的商业网点由1994年的60家增加到近300家，从事各类加工业的人员突破2000人。全局的多种经营已经形成多元化、产业化的发展态势，构筑了企业经济的新格局。2000—2005年，全局的农业、多种经营以年均13%左右的发展速度推进。

二、农业、多种经营向经营型转变

林业局积极深化农业、多种经营机制改革，推动农业、多种经营由过去传统发展型向经营型转变，基本实现与市场接轨。（1）1996年，多种经营局整体转制为多种经营公司，由过去的管理型转变为服务型，实现产前产后全程服务，保证农业和多种经营健康、有序地发展。（2）将多种经营公司推向市场，断其“皇粮”，公司管理人员全部靠创收解决工资费用，并对各基层农场全部实行费用包干。（3）在土地承包过程中，突破过去由林业局统一定价的承包方式，全面实行竞价承包，促进土地效益的最大化。（4）各农场率先推行“末位淘汰制”，年终对基层农场进行考评，奖优罚劣，对考评成绩名列末位的单位的党政一把手予以解聘。农业、多种经营机制的转变，为促进生产经营的发展创造了有利条件。

三、农业、多种经营向科技型转变

林业局在发展农业和多种经营生产中，注重科技工作。（1）开展技术培训，采取到外地取经、聘请外地专家和开办技术培训班等形式，加快各类新技术的普及与推广。到2005年年末，已先后培养各类专业人才2000多人，适应农业、多种经营生产的需要。（2）逐步完善农田基本建设。按照“田成方、树成行，路相通、渠相连，旱能灌、涝能排”的模式，加大农田基础建设力度。林业局成立农田服务推广站，先后推广小麦标准化栽培、大豆垄三栽培、水稻旱育稀植、玉米催芽坐水种植等新技术，从黑龙江省农科院引进东北优质小麦和大豆品种，使小麦、大豆等单产大幅度提高。截至21世纪初，全局优良品种播种面积占耕地总面积的70%以上。（3）注重发挥农业试验田和示范区的作用。1999年组建五花科技示范农场、九连农业开发小区和双河示范农场，其他农场也都建立科学实验田，为迅速扩大各项农业技术的应用奠定了基础。（4）加大科技产品开发力度。林业局与伊春绿色保健食品公司联合开展刺五加保健茶和林蛙优良保健饮品项目，于2000年筹建茶厂，已批量生产。由于注重科技开发，一些企业产品的科技含量不断增加，为农业、多种经营生产的发展注入了活力。

四、农业、多种经营向效益型转变

进入21世纪以来，林业局面对农贸市场需求不旺、农产品价格下跌等不利因素，采取一系列有效措施，千方百计培育和开拓市场。建立购销服务体系。1999年组建松涛实业公司，负责全局农业多种经营的市场预测和信息服务，积极帮助基层单位有计划地调整农业种植结构和市场营销对路产品，最大限度地赢得市场销售的主动权。同时，积极拓宽销售渠道，通过提倡“三吃两喝”（吃企业自产粮、肉、油，喝企业自产酒、茶），启动企业内部市场，使相当一部分农业、多种经营产品消化在企业内部市场。先后在哈尔滨、青岛、深圳等地建立销售网点，把企业生产的绿色食品和高附加值产品打入省内外市场。全局先后有3000多名下岗职工在农业、多种经营领域重新找到了出路；90%的职工依靠农业、多种经营走上了致富路。

第六节　农业生产

铁力林业局有三分之一的施业区地处小兴安岭与松嫩平原的交会地带，土质肥沃，发展种植业有着得天独厚的自然条件。民国初期，有零星入山者，多以狩猎为主，间或小块垦耕，自行经营。日军入侵铁力林区后，大力推行殖民政策，在铁力林区内设开拓团，一边掠夺森林资源，一边开荒种地。日军投降后，遗弃大片田地，既成为日军侵华的罪证，也为铁力林区发展农业提供了土地资源。

铁力林业局的农业生产始于1959年，至2005年经历3个发展阶段。第一阶段是三年自然灾害时期，由于粮食和副食品短缺，“瓜菜代”成为林区的主要食品。在这种情况下，林业局提出在5年内争取实现“粮食部分自给，饲料自给，蔬菜自给，肉蛋自给”的奋斗目标，号召全局职工开荒种粮豆、种蔬菜、养鸡、养猪和从事其他农副业生产。职工自发在房前屋后开垦小块土地种蔬菜。贮木场、医院、机修厂及山上林场（所）设立农业点。虽然全局新开垦的土地加上日本开拓团遗弃的土地，面积不足1000公顷，但以上措施在当时对缓解粮食和蔬菜的紧张局势还是起到了一定的作用。20世纪60年代中期，社会上刮起“割资本主义尾巴”风，职工的自种田地被限定为极小的面积。70年代初，农业生产异军突起，铁力林业局的农业生产出现第二个高潮。从1966年开始，先后建立三屯农场、泥河农场、北关农场、创业农场、奋斗农场。其他生产和事业单位也都成立农业段或农业点。全局从上到下执行“以林为主，农林结合，多种经营，全面发展”的方针，充分利用林区土地资源优势发展农副业生产。林业局成立农副科（对外称多种经营管理处），负责全局的农副业生产组织和指导工作。后调整机构，农副科改为劳动服务公司，继续负责全局农副业生产的组织和管理工作。

铁力林业局农业生产第三个发展阶段在20世纪90年代初期。由于长期超量采伐和超负荷付出，使林业局在80年代中期就陷入“两危”困境，而且愈演愈烈。资源少、生产任务不饱满、冗员多的矛盾日趋突出，调整产业和产品结构势在必行。九连林场职工群众提出“放下斧头锯，奔向黑土地”的经营思路。在非宜林荒地里开荒种地，基本实现以场自立。九连林场的经验被推广后，全局各林场（所）利用剩余劳力大开荒地，农业生产在企业的转制中不断前进。到20世纪末，农业经济总量已占林业局经济总量的1/3。

一、土地开发与管理

铁力林业局的土地开发，主要开垦非宜林平缓山坡、夹谷土层较厚的荒地和山缘河岸的荒原。进入20世纪90年代后，林业局成立松涛实业公司，把农田土地管理纳入职能范围。全局的土地开发统一规划，专项审批，严格限制，严禁私自开荒、毁林开荒。对集体和个人占有的耕地按国家规定收缴土地管理费。为了便于管理，林业局扩大农业经营点，除林场和营林所的农业生产自行管理和经营外，先后设立三屯农场、王扬农场、红光农场、北关农场、泥河农场、五花农场、北星农场、双河农场、高峰农场、石门河农场、香草河农场、保马农场、欧根河农场、机关农场、马鞍山农场。林业局鼓励和扶持下岗职工办家庭农场，到2005年，全局家庭农场已达12家。

二、种植区区划

铁力林业局施业区地域广阔、地形复杂，分山区、半山区、平原区。由于气候和土地存在差异，农业生产分三类种植区。

（一）东片

指施业区内的山地和高寒地区，包括丰林林场、兴安林场、鹿鸣林场。无霜期短。主要种植大豆、薯类和蔬菜，产量不高。从20世纪90年代开始种植平贝，取得较高的经济收益。

（二）西片

指施业区西部的卫东、九连、向阳、茂林河、泥河、红旗、卫星、建设等林场（所）。无霜期较东片长。主要作物是大豆、小麦、玉米、薯类、蔬菜，产量高于东片。

（三）山下平原片

指依吉密河西岸和小呼兰河西岸的土地。无霜期较长。主要作物是小麦、大豆、水稻，合计产量占全局农作物总产量的60%。

三、农业机械化

铁力林业局的农业机械化经历逐步发展的过程。20世纪60年代以前，全局的开荒、耕种、收割主要使用锄、刀、弯钩犁等工具，既笨重效率又低。80年代，全局农业生产基本实现机械化，机械化程度达70%。90年代以后，播种、脱谷、运输、化学灭草和秋收基本都实现了机械化生产。1998年，在企业产权制度改革中，农业机械大部分卖给集体和职工个人。

四、病虫草害防治

铁力林业局受地域和气候影响，在农业生产旺盛季节，有时出现各种病虫害和草害。病害主要有大豆灰斑病、小麦赤霉病、谷类蚀穗病、水稻恶苗病、白菜黑斑病；虫害主要有蝼蛄、地老虎、金针虫、玉米螟、蚜虫；杂草主要有稗草、三棱草、苋菜、灰菜。1985 年以后，铁力林区发生几次特大洪涝灾害，农作物病虫害及草害大面积发生。在林业局农副科的指导下，全局开始用农药及化学制剂进行防治。林业局农业战线推广多项防治病虫害新技术，如辛硫磷闷种防地下害虫、辛硫磷灌根防治地蛆等，收到较好效果。大豆是铁力林区主要农作物，大豆灰斑病曾严重影响大豆出口。20 世纪 50 年代，主要用调换荐口的方式进行防治，60 年代采取药剂拌种的方式进行防治。1985 年以后，应用生态控制和药物控制。办法是选用无病种子，用 50% 的福美双，按种子重量的 0.3% 拌种，清理田间病残体，并且进行秋翻轮作，以减轻其危害。在发病盛期喷 70% 的甲基托布津或 50% 的多阑灵可湿粉剂，效果显著。农田除草普遍使用除草剂，既省劳力，效果又好。

五、粮食作物

铁力林业局粮食生产作物以大豆为主，其次是小麦、玉米，也种少量水稻。20 世纪末期，林场（所）及各农场基本实现粮食自给。

（一）大豆

大豆是铁力林区 20 世纪 80 年代以后的主要农作物。主要原因是引进新品种和种植新技术后，产量高，价格高，国内外畅销。耕种面积占全局农作物耕种面积的 60%。大豆品种多为铁荚青“黑河 3 号”，搭配品种为“丰收 10 号”。90 年代后改种新品种，新品种的种植比例大幅度增加，达 90%。一些职工家庭农场的新品种种植比例达 100%。

（二）小麦

建局初期，小麦品种混杂，抗灾能力较差。20 世纪 60 年代以后，气候转暖，小麦种植面积逐年增加。但因机械化水平不高，小麦亩产仅 60~70 公斤。随着机械化水平的提高和新品种的引进，小麦亩产较建局初期成倍增加。80 年代至 90 年代末，全局小麦生产已初具规模，耕种面积和产量仅次于大豆。选定的种植品种是“克丰 69—701”“查丰 1 号”“克丰 2 号”“克丰 3 号”4 个品种。

（三）玉米

铁力林业局建局初期的玉米品种仅是火苞米、金顶子等，生长期短，产量低。20 世纪 80 年代开始引种“北单 3 号”“北玉 5 号”，产量大增。全局耕种玉米面积也有所增加。90 年代后期，大豆价格上扬，玉米的耕种面积被挤占，一些单位和个人只种些饲料玉米。

（四）水稻

铁力林业局施业区内虽然河流、泡子较多，水资源充足，但由于受山区和半山区气候影响，水稻种植面积少。种植水稻品种是“合江 16”“合江 18”“合江 20”“合江 22”。产量低于平原地区。

第七节　多种经营生产

铁力林区林下自然资源丰富，不但有肥沃的土地、纵横的河流、广阔的草原和丰富的地下矿藏，而且还有山区特有的动植物，发展多种经营生产有着得天独厚的自然优势条件。林业局进入“两危”困境之后，企业的经营重心开始由木材生产转向多种经营生产。大批富余劳动力被调整到多种经营战线，非国有经济的比重随着多种经营产业的发展逐年增大。2000 年以后，非国有经济已经成为全局的主导经济，多种经营产业也成为全局的主要产业。

一、种植业

1985 年以前，铁力林业局的种植业除粮、豆、蔬菜外，只有少量的黄烟、人参及用于生产白瓜子的倭瓜，在多种经营生产中仅占20%。企业转型后，非国有经济异军突起，多种经营占据企业经济的主导地位，种植业开始快速发展。

（一）药材种植

主要品种有人参、平贝。1992年，茂林河林场开办人参种植场，年产干人参20吨。山上其他一些林场（所）也种植人参，但面积不大。一些职工家庭小面积种植人参。1996年，因外贸出口受到影响，人参热开始降温。20世纪60年代，职工开始栽培平贝，到2000年形成高潮。丰林林场地质、气温适宜平贝生长，林场多数家庭种植平贝，总面积403万平方米，最多的家庭种植面积达1万平方米。平贝经济的快速发展，使丰林林场的职工富了起来。此后，山上其他林场（所）也都把种植业的主要种类转为平贝，全局的平贝种植已形成相当规模。2003年年初，林业局按照伊春市委、市政府北药开发工作会议精神，把北药开发作为全局发展经济的重要举措之一，设立北药开发办公室（以下简称北药办）。同年3月又成立伊春市北药协会铁力林业局分会（以下简称北药协会铁力分会），建立制度，明确职能。北药办和北药协会铁力分会先后拜访黑龙江中医药大学、东北林业大学、天津中新药业集团、省总局医药管理办公室、牡丹江特产研究室等有关专家，获取北药种植的经验和信息。利用“科普之冬”，举办北药种植技术讲座，提高职工种植北药的积极性和技术水平。在种植中，依托优势，加强北药基地建设，采取连片开发的措施，各林场（所）拿出不少于10公顷的土地进行药材种植。截至2005年，全局建立平贝基地260公顷，实现产值3200多万元，有上千户职工受益于平贝种植，上百户职工收入超过10万元，几十户职工收入20万元~50万元。此外，人参种植面积10公顷，西洋参种植面积13.33公顷。同时还以委托经营的形式，承包黑龙江省中药材穿山龙基地建设项目。在野生改培基地的建设上，九连林场改培五味子基地230公顷；向阳林场改培刺五加和五味子基地320公顷；保马农场改培穿山龙70公顷；红光农场建立北药实验基地，栽培四叶参6公顷，龙胆草0.2公顷，紫草、甘草各0.07公顷。在经营上实行统一管理、分户经营，积极吸纳药材收购户进入松涛山特产品及北药销售一条街做药材生意。截至2003年，已有15家经销店专营收购和经销中药材及北药保健品。

（二）木耳、蘑菇培育

1985年前，山上林场（所）零星培育木段木耳，经济效益不大。1994年，卫星营林所率先培育挂袋木耳和锯末蘑菇，收到良好的经济效益。以后在全局推广，逐渐形成几家木耳和蘑菇培育大户。2000年设在局址附近的松涛山特产品销售小区，以木耳、蘑菇为主要商品。2003年，全局木段木耳培育户71户，生产木耳500公斤；2004年挂袋木耳培育户37户，设挂袋木耳55万袋；2005年发展到445.7万袋，产量251500公斤。

（三）果树栽培

1990年北关农场栽培葡萄，因是试栽，效果不佳，不久即停止。山上、山下有条件的职工家庭在房前屋后栽植果树，多是海棠果、李子等品种，自产自用。

（四）亚麻

铁力林业局土质肥沃，适宜亚麻生长。2000年在招商引资中，招来双丰镇一农户在茂林河林场大砬山下种亚麻，林业局给予优惠政策：（1）林业局5年无偿提供给种植户房屋；（2）种植前两年不收土地承包费，用种植户耕耙的部分撂荒地顶替。2000年种植533.33公顷，产秆茎2000吨。2003年种植533.33公顷，因特大洪涝灾害绝产。2004年种植193.33公顷，产秆茎800吨。2004年的种植方法是与周边林场的土地调茬，即亚麻地由林场种大豆，林场调出同等数量的土地由亚麻种植户种亚麻。这种方法效果显著，亚麻每亩增产10公斤秆茎。

二、养殖业

1985 年，林业局提出“八大养”（养鱼、养林蛙、养禽、养猪、养羊、养兔、养黄牛、养奶牛）奋斗目标，各基层单位和职工家庭积极行动，以养奶牛为龙头的养殖业在林业局迅速兴起。

（一）养鱼

施业区内有泡沼近百个，可供养鱼面积近万亩，养鱼业潜力巨大。从 1976 年起，茂林河林场、泥河营林所、局机关王杨农场开始进行浅水养鱼，后都因经营亏损自消自灭。到 20 世纪 90 年代，个体养鱼业开始起步，但没形成规模。

（二）养林蛙

1991 年，林业局实行河段承包养林蛙，局与养蛙人签订放养、捕捉、销售合同。到 2005 年，铁力林业局已有 84 家林蛙养殖基地，这些基地为北药生产提供优质的专用原料。

（三）养禽

1986 年以前，采取集体和个人一起养殖的方法，林业局给予优惠政策。进入 20 世纪 90 年代中期，全部由个体户养殖。到 2005 年年末，全局共养鸡 69500 只，其中商品蛋鸡 32000 只、肉用种鸡 28000 只、肉仔鸡 9500 只。养鸡专业户 10 户，其中养鸡大户 3 户。

（四）养猪

20 世纪 80 年代以后，养猪专业户蜂拥而起，养猪业有了很大发展。到 2005 年年末，全局养猪 5608 头，其中可繁殖母猪 560 头。

（五）养羊

20 世纪 90 年代初，北关农场开始养小尾寒羊，后停养。90 年代后期，全局兴起养羊热。到 2005 年年末，全局养羊 2018 只，其中绵羊 960 只、山羊 1058 只。

（六）养兔

到 2005 年年末，全局共养兔 75338 只。林业局松涛公司生产的兔肉，畅销全国各地。

（七）养黄牛

20 世纪 90 年代，林业局防火办率先养殖黄牛。21 世纪后，全局开展大规模养殖，主要以个体养殖为主。到 2005 年年末，全局养黄牛 1825 头，其中可繁殖黄牛 521 头。

（八）养奶牛

2004 年，伊春市委从伊春地区的实际出发，提出调整产业结构，搞“南牛”（伊春南部地区养奶牛）、“北羊”（伊春北部地区养山羊）战略。铁力林业局地处小兴安岭南麓，位于全球仅有的几个奶牛适宜生长带上，具备优越的繁殖和饲养奶牛的环境。同时还拥有 20 万亩耕地，拿出一半作为饲料地，可以解决 5 万头奶牛的饲料问题。本着抢抓机遇、超常运作、跳跃式发展的思路，林业局动员和引导职工群众积极参与养奶牛事业。根据全局耕地的分布情况，本着在哈伊公路沿线建标准化养殖小区和在山上林场（所）建标准化奶站的设想，按照近期 3 年内 1 万头、远期 5 年以后 5 万头的发展目标，对基地建设进行规划。在二十八屯、建设营林所、五花农场、泥河农场等单位建起标准化奶牛养殖场。为职工发展奶牛事业创造便利条件。在资金筹集上，采取银行贷款、引进外资、内部集资等方法。通过这些措施，为壮大奶牛的养殖规模打下了坚实的基础，使其真正成为兴局富民的支柱项目。在养殖上，实行两种养殖模式和三种经营方式。两种养殖模式是：山上林场（所）实行分散饲养、集中榨奶、统一售奶；山下哈伊公路沿线建立标准化小区，实行集中饲养、集中榨奶、统一售奶。在山上林场（所）实行一种经营方式，即由林业局经营榨奶站。职工个人饲养奶牛，产权以户自有，独立经营，利益自享，风险自担。在标准化小区实行三种经营方式：（1）个人饲养的奶牛由个人独立拥有产权并饲养，利益自享，风险自担。这种方式适合于有较大资金实力、养殖数量在几十头以上的投资者。（2）由投资者自行邀伙，把个人购买的奶牛合在一起，共同拥有产权，集体雇工饲养，利益均沾，风险共担。这种方式适合具备邀伙条件的林业局职工或亲友之间。（3）林业局投入的硬件设施和个人投入的奶牛资产均折合成一定的股份，把一个小区整体组建成公司制企业，由全体股东推选董事会负责经营。这种方式适合于局内特别是局外只想投资并获取收益，而不想或无条件参与具体经营的人员。上述经营方式互为补充，最大限度地满足多种类型投资者的投资需求，为各方人士投资养殖业创造有利条件。

为促进奶牛养殖业的发展，林业局全面建立各项服务措施。在卫生防疫上，除高薪聘请技术精湛的兽医提高防疫灭病能力外，还采取“请进来”“走出去”的方法，加强对管理人员和专业技术人员的培训。为加强奶牛养殖的疫病防治体系建设，林业局制定了重大疫病应急预案，积极推行奶牛保险业务，提高防治水平，尽力化解养殖风险，保证奶牛养殖业健康发展。2004年年末，林业局和黑龙江省畜牧兽医职业学院联合办班，吸收林业局内职工子女学习畜牧养殖专业，培养自己的乡土人才，推广普及规范化、标准化的饲养技术，解决畜牧业人才短缺的问题，真正把科技转化为生产力。在奶牛繁育上，在黑龙江省科技厅的支持和帮助下，林业局与黑龙江农业大学、黑龙江省繁育总站、黑龙江省胚胎移植中心进行技术合作，在养殖小区建立奶牛胚胎移植基地。这一技术的应用，大大提高了奶牛养殖繁育的速度，加快了奶牛养殖业的优质高效发展，使职工得到实惠。在饲料上，结合林业局实际情况，组织引导奶牛养殖小区周边林场（所）职工与养牛户签订饲料合同，组建青储饲料公司，提高饲料生产加工技术，制定各项规章制度，规范运作，保证饲料当地自给自足。同时，疏通和拓宽牛奶销售渠道，在巩固和加强与伊利集团牛奶产销关系的基础上，与当地政府联合行动，引进知名企业建立生态奶加工基地，以尽快实现牛奶就地销售、就地加工，确保养殖户和投资者获取更大的回报，带动奶牛养殖业更好更快地发展。到2005年，全局畜牧养殖业全面发展，建成规模化奶牛养殖小区7个，养殖进口奶牛4000头，年产鲜奶量达6035吨，已成为伊利集团的优质奶源基地。铁力林业局被黑龙江省畜牧局确定为荷斯坦种奶牛基地、黑龙江省DHI（牛群遗传改良）实验基地，被国家奶业协会授予“全国奶牛养殖示范小区”。

第八节　绿色食品产业

在二次创业中，铁力林业局紧紧依托资源优势和林区有利的发展空间，坚持走林区新型产业化道路，把大力发展绿色食品产业作为支撑拉动全局经济的五大接续产业之一，强力推进。山上建基地，山下搞加工，全力打造绿色食品龙头加工企业，不断开拓绿色食品市场，叫响品牌，打出特色。

一、绿色食品产业基地建设

根据自然条件，林业局以山上各林场（所）和农场为载体，因地制宜地建立绿色食品生态保护区，加强绿色食品产业发展所需的生态环境建设。制定具有可操作性的措施，并注重发挥大户的典型带动作用，实施大户带动战略。在粮、豆、药、菜、菌、畜绿色食品发展项目上下功夫。按照区域化布局、规模化发展、产业化经营的总体部署，加大绿色食品基地的建设力度，扩大建设规模。进入21世纪，全局共规划建设10个标准化基地。（1）以五花农场为龙头的350公顷绿色水稻基地；（2）以泥河、红光农场为龙头的2800公顷绿色大豆、毛豆基地；（3）以7个奶牛养殖小区为龙头的3000头进口优质奶牛养殖基地；（4）以香草河农场为龙头的10公顷白瓜子基地；（5）以北星农场为龙头的80公顷油豆角基地；（6）以西北河营林所为龙头的100万袋食用菌基地；（7）以卫星营林所为龙头的2万只獭兔养殖基地；（8）以卫东林场为龙头的300公顷山野菜基地；（9）以北关、五花农场为龙头的100公顷粘玉米基地;（10）以向阳林场为龙头的280公顷刺五加基地。全局基本形成突出特色、多场一品的基地建设模式。

二、质量体系建设

林业局切实加强绿色食品从生产到加工全过程的质量管理，形成一整套质量管理体系。严格执行国家绿色食品生产规程，确保绿色食品质量。加强技术服务，增强职工群众的科技意识。实行绿色食品订单生产，由龙头加工企业根据加工收购量及市场需求情况，与职工签订收购合同，对产品的质量和数量严格规定。同时，在加工生产过程中实行自检自验程序，确保产品符合绿色食品生产要求，以优质的产品质量赢得更多消费者的认可，以高质量的产品赢得高回报的市场。2003—2005年林业局生产的150万穗速冻粘玉米、80吨油豆角已经全部销售一空。各种山野菜、蜂蜜等山特产品由于质量有保证，销路也被看好。

铁力林业局的绿色食品产业经过几年的不懈努力和发展，取得明显成效。一是调动了职工发展绿色食品的积极性。由于全社会的健康意识增强，品牌意识增强，绿色食品大受欢迎，市场需求量大，销售渠道畅通，产品供不应求。绿色食品的售价比过去有了大幅攀升，职工群众从中得到更多的实惠。山上林场（所）职工纷纷将发展绿色食品产业作为停止木材生产主伐后转岗就业的主要渠道和家庭致富的主要项目。二是实现了职工增收和企业增效的“双赢”。通过发展绿色食品等多种经营产业，扩大了职工就业渠道，增加了职工收入。许多转岗职工实现以户自立，进一步减轻了企业负担，减少了林业局生产费用和流动资金的占用，使职工增加收入、企业提高经济效益。三是加快了调整产业产品结构的步伐，实现全局主业与副业的转换。截至2004年年底，全局以绿色食品、种养业为龙头的职工自营经济总产值实现13840万元，比上年增长5.8%。2005年，已开发绿色食品6大系列、70多个品种，其中速冻粘玉米、油豆角等6种产品获国家A级绿色食品认证，刺五加保健茶被卫生部批准为“健”字号产品。以生产绿色食品著称的铁力林业局松涛集团已通过ISO 9001质量体系认证和ISO 14001环境管理体系认证。四是以绿色食品产业为龙头的职工自营经济快速发展，使职工的生活水平得到较大的改善和提高，精神面貌焕然一新，增强了全局致富奔小康的信心。

三、速冻食品

林业局开发冷冻食品，始于2001年5月，由松涛公司下设的冷冻食品公司承担经营。冷库容积600吨，年加工能力850吨。速冻食品有3大类、30多个品种，曾在全国食品展会上连续获奖，销往国内外各大城市，并已在北京、上海、兰州、秦皇岛分别建立销售分公司。

第九节　旅游业

铁力林区风光秀美，素以奇山、奇树、奇石和河流、湖泊众多而著称。尤其是北宋小渔村遗址和东北抗日联军战斗、生活遗址的发现，使这里更具魅力。林业企业陷入“两危”困境后，这里的风景资源被重视起来，在1987年伊春市政府编制的“七五”计划中，铁力林业局被列入伊春市“七五”时期重点旅游开发单位之一。林业局抓住这一机遇，大力开发风景资源，兴办旅游事业。1988年，引进局外资金，开发透龙山风景区，拉开铁力林业局发展旅游事业的序幕。林业局坚持“大旅游、大市场、大产业”的发展方向和经营理念，依托资源，统筹规划，突出特色，培养客源，全方位推进旅游业的健康发展，叫响“向快乐出发，到铁力漂流”的品牌。

在发展森林生态旅游这一朝阳产业过程中，林业局坚持立足当前，着眼长远，以保护生态和可持续发展为中心，将资源优势变为经济优势。采取“放水养鱼”的办法，通过招商引资的优惠政策，吸引大量外来投资者到这里开发旅游资源。经过几年的开发建设，已形成“八景”（溪岛度假村、卧龙山庄、映山湖生态园、鸟语林、透龙山、日月峡国家森林公园、日月峡滑雪场、卫东原始森林）、“三线”（三条旅游精品线路）、“一条河”（依吉密河漂流）的森林生态旅游格局，形成夏季以漂流为主、冬季以滑雪为主的两大特色旅游项目。推出以日月峡国家森林公园为中心，集水上漂流、高山滑雪、登山游览、森林观光度假等多种形式为一体的系列旅游产品。“向快乐出发，到铁力漂流”已经成为全省闻名的旅游亮点，叫响铁力林业局森林生态旅游的品牌。

在景区景点基础设施建设中，林业局注重景区景点的提档升级。抓住黑龙江省把铁力、伊春、嘉荫定为全省三条旅游精品线路的契机，依托位于进入伊春林区南大门的地缘优势及景区景点集中分布在伊春公路进入小兴安岭风光带的绝佳地理位置，加强哈伊公路沿线旅游风光带的环境整治。充分挖掘现有的林区人文与历史素材，全力打造“林业英雄马永顺”这一重量级品牌，开发红色精品旅游线路。同时，注重人文景观和自然景观的有机结合，营造全新的经营理念。以森林生态旅游业的兴起，带动铁力林业局其他产业的发展，延长林业局经济发展的产业链。2005 年，全局实现旅游景点收入、旅游人数、旅游基础设施建设投入、旅游收入四大增长的良好态势。2004—2005 年，林业局连续两年被评为全市旅游工作先进单位。2004 年，全局共接待国内外游客 93531 人次，其中接待来自日本、美国、新加坡、加拿大、印度等国的国外游客 480 人次，全年旅游收入 2018 万元。2005 年，接待游客 200108 人次，旅游收入 3691.2 万元。

一、旅游风景区

到铁力林业局旅游，重点是游“八景”（八大旅游风景区）。这“八景”各具特色，引人入胜。

（一）溪岛度假村

与小兴安岭第一关——北关相邻。山与平原在这里分界，是一个集吃、住、玩功能于一体的综合服务景区。小桥别致，流水潺潺，曲径通幽，环绕宝岛。具有欧亚风情的林中别墅错落有致。岛上 6 米高的观景台是度假村的标志性建筑。登上观景台，远山近水尽收眼底。

（二）卧龙山庄

位于依吉密河主河道和分支汇合的三角洲地带，景区定位是“森林之家、水上乐园”。这里水平如镜，镜映山景，依水环山，亭台楼阁。21 幢独具小兴安岭特色的简易白桦木屋可接待 200 人住宿。

（三）映山湖生态园

总占地面积 300.08 公顷。园内共设置 6 个区域：（1）服务区，是集餐饮、住宿、娱乐、停车为一体的接待中心；（2）小岛休闲区；（3）植物园区；（4）养殖场；（5）游乐区；（6）风景区。

（四）鸟语林

景区定位是“认知鸟类，保护鸟类资源”。景区特点是以鸟类展览为主，共饲养各种鸟类 52 种、310 多只。鸟类认知园修建于参差错落的丛林之中，走进其中，能感受到大自然的鸟语花香。

（五）透龙山

景区以山林风光为主，山势奇特。山上 9 峰 58 景，峰峰险绝，景景奇秀，美不胜收。“仙姑洞”“一线天”为主要景点。

（六）日月峡国家森林公园

公园内木本植物 26 科 53 属 114 种，兽类动物 6 目 16 科 45 种，鸟类动物 17 目 45 科 189 种。公园内奇峰、异石、怪树众多，峰峰绝奇，石石堪叹，树树称怪。可谓步移景换，精品天成，别具一番山魂水韵。全国著名林业英雄马永顺生前最后一片造林基地以及马永顺墓地、马永顺纪念碑均在此园内。

（七）日月峡滑雪场

占地面积 260 万平方米。集滑雪、度假、娱乐、餐饮、住宿于一体。拥有高、中、初级 3 条雪道和 1 条单板 U 型槽滑道，是国家 SSS 级滑雪场，可同时满足 700 人滑雪。2003—2005 年，这里多次举办全国高山大众滑雪比赛和专业比赛，是冬季滑雪的好去处。

（八）卫东原始森林

景区基本保持原始林相，为红松、云杉、冷杉和曲、柞、桦、榆、胡等针阔叶混交林，树龄多在 150~500 年，总面积 338 公顷。最粗的红松胸径需两人合抱。林内古树参天，百鸟争鸣，空气清新，生机盎然。

此外，还有著名的依吉密河漂流。起点在马永顺林场内二股大桥附近。漂流线路蜿蜒曲折，穿流于青山怪石之中，河水碧波荡漾，河中纯石如玉，河床或宽或狭，两岸草绿花香树密。小船沿河而下，可以尽情观赏小兴安岭的自然风光，领略大自然的神奇。

二、旅游路线

至 2005 年，林业局已经开发出 3 条旅游路线。第一条路线：红色之旅一日游。林业局红色旅游资源十分丰富。抗日战争时期，北满省委书记金策，著名抗日将领赵尚志、李兆麟、于天放等都曾经在这里战斗过，并留下了许多可歌可泣的历史壮歌和战斗遗址。向阳林场的老金沟，抗日战争时期有“东北小延安”之称，为原北满省委所在地。抗联后方医院、被服厂也都设在此处。此外，还有抗联三路军 48 座烈士坟墓（影葬），滚鞍岭战斗、张家湾战斗、鱼眼泡战斗遗址，中共北满省委透龙山飞行会议遗址，是爱国主义教育的好去处。第二条路线：漂流、赏景二日游。依吉密河漂流是林业局的旅游精品。夜宿马永顺林场家庭旅馆，走的是林家路，住的是林家屋，睡的是林家炕，吃的是林家菜，看的是林家乐。别有一番情趣。第三条路线：滑雪、登山二日游。隆冬时节，千里冰封，万里雪飘，到处银装素裹，白雪皑皑。在滑雪场滑雪，可感受滑雪的刺激，并一览雪山的美景。同时，踏着厚厚的积雪，听着脚下发出的吱吱雪声，走进冰清玉洁的大千世界，看雪松，赏雪景，领略神奇的北国风光。

三、旅游服务体系

铁力林业局有注册的旅行社 1 家——松涛旅游公司，三星级宾馆 1 家——松涛宾馆。一些景区设立餐饮点、小卖部。映山湖景区、透龙山景区等还设立娱乐休闲设施，让游人开展丰富多彩的娱乐休闲活动，既活跃游人的旅游生活，又增加旅游景区的经济收入。此外，景区内设立导游标志，用以指明方向、阐述规章制度、提供各种信息，某些危险地段还设立警示性标牌，警示游人注意安全。

2000—2005 年铁力林业局旅游业情况统计表

表 8-1

年 份	游客人数（人）	其中：		旅游收入（万元）	其中：
		国内（人）	国外（人）		国外（万元）
2000	11490	11440	50	334.0	2.8
2001	28470	28400	70	921.0	4.7
2002	54926	54816	110	1246.0	8.4
2003	65490	65234	256	1726.0	16.8
2004	93531	93051	480	2018.0	32.5
2005	200108	197919	2189	3691.2	81.2
总计	454015	450860	3155	9936.2	146.4

第十节 松涛（集团）有限公司

1999年2月，铁力林业局松涛有限公司成立，成为职工二次创业的一个基地。公司下设业务部、科技科、农业科、财务部。职能是开发产品、发展绿色产业。1999年3月，铁力林业局松涛有限公司升格为铁力林业局松涛（集团）有限公司。内分松涛有限公司和松涛多种经营公司，一个机构，两块牌子。松涛有限公司的职能是开发产品、开发市场；松涛多种经营公司的职能是指导和管理林业局的农业和多种经营生产。松涛（集团）有限公司下辖保健茶厂、冷冻厂、松涛绿色食品一条街、奶牛繁育有限公司、担保公司、彩印包装公司，此外还有1997—1998年农业开发时的农垦点转制的9个农场（高峰农场、香草河农场、石门河农场、保马农场、机关农场、欧根河农场、依吉密农场、马鞍山农场、张家湾农场）。到2005年，松涛（集团）有限公司已拥有固定资产5500万元，年产值1.3亿元。松涛（集团）有限公司下属松涛保健品有限责任公司、松涛速冻食品有限公司、农场等，共26家直属企业。主要产品有十大类，分别为：保健食品、山特产品、速冻食品、蜂产品、农副产品、酒类、山泉水、木制工艺品、森林旅游、包装印刷。公司本着“关爱绿色家园，奉献健康食品”的企业宗旨，加快产业结构调整，为消费者提供优质的天然绿色食品。

松涛（集团）有限公司加大对外市场开拓力度，已在北京、上海、兰州、大连、哈尔滨分别建立5个销售分公司。在全国其他地区，以松涛绿之岛专卖店的形式开办连锁专卖店，初步建立起市场销售网络。在松涛广场创建“山特产品一条街”，吸引伊春等地28家山特产品厂家落户，形成伊春地区最大的山特产品集散地，为山特产品走向市场和繁荣当地市场做出贡献。2001年，松涛（集团）有限公司的速冻粘玉米、油豆角、毛豆、老山芹、黄瓜香、刺五加叶等山野菜共6种产品获得A级绿色食品标志，松涛刺五加保健茶获得保健食品文号。松涛（集团）有限公司拥有独立的出口权，为产品走向国际市场创造了条件。

第九篇　党政群团

第一章 中国共产党铁力林业局地方组织

中国共产党是铁力林区人民和各项事业的领导核心。自 1946 年第一个党支部在铁力林区秘密成立以来，在各个历史时期，各级党组织全面宣传和执行党的路线、方针、政策，根据铁力林区的实际，不失时机地贯彻和落实中央、省、市的指示精神，领导全局人民进行轰轰烈烈的政治斗争和大规模的林区经济建设，创造了辉煌的业绩。

1931 年，日本帝国主义悍然发动蓄谋已久的“九一八”事变。中国共产党领导东北人民进行坚决的抗日斗争。1936 年，东北抗日联军西征到达铁力林区。铁力林区的抗日斗争由松散的武装团体，归入党的直接领导之下。中共北满临时省委在不同的时间分别设在铁力林区内的西北河尖山子和欧根河上游的老金沟，成为铁力林区抗日斗争的一盏明灯。经过多年的浴血奋战，赶走了日本侵略者。中国共产党又在铁力林区建立根据地，支援全国的解放战争。这期间，进行剿灭匪患和反动封建势力斗争，中国共产党始终是铁力林区人民及各次斗争的领导力量。铁力林区开发后，随着林业职工的不断增多，党组织随之不断发展壮大，领导铁力林区人民相继开展抗美援朝、“镇反”、“肃反”、“三反”、“整风反右”等政治斗争，清除了敌对势力，巩固了人民民主政权。虽然不同程度地犯了扩大化的错误，但历次运动的历史功绩是不能抹灭的。

1958—1966 年，林区全面进入开发建设时期。铁力林业局党委又带领全局党员、干部和群众，贯彻中共中央总路线、“大跃进”和人民公社化的方针，掀起轰轰烈烈的社会主义建设高潮。虽然指导思想存在盲目与偏激，但由于铁力林区开发不久，木材生产处于鼎盛时期，党委的领导没有削弱，林区的生产建设事业没有受到太大的影响。

1966—1976 年“文化大革命”时期，铁力林业局党委及基层党组织的领导被踢开，党的领导干部被无端揪斗。在这种情况下，广大党员力挽狂澜，林业生产建设仍然在政治运动中曲折艰难发展。打倒江青反革命集团后，铁力林区的党组织得到真正的恢复，在平反冤假错案、拨乱反正、贯彻“工业 30 条”及实施经济改革中，发挥中流砥柱的作用。森工企业进入“两危”后，铁力林业局党委及各级组织又带领群众治危兴林，深化改革，转换经营机制，调整产业结构，实施“天保”工程，取得一个又一个阶段性的胜利。中国共产党领导铁力林区人民进行的革命斗争和社会主义建设的历史，是一个艰苦奋斗、取得巨大成就的历史，也是经过曲折、不断探索前进的历史。近 60 年来，铁力林区发生了翻天覆地的变化。特别是中共十一届三中全会以来，由于党的工作中心转移到经济建设上来，实行改革开放政策，铁力林区的经济快速发展。实践证明，中国共产党是伟大、光荣、正确的党，铁力林业局各级党组织是全心全意为人民服务、有开拓进取精神的领导核心。

第一节　中国共产党铁力林业局委员会

中国共产党铁力林业局委员会的前身是中国共产党铁骊林业公司支部委员会（建立于1946年8月26日，当时有党员3名）和中国共产党铁骊林务局总支委员会（改称于1949年，当时有党员100多名）。1958年正式改称中国共产党铁力林业局委员会。1959年中国共产党铁力林业局第二次代表大会之后，实行党委常委工作制。1983年中国共产党铁力林业局第十二次代表大会之后，实行党委委员工作制。

一、组织机构

2005年，中国共产党铁力林业局委员会机关设党委办公室、组织部、宣传部、统战部、武装部、纪检委、老干部办公室。基层党组织设有4个党委（多种经营局党委、退休职工管理中心党委、公安局党委、就业和社会工作局党委），2个党工委（机关党工委、非公有制企业党工委），16个党总支和31个党支部。

二、主要工作部门

（一）党委办公室

1.负责党委全体成员会议、党委会议、书记办公会议的准备和会务工作；负责党委领导参加调研、会议等公务活动的协调安排；负责党委大事记的起草工作。

2.负责党委主要领导重要讲话、报告的起草工作；围绕党委、行政的中心工作，调查研究领导关注的热点和社会焦点问题，及时反馈情况，提出建议，为领导决策当好参谋。

3.负责局党委重大决策和工作部署的督查落实和反馈；负责党委工作报告，党委会议、书记办公会议确定的重要事项督办、检查落实和综合反馈；负责党委及办公室重要文件落实情况的督促、检查和反馈；负责党委书记批示列入督办件督办检查和反馈。

4.负责来文的收发、登记、拟办、运转、协调、催办和管理工作；负责以党委和办公室名义发出文件的文种、格式、文字审核和发出工作；负责文件、电传、机密材料的保密工作、领导的阅文工作和党委办公室的印信证件管理；负责党委重大会议的会务安排；负责党委的政务值班工作；及时向党委汇报情况，提供信息。

（二）机关党工委

铁力林业局机关党委成立于1982年，由党委办公室兼管。2002年为党委直属部门，与机关工会合署办公。机关党委主要职能是加强机关党组织建设，组织机关党支部和党小组开展活动，对机关兼职党务工作者进行培养，督促教育；负责对机关党支部和党小组负责人进行充实和调整；组织机关党员和非党积极分子上党课；在机关党组织内开展先进党支部和优秀党员活动；负责管理机关内部工会组织的会员，组织爱岗敬业竞赛、职工文化活动。

（三）非公有制企业党工委

铁力林业局非公有制党工委成立于2004年。主要工作任务是加强非公有制企业党组织管理，发展新党员，对党员进行管理教育，发挥党员先锋模范作用；引导和监督企业遵守国家法律、法规，依法经营，照章纳税，关心企业生产经营的重大问题，提出意见和建议，支持和促进企业发展；团结和依靠职工群众，关心和维护职工的合法权益；加强社会主义精神文明建设，建设有思想、有道德、有文化、有纪律的职工队伍；协调企业内部各方面关系；领导非公有制企业工会、共青团等群众组织，支持他们依照法律和各自章程独立自主地开展工作等。

第二节　党员代表大会

1986—2003年，中共铁力林业局委员会共召开4次党员代表大会。根据各个时期党的中心工作，作出相应决策，为加强党的建设、促进企业经济的发展和林区社会稳定起到了重要的作用。

一、中国共产党铁力林业局第十三次代表大会

1986年12月15—17日召开。出席会议的党员代表207名，占全局正式党员总数的10%。其中干部党员代表125名，占代表总数的60.4%；知识分子及各类专业技术人员党员代表42名，占代表总数的20.3%；工人党员代表27名，占代表总数的13%；离退休职工党员代表5名，占代表总数的2.4%；集体企业工人党员代表5名，占代表总数的2.4%；家属党员代表3名，占代表总数的1.4%。在党员代表中，妇女党员代表32名，占代表总数的15.5%；少数民族党员代表5名，占代表总数的2.4%；各级劳动模范党员代表59名，占代表总数的28.5%；45岁以下党员代表106名，占代表总数的51.2%。

会议听取并审议李万林代表上届党委所作的《立愚公志，走改革路，为开创两个文明建设新局面而奋斗》报告。报告回顾和总结中共铁力林业局第十二次代表大会以来全局的工作。指出这三年来，林业局在各方面发生了很大的变化。局党委坚持马克思列宁主义和党的实事求是的思想路线，全面分析林业局的有利条件和不利因素，制定一套发展经济的指导思想和具体措施。带领全局广大党员和职工群众认真贯彻执行党的路线、方针、政策，坚持改革，坚持企业的社会主义方向，坚持两个文明一起抓，团结一致，艰苦奋斗，在政治和经济上都取得可喜的成绩。

经济工作在改革中稳步发展。全局干部群众从实际出发，紧紧围绕经济建设这个中心，以改革为动力，突破封闭的管理体制和经营模式，对内挖掘潜力，对外加强横向经济联合，增强企业活力。变革平均主义的分配制度，实行不同形式的承包责任制，增强广大干部、群众的积极性。纠正单一靠“大木头”发展经济的思想，多种经营项目不断增加，第三产业长足发展，初步形成以营林为基础、综合经营、全面发展的新型产业结构。各项生产比较协调地向前发展，为尽快摆脱经济困境奠定了基础、积蓄了力量。

精神文明建设取得可喜成绩。全局各级党组织在抓好环境面貌改变的同时，突出抓了人的精神面貌的改变。围绕共产主义思想教育这一核心，全面加强思想政治工作。建立健全思想政治工作责任制，对广大党员和群众开展四项基本原则和理想、纪律等方面的教育。深入开展争做“四有”职工、“三好学生”和创建文明单位、“五好”家庭活动。与此同时，加强政治工作，深入开展“严打”斗争和社会治安综合治理，继续强化计划生育工作，均取得了较好的成绩。

全面开展基层整党。按照省委、市委的统一部署和《中共中央关于整党的决定》要求，对43个基层单位进行整党。在整党中，坚持“从严治党、务求实效”的原则，狠抓党风建设。局党委制订端正党风的总体方案，各基层党组织制订实现党风根本好转的规划，与党委签订党风责任状。同时，组织全局党员反复学习《中国共产党章程》《中国共产党党员干部廉洁从政若干准则》，立案查处各种违纪案件，不仅促进了全局党风和社会风气的根本好转，促进了生产和各项工作任务的完成，还进一步加强了党的领导班子建设，增强了战斗力。

报告中还提出今后三年的主要任务。指导思想是以中共十二届三中全会“决议”为指导，以搞活振兴经济为中心，坚持两个文明一起抓，团结奋斗，改革创新，励精图治，强局富民。总的奋斗目

标是实现“三个变化”“三个好转”，把林业局建设成为伊春市精神文明建设先进单位，跨入省的先进行列。“三个变化”即年总产值有明显变化，营林生产有较大变化，职工生活有较大变化；“三个好转”即党风实现根本好转，社会治安实现稳定好转，经济状况力争实现根本好转。为实现上述奋斗目标，具体措施是坚定地贯彻“三个条例”（“全民所有制工业企业条例”“中国共产党全民所有制工业企业基层党组织工作条例”“全民所有制工业企业职工代表大会条例”）；深入开展社会主义精神文明建设；扎扎实实抓好党风建设；努力提高各级领导班子的战斗力；开展党风党纪教育，全面提高党员素质；认真执行党的民主集中制原则。

会议听取并审议中共铁力林业局第十二届纪律检查委员会的工作报告。报告指出：三年来，林业局纪委在林业局党委和伊春市纪委的领导下，认真贯彻党的路线、方针、政策，执行中央和省、市党委纪委关于党风、党纪方面的一系列指示、决定，紧紧围绕端正党风、实现党风状况根本好转这个中心，开展党的纪律检查工作，健全党内各项纪律和制度，坚持党员的系统教育，狠煞违反林业政策的歪风。按照中央相关规定，对全局出现的滥发服装、干部经商办企业等问题进行清理和纠正。针对用公款吃喝、请客送礼风有所抬头的情况，进行清查。通过对全局党风、党纪的检查和处理，各级党组织的战斗力进一步增强，党员的先锋模范作用更加突出，各种不正之风得到清理纠正，各级领导的思想工作作风有了明显转变，党群、干群关系有了明显改善。党风的好转，有力地促进了林业局的经济工作。

会议听取并审议《中国共产党铁力林业局第十二届党费收支审查委员会关于党费收支情况的报告》。

会议按照预定议程，选举产生中国共产党铁力林业局第十三届委员会和第十三届纪律检查委员会。

二、中国共产党铁力林业局第十四次代表大会

1990年10月15—17日召开。这次会议是在林业局党委班子进行调整充实和国家决定在铁力林业局搞治危兴林工作试点的新形势下召开的。出席会议的党员代表150名，占全局正式党员总数的6.1%。其中干部党员代表106名，占代表总数的70.7%；知识分子及各类专业技术人员党员代表26名，占代表总数的17.3%；劳动模范党员代表12名，占代表总数的8%；离退休职工党员代表4名，占代表总数的2.7%；集体企业工人党员代表1名，占代表总数的0.7%；家属党员代表1名，占代表总数的0.7%。在党员代表中，妇女党员代表19名，占代表总数的12.7%；少数民族党员代表3名，占代表总数的2%；45岁以下党员代表78名，占代表总数的52%。

会议听取并审议陈丛礼代表上届党委所作的《团结和带领职工群众，为实现治危兴林宏伟目标而努力奋斗》报告。报告回顾和总结中共铁力林业局第十三次代表大会以来全局的工作。指出过去的三年，是林业局形势发生深刻变化、全局职工群众经受政治动乱和经济危困严峻考验的三年；是各级党组织带领广大党员同资产阶级自由化思潮和各种错误倾向进行斗争，并在斗争中不断取得胜利的三年；是全局上下在“两危”困难中顶住各种压力、克服重重困难、紧密团结、艰苦奋斗、奋力拼搏的三年。三年来，全局认真贯彻中共十一届三中全会以来的路线、方针、政策，坚持以经济建设为中心，坚持四项基本原则和改革开放，大力加强党的建设和思想政治工作，合理调整经济结构，进一步改善职工生活条件，在保持政治、经济、社会形势全面稳定的基础上，推进社会主义物质文明和精神文明建设。

在政治、思想上，全党和全体群众坚决同党中央保持一致。各级党组织和广大党员立场坚定，旗帜鲜明，坚持正确的政治方向，敢于同各种错误思想做斗争，维护了安定团结的政治局面。在经济上，坚持以经济建设为中心，确定切合实际的经济工作思路，调整产业结构，开发生产项目，拓宽经

济渠道，促进经济建设稳中有进，较好地完成了各项计划。在改革上，认真实施“三个条例”、《中华人民共和国企业法》，普遍推行厂（场、所）长负责制，改革企业领导体制，改善企业经营机制，取得了明显效果。在两个文明建设上，结合本局实际，认真贯彻落实《中共中央关于社会主义精神文明建设指导方针的决议》以及省委、市委的有关部署，分层次开展四项基本原则教育、形势任务教育和国防教育，树立和发扬“红松精神”，提高了广大职工、青年、学生的思想觉悟，增强了主人翁意识。与此同时，狠抓党的建设，党组织的战斗力不断增强。加强民主法治建设，普遍开展以普法为重点的民主与法治教育，增强职工群众的民主意识、法治观念和遵纪守法的自觉性。

报告还提出以后的工作任务。总的指导思想是：坚定不移地执行党的基本路线，坚持两手抓的方针，加强党的建设，继续深化改革，调整经济结构，加强企业管理，全面实施治危兴林的战略措施；自力更生，艰苦奋斗，团结一致，推动两个文明建设的深入发展。总的奋斗目标是：实现“三个稳定”“三个增长”“三个力争”。“三个稳定”指政治稳定，经济稳定，社会稳定；“三个增长”指工农业总产值有较大幅度增长，多种经营产值有较大幅度增长，人工林保存面积有较大幅度增长；“三个力争”指力争扭转亏损局面，力争成为伊春市精神文明建设先进单位，力争进入省级先进企业行列。实现奋斗目标的措施是：以林为本，树立以营林为基础思想，大力培育和扩大森林资源；以调带转，调整产业、产品结构，发展替代产业，实现经济的战略转移；以农补林，大力发展农业生产，走农林结合的道路；以管增效，通过强化管理，挖掘企业内部潜力，全面提高企业经济效益；以改谋进，深化经济体制改革和稳步推进政治体制改革，促进经济发展；以智治危，发展科技教育事业，依靠科技进步，实现科技兴局；以活致富，搞活林场（所）。此外，还大力加强精神文明建设，加强党的建设和党风廉政建设，为林业局政治、经济的发展优化环境。

会议听取并审议中共铁力林业局第十三届纪律检查委员会的工作报告。报告回顾和总结中共铁力林业局第十三次代表大会以来的纪检工作。三年来，在林业局党委和伊春市纪委的直接领导下，局纪委认真贯彻中共中央和省委、市委关于端正党风、严肃党纪等方面的一系列指示和决定，发挥纪检机关惩处、保护、监督、教育的职能。坚持和维护党的领导，在反对资产阶级自由化和北京政治风波中，旗帜鲜明，立场坚定，同党中央保持高度一致。协助主要力量集中狠抓党风建设和廉政建设，积极主动地开展党纪教育，严肃处理违纪案件，维护党的集中统一和党的纪律严肃性，保证党的路线、方针、政策的贯彻执行。具体工作是协助党委抓党风，落实党风责任制；努力做到求真务实，清理纠正不正之风，加强党性党风党纪教育，提高党员素质；狠抓案件查处，重视信访工作，加强纪检队伍的自身建设。报告还提出今后纪律检查工作的任务，即以中共十三届五中全会精神为指针，紧紧围绕治理整顿、深化改革这个中心，抓住党政机关廉洁这个重点，坚持从严治党的方针，坚决惩治腐败，维护党的纪律，维护党的团结，搞好党风建设，保证中央“两个决定”和林业局治危兴林方针的顺利实施。

会议听取并审议《中国共产党铁力林业局第十三届党费收支审查委员会关于党费收支情况的报告》。

会议按照预定议程，选举产生中国共产党铁力林业局第十四届委员会和第十四届纪律检查委员会。

三、中国共产党铁力林业局第十五次代表大会

1995 年 7 月 21—22 日召开。出席会议的党员代表 162 名。其中干部党员代表 114 名，占代表总数的 70.37%；各条战线的劳动模范、先进工作者、优秀科技人员党员代表 48 名，占代表总数的 29.63%。在党员代表中，妇女党员代表 22 名，占代表总数的 13.58%；少数民族党员代表 2 名，占代表总数的 1.23%；45 岁以下党员代表 87 名，占代表总数的 53.7%。

会议听取并审议曹力卓代表上届党委所作的《解放思想，深化改革，为实现翻两番奔小康的目标而努力奋斗》报告。报告回顾和总结中共铁力林业局第十四次代表大会以来全局的工作。指出五年来，在伊春市委的正确领导下，林业局各级党组织带领广大党员和群众，坚持以经济建设为中心，振奋精神，艰苦奋斗，坚定不移地贯彻执行党的基本路线，认真落实邓小平视察南方重要讲话和中共十四大精神，按照林业局第十四次党代会确定的指导思想和经济发展战略，围绕经济建设这个中心，开展党建和精神文明建设，发挥党组织的政治核心作用；全面推行企业经济改革和经济建设，各项工作取得新的进展，完成第十四次党代会确定的各项任务，全局呈现出政治稳定、经济发展、社会安定的局面；经济建设稳步发展，各项生产建设计划全面完成，减亏增效工作成绩显著，完成伊春林管局下达的减亏指标；在国家林业公司的扶持下，木制装饰条、自来水、速生丰产林等13个治危兴林项目已经开始上马，发挥作用；在产业结构调整上，针对制约林业局经济发展的结构性矛盾，积极发展非林替代产业，加快森林后备资源的培育速度，不断提高木材售价，走加工增值之路，农业和多种经营规模和效益同步增长，初步形成以林产工业为支柱产业，木材、营林、多种经营、非林替代产业、职工家庭经济、第三产业等多业并举，齐头并进的新兴产业结构；职工、群众生活条件基本得到改善，民主法治和精神文明建设取得新进展，党的建设得到加强，党组织在改革和建设中发挥政治核心作用；科技、教育事业取得新成绩。回顾五年来的工作，基本体会是：必须坚持以经济建设为中心，党政密切配合，形成抓经济工作的合力；必须坚持解放思想、实事求是，促进改革不断深化；必须坚持“两手抓，两手都要硬”，为经济建设创造宽松环境；必须加大产业结构调整力度，促进资源综合开发；必须坚持不懈地加强党的建设，增强党组织的凝聚力和战斗力。

报告指出今后的工作任务。指导思想是：以邓小平建设有中国特色社会主义理论为指针，坚定不移地贯彻党的基本路线，解放思想，坚定信心，深化改革，强化管理，积极开辟经济发展第二战场，培育新的经济增长点，提高经济效益，保持全面稳定，为实现到20世纪末全局经济翻两番、奔小康的战略目标而努力奋斗。

经济和社会发展的主要目标是：经济增长速度逐年提高，在不放松现有营林、木材生产、林产工业、农业、多种经营等产业的同时，大力开辟经济发展第二战场，积极培育新的经济增长点，努力实现国内生产总值平均每年递增18.8%的增长速度，为实现全局经济翻两番奠定坚实基础。大打企业扭亏增盈总体战。“九五”初期实现扭亏增盈，全局经济实力明显增强。加快森林资源培育速度，采取多种形式，扩大更新造林规模，提高速生丰产林比重，实现林木资源长大于消，为木材产量回升打下基础。在积极培育、保护和发展森林资源的同时，调整和优化产业结构。以发展林产工业为重点，积极发展木材精深加工，延长产业链，提高附加值。同时，大力发展农业、多种经营生产，尽快形成资源转换型的支柱产业。积极开展非林替代产业和第三产业，分离人员，减轻企业压力。在此基础上建立现代企业经济制度，进行以产权制度为重点的改革，逐步完善与市场经济相适应的新的企业经营机制，使企业步入市场。同时充分发挥科技、教育工作在企业建设中的作用，职工物质文化生活水平明显提高。

为实现经济和社会发展目标，要实施“三改、两化、一发展”的发展战略。“三改”即改组、改制、改造。改组是改革不合理的企业组织结构，从市场经济的实际出发，采取集体裂变、委托经营、引资嫁接、参股经营、分离经营、租赁经营等措施，促进存量资产优化，实现生产要素与经营者的最佳组合，从整体上提高企业的市场竞争能力。改制是进行制度创新，建立适应社会主义市场经济需求，以产权清晰、责权明确、政企分开、管理科学为主要内容的现代企业制度。改造是多方面筹集技改资金，加大企业技术改造力度，加快技术改造步伐，提高重点项目的设备效率和产品质量，增强企业后劲和经济实力。“两化”即经济市场化、管理科学化。经济市场化是按照社会主义市场经济要求，把可以独立的所属单位分离出来，分类推向市场，明确各类企业领导者的独立法人地位，优化资源配置，市场要素自然流动，并参与分配。企业之间以法人、合同、服务为纽带，相互联系，双向负责。各企业要按价值规律办事，追求更大利润和经济效益，在市场竞争中增强活力，提高素质。管理科学化是建立科学的企业内部管理制度，形成激励和约束相结合的经营机制，加强基础管理工作，推行科学的现代企业管理方法，使好内功，向企业管理要效益。“一发展”即大力发展非国有经济，打破现有所有制的格局，多种经营成分一起上，把加快发展集体经济、个体私营经济和职工家庭经济等非国有经济作为开辟第二战场的主攻方向，用非国有经济的快速发展，替补由于国有经济发展滞缓而造成的经济发展速度上的落差，使非国有经济真正占据全局经济的半壁江山。

会议听取并审议中国共产党铁力林业局第十四届纪律检查委员会的工作报告。报告回顾和总结中共铁力林业局第十四次代表大会以来的纪检工作。五年来，在林业局党委和伊春市纪委的正确领导下，坚持党的基本路线，正确履行保护、惩处、教育的职能，加强党的建设，维护党纪的严肃性，促进全局的改革和经济建设的发展。（1）支持改革，为全局的经济建设服务。广大纪检干部进一步明确新时期纪检工作的指导思想，更新了观念，严肃而审慎地对待改革和经济活动中出现的新问题，有效地履行职能。（2）协助党委抓党风廉政建设，适时开展反腐斗争。（3）开展专项斗争，纠正各种不正之风。（4）严肃党的纪律，认真查处各种违纪案件。（5）加强党风、党纪教育，提高党员素质。（6）加强自身建设，提高纪检干部素质。

报告对今后的纪检工作提出意见，即以中共十四届四中全会精神为指针，高举反腐倡廉和保驾护航两面旗帜，紧紧围绕经济建设这个中心，把握反腐败斗争这个重点，加大监督检查力度，强化治本措施，全面履行职能，为党的建设和经济发展提供良好的社会环境，为维护全党工作大局提供有力的服务和保证。

会议听取并审议《中国共产党铁力林业局第十四届党费收支审查委员会关于党费收支情况的报告》。

会议按照预定议程，选举产生中国共产党铁力林业局第十五届委员会和第十五届纪律检查委员会。

四、中国共产党铁力林业局第十六次代表大会

2003年12月15—17日召开。出席会议的党员代表148名，占全局正式党员总数的5.8%。其中干部党员代表101名，占代表总数的68.24%；专业技术人员和先进模范人物党员代表47名，占代表总数的31.76%。在党员代表中，妇女党员代表23名，占代表总数的15.54%；少数民族党员代表3名，占代表总数的2.03%；45岁以下党员代表75名，占代表总数的50.68%。

会议听取并审议冯玉胜代表上届党委所作的《与时俱进，加快发展，为建设林区全面小康社会而努力奋斗》报告。报告回顾和总结第十五次党代会以来八年的工作。这八年，铁力林业局在政治、经济、社会等方面发生了令人瞩目的变化。在伊春市委的正确领导下，全局各级党组织带领广大党员和职工、群众高举邓小平理论伟大旗帜，以“三个代表”重要思想为指导，坚持以经济建设为中心，以发展为第一要务，创造性地贯彻落实中央和省委、市委的工作部署。从林业局的实际情况出发，在不断深化“一改两管三分”经验的基础上，积极实施搞好“一个工程”（爱民工程），抓住“两个关键”（构建经济发展新格局，努力为职工群众办实事），提高“三个水平”（经济建设、党的建设、文明建设），实现“四个目标”（企业经济稳步发展、森林资源良性增长、职工收入有所增加、林区社会基本稳定）的总体工作思路，取得较好的成绩，开创铁力林区各项工作的新局面。回顾过去的八年，全局上下谋发展，抓大事，与时俱进，锐意进取，努力解决林区经济和社会发展中的主要矛盾和突出问题，在不断取得成绩的同时，也积累了一些成功的经验。（1）只有坚持解放思想、实事求是、与时俱进，始终保持开拓创新的精神状态，自觉地运用马克思主义的灵魂，把思想认识从那些不合时宜的观念、做法和体制束缚中解放出来，保持开拓创新的精神状态，各项工作才能不断取得新的业

绩。（2）只有坚持以经济建设为中心，用发展的办法解决前进中的问题，优化经济结构，努力追求经济总量的最大化，壮大企业实力，林区社会各项事业和职工群众切身利益才能得到保障。（3）只有坚持正确处理改革发展稳定的关系，创造良好的发展环境，在稳定中推进改革，在改革中谋求发展，才能使林区的经济取得发展，才能创造良好的社会、政治环境。（4）只有坚持“两手抓”的方针和可持续发展的战略，才能促进林区经济和社会的协调发展。（5）只有坚持不断加强党的建设和党的领导，增强党组织的创造力、凝聚力和战斗力，才能为全局的改革发展提供坚强的政治保障。

报告提出今后五年工作目标和主要任务。今后五年，是全局加快发展、冲出困境、实现富企兴民战略的关键时期。纵观全局，审视未来，困难和希望同在，挑战与机遇同在。基于面临的形势，今后五年全局经济和社会发展的总体思路是：深入贯彻中共十六大精神和省委、市委工作部署，进一步解放思想，与时俱进，开拓创新。牢牢抓住发展这个第一要务，加快改革开放步伐，加大结构调整力度。大力实施科教兴局和可持续发展战略，走新型工业化道路，坚持速度与质量、效益相统一。在抓好森林资源培育保护的同时，突出发展畜牧养殖、绿色食品、北药种植、木材精深加工、森林生态旅游五大接续产业，努力实现物质文明、政治文明和精神文明的协调发展，加快全面建设小康社会的步伐。今后五年总的要求是：头两年打基础，后三年大发展。具体发展目标是：到 2005 年，全局产业产值达 30710 万元，与 2003 年相比平均增长 9.8%；国内生产总值达 14480 万元，与 2003 年相比平均增长 12.6%，人均达 3220 元。到 2008 年，全局产业产值达 52200 万元，与 2003 年相比平均增长 14.5%；国内生产总值达 25300 万元，与 2003 年相比平均增长 16.16%；人均达 5800 元。职工生活质量明显改善，为 2017 年如期实现全面小康社会奠定坚实的基础。为实现上述工作目标，重点抓好以下工作。（1）以结构调整为主线，加速接续产业发展步伐。抓好以奶牛为重点的畜牧养殖业，抓好绿色食品产业，抓好北药种植业，抓好木材精深加工，抓好生态旅游业。（2）以“天保”工程为重点，进一步做好森林资源培育和保护工作。（3）深化改革，强化管理，进一步增强企业活力。（4）加大“招引联”力度，提高对外开放水平。（5）实施科教兴局战略，提高科技在全局经济发展中的贡献率。（6）统筹规划，合理布局，加快林区小城镇建设步伐。（7）抓好政治文明和精神文明建设，促进林区全面发展。

会议听取并审议中国共产党铁力林业局第十五届纪律检查委员会的工作报告。报告回顾和总结中共铁力林业局第十五次代表大会以来的纪检工作。八年来，在林业局党委和伊春市纪委的正确领导下，纪委以邓小平理论和“三个代表”重要思想为指导，紧紧围绕经济建设这个中心，深入开展党风廉政建设和反腐斗争，职能作用得到进一步加强。各级组织大力支持纪检监察工作，党风廉政建设得到很好落实，党政齐抓共管的局面逐渐形成，民主和法治建设不断推进，党内监督和群众监督得到加强。反腐败工作从侧重治标转向标本兼治，逐步加大治本力度。各单位和部门针对腐败现象易发、多发部位和环节，积极主动地改革体制、制度，从源头上预防和治理腐败。经过广大党员和干部群众的共同努力，全局党风廉政建设和反腐败斗争取得新的成效。

报告对今后一个时期的纪检工作提出意见，即全局的纪检工作要以邓小平理论和“三个代表”重要思想为指导，深入学习、贯彻中共十六大和十六届三中全会精神以及中纪委、省纪委、市纪委全会精神，以经济建设为中心，坚持反腐斗争，突出查处大案要案，强化治本措施，注重从源头上预防和治理腐败，以与时俱进、开拓创新的精神抓好工作落实，努力取得党风廉政建设和反腐败斗争新的实际成果，为维护全局政治稳定和社会安定团结提供良好的社会政治环境，为经济全面发展和建设小康社会提供有力的服务和保证。

会议听取并审议《中国共产党铁力林业局第十五届党费收支审查委员会关于党费收支情况的报告》。

会议按照预定议程，选举产生中国共产党铁力林业局第十六届委员会和第十六届纪律检查委员会。

第三节　组织工作

一、党员队伍建设

（一）发展党员

1946 年，中国共产党在铁力林区公开以后，党组织不断发展壮大，党员逐年增多。中共十一届三中全会以后，党组织拨乱反正，党员发展工作进入新的阶段。林业局党委坚持“积极慎重”的建党方针，肃清“左”的影响，坚持把好质量关，尤其是注意在知识分子、妇女，特别是少数民族中发展党员。截至 2005 年年末，全局有中共党员 2511 人，占全局总人口数的 3.6%。其中包括企业职工、学生、家属、街道居民、知识青年及非公有制企业从业人员。

（二）党员管理

按照中组部指定的“党内统计制度”及统计工作“简、准、快”的要求，林业局组织部建立“两卡”（党员登记卡、党员名卡）、“四簿”（调出、调入登记簿，发展党员、死亡党员登记簿）。统计方法从“三级层层划道统计法”改为“直接增减统计法”，并编制“统计工作细则”。同时，根据报表项目的变化更换党员名卡，建立定期核对卡片管理制度。在离退休党员多的地方设立党支部。林业局成立老干部办和退休办，负责管理山下离退休党员。2005 年又成立社区党组织，负责管理社区离退休党员。

（三）党费

1985 年，伊春市委组织部就国家工作人员工资制度改革后党员交纳党费作出新规定。林业局及时组织基层党组织收缴党费，并把党费收缴工作纳入组织部和基层党组工作职责，列入组织工作日程。2005 年，林业局成立社区党组织，负责党员党费的收缴。

（四）预备党员考核

预备党员的考核、教育和管理工作是保证党员质量的重要环节。在政治上，让预备党员参加党的各项活动，受到教育。党支部和培养人继续培养，按期找预备党员谈话，发现问题及时解决。在工作上，给预备党员加任务、加担子，使他们在实际工作中受到锻炼。对在预备期中能按党员标准严格要求自己、工作表现好的同志，及时办理入党手续。在考核中如发现个别预备党员素质不高，及时对其进行教育。

二、党的思想建设

铁力林业局党组织按照全国党员教育工作会议精神，结合党员队伍状况，采取有效形式开展党员思想教育，提高党员素质，推动党的思想建设。一是抓形势任务教育。使党员认清形势，统一思想，团结一致，积极投入到改革和经济建设中去。二是抓党章、党纲教育。使党员不忘本，时刻按党员标准要求自己，做合格党员。三是抓党的基本知识学习与教育，提高教育效果。党委坚持“三会一课”制度，严格组织生活，制订党课教育规划和考核办法，结合实际开展正常活动，充分发挥基层党组织的战斗堡垒作用和先锋模范作用。制定先进党支部和优秀党员条件，坚持每年评比一次，在“七一”建党日进行表彰奖励，创先争优活动走向正规化。

三、党的组织建设

（一）党的基层组织建设

为加强党的凝聚力和战斗力，从20世纪80年代开始，林业局党组织就注重基层党组织的建设工作。一是加强林场（所）和国营企业的党建工作。先后转发伊春市委制定的《企业党组织实施保证监督制度》《国有大中型企业中层以上管理人员管理办法》《关于正确处理企业党政工关系规则》和《国有企业党的工作机构设置和干部配备的暂行规定》，全面推进企业党建工作。通过在林场（所）和国有企业推行“一岗双责”，把党建工作纳入企业整体目标中，落实到基层党政班子，实行同部署、同检查、同奖惩。针对实行森林承包管护经营责任制党员分散的实际，改变党建工作的方式和方法，变“坐班”为“跟班”，调整党员分布，壮大一线党员力量。二是加强机关党建工作，组织和开展“三学三比”和“搞服务，促发展，满意在基层”活动；建立和落实党政机关联系基层、联系群众的制度，开展与基层联谊活动，局党政机关干部每年都抽出一定时间在基层工作。三是加强社区党建工作，对辖区内的在职党员实行双向联系制度，成立社区党建工作协调委员会。四是加强非公有制企业的党建工作，全局非公有制经济企业党组织应建率和已建率均达100%。在此基础上，加大选派非公有制企业党建指导员工作力度，使非公有制经济党建工作覆盖面达100%。

（二）“三个带头人”活动

2003年，林业局各级党组织按照上级部署，在党员干部中开展“三个带头人”活动。这项活动融于各项工作之中同步推进。与同时兴起的学习“三个代表”重要思想新高潮活动紧密结合，林业局党委下发《关于兴起学习贯彻“三个代表”重要思想新高潮的通知》，积极把“三个带头人”活动向创建学习型企业方面深入；与防治“非典”和加快经济发展有机结合，林业局党委下发《关于在抗击“非典”斗争中开展“三个带头人”活动的通知》，号召各级党组织带领广大党员干部带头抗“非典”、促发展；与加强“两风”建设有效结合起来，将“三个带头人”活动纳入“两风”建设之中，集中精力、集中时间开展工作，较好地完成“两风”建设阶段性任务。在“三个带头人”活动中，积极发挥新闻媒体的舆论导向作用，在电视台、《铁力林业简报》上开辟专栏。《伊春日报》、《林城晚报》、伊春电视台对铁力林业局“三个带头人”活动进行大量报道。

（三）保持党员先进性教育

此项活动从2005年年初开始。林业局党委成立保持党员先进性教育领导小组，并设置办公室。按照伊春市委《关于第一批开展保持共产党员先进性教育活动实施方案》的部署和要求，林业局第一批教育活动于2005年上半年在局机关、公安局、检察院和法院4个单位进行。凡是党的组织关系在上述单位的党员都参加这一批教育活动。这次活动的内容和要解决的突出问题是：提高党员素质，加强基层组织建设，服务人民群众，促进各项工作，进一步增强党员思想意识、执政意识、先进意识、服务意识，充分发挥党组织的战斗堡垒作用和党员先锋模范作用。

这次活动安排分为三个阶段。第一阶段为学习动员，第二阶段为分析评议，第三阶段为提高整顿。这次活动结束后，局党委采取群众代表评议、在群众中随机抽样调查等形式，对各单位保持共产党员先进性教育活动开展情况进行群众满意程度测评。

（四）中国共产党铁力林业局第十三届至第十六届委员会直属党组织

截至1986年12月31日，林业局所属基层党委、总支、支部共51个。其中，基层党委4个：贮木场、木材加工厂、森铁处、局机关；党总支11个：东方红林场、茂林河林场、卫东林场、九连林场、兴安林场、工程处、机修厂、综合木器厂、职工医院、公安局、发电厂；党支部36个：丰林林场、向阳林场、鹿鸣林场、建设营林所、卫星营林所、西北河营林所、泥河营林所、二股营林所、黑河营林所、红旗营林所、三屯农场、北关农场、泥河农场、技工校、汽车队、森调队、刨花板厂、葡萄酒厂、木制品加工厂、第一中学、第二中学、第三中学、职业中学、第一小学、第二小学、第三小学、第四小学、党校、物资供应科、商业科、劳动服务公司、生活服务公司、检察院、法院、教育中心、矿产开发公司。

截至1990年10月17日，林业局所属基层党委、总支、支部共51个。其中，基层党委4个：木材加工厂、汽运管理处、贮木场、局机关；党总支13个：东方红林场、茂林河林场、卫东林场、九连林场、兴安林场、工程处、机械厂、发电厂、木器厂、职工医院、公安局、物资供应科、商业局；党支部34个：木制品加工厂、刨花板厂、大理石制品厂、森调队、电话所、生活管理科、丰林林场、鹿鸣林场、向阳林场、黑河营林所、泥河营林所、二股营林所、西北河营林所、红旗营林所、卫星营林所、建设营林所、泥河农场、三屯农场、北关农场、林木良种繁育场、联合企业公司、检察院、法院、第一中学、第二中学、第三中学、职业中学、第一小学、第二小学、第三小学、第四小学、成人校、技工学校、党校。

截至1995年7月22日，林业局所属基层党委、总支、支部共57个。其中，基层党委3个：贮木场、机关党委、汽运处；党总支20个：东方红林场、茂林河林场、卫东林场、九连林场、兴安林场、二股营林所、发电厂、机械厂、工程处、物资供销公司、刨花板厂、林产工业公司、兴达木制品有限公司、商业供销公司、职工医院、公安局、路管处、多种经营公司、森利公司、塑料制品厂；党支部34个：丰林林场、向阳林场、鹿鸣林场、卫星营林所、红旗营林所、建设营林所、西北河营林所、泥河营林所、黑河营林所、林木良种场、森调队、营林公司、大理石制品厂、化工厂、胶合板厂、家具厂、综合厂、三屯农场、北关农场、泥河农场、生活管理科、电话管理所、自来水公司、液化气公司、第一中学、第二中学、第三中学、第一小学、第二小学、第三小学、第四小学、成人校、检察院、法院。

截至2003年12月17日，林业局所属基层党委、总支、支部共56个。其中，基层党委4个：局机关、再就业中心、松涛公司、退管中心；基层党总支15个：马永顺林场、建设营林所、西北河营林所、兴安林场、卫东林场、第一中学、马永顺中学、党校、兴林公司、松涛建筑公司、兴达公司、贮木场、公安局、森林管护大队、老干部办；基层党支部37个：鹿鸣林场、丰林林场、卫星营林所、红旗营林所、茂林河林场、营林公司、森调队、第三中学、第一小学、第二小学、第三小学、医院、王杨农场、三屯农场、红光农场、双河农场、五花农场、泥河农场、北关农场、九连林场、向阳林场、东方红林场、泥河营林所、黑河营林所、畜牧养殖场、龙森公司、宏达客运公司、森利公司、东华木制品厂、石油燃料经销处、物资供销公司、物资经销公司、顺达塑料厂、房产处、公路管理处、检察院、法院。

四、干部管理

（一）领导班子调整选配

按照党管干部的原则及中央关于干部“四化”的方针，林业局党委从实际出发，因企制宜，充实调整各级领导班子，提高领导班子素质。一是调整党委班子和局行政班子。对年龄偏大、文化程度偏低的状况加以改变。二是调整充实基层领导班子。做好巩固、完善和提高工作。

（二）干部选拔任用标准

按照中共中央选拔任用干部的要求，加强综合指导，严格按照德才兼备、任人唯贤的标准选人用人。认真接受主管干部部门的检查和指导。严格履行选拔任用干部的规定程序。选拔科级干部需经民主推荐，广泛听取群众意见，经基层讨论，组织部考察，党委集体讨论审批。1992年，为切实纠正和解决干部人事工作中的不正之风，林业局党委及时成立“纠正和解决干部人事工作不正之风领导小组”，对林业局内干部人事工作中存在的问题进行认真调查。

（三）后备干部

林业局按照中央关于加强青年干部培养教育的指导精神和上级组织部门的具体要求，以及林业局班子建设的实际，加强后备干部队伍建设。一是坚持定期整顿的原则。做到有进有出，优中选优。二是实行群众推荐的原则。坚持一定范围的民主推荐，使后备干部队伍有广泛的群众基础。三是坚持从实际出发的原则。注意发现人才，选贤任能。四是坚持选拔后备干部的标准，即拥护党的路线、方针、政策，坚持四项基本原则：身体力行，有强烈的事业心和政治责任感，有开创新局面的胆识和才干；思想品质好，作风正派，联系群众；勤奋好学，勇于开拓，有创见，有干劲，有一定的语言和文字表达能力；高中以上学历，年龄 35 岁左右，身体健康。

（四）干部培训

林业局党委把干部培训教育工作当作全局的大事，由组织部门在宏观上加强指导，做牵头工作。采取党校轮训和岗位自学的方法及多层次、多渠道、多专业的办法，在全局形成干部培训网络。注重离职培训、在职培训，组织学习马克思主义基本理论、毛泽东思想、邓小平理论、“三个代表”重要思想和企业管理知识，提高干部素质。1990 年，举办 9 期培训班，培训学员 564 名；1991 年先后举办马克思主义基本理论学习班、中青年干部培训班、党务工作者培训班，培训中层干部 365 名；2001 年，先后举办“三个代表”重要思想理论学习班、森林管护经营干部培训班各 1 期，培训人员 395 名；2002 年举办安全生产管理干部培训班、行政执法人员培训班等 9 期培训班，培训人员 920 名；2003 年举办中共十六大精神培训班等 7 期，培训人员 637 名；2004 年举办 9 期培训班，培训人员 500 名；2005 年举办 6 期培训班，培训人员 229 名。

（五）落实知识分子政策

铁力林业局按照上级要求，切实加强落实知识分子政策工作。一是做好调查。对全局知识分子的生活状况、思想状况、工作状况等方面进行详细调查，为他们解决困难，排除后顾之忧。二是紧抓对知识分子的管理工作。积极鼓励知识分子“拔尖”，为他们发挥才能创造条件，先后起草制定《知识分子拔尖人才管理办法》《知识分子拔尖人才奖励实施办法》等。建立拔尖人才档案库，全面了解和掌握拔尖人才的思想和工作情况，实行跟踪管理。三是落实改善知识分子的政治待遇、生活待遇以及其他待遇，为他们创造有利的工作和生活条件。四是严抓老干部工作，帮助他们解决落实工作、生活中遇到的一些实际问题。

第四节　宣传工作

一、围绕党的中心开展宣传工作

1987 年，铁力林业局的宣传工作按照党和国家的总体要求，围绕政治、经济和其他中心任务，在全局范围内进行学习四项基本原则、反对资产阶级自由化的理论教育。通过各种形式的学习，提高党员、干部及群众认识问题的能力，从理论上懂得坚持四项基本原则是立国之本以及反对资产阶级自由化斗争的重要性、必要性和长期性。把学习、宣传、贯彻中共十三大文件精神放在首要位置。召开专门会议，认真研究，对全局的学习作出安排部署。党委中心学习组由党委书记亲自抓，要求每个成员有学习笔记、学习心得体会，保证学习质量。在 1989 年的北京政治风波中，始终坚持正确的政治方向，为全局的安定团结做了大量工作。广泛开展社会主义初级阶段基本路线教育和形势任务教育，使职工群众进一步解放思想、提高认识，从墨守成规、循规蹈矩的心态中解放出来，牢固确立改革是社会主义初级阶段前进动力的思想。1992 年，围绕邓小平视察南方重要讲话和中共十四大精神，开展多种形式的关于解放思想、大换脑筋、转换经营机制、加大改革力度的宣传学习，鼓励和激发党员、干部及群众发扬主人翁精神，奋发进取，出计献力，成为林业局政治工作和经济建设的骨干力量。1993年，围绕扭亏为盈工作，进一步加大理论学习、宣传的力度，结合铁力林业局现状，深入学习贯彻中共十四大文件和邓小平视察南方重要讲话内容，领会精神实质，更新观念，转换脑筋，鼓励“科技兴局”“科技兴林”，放活科技人才，推动科技人员“下海”，投身改革，支持改革。从1994年下半年开始，在全局开展缓危解困大讨论，向职工群众讲困难、摆形势，教育职工解放思想、适应改革，坚定战胜困难的信心。大力宣传改革思路，组织企业职工深入讨论，播放专题片《托起明天的太阳》，开辟《铁力林业简报》专栏，增强缓危解困的信心和勇气。1996年，围绕治危兴林，以“团结、稳定、鼓励”为基调，坚持宣传工作服务于治危兴林工程、服务于林区形势稳定，发挥宣传工作的特点和功能，做了一系列的宣传教育工作。把促进经济工作、推进治危兴林作为宣传工作的出发点和立脚点，从多方面调动职工治危兴林的积极性，为治危兴林提供良好的政治环境。1997年中共十五大召开，林业局重点抓邓小平理论和十五大精神的学习、宣传、贯彻和落实。全局党员、干部把学习邓小平理论和中共十五大精神作为理论学习重点，同时学习市场经济理论、经济管理等方面的知识。在党委中心组学习上，制订党委中心组学习计划，确定学习时间、学习内容和中心发言人。在抓基层单位理论学习上，林业局党委和林业局领导划分包点联系单位。通过学习，进一步解放思想，明确工作思路。围绕铁力林业局“一改两管三分”的经济发展战略开展大讨论，制订下发《全市学铁力，铁力怎么办》讨论活动方案，林业局党政工青领导同职工群众一起参加讨论、座谈。同时，在全局开展精神文明建设创建活动，在机关开展“四好、满意”活动，在党组织中开展“五好工程”活动，在各级领导班子中开展“三管两带”活动，在领导干部中开展“一帮一”扶贫解困献爱心活动。2000年，通过“三讲”和深入学习邓小平理论、“三个代表”重要思想，联系实际，着眼于对林业局改革和发展等实际问题的解决，把理论学习同实施“天保”工程和再就业工程相结合，同企业改革、经济发展、提高党员干部队伍素质相结合，确定搞好“两调”，抓好“两深”，突破总体工作思路，达到理论同实际的圆满结合。2001年，铁力林业局党委宣传部门紧紧抓住“天保”工程这一工作重点，开展宣传工作，充分利用电视讲座、宣传标语、办培训班等多种形式，宣传“天保”工程的内容、重要意义和林区职工群众肩负的责任，增强林区人民实施“天保”工程的积极性。同年，林业局又把反对“法轮功”邪教组织教育作为宣传的重要内容，在各中小学校开展“远离邪教”活动。2002年，在争取做“三个带头人”活动中，林业局加大宣传力度，通过以会代训、举办学习班等方式，促进“三个带头人”活动的深入。2003年，全国发生“非典”疫情，林业局把防治“非典”工作列为宣传重点，达到家喻户晓、人人皆知，增强预防“非典”的责任感和自觉性。2005年，林业局组织开展共产党员先进性教育活动。同时，把推动大发展、快发展作为宣传工作的主题。宣传工作侧重于营造氛围、鼓舞士气，为促进政治、经济发展和社会稳定做了大量工作。一是畅通传媒渠道，增加宣传的覆盖面。一方面增加《铁林简报》的出刊期数和发行数量，另一方面着力办好林业电视台的节目。在伊春市委宣传部领导的关心下，在铁力市委的帮助下，实现林业局新闻节目在铁力市电视台播出，扩大了林业局新闻收视覆盖面，消除了宣传死角，使职工群众能及时了解林业局的改革进程、政策和措施，增强决策透明度。二是开展丰富多彩的文体活动，激发职工群众热爱企业的热情。以“松涛之声”系列文化活动为载体，丰富职工群众的业余文化生活。全年开展10余场次的系列文化活动，不仅活跃了职工群众的文化生活，也增强了职工群众爱企热情。三是完善爱国主义教育基地——马永顺纪念馆的配套设施。投入资金11万元，对纪念馆进行整修、完善，增设多媒体展示系统，提升纪念馆档次。制作专题纪录片《林业英雄马永顺》，使之成为弘扬马永顺精神的又一部生动教材。在纪念馆内设立“铁力林业地区历史文物图片展馆”，让人们了解铁力林区历史，激发热爱家乡的情感。四是宣传思想工作服务于发展大局，贴近经济建设主战场，把宣传思想工作同经济工作结为一体。全方位、多层次地加大对外宣传力度，不断提高和扩大铁力林业局的知名度。一方面充分利用哈尔滨经济贸易洽谈会、伊春森林生态旅游节和招商引资基地等平台，宣传林业局优良的发展环境、优惠的招商引资政策、良好的地域优势和资源优势，展示林业局的新形象。另一方面充分发挥报刊电视等传媒覆盖面广、普及率高的优势，加大宣传力度。在《黑龙江日报》《伊春日报》《黑龙江经济报》等报刊制作铁力林业局宣传专版；在伊春电视台制作5期专题节目；在《中国绿色时报》《伊春日报》《黑龙江林业报》等报纸发表30多篇报道；印刷6幅以展示林业局旅游业为主题的贺年卡。通过有力的宣传活动，激发了职工群众热爱新林区、建设新林区的热情。

二、《铁力林业简报》

为改变局内信息在传递、反馈方面存在的发行范围受限等现状，使职工群众对党委和林业局的重大决策及时全面了解，加大宣传工作力度，真正发挥企业宣传工作上情下达、下情上传，联系基层和职工群众，承担弘扬主旋律、推动两个文明建设的作用，党委和局决定创办《铁力林业简报》，由党委宣传部主办，增加信息含量，拓展发行范围，面向基层和职工群众。《铁力林业简报》由党委领导任总编辑，编委会由党委领导和有关部门领导组成，下设编辑部，实行总编辑负责的运作机制。

《铁力林业简报》坚持以邓小平建设有中国特色理论为指针，以党在不同时期的会议精神为指导，紧紧围绕党委和局的中心工作，加大改革和发展经济的宣传力度，突出宣传在深化改革工作中思想认识有新提高、工作作风有新变化、经济工作有新思路、企业管理有新举措、经济效益有新增长的经验和做法。

《铁力林业简报》为周刊，一版为要闻版，主要刊发党委和林业局的大政方针、工作任务和目标等；二版为经济时空版，主要刊发经济建设和经济生活等；三版为政教长廊版，主要刊发精神文明建设、党建工作、群团生活、教学动态等；四版为信息与服务版，刊发供求信息、牵线搭桥、引导消费等。

《铁力林业简报》于1997年7月1日创刊，2002年7月改为《铁林简报》，半月刊。

三、新闻工作

铁力林业局的新闻工作始终坚持党性原则，坚持以正面教育为重点的方针，紧紧围绕党委和林业局的中心工作，正确引导社会舆论，宣传改革，抓典型报道和对上报道，把新闻工作的社会效益放在首位。牢记新闻媒体是党和政府的喉舌，面向基层，反映人民群众呼声，及时准确地宣传报道党的路线、方针、政策及党委和局的重大决策，增强透明度，保证各项工作顺利实施。

（一）新闻报道

1987年，全年向上级新闻单位投稿694篇，被采用579篇；局广播站收播稿件1000余篇。表彰奖励21名优秀通讯员，5篇优秀稿件。1989年，新闻稿件发表数量在全市名列前茅。电视新闻在省发表9条，在伊春市发表100多条。一些稿件还在《中国林业报》《工人日报》发表。有的稿件在国家、省、市刊物上获奖。1995年9月，铁力林业电视台推出新闻性专题节目《周末写实》，宣传报道林区改革的典型和百姓关心的事。多年来，林业局在《中国绿色时报》、《黑龙江日报》、《伊春日报》、《林城晚报》、伊春电视台、伊春人民广播电台等新闻媒体上年均刊（播）发新闻稿件200余篇（幅）。

（二）电台网络

1988年，林业局投资15万元修建电视转播台。1989年集资和拨款4万多元，购置微波接收设备，将伊春电视台的节目直接传递到铁力林区的家家户户，使铁力林区可以收看五六个频道的电视节目。1990年配置调频广播。1996年，党委和林业局从多渠道筹集资金上百万元，为林场（所）职工家庭安装有线电视。经过两年多的努力，山上林场（所）地面卫星接收装置安装完毕，职工群众在家中能收看十几个频道的电视节目。随着广播电视事业的不断发展和进步，广播电视服务中心采取“四改两加强”（“四改”：改人事和劳动用工制度，实行目标考核；改按工资分配等级制度，实行效益工资；改新闻宣传空洞单调，增强新闻和专题节目的贴近性和感染力；改技术维护报账制，实行指标分解，承包经营。“两加强”：加强内外部管理，内部实行制度约束，外部林场有线电视运用广播电视管理条例等法规制约，设专人管理；加强创收工作）的运行机制，以“稳定、鼓励”为宣传基调，以经济发展为基础保障，全面切断“皇粮”走向市场，实行企业化管理。

（三）报刊发行

1989年，《伊春日报》自办发行，铁力林业局接管铁力发行站，克服各种困难，年年完成收订和发行工作。1990年，全局发行《伊春日报》870份、信息报43份。2005年，发行《伊春日报》350份。

（四）新闻报道队伍建设

1987年，林业局整顿通讯员队伍，培训68名骨干通讯员。1989年，培训一大批基层通讯员，输送5名通讯员、广播员到上级新闻单位学习。1990年，培训通讯员300多名。到2005年，通过培训，全局发挥作用的通讯员达500多名。

第五节　精神文明建设

铁力林业局各级党组织十分重视精神文明建设工作。在发展和建设社会主义市场经济实践中，摆正两个文明建设关系。在突出经济建设这个中心和加强发展这个主题的同时，切实把精神文明建设放到更重要的位置，实现两个文明建设的协调同步发展，真正做到“两手抓、两手都要硬”。

在思想认识上，树立两个文明一起抓的意识。林业局党委积极组织全局广大党员和干部、群众，认真学习邓小平有关两个文明的重要论述和中共十四届六中全会通过的《中共中央关于加强社会主义精神文明建设若干重要问题的决议》，回顾历史，分析现实，从找差距入手，统一广大干部、群众两个文明一起抓、两手都要硬的认识。同时也明确缓危解困、加快发展需要以解放思想为先导，破除长期计划经济的影响和束缚。因而，在工作上形成两个文明一起抓的总体思路。在1996年以后党委和林业局确立的各年度工作指导思想上，均提出以中共十四届六中全会为指针，全面贯彻党的基本路线，坚持“两手抓、两手都要硬”的方针，积极推进两个根本性转变，实现国民经济可持续发展。同时，提出经济建设年年要有新发展、精神文明建设年年上新台阶、党的建设要有新加强的“三位一体”目标。为实现这一目标，党委和林业局确立两项工作重点。一方面，推行“一改两管三分”，加大推进治危兴林的力度；进入21世纪之后，把推行“天保”工程作为重要内容，深化改革和调整，加快国有企业经营机制的转换，发展林区经济，推动物质文明建设取得突破性进展。另一方面，加大政治思想工作力度，弘扬马永顺精神和孙江事迹，用先进人物和先进思想，进一步统一思想和行动，凝聚人心，化解矛盾，理顺情绪，最大限度地调动广大干部、群众的积极性，为深化改革和加快发展及稳定社会提供强有力的精神动力和思想保证。为了把两个文明建设作为统一奋斗目标，一起部署、一起落实、一起检查，在工作部署上真正使两个文明建设融为一体，林业局党委把坚持“两手抓、两手都要硬”的基本方针贯穿于全局工作的总体思路中。在确定工作目标任务上，把两个文明建设有机统一起来。同时，在全局实施精神文明建设一把手工程，建立各级党组织一把手负总责、班子成员分工负责的制度，把是否坚持两个文明一起抓作为考核评估党政领导班子和领导干部工作水平及政绩的重要标准和基本依据。林业局党组织在工作机制上，建立两个文明一起抓的目标责任体系。中共十四届六中全会以后，相应制定出一系列与经济建设、社会发展相配套的精神文明建设目标责任体系，形成全面加强精神文明建设的系统工程，有力地推动和保证两个文明建设的协调发展。各基层单位也都从本地实际出发，按照林业局党委的部署，制定精神文明建设目标和实施办法。全局上下基本形成一个整体目标责任体系。林业局党委还对精神文明建设组织机构进行充实，配备工作人员，进一步完善管理、考核、监督、激励机制，使全局的精神文明建设走上经常化、规范化、科学化的轨道。

一、学习邓小平理论

改革开放以来，铁力林业局党委把学习邓小平建设有中国特色社会主义理论作为精神文明建设的重要内容，并纳入精神文明建设目标体系。针对全局广大干部、群众的思想实际，通过举办领导干部研讨班、理论骨干学习班等多种形式，认真学习《邓小平文选》（1~3 卷）及《邓小平建设有中国特色社会主义理论学习纲要》，引导人们正确树立世界观、人生观、价值观；激励人们在缓危解困、深化改革、实施“天保”工程、加快发展、建设社会主义新林区的伟大实践中，鼓足力量，坚定信心，艰苦创业，开拓进取；为实现两个文明一起抓，为繁荣和振兴铁力林区、建设生态林业而努力奋斗。同时，结合学习中共十四届四中、五中、六中全会文件，学习江泽民、胡锦涛的一系列讲话，学习报刊关于建立和谐社会的文章，增强各级领导干部的政治意识、大局意识，提高运用马克思主义立场观点和方法解决问题的能力。从而，使各级领导干部能够在政治上自觉地和党中央保持高度一致，进一步坚定两个文明建设一起抓和深化改革、加速发展的信心。广大干部、群众通过理论教育，推动了思想解放和观念更新，树立了与市场经济相适应的市场观念、竞争观念、效益观念和择业观念，调动了参与精神文明建设、参与改革的积极性，使思想和行动统一到党委总体发展思路上来。

二、宣传典型，弘扬艰苦创业精神

在精神文明建设中，铁力林业局党组织十分注意总结和树立体现时代精神、适应治危兴林改革开放和建立市场经济体系的典型。进入 20 世纪 80 年代以后，森工企业遭遇“两危”困境，林业生产建设和职工生活受到冲击。针对部分干部、群众在“两危”的压力下精神不振、情绪不稳的实际，局党委及各级基层党组织开展“忆林区开发初期艰苦创业历程史”活动，通过多种形式，弘扬老一代林业职工艰苦创业的精神。同时，总结宣传在林区开发建设中屡建功劳的马永顺工组、1043 号青年包车组、宋福臣木工组以及心系子孙后代、向大山“还账”的全国著名劳动模范马永顺和生活节俭清苦、把节省下来的 2 万元钱捐给企业的老党员孙江。一个典型，就是一面旗帜。通过学习典型、宣传典型、推广典型，在全局形成学先进模范、创英雄业绩的浓厚氛围，极大地激发了广大干部、群众投入精神文明建设、投入治危兴林、二次创业的热情。

三、加强思想道德建设

铁力林业局各中小学校坚持贯彻《爱国主义教育实施纲要》，以素质教育为主题，开展积极向上、活泼健康有意义的教育活动，激发广大青少年爱祖国、爱企业、爱家乡的热情。在思想教育中重点抓四项教育：在学生中抓“五心教育”（忠心献给党，爱心献给社会，关心先给他人，孝心献给父母，信心留给自己）；在职工群众中抓“解放思想、艰苦奋斗”教育；在党员干部中抓“廉洁奉公、勤政为民”教育；在服务行业抓“文明服务、礼貌待客”教育。为加强对青少年的爱国主义教育，把北关出河场遗址定为爱国主义教育基地。开展“爱祖国、讲文明”读书教育活动。1998 年我国南方地区发生特大洪水，灾情严重。林业局党委和各级基层党组织层层动员，开展向灾区人民奉献一片爱心、捐款捐物活动，全局共捐款 15 万元、衣物 7000 余件、编织袋 15 万多条。在 2005 年“走进百姓、共谋发展”活动中，先后 3 次捐款，共筹集资金 10 万多元，帮助 42 户贫困户脱贫。

四、讲文明树新风活动

铁力林业局结合实际，围绕提高职工群众思想道德素质、优化环境，突出重点，开展工作。一是抓“文明单位创建”“文明城市、文明行业、文明场所创建”“警民共建”“四职三优”“三文明”“青年文明号”“转变职能，服务基层”等活动。二是抓思想道德教育活动。三是抓各类文化场所建设，完善措施，规范管理。四是抓广播电视事业建设。五是抓环境建设。通过上述活动，提高全民文明意识，促进精神文明建设。

五、加强文化与文化环境建设

1989—2005年，铁力林业局按照上级要求，着重清理文化市场，深入开展“扫黄、打丑”活动，对违反规定营业的销售点和录像厅进行清理，取缔学校周边的违规网吧。重点打击非法出版物及淫秽物品传播等犯罪行为，开展健康向上、丰富多彩的业余文化活动，坚持四项基本原则，坚决抵制资产阶级自由化思潮的侵蚀和影响。保证全局文化市场的清洁和繁荣，坚持文化工作的社会主义方向。20世纪90年代末期，将文化与环境建设纳入重新树立企业形象上来，增强企业感召力，生产精神产品，丰富企业文化内涵，加大环境建设力度，改善职工生产生活条件。阅览室增加书籍，职工生活增加娱乐项目，部分基层单位增设录像厅、卡拉OK歌舞厅，扩大业余秧歌队伍。充分发挥文联作用，生产精神产品，成立冰菱花文学社、春芽文学社、春蕾文学社、绿地文学社、芳草文学社等，文学社社员近千人。一些优秀作品在《伊春日报》《黑龙江林业报》《林城晚报》《大森林文学》《北方文学》《小说林》《岁月》《小兴安岭文学》等报刊上发表。2000年，拓宽松涛街，修建音乐喷泉、街心公园、游乐园。2004年，拓宽团结路，安装路灯，改造团结路铁甲河桥。职工群众的文化生活环境得到进一步改善。

第六节　廉政建设

一、党风廉政教育

铁力林业局党委在反腐倡廉工作中，注重从根本上铲除腐败现象滋生的土壤和条件，加强对党员和领导干部党性、党风、党纪的教育，增强领导干部遵纪守法的意识。1987年，采取集中学习与自学相结合、重点辅导与典型教育相结合、专项讨论与联系实际相结合的方法，对党员干部进行学习再教育。在学习教育中，干部党员达140学时，工人党员达65学时，受教育面达93.7%。1989年，对51个基层党委、总支、支部进行党风廉政工作检查，分析党风状况，提出整改意见，落实改进措施。1990年，重点抓制度建设，完善制约机制，为防止发生权钱交易、以权谋私和以工程谋私等问题，制定《关于在“以木换房”工作中切实加强管理、严肃纪律的通知》，以防止不正之风发生。1993年，党风廉政教育贯彻“预防为主、教育为辅”的方针，结合改革开放和党员干部的思想实际开展教育活动，使广大党员干部理解开展反腐败斗争的重大意义，增强纪律观念，保证清正廉洁，提高拒腐防变的自觉性。利用党校，分5期对367名党员领导干部进行落实中共十四大精神轮训学习；同时开展以案说法教育，收看《共产党员本色》《欲海倾舟》《越轨》等录像片。1996年，组织基层单位征订100多本《党风政纪条规手册》进行学习。组织全局党员干部参加党纪、政纪条规百题知识答卷活动，开展党纪、政纪条规知识专场竞赛活动；组织党员干部收看反腐倡廉教育录像片，强化党风廉政责任制工作。1998年，加强对领导干部的廉洁自律教育，结合学习中共十五届三中全会精神，开展以学习《廉政准则》为主要内容的廉洁自律教育，结合《中华人民共和国行政监察法》的颁布实施，开展学习党纪条规教育活动。解决领导干部公款大吃大喝、公车私用问题。促进局和基层两级党政班子的廉洁自律。1999年，在对领导干部的廉洁自律教育中，突出抓三项重点工作的落实。一是严格控制和防止领导干部借开会之机到风景名胜区旅游。禁止参加以研讨、考察为名的各种学习班。二是严格控制改建、扩建、购买和装修办公楼及新建宾馆。三是制止公款出国（境）旅游。同时，认真解决群众反映的重点问题，清理超编、无编小汽车及清理公牌私用和私车公落牌照等问题，解决小车牌照管理混乱、公私不分的状况。制定《铁力林业局移动电话使用和管理的暂行规定》。严格控制公款购买通信工具。2000 年，重点抓国有企业"五不准"规定的贯彻落实。对于企业的大额资金运作、生产经营、企业改革的重大决策及主要人事任免等事项，坚持由集体讨论决策。对于企业的固定资产转卖出售等经营活动，坚持公开竞价出售，确保国有企业资产保值增值。2005 年，从规范人的行为动机和道德水平着眼，着力提高广大党员干部的思想政治觉悟，从解决好世界观、人生观、价值观、权力观、地位观和利益观入手，重点抓"三个方面"的教育。一是加强对领导干部理论基础教育。以马克思列宁主义、毛泽东思想教育为根本，以艰苦奋斗、廉洁奉公为主题，以立党为公、执政为民为目标，对党员干部进行党的基本理论、基本路线、基本纲领和基本经验教育。同时还加强理想信念教育、法律纪律教育和优良传统教育。二是加强领导干部廉政预防教育。以开展保持共产党员先进性教育为契机，举办 3 期培训班，重点对全局副科级以上的领导干部进行《中国共产党章程》《"三个代表"重要思想反腐倡廉理论学习纲要》《建立健全教育制度、监督并重的惩治和预防腐败体系实施纲要》学习辅导，增强党性观念，牢记党的宗旨，树立正确的权力观，保持"为民、务实、清廉"的良好形象，经受住各种腐蚀和诱惑的考验。三是加强对副科级以上领导干部的警示教育。以田凤山、韩桂芝、马德案件为反面教材，结合林业局实际，利用身边的典型事例，举办反腐倡廉书画展。举一反三，警醒干部为官要清廉、做人要正直。四是组织有识之士，开展反腐倡廉歌曲创作征集工作。林业局创作的 1 首反腐倡廉歌曲被省纪委评为反腐倡廉歌曲创作大赛优秀奖。

与此同时，开展廉洁自律典型教育。1986 年，树立茂林河林场党总支、森铁处、贮木场党委 3 个单位带头抓党风、廉洁自律典型。1987 年，总结交流 12 个典型经验，表彰奖励 10 个端正党风先进集体、7 名先进个人，树立 2 个先进集体、3 名先进个人标兵。1989 年，宣传树立"管钱不图外财的商业局财务股股长曹万云""甘当人民傻子的三中校长彭万臣""廉政奉公从我做起的第三小学校长苗乃兰""清正廉洁任劳任怨的贮木场场长王忠林"4 个典型。1990 年，重点学习焦裕禄、刘殿学、王治安和《小兴安岭风范》中先进人物的先进事迹。1992 年，树立 2 个清正廉洁典型，组织全局广大党员学习。1993 年，总结第三小学校党支部勤政廉政先进集体的典型事迹，并利用各种形式开展宣传活动，用身边的先进典型教育人、启发人。1998 年，树立"廉洁清正的第三小学校党支部先进集体"和"坚持原则、廉洁奉公的纪检员吴喜堂"两个廉政典型，通过电视台、《林业简报》等媒体进行宣传，弘扬正气，树立新风。同时举办反腐败成果展，进行反面典型教育，公开曝光几年来受到党纪处分的 12 起典型违法违纪案件。

二、廉政考核

1985—2005 年，林业局纪检部门根据上级的要求和反腐败工作的需要，坚持每年对领导干部采取不定期的形式开展廉政考核工作。一是配合组织部门的干部提拔，对所在单位的领导班子进行考核。将考核情况装入个人档案，作为提拔使用领导干部的一个重要依据。二是根据群众反映采取临时检查考核方式开展廉政考核工作，认真填写考核记录，做到廉政档案完整。通过对领导班子、领导干部的廉政考核工作，加强领导班子建设，促进领导干部提高勤政廉政意识。

三、党风廉政制度建设

为有效地规范权力的正确运用，林业局党委遵照《伊春市委党风廉政制度建设规划》，把制度建设纳入经常化、规范化轨道。领导干部认真执行收入申报、礼品登记、重大事项报告制度，企业推行招待费向职代会报告制度，并推行重要权力分解制度，重要岗位定期轮换，办事程序和结果即时公开。进一步强化民主管理、民主监督，有效地规范领导干部的行为。针对反腐败中暴露出来的问题，建立和完善住房、小汽车、住宅电话、移动电话、接待等方面的规定。严格执行领导干部不准利用职权为配偶、子女及其亲属经商办企业提供便利和优惠条件，收受礼金和有价证券，在外商独资企业、中外合资企业担任职务以及公款为领导干部住宅配备电脑等规定。制定《反腐败协调小组联席会议制度》《经济责任审计工作联席会议制度》，重新修订《铁力林业局党政领导干部党风廉政建设责任制》等有关廉政制度，形成配套的反腐倡廉制度体系。在此基础上，逐步健全完善监督制约机制。一是建立及时发现问题的机制。通过领导干部个人重大事项申报、群众专项举报、党风巡视、述职述廉和考核等方式，加强对领导干部的监督，及时发现违纪违规问题，遏制腐败滋生蔓延。二是建立认真解决问题的机制。为保证党员干部廉洁自律不违规，坚持“三必谈”制度，做到未雨绸缪。对提拔任职的干部进行廉政谈话，对有不廉洁行为的干部进行诫勉谈话，对有群众反映意见的场长、所长进行警示谈话，有效地促进了领导干部廉政勤政。三是建立健全责任追究机制。对不认真执行党风廉政建设责任制规定，教管失职，致使本地、本部门发生严重问题的领导干部追究责任。

四、纠正行业不正之风

按照伊春市委关于纠正行业不正之风工作主体到位的要求和谁主管谁负责的原则，林业局党委把纠风工作纳入部门管理之中，与加强职业道德教育和风纪建设结合起来，坚持反复抓、抓反复、常抓不懈。抓住群众反映强烈的问题进行集中治理，抓住群众关注的问题进行专项检查，抓住在经济发展中举足轻重的管理和监督部门开展行风评议工作，收到一致效果。1993 年，刹住林场（所）私卖木材和用个体车运材的问题。对个别林场（所）接待客人时陪吃陪喝人员多和不交费等问题进行整改，规定按战线 1 人陪客制度及每餐交 1 元钱的规定。林业局发电厂及时取消厂内存放车辆不合理的收费现象，取消厂内食堂。汽运处制定婚事用客车每次收费 100 元等制度。1999 年，围绕着企业效益开展效能监察，先后查处 2 起木材检验人员少检多装案件、2 起偷拉私卖木材案件，为企业挽回经济损失上万元。进入 21 世纪后，全局上下深入开展“端正行风政风、优化经济发展环境”及评选行风最佳、最差和公开承诺活动，加强社会和民主监督的力度，促进机关作风和行风好转，树立党政干部的良好形象。

在纠正损害群众利益的不正之风的工作中，把工作的重心放在与群众利益息息相关的“三个热点”问题上。一是继续治理教育乱收费。对中小学收费情况进行多次专项检查，对存在的问题进行及时的解决和纠正。各学校在收费中认真坚持“收费卡”“公示板”和“家长日签”制度，做到公开、透明。同时，严格执行义务教育阶段“一费制”和公办高中招收择校生“三限”政策，杜绝各种乱收费行为。二是严格规范医疗服务项目和医务人员的诊疗行为，在医务人员中开展医德医风教育活动，提高医务工作者的服务质量。在药品采购方面，实行公开招标采购，医疗器械的购买由医院领导班子和专业人员集体讨论决定，杜绝药品回扣、开单提成等医疗行业不正之风，保证职工群众的合法利益不受侵犯。三是根据对公安局森侦大队干警随意下基层乱罚款问题进行认真查处，将乱罚款项如数退还到群众手中。同时，对森侦大队罚没款手续不健全、账目管理混乱、违反规定超越职权滥罚款、私支乱花罚没款等问题进行严肃查处，收缴违纪款，对主要责任者作出留党察看 1 年、撤销队长职务、调离公安队伍等处理决定。由于坚持查处案件的强劲势头、积极拓宽案源、不断加大案件查处力度，有力地推动了林业局党风廉政建设、反腐败工作的开展。

在查办案件中，林业局党委、林业局和林业局纪委的主要领导对案件查处工作高度重视，摆上日程，经常听取案件检查组的工作情况汇报，对大案要案和有影响的典型案件，认真研究部署，亲自组织指挥查处，排除阻力，保证案件检查工作的顺利开展。同时，注重发挥信访举报的主渠道作用。通过开展专项举报、公布举报电话、设举报箱、接待群众来信来访和执法检查等措施，拓宽案源，调动群众参与反腐败斗争的积极性。在人员少、任务重的情况下，纪委人员分工不分家，齐心协力，保证办案工作的需要。在查处个别大案要案时，纪委与检察机关联合办案，紧密配合，速查快结，有力地震慑了违纪违法行为。

五、案件检查审理

铁力林业局纪委深入贯彻执行中纪委关于加强和改进信访工作的意见，强化全局信访工作。一是认真执行各项制度，加强信访经常性工作建设。建立执行来信登记，转信有单，接待有记录，催办有记载，结案有材料、有卷宗等手续制度。认真执行领导包案、领导小组例会、查案分析、结案审批、文明接待等制度。二是认真落实包案制度，领导亲自办案，及时阅批信访件和处理各类信访问题。对重要的信访问题和影响较大的信访举报案件，率先垂范，亲自找当事人谈话了解情况。坚持书记接待日制度。经常深入基层挂牌接访，认真解决各类信访问题。三是认真做好催办工作，指导办案。结合实际，研究制订信访监督实施工作方案，完善信访监督工作程序和相关制度，强化监督机制。四是积极开展信访调查，解决信访问题。对困难较大的案件，派专人参与办案，掌握办理情况和进度，使案件得到及时、正确的处理，减少越级上访事件的发生。

（一）群众举报和来信来访

1987 年，共受理群众来信来访 57 件次，其中来信 47 件（上级转办 9 件）、来访 10 件次。信访案件办结率 95%。

1989 年，共受理群众来信来访 35 件次。

1992 年，共受理群众来信来访 14 件次。

1993 年，共收到群众来信来访 26 件次。

1996 年，共受理群众来信来访 51 件次，林业局纪委处理 50 件次，转出 1 件次，自办信访案件 42 件次，交办要结果的 4 件次，市纪委转来要结果的 3 件次，信访案件办结率 98%。

1998 年，共受理群众来信来访 53 件次，其中来信 15 件、来信来访 26 件、电话举报 12 次。信访案件办结率 100%。

1999 年，共受理群众来信来访 40 件次，其中来信 14 件、来访 15 件、电话举报 11 次，属控告 30 件，申诉 2 件。控告涉及的对象为副科级以上干部 18 件、一般干部 14 件。其中包括市纪委转来要结果的 4 件，信访案件办结率 100%。

2000 年，共受理群众来信来访 40 件次，均为控告件。查结 40 件，其中向案件检查科提供案件线索 15 件，立案查处 13 件，信访案件初核 5 件，立案 1 件，批评教育 3 件，失实 1 件，谈话协调解决信访问题 18 件，批存 2 件，信访案件办结率 100%。

2001 年，共受理群众来信来访 22 件次。

2002 年，共受理群众来信来访 32 件次。

2003 年，共受理群众来信来访 22 件次。

2004 年，共受理群众来信来访 38 件次。

2005 年，共受理群众来信来访 15 件次。

2001—2005 年，信访案件办结率均为 100%。

（二）查处以权谋私

铁力林业局党委在查处以权谋私的案件中，集中力量检查严重违犯财经纪律的案件。就领导干部是否违反规定多占住房或用公款装修、购买住房，利用职权为配偶、子女及亲友经商办企业提供便利和优惠条件，让所在企业与自己的配偶子女及亲友所办企业进行经济交往、从中渔利等问题开展自查自纠及批评与自我批评。

“以木谋私”是党内各种不正之风在林区的突出表现形式。党内外群众关注的党员干部严重以权谋私、严重违法乱纪等许多问题都与此相关。在整改党内各类问题中，林业局党委始终把木材流通领域中的不正之风作为重点，通过“四条”渠道，采取“三分”方法进行清理。“四条”渠道：（1）以搞活为名卖木材；（2）以承包为名乱砍滥伐森林资源；（3）以协作为名以木易物；（4）借办理木材合同和调运手续之机索贿受贿。“三分”方法：（1）分层次。自上而下一级一级地清查。特别是重点查改各级领导班子的问题。（2）分战线。不论是经营还是非经营木材的战线和单位，都一个一个地清查。（3）分项目。在木材生产领域和流通领域，一笔一笔地逐项清查。铲除以木谋私问题发生的条件，坚持做到边查处问题边整章建制。改变多把斧子砍林子、多支笔批木材、多户头卖资源的局面，使全局木材流通领域中的经营方向得以端正。为把隐藏较深和特殊性的问题暴露充分，林业局在普遍查改党内各类不正之风和重点清理木材问题的同时，还根据各单位不同行业特点进行清查。物资供应部门重点查改人情订货、人情合同、购非所用等问题；基建部门重点查改人情工程和索贿受贿问题；公安政法部门重点查改走后门改户口、办人情案等问题；劳动人事部门重点查改招工就业走后门等问题。经过各层次查处以权谋私问题，党内的主要问题基本做到查深查透、改实改靠，成果得到社会承认。

（三） 查处违纪案件

1987年共立案5起，查结5起，结案率100%，处理前一年监留案件4起，调查了解案件4起，已结3起，查1起。处分违纪党员8名。其中，开除党籍1人，留党察看2人，党内严重警告2人，党内警告3人。

1993年，构成违法违纪的党员干部立案8起，涉及10人，行政撤职1人，党内警告1人，查清待处1人。违反局规定不准用个体车运材行政撤职1人，严重违反财经纪律查清待处1起3人。

1996年共立案19起，查处20人。涉及副科级以上干部12人，一般干部6人，其他2人。其中党纪案件5起，政纪案件14起。其性质主要是偷拉私运木材和“以木易物”、工作失职、违反社会主义道德、违反防火规定、违反财经纪律和玩忽职守等错误。其中给予开除党籍（开除公职）处分1人，留党察看处分1人，党内严重警告处分3人，给予行政记大过处分7人，行政记过处分3人，行政警告处分3人，免予处分批评教育2人。

1998年立案19起，结案19起，结案率100%，完成案件查处指标的146.15%。涉及副科级以上干部16起、18人，一般干部3起、10人。其性质主要是偷拉私运木材、工作失职、贪污受贿及其他经济案件。给予党纪处分13人，其中给予开除党籍处分4人、留党察看处分1人、党内严重警告处分7人、党内警告处分1人。给予政纪处分18人，其中给予行政撤职处分3人、行政降职处分1人、行政记大过处分8人、行政记过处分3人、行政警告处分3人。

1999年立案13起，结案13起，结案率100%。其中自办案件10起，占案件目标总数的77%；大要案件10起，占目标总数的77%；初核案件11起，成案率达91%。其性质主要是偷拉私卖木材、工作失职、贪污受贿及侵占集体财物等。案件涉及副科级以上干部11人，一般干部4人。给予党纪处分6人，其中给予党内严重警告处分4人、给予开除党籍处分2人。给予政纪处分9人，其中给予行政警告处分2人、给予行政记过处分2人、给予行政记大过处分2人、给予行政撤职处分3人。

2000年立案13起，结案13起，结案率100%。其中自办案件11起，占目标总数的84.62%。有2起案件在全局通报。案件性质主要是贪污受贿、工作失职、违反财经纪律、毁林开荒等问题。涉及副科级以上干部9人、一般干部9人。给予党纪处分8人，其中给予开除党籍处分2人、给予留党察看处分1人、党内严重警告处分2人、党内警告处分3人。给予政纪处分9人，其中给予行政处分1人、行政降级处分1人、行政记大过处分3人、行政警告处分4人。

2003—2005年共查处案件54件，给予纪律处分59人。其中给予行政警告处分18人，行政记过22人，行政记大过9人，给予党内警告处分2人，党内严重警告4人，留党察看2年1人，行政撤职 2 人，开除党籍、开除公职 1 人。

六、监察工作

进入 20 世纪 80 年代后，铁力林业局纪委围绕党委和局关于加快经济发展各项改革和政策措施的贯彻落实，开展监督检查和执法监察。重点检查木材经销领域有关政策规定贯彻执行情况。特别是山上林场（所）违反规定私卖木材、偷拉私运木材以及违反木材最低限价等方面的问题。同时，针对木材经销领域中存在的问题及时向局提出建议，查处木材领域的违法违纪案件，有力地遏制木材领域的不正之风。对领导干部子女结婚大操大办、用公车等群众反映强烈的不正之风加强监察力度。对中小学乱收费等不正之风进行监察和清理纠正工作。1998 年，重点参与对国有资产的评估、变卖等企业经营活动，积极为企业领导出谋划策，认真履行监督职能，坚持公正平等竞争的原则，使国有资产在评估、变卖中保值、增值，减少和避免企业国有资产效益流失问题。强化木材监督检查和木材稽查手段，抽调监察、森保、林政、资源等有关部门人员，对木材缴库卸车点、贮木场以及木材检查站开展木材验收和木材稽查工作，查处木材检验人员多装少检、偷窃木材以及偷拉私运木材案件。1999 年，执法监察工作的重点放在"天保"工程上，将对"天保"工程专项资金使用情况的监察作为全局监察工作的重中之重，抽调有关部门和人员组成专项检查组，开展专项执法监察。查拨付，看专项资金是否到位；查账目，看资金管理是否单独建账核算；查去向，看资金使用是否合理，确保专项资金发挥作用。2000 年，对有形建筑市场的招投标管理、工程质量、资金使用等方面加大监督检查和执法监察力度。健全和规范建筑市场的招投标运行机制。由纪委牵头抽调审计、财务等有关部门人员，对全局的执收执罚、行政性收费部门及单位收支两条线工作开展专项检查。对个别单位存在的坐收坐支、收入不入账、私设"小金库"等问题进行认真处理，限期整改。规定凡是执收执罚部门必须使用上级规定的罚款和收费票据。2005 年，林业局纪委围绕新林区建设，加大检查工作力度，对行政违纪人员进行查处。其中警告 18 人，记过 22 人，记大过 9 人，撤职 2 人，开除公职 1 人。

第七节　统战工作

统战工作是中国共产党克敌制胜的"三大法宝"（党的领导、武装斗争、统一战线）之一。铁力林业局十分重视统战工作。1980 年根据上级指示精神，成立中共铁力林业局委员会统一战线工作部，划归于宣传部。全局各基层党组织都配备兼职统战委员。同时，成立铁力林业局对台工作领导小组，由党委主要领导任正、副组长。

一、民主党派工作

1988 年，铁力林业局有民主党派人士 1 人，2000 年发展到 11 人。林业局党委认真贯彻"长期共存，互相监督，肝胆相照，荣辱与共"的方针，推进中国共产党领导的多党合作和政治协商各项制度的建设，发挥民主党派政治协商、民主监督、参政议政的作用。积极帮助民主党派发展成员。1991 年，建立中国民主促进会黑龙江省铁力林业局支部委员会（以下简称民进铁力林业局支部）。到 2005 年，民进铁力林业局支部会员发展到 11 人。多年来，民进铁力林业局支部拥护和服从中国共产党的领导，积极参政议政，为林业局的经济发展建言献策。1991 年提出"治危兴林八条建议"，得到林业局党政领导的认可，并予以采纳。民进铁力林业局支部还注重在铁力林区培养小作家、小记者，其经验曾在东北三省和全国民进组织经验交流会上交流。

每年在新年或春节以及有重要政治活动时，林业局统战部门都主持召开民主座谈会，局党政领导亲自参加，听取意见，共商林区发展大计，支持和引导民主党派为全局经济和社会的发展贡献力量，使民主党派人士参与科技扶贫、林区特色文化建设和再就业工程。林业局党组织还支持和引导民主党派加强自身建设，学习贯彻“三个代表”重要思想、中共十六大和十六届三中全会精神，不断提高政治思想觉悟，为巩固和发展多党合作打下坚实的思想基础。

二、党外统战对象工作

为了让党外统战对象积极参加林区的政治和经济建设，林业局各级党组织注重加强党外统战对象的团结、引导和使用。一是按照上级党委和统战部门的意见，及时向党外人士传达中国共产党有关会议精神，按规定组织他们阅读相关文件，解决在合作共事中出现的问题。二是按照“注重培养，促进选拔，备用结合，形成规范”的原则，坚持高标准、高质量地推荐选配党外干部担任实职。在全局公开选聘基层领导干部中，一部分德才兼备的党外干部被选配到各科室、部门任领导。三是坚持考核党外干部的表现，及时总结党外干部在工作中的发明创造和突出贡献，及时向上级建议给予表扬和奖励。多年来，有多名党外干部受到省、市、局林业系统的表彰奖励。四是狠抓党外知识分子的培养工作。“文化大革命”以前，文化、卫生、工程技术人员中高级、中级知识分子是林业局统战工作的主要对象。各级党组织认真贯彻党对知识分子“团结、改造、使用”的方针，按照中央政策和上级党委要求，于 1979 年、1992 年、1995 年分别对党外知识分子进行调查，摸清他们的思想、工作和生活情况，做到政治上关怀、工作上支持和重用、生活上予以适当照顾。1986—2005 年，有多名优秀的知识分子申请加入中国共产党，多人被提拔到各级领导岗位。2003 年，又为党外知识分子发放知识分子补贴（本科学历每月 260 元、大专学历每月 200 元）。在非公有制经济人士工作上，统战部门对全局的民营企业进行考察和走访，了解征求非公有制经济人士的意见、建议和要求。与铁力市有关部门沟通，帮助民营企业解决生产经营方面的困难。同时，林业局党委组织部门在非公有制企业建立党组织，使民营企业置于党组织的直接领导和监督之下。

三、台胞和台属工作

1984 年，林业局统战部对台胞、台属进行全面调查登记，有重点地组织台属向在台亲属介绍祖国的大好形势，鼓励他们到林区投资，参与林区建设。1986—2005 年，部分台胞到铁力林业局探亲，林业局统战部门热情接待，为他们提供旅游、参观的方便条件，尽量让他们多看、多听，同他们畅谈乡情、亲情、友情。其间，林业局也有人到台湾探亲。林业局统战部门事先做好到台湾探亲人员的思想工作，向他们介绍台湾的政治，讲国家的有关政策，以便通过他们向在台亲属介绍祖国的变化和“一国两制，和平统一祖国”的方针、政策。招商引资期间，林业局还安排一名台属到沿海地区招商引资。

四、民族、侨务与宗教工作

铁力林业局区域内居住有汉族、满族、蒙古族、回族、鄂伦春族、苗族、朝鲜族等多种民族。各民族和睦相处，同心协力为林区的开发和建设做出贡献。林业局按照国家相关规定，对局内少数民族在计划生育、子女考学等方面给予适当的照顾。1984 年，铁力县移交林业局一批归国华侨，林业局按照上级有关政策予以照顾。截至 2005 年，全局有 3 种宗教，即佛教、伊斯兰教、基督教。各级党组织经常举办各种学习教育活动，教育广大干部群众尊重少数民族的风俗习惯和正当的宗教信仰。各宗教的教徒在党的宗教信仰自由政策的感召下，认真执行党的宗教政策，爱国守法，勤劳致富，为林区的发展做出贡献。

第八节　党史研究

铁力林业局于2000年成立党史研究室，与林业局史志办公室合署办公。研究范围突破铁力林业局建局时限，追溯到1936年抗日战争时期中国共产党在铁力林区的活动。研究内容包括：抗日战争时期中共北满省委领导抗日军民进行的抗日爱国斗争；东北光复后，大森林开发时期党组织的秘密活动；建局后至2005年党组织经历的历史事件，领导全局党员、干部、群众进行的政治斗争、生产建设；党组织的日常工作和召开的历次党代会。至2005年，已编撰出版反映党领导的铁力林区抗日斗争的专著2部、党组织资料史汇编1部、记述党在铁力林区领导政治和经济工作的专著《企业之光》1部。

第九节　党　校

铁力林业局党校于1977年恢复，1993年党校、职工学校、教师进修校三校合一。党校的主要任务是培训教育党员干部和党员，进一步提高党员干部队伍的整体素质。中共十四届三中全会以后，党校配合党委中心工作，多次举办培训班，进行邓小平理论、"三个代表"重要思想学习及业务知识和生产技能培训。（1）以学习"三个代表"重要思想为重点，举办党政干部培训班。如"三个代表"重要思想学习班、学习江泽民"七一"讲话辅导班、学习十五届六中全会精神辅导班等。（2）配合林业局经济工作举办森林管护经营干部培训班、家庭经济培训班、獭兔养殖学习班。在办好主体班的同时，拓宽办学门路，搞好党员干部学历教育，同一些大专院校恢复关系，并签署办学协议。先后举办森林生态旅游专业中专班、法学专业本科班、法律专业大专班。学员大部分是林业局基层领导干部，为他们提高学历层次、增强专业素质提供方便条件。（3）不断改善办学条件，积极推进党校教学设备和教学手段的现代化建设。在林业局经济不景气、没有更多的钱进行党校建设的情况下，党校利用办学创收的钱改善办学条件。已初步建成电视卫星接收设施，并加入党校系统卫星远程教学网；教室除卫星差转台外，还配有闭路电视、VCD录放机，基本可以实现教学手段现代化。到2005年，党校已自费购置计算机5台、传真机1台。

第十节　信访工作

铁力林业局于1979年成立来信来访接待室，负责林业局人民来信来访的接待与处理。1983年改称铁力林业局信访工作领导小组，下设办公室。1993年林业局机关机构改革，成立办公部，信访工作被纳入办公部的工作范围之中，由一名办公部副主任负责信访工作。1996年办公部解体，信访工作归属于行政办公室。2001年，信访工作从行政办公室分离出来，成立信访办公室。信访办公室内设机构有接待室、阅信室、访查室、督办室。

多年来，信访工作面对改革开放与治危兴林的新形势，紧紧围绕林业局的中心工作，把稳定作为出发点和落脚点。深入开展依法治访工作，强化信访工作质量，加强信访信息工作，切实解决职工群众的实际问题，为职工群众排忧解难，为维护林区社会安定团结、促进经济发展做了大量工作。（1）认真贯彻执行中央和黑龙江省的《信访工作条例》，强化信访信息管理。基层单位配备兼职信访信息员，健全信访工作制度，制定来信来访立案交办工作制度、来信来访请示制度、信访公开承诺制度、信访工作首问责任制度、阅信工作制度。工作制度的制定，有效地使矛盾化解在基层、解决在当地，实事求是地为百姓解决实际问题。（2）畅通信访渠道。从1999年以来，实行党政领导接待日制度，每周一为领导接待日，每月10日、25日为林业局党政领导联席接待日。各有关部门、信访领导小组成员参加党政领导接待日，对每个接待日落实的办结任务和每位来访群众反映的问题都登记造册，建档立卡，定期催办，跟踪问效。及时向领导反馈，做到快查、快结、快反馈，确保工作质量。在搞好局长接待日的同时，山上林场（所）还推行场长、所长接待日制度。增强基层单位的调解处理能力。（3）把维护稳定与体察民情结合起来，变职工上访为领导下访。林业局党政领导经常深入基层群众，发现问题及时处理，把不稳定因素解决在萌芽状态。（4）把维护稳定与排解民忧结合起来，尽心竭力为职工群众办实事、办好事，有效地解决职工群众关心的热点问题，把抓好稳定作为工作的落脚点。（5）把维护稳定与抚平民怨结合起来，努力化解矛盾。建立矛盾分析排查制度，每月召开两次矛盾排查分析会。林业局党委和林业局主要领导亲自挂帅，经常深入基层了解社会动态。分管战线领导在深入基层抓分管工作的同时，抓矛盾纠纷的排查工作。同时，充分发挥公安、政保、司法、工会、组织、人事、劳动等部门的职能作用，定期向林业局党委和林业局报告社会动态。强化为来访者服务的意识，设身处地地为来信来访者着想，以诚心实意的工作态度，消除来信来访者的怨气，化解矛盾。

2000年，全年信访总量369件次、369人次，解决问题335件次，群众满意率95%。全年共处理信访案件12起。

2001年，全年信访总量468件次、468人次，解决问题457件次，群众满意率95%。全年共处理信访案件15起。

2002年，全年信访总量309件次、309人次，解决问题273件次，群众满意率95%。全年共处理信访案件13起。

2003年，全年信访总量179件次、179人次，解决问题165件次，群众满意率95%。全年共处理信访案件7起。

2004年，全年信访总量332件次、332人次，解决问题313件次，群众满意率95%。全年共处理信访案件13起。

2005年，全年信访总量143件次、143人次，解决问题131件次，群众满意率98%，实现零进京、零进省。

第二章 铁力林业局行政工作

铁力林业局行政工作体系主要负责全局政治、经济、社会及文化、体育、卫生、社区等项工作。局长负责全局行政工作，副局长分抓站线工作。

第一节 局长办公会

局长定期不定期召集有关科室、部门负责人参加会议，研究部署经济工作，对企业发展作出重大决策。1986 年，为打破传统的经营模式，在林业局党委的认同下，林业局通过局长办公会研究制定企业整顿办法，并确定茂林河贮木场为试点单位，成立工作组，对初步实行局长负责制、由局长统管的单位行政工作进行组织、指导，为企业松版放权。试点单位取得经验后，全局推广该办法，对强化企业管理起到重要作用。20 世纪 80 年代中期，林业企业陷入“两危”困境，为摆脱困境、实行治危兴林，林业局按照上级指示，结合本局实际情况，深化改革管理经营体制，实行“一改两管三分”（深化改革，管住资源、管住资金，分散经营、分流人员、搞活分配）的经营思路；在此基础上，制定“大船掉头”（企业由计划经济向市场经济转变）、“小船扬帆”（搞活基层）、“分散突围”（各基层单位自找治危兴林的途径，摆脱“两危”困境）、“各自为战”（各基层单位制定自己打法，争取短时间内克服“两危”困境）的政策，效果显著。在管住资源的情况下，企业经济发展了，人员精减了；通过实行搞活分配，调动了职工群众的积极性。伊春市委对林业局“一改两管三分”的做法给予充分肯定，在全市推广。

第二节 局长接待日

每月局长召集副局长、站线部门负责人到基层办公，与群众零距离接触，倾听群众提出的问题和要求，当场拍板解决。如家属区的道路问题、危房维修问题，山上单位吃水难、学生入学难的问题以及机关干部不作为、群众上访难的问题，都在局长办公会上得到解决。通过局长接待日，使局领导直接了解社情民意，密切了干部与群众的关系，为领导班子抓好站线工作提供了参考依据。

第三节 主要科室

2005年，机关党政科室、部、办，经过调整，增加职能，主要科室有党委办公室、组织部、机关人员考核办、宣传部、文化活动中心、纪检委、政法委、武装部、法制办公室、人防办公室、工会、贫困帮扶中心、职工自营经济办公室、人事科、劳动保障科、劳动就业局、计统科、财务科、企业管理和非经济科、资源林政科、水政科、森林资源管理护理办公室、营林生产机电科、病防站、种子站、教育科、卫生和计划生育局、旅游局、商务科、基建环保科、档案科、广播电视科、公路交通运输局、土地管理科、专员办、森调队、多种经营局、农业科、北药办、科技科、畜牧科、农业机械管理站、森林消防大队、防汛办公室、退管中心、公用事业管理处、房产管理办公室、工程建筑公司。

第三章　群众团体

进入改革开放以后，在市场经济条件下，林业局历届党委班子重视群团工作，切实加强改善党对群团工作的领导。根据各年度的工作重点，突出群团工作的特点，坚持常抓不懈，充分发挥群团组织在两个文明建设中的作用，为实现铁力林区经济建设持续发展和社会进步做出应有的贡献。各级党组织还坚持把群团工作作为党的工作的重要组成部分，摆上重要议程，紧紧抓在手上。林业局党委每年都及时研究群团工作，参加群团组织重要活动和会议，吸收他们列席党委会议，接受他们的意见和建议，并把工会主席吸纳为党委委员。各级党组织根据不同时期的工作任务，帮助群团部门确定工作思路，从大局出发，及时向群团组织出题目、交任务、压担子，积极协调好群团组织同行政的关系以及群团组织之间的关系。支持他们围绕党的工作中心，独立负责地开展工作。重视群团干部的培养和选拔，积极为群团组织解决实际问题，为进一步优化群团组织开展工作创造有利的条件。

各级群团组织认真贯彻林业局党委和林业局的总体工作思路，围绕林业发展建设、治危兴林、实施“天保”工程等各个不同时期提出的不同战略举措，找准位置，努力工作，团结带领群众，通过各种建功立业活动，投身经济建设主战场。工会在全局开展以增产节约、技术革新、提合理化建议为主要内容的工会活动，激发全局职工建设社会主义新林区的积极性和创造性。团委开展各项活动，使广大青年为发展林区经济、创建美好家园发挥积极作用。特别是工会针对森工企业“两危”时期一度长期拖欠职工工资、造成职工生活困难和压力的实际情况，把发展科技、发展职工家庭经济作为突破口，认真研究，精心布置，扎实工作，使全局职工家庭经济收入年年增多，促进扶贫帮困工作，对加快全局经济发展和巩固社会稳定起到积极作用。

群团组织发挥政治思想工作优势，在职工群众中有针对性地开展大量思想教育工作。尤其是结合林区改革、转换企业经营机制、分流企业富余人员，突出抓形势任务教育、局情场情教育，弘扬老一代林业职工艰苦创业精神和马永顺精神。引导广大职工群众正确认识面临的形势和任务，困难和机遇；正确认识改革，参与改革，支持改革，保证企业各项改革措施的顺利实施，实现政治稳定和社会稳定。在抓好思想教育工作的同时，各级群团组织还把维权工作作为重要职责，配合司法部门、劳动部门，以《中华人民共和国劳动法》《中华人民共和国未成年人保护法》《中华人民共和国妇女权益保障法》为武器，抵制纠正一些侵权行为，使群团组织民主管理和民主监督工作进一步加强。群团组织还把扶贫帮困作为维护广大职工基本生活和生存权益来抓，在全局开展送温暖活动、帮百姓活动、手拉手脱贫致富奔小康活动、希望工程“1+1”助学活动，收到很好的效果。

全局各级群团组织还把搞好自身建设作为一项战略任务，以干一流工作、创一流业绩、带一流队伍为目标，积极创先争优，较好地发挥党的参谋助手作用和联系群众的桥梁纽带作用。特别是江泽民总书记“讲学习、讲政治、讲正气”和努力建设高素质队伍的讲话发表之后，各级群团组织以加强思想政治建设为重点，切实加强班子建设、队伍建设和基层组织建设，有针对性地解决思想、工作、作风不适应的问题，使群团组织的凝聚力和战斗力进一步增强，整体工作水平进一步提高。多项工作受到上级的充分肯定，得到表彰奖励，并多次作为代表在黑龙江省、伊春市的会议上介绍经验。

第一节 工 会

铁力林业局工会是在局党委领导下的群众组织。企业实行职工代表大会制度以后，工会是职工代表大会的常设工作机构，负责职工代表大会的日常工作。

一、组织机构

1982年，根据省、市相关要求，黑龙江省铁力林业局工会委员会改为黑龙江省林业工会铁力分区委员会。工会撤销委员制，实行五部一办制，即组织部、生产部、宣传部、生活部、女工部、办公室。同年，建立铁力林业局群众运动委员会。1986年，恢复“黑龙江省铁力林业局工会委员会”名称。工会下设女工部、生产部、组织部、民营企业管理部、生活部、宣传部、办公室。2003年新设贫困职工帮扶中心。女工部的职责是：搞好女工组织建设，做到组织制度健全。认真贯彻女职工劳动保护规定，依法维护女职工的合法权益。组织女职工参与企业改革和民主管理，维护女职工的特殊利益，做好女职工来访接待及来访处理工作。坚持深入基层，有针对性地开展调查研究，解决女职工的实际问题。生产部的职责是：开展群众性技术创新活动，做到有组织、有措施、有检查，并做好检查总结工作。搞好技术革新、技术改造、技术推广和应用等项工作。抓好岗位练兵、技术培训活动。以实施爱民工程为主线，围绕产业、产品结构调整，积极开展群众性合理化建议活动。做好劳动保护工作，贯彻“安全第一，预防为主”的安全生产方针，加强安全生产教育和监督，参与安全检查评比工作。坚持深入实际，调查研究，为基层提供良好服务。深入基层时间为年工作日的1/3以上。组织部的职责是：抓好新建企业工会组建工作，达到伊春市总工会要求的标准。坚持开展会员教育工作，提高会员的思想政治素质，抓好会员会籍管理。加强基层工会班子建设，做好对基层工会干部的协管工作和基层工会干部配备、培训工作。做好召开职工（会员）代表大会各项筹备工作。加强工会组织的自身建设，不断推进工会组织群众化、民主化。民营企业管理部的职责是：积极宣传贯彻《中华人民共和国劳动法》《中华人民共和国工会法》，依法落实职工的民主权利，调动职工参与民主管理的积极性。加强职工代表大会工作，提高职工代表大会质量。健全和完善厂务公开工作机制，保证厂务公开渠道畅通。负责组织职工代表的视察活动，推进职工代表监督活动的开展。做好职工代表培训工作，不断从理论上、政策上和业务上提高职工代表的素质。搞好参政议政，在企业生产、经营、销售等领域里充分发挥职工的民主参与、民主管理和民主监督作用。生活部的职责是：坚持开展以社会主义道德建设为核心的宣传教育活动，搞好《公民道德建设实施纲要》的宣传。开展群众性文化娱乐活动，抓好重大节日文化生活，加强对基层文化活动的指导。宣传部的职责是：抓好爱民工程的宣传，做好典型的总结与推广工作。负责组织工会机关干部的政治理论学习和其他学习教育活动。坚持深入实际，调查研究，下基层的时间达当年工作日的1/3。办公室的职责是：抓好本部门综合工作，对工会各部门进行协调，发挥纽带作用。负责对文秘工作的指导、督促和检查。坚持深入基层，开展调查研究，沟通情况抓好信息反馈，每年下基层时间百天以上。做好内务管理工作，提供及时服务。做好职工投诉接待工作，及时处理信访事件。贫困职工帮扶中心职责是：负责组织职工群众发展家庭自营经济解困自救。负责林业局自营经济发展情况的统计，同铁力市有关部门协调，办理贫困职工特困证，为特困职工办理低保。

二、工会活动

（一）社会主义劳动竞赛

围绕发展职工自营经济，开展兴林奔富竞赛活动，推动全局职工自营经济跨越式发展。2005年，全局职工自营经济总产值超亿元。女工部在全局女职工中开展巾帼建功立业活动，组织女职工为企业振兴贡献自己的聪明才智，充分调动女职工的工作积极性。开展群众性安全生产活动，开展安康杯竞赛活动，林业局被评为安康杯竞赛达标单位，局工会被评为安康杯竞赛优秀组织单位。

（二）企业民主管理

1982年，为进一步发挥职工代表大会的民主管理、民主监督、民主决策作用，林业局各级工会组织完善职工代表大会制度，全面落实职工群众民主管理权利，发挥民主管理作用。全局基层单位按规定召开职工代表大会，征集职工代表提案，评议企业领导干部。林业局工会除参与商定林业局内部的一些重大决策外，还参与调整土地承包费收费标准、职工医药费核销管理办法等方案的讨论、审议和制定。2005年，林业局开始实行厂务公开制，当年共设厂务公开栏41处，公开事项239件。

（三）技协活动

1998年，林业局工会结合实施"天保"工程，组织职工开展技术创新、制度创新、服务创新、管理创新为主要内容的群众性技术创新活动。在活动中，局有关部门主动为职工自营经济从业户提供各种信息，推广实用技术，普遍加强职工道德教育和职工技术培训工作。进入21世纪以来，向省、市推荐创新成果3项，向全国农村工会推荐技术能手1人，向省林业工会推荐先进集体3个。各单位从本行业的特点出发，开展各种形式的岗位练兵、技术比赛、优质课评比40多次。

（四）困难职工帮扶

1986—1997年，林业局每年都按季度为困难职工发放补助金，每年救济1000人左右，并在元旦、春节期间对特困职工进行走访慰问。1997年，伊春市委、市政府启动扶贫解困献爱心活动，对有开发能力的职工进行结对帮扶。第一轮帮扶活动从1997年开始到1999年结束，为期3年。铁力林业局667户特困职工被确定为帮扶对象。局、场两级共投入扶解资金300多万元（包括物资折合）。1999年年末，经市扶解办验收，全局622户特困职工脱贫。2000年年初，伊春市委、市政府启动第二轮"一帮一"扶贫解困工程（2000—2002年），铁力林业局有147户被确定为帮扶对象。局、场两级共投入帮扶资金195万元（包括物资折合）。2002年年末，经市扶解办验收，全局145户特困职工脱贫。2003年年初，伊春市委、市政府启动第三轮"一帮一"扶贫解困工程（2003—2005年），铁力林业局42户特困职工被确定为帮扶对象。截至2003年年末，先后提供帮扶资金22.4万元，启动脱贫项目42个，使17户特困职工基本脱贫，脱贫率达40%。同时，对救济性的特困职工，采取临时和定期补助的办法，帮助他们解决生活困难。积极与铁力市民政部门沟通，为1300户困难职工办理低保手续。利用《林业简报》和电视台，大力宣传自立自强、自我解困的先进典型，召开经验交流会，举办各类实用技术培训班，开展送"科技上山"活动，送科技图书2000多册，提供科技信息300多条。帮助特困职工选择经营项目，在资金和物质上扶持，并出台一系列优惠政策。同时，为一次性安置人员解决拖欠工资400多万元。2003年11月，成立铁力林业局困难职工帮扶中心。各级工会组织始终坚持从建设社会主义和谐社会、全面贯彻"三个代表"重要思想的高度来认识扶贫解困工作的应有之意，精心组织，常抓不懈。困难职工帮扶中心继续开展以生活救助、医疗救助、学业救助、政策咨询、法律援助、职业介绍、就业培训为主要内容的帮扶救助工作。各项制度不断完善，救助资金单独立账，专款专用，按工作程序办事，及时解决困难职工群众的生产生活难题。对职工出现火灾等意外突发事件，做到特事特办、急事急办。2005年是第三轮"一帮一"扶贫解困活动的最后一年。三年来，全局共筹集帮扶资金164.5万元（含物资帮扶109万元）。经过全局各部门和帮扶人员的辛勤努力，42户结对帮扶的困难职工全部脱贫，脱贫率达100%，有5户困难职工走上了致富道路，圆满完成第三轮“一帮一”扶贫解困活动任务。

（五）职工家庭经济

林业局发展职工家庭经济，始于1981年。1981—1994年，林业局通过多种渠道筹集用于扶持职工发展家庭经济的借、贷款，总周转额达96525万元，扶持2146户资金有困难的职工发展家庭经济。免费提供技术书籍3550册，翻印技术资料2460本。举办技术讲座和学习班752次，传递技术和市场信息952条次，个别进行技术指导2820人次。帮助解决人力、物力，沟通联系，办理营业执照，搭禽舍畜圈，盖作坊店铺，招揽安排活计，疏通产品销路等实际问题5805件。1992年，林业局召开发展职工家庭经济现场会，总结推广九连、卫东两个林场发展职工家庭经济的经验和这两个林场14名职工勤劳致富的经验。1993—1994年，局工会围绕企业改革，转换经营机制，先后印发《以户自立，自我解困100例》《勤劳致富50例》，推动职工家庭经济的顺利发展。据1994年调查统计，在全局14500户职工中，有9100户从事家庭经济（不包括外出经商务工者），家庭经济年总收入2037.5万元。其中种植业年产值为590.8万元，占家庭经济总收入的29%；采集业年产值为120.33万元，占家庭经济总收入的6%；养殖业年产值为623.1万元，占家庭经济总收入的31%；商服业年收入531.85万元，占家庭经济总收入的26%；运输业年收入143.47万元，占家庭经济总收入的7%；加工业年收入27.95万元，占家庭经济总收入的1%。全局基层单位中，职工家庭经济年总收入超300万元的2个，超200万元的1个，超100万元的1个，超50万元的10个。其中，茂林河林场、卫东林场、建设营林所、西北河营林所、向阳林场、北关农场等9个单位的职工家庭经济实现年户均收入超2000元。2005年，全局把发展职工自营经济作为工会工作的基本落脚点，紧紧围绕实现企业大发展、快发展这一目标，不断提升职工自营经济水平，推动加快职工自营经济产业化、规模化步伐，培育企业新的经济增长点，职工自营经济增加13213万元，增长59.12%。自营经济从业户数达10405户，占全局总户数的51.08%；从业人员达29662人，占总人口数的51.13%。全局职工自营经济纯收入11932.99万元，人均纯收入4509元，职工自营经济增加值超500万元的林场（所）7个。

三、妇女工作

改革开放以来，工会女工部紧紧围绕党的中心工作，抓全局女工和家属工作，引导女职工积极参加企业的治危兴林和二次创业。对下岗女工开展教育，鼓励她们自强自立、重新择业，体现自我的人生价值。同时，与再就业中心协调，为下岗女工开拓就业渠道。对职工家属进行创业教育，组织和帮助她们发展家庭经济，参与企业森林分户经营。使女工、家属在全局各条战线发挥“半边天”的作用。

中共十一届三中全会以后，女工部把保护妇女儿童合法权益、妇幼保教、女工及家属工作作为重点。从“四自”（自尊、自爱、自重、自强）教育到开展“三八红旗手”“三八红旗集体”“五好家庭”“好婆婆”“好媳妇”等竞赛活动，提高妇女的政治素质，鼓励她们在林区建设中以主人翁的姿态辛苦工作、兢兢业业，在平凡的岗位上做出不平凡的事迹。1986—2005年，全局有35名女职工荣获黑龙江省、伊春市和林业局劳动模范称号。

四、职工（会员）代表大会

（一）铁力林业局第十五次职工（会员）代表大会

1985年3月27—30日召开，出席代表389人。会议期间，全体代表学习经济体制改革的有关材料。听取局长李汉章关于《继续清“左”破旧，全力推进改革，为振兴林业局经济而奋斗》的报告、工会主席牛永春关于《保障职工权利，发挥主人翁作用，在改革中开创林业局民主管理工作新局面》的报告以及局党委书记刘万治的讲话。讨论《铁力林业局“七五”发展计划纲要》。大会还讨论研究并审议1984年林业局财务计划执行情况和1985年财务计划安排意见的报告。大会认为：1985年是企业改革的关键年份，要抓住四个重点。一是产业机构。搞营林和开发性生产，走以林为本、以多致富、以短养长、综合经营、全面发展的道路。二是内挖外联。即对内挖潜力，对外联合经营。三是对工资制度、奖励办法等进行改革。四是搞活流通，扩大商品生产，运用价值规律，增加经济效益，尽快使铁力林业局活起来、富起来。大会选举产生铁力林业局工会第十五届执行委员会及第十五届经费审查委员会。

（二）铁力林业局第十六次职工（会员）代表大会

1988年4月22—24日召开，出席代表306人。会议期间，全体代表以中共十三大精神为指针，认真贯彻党委工作会议精神，听取、审议行政工作报告和第十五届职代会工会工作报告，选举第十六届铁力林业局工会委员会。动员全局职工积极参加改革和经济建设，为搞活振兴铁力林业局经济做出贡献。听取、审议、通过局长苏铎所作的题为《解放思想，放开搞活，把我局经济建设推向前进》的行政工作报告、工会主席李智荣所作的题为《强化维护职能，充分发挥作用，为深化企业改革和振兴我局经济做出新贡献》的报告，以及题案解答报告、工会经费收支情况报告。评议林业局党政领导干部。选举产生铁力林业局工会第十六届执行委员会及第十六届经费审查委员会。

（三）铁力林业局第十七次职工（会员）代表大会

1990年3月10—12日召开，出席代表330人。会议回顾和总结全局第十六届职代会以来的工作，确定今后几年的工作任务。听取局长李万林所作的题为《振奋精神，勇渡难关，为治危兴林而努力奋斗》报告和工会主席李智荣所作的《发扬主人翁精神，发挥主力军作用，为推进我局建设和振兴林业局经济做出贡献》报告。讨论并通过《铁力林业局职工代表大会条例实施细则》《铁力林业局职工代表大会各专门委员会工作职责》。推选铁力林业局企业管理委员会职工代表，对副处级以上领导干部进行测评。选举产生铁力林业局工会第十七届执行委员会及第十七届经费审查委员会。

（四）铁力林业局第十八次职工（会员）代表大会

1994年3月3—4日召开，出席代表394人。会议回顾和总结全局第十七届职代会以来的工作。确定今后的工作任务，即以中共十四届三中全会精神为指针，坚持党的基本路线，在林业局党委的领导下，维护企业总体利益，全面履行职代会的各项职能，团结动员全局职工群众，紧紧围绕振兴企业经济这个中心，弘扬主人翁精神，发挥主力军作用，立足本职、顾全大局、奋力拼搏、竭诚奉献，努力推进建设社会主义新型林区的步伐，为林业局经济建设、社会主义精神文明建设再上新台阶建功立业。会议听取林业局党委书记韩连生的讲话；听取并审议通过局长杨国栋所作的行政报告、工会主席李智荣所作的工会工作报告、局其他领导所作的财务报告以及题案解答报告；选举产生42人组成的铁力林业局工会第十八届执行委员会及5人组成的第十八届经费审查委员会。

（五）铁力林业局第十九次职工（会员）代表大会

1998年3月10日召开，出席代表239人。会议首先听取林业局党委书记曹力卓作题为《解放思想，开拓进取，为实现富民强局的跨世纪宏伟目标而努力奋斗》的讲话，他在讲话中提出如下建议：解放思想，振奋精神，把思想和行动统一到加快企业经济发展上来；总结经验，抓住机遇，继续把全局改革工作引向深入；关心职工生活，密切联系群众，努力调动各种积极因素；真抓实干，积极推进工作落实。局长杨国栋代表林业局作题为《抓住机遇，开拓进取，坚决打胜缓危解困攻坚战》的报告。他在报告中回顾了1997年全局的工作：（1）经济实现稳步增长；（2）企业管理取得显著成效；（3）非公有制经济继续保持强劲的发展势头；（4）职工群众生活明显提高；（5）其他各项事业全面发展。同时提到今后的工作任务：（1）探索公有制多种实现形式，在加快产权制度改革和增强企业活力上取得新进展；（2）发展特色经济，在推进农业和多种经营产业上取得新进展；（3）调整所有制结构，在发展非公有制经济和第三产业上取得新进展；（4）“严”字当头，在强化企业管理、挖潜增效上取得新进展；（5）加快科技进步，在实施科技兴局战略上取得新进展；（6）坚持维护稳定，在稳定形势上取得新进展；（7）坚持“两手抓、两手都要硬”的方针，在推进精神文明建设上取得新进展。工会主席李淑杰受局工会第十八届常委会的委托，向大会报告工会工作。她在报告中简要回顾第十八次职工（会员）代表大会以来工会四年的工作：（1）强化职工思想疏导工作，促进企业深化改革；（2）突出履行职能，促进企业政治稳定；（3）深化企业民主管理，增强企业改革发展活力；（4）加大民主监督力度，有效地促进干部素质的提高；（5）大抓职工家庭经济的发展，推动企业经济发展和职工生活水平的提高；（6）深入开展扶贫解困献爱心活动，激励职工群众爱党爱企业的感情；（7）加强工会自身建设，提高工会在企业中的威信和地位。提出工会在当前和今后一个时期的主要任务：（1）以邓小平理论和中共十五大精神为指针，以工会总体工作思路为指导，紧紧围绕企业改革发展稳定的大局，坚定不移地贯彻落实全心全意依靠工人阶级的方针，团结动员全局职工群众，同心同德，艰苦奋斗，积极推进两个根本性转变和企业改革发展，为实现兴局富民目标再立新功；（2）全心全意依靠职工群众，群策群力办好企业；（3）重视劳动关系调解，突出工会维护职能；（4）坚持搞好“双向维护”；（5）大力发展家庭经济，加快兴企富民步伐；（6）适应形势需要，努力推进工会建设。大会通报《铁力林业局工会第十八届委员会关于林业局工会本级经费收支情况的说明》《铁力林业局关于1997年计划财务执行情况和1998年财务安排意见》《关于职工代表提案处理情况的报告》《铁力林业局关于调整“九五”计划的说明》。通过《铁力林业局改革“双先”评比实施方案》，评议局级领导班子。林业局工会同林业局签订1998年集体合同。大会选举产生48人组成的铁力林业局工会第十九届执行委员会及5人组成的第十九届经费审查委员会。

（六）铁力林业局第二十次职工（会员）代表大会

2004年3月8—9日召开，出席代表241人。其中科技人员201人、在岗职工22人、转岗职工18人，女职工代表25人。局党委副书记李成林作题为《团结和带领广大职工在努力快发展全面建小康的伟大实践中再立新功》的讲话，他在讲话中对今后工会工作提出几点意见：一是牢牢抓住发展这个第一要务，团结动员广大职工积极投身全面建设林区小康社会的伟大实践；二是以“三个代表”重要思想为指导，进一步增强做好新时期工会工作的使命感和责任感；三是进一步强化企业民主管理，维护职工群众合法权益，切实为职工群众说话办事；四是加强党对工会工作的领导，重视和支持工会组织依法开展工作。会议听取副局长刘录江代表林业局所作的行政工作报告、工会主席李淑杰所作的题为《服务大局，突出维护，为全面建设林区小康社会建功立业》的报告、副局长赵有丰所作的《关于职工代表提案落实和解答情况的报告》、副局长刘录江所作的《关于铁力林业局2003年企业业务招待费使用情况的报告》、局长助理吴铁英所作的《关于2003年计划财务执行情况和2004年计划财务安排意见的报告》、工会副主席马继余所作的《铁力林业局第十九届经费审查委员会关于本级经费收支情况的说明》。会议确立当前和今后一个时期工会工作的主要任务：以“三个代表”重要思想统领工会工作。根据全总十四大部署的工作任务，紧紧围绕局第十六次党代会确定的奋斗目标，维护企业改革发展稳定大局，坚定不移地贯彻落实全心全意依靠工人阶级的方针，团结动员全局职工群众，为全面建设林区小康社会建功立业。总体思路是：服务“一个大局”（全面建设林区小康社会），实施“三个工程”（新世纪主人翁服务工程、群众性技术创新工程、职工素质工程），推进“五项重点工作”（突出维护、企业公开、自营经济、扶贫解困、自身建设）。会议评议林业局党政领导干部和行政科室。选举产生铁力林业局工会第二十届执行委员会和第二十届经费审查委员会。

第二节 共产主义青年团

一、机构设置

铁力林业局于1951年成立共青团铁力林业局总支委员会，1958年改称共青团铁力林业局委员会。多年来，在林业局党委的领导下，共青团铁力林业局委员会围绕党的中心工作，带领全局广大青年积极参加林业生产建设，为林区的发展发挥生力军作用。1997—2005年，团委下设青工、学少2个部门；设2个基层团委（机关团委、公安局团委）、15个团总支（东方红林场团总支、茂林河林场团总支、卫东林场团总支、向阳林场团总支、九连林场团总支、兴安林场团总支、鹿鸣林场团总支、丰林林场团总支、二股林场团总支、建设营林所团总支、黑河营林所团总支、卫星营林所团总支、西北河营林所团总支、红旗营林所设团总支），并在一些单位设立团支部。

二、团代会

（一）共青团铁力林业局第十二次代表大会

1999年5月27—29日召开。与会代表228人，其中女代表102人。

会议主要任务是高举邓小平理论的伟大旗帜，坚定不移地贯彻党的基本路线，全面落实党委和局经济发展总体战略，加强青年思想教育，落实团的组织基础，培养一代“四有”新人，开展二次创业，团结带领全局团员青年为实现林业局跨世纪宏伟目标努力奋斗。会议期间，局党委副书记王育才代表局党委讲话，局工会主席李淑杰到会致贺词。赵冬波代表共青团铁力林业局第十一届委员会作题为《高举邓小平理论的伟大旗帜，紧紧围绕党的中心工作，团结带领全局青年为实现我局跨世纪宏伟目标奋勇前进》的工作报告。大会选举产生共青团铁力林业局第十二届委员会及第十二届常务委员会。

（二）共青团铁力林业局第十三次代表大会

2004年3月3—5日召开。与会代表150人。其中有优秀团员、优秀团干部代表和各条战线模范青年代表、先进青年集体代表、少数民族代表和学生代表。

会议的指导思想和主要任务是以邓小平理论、“三个代表”重要思想和中共十六大、共青团十五大精神为指导，实事求是地总结共青团铁力林业局第十二届委员会的工作，讨论确定共青团铁力林业局委员会今后五年的工作任务。会议听取局党委副书记刘福春作的题为《肩负神圣使命，铸就青春辉煌》报告、林业局团委书记王志勇作的题为《与时俱进，开拓创新，团结带领全局青年为建设林区全面小康社会而努力奋斗》报告。选举产生共青团铁力林业局第十三届委员会及第十三届常务委员会。

三、团组织活动

（一）思想调查活动

林业局团委在全局广大团员、青年中开展企业未成年人思想状况调查、青年职工思想状况调查、大龄青年婚姻状况调查、团员思想状况调查等。在工作开展中，林业局团委依托全局各所中小学，联合局司法系统，在青少年中广泛开展“四五”普法宣传、主题知识竞赛等活动，定期组织专业人士举办青少年法律知识讲座。针对近几年社会青少年上网犯罪及青少年吸毒事件的出现，林业局团委主动与林业局内各所学校合作，在学生中开展“远离毒品、远离网吧”的主题教育活动。通过深入浅出的教育引导，使学生知法懂法，有效增强学生的自律意识。

（二）生态教育活动

为生态建设服务、提倡维护生态建设、做绿色使者，一直是林业局团委深入开展义务植树造林的主题。林业局团委每年利用“五四”“六一”等重大节日，组织全局青少年开展义务植树造林活动，建立少先队林、小记者林、青年林。2000—2005 年，全局参与植树活动人数达 3000 余人次，植树 4 万余株。通过义务植树造林，深化生态教育。

（三）青年文明工程建设活动

1. 为配合全局生态环境建设，大力开展宣传教育活动。林业局团委将 4 月 30 日定为“天天环保”统一清洁行动日，发动和组织各基层团开展活动。各学校团委、少先队也纷纷开展标语宣传、书法比赛、朗诵比赛、漫画比赛等活动。同时，开展校园内外的绿化、美化等义务劳动，提高青少年的卫生意识，营造良好的“创卫”氛围。

2. 组织开展青年职工岗位技能竞赛活动。紧紧抓住全局经济大发展、快发展，各项工作创一流、站排头的强大氛围，在各学校、森林管护大队、公安局、职工医院、松涛宾馆等窗口单位开展青年职工岗位技能竞赛活动。通过活动的开展，提高各行业青年职工的专业技能，促进全局工作的大发展、快发展。

3. 暑假期间，开展中小学生社会实践活动，组织青少年深入林场（所）、企业进行参观学习，参与社会调查等系列活动，充实学生们的假期生活，提高他们的社会实践能力。

4. 开展青年志愿者活动。全局成立 8 个志愿服务站，注册志愿者 450 名。志愿者服务的范围主要包括科技信息咨询、应急救助、扶贫开发等。每逢春节，青年志愿者都开展为贫困青年送温暖、向老人献爱心活动，帮助外来投资企业清理积雪，与困难家庭子女结对进行帮扶。青年志愿者通过社会实践，服务能力得到不断加强。

5. 开展“希望工程”助学活动。为帮助林业局困难家庭子女上学，各学校团委、少先队开展“身边的希望工程”助学捐款活动。在“手拉手”互助活动和青年企业家、青年岗位能手、青年文明号集体及社会各界与贫困青年、贫困学生开展的“1+1”“1+ 多”“1 助 1”活动中，林业局团委积极协调，为一部分在校学生减免学杂费。

（四）少先队工作

铁力林业局少先队工作在林业局团委的指导和带领下，以“三个代表”重要思想和中共十六大精神为指导，认真学习贯彻中共中央、国务院《关于进一步加强和改进未成年人思想道德建设的若干意见》，坚持以科学的教育理念为指导，以服务少年儿童健康成长为主线，以加强和改进少年儿童思想道德建设为重点，以体验教育为基本途径，不断加强少年儿童思想道德教育。积极实施体验教育，充分发挥少先队组织的优势和特点，创新机制，丰富载体，突出特色，注重实效，主动适应时代发展的需求，不断深化“雏鹰争章”“手拉手”等活动的开展，使少先队工作不断迈上新台阶。

1. 林业局团委与局关心下一代工作委员会（以下简称关工委）、文明办、教育科等部门联合开展以“民族精神代代相传”为主题的教育活动。按照上级统一部署，在全局开展以“养成道德习惯”“创新创造我能行”等为主题的少先队体验活动。各少先队组织充分利用社会教育资源，深入开展多种形式的爱国主义和中华民族优良传统教育活动。在 3 月 1 日“升国旗统一行动日”，全局各所学校紧扣主题，精心组织活动。2005 年，为进一步加强和改进未成年人思想道德建设工作，由林业局团委、关工委、文明办、教育科 4 个部门联合组织开展全局中小学生道德规范养成教育演讲比赛，充分展示广大少先队员良好的精神风貌，展现素质教育的成果。通过这些活动的开展，进一步帮助少先队员树立民族精神，提高道德修养，锻炼实践能力，不断增强民族自豪感和历史责任感，坚定热爱党、热爱社会主义祖国的信念。

2. 加大开展少先队团队建设力度，不断增强少先队组织在少年儿童中的凝聚力和吸引力。全局各少先队组织切实加强少先队组织建设，发扬队内民主，做好小干部民主选举等工作。林业局第二小学开展“豆豆选头头——大队委竞选活动”以及星级班级评比活动，极大地促进了少先队员民主意识的养成；林业局第一小学一年级新生在建队节开展“苗苗预备队入队仪式”，增强了新生对红领巾的认识。

3. 开展扶贫助学活动。号召各学校少先队员发扬勤俭节约、奉献爱心、助人为乐的精神，把自己的零用钱捐入学校的扶贫资金，全局累计捐款5800多元，资助50多人次。通过该项活动的开展，培养了少先队员勤俭节约的良好习惯，使他们养成关心他人、关心社会的好品质，增强了集体的凝聚力。

4. 各学校大队部在少先队员中广泛开展以“新世纪，我能行”为主题的实践体验活动。各学校按照年龄特点选择主题，走出学校，走进社会，亲身扮演社会上不同的角色，体验不同工作的感受。通过实地观察、操作，使少先队员了解了各个行业的运转情况，提高了“四自”能力，培养了创新思维、实践操作能力以及高度的组织纪律性和团结互助的精神。各学校还利用3月5日“雷锋志愿者服务日”，组织少先队员深入到老军人、老党员、五保户家中开展志愿服务活动。组织少先队员们积极参与环境整治、清除白色垃圾等活动。通过这些活动的开展，使广大少先队员受到教育、获得启迪。

5. “敬老爱幼”行动是铁力林业局各级团组织号召青少年弘扬雷锋精神、深入开展青少年素质教育的重要活动。每年，林业局各级团组织都新成立志愿服务组织，开展“三定四包”（定时间、定地点、定人员，包买粮、包劈柴、包担水、包卫生）服务活动，组织到五保户、军烈属、老模范、老干部家做好事。每年“六一”期间，组织青少年志愿者深入敬老院，为老人们送去精彩节目和慰问品，使孤寡老人深切感受到党的温暖。

第十篇　法治　军事

第一章 政法委

铁力林业局政法委员会始建于1983年。其职能是协调全局政法部门的工作，业务归属伊春市司法局，行政领导及人员配属归铁力林业局。1985年，增设司法局和综合治理办公室。司法局内设普法办公室、两劳管理站。同年12月，司法局增设公证处和律师事务所。1986年，撤销政法委和综合治理办公室，两个部门的职能划归林业局党委办公室。1987年，重新组建综合治理办公室。1988年，成立政法办公室，与综合治理办公室合署办公；对内称政法办公室，对外挂政法办公室、综合治理办公室两块牌子。1989年，政法办公室与司法局合并，改称司法局。1994年，政法办公室又与司法局分开；政法办与综合治理办公室合署办公，对内称政法办公室，对外挂政法委、综合治理办公室两块牌子，律师事务所和公证处被撤销。1996年，政法办公室更名为政法委。2002年，武装部归属政法委，此时的内设机构为综合治理办公室、防范和处理邪教问题领导小组办公室、司法局、武装部、稳定办公室和人防办。

第一节 司法公证

公证处是国家权利的公证机关，属司法机关体系，由国家司法行政机关领导。铁力林业局公证处于1985年设立，主要办理收养子女、财产继承、遗属房屋买卖、委托、赠予、公私财产、赡养、亲属关系及经济合同等方面的公证工作。1994年，公证处被撤销。

第二节 律师事务

铁力林业局律师事务所于1985年成立，主要任务是维护国家法律的正确实施，保护国家利益，企业单位、人民团体和公民的合法权益。铁力林业局律师事务所的职能是：对外开展律师活动，充当民事纠纷和经济合同纠纷案件的诉讼代理人；同时，受刑事案件被告人的委托，为其辩护。1994年，铁力林业局律师事务所被撤销。

第三节 创建平安林区活动

铁力林业局创建平安林区活动始于2004年。林业局把这项活动纳入重要的工作日程，成立由党委主管政法副书记、林业局副局长任组长，有关单位负责人为成员的领导机构，研究制订《铁力林业局创建平安活动方案》，下发《铁力林业局关于创建平安活动的意见》《铁力局创建平安活动工作要点》《铁力林业局创建平安活动基础工作规范化建设标准》。要求基层单位按照工作要点积极做好创建平安活动的各项工作，特别是加强基层基础工作规范化建设，进一步推动“创建平安活动”在基层的有效实施。林业局还及时召开基层党政一把手和有关人员会议，分析当前创建平安活动的形势和面临的问题，及时安排部署下一步创建工作。从而全面有效地落实创建平安活动的各项工作，为开展平安创建活动打下坚实的基础。与此同时，对全局基层单位按照局创建平安活动“同安排、同部署、同检查、同考核、同指导”的要求，依据责任状和局创建平安活动考核标准，逐条逐项地进行对照考核检查，有效地促进平安林区的建设。

第二章 公 安

铁力林业局的公安保卫机构是铁力林业公安局。公安局内设立股室，基层按地区中心设立林业公安派出所，较大的单位配备专职保卫干事。“文化大革命”初期，公、检、法3个机关被砸烂，只设铁力林业局革命委员会保卫部。1968年恢复铁力林业地区公安局。1980年根据林业部、司法部、公安部、最高人民检察院《关于在重点林区建立健全林业公安局、检察院、法院组织机构的通知》精神，公安局内设的股室改为科室。

铁力林业公安局自成立以来，在各个历史时期发挥了不同的作用，为保卫林业生产建设、维护林区人民群众的权利与利益、打击和镇压敌对分子的破坏活动、保卫林区人民进行和平劳动发挥了重要作用。改革开放以来，铁力林区的人民公安工作由镇压、打击向综合治理、创建优良治安环境为林区人民和经济建设服务转移，职能作用更加突出，已经成为保卫森林资源、维护林区社会治安和为林业建设保驾护航的重要力量。

第一节 机构设置

铁力林业公安局局址几经搬迁，于2002年搬至铁力镇松涛街一栋坐北朝南的五层办公楼，建筑面积2120平方米。另有3栋平房及1座监狱。

1986年，全局共有干警122人。内设5科（秘书科、政保科、治安科、预审科、消防科）、2队（刑警队、消防中队）、1所（看守所）。同时，在中心地区设立4个公安派出所（森铁公安派出所、建设公安派出所、二股公安派出所、泥河公安派出所）、8个保卫股（贮木场保卫股、木材加工厂保卫股、工程处保卫股、机修厂保卫股、发电厂保卫股、商业科保卫股、供应科保卫股、木器厂保卫股）。2005年调整为1委（纪检委）、1处（政治处）、1中心（指挥中心）、2办（办公室、防范和处理邪教问题领导小组办公室）、3科（法制科、户政科、经保科）、5所（看守所、森铁派出所、二股派出所、建设派出所、泥河派出所）、8大队（国保大队、刑侦大队、经侦大队、技侦大队、森侦大队、消防大队、交警大队、巡警大队）。全局共有干警231人。

第二节 治安管理

铁力林业局辖区地域辽阔，国企、私企众多，居民点分散，外来人口较多。为强化治安管理，铁力林业公安局采取了多项措施。一是制定相关法规。（1）地方法规。即由铁力林业公安局制定的《铁力林区治安保卫条例》《林政法规》以及部门单位性法规。把治安工作纳入各单位行政管理内容，作为厂规、厂法的组成部分。（2）行业性单行法规。把治安保卫工作的要求，按照各个行业的不同性质，分别制定行业性的规则和条例。（3）专项专题性法规。对财务、贵重物资、易燃易爆物品以及重点要害部位实行专管包干的岗位责任制。二是健全组织，层层坚持以防范为主的原则。全局建立治安管理委员会、街道治安委员会，并设立专兼职人员，形成治安管理网络。三是加大对动态治安的管理力度，强化日常管理措施，把解决治安管理制度不落实、管理工作不规范、管理责任不明确、管理环节不突出等问题紧紧抓在手上。坚持积极组织和发动群众参与社会治安工作，不断壮大群防群治力量，充分发挥联防组织和“耳目”“特情”的作用。同时全面落实“管理就是服务”的思想，创新管理模式及工作措施。重点抓爆炸物品、剧毒物品、行业场所等特种行业管理。加强持证上岗制、重点教育培训制、治安案件限期查结制、人口动态管理制等工作制度的建设，提高服务效率和质量，进一步强化社会治安防控体系建设。加强社会面控制，强力推进社区警务工作，全力推行“3×24”防控巡逻法，对社会面实行定时巡逻、延时巡逻和临时巡逻，最大限度地消除治安防范防控的“盲区”和“时段”，严密构筑全控覆盖、点线结合、巡查控并举、警群联动的动态治安防范格局。与此同时，健全社会治安整体体系。根据有关规定，对林业局所属的基层单位和民营企业相应落实内部安全防范措施，建立以法人为主体和业主为主体的安全防范措施，并纳入签证范围。全局综合治理责任状的签订率达100%，调动了各方面的积极性。对全局发生问题的单位实行一票否决，促进“谁主管，谁负责”原则的落实。推进“打防控一体化”建设和“154工程”。全局共划定责任区4个、警务区4个，建立健全“三警”联动机制，完善责任区警务区办公制度。对学校、机关、企业周边环境进行专项整治。1986年以后，加大特殊行业管理力度，对棋牌室、网吧、游戏厅、废旧收购业、修理业、印铸刻字业进行经常性的整顿，发布各种公告，落实各种治安管理责任制和公安防范措施。对问题突出和违反特殊行业管理规定的商家，建议有关部门给予停业整顿和限期整改；对无证营业的商家给予取缔。坚持不定期开展治安检查，查处违法人员，有效地制止嫖娼宿妓、销赃聚赌行为。

1986—2004年，铁力林业公安局依据《治安管理处罚条例》规定，本着“教育多数、处罚少数、区分对待”的原则，查处大批各类治安案件。仅2000—2004年，就受理各类治安案件163起，查明处理163起，查结率达100%；查处违法人员386人，其中劳教11人、治安处罚163人、警告12人、罚款10人、拘留141人、其他处理49人。2005年，查处治安案件34起，处罚58人，其中拘留23人、罚款18人、警告9人、劳动教养8人。

第三节　惩治各种犯罪活动

铁力林业公安局在历次严打斗争取得阶段性胜利的基础上，建立经常性的严打机制，保持对刑事犯罪的高压态势。1986年开始，相继组织以确保“两节”“两会”安全为主要内容的“A剑”行动、以打击“两抢一盗”为主要内容的“B剑”行动和“破大案、打团伙、抓逃犯”等行动。在惩治刑事犯罪活动中，相继开展“打黑除恶”“四打一保”专项斗争。在“打黑除恶”斗争中，公安机关对黑社会性质的犯罪集团和地方恶势力性质的犯罪集团涉及的案件进行梳理，受理群众来信来访，惩治准确有力。在打击逃犯、打拐、打流窜、打现行犯罪及保一方平安的“四打一保”斗争中，充分利用专项斗争，集中优势力量突破大案，向严重刑事犯罪活动发起围剿性进攻，效果显著。加强隐蔽特情管理，加大情报信息工作，积极调动以国保部门秘密力量为主，以派出所，机关、企业单位保卫股，信息员为辅的情报信息网络，进一步完善处置突发事件预案和围追堵截预案，对上访户签订“四位一体”包保责任状，落实控制措施，对发生的群众上访事件，按照处置突发事件预案予以妥善处理。

一、惩治刑事犯罪

铁力林业公安局把惩治刑事犯罪作为公安保卫工作的重点，尽全力破大案、抓逃犯，做到刑事案件发生一起破获一起。2005 年铁力林业公安局领导班子调整后，进一步加大了对刑事案件侦破的力度。一是开展侦破命案和网上追逃工作。在追逃工作中，通过网上查询比对逃犯资料和发出协查通报，抓获了 1 名省级缉捕的网上逃犯。二是开展专项打击斗争。在打击“两抢一盗”的斗争中，打掉作案 110 起、以李某某为首的 4 人盗窃团伙和作案 27 起、以张某某为首的 5 人盗窃团伙，同时还打掉一个 4 人抢劫团伙和一个贩运使用假币的 7 人犯罪团伙。

二、惩治经济犯罪

公安局经侦部门针对林区改革开放后企业社会经济秩序存在的混乱现象，集中力量，重点整顿经济犯罪案件多发的领域，并与有关部门密切配合，完善大额资金的监控制度，有计划地建设经济犯罪情况侦查信息系统，全面加强业务基础建设，构筑打击经济犯罪强有力的辅助支持系统，建立健全防范经济犯罪的预警机制，不断完善跨区域协作机制，提高防范和打击经济犯罪的水平。经侦部门还及时预测经济犯罪发展动向，及早研究制定防范措施和打击对策，切实加大对经济犯罪打击和惩办的力度。通过强化日常侦察破案工作，开展不同形式的专项斗争，有力地惩治了妨害企业管理秩序、扰乱市场秩序等经济犯罪活动。1986—2005 年，全局经济案件共立案 19 起，破案 18 起，抓获经济犯罪嫌疑人 20 人，涉案金额 50 余万元，挽回经济损失 54.56 万元。

三、惩治毒品犯罪

铁力林业公安局禁毒部门通过各种有效的宣传形式，广泛宣传非法种毒的危害性和禁种的法规及预防措施，增强林区人民群众禁种铲毒的观念，唤起人民群众参与禁种铲毒斗争的意识。林业局各基层单位及部门把禁种铲毒工作纳入林区综合治理范围，层层落实责任，集中开展禁种铲毒斗争和无毒场所创建活动，取得显著成效。

四、惩治破坏森林资源犯罪

铁力林业公安局森保部门积极开展森林资源保护的安全防范和基础业务建设。20 世纪 90 年代实施森林管护经营后，开展新时期森林治安形势的调研工作，准确掌握山情、林情、企情以及森林犯罪活动的规律和特点，夺取惩治主动权。森侦干警和派出所民警调查每个管区的资源林地等自然状况和管护人的工作情况，强化宣传、“耳目”特情、巡逻、管护经营联防等“四网”建设，提高发现控制和惩治的力度。进入 21 世纪之后，根据国家林业局部署，分别开展代号为“春雷行动”“绿剑行动”“飓风行动”的 3 次专项行动，惩治破坏森林资源和破坏森林野生动物资源的违法犯罪行为。同时，加大对森林火情的查处力度，防止森林火灾的发生。

第四节　消防管理

公安消防部门认真落实“预防为主，防消结合”的方针。消防队设值勤战备电话，消防人员 24 小时值勤战备。大风天和重要节日实行一级战备，昼夜整装待征。同时，把贮木场、刨花板厂、地板块厂等地作为重点，制定灭火预案，并举行演练。消防部门经常研究、总结和交流扑灭火灾的方法，制定“先控制，后消灭”的战术原则和“阻截包围，重点突破，穿插分割，逐片消灭，打近战”的战术措施。消防队坚持基本功训练，以保证火情发生时快速主动、快速展开、快速供水、快速消灭；坚持“谁主管，谁负责”的原则，结合铁力林区实际情况和林业企业消防工作的特点，大力开展防火宣传教育，严格火源管理、电源管理，认真执行“火源准用证”发放制度，专项治理居民区“栉子城”。消防部门还有计划、有步骤地开展机关、企业事业单位和人员密集场所的消防安全、危险化学品安全管理，民用爆炸品和烟花爆竹安全等专项整治行动，并针对火灾的规律特点和火灾多发季节，采取上下结合、内外结合的方法，突出重点，开展群众性的安全大检查。公安消防部门依法履行消防监督的职责，狠抓一、二级消防重点单位和部门防火措施的落实，从严把控建筑工程审核、验收关，严肃追查处理火灾事故，提高灭火战斗的成功率。由于铁力林区的居民住宅多为20世纪七八十年代建的平房，栉子、棚厦连片，火灾隐患严重，80年代开始，城镇防火工作逐步向专群结合、综合治理方面发展。1986年，全局上下动员，开展取消“栉子城”、打通防火道的工作，清除居民区内的栉子、板皮，拆除妨碍防火道路的板杖子和堆积物，在家属区内打通防火道。以后，又逐年开展城镇防火综合治理工作。进入90年代特别是21世纪以来，由于防火条件得到改善，消防责任制不断落实，全局消防工作逐年加强，成绩斐然。2000—2005年，共发生一般火灾事故6起，直接损失7.5万元，连续5年未发生重大火灾。

第五节　户籍管理

1985年以来，铁力林业局的居民户籍管理分别由铁力市公安局和铁力林业公安局分片管理。铁力镇内居住的铁力林业局居民户籍管理归属铁力市公安局户政科。山上林场（所）的居民户籍管理归属铁力林业公安局户政科及各林业公安派出所。为强化人口管理，公安户籍管理部门及派出所开展争当“全熟”民警、基本功过硬民警、全优民警的“大练基本功”活动，使全局广大民警的素质得到全面提高，民警的熟悉率和群众认识民警率达98%。在此基础上，依照上级公安机关的要求，对列管的重点人口进行全面清理，予以重新审核登记和建档，做到该撤的撤、该列管的列管。2004年，铁力林业地区共有重点人口56人。在对重点人口的管理中，充分发挥监控组织和“耳目”力量的作用，加快和增强信息反馈的有效性、实效性，使民警随时掌握重点人口的表现和行踪，做到“耳聪目明”，发现犯罪及时惩治。公安局还组织社区各种治安力量，开展暂住人口和出租房屋的清理整顿，登记办证工作，提高发现、控制和惩治犯罪的能力，有力地维护了林区社会治安的稳定。

第六节　公安交通管理

铁力林业公安局于1997年成立公安交警队，后改为公安交通监察科。主要职能是负责山上林企公路与铁力镇团结路的交通管理，重点是负责路面巡查、疏理交通、取缔违章。

一、交通宣传

20世纪90年代后期，交警部门在学生上学、放学和车流多的时段，在主要交通道口设岗，边疏理交通，边宣传交通安全知识。在山上山下交通道口、路边张贴标语，树立警示牌。每逢节假日道路行人、车辆增多时，出动宣传车进行交通安全知识宣传，还在中小学校开展“交通岗”活动，组织学生上学、放学排队行走。公安交警队拷贝交通安全方面的录像带，在林业局各单位巡回放映；组织宣传小分队进行交通安全知识宣传，使林业局职工群众受教育面达60%以上。

二、车辆管理

1989年年末，森林铁路改为公路后，铁力林业局运材实行汽运，运输车辆不断增多。公安交警部门与铁力市交警队、林业局机械科和农机科配合，充实完善车辆登记和检查制度，按车辆的型号建立车辆档案。对于核准报废的车辆及时予以报废。同时，对车辆进行技术检验，每年定期按《机动车辆安全检查标准》要求，对管区内的机动车辆进行逐台检验，合格者方可行驶。交警在主要地段设岗，并驱车巡逻检查，查处违章驾驶。

三、实施“畅通工程”

交警部门在团结路、松涛街建立“严管路”“严管街”。2004年，在“严管路”“严管街”处理各类交通违章3676起，暂扣车辆1260台次，滞留驾驶证1054本。交警部门还开展“人民满意的交警”活动，将车辆驾管、事故处理、违章处理等警务活动，利用公开板、明白卡、联系卡等形式公开，将业务收费条件、标准、时限、程序和违章违诺投诉方式等和盘托给群众，主动接受群众监督。自2003年以来，交警部门连续开展“春节交通秩序”“摩托车专项治理”“整治行车秩序”“严厉查处交通违章乱纪行为”“道路交通秩序整顿”等专项治理行动，取得明显效果。在开展专项治理行动的同时，不断巩固、深化、拓展畅通工程，创建平安大道，预防交通事故，使管区内的道路机动车、非机动车、行人遵章率明显上升，交通事故明显减少，道路交通秩序明显改善。

第七节　预审与看守

20世纪80年代，铁力林业公安局的预审与看守由预审科负责。林业局成立看守所后，看守职能从预审科分离出来，由看守所负责。

预审工作是衡量案件是否属实、证据是否确凿和犯罪嫌疑人供认程度以及本人表现等，根据这些衡量其罪行，进行裁决。在预审工作中，首先采取以教育为主，讲事实、摆道理、重证据、重调查研究，严禁逼供信。其次对其供认的问题进行科学推理、认真研究，反对盲目性、好大喜功。采用专兼结合的办案方法，索取“三证”（主证、旁证、供证），认真阅案，找出问题的要害。然后在证据确凿的情况下，再进行正面教育，使犯罪嫌疑人心服口服。最后，预审达到“三证”对案，才能完全结案。

铁力林业公安局看守所与治安拘留所合设，负责已决、未决人犯的拘押和对违反治安条例人员的拘押处罚。看守所为砖瓦结构，约600平方米，可容押犯人150人。监号内设有自来水、大小便池，冬季提供暖气。整个监狱窗户采光好，看守所设有食堂。看守人员对在押人员严格管理，1986—2005年没有发生1起自杀、自残、逃跑事件。

第八节　“110”指挥中心

1992年，铁力林业公安局成立“110”指挥中心。多年来，“110”指挥中心的干警狠抓自身建设，健全和落实报警制度，对群众的报案和求助认真对待，在社会上建立了良好的形象，受到林区人民的赞誉。“110”指挥中心自成立到2005年，共接警788起，其中各类刑事案件599起、治安案件180起、火灾事故5起、各类灾害事故4起。

第九节　公安队伍建设

铁力林业公安局认真贯彻落实国家有关部门提出的公安队伍建设发展战略，从严格内部管理、提高民警素质为切入点，强化内部管理和素质培训。按照队伍规范化标准的要求，开展大练兵活动。狠抓党风廉政建设和警风警纪建设。开展杜绝刑讯逼供、滥用枪支警械、滥用强制措施的“三项治理”和“两个违规”（违反规定扣押、查封、冻结、没收财产，违反规定责令停业整顿、吊扣证照）的整治。深入贯彻“五条禁令”（严禁违反枪支管理使用规定，严禁携带枪支饮酒，严禁酒后驾驶机动车，严禁在工作时间饮酒，严禁参与赌博），开展“学创”和“创建平安林业局”活动，使林业局公安队伍的素质普遍提高。

第三章 检 察

1986 年，铁力林业局人民检察院内部设“四科一办”，即批捕科、起诉科、经济科、法纪科、办公室。批捕科的职权是对公安机关提请的刑事犯罪案件的审查、批捕和检察院自侦部门自侦的刑事案件、经济案件的审查和批捕。起诉科的职权是依法审查公安机关提请和检察院自侦的刑事案件、经济案件是否提起公诉。经济科的职权是对自己管辖的案件中有控告、检举、自首、交办和自己发现的经济案件进行侦察、终结。法纪科的职权是受理和审结司法部门内部的渎职案件、侵权案件。1996 年，增设控申检察科，职权是受理和审查人民群众来信来访、控告申诉等。1997 年，经济科改为反贪局，起诉科改称公诉检查科，法纪科改称渎职侵权检察局，批捕科改称侦察监督科。同年，增设监所检察科和民事行政监察科。监所检察科的职权是检查监督公安局看守所，保证在押犯人的合法权益。民事行政监察科的职权是监督检查法院民事、行政案件的审理，对枉法裁判和审判不公的案件进行抗诉。多年来，铁力林业局人民检察院坚持以人为本，强化教育，加强监督，规范执法，公正执法，较好地完成了各项工作任务。

第一节 刑事检察

铁力林业局人民检察院积极参加“破大案、打团伙、抓逃犯”“反盗窃”等专项斗争，贯彻“依法从重从快”的方针，充分发挥审查批捕工作在林区改革开放和为经济建设服务的职能作用。

1986 年，受理呈捕案件 18 件 27 人。经审查批准逮捕 17 件 26 人，其中先行拘留 2 件 2 人、收审 15 件 24 人，不予批捕 1 件 1 人。受理公安机关移送起诉案件 16 件 27 人，经审查起诉 16 件 26 人（其中移送市院提起公诉 1 件 1 人），免予起诉 1 人。

1987 年，受理呈捕案件 12 件 17 人。经审查批准逮捕 12 件 17 人。受理公安机关移送起诉案件 13 件 19 人，经审查起诉 12 件 12 人，免予起诉 1 件 7 人。处理遗留案件 2 件 5 人。

1988 年，受理呈捕案件 10 件 22 人。经审查批准逮捕 10 件 20 人，不予批捕 2 人，追捕 1 人。受理公安机关移送起诉案件 13 件 25 人。经审查起诉 13 件 20 人，免予起诉 4 人，未结案 1 人。

1989 年，受理呈捕案件 16 件 25 人。经审查批准逮捕 16 件 25 人。受理公安机关提请的起诉案件 15 件 22 人。经审查提起公诉 12 件 17 人，免予起诉 2 件 2 人，不予起诉 1 件 1 人。

1990 年，受理呈捕案件 22 件 50 人，其中公安机关呈捕 17 件 41 人、检察院自侦部门呈捕 5 件 9 人。经审查批捕 22 件 47 人，其中公安机关呈捕 17 件 38 人、检察院自侦部门呈捕 5 件 9 人，不批捕 3 人。受理起诉案件 27 件 50 人，其中受理公安机关提请公诉的 8 件 39 人。经审查后起诉 20 件 34 人，免予起诉 7 件 16 人（其中审查批准公安机关免诉的 4 件 13 人、检察院自侦免诉 2 件 2 人、法纪科免诉1件1人）。

1991年，受理呈捕案件19件35人，其中公安机关呈捕18件34人、检察院自侦部门呈捕1件1人。审查后批捕19件30人，其中公安机关呈捕18件29人、检察院自侦部门呈捕1件1人，不批捕5人。受理起诉案件25件47人，其中公安机关提请起诉的24件44人。经审查起诉22件36人，免予起诉3件11人（其中检察院自侦部门起诉2件4人、免予起诉1件2人、不予起诉5人）。

1992年，受理呈捕案件15件29人，其中批捕14件23人、不捕1件6人。受理各类起诉案件21件35人，经审查起诉10件13人，免予起诉6件14人，不予起诉1件2人，退回公安机关4件5人，移交铁力市公安局处理1人。

1993年，受理呈捕案件28件51人，其中公安机关提请批捕26件49人、检察院自侦部门呈捕2件2人。审查后批捕23件41人，不予批捕5件10人。

1994年，受理呈捕案件23件56人，其中批捕21件51人、退捕2件5人。受理起诉案件30件58人，其中提起公诉29件47人、免予起诉1件10人、不予起诉1人。

1995年，受理呈捕案件22件41人。审查后批捕22件39人，不批捕2人。受理起诉案件26件41人，其中公安机关提请案件24件39人、检察院自侦提请起诉2件2人。经审查起诉23件29人，免予起诉1件2人，不予起诉3人，建议公安机关撤诉1人，报送市院2件6人。

1996年，受理呈捕案件18件35人，其中批捕17件34人、不捕1件1人。受理起诉案件27件46人，其中提起公诉24件35人、免予起诉3件10人、不予起诉1人。

1997年，受理呈捕案件20件30人，其中批捕19件29人、不捕1件1人。全年受理起诉案件16件30人，其中公安机关移交15件24人、本院自侦1件6人。经审查起诉13件18人，不起诉1件6人，报市院1件3人，退回公安机关补充侦察1件3人。

1998年，受理呈捕案件11件16人，其中批捕10件15人、不捕1件1人。受理起诉案件16件20人，其中公安机关移送8件10人、检察院自侦部门移送8件10人，全部作有罪判决。

1999年，受理呈捕案件15件24人，批捕15件24人。

2000—2003年，受理呈捕案件82件97人，其中批捕76件91人、退回公安机关补充侦察2件2人、不捕4件4人。受理起诉案件83件，经审查起诉71件，存疑不起诉3件，相对不起诉3件3人，建议撤案5件，诉后法院改变性质1件。

2004年，受理呈捕案件17件19人，经审查批捕16件18人，不捕1件1人。

2005年，受理呈捕案件20件28人，批捕20件28人。受理立案监督案件5件7人。

第二节　经济检察

铁力林业局人民检察院认真贯彻落实中央有关反贪污贿赂和反腐败的指示精神，坚持把惩治贪污贿赂等经济犯罪作为检察院工作的重点，思想上不动摇，工作上不放松，打击上不手软，使反贪污贿赂工作取得较大成绩。

1986年，受理经济案件16件17人，立案9件10人，结案8件8人（起诉3件3人，免诉5件5人），为国家挽回经济损失47920.36元。

1987年，受理经济案件3件4人，立案1件2人，结案1件2人，为国家挽回经济损失7761元。

1988年，受理经济案件6件9人，立案4件7人，结案4件7人，为国家挽回经济损失65709元。

1989年，受理经济案件4件5人，立案2件2人，结案1件1人，为国家挽回经济损失35860元。

1990年，受理经济案件10件，立案6件（重特大案2件），结案6件，为国家挽回经济损失

122970元。

1991年，全年受理经济案件4件，立案4件，结案3件，为国家挽回经济损失1万余元。

1992年，受理经济案件7件，立案1件，为企业挽回经济损失52883元。

1994年，受理经济案件6件，立案4件，转有关部门2件，为企业挽回经济损失上万元。

1995年，受理经济案件8件，立案1件，为国家挽回经济损失3万余元。

1996年，受理经济案件5件5人，立案5件5人，为国家挽回经济损失3万余元。

1997年，受理经济案件16件，立案10件（重特大案5件），为国家挽回经济损失40余万元。

1998年，受理经济案件25件，立案5件，侦查终结4件，为国家挽回经济损失20余万元。

1999年，受理经济案件13件，立案3件，为国家挽回经济损失20万元。

2000—2003年，受理经济案件57件，立案28件。

2004年，受理经济案件9件，不立案4件，立案侦查5件5人，移送起诉5件。

2005年，受理经济案件4件，立案侦查4件4人，侦查终结4件，移送起诉4件4人。立案侦查中要案1件，系涉嫌挪用公款；重大案件1件，系贪污案。

第三节　法纪检察

铁力林业局人民检察院遵循最高人民检察院提出的“把法纪检察作为检察工作重点工作”的要求，突出“严格执法，狠抓办案，强化监督”的工作指导方针，强化指导，上下配合，发挥整体功能，充分发挥法纪检察部门在打击侵权、渎职上的职能作用，维护法律的严肃性。

1986年，受理法纪案件6件8人，立案2件2人，起诉1件1人，免诉1件1人，转有关部门处理4件6人。

1987年，受理非法侵入住宅、诬告陷害、玩忽职守、重大责任事故等5件法纪案件。经调查均不够成立案。

1988年，发现各类线索13条，受理案件1件1人。

1989年，开辟法纪案件线索15件，变案3件，立案3件，查处4件。

1990年，开辟法纪案件线索6件，受理案件6件7人，立案侦查2件3人，均在法定时间内查结。

1991年，开辟法纪案件线索2件，受理案件1件1人，经调查，撤案。

1992年，查结法纪案件线索7件，立案1件2人，已结案。

1993年，开辟法纪案件线索4件，受理案件3件，经调查不构成犯罪，转交有关部门1件。

1994年，初查举报法纪案件线索11件。

1995年，办理法纪案件2件，查证法纪案件线索6件。

1996年，开辟法纪案件线索2件。

1997年，受理法纪案件8件，立案1件，不予起诉1件，移交公安机关及纪检部门6件。

1998年，受理法纪案件3件，立案1件（已起诉），移交公安机关处理2件。

1999年，受理法纪案件4件，立案2件，移送其他部门2件。

2000年，受理法纪案件2件2人，立案2件2人，其中非法拘禁1件1人、徇私枉法1件1人。

2005年，办理法纪案件2件。1件为买卖合同纠纷案，经查明后，向市院建议抗诉；1件为房屋租赁合同纠纷案，建议予以纠正。

第四节　监所检察

铁力林业局人民检察院严格执行检察机关“严格执法”的工作方针，结合监所检察工作的特点，严格履行法律监督职责。在监所配备专职驻所检察人员，建立工作制度，检察监督到位，维护在押人犯的合法权益。协助公安部门做好监所的安全防范工作，对违纪的监督看守人员进行查处。2005年查处1名违纪人员，有效地提高了监所的管理水平，为诉讼活动的顺利进行创造了条件。1986—2005年，羁押的治安拘留、收审、批捕、起诉、刑事拘留、判决等人犯，没有发生串供、逃跑、自杀等事故。

第五节　控告申诉检察

铁力林业局人民检察院坚持为人民服务的宗旨，认真受理公民的控告申诉。调动各方面的积极性，深入扎实地开展创建“文明接待室”活动。实行分级负责，加强指导，全面落实，完善举报管理机制，严格执法，狠抓办案。强化控告申诉检察部门法律监督和内部双重制约，充分发挥控告申诉检察部门的法律监督制约作用，依法保障公民行使检举、控告、申诉的权利。1986—2000年，共受理来信来访案件320件，其中自查自办276件、转其他部门44件，做到了不积压案件。2005年，受理案件31件，其中属检察院管辖28件、移交其他部门处理3件；控告申诉初查3件，全部移交反贪局立案。

第六节　预防职务犯罪

铁力林业局人民检察院按照上级要求，成立预防科并设立兼职工作人员，建立健全预防职务犯罪的信息网络。2004年，在全局范围内举办1次大型法制宣传活动，出动宣传车2辆，设立宣传站2处，悬挂宣传图片12幅，散发宣传单1000份，接待法制咨询26次。全局教育面达90%。同时，利用各种会议的机会，以会代训，对全局各单位主要领导进行集中培训，有效地提高领导干部的法制观念。2005年，又在全局范围内举办1次大规模的法制宣传活动，出动宣传车2辆，设立宣传站2处，悬挂宣传图片30幅，散发宣传单1000余份，接待法制咨询30余人次，同时还播放录音宣传带，全局宣传教育面达95%。

第七节　队伍建设

铁力林业局人民检察院十分注重队伍建设。领导班子以身作则，自束自律，坚持做到“八戒”（戒各自为政、戒共事不共心、戒拉帮结伙、戒猜疑忌妒、戒偏听偏信、戒个人意气、戒自傲自大、戒捞功推过），“四带头”（带头办案，带头学习，带头遵守各项制度，带头做到团结、公正、廉洁、务实）。在此基础上，认真抓干警纪律作风建设和业务培训。各科室制定目标管理细则，认真检查督促执行情况，使干警队伍的整体素质不断提高，为公正文明执法打下基础。多年来涌现出多名优秀干警，受到上级褒奖。

第四章 法 院

铁力林区基层法院担负着辖区内的各类刑事、民事、商业纠纷案件的审判调解及审后案件的执行等职能。在林业局党委的正确领导和伊春市中级人民法院的监督指导下，基层法院以“公正与效率”为主题，认真开展“规范司法行为，促进司法公正”的专题整改活动，抓班子、带队伍，抓审判、强执行，抓改革、保稳定，充分发挥审判职能，为创建“平安林业局”、维护社会稳定和经济发展提供强有力的司法保障。

第一节 机构沿革

1982 年，根据黑龙江省人大第十七次会议决定，在铁力林业地区正式设立铁力林区基层法院。

1983 年，铁力林区基层法院通过检查和验收，从 4 月 1 日起正式受理刑事、民事案件，开始在铁力林业地区行使国家审判权。根据黑龙江省高级人民法院（以下简称黑龙江省高院）下发的相关文件，任命院长、副院长、审委会委员、庭长、副庭长、审判员、助理审判员和法警。设置审判组织机构是 2 庭 1 室，即民事审判庭、刑事审判庭和办公室。干警编制为 22 人。

1984 年，为适应社会主义经济建设发展的需要，增设经济审判庭。

1990 年，为贯彻《中华人民共和国民事诉讼法》规定的审判与执行分立的原则，按黑龙江省高院指示，增设执行庭。

1992 年，为贯彻《中华人民共和国行政诉讼法》，按黑龙江省高院指示，增设行政庭。

1994 年，为建立和健全审判机构，按黑龙江省高院布置，增设告诉申诉庭。

1997 年，按黑龙江省高院文件要求，告诉申诉庭变更为立案庭，增设审判监督庭。

1999 年，司法警察单独序列，成立法警大队。

2000 年，为适应法院工作的需要，加大执行力度，执行庭变更为执行局，配备副院级领导。

2002 年，全国法院系统机构改革，撤销经济审判庭。

到2005年，铁力林区基层法院建立和健全组织机构，设立“5庭1局、1队1室”，即刑事审判庭、民事审判庭、行政审判庭、立案庭、审判监督庭、执行局和法警大队、办公室。干警的文化业务素质也有了较大提高，其中大专以上文化 21 人（含大学 10 人）、高中以上文化 3 人，所有干警均接受过各种法律专业培训和资格考核。

第二节 刑事审判

1985年，依据《中华人民共和国刑事诉讼法》规定，铁力林区基层法院紧紧围绕全党工作的大局，坚持严肃执法，与公安、检察机关密切配合，突出抓好大案、要案的审判。集中打击杀人、放火、盗窃、抢劫、强奸、故意伤害、盗伐林木等犯罪行为，把强化林区治安作为刑事审判的重点和落脚点。在办案节奏上突出一个“快”字，坚持快判、快审、快移送。在打击力度上强调一个“狠”字，依法“从重从快”和“稳、准、狠”，保持案件审理的快节奏、高效率，巩固和发展“严打”斗争的成果。严格贯彻执行罪行法定、罪行相适应原则和惩办与宽大相结合、惩罚与教育相结合及疑罪从无的刑事政策，确保审结案件定性准确、量刑适当。对一般性犯罪、青少年犯罪和对社会危害不大且具有法定从轻减轻情节的犯罪行为，始终坚持教育、挽救、改造的方针，依法从轻或减轻处罚。积极参与创建“平安林业局”活动。在严厉惩治各种刑事犯罪的同时，突出坚持加大对贪污、贿赂等经济犯罪的惩处力度。在审理疑难案件和新罪名案件中，排除各种干扰，院党组及时调整充实刑事审判工作力量，主管领导亲自审阅案卷，指导制定庭审详细提纲。对检察机关起诉的金融系统疑难和复杂新罪名犯罪案件依法及时审结，为国家挽回经济损失，起到有力打击、震慑犯罪的作用。同时，定期对刑满释放和被判处拘、缓、免人员进行回访，及时掌握和了解他们的思想情况，想方设法与有关部门协调，帮助他们解决在生产、生活中存在的困难，实现就业，为他们重归社会创造条件，避免重新犯罪，为林区社会的长治久安做出积极贡献。

1986年，受理刑事案件32件32人，结案32件32人。

1987年，受理刑事案件18件18人，结案18件18人。判决17件17人，退检补查1件1人。

1988年，受理刑事案件10件15人，结案10件15人。判决10件15人。

1989年，受理刑事案件14件21人，结案14件21人。判决14件21人。

1990年，受理刑事案件23件40人，结案23件40人。判决17件28人，退检补查6件12人。

1991年，受理刑事案件20件31人，结案20件31人。判决19件30人。

1992年，受理刑事案件14件19人，结案14件19人。判决11件15人，退检补查2件3人，移送中院1件1人。

1993年，受理刑事案件19件27人，其中公诉案件18件26人、自诉案件1件1人。结案19件27人。

1994年，受理刑事案件37件62人，结案37件62人。判决35件53人，退检补查2件9人。

1998年，受理刑事案件11件14人，其中公诉案件9件12人，自诉案件2件2人。结案11件14人。判决10件13人，撤诉1件1人。

1999年，受理刑事案件20件29人，结案20件29人。判决20件29人。

2000年，受理刑事案件15件29人，结案15件29人。

2001年，受理刑事案件27件，结案27件。判处人犯28人。

2002年，受理刑事案件23件（含自诉伤害案件1件、撤诉1件），结案23件。判处人犯28人。

2003年，受理刑事案件14件（含自诉故意伤害案件1件），结案14件。判处人犯17人。

2004年，受理刑事案件15件，结案15件。判处人犯19人。

2005年，受理刑事案件28件，结案28件。判处人犯24人。

第三节 经济审判

依据《中华人民共和国民事诉讼法》有关规定，铁力林区基层法院立足于大局意识、服务意识，依法维护国家和集体利益，坚持为社会主义市场经济服务的指导思想，以为林区经济建设服务为重点，优质高效地审结各类经济案件，开创经济审判工作的新局面。

1991年，受理经济案件9件，结案9件。其中盗窃公共财物7件，诈骗公共财物1件，贪污1件。

1993年，受理经济案件3件，结案3件，其中盗窃公共财物2件、贪污1件。

1998年，受理经济案件4件，其中贪污1件、行贿1件、受贿1件、制造贩卖运输毒品1件。

1999年，受理经济案件15件，结案15件，结案率100%。执行结案2件，标的30余万元。

2000年，受理经济案件16件，审结16件。其中债务9件，建筑工程合同纠纷1件，贷款纠纷1件，木材贷款1件，借贷合同纠纷1件，土地承包合同纠纷1件，购销合同纠纷2件，结案率100%。其中调解5件、判决6件、撤诉5件，执结标的83万元。

2001年，受理经济案件6件，审结6件，结案率100%，为企业清回债务41.8万元。

2002年，撤销经济审判庭，审判职能划归民事审判庭。

第四节 民事审判

依据《中华人民共和国民事诉讼法》等有关法律规定，民事诉讼审判庭负责在受案辖区内审理产地产权案件、婚姻家庭案件、债务案件、侵权案件、经济纠纷等各类民事案件。民事审判工作坚持以司法为民为宗旨，以人民满意为标准，正确运用法律，认真落实《最高人民法院关于民事诉讼证据规则》和《关于使用普通程序审理民事案件的若干规定》，探索深化证据制度改革，加快证据规则的学习、运用、完善，以及公开举证、质证、辩证、认证和裁判为内容的审判方式。同时，采取裁判文书评比、研讨、合议庭成员分别审核裁判文书等方法，不断提高裁判文书的质量，重点解决裁判文书中案件审理过程表述过于简化、诉辩双方主张归纳不准确、认定事实及理论不够清晰或模式化、对适用法律缺乏法理阐述等影响案件质量的问题，提高案件审理的效率。同时，坚持依法调解，积极稳妥地化解人民内部矛盾纠纷，维护人民群众的根本利益。针对辖区面积大、人口居住分散、路途偏远、职工群众经济收入偏低、交通不便的特点，充分发挥调解优势，把握送达起诉状及应诉通知书时调解、答辩时调解、证据交换时调解等时机，积极开展调解工作，把调解结案作为提高法官审判业务水平和检验审判工作能力的标准。通过不断规范总结审判实践经验，逐步探索出“找准焦点、对症下药”“互动调解”“冷热处理”等调解策略和方法，充分利用设置在山上林场（所）的巡回法庭和联络员的积极作用，实行便民诉讼，及时化解矛盾和纠纷，为维护社会稳定、构建社会主义和谐社会做出贡献。

1986年，受理民事案件50件，结案50件，结案率100%。其中离婚31件，赡养1件，房屋1件，债务6件，赔偿10件，其他1件。调解19件，判决23件。

1987年，受理民事案件67件，结案67件，结案率100%。其中离婚30件，抚养1件，赡养1件，债务2件，赔偿25件，其他8件。调解39件，判决25件。

1988年，受理民事案件60件，结案60件，结案率100%。其中离婚28件，赡养1件，债务6件，赔偿22件，其他3件。调解47件，判决4件。

1990年，受理民事案件52件，结案52件，结案率100%。其中离婚22件，赡养1件，抚养1件，房屋1件，债务5件，赔偿22件。调解36件，判决8件。

1991年，受理民事案件119件，结案119件，结案率100%。其中离婚66件，抚养2件，赡养4件，债务14件，赔偿28件，土地纠纷1件，其他4件。调解84件，判决14件。

1992年，受理民事案件129件，结案129件，结案率100%。其中离婚78件，赡养4件，抚养1件，房屋5件，债务10件，赔偿19件，其他12件。调解47件，判决26件。

1993年，受理民事案件136件，结案136件，结案率100%。其中离婚70件，赡养7件，抚养3件，收养1件，房屋10件，债务15件，赔偿16件，土地纠纷1件，其他13件。

1994年，受理民事案件120件，结案120件，结案率100%。其中离婚78件，赡养13件，抚养1件，其他婚姻财产纠纷1件，房屋5件，债务2件，继承2件，土地纠纷1件，其他17件。调解48件，判决14件。

1998年，受理民事案件44件，结案44件，结案率100%。其中离婚36件，赡养2件，收养1件，债务1件，继承1件，土地纠纷1件，其他2件。调解23件，判决23件。

1999年，受理民事案件157件，结案率100%。其中离婚98件，债务29件，人身损害赔偿14件，劳动报酬纠纷1件，侵权纠纷1件，解除同居关系2件，土地使用纠纷2件，赡养1件，买汽车纠纷1件，变更抚养2件，继承4件，损害赔偿2件。判决审结案件42件，调解结案71件，撤诉43件，裁定结案1件。

2000年，受理民事案件150件，审结150件，结案率100%。其中离婚120件，债务16件，人身损害赔偿5件，继承2件，房屋确权1件，房屋买卖纠纷1件，房屋损害赔偿2件，房屋租赁1件，侵害名誉1件，宅基地纠纷1件。判决结案7件，调解结案113件，撤诉30件。

2001年，受理民事案件109件，审结109件，结案率100%。其中调解结案59件，通过调解撤诉20件。

2002年，受理民事案件102件，审结102件，结案率100%。其中离婚46件，债务30件，财产损害纠纷赔偿1件，买房纠纷1件，解除同居关系2件，林蛙养殖合同纠纷1件，继承1件，房屋确权1件，租赁合同1件，拖欠房租费1件，相邻关系纠纷1件，人身损害赔偿10件，木材货款纠纷3件，拖欠货款纠纷2件，借款合同纠纷1件。在审结中判决25件，调解53件，撤诉24件。

2003年，受理民事、商事案件93件，审结93件，结案率100%。其中离婚59件，债务6件，拖欠货款1件，房屋租赁合同纠纷1件，解除同居关系1件，追还黄牛纠纷1件，土地承包合同纠纷2件，房屋动迁纠纷2件，买卖合同纠纷3件，道路交通事故人身损害赔偿2件，相邻关系纠纷1件，医疗损害赔偿2件，借贷纠纷7件，人身损害赔偿5件。审结案件中判决25件，调解54件，撤诉13件，移送1件。

2004年，受理民事、商事案件171件，审结171件，结案率100%。156件通过调解或调解后撤诉审结，调解率91%。在巡回办案中，深入林区农场巡回法庭审结案件34件，占总案件数的20%。

2005年，受理民事、商事案件149件，审结149件，结案率100%。案件审限最少为当天结案，平均审限为46天。

第五节　行政审判

1992年，铁力林区基层法院设立行政庭。行政审判工作开始转变观念，在改善行政审判外部执法环境的同时，强化立案审查工作。一是行政诉讼立案由行政庭负责；二是严把立案审批制度；三是准确掌握行政诉讼受案范围及条件，实行“有诉必接，合议审查，裁定答复”的制度，有效地发挥司法监督作用。

2001 年，受理行政赔偿案件 1 件，结案 1 件，结案率 100%。

2003 年，受理行政赔偿案件 1 件，结案 1 件，结案率 100%。协助民庭审理商事案件 9 件，审结 9 件，为企业清欠款物折合人民币 50 余万元。

第六节　便民诉讼

铁力林区基层法院认真贯彻执行《人民法院五年改革纲要》和《最高人民法院关于民事诉讼证据若干规定》，大力加强立案工作，进一步完善案件审判流程管理，方便群众诉讼。成立立案庭，所有书记员统一由立案庭管理，设立一名专职接待员和排期法官。立案、送达、排期、庭审记录、卷宗装订、归档、审限跟踪、案件统计、司法报表均由立案庭负责，形成职能清晰、运作协调的工作局面。在立案、信访接待等各个环节为当事人着想，为当事人诉讼提供便利条件。设置桌椅、饮水用具，准备常用药品、诉讼用纸，悬挂诉讼指南，实行接待、立案、交费一条龙服务。完善诉讼指导制度，诉前明明白白告知当事人享有的权利和需要承担的义务，帮助当事人避免或减少常见的诉讼风险，降低他们的诉讼成本，受到当事人的称赞。同时，依照司法救助制度，对一些贫困、特困的当事人给予减免或缓交诉讼费，使这些当事人没钱也能打官司。2005 年，立案庭全年共接待来信来访 380 余人次，审查立案 239 件，做到有访必接、文明热情、首问跟踪、限时回复。为方便群众诉讼，实施假日立案接待和院长接待日制度，常年立案，随时接待。注重发挥人民陪审员参加审理案件的优势，在当地群众中产生“法院是最讲公道的地方、法官是最值得信赖的群体”的共鸣。

第七节　审判监督

铁力林区基层法院审判监督工作严格执行立审、审执、审监分立的原则，不断加大内部执法监督力度。落实案件质量评查制度，对所审结的全部案件做到月检查、季通报，促进案件质量的提高，确保司法公正。结合“规范司法行为，促进司法公正”专项整改活动，开展执法检查，对检查出来的问题及时通报，督促整改，促进办案效率，提高案件质量。2000 年，对全院全年审结的 189 件案件进行自检。2002 年年底，审理再审案件 2 件，审结 2 件，并对 2001 年和 2002 年上半年审结的 147 件刑事、民事、商事执行案件进行审查。2003 年年底，审理再审案件 2 件，审结 2 件，并对 2002 年和 2003 年上半年审结的 219 件刑事、民事、商事执行案件进行审查。2005 年，使用审判监督程序立案 1 件，结案 1 件，结案率 100%。

第八节　执行工作

铁力林区基层法院的执行工作坚持以加速林区经济建设、维护法律尊严为指导思想，以“少喊执行难，多想怎么办”为工作指导原则，以深化执行工作规范化建设为基点，以促进林区发展、保护当事人合法权益、维护司法权威为重点，不断更新执行观念，认真研究执行艺术，在破解“执行难”问题上，做了大量探索和尝试，使执行工作开创新局面。执行工作既坚持与经济发展同频共振，努力寻求执行工作与经济发展的最佳结合点，又保护当事人的合法权益；既积极营造社会诚信环境，通过自身带动诚信，又通过法律手段保护诚信；既灵活运用多种方式执行，又对隐匿财产、逃避债务的赖账人员坚决采取司法强制措施；既排除影响执行工作的障碍，又迎难而上，敢于碰硬，将大案、难案各个击破，出色地完成执行工作。

1999 年，全年收案 53 件，执结 50 件，执结率 94%。

2000 年，全年收案 29 件，执结 28 件，执结率 97%。

2001 年，全年收案 17 件，执结 17 件，执结率 100%。

2002 年，全年收案 21 件，执结 19 件，执结率 90%。

2003 年，全年收案 22 件，执结 20 件，执结率 91%。

2005 年，全年收案 59 件，执结 58 件，执结率 98%。

第五章 军 事

铁力林业局为落实中央“劳武结合，全民皆兵”的方针，于1958年成立民兵办公室，1961年成立人民武装部，具体负责全局的民兵组织、训练，征兵，现役军人复员、转业、退伍的安置工作，同时负责人防和战备工作。多年来，尤其在改革开放的新形势下，全局的军事工作认真贯彻“三个代表”重要思想，坚持民兵工作以服从、服务于经济建设大局为指导，紧紧围绕企业的中心工作，进一步加强武装部门的正规化建设，以适应林区政治、社会稳定和经济发展的需要。

第一节 民兵工作

1982年，铁力林业局按照上级有关部门的指示，对全局民兵组织进行整顿，缩小范围，减少民兵数量，提高质量。1988年，按照“坚持民兵制度，保障战时需要，服从经济建设，减少民兵数量，提高民兵质量”的原则，对民兵组织实行进一步调整。经过调整，全局共有民兵营5个、民兵连19个、民兵排103个、民兵班308个，专职武装干部12人，兼职武装干部900人，民兵4400人（其中男性4250人、女性150人），基干民兵1500人（其中男性1350人、女性150人）。1992年，民兵组织在林业局“两危”压境、人员外流的情况下，再次整顿。整顿后，从局到基层单位的民兵满编，干部配齐配强，建立健全各种制度，基础建设进一步加强，民兵素质有了很大提高。在治危兴林和二次创业中，体现出林业民兵的行业特点，发挥了民兵在林业生产中的骨干作用。中共十一届三中全会以后，重新加强民兵预备役人员的政治思想教育工作。以邓小平理论、中共十六大和十六届三中、四中全会精神为指导，认真贯彻“三个代表”重要思想，以《中华人民共和国兵役法》《民兵工作条例》为依据，以《东北后备军》《中国民兵》刊物为教材，深入开展爱国主义教育，进一步增强民兵预备役人员的国防观念和国防意识。2005年，针对林业企业实行林权制度改革、分部经营的实际情况，对森林扑火民兵营进行整组和专业队伍训练，以防火防汛为重点，进行民兵的快速反应分队训练，使民兵队伍更加精练，更有战斗力。

第二节 优抚工作

拥军优属是林区人民的光荣传统。铁力林业局建局以来，认真贯彻执行党的优抚政策，大力开展拥军优属工作。每年“八一”、元旦和春节，都召开退伍转业复员军人和军烈属座谈会，并对转业老干部、新中国成立前从戎的老军人和有困难的军烈属进行走访，帮助他们解决实际问题，解除他们的后顾之忧。平时，各基层单位的学雷锋小组帮助军烈属做好事，为他们排忧解难。

第三节　退伍军人的安置

林业局根据《中华人民共和国兵役法》关于现役军人的优待和退出现役人员的安置精神，对复员、转业和退伍人员适当安置工作。复员、转业、退伍人员回局后，根据本人在部队的职务、级别和工作，结合林业局工作需要，适当分配工作，基本达到“三满意”（组织满意、接收单位满意、本人满意）。义务兵退出现役回局后，基本按照“从哪里来、回到哪里去”的原则，特殊情况可以适当调整。其待遇是：属于企业固定职工，军龄算工龄，按此评定工资。其他各种待遇由工种决定，与企业老职工相同。军官退出现役后，由上级分配到林业局的人员，根据其在部队的军衔情况，决定本人在企业的职务，其他的各种待遇与企业职工相同。志愿兵退出现役后要求回局的人员，局一律接收，并给予适当安置。

第四节　征兵工作

铁力林业局在征兵工作中按照《中华人民共和国兵役法》《征兵工作条例》的规定和要求，认真做好年度兵役登记工作。林业局各基层单位均设立兵役登记站，进行调查摸底和登记工作，达到底数清、分布清，为兵源动员和征兵工作打好基础。在征兵工作中，严格执行有关政策规定，认真做好动员、报名、体检工作，严把兵源质量关，每年都圆满完成征兵任务。

1986—2005年铁力林业局退伍军人情况统计表

表10-1　　单位：人

年　份	退伍人员	年　份	退伍人员
1986	—	1996	25
1987	—	1997	26
1988	51	1998	18
1989	51	1999	18
1990	50	2000	8
1991	28	2001	10
1992	65	2002	8
1993	24	2003	5
1994	24	2004	8
1995	25	2005	5

第五节　人防工作

1984年7月20日，国务院、中央军委发布《人民防空条例》，提出人民防空必须贯彻执行“全民规划、突出重点、平战结合、质量第一”的建设方针。自2000年开始，伊春市人民武装部门每年都与铁力林业局签订人防目标管理责任状，深入开展《中华人民共和国人民防空法》宣传教育活动。按照伊春市人防目标管理责任状的要求，林业局认真抓人防政秘工作、宣传工作、人防建设工作，加强通信警报设施建设和人防专业队伍建设，健全警报设施档案，基本达到平战结合的要求。在林业局武装部门所配置的人防武器装备，于1990年统一归铁力市武装部管理。

第六节 老军人安置

铁力林业局职工队伍中，有一部分是新中国成立前从戎的老军人。按照国家“老有所养”的政策要求，林业局对他们予以特殊照顾，不但帮助他们解决生活中的实际问题，还给予工资等其他方面的优厚待遇。到 2005 年，林业局有健在的新中国成立前从戎的老军人 30 人，他们在林业局的关怀下，安度晚年。

第十一篇
人口与计划生育

第一章　人　口

铁力林业局开发初期，人烟稀少，山上生产单位和山下机关只有少数职工。随着林区开发建设事业的不断发展，民工和职工家属不断流入，林区人口增加较快。20 世纪 90 年代是全局人口高峰期，总人口最高达 7.4 万人。计划生育被定为基本国策后，林业局加强计划生育工作，人口自然增长率得到控制，但仍呈上升趋势，90 年代末期才保持稳中有降。

第一节　人口构成

一、姓氏构成

20 世纪 50 年代前，铁力林业局职工中姓氏较少，约 100 个。随着林区人口增长，姓氏也随之增多，到 2005 年，全局姓氏已达 500 多个。其中绝大多数是单姓，只有少数是复姓。单姓中的王、张、李、刘、赵，约占姓氏总数的 20%；复姓中多数是欧阳，约占姓氏总数的 0.2%。

二、性别构成

建局初期，全局人口多数分布在山下地区，多为男性。林业局从外地招工后，两性的比例更是相差悬殊。随着林区劳动和生活条件的不断改善，职工家属陆续进入林区，加之一些青年职工结婚，性别比例开始上升。1986 年年末，全局男女比例为 5.6∶4.4，到 2005 年已变为 5.1∶4.9。

三、年龄构成

铁力林业局人口年龄变化总的趋势是由年轻化向成年、老年化发展。1986 年，少年人口占总人口数的 24.99%，50 岁以上人口占总人口数的 13.89%，年龄中位数 23.1 岁。到 2005 年，少年儿童人口占总人口比例下降到 17.3%，50 岁以上人口占总人口比例上升到 24.31%，年龄中位数 44.34 岁。

四、文化构成

铁力林业局成立以来，开展扫盲运动，同时普及小学教育和初中教育，不识字的人大大减少，人口文化程度不断提高，受中等教育和高等教育的人越来越多。1996 年第四次人口普查中，纳入普查范围的山上居民总人口中，有大学本科 2 人、大学专科 75 人、中专 847 人、高中 2057 人、初中 8895 人、小学 4839 人，12 周岁以上不识字或少识字的人口 3117 人。到 2005 年，全局人口文化程度又有新的提高，大专毕业生比例比 1996 年增加 60%，不识字或少识字的人口大幅度下降。

五、民族构成

1986 年，铁力林区的民族构成有汉族、回族、朝鲜族、满族、蒙古族、鄂伦春族、苗族。2005 年，增加侗族。其中汉族人口占总人口数的 93.2%，少数民族人口占总人口数的 6.8%。

第二节　人口普查

一、第四次人口普查

中华人民共和国成立以来，进行多次人口普查。1996 年中共中央、国务院决定在全国进行第四次人口普查。本次人口普查的对象、基本原则、方法步骤同前几次普查基本一致，但内容有所不同，在普查项目上增加在业人口的行业、不在业人口状况。林业局按照相关要求进行人口普查，普查工作结束后，伊春市组织验收组进行抽查验收，基本满意。

二、 第五次人口普查

全国第五次人口普查工作从 2000 年 11 月 1 日零时开始。铁力林业局普查的行政区域划为山上居民点，山下地区人口归铁力市普查。普查对象是具有中华人民共和国国籍并在中华人民共和国境内常住的人口。职工在单位进行登记，一个人只能在一个地方登记。2000 年年末，林业局人口普查结束，综合信息后上报伊春市。

2000 年铁力林业局山上地区第五次人口普查数据表

表 11-1

序　号	单　位	户　数（户）	常住人数（1）（人）	外出半年以上人数（2）（人）	总人口（1+2）（人）
1	红旗林场	176	505	142	647
2	兴安林场	252	777	219	996
3	卫星营林所	268	718	218	936
4	丰林林场	188	490	239	729
5	鹿鸣林场	236	686	240	926
6	西北河营林所	345	1040	181	1221
7	向阳林场	382	1020	372	1392
8	茂林河林场	469	1321	268	1589
9	马永顺林场	468	1345	126	1471
10	泥河营林所	282	809	142	951
11	建设营林所	640	1745	403	2148
12	卫东林场	464	1290	370	1660
13	黑河营林所	314	916	108	1024
14	北关农场	90	234	90	324
15	五花农场	114	352	187	539
16	三屯、王杨农场	65	188	44	232
17	北星农场	39	108	14	122
18	红光农场	48	130	—	130
19	九连林场	272	777	437	1214
20	东方红林场	276	750	305	1055
	合计	5388	15201	4105	19306

第二章 计划生育

1988年，铁力林业局认真贯彻国家、黑龙江省、伊春市计划生育工作方针政策，在面临生育高峰的情况下，认真抓宣传、药具管理、统计等项工作。林业局在经济十分困难的情况下，为全局60多名计划生育工作人员解决劳保待遇问题，发放岗位津贴；拨专款6100元，解决全局3000多名妇女避孕药具短缺问题；为林场（所）购置14台妊娠检查仪。保证全局独生子女抚育费兑现率为100%，"三免费"兑现率为100%，减免费兑现率为100%，充分体现独生子女的优越性。1990年，全面贯彻落实中共中央、国务院《关于加强计划生育工作，严格控制人口增长的决定》和《黑龙江省计划生育条例》，以及党的计划生育方针政策，把控制人口数量和提高人口素质与林业局治危兴林紧密结合。狠抓人口与计划生育基础知识教育，举办5次集中的大型宣传教育活动。1991年，林业局设立计划生育指导站，与医院分开，归计划生育办公室领导，定编3人。当年做绝育31例，上环800余例，无任何医疗事故。

1993年，全局有95%以上的单位成立计划生育协会，成立"会员之家"、计划生育中心户，建立会员联系户体系。会员发展到988人，占总人口的11%；"会员之家"发展到55个，会员联系户9439户。这些团体作用突出，当年全局人口自然增长率达6.6%，出生率达10.7%，计划生育率达99.7%。1995年，全局计划生育工作以《中国计划生育纲要》精神为指针，坚持"抓紧、抓好"的方针，完成各项指标。当年，长效节育率达150%，药具使用有效率达99.9%以上，独生子女投保率达50%。1997年，林业局强化党政一把手亲自抓、负总责的领导机制，同基层法人代表签订计划生育责任状，把责任落实到人头，增强企业法人"两种生产一起抓"的主动性。2000年，深入开展"婚育新风进万家"活动，强化宣传教育。共举办各种技术培训班24期，为群众提供科技信息200余条，宣传教育普及率达90%以上。林业局计划生育指导站坚持面向基层、面向群众，免费普查普治。1999—2000年，共普查4255人，普查率达88%。对普查出的患者实行跟踪治疗，普治率达100%。2003年，突出管理与规范化建设，完善依法行政和信息化管理，推进新型生育文化，较好地完成"稳定生育水平，提高人口出生素质"的工作目标。人口自然增长率和出生率分别为-3.2‰和-2.8‰，生育政策符合率达99.1%，综合节育率达100%。2004年，以优质服务为主线，提高技术服务能力，强化干部队伍素质，夯实基层基础工作，打造"铁林"生育文化，稳定低生育水平，较好地完成各项指标。人口自然增长率和出生率分别为-2.1‰和-3.8‰，生育政策符合率达99.3%，综合节育率达100%。2005年，进一步加强人口和计划生育工作领导，深入开展以技术服务为重点的计划生育优质服务工作，狠抓人口和计划生育综合治理，加强人口和计划生育依法行政，全面完成各项指标，得到上级主管部门的认可和好评。

第一节 计划生育工作指导

铁力林业局高度重视人口与计划生育工作，从上到下履行“一把手亲自抓、负总责”的工作机制，切实加强对人口和计划生育工作的领导，真正做到“三个到位”。(1)责任到位。林业局与基层法人代表和相关部门负责人签订目标管理责任状和综合治理责任状，层层落实领导责任，继续把计划生育作为“一票否决”指标，纳入全局目标管理考核工作中进行综合评定。(2)措施到位。各级党政领导不断提高第一责任人意识和人口与经济、社会可持续发展观念，真正把计划生育工作摆上重要日程，为计划生育解决重点和难点问题，坚定不移地执行上级主管部门关于人口和计划生育工作的各项要求和工作部署，做到亲自管、亲自问，真正负起抓大事、解大难的总责。(3)投入到位。在全局资金仍很困难的情况下，把计划生育经费纳入财政计划，想尽一切办法积极筹措资金，保证计划生育事业费用的投入，做到“三个确保”(确保基层工作人员报酬和待遇及时兑现，确保计划生育免费技术服务项目落实，确保独生子女父母奖励费)。

第二节 计划生育服务

1985年以来，铁力林业局以深入开展创建“计划生育工作优质服务先进局”活动为主线，制定下发创建优质服务单位标准。一是全面深入开展以“三大工程”(出生婴儿缺陷干预工程、生殖道感染干预工程、避孕药具知情选择工程)为重点的技术服务和生殖保健工作。林业局服务站不断完善知情同意制度，保证育龄妇女在充分知情的前提下，签订知情同意书，选择适合自己的避孕方法。二是加强技术服务网络建设，增强服务功能。1990年以来，建立标准化服务站16个，并严格按照《计划生育技术服务管理条例》的规定开展工作。林业局服务站使用全市统一的技术文本，严格执行受术者签名制度，严肃技术人员法律责任，从增强服务功能入手，为群众提供婚、孕、产、教、育一条龙服务。三是加强药具管理，把药具信息化建设摆上重要日程。启动信息系统软件管理，将药具计划、存储、发放进行数字管理，提高药具信息化管理水平。

第三节 依法行政和“铁林”特色生育文化

铁力林业局把贯彻落实中央有关计划生育工作的法律、法规和黑龙江省的相关条例纳入依法治局的总体规划。2003年，坚持宣传贯彻中央、省的法律、法规及条例，突出管理与规范化建设，完善依法行政和信息化管理，推进新型生育文化，实现“两个转变”进程，较好地完成“稳定低生育水平，提高出生人口素质”的工作目标。2004—2005年，林业局以优质服务为主线，提高技术服务能力，强化干部队伍素质，夯实基层基础工作，打造“铁林”生育文化，稳定低生育水平，较好地完成各项指标。全局计划生育工作又上一个新台阶。

从20世纪90年代初开始，铁力林业局以“婚育新风进万家”活动为主旋律，把新型生育文化纳入精神文明建设总体规划。不断拓展宣传领域，以打造具有林区特色的“铁林”生育文化为主线，实施ESD计划，突出人口、资源、环境可持续发展教育的主题，开展具有林区特色的社会宣传活动。一是完善婚育林基地建设。到2005年，全局已营造婚育新风林13片、独生子女爱心林12片、造福子孙后代林6片、可持续发展林5片。二是在全局开展清理白色垃圾、打造绿色家园活动。结合爱国卫生运动和小城镇建设，号召全局育龄群众义务清理垃圾、栽花种草、见缝插绿，建造绿色生态家园。三是在全局启动“关爱女孩行动”，下发关爱女孩行动工作方案，印发“关爱女孩倡议书”。计生部门会同工会、宣传部、教委等有关部门，在全局营造“三讲、四送、五优先”（讲意义、讲形式、讲内容，送健康工程、送幸福工程、送希望工程、送服务工程，优先招工、优先扶贫、优先贷款、优先承包民有林与购买奶牛、优先提供致富信息）的宣传氛围和工作环境，从根本上提高女孩及其家庭的社会经济地位。四是开展救助贫困母亲、困难家庭、失学女孩活动。号召全局职工群众“少抽一包烟、少买一斤菜”，为贫困母亲、困难女孩及其家庭献出一份爱心。

第四节　人口综合治理

1986 年以来，铁力林业局一直把人口和计划生育综合治理纳入总体工作规划，进一步完善“政府领导，部门指导，各方配合，群众参与”的人口与计划生育综合治理工作机制。计生部门协助党委和局加大指导督查力度，重新制订《铁力林业局人口综合治理实施方案》，强化相关部门职责。各职能部门通力合作，认真落实齐抓共管工作任务，制定《关于禁止非医学需要的胎儿性别鉴定和选择性别的人工终止妊娠规定》，明确检查、处罚制度，设立举报电话，建立共同禁止胎儿性别鉴定的工作格局。计生部门还与公安局户政科和各派出所进行信息沟通，加强早婚、非婚生育和违法生育控制工作。在户口迁入、出生落户时严把计划生育关。各基层单位继续推行单位、派出所、中心户“三点一线”管理模式，从源头上加大离岗职工及特殊人群计划生育的管理和服务。

第五节　完善基层基础工作

铁力林业局始终把计划生育强基固本作为做好各项工作的重要保证来抓。一是加强人口统计工作，强化人口信息网络建设。2004 年，林业局抽调专人对各基层单位进行人口整群抽样调查，逐人逐项核对户卡、生殖保健卡，为信息统计工作规范化、法制化提供数字保障。同时，加强基层信息采集、变更、传递、反馈等管理环节。结合公安、卫生防疫等部门的相关信息，指导各基层单位严格规范账、卡、簿、册，及时准确变更信息，坚持与公安、劳动、卫生防疫人员核对数据，做好信息互补工作，提高统计、信息工作的质量和效率，杜绝瞒报、漏报等问题的发生。二是采取“抓两头带中间”的办法，加大抓薄弱、促平衡的工作力度。一方面抓好先进典型，以点带面；另一方面帮助工作滞后的单位制定整改措施，促进后进单位上档次。同时，针对干部素质良莠不齐的情况，强化业务培训，利用以会代训、办班、深入基层现场指导、个别辅导等方法全面提高队伍素质。三是大力推行综合改革。制订下发《推进人口和计划生育综合改革实施方案》，以创新工作机制为核心，建立健全人口和计划生育综合决策机制，将人口发展规划和人口计生事业发展规划纳入全局经济社会发展总体规划，纳入全局可持续发展战略。四是充分发挥协会作用，在把工作重点放在狠抓基层协会组织建设和发挥作用上，强化“两基”协会组织建设、制度建设和机制建设。通过全面的组织整建，建立“横到边、纵到底”的会员网络，协会组织随处看得见、摸得着、用得上，有效地保证协会活动经常化。

第十二篇　科技　教育
文化　体育　卫生

第一章 科 技

铁力林业局坚持把依靠科技进步作为经济工作的中心环节，作为实施治危兴林和“天保”工程的根本途径，作为推动经济发展的首要因素。切实把科学技术事业摆在第一生产力的位置，使科技兴企、科技兴林的方针体现得更突出、更充分、更全面、更具体，变为全局各级领导的共识和自觉行动。

第一节 科技体系

铁力林业局科技科专职负责全局各生产领域的科学技术研究工作。各基层单位都设立科技研究小组和攻关小组，重要生产工序配备 TQC 科技研究人员，全局上下形成互联互动的科技研究体系。为普及科技工作，林业局设立科学技术协会，属群团组织，把全局的科学技术人员和有科研成果的职工吸纳到协会中来。协会归属于局工会，由一名工会副主席和一名工作人员专抓这项工作。通过健全科技进步运行机制，促进企业对科技的自觉需求和吸纳能力。在此基础上，制定和实施科技开发与成果转化的配套政策，建立科研、生产、计划、财务“四位一体”的保障体系，健全和完善科技网络，促进企业的科技决策、科技开发、科学教育和科学管理水平的提高。

第二节 科技队伍

林业局把培养和发展科技队伍，作为新时期发展生产力和实施科技兴企、科技兴林的关键环节，常抓不懈，使全局科技人员不断增多，队伍不断壮大，优秀科技人员不断涌现。张启楣、于天元、高洪斌等人在各个领域从事的科研项目中，都取得显著成果。与此同时，林业局还联系大专院校科研单位的专家学者做企业的顾问，进行科技培训，并通过进一步落实知识分子政策，放活科研单位和科技人员，使一大批科研人员走上经济建设的主战场。林业局把年富力强的干部充实到科技科，制定科技进步指标体系和考核办法，纳入企业任期目标，既促进了科技工作，又提高了科技人员队伍素质。于天元的论著《培育速生丰产林》、高洪斌的营林科研专著《林海探绿》得到黑龙江省和伊春市科研部门的认可。到 2005 年，林业局共有科技人员近百名，分布在各条战线，撰写有价值的科研论文 1000 余篇。

林业局科研事业的蓬勃发展，科技队伍的不断壮大，促使科研条件逐步改善。到 2005 年，林业局各科研部门不但拥有先进的设备，还全部实现微机化管理。

第三节 科技推广

进入21世纪后，铁力林业局全力投入新林区建设。全局上下把科技进步和人才培养放在优先发展的战略地位，使林区经济建设从过去主要依靠投入和资源消耗的增长方式，迅速转变到依靠科技进步和劳动者素质提高的轨道上来。一是用现代农业改造林区种养业。先后与东北林大、东北农大等学校建立长期技术协作关系，传授现代种植养殖技术，在全局大力推广农业良种化、测土配方、施肥节水和土地调茬。积极推广性控繁育、标准化饲养、疫病防控等现代养殖技术。较好地解决"靠天吃饭"问题，促进职工增收。在提高农畜产品生产能力的同时，提高其竞争能力，使农畜产品质量控制由单纯的质量认证转变为全过程的产品质量体系认证。二是用高新技术提升林区加工业。加快科技创新和科技成果转化，用高新技术和先进实用技术改造传统工艺，提高工业产品档次，降低原料和能源消耗，提高科技含量和附加值，提高工业经济增长质量和效益。三是用优惠政策稳定专门人才。制定《铁力局鼓励科技人才来企业工作实施办法》《铁力林业局吸引人才和稳定人才的若干规定》，出台《优秀专门人才评选奖励办法》。对所有在林业局工作的大中专毕业生，分别给予每月260元、200元和100元的工资奖励。2005年又评选出4名优秀专门人才，每人奖励2000元并上浮两级工资。四是用实用科技武装林区职工。在抓好基础教育的同时，努力抓好劳动者的再教育。建立由局党政领导和有关部门参加、职责明确、措施得力的工作体系；组建一支由现职在岗、外聘共享、离退休和"土专家"等各方面人才组成的师资队伍；建立以局党干校、职业高中和林场（所）文化站、图书室、科技夜校、家庭技校等多形式的培训基地；开展学习型林区、学习型林场（所）、学习型社区、学习型家庭创建活动。2004年，会同黑龙江省畜牧职业学院联办45人参加的畜牧兽医中专班，有36名学员以竞聘上岗的方式分配到各养殖小区和林场（所）工作。2005年，制定并实施"百、千、万教育培训工程"（每年培训100人次科技人员、1000人次技术骨干、10000人次生产从业人员）。到2005年年底，共举办各类培训班66期，培训人员5300多人次，使大部分职工成为致富明白人，一部分职工成为典型示范户和科技带头人，在全局初步建立起一支有文化、懂技能、会管理的新型劳动者队伍。

第四节 科研成果

随着科技工作的快速发展，铁力林业局科技研发的触角已经延伸到全局各个领域，科研成果喜人。采伐迹地红松组综合更新技术研究，红松种子催芽标准及其应用、大青杨种子贮藏方法，森林铁路除雪机、拖拉机自动加油装置、TRC型自动警报器、SDZ型山地弹齿整地机的推广试验，机械垄带状整地植落叶松，低强度择伐作业方式，发电厂锅炉TQC攻关改造，都有效地促进了生产的发展和技术的进步。进入21世纪以后，随着企业转型，农业多种经营生产开始向科技型转变，注重新技术的推广和新品种的引进。林业局成立农技服务推广站，先后推广小麦标准化栽培、水稻旱育栽培、玉米催芽坐水种植，使各种作物单产水平大幅度提高。科技研究成果还应用到林产工业、医疗等领域，均收到较好的效果。通过科技开放和科技成果的推广应用，加速了科技成果的转化进程，逐步加大科技进步因素在经济发展中的比重。

第二章 教 育

1985 年，铁力林业局仅有 2 所小学、1 所中学。随着林业事业的发展和林区人口的逐年增多，到 2003 年，全局有中小学校 24 所，其中高中 1 所、初中 2 所、小学 21 所（直属小学 4 所、林场小学 17 所）。在校中小学生 9500 人，高中生 2000 人，初中生 3000 人，小学生 4000 人，教职工 848 人。

改革开放以来，铁力林业局的工作重点转移到社会主义经济建设上来，教育被确立为社会主义现代化建设的重点项目，教育事业面临着大发展的机遇。中共中央发布《关于教育制度改革的决定》后，全局教育出现前所未有的改革和发展的新形势，办学条件和师资队伍建设等方面都发生明显变化。20 世纪 80 年代末期，森工企业陷入“两危”困境，铁力林业局的教育事业受到一定影响，但由于企业重视教育事业，再加上各学校教职工的不懈努力，全局教育事业仍处于发展的势头。林业局在经济十分困难的情况下，为部分教师增加工资，各学校普遍添置现代化教学设备。通过竞聘上岗，教师队伍中聚集精兵强将。全局初等教育已经普及，中等教育结构改革初见成效，成人教育成果颇佳。特别是 2001 年国务院《基础教育课程改革纲要》下发后，全局教育部门结合当地实际，进一步改善办学条件，强化教学管理。加强德育、学前教育、体育、文学艺术、中小学生安全与法制教育工作，先后制订《铁力林业局关于进一步加强和改进青少年道德教育工作方案》《铁力林业局开展“做新世纪合格人民教师”活动方案》《铁力林业局基础教育课程改革方案》《铁力林业局中小学督导方案》，使全局教育工作在各个方面都有新的突破。

第一节 办学条件

铁力林业局本着“再穷不能穷教育”的理念，在企业危困、资金不足的情况下，注重改善教学条件。自 20 世纪 90 年代以来，一栋栋教学大楼拔地而起，教学设备逐年增加。第二小学拥有教学楼 3800 平方米，第一中学拥有教学楼 4900 平方米，第三中学（原干馏厂学校）拥有教学楼 4600 平方米，马永顺中学拥有教学楼 9300 平方米。马永顺中学的学生宿舍、食堂、教学楼为一体楼，办学条件优越，深受林区人民欢迎。林业局投入大量资金改善局内各学校办学条件。2000 年，为第三小学改造危房、铺设水泥甬道，为第二小学维修教室。2001 年，为第一小学改造水房子。2002 年，为第一中学、第三中学维修教学楼。马永顺中学自筹资金修建读书亭、花坛。山下直属学校校舍结构全部实现砖瓦化、暖气化、电照化。全局学校拥有校舍 37141.5 平方米，500 元以上教学设备 628 件。教育经费逐年递增，仅 2002 年，小学每名学生人均教育经费就达 1142 元，中学达 1052 元；小学每名学生人均拥有图书达 8 册，中学达 10 册。山下直属中小学都建有音乐室、体育室、美术室、劳技室、德育室、团队室、微机室、语音室、实验室、多媒体电教室等，山上、山下中小学校均按教学大纲要求开设信息技术课。到2005年，全局学校有微机456台，满足师生对信息资源的需求。为优化配置教育资源，林业局于1996年撤销第三中学，与第一中学合并。同年撤销第一小学，与第二小学合并。"三校"（党校、教师进修校、成人学校）于1996年机构改革时被撤销，2001年又重新恢复原机构，并开办中专、大专、职业培训等各种形式的培训班，为林区培养大量人才。学校的合并，既节省了教育开支，又实现了教育资源优化。

第二节　教学管理

铁力林业局本着教书育人、管理育人、服务育人的原则，在教育管理方面狠下功夫。教育经费管理实行收支两条线；教育教学管理实现制度化、目标化、规范化。林业局每年对学校进行一次目标考核，目标考核内容包括领导班子、教师队伍、教育教学管理、学生评价、校园建设五大方面共63项，同时对学校实行量化考核。除此之外，还按照黑龙江省设伊春市规范化学校建设标准对学校进行检查评估，达标学校晋档提级。到2005年，林业局6所直属中小学成为伊春市级规范化学校。此外，实施教改后，加强教学常规管理，提高教师教学技能和教学管理水平。（1）各学校教师在参加学科理论学习的基础上，有组织有目的地进行教学基本功训练。通过"说课""评课""优秀教案""优质课""优秀论文"等系列评选活动，有效地引导学校的改革创新，提高学校的教育科研能力。（2）控制乱收费。积极推行"一费制"，坚决执行黑龙江省和伊春市教育行政部门规定的收费标准。（3）健全学校各项规章制度。各学校通过职代会等多种形式发动教职工积极有效地参与学校管理。（4）加强学校量化考核和学生评价工作。直属中小学校均制定《教师量化考核细则》，坚持定性考核与定量考核相结合，从教师出勤、教师民主测评、教研任务完成情况等方面对教师进行综合评价。

在督导评估工作上，成立铁力林业局督导评估领导小组，不定期地召开中小学督导评估专题工作会议，对照《黑龙江省普通中小学校督导评估标准》进行客观、准确、公平、公正的量化评估。2005年6月，黑龙江省中小学督导评估检查团到铁力林业局进行检查验收，对铁力林业局的工作给予高度评价。教育管理的加强、教学条件的改善和教学质量的提高，使各中小学校多次受到褒奖。第二小学被伊春市命名为"先进教育集体"；第三小学被评为伊春市和铁力林业局"党风廉政建设标兵"单位；第一中学被评为伊春市"教育系统先进集体"、省级"绿化学校"；马永顺中学先后被伊春市、黑龙江省评为先进单位。

第三节　师资培训

铁力林业局在广招人才、壮大师资队伍和采取优抚措施稳定师资队伍的同时，采用各种形式，对全局教育行政管理人员和中小学教师进行学历及业务培训。先后进行中小学教师校本培训、信息技术培训、骨干教师培训和高中教师新课程改革培训。按照伊春市教委《伊春市中小学教师校本培训实施方案》中关于"到2003年，县（区）以上中小学教师都要通过计算机专项培训"的目标，开展全员计算机培训。到2005年，全局共培训教师703人。此外，还培训市级中小学骨干教师35人；对高一、高二教师进行新课程培训，受训人员达68人次。为进一步提高师资水平，林业局狠抓中小学教师继续教育。组织中小学教师参加伊春市教委举办的语文、物理学科骨干教师培训班和国家、黑龙江省、伊春市举办的新教材培训班；组织初中英语教师到大连市参加培训；在铁力市教师进修校举办小学青年教师教法培训班；利用假期对小学英语教师、信息技术教师进行集中培训。2002年9月，承办铁力区域教研方面观摩活动，邀请铁力农场、铁力市、桃山局、双丰局、朗乡局的教师参加，起到了共同提高的作用。通过招聘人才和加强培训，使林业局师资队伍不断壮大，整体素质不断提高。到 2003 年，林业局有中小学教师 997 人，其中小学教师 445 人、初中教师 439 人、高中教师 113 人。教师学历普遍达标，其中中专（中函）学历 66 人、专科学历 341 人、本科学历 69 人。有高级教师 93 人，中级教师 408 人，初级教师 259 人。

第四节　教育改革

一、教育教学改革

2001 年以来，为适应教学改革，林业局教育主管部门在组织教师进行各种培训的基础上，开展“新课程课改，英语教学技术公开课”等科技兴校、科技兴教活动。林业局教育科编写《校本课程》教材，该教材集林业局“天保”工程、林区自然风光、林业英雄马永顺故事、法制教育等多方面内容为一体，以动脑动手为目的，突出实践性教育特点。在加强课改力度的同时，开展自编评比学生微机操作竞赛。在教学改革上，根据教师教法要创新、学生学法要创新的要求，着重培养学生创新精神和实践能力。教师在教学过程中，与学生积极互助、共同提高，处理好传授知识与培养能力的关系，注重提高学生的独立性和自主性，引导学生上好实践课。按照国家信息大纲的要求，增加信息教学设备与办公系统，还在教改中采取多种形式对学生进行素质教育。2002 年以后，每年“六一”国际儿童节期间，教委都组织少先队员代表、大队辅导员到山场郊游，在日月峡森林公园进行“庆六一、爱家乡、强素质”教育，进行拼盘、编织、书法、绘画、短跑等项目竞赛，让学生在玩耍中增长知识、在竞赛中提高素质。截至 2005 年，全局教师发表论文近 200 篇，其中多篇论文获得省级、市级、局级奖项。

课堂教学由传统的知识型教学向现代化发展型教学转变，由重“教”向重“学”发展，由重进程向重结果发展。教师开始关注学生的感情体验，为学生服务，积极创造教学情景，引发学生兴趣。师生关系融洽，教学气氛民主和谐，学生学习方式有了转变，促进了学生搜集和处理信息能力、交流和表达能力、质疑和创新能力、动手实践能力的不断提高。全局小学毕业生合格率达 98.2%，初中毕业生合格率达 85%，高中会考一次通过率达 90%。

二、考试与评价制度改革

铁力林业局教育部门贯彻黑龙江省中小学评价与考试制度改革意见，结合新课程改革，对学生进行评价方式的改革，从思想品德、学科知识及能力、心理素质、学习态度与习惯、交流与合作等方面综合评价学生。改进考试方法，通过口试、笔试、动手操作、随堂测试、平时作业等多方面考核学生学习情况。学习成绩采用等级制，教师针对学生学习特征和表现，认真写出激励性评语。

第五节　普通教育

铁力林业局的教育工作从常规入手，以育人育德为重点，开展内容丰富、形式多样的中小学生道德教育实践活动。同时，把教师职业道德建设作为中小学素质教育的头等大事，从一线教师抓起，在全局中小学教师中广泛开展“争做新世纪合格人民教师”活动。立师德、树形象、正行风、促发展，树立良好的职业道德。马永顺中学以“知明耻，修身立德，激浊扬清，传承华夏文明”为校训，将教育融合于各项活动之中，从基础工作做起，从具体事情抓起，收到明显效果。全局中小学校以典型引路，全面实施素质教育，突出德育的灵魂地位。通过德育教育，全面提高教职员工和中小学生的思想道德素质。

铁力林业局把“两基”教育（基本扫除青少年文盲，基本普及九年义务教育）当作一项系统工程来抓，坚持“重中之重”不动摇、“优先发展”政策不变、经费投入不减、工作力度不降，巩固“两基”教育成果。

一、学前教育

铁力林业局学前教育是随着林区开发建设逐步发展起来的。教育部《城市幼儿教育条例》颁发后，全局的幼儿教育得到快速发展。幼教工作按照《国家幼儿教育大纲》要求，在大班中开始实施学前教育，制订比较正规的教学计划。教学内容分为生活习惯、体育活动、思想品德、语言、常识、计算、音乐和美术等，受教育儿童的想象力和创造力明显提高。

进入21世纪后，局直属小学普遍开办学前班，幼儿教师除由正式教师担任外，还招聘一些具有一定文化素质、经过考试合格的待业青年任教。主要以早期智力开发和启蒙教育为主，采取30分钟一节课制，每天4节课。同时，民办托儿所和幼儿园也开始重视学前教育。

二、中小学教育

铁力林业局十分重视义务教育普及工作。全局山上山下普遍设立中小学校，98%的林区职工子弟入学接受普及义务教育。学校实行撤并后，林场（所）学校被撤销，并入山下各学校，提高教学水平。各学校在设置普通教育应设课程外，根据义务教育阶段课程改革的总体规划，还开设一些辅助课程，如英语、信息技术课等。至2005年，林业局所有小学均开设英语课程，所有学校均开设信息技术课程。

三、职业教育

铁力林业局建立职业高中，开设艺术、土木建筑、医疗卫生、水暖安装等多项课程。此后，又建立技工学校。这两所学校分别于1992年和1994年撤办。此外，“文化大革命”后期，林业局在原抗大中学基础上开设“五七”干校。20世纪70年代末，“五七”干校停办，改回抗大中学。80年代，抗大中学迁至茂林河林场，后又与第三中学合并，1996年被撤办。

四、教育教学质量

铁力林业局在办学思想上，坚持全面贯彻教育方针，全面提高教学质量，培养学生德、智、体、美、劳全面发展，为社会主义事业输送合格建设者和接班人。按国家教育法规要求，做到开课齐全、上满课时。在此基础上，注重学生素质与能力培养，经常组织“书法绘画展”“读书演讲比赛”“军事夏令营”“奥林匹克知识竞赛”等活动。第一中学器乐队、舞蹈队在社会上享有很高声誉，马永顺中学的“学习节”“体育节”“艺术节”办得十分活跃。在2002年伊春市中小学生运动会上，马永顺中学学生孙海洋、石磊分别打破伊春市5000米、3000米长跑纪录。马永顺中学为了培养学生特长，还与哈尔滨师范大学联合办学，开办体育特长生班。1995年以来，全局升入大专院校学生1024人，其中出国深造的学生20余人。截至2002年，小学入学率达100%，初中入学率达100%；小学辍学率为0，初中辍学率为1.8%；小学毕业率达100%，初中毕业率达98%；小学体育达标率达100%，中学体育达标率达98%；中小学各年级学生的行为规范合格率均达100%；市级“三好学生”占全局学生总数的8%，局级“三好学生”占全局学生总数的15%。从20世纪90年代到2005年，第一小学被评为省级“注音识字、提前读写”科研先进单位，第一中学被评为省级“全面贯彻教育方针，全面提高教育质量”先进学校，马永顺中学被评为伊春市重点高中、省级“规范化高中”、省级“创新教育实验学校”。

第三章 文 化

铁力林区历史文化悠久，北宋时期就有先人在这里繁衍生息，创造灿烂的文化。民国时期，有人到铁力林区采金和种大烟，并带进一些民间文化活动和民间故事、传说等，为铁力林区的文化注入新的内涵。抗日战争时期，铁力林区是抗日联军的重要根据地和游击区之一。抗日将士怀着报国抗敌的激情，在老金沟北满省委驻地创办抗日刊物《统一》，并创作大量抗战诗歌、歌曲等。日本帝国主义为掠夺小兴安岭森林资源，从各地抓来大批劳工，其中有一些是民间艺人。他们不但把评书、二人转等民间艺术带入林区，创作出许多抨击日本侵略者和汉奸把头的作品，还使许多劳动号子传入林区，并在实际劳动中逐步演变出多种具有特色的林区劳动号子。新中国成立后，铁力大森林全面开发，各项文化事业从小到大，逐步发展繁荣起来，促进了林区的经济和文化建设。20 世纪 80 年代以后，随着林区人民生活水平的不断提高，林区人民对精神文化生活的需求也越来越高，尤其是文化场地及文化设施的增设，为发展林区文化提供了条件。90 年代末期，广场文化的兴起，使群众业余文化生活日趋活跃，把林区的文化推向新的层次，增加新的品位。

第一节 文化活动

林业局建局初期，全局的文化事业由林业局分区工会管理，文化活动仅有电影和周末舞会。进入 20 世纪 80 年代后，林业局的文化活动顺应改革开放的新思潮，开始注入时代特色。

一、文艺联欢会

1998 年成立的铁力林业局文学艺术联合会（以下简称文联），下设文学创作协会、摄影协会、戏曲协会、舞蹈协会、书法协会等 7 个分协会，从事各种文化艺术活动。多次举办摄影、绘画、文学创作展览，还到山上举办采风活动，培养一大批活跃在林区文化园地中的文化艺术骨干。到 2005 年，全局有省级书法家 2 人、作家 5 人，市级书法家 5 人、作家 20 人。此外，还拥有一批以小学生为主体的小作家。文联自成立以来，共编辑出版 3 期《山溪》刊物，发表大量文学艺术作品，展现林区的文学人才和创作实力。其中，一部分作品被省、市文学刊物选用。

二、广场文化

改革开放时期悄然兴起的广场文化，是林区群众文化的一个重要组成部分。其寓乐于教，有着特殊的教育功能、娱乐功能和促进经济发展的激励功能。林业局因势利导，设立松涛生态园娱乐小区和文化娱乐活动中心，经常举办扭秧歌、跳交谊舞等活动。文贸夜市既是群众业余娱乐场所，又是文化贸易市场，起到双重功效。松涛广场每月举办 2 次歌舞晚会，提高广场文化的层次和品味。林业局还建立小兴安岭百树园，把小兴安岭生态文化融入广场文化之中。山上林场（所）也努力消除过去“穷山沟”的面貌，进行园林式场（所）建设，逐渐向现代化大林业的方向发展。

三、文物展览

林业局文物展室位于保马农场，于 1998 年设立。展示的历史遗物有北宋时期的铜币、鱼叉、网胶、石磨，抗日战争时期抗联、日伪军的武器及生活用品，反映日伪军“讨伐”抗日部队的照片以及“慰安妇”的照片等，共 400 多件展品。此外，还有二层楼的马永顺纪念馆。一楼为铁力历史文物展厅，展出图片 40 多幅、文物 50 多件；二楼为马永顺事迹展馆，展出马永顺生前活动的照片和物品。

四、图书馆

20 世纪 90 年代，林业局图书馆由林业局工会管理，收藏图书 2 万多册。1992 年图书馆被撤销，图书分到各学校。各学校分别设立图书馆，各班级设立图书角。山下各基层单位和山上各林场（所）都设立展馆室，既组织职工读书，又组织安全教育和计划生育教育活动。

第二节　文学艺术创作

一、文学创作

改革开放以来，铁力林业局逐渐形成一支业余文学爱好者队伍。他们辛勤笔耕，成果颇丰。曹峰的《马永顺的故事》《马永顺传》《马永顺传奇》《漫长的路》《马永顺和他的孙子》《我和马永顺》，马伟斌的《心的思念》《情深的泪》，王柏成的《心灵深处》《绿色写真》，李学东、赵有峰合著的《枫叶情》，李学东的《大山不会忘记》《热血壮歌》，白荫章的《心意》等文学著作，在社会上有一定的影响。曹峰的《马永顺传》还获得黑龙江省林业系统“五个一”工程成果奖。小作家也有多篇作品在省、市刊物上发表，并有一些获奖。

二、艺术创作

1986—2005 年，薛裕光、汪发等书法家先后获得省、市书法大赛奖。育才学校的小画家张梦迪、裴莹莹、李萌分别获得国家“林苑杯”少儿美术大赛金、银、铜奖。

第三节　广播电视事业

一、广播

铁力林区的广播事业是随着林区的开发建设和社会进步而发展起来的，经历从无到有、逐步完善的过程。到 1987 年年底，全局有广播站 1 个，除转播中央、黑龙江省和伊春市电台节目外，还自办“铁力林区自播节目”，报道林业局经济和文化建设动态。各基层单位也都设立广播站，成为企业的宣传喉舌，为繁荣和建设林区、提高林区人民科学文化水平、活跃群众文化生活起到了重要的作用。

二、电视

铁力林区职工家属观看电视始于 20 世纪 80 年代初期。林业局设广播电视科，负责全局广播、电视的播放和管理。1988 年 12 月，林业局成立电视台，负责全局的电视播发，有线广播至此终止。2000 年 1 月，电视台归属于伊春广播电视局，与林业局脱钩。伊春广播电视台设铁力新闻编采记者站，其职能分两块。一是有线转输，主要是在哈伊公路沿线播发有线电视节目。二是无线传输，向整个铁力林区播发电视节目。山上林场（所）设电视卫星地面接收站，归属铁力林业局宣传部管理。

20 世纪 90 年代中期，林业局投资建立有线电视网，山上林场（所）分别建立卫星接收站。职工群众坐在炕头上就可以观看电视节目，普收率达 90%。收音机逐渐被电视机所代替，从此也结束了听广播匣子（有线广播）的历史。

第四节　新闻管理

林业局的新闻报道工作由局党委宣传部管理。宣传部设通讯报道干事，各基层单位设业余通讯员，主要采写当地的新闻稿件，供上级报社、电台和林业局的广播站播发。1986 年设《伊春日报》记者站和《黑龙江林业报》记者站，站长由林业局任派，业务归报社，行政管理归林业局。1986—2005 年，全局向上级报刊提供多篇好新闻，部分新闻获奖;《伊春日报》驻铁力林业局记者站站长王树国被评为“伊春市十佳新闻工作者”。

第五节　档案管理

中共十一届三中全会以后，铁力林业局档案工作执行恢复、整理、总结、提高的方针，档案机构重新恢复和健全。林业局制定档案管理条例，选配专职档案管理人员，有关部门技术业务档案也都有专人负责。1986 年 7 月，林业局成立档案科，管理综合档案。1996 年以前，林业局干部（包括以工代干）档案归人事科管理，工人（包括合同制工人）档案归劳动科管理。1996 年，将工人、合同制工人和集体工人（知青）档案纳入档案科管理范围，领导干部、一般干部的档案归组织部管理。2000 年实施干部制度改革，通过竞争招聘档案科科长、副科长，使档案工作进一步提高。林业局投资添置档案设备，使库房防火、防盗、防尘、防光、防虫、防潮、防鼠等安全保护措施及技术水平明显提高。2005 年，全局档案库房面积 510 平方米，档案柜 185 套、925 节，档案总藏量 61321 卷（册）。其中文书档案 12067 卷，科技档案 1784 卷，财会档案 12650 卷，其他各种档案 34820 卷（册）。

第六节　史志编纂

铁力林业局首轮修志的编纂工作从 1983 年开始，1985 年《铁力林业局志》付梓。《铁力林业局志》的时限为 1937—1985 年，共 50 万字。2001 年 3 月，林业局成立史志办，组织人员进行续志编修工作。2003 年年初，史志办并入局办公室。2004 年 12 月，史志办又从办公室分离出来，与档案科合并，对外保留档案科和史志办两块牌子。原定林业局续志时限上限是 1986 年，下限是 2000 年。2003 年，黑龙江省地方志办公室下发文件，将林业局续志的下限年限由 2000 年延长到 2005 年。局史志办根据文件精神，对续志的编修作重新安排，但机构人员不变。

第四章 体 育

随着林区政治、经济与文化事业的不断提高，铁力林业局的体育运动不断发展。林业局工会设立专门机构抓体育运动，各基层单位也都把群众性的体育运动作为企业文化的重要内容。全局的体育运动做到上下有人抓、层层有人管。

第一节 群众体育

按照业余、自愿、多样和因地因人制宜的原则，林业局各级工会积极组织和动员职工群众参加体育活动。林业局设立松涛广场、百树园、文化娱乐中心等体育娱乐场地，各基层单位也都设体育锻炼场所和体育设备。体育健身项目有各种球类、慢跑、散步、太极拳、扭秧歌等。以中老年人为骨干的群众性自发体育活动，成为铁力林区文化建设的一道亮丽风景。林业局每两年举办一次全局性的体育运动大会，检阅群众性体育运动。同时，选拔一批优秀运动员参加省、市体育运动大会。2005 年，林业局克服企业“两危”带来的经济困难，在时隔 13 年之后，投资 40 万元召开了第 23 届林业局体育运动会，促进群众体育运动快速发展。

第二节 学校体育

林业局认真执行国家《学校体育工作暂行条例》，关心学生的体质和健康。保证学生每天都有一小时以上的体育活动时间，每学期进行一次广播体操检查评比，每学年进行一次全面身体检查，每学年召开一次春季或秋季运动会，每个学校都有传统项目训练队。同时，把熟练掌握各种体育活动项目作为体育课的主要内容，为增强学生体质健康创造了良好的条件。

第五章 卫 生

铁力林业局各级组织十分关心林区人民的健康，针对各个时期的不同情况，制订不同的卫生事业发展规划，确定卫生工作方针，积极发展医疗卫生事业，加强各项医疗卫生及防疫工作，大力开展群众性的爱国卫生运动和防治疾病工作，先后消灭天花、鼠疫等烈性传染病，大骨头节、克山病、地方性甲状腺肿也都在一定程度上得到控制。同时，不断健全医疗和防疫体系。到2000年，全局已形成3家职工医疗机构和15家卫生所构成的两级医疗卫生网。林业局在企业经济十分困难的情况下，挤出资金，添置医疗设施，改善医疗条件，并进行医疗制度改革，使全局医疗防疫水平得到很大提高。

第一节 医疗卫生

一、职工医院、卫生所

1946年，铁力林业公司成立铁力林区卫生所，1950年卫生所改为医院。随着林区医疗卫生事业的发展，医疗条件不断改善。1985年，林业局建成一栋医院楼，面积3517平方米，设住院处、门诊部、老干部医疗室，引进一大批先进医疗设备，基本做到病人治病不出局。各林场（所）也都设立卫生所，隶属于林业局卫生科。1992年林业局第二医院建立，地址设在铁力镇东岗街三角地。1998年铁力林业局第三医院建立，地址设在东岗街原林业局汽运处办公楼。进入20世纪90年代，林业企业实施经济体制改革，林业职工医院实行承包经营，林业局只拨给一部分费用，不足部分由医院靠医疗收入自行解决。第二医院、第三医院分别由个人买断经营，林业局只负责药政管理。2003年，第三医院解体。到2005年，全局有医院2所，其中个体医院（第二医院）1所；山上个体卫生所16家。

二、卫生队伍

铁力林业局建局以来，卫生队伍不断扩大，素质不断提高。尤其是改革开放以来，全局卫生队伍优化组合，竞聘人才，医疗战线聚集了一大批精兵强将。1986年，全局有卫生人员（包括局职工医院、山上卫生所）339人，其中专业卫生技术人员281人（主治医6人、医师38人、药剂师1人、化验师1人、医士50人、制药59人、化验士4人、X光技士4人、理疗技士1人、护理师3人、护士80人、护理员34人）。到2005年，仅职工医院就有医护人员142人（高级职称12人、中级职称90人、初级职称47人）。其中西医主治医师85人，西医副主治医师12人，中医师1人，检验师8人，护理师20人，西医士4人，护士5人，助产士1人，药剂师1人，护理员4人，药剂员1人。由于林业生产布局的变化，基层卫生网点不断扩大。林业医院还分别同哈尔滨医科大学第二附属医院、哈尔滨第五医院、中国中医研究院肝病研究所建立医疗合作关系，有效地提高本地区的医疗水平。到

2005年，山上各卫生所的医护人员共计27人，其中中级职称17人、初级职称3人。全局医护人员全部持从业证上岗，保证医疗质量。

三、医疗技术

1998年以来，随着林业事业的发展和社会的进步，林业局医疗技术诊断不断提高。局职工医院在影像诊断上拥有大型X射线诊断机，可完成胸腹部、四肢透照及部分脏器造影；B超机和彩色超声诊断仪，对肝、胆、脾、胰、心以及妇产科、五官科等疾病诊断的准确性大大提高；全数字化三维彩色超声立体成像系统，除具有普通彩超功能外，还能对胎儿警醒头面部立体成像，检查发育状况；X射线断层扫描仪（CT），开展对脑和全身脏器的检查，抢救了许多危重病人特别是脑外伤病人。在仪器诊断上，多导心电仪、动态心电监护仪，为心脏病人的诊断和监护提供保障；脑电图、脑地形图等脑部疾病诊断仪器，为脑血管疾病（保护脑血管畸形）、脑肿瘤等疾病诊断提供参考；电子内窥镜，提高相关疾病诊治的准确性，实现不开刀就能摘取疾病标本；口腔综合治疗台、同光路手术显微镜、角膜曲率计，为诊断口腔、五官科疾病提供方便。在检验诊断上，建立小型化验室，主要进行血、尿、便等常规检查；自动生化分析仪、血液酸碱主体分析仪、酸标检测仪、血20项自动分析仪、尿11项自动分析仪，能开展生化、免疫、血液、细菌及细胞检查等多项检验项目。在病理诊断上，医院成立病理室，对疑难病的诊断上起到决定性作用。医院还开展131碘，游离T3、T4检查甲状腺功能，甲胎蛋白，肾功能核素扫描等核医学诊断项目，为甲状腺疾病、肾脏疾病的诊断发挥作用。此外，医院还能承担各种手术。在非手术技术上，局医院开展洗胃、灌肠，可以抢救服毒病人；设立理疗、针灸、推拿科室，为患者解除病痛。山上林场（所）的卫生所基于医疗条件，只治疗一般的常见病和简单的外伤处理，大病、疑难病仍由局医院医疗诊治。

四、林场（所）职工家庭病床

从20世纪90年代开始，铁力林业局在山上林场（所）建立职工家庭病床，方便山上患者的诊治、护理。

职工家庭病床用于不能起床、生活不能自理的患者和患一般疾病、但参加医疗保险的职工及退休人员，林场（所）卫生所负责诊治、护理。

医药费用结算办法是：（1）家庭病床患者在林场（所）定点卫生所发生的医药费，必须是对症的医疗费，不属对症治疗的药费不予核销。核销的标准按住院标准处理，按统筹基金和个人负担的比例进行医疗费核销。（2）家庭病床患者的医药费每半年核销一次，由患者家属自行将医药费票据送交林业局医疗保险办公室。（3）林业局医疗保险办公室按规定审核家庭病床患者发生的医药费。对不符合规定的票据，由医疗保险办公室予以作废，对符合规定的医药费票据提交医疗保险领导小组审批。审批通过后，对医药费用进行核销。

第二节　疾病防治

一、常见病防治

铁力林区的主要常见病有肠道传染病、流感、冻伤等季节多发病。为做好早预防、早治疗，林业局卫生医疗部门按照疾病传播的规律，大力进行宣传教育，提前采取防治措施，重点在食堂、托儿所、学校等单位采取一系列防治措施，使林业局内常见病得到有效控制。尤其是进入20世纪80年代以后，林业局对常见病采取综合性的防治措施，达到早发现、早隔离、早治疗。林业局卫生部门还坚持两年一次深入基层单位义诊，为职工群众体检、诊治疾病、赠送药品，并到社区进行宣传。2001—2005年，林业局卫生部门共为3000多名职工群众进行体检、治疗，赠送药品价值7000多元。

二、多发病的防治

铁力林区的流行多发病主要是小儿麻疹、风湿性关节炎、百日咳、猩红热等易传染的疾病。为加强防治工作，林业局卫生部门根据多发病的发病规律，定期印发文件，统一部署，以消灭“三炎”（气管炎、关节炎、鼻炎）为重点，做好林区季节性多发病、传染病的防治工作。通过预防，到2005年，全局林区多发病的发病率降到历史最低水平。

三、地方病防治

铁力林区的地方病主要是地甲病、克山病。林业局在各单位和生产组织中设有防疫员和卫生员，在家属中实行“五户联防”制度。地甲病主要患者是中小学生，克山病主要患者是林区家属妇女和久住宿舍的生产一线工人。两种病大多由空气污染、通风不良及受凉所引起。林业局不断改善职工及家属生活条件，并设有红色标记的专人、医疗专用交通工具。一旦发生疾病，卫生部门立即出动，使林区地方病的发病率得到有效控制。

随着医疗卫生事业的恢复和发展，林业局把防治地方病工作纳入日程。开展全局性的地方病普查普治大会战，组织由医务人员组成的医疗小分队分赴山上林场（所）和居民点进行普查普治，并投放碘糖丸，有效地控制了地甲病的发生。在全局中小学校为学生建立卫生档案，使地方病防治工作逐步正规化、制度化。

四、职业病防治

铁力林区的常见职业病是森林脑炎。林业局把对森林脑炎的防治当成林区卫生部门工作的一件大事来抓，制定层层负责的“四检一复制度”，加强综合性预防。每到春初和夏末，按照疾病发生的规律，广泛开展预防工作。具体办法是按季为生产一线工人注射森林脑炎疫苗，动员入山作业人员必须穿“五紧”（袖口紧、裤口紧、领口紧、裤脚紧、袄摆紧）工作服，用敌敌畏浸泡纱布、衣服等，使森林脑炎的防疫预防工作得到明显加强。进入20世纪80年代以来，全局开展计划免疫，多年来仅发生1例森林脑炎。

五、学校卫生

根据国家《中小学卫生工作暂行规定》，林业局各中小学校的卫生工作贯彻预防为主的方针，教育学生培养良好的卫生习惯，改进学校卫生环境，加强防病措施。全局各中小学校建立卫生档案，配齐校医，开设健康教育课，每年为学生进行一次体检，并进行疫苗接种及服药驱虫，保证学生身体正常发育和成长。

第三节　卫生防疫

中共十一届三中全会以后，通过拨乱反正，林业局卫生事业同其他事业一样进入新的历史时期。林业局健全卫生防病组织机构，扩展卫生科的职能，并于1982年成立卫生防疫站，配备专职干部与卫生科合署办公。主要职能是贯彻“预防为主”的方针，负责疾病预防控制、计划免疫接种、公共卫生监督。

改革开放后，林业局卫生事业为适应社会主义市场经济的变革，深化体制改革，不断加强内涵建设，提高干部管理水平。同时，林业局把防治地方病和重大传染病作为卫生防疫部门的首要任务，设专职人员负责此项工作。疫苗接种由基层保健站分别按所辖地区分片承担，由卫生科负责技术指导。林区卫生防疫的主要病种是克山病、肠道传染病和森林脑炎，接种对象是企业职工和附近农村人口。在林业局内部，主要是在3~5岁儿童中预防天花、流脑、百日咳和麻疹。各种疫苗的接种期为每年的春、秋两季。

2000年以后，全局防疫工作已由原来的4项防疫增加到计划免疫、环境卫生、学校卫生、劳动卫生、食品卫生、传染病管理、地方病防治、卫生检查8项内容。卫生防疫站对食品从业单位的食品生产人员进行体检，并对在校中小学生进行体检。2005年，全局疫苗平均接种率达88.2%（全年接种森林脑炎疫苗1.3万人，应种率达60.7%）。

广泛开展爱国卫生运动、讲究卫生、改善环境，也是林业局防疫部门的重要任务之一。林业局注重发挥爱国卫生运动委员会的作用，责成卫生科负责指导和监督爱国卫生运动委员会的工作，宣传贯彻《黑龙江省爱国卫生条例》；做好城市环境卫生综合治理；做好林场（所）等单位的卫生监督管理工作；扎实有效地开展以灭鼠为重点的除“四害”活动；加大舆论宣传力度和健康教育工作；组织指导全局山上山下单位改水、改厕、清理垃圾；创建卫生城镇和卫生林场（所）。通过一系列的爱国卫生运动，对改善全局职工群众的工作生活环境、促进健康、预防疾病起到了十分重要的作用。

第四节　药　站

铁力林业局的医药采购供应站为科级建制，属林业局基层单位。药站内设中西药库，财务独立。20世纪90年代中期林业局经济体制改革后，药站由个人承包经营。在药品供应上，医药用品由局医药供应站统一管理，设西药调拨员和地产收购员，由医药供应站按月向基层卫生所供应药品。1986年以后，为彻底改变药品管理工作不合理的状况，医药供应站实行敞门供应制，取消过去固定供药日，对全局用户实行无定日供药。

第五节　抗击“非典”

2003年，全国部分地区发生传染性非典型型肺炎（以下简称“非典”）。铁力林业局按照省卫生厅和伊春市政府的统一部署，从2003年3月初开始抗击“非典”工作。随着全国“非典”的不断蔓延以及黑龙江省“非典”疑似病例的出现，林业局重视、果断决策、科学应对。林业局医疗卫生部门承担防治“非典”的艰巨任务，防疫和医疗部门密切配合，形成有效的“非典”防控救治网络。卫生防疫站还积极组织并参与监督指导、跟踪问效、督导落实，确保防治“非典”的各项措施落到实处。

林业局根据全国“非典”疫情的发展趋势，结合自身预防工作的实际，制定并实施林场（所）10户联防责任制。防疫部门抽调人员深入各地，强化公共娱乐场所的监控力度和疫情报告制度，组织和指导公共场所和公共交通工具的预防性消毒，指导学校、托儿所采取各种紧急预防控制措施。林业局投放资金购买消毒药和消毒专用喷雾器，给消毒提供物质基础。

抗击“非典”期间，林业局防疫部门实行24小时值班，严格执行及时报告、零报告和重大事项随时报告的制度，建立以局防疫部门为中心、以林场（所）为依托的防控监测网络和报告制度，做到信息报告渠道畅通。卫生部门还按照伊春市卫生局的统一要求，成立防“非典”快速反应小分队，健全医疗救护、应急处理等快速反应队伍。林业局卫生部门派员参加上级举办的防“非典”培训班，并通过专家指导，对基层卫生技术人员进行诊断、治疗、护理、隔离、疫情监测报告等方面的技术培训。在全局山上山下张贴宣传画，印发宣传册、宣传单。医疗卫生部门还开展实战演习和林场（所）群防群治工作。

在这场特大疫情面前，林业局卫生队伍以科学理念为指导，制定有效措施，沉着应对，经受严峻考验和锻炼，取得了胜利。全局没有发生“非典”及“疑似非典”病例。林业局防疫部门认真实施伊春市委、市政府制定的“5421”工程，即“五位一体”[处级干部、科级干部、林场（所）干部、包片民警、卫生防疫人员包保责任制]，“四查四清”（查体温，查身份，查来源，查接触史；来源地或经由地清，去向清，通信联络方式清，“非典”体征清），“两防两保”（防火，防“非典”；保政治安定，保社会稳定，确保各项经济指标全面完成），“一个目标”（力争“非典”不发生，确保不扩散）。

第六节 防治“布病”

2005年12月12日，林业局九连林场发生12例“布病”病人，其中临床诊断4例、实验室诊断8例。经林业局卫生科、防疫站与铁力市防疫站有关人员调查，确认这是一起密切接触患“布病”病牛引起的传染病。主要原因是：（1）牛发病在先。2005年6月28日，九连林场就被省畜牧部门确定有疑似病牛。（2）人密切接触病牛发病。在喂养和接产时没有做好自身防护，造成人被感染，属牛型感染。

党委和局领导高度重视这一疫情，指示卫生防疫部门采取果断措施进行控制。一是控制传染源，封锁牛场，对“布病”阳性病畜严密隔离扑杀。二是在牛舍内进行彻底消毒，对牛粪便等排泄物进行无害化处理，对垫草彻底清除并集中焚烧。三是要求进出牛舍的人员做好自身防护。四是利用当地广播、电视等渠道和发放宣传单等形式进行宣传，使人们对“布病”防控知识家喻户晓，提高人们自身防护意识。五是对已发病的病人进行隔离免费治疗。六是对局内医疗卫生人员进行防治传染病的知识培训，提高医务人员传染病报告意识，做到“早发现、早报告、早隔离、早治疗”，及时发现并处理可能出现的疫情。九连林场发生的这起“布病”疫情，由于发现及时、防治措施得当，得到了有效的控制，防止了疫情的蔓延。

第十三篇　城建　社会福利

第一章　城　建

进入20世纪80年代以后，铁力林业局城镇建设、环保工作在改革开放的推动下，本着适当集中、相对分散的原则，进一步调整局址城镇建设的总体布局，加强城镇规划工作，开始职工住宅楼与城镇基础建设、公用事业的建设。90年代，城镇建设进一步统一规划、合理布局、综合开发、配套建设。在基建资金不足的情况下，充分调动企事业单位和人民群众的积极性，多方面、多渠道筹措资金，致力于城镇建设和环境保护。局址道路向水泥路面和沙石路面发展，职工中心住宅向楼群、小区发展。道路绿化配套、交通、供排水、环境卫生等生活条件也有很大改善。

第一节　机　构

1989年，林业局在改革中撤销生活服务公司，恢复生活福利科。职能是职工住房管理，职工家属房的统一分配，家属房的维修及道路的养护等。1996年开始修建职工住宅楼。同年，林业局开始环保工作。生活福利科成立环保段，配有12辆小四轮车清运垃圾，此后在产权制度改革中卖给本科职工，负责分片、分段承包清理垃圾。1998年，林业局在原生活福利科的基础上成立林业局房产管理处。内设市政股（负责公房房费收缴、松涛街两个喷泉管理及局址街道的市政管理），房管股（负责公房私买后遗症处理和二次房改费用收缴），环保股（负责环境保护和绿化）。2000年，增设物业股，负责家属楼小区的管理。

第二节　房地产管理

林业局建局初期，局内房舍多数是板夹泥和草泥拉合结构，1986年开始修建楼房。为加强房地产管理，林业局于1989年5月5日制定下发《房地产管理有关规定》，明确全局房地产实行统一归口管理。公产的产权、户籍和局址的土地由生活服务公司管理，山上的土地由多种经营公司管理。全局公产房权的转移、土地使用权的变更分别由生活服务公司、多种经营公司到铁力市房产处和铁力市土地局办理业务。房产经林业局作出产权转移、生活服务公司办理转让房权证照后，产权归个人所有，交铁力市房产处统一管理。局址公产产权转移后，建筑本体占有的土地面积和费用由铁力市土地局核定收取。建筑本体外宗地内的土地使用面积，由生活服务公司核定，并向土地使用者收取有偿使用费。全局范围内非农用地由生活服务公司统一管理。1990年3月1日，林业局又制定下发《公有住宅管理办法》，对公有住宅的产权与户籍、出租与使用、管理与维修等作出明确规定。

随着产权制度改革的不断深入，林业局于1996年把产权公有的住宅和部分公有房舍分两次卖给个人。

在加强房地产管理工作的同时，林业局还加强物业管理工作，负责维修室内下水道，做到小故障不过夜、大故障不超过24小时，基本达到住户满意。

第三节　巷道管理

林业局从1989年开始修建家属区巷道。到2005年，已修建商业科至木材加工厂、木材加工厂至大铁路线、木材加工厂至铁桃公路、三角地至商业科等多条水泥路，方便职工群众出行。这些道路都由生活服务公司环保股统一管理。同年，又对森林路进行加宽，安装路灯，整修林业一中铁甲河桥，山上林场（所）居民区和山下家属区内的巷道铺上沙石路，基本解决了职工群众走路难的问题。

第四节　烧柴供应

林业局建局初期到20世纪90年代末，林业局职工烧柴实行供应制，职工凭烧柴证开票交款，自己装车，公车运输。每户核定2立方米的木材加工剩余物和贮木场的造材剩余物，后期也供应一部分贮木场的原木烧柴。1990年以前，烧柴供应由生活福利科烧柴站管理，1990年归木材加工厂管理。1996年生活福利科成立液化气站，职工开始普遍使用天然气，职工烧柴供应制度随即被取消。

第五节　供　水

林业局建局初期至20世纪90年代末期，全局山上山下职工和单位饮用土井水。山下地区打露天土井，山上地区先是打露天土井，后改为打室内小井。1970年开始，山下建立水房子，设有专人管理水井。1985年，林业局把通自来水列入治危兴林项目，1986年开始建立自来水供水设施。仅一年，全局山下人员全部用上了自来水。1998年，林业局自来水公司转让给铁力市。进入21世纪后，部分山上林场（所）也用上了自来水。

第六节　环　保

一、市容市貌及园林绿化

林业局十分重视市容市貌管理及园林绿化工作，重点加强对临街小商小贩的管理。林业局环保部门与临街住户签订“门前三包”（包卫生、包绿化、包秩序）合同，并经常检查、督促。对绿化带内的杂物及时清理，将绿地修剪成型，对被损坏的护栏进行维修和粉刷，全局基本达到环境美观、生活区域清洁、街道树木整齐。

20世纪80年代开始，全局山上山下地区开始搞绿化。山下绿化范围是街道两侧，住宅、工厂、学校、医院、机关周围和庭院。山上绿化范围是房前屋后和林场（所）四周。2005年，局址区域绿化团结路和“三街两路两园”，新栽树木158株，浇水280吨，新建绿地1800平方米，基本达到规范化的要求。

二、环境卫生

1990年4月3日，黑龙江省人民政府下发《关于加强环境保护工作的通知》，要求把实行环境保护目标责任制纳入国民经济和星火发展计划。林业局认真贯彻通知精神，制定措施，将工作重点放在清理垃圾上。福利科于1995年设环卫股，负责清理家属区垃圾，最多时配有12辆小四轮车、4辆驴车，承担山下地区18片家属区的垃圾清运，26座厕所的清扫保洁，“三街两路” 70280平方米的道路和70000平方米彩砖人行路的清扫工作。环保部门转换机制，将公益性岗位人员充实到环保卫生第一线。保洁人员实行定量包干责任制，每逢春季，组织人力突击清运垃圾死角。2005年，共清运垃圾10万立方米，设垃圾箱45个。同时，福利科还疏通排水沟，有效地改善居住和工作环境。

第七节 供 热

1983年，林业局从集体福利资金中拨款，筹建供热工程。在山下住宅较集中的地区修建连片供热管道。经过一年时间，于1984年11月正式供热。1997年，供热公司转让给铁力市，由铁力市电热公司负责林业局山下地区的供热。

第二章 社会福利

第一节 职工食堂

20世纪90年代以前，全局山上山下单位都设有职工食堂，负责本单位职工的就餐和外来客人的接待。林业局设立机关食堂。1992年，林业局机关食堂被撤销。此后，山上山下单位的食堂也接连被撤销。

第二节 职工宿舍

20世纪90年代以前，山上山下单位都有职工宿舍，林业局机关有单身职工宿舍，都归林业局行政办公室管理。90年代后期，职工家属陆续进入林区，山上山下职工宿舍全部被撤销。

第三节 浴 池

由于铁力林区自然水比较凉，人不能洗浴，因此山上林场（所）都设浴池，供职工免费洗澡。山下基层单位和林业局机关设浴池，发给职工洗澡票，供职工免费洗澡，职工家属洗澡则收取半价。1986年以后，山上山下浴池推向市场，归个人经营。

第四节 理 发

1986年以前，山上山下单位和林业局机关设专职理发员，企业发给职工理发票，供职工免费理发。20世纪90年代后，理发服务行业推向市场，企业不再设专职理发员，按月给职工发放洗理补贴。

第五节 宾 馆

林业局于1984年建松涛宾馆，为三层楼房，占地面积3500平方米。1996年林业局设接待科，管理松涛宾馆。1999年，松涛宾馆由工程公司买断产权，改为股份制经营。2005年，松涛宾馆由个人买断。

第六节 招待所

林业局原有招待所1处，总面积2000多平方米，供山上职工下山公出或办私事临时住宿，由局行政办公室管理。1988年被撤销，房舍由林业局印刷厂接管，用作印刷车间。

第七节 养老院

林业局设有职工养老院1处，地址在铁力镇西部的小呼兰河畔，收养局内无家可归的老年职工。职工养老费由林业局统一拨款。1986年前养老院归林业局工会管理，1986年后由个人承包经营。

第八节 城镇人文景观建设

为了给职工群众创建幽雅、休闲的环境，林业局从2000年起开始修建人文景观，资金来源是企业和个人，用工是防火科和生活服务公司无偿献工。到2005年，已建成人文景观2处。一处是松涛广场，位于林业局机关办公室南侧。街长750米，设有喷泉1个、假山瀑布1个、大理石雕塑2尊、生态园1个。生态园内有假山、凉亭、拱桥、水湿地、草坪、白桦林、休闲广场和儿童游乐园。松涛街的道路铺设彩砖，路两旁安装彩灯。另一处是兴安岭百树园，位于东岗街三角地。园内移栽小兴安岭特有树种和灌丛近百棵，并设有休闲广场和凉亭。

第十四篇　社会生活

第一章 生活习俗

由于生活在特定的环境，铁力林业局人民的生活习俗有着特殊性，介于城镇和农村之间。20 世纪 80 年代，林业局人民吃供应粮，蔬菜基本自产自用。取消供应粮后，吃议价粮，蔬菜仍为自产自用。生活水平为温饱型。森工企业出现“两危”后，林区生活水平下滑，多数职工生活在贫困线以下。林业局的“两危”引起了国家的关注，开始投资治危兴林。林业局也采取各种方式，开拓多条渠道缓危解困，帮扶职工摆脱困境。山上林场（所）开垦土地，发展家庭种植业、养殖业和小型加工业，鼓励自强自立；山下职工转岗、下岗再就业，发展“商、饮、服、加”产业，自谋生路，外出打工人员也日益增多。进入 21 世纪，林区职工生活趋于安定，消费水平有所提高，生活环境、居住条件方有所改善。特别是在构建和谐社会、建设社会主义新林区的进程中，林业局情为民所系、利为民所谋，把改善林区人民生活作为要务，实实在在地办了大量为民便民的实事好事。（1）筹措资金，力保在岗人员工资和离退休人员养老金、社会救济人员生活费及时足额发放；组织党员干部捐款，帮助困难职工渡难关；协助社区为困难职工办理低保；偿还退休职工遗漏工资、科技津贴、拖欠工资；为职工办理家庭经济贷款，帮助下岗职工就业和再就业。（2）投资对林企公路主干线大桥和中型桥进行改造维修，对林企公路水毁段进行抢修铺垫，对林业局局址团结路拓宽改造，对主要街道路灯进行维修更换，清挖排水沟，使职工群众的生活环境有了明显的改善。（3）加快生态林场（所）建设的步伐，投资对哈伊公路沿线和其他林场（所）环境进行综合整治、植树绿化、栽种花草。到 2005 年，全局 15 个林场（所）已有 11 个达到黑龙江省级生态林场（所）标准，林业局被评为首批省级生态林业局。（4）参与社区协管，关怀企业职工。针对企业职工大都居住生活在铁力市社区的实际，成立社区协管工作领导小组，将就业局拓展为就业和社会工作局，在职工集中居住的社区成立社区协管站，在宣传政策、扩大就业、扶贫解困、维护稳定等方面开展大量而细致的工作，畅通林业局与“社会人”联系的渠道，全方位为他们提供服务。（5）开展林场（所）文化活动。设置场地，添置设备，组建业余文化队伍，多方面满足林区职工群众对衣食住行和健身、娱乐的追求。

第一节 职工生活

一、职工收入

1985 年，铁力林业局月平均收入超过 35 元的职工占全局总职工人数的 75%（1981 年占 81%），月平均收入超过 100 元的职工占全局总职工人数的 10%。2000 年，铁力林区广开就业门路，安置待业人员，鼓励个体劳动者就业，增加职工群众的收入。同时，大幅度提高职工工资，发放物价补贴、独生子女津贴，增加收入。特别是实行低收入生活保证金后，职工月平均收入普遍高于 104 元。但由于林区政企职工收入差距较大，林业企业职工收入较低，大多数林业企业职工的生活还不是很富足，有的职工的生活还很贫困。

二、消费水平

中共十一届三中全会以后，国家采取一系列措施改善林区人民生活。到 1986 年，人均消费水平为 477 元 / 年。扣除物价上涨因素，人均实际消费水平为 345.5 元 / 年。2000 年，通过提高林业企业职工工资，实行低生活水平保证金，人均消费水平为 1000 元 / 年。扣除物价上涨因素，人均实际消费水平为 850 元。消费能力为 56%，为温饱型。日用品消费开始由适用型向陈设型发展，特别是高档耐用消费品大幅度增长。2005 年，百户居民中有洗衣机 23 台、彩电 59 台、录音机（音响）20 台。

三、居住条件

铁力林业局建局初期，职工家属住房全是草泥结构平房，山上为木刻楞房。中共十一届三中全会以后，林区住宅建设增加投入。1980 年，山上山下 40% 的住宅为砖瓦结构。1985 年，林业局建成铁力林区首批二层家属楼（土楼），全局人均住房面积为 6 平方米。1996 年实行“以木换房”后，铁力林区 80% 的住宅实现砖瓦化，人均住房面积达 10 平方米。室内生活设施较以前有很大改进，一些住宅由火炉子改为土暖气或集中供热，山下地区和山上部分林场（所）用上了自来水。到 2005 年，全局 10% 的职工家属住上了住宅楼，住宅楼实行小区物业管理，职工居住条件大大改善。

四、物价

随着国家物价调整政策的落实，铁力林业局从 1979 年开始，实行有计划、有步骤的价格改革。市场物价基本呈微升趋势。到 1985 年，零售物价比上年上涨 12.5%。1998 年比 1985 年上涨 28%，是历史上上涨幅度最高的一年。当时还处在森工企业“两危”时期，职工工资被拖欠，职工、群众生活受到一定影响。2002 年以后，全局物价趋于平稳，加上职工工资增加，并实行低收入保证金政策，林区职工、群众因物价上涨造成生活贫困的现象有所缓解。

第二节　知青生活

“文化大革命”期间，大批知识青年上山，参加林场（所）、农场的林业生产和农业生产，同林区职工一起为发展林业生产建设做出突出贡献。“文化大革命”以后，大批知青返城，一部分得到安置，另一部分仍留在林区参加生产劳动，成为混岗职工。由于历史原因，留在林区参加生产劳动的知青生活没有保障。尤其是老知青，因丧失劳动能力，生活十分贫困。国家实行“低保”政策后，大量知青（混岗职工）的生活状况有所缓解。2000 年以后，部分知青（混岗职工）进京上访，要求解决老有所养的问题，引起中央及各级组织的重视。从 2005 年 5 月起，林业局对达到退休年龄的老知青（混岗职工）给予退休职工待遇。

第二章 风俗民情

第一节 生活习俗

一、饮食

进入20世纪80年代，鸡、鱼、肉、蛋已成为铁力林区平常百姓餐桌上的常菜，主食以大米为主。山下居民全部用上自来水，山上居民则多用人力地下压井水。进入90年代末期，山上部分居民用上电泵地下压井水。宾宴酒席档次逐年增高，吃法也有讲究。至2005年，已由餐桌上讲究的鸡、鱼、肉发展为海鲜、山珍野味及山野菜等绿色食品。主食以水饺、糕点、烤饼、米饭为主。山上林场（所）居民秋后仍有腌渍咸菜、酸菜及晒干菜的习俗；城镇居民腌渍咸菜、酸菜及晒干菜的习俗相对减少，改为食用鲜菜。饮品以白酒、啤酒、果酒、果汁为主。

至2005年，林区居民仍有乔迁、结婚、升学、生日设宴祝贺的风俗。

二、服饰

（一）衣着

进入20世纪80年代，林区人民身穿的中山装等服装已逐渐被西服及其他新颖服装所取代。无论男女，在正式场合一般都穿西服，款式为一个扣式或两个扣式。女装还增加运动服和各种颜色的丝绸套装。冬季有呢子大衣、羽绒服、毛皮大衣等。青年男女的裤子多为牛仔裤、筒形裤或喇叭裤。至90年代末，随着人民生活水平的提高，穿着随之改变，多以舒适得体、款式大方为主。讲究穿名牌服装，面料多为对人体无刺激性的棉料、亚麻料、化纤。毛料、呢子料逐渐被冷落。至2005年，女士夏季多戴凉帽，用以遮阳，或是打太阳伞。冬季戴头巾或帽子，以款式新颖大方、美观为主，或是穿衣帽一体的衣服。城镇男子冬天戴帽子也越来越少，多以大衣上的毛领取暖，或是羽绒服上的帽子取暖。戴棉耳包在青少年中开始流行。

（二）鞋袜

至2005年，林区人民穿鞋袜讲究款式。鞋多以皮鞋为主，女式鞋款式多为高跟、坡跟、方头、尖头。袜子冬季多以纯棉袜为主，夏季多为尼龙袜、天鹅绒袜、水晶袜。

三、装饰

至2005年，女士大多戴项链、手镯、手链、耳环、耳坠、戒指等，有黄金、白金、白银、水晶、玛瑙等材质，还有各种头饰和戴在衣服上的装饰物。男士戴戒指、项链的也日益增多。

四、发型

至2005年，林区人民发型无定式，女士经常变换发型，梳短发、烫发的较多。男子多留长发，烫发也开始流行。一些青年男女还把头发染成各种颜色，也有不少人戴假发。

五、嫁娶

新中国成立以后，男婚女嫁凭“父母之命，媒妁之言”逐渐结束，开始实行恋爱自由、婚姻自主。但绝大多数还由介绍人在中间牵线。男女双方见面，叫“相亲”。多数是男方到女方家，初次见面后，双方把意见通知介绍人，由介绍人在两人之间传话。若双方同意，介绍人再安排双方见一次面或几次面后，男女双方开始单独相处。若男女双方相处融洽，感情成熟，即通知介绍人，双方家人开始商量结婚之事。女方向介绍人提出要求，介绍人再向男方“过话”。双方同意后，开始筹备结婚办喜事。结婚多数为大操大办，大摆宴席。宴席多由男方家主办。或在家里自设酒宴，杀猪宰羊；或在酒店定酒席，邀请司仪、乐队、歌手。婚礼由司仪主持，司仪向来宾介绍新人及家人。新娘多穿白色婚纱，盘发，戴头花、头饰。起初多戴假花，至20世纪末，已发展为戴鲜花，鲜活欲滴、美丽动人。新娘结婚当天一般要换3套衣服，即婚纱、旗袍、晚礼服。新婚当天，新娘早起，请化妆师化妆。接亲人来之前，娘家给煮鸡蛋，新娘子吃鸡蛋表示要“出门子”了。男方接新娘的方式是带车队，多是轿车，也有微型车、大客车。新娘、新郎坐的车要扎成彩车，也有扎2辆彩车的风俗，第二辆彩车由伴郎、伴娘乘坐。新郎到新娘家要“叫门”，即女方娘家的亲朋把屋门挂好或拽住，要新郎叫3声“妈”，娘家妈答应后才可开门。新郎进屋，新娘家摆好糖果、点心供新郎吃。新郎为新娘穿鞋，新娘才肯下地。新娘临下地前要抓福，即抓“福”字，象征有福。新娘出家门前要掉眼泪，以示吉祥。新娘被接到新郎家后，要先坐在床上，叫“坐福”。新娘给婆婆戴花，改叫妈，婆婆给红包（钱或金银首饰）。酒宴过后，晚上新郎的亲友要来闹“洞房”，之后新郎、新娘一起吃宽心面。进入21世纪，林区人民思想观念逐渐转变，新事新办的很多，有外出旅行结婚的，也有一切礼仪从简、亲朋好友简单宴请的。近年来，晚婚的男女越来越多。

六、丧葬

铁力林区的丧葬习俗非常繁杂。这些习俗的中心是为了表达对死者的尊重和哀悼。当然，也含有不少封建迷信的成分。

死者去世后，由家属为其脱掉全部旧衣，穿上寿衣。一般寿衣的穿法是上身穿4件，下身穿3件，衣裳多为棉质，不钉纽扣。家属在屋地搭上木板，铺上褥子，把死者抬到褥子上面，作为灵床。长子站在板凳上，用扁担指向西南方向，并大声呼喊3次：“爹（妈）走西南大路！”意为替死者指明路途。然后在死者的脸上盖上黑布或纸，在头上点上油灯，供上馒头之类的供品，在一碗米饭上面插3个秫秸，秫秸上各绑1个棉花球，以备出灵前“开光”用。死者的后人有戴孝的风俗，主要是戴孝帽、穿孝衣、扎孝带。孝服一律为白色。儿子、儿媳、姑娘、姑爷为全孝，男戴白帽，女扎白巾，儿子辈分的在孝服外腰间扎一条麻荆。孙子辈分的只戴白帽、扎素巾、穿白鞋，在孝服上钉上一条红布条，以区别辈分。没过门的“媳妇”戴孝，孝服里边要穿红衣服。

办丧事人家门前要挂一大串黄纸钱，叫“锅头纸”，纸的张数为死者岁数加2张，意为天一岁、地一岁。死者家属在院落内搭设灵棚，停放死者3天、5天、7天不等。停放期间要给死者扎彩，扎彩物品多为牛、马、猪、羊、“金银山”、“金银桥”等，并作为随葬品，下葬时全部烧掉。有些死者家属要请“阴阳先生”，占卜吉凶，看看去世时辰是否“犯毛病”。如果认为“犯毛病”，还得请“阴阳先生”来“破”，以确定入殓和出灵的时间。入殓时，死者头上披黑布遮蔽阳光。长子抱头，次子抬脚，其余的人扯褥子边，将死者轻轻地放入棺材里。入殓后，在棺材前点上油灯，放上祭品，烧香焚纸，并贴上“故先考（父）或先妣（母）之灵”的牌位。晚辈轮流守灵。出灵前夜灵位前要高挂灯笼，加摆供菜及果品。近亲好友站在灵位两边，为死者“辞灵”烧纸。

出殡时打开棺材盖，由长子先用秫秸上缠的棉花球沾白酒，擦拭死者五官和手足，为死者“开光”，同时口念:“开眼光，亮堂堂；开嘴光，吃牛羊；开鼻光，闻清香；开耳光，听八方；开手光，抓钱粮；开脚光，上天堂。”之后亲人瞻仰遗容。紧接着是封棺，用大铁钉钉住棺材盖。在封棺时跪在两边的人要喊“××（死者姓名）躲钉”。这时，长子双手将泥盆捧起，举过头顶摔碎，叫“摔丧盆子”。再将死者的枕头烧掉。灵柩起动，长子打着“灵头幡”走在棺材前，其余的人按辈次排成“一”字形长队，边哭边送灵。棺木有车拉的，也有用人抬的，但棺木不能在半路放下歇息，必须一直抬到坟地。送灵时还要扔纸钱，叫“买路钱”。灵柩起动之后，屋里要用五谷杂粮“净宅”。灵柩到达坟地后，要轻轻地放在坟坑里，由长子盖上第一锹土，其余人才能动手掩埋。如果死者配偶先死的，可以合葬。死者埋葬后 3 天要圆坟，7 天要烧“头期（七）”，21 天烧“三期（七）”，一直烧完“七期（七）”。清明节、农历七月二五、农历十月初一还要祭扫坟墓。

随着时代的变迁和精神文明建设的加强，繁杂的殡葬制度在林区逐步改革。新中国成立初期基本还是土葬，1976 年以后提倡火化，至 1985 年全局已基本无土葬行为［包括山上林场（所）］。只有少数死者火化后，其骨灰被装入小棺材内，在路旁或林中土葬。“七不出、八不埋”“圆坟”“烧七”“烧周年”等习俗延续至今。

七、禁忌

旧习俗的禁忌，多数是由迷信形成的。其中有些长期形成的习惯，至今仍在流行。林区的禁忌多以崇敬树、兽为内容。奉孤树为“树神”，奉虎为“山神”。猎人狩猎前先拜“树神”“山神”。在孤树上拴上红布，供上祭品，在猎人居住的趟子营北方摆上供品祭“山神”。虎不能叫“虎”，得叫“猫”；获得猎物叫“快当”；森林中的树墩叫“佛爷坐”，人不能坐；采参人在放山时不能直呼人参其名，改叫“棒槌”。在林区民间，旧时禁忌也很多。如汉族男女青年婚前必须以自己的生辰八字合婚。按照五行（金、木、水、火、土），相生即算合婚。如属金命的和水命的人合婚，认为金能生水，谓之相生。水命的和火命的相克，水火不相容，不能成婚。其次得属相相投。一家两个男青年，不得在同日结婚，一人结婚后，另一人必须在百日后方能成婚。父母死后百日，子女才能结婚。父母不得送女儿出嫁，姐夫不得送妻妹出嫁。女大男方 1 岁不娶，有“女大一，不是妻”之说。新中国成立后，随着林区社会的进步，这些禁忌逐渐被废除。林区个人建房的旧习惯，要良辰吉日才能竖柱上梁。东西邻居盖房不能“白虎探头”，认为“白虎探头”，不死马，就死牛。前后盖房不可窗户和门相对。自家接房子，东头不可接耳房（指比大房小的房），西头不可压厦子（指偏厦）。房屋狭窄需接房，接东不接西。留门，留东不留西。猪圈不能设在西南方向。醋不许叫“醋”，叫“忌讳”。大年三十包饺子，用芹菜馅，不用白菜馅，说是“败财”。正月初一到十五，不能向外扫炕、扫地和倒垃圾。元宵节，新媳妇要到亲属家躲灯，有“不躲灯，死老公公”之说。

八、节日习俗

（一）春节

即农历正月初一，俗称“过年”。在我国传统节日里春节是最大的节日。农历腊月二十九或三十为除夕日，除夕日家家户户贴对联，粘挂笺，挂红灯，夜晚燃放鞭炮、烟花、吃水饺。年后数日，亲朋之间相互看望、拜年。各单位组织文艺会演、秧歌会演。

（二）人日

即农历正月初七。当天吃面条，流传头七为“小儿日”，意为拴小儿腿，使其长命百岁。

（三）元宵节

即农历正月十五，也称“灯节”。当天吃元宵、汤圆，寓意团团圆圆。“正月十五闹元宵”，元宵节当天，家家挂灯、放烟花。近年来，政府部门或有条件的单位都在元宵节夜晚燃放大型礼花，并组织灯展、猜灯谜活动。乡村则有在大街上撒灯的习俗。

（四）添仓

即农历正月二十五。当天是农家祈祝丰收年的日子，祈祝一年风调雨顺。

（五）二月二

即农历二月二日。“二月二”，龙抬头，大仓满，小仓流。“二月二”剪龙头，当天人们都去理发、烫头。汉族有啃猪头、猪手的习俗。

（六）立春

“一年之计在于春”，春到人间，春暖花开，意味着又一年的开始。民间有“啃春”（啃萝卜）的习俗。

（七）清明节

当天有扫墓、填坟、烧纸、祭奠的习俗。每年清明节前后，党政机关、团体和学生有组织地列队到烈士墓地献花圈、扫墓，以此追悼先烈功绩。民间有在当天吃肉的习俗。

（八）庙会

即农历四月十八日。当天，善男信女赶庙会，祈求平安幸福及求事等。

（九）端午节

即农历五月五日，又称“端阳节”。为纪念屈原，民间有吃粽子、吃荷包蛋等风俗。当天日出前到野外采集艾蒿，用露水或河水洗脸，门庭前插挂葫芦。小孩带五彩线、香荷包，以驱毒虫、浊气。

（十）雨节

即农历五月十三日。据传当天是关公单刀赴会的日子，有雷雨之应。民间有“大旱不过五月十三”的农谚。

（十一）七月七

即农历七月七日。据传当天是牛郎织女鹊桥相会之日，被称为中国的“情人节”。

（十二）中元节

即农历七月十五日，又称“鬼节”。当天人们以各种形式悼念祭奠已故亲人。

（十三）中秋节

即农历八月十五日，又称“团圆节”。当天在外地的人都尽量赶回家团圆，或以打电话等方式向家人问候。亲友在节日前买月饼、水果等，互赠致意。

（十四）重阳节

即农历九月九日。古以九为阳数，当天重九，故习惯称九九“重阳”节。旧时有“重阳会”，结伴登高，饮酒赋诗及“远足”的习俗。近年来多已停止。

（十五）腊日

即农历腊月初八，又称“腊八”。“腊七腊八冻掉下巴”，形容当天天气之寒冷。民间有在当天吃腊八粥驱寒的习俗。

（十六）小年

即腊月二十三。旧时民间有吃灶糖送“灶王爷”上天的习俗。人们多在当天清扫房屋，意为掸去一年的灰尘，迎接新一年的到来。

第二节　东北“三宝”

东北特产的“三宝”，不是人参、貂皮、鹿茸角，而是人参、貂皮、靰鞡草。靰鞡草主要生长在森林地区沼泽。秋季将靰鞡草割下来，晒干，用木榔头砸绵软，絮靰鞡可用作保暖。铁力林业局建局初期，铁力大街上仍有卖靰鞡草的。此后，由于人们生活水平不断提高，靰鞡草逐渐被淘汰。

第三节　社会陋习

一、吸毒

铁力林业局建局前，所在的铁骊县境内种植、吸食、贩卖鸦片十分兴盛。仅王杨村农户种植的罂粟最多时就达 2 公顷。当时铁力林区内的鄂伦春族人，把大部分收入都消耗在吸食鸦片上。日伪时期，日本侵略者把生产贩卖鸦片作为“以战养战”的资本，把鸦片作为侵犯、毒害、征服中国人民的“麻醉弹”。伪满当局专门设立鸦片专卖署，统管鸦片的贩卖。铁骊林业公司成立后，开始禁毒工作，教育职工离开毒品，不要吸食鸦片，并动员群众对种毒、贩毒、吸毒份子检举揭发。从 1950 年政务院颁发《关于严禁鸦片烟毒的通令》到 21 世纪初，铁力林业局一直把禁毒工作当作大事来抓。党委和局坚持经常性的禁毒宣传教育，公安机关经常到山上查禁罂粟种植，对吸毒人员强行戒毒，对贩毒人员严厉打击，有效地遏制了种毒、贩毒、吸毒的行为。

二、赌博

铁力林业局建局前，私下聚赌较多。设赌的多是把头，参赌的多是林业工人。聚赌形式有推牌九、压宝盒、看底牌、掷骰子。新中国成立后，人民政府发布命令，严禁赌博。林业局也下大力气抓禁赌工作。20 世纪 80 年代以前，铁力林区的赌博行为基本灭绝。改革开放后，虽有禁令，但已经绝迹的赌博之风又沉渣泛起。部分人暴富，把赌博作为显示财富和消遣的手段，逐渐波及官商和平民。赌博的回潮现象，引起林业局党、政、公安部门的高度重视，采取多项措施对赌博行为进行严厉打击和教育，全局赌博之风得到有效遏制。

三、娼妓

日伪时期，铁骊县内的娼妓活动不仅未被禁止，还作为一种行业存在。民国 27 年至 29 年（1938—1940 年），铁骊县有小春堂、玉文班等 16 处妓院。当时的林业工人皆为单身汉，不少人下山后把钱都花在了妓院里。新中国成立后，人民政府对妓院强行解散，允许妓女改嫁从良，妓院在铁骊境内绝迹。但部分林业工人到山边村屯嫖娼的行为还是屡禁不止。经过历次政治运动，特别是林业职工家属进入林区，林业工人嫖娼行为大大减少。改革开放后，嫖娼、卖淫等社会丑恶现象有所抬头，还出现了包“二奶”、贩卖淫秽录像制品等现象。林业公安部门在治安综合治理中，多次开展打击嫖娼、卖淫、制“黄”贩“黄”的行动，取得一定成效。

第四节　林区少数民族习俗

铁力林区的民族除汉族占绝大多数外，另有满族、朝鲜族、回族、蒙古族、苗族、鄂伦春族等少数民族。这些少数民族虽然长期受汉族的影响，习俗基本从于汉族，但也多少保留着各民族的一些习俗。

一、满族

语言属阿尔泰语系满—通古斯语等。铁力林区的满族，绝大多数通用汉族的语言文字，但也有一些老人还会说满语。

满族在很早以前，就在铁力林区劳动、生息、繁衍。满族是女真人的后裔，现在居住在铁力林区的满族多数是清康熙年间（1662—1722年）迁居过来的。林业局建局初期，一些满族老人还穿长袍，妇女穿带大襟衣服。随着社会的发展，满族服饰基本和汉族相同。平时喜欢吃黏糕、黏豆包等黏品，称为“饽饽”。

住房一般是正房两间，外面是厨房，里屋有三铺火炕，分西炕、北炕、南炕。西炕为贵，北炕为大，南炕为少。长辈住北炕，少辈住南炕。满族盖房子，多开南窗和西窗。随着大森林的开发建设，林业局建家属住宅，统一规格，满族的住房习俗也基本改变。

满族很重视礼节。少辈对长辈3天一小礼，5天一大礼。3天不见长辈的，见后就请安。5天不见长辈的，见后就得打千。打千的形式男女有别，男人哈腰右手下伸，左手扶膝，女人双手扶膝下蹲。

随着林区社会的发展，满族的习俗逐渐演变。铁力林区的满族基本没有旧礼仪的痕迹，同于汉族。

二、朝鲜族

从19世纪开始，朝鲜族从朝鲜国陆续迁入铁力林区，同汉族与其他兄弟民族一起，用辛勤的劳动，共同开发林区。尤其是抗日战争时期，朝鲜族同其他民族一起抗击日本侵略者的侵略，留下了辉煌的民族斗争史。

朝鲜族有本民族的语言和文字。朝鲜语属阿尔泰语系，文字属字母文字体系。铁力林区的朝鲜族职工子弟，多数在铁力市朝鲜学校读书。在风俗习惯上，朝鲜族在衣食住行、婚丧嫁娶、喜好、礼仪等方面都有自己的特色。

朝鲜族妇女多穿短衣长裙、短衣斜襟，以长布（绸）带打结。长裙分为筒裙和缠裙。婚前姑娘只许穿筒裙，不许穿缠裙。男装上衣是斜襟用布带打结的短衣，外穿坎肩，下衣裤裆肥宽，腿脚系丝带。随着林区生活条件的变化，朝鲜族除一部分老人外，服饰已基本与汉族相同。

朝鲜族以大米为主食，喜欢吃辣椒酱、辣椒面、辣白菜、打糕、冷面和狗肉汤。朝鲜族在铁力林区开的餐馆，多以狗肉和辣味为特色。

朝鲜族的住房比较简陋，草泥薄墙，稻草苫房盖。房顶由四个斜面构成。室内分卧室和灶间。卧室全为铺炕，炕面用纸糊后，涂一层油。朝鲜族住房门窗不分，因此有“朝鲜人窗户——门”这句歇后语。

朝鲜族喜爱劳动。铁力林区的朝鲜族除参加林业生产外，多种水稻。朝鲜族人力运物方式主要是“顶”和“背”。“顶”是用头顶，多为妇女。据传唐朝时，名将薛礼东征高丽国，看到高丽（朝鲜）人吃河水，就告诉他们要吃井水。高丽人听错了，误为顶水，从此打水的水罐用头顶，以至演变到后来用头顶顶运物品。“背”，是用背夹子背物。背夹子是木制的，分立柱、支架和载物架，背东西轻便。林区实行机械化后，种水稻使用拖拉机和三（四）轮子车，背夹子不再使用。

朝鲜族很讲究礼仪，在语言上年幼者对年长者必须使用敬语。晚辈一般不能在长辈面前喝酒、吸烟。在酒席上，按辈分年龄依次斟酒，长辈举杯，其他人依次举杯。

朝鲜族的丧葬仪式比较隆重。一般人死后3天才出殡。人死后，亲人3天内不准洗脸、理发，也不准吃干饭，而且必须穿孝。如果死在家中，要把死者装进棺材，放在炕梢。如果死在家外，死者只可进棺材不可进屋。老年人因病去世，朝鲜族认为是老死，叫“喜丧”，要喝酒跳舞祝贺；如果是由于某种意外事故而不幸死亡，族人会安慰家属，且不会举行喝酒跳舞的活动。人死后要连续祭奠。

朝鲜族是一个能歌善舞的民族，青年男女和老人都爱好民间歌舞及荡秋千、跳板、摔跤等民族传统体育运动。

铁力林业局建局以来，朝鲜族职工同汉族职工一起投入林区开发建设，立下功劳。

三、回族

回族是回回民族的简称。铁力林区的回族使用汉语文字。回民信仰伊斯兰教，宗教上的一些教规逐渐变成民族风俗习惯。小孩出生不久，要请清真寺的阿訇起“经名”。回族的丧葬主张速葬，习俗与汉族不同，要求亲人给死者脱光衣服。脱去死者的衣服后，要把死者抬到板铺上，用白布将死者盖上。家人要到教主那里给教主跪下报丧。停尸一般不超过 3 天。下葬前，教主阿訇要指定 3 个人给死者洗浴，并念《古兰经》，为死者家属祈祷。死者洗浴之后，用白布裹身，被抬入公用的棺材——“经匣”里，抬到墓地，放入事先砌好的墓穴安葬。

死者死后 7 天叫“七日”，当天死者家属要请教长“诵经”“走坟”。1 个月叫“月头”，当天要请教长“诵经”“走坟”。40 天叫“四十日”，当天也要请教长“诵经”“走坟”。以后还要祭奠“周年”“3 年”“10 年”“20 年”。20 年之后一般不再有祭奠活动。

铁力林区的回族不吃猪肉，也不吃马、驴、狗肉，不吃一切动物的血和自死的动物。回族习惯于戴白帽。每年过开斋节、古尔邦节、圣纪节三大节日。

铁力林区的回族职工多数是从外地招来的。各级党组织认真贯彻宗教信仰政策，回族的风俗习惯普遍得到尊重。林场（所）食堂专门为回族职工另做饭菜。粮油实行供应制时，林业局专门对回族职工增加供应量。

四、蒙古族

蒙古族在小兴安岭与松嫩平原从事商业有着悠久的历史。铁力林业局建局后，一些蒙古族青年应招到局务工，在林区开发建设中做出重要贡献。蒙古族有自己的文字和语言。蒙古族属阿尔泰语系蒙古族语。蒙古族信仰萨满教，16 世纪改信格鲁派喇叭教。

铁力林业局的蒙古族职工来到林区后，与汉族杂居，生活习俗发生变化。服饰：平时喜欢穿长袍，扎宽腰带的不多，妇女服饰也和汉族没什么区别。饮食：过去以牛羊肉为主，现在以粮食为主。居住：常见的是两间或三间平房，搭南北炕，长辈住南炕，少辈住北炕。家族中一般是男子当家，女人操持家务。近年提倡男女平等，也有一些女子当家。

五、苗族

苗族的发源地在中国的云南。铁力林业局的苗族职工是中国人民解放军转业人员分配到这里来的，人数很少。由于和汉族杂居，他们的习俗已全部改为汉族习俗。

六、鄂伦春族

新中国成立前，鄂伦春族人长期过着原始的游猎生活。他们的衣、食、住、行无不与狩猎和猎物密切联系着。其衣着、被褥、鞋帽等都是用各种兽皮制作，尤以狍皮为多，其次是鹿皮和犴皮。冬衣有男士皮袍、女士皮袍和皮袄。女式要比男式精细得多，开禁和领口处有补绣花纹。春秋两季穿的套裤是用夏猎的“红杠子”狍皮做的，短毛无绒；皮裤用秋猎狍皮制作，和旧式棉裤一样。皮手套有两种，一种是分五指手套，一种是手闷子，均绣有花纹图样。鞋分冬、夏穿的两种。冬季穿的有“其哈密”，形似靴子，用狍腿皮做帮，鹿皮或犴皮做底，内有狍皮袜子，穿起来很轻便。夏季穿的靴鞋是用狍皮或布做帮、野猪皮或鹿皮做底。狍皮帽是用整张的一个狍脑皮做帽顶，然后用狍皮镶两耳，做成后和狍脑袋形似。皮被有两种式样，一种为被状，一种为筒状。皮褥多用整张狍皮，也有拼缀而成的。鄂伦春族人夏季多以布衣为主，春秋也有穿布衣的，但打猎时一律穿皮衣，因经磨耐扎，适于穿林越野、风餐露宿。定居之后，由于经常外出参观、集训学习，自 20 世纪 50 年代中期后，其衣着也逐渐大众化。

鄂伦春族人定居前的食物以肉为主，面粉与野菜次之。他们经常吃的兽肉有狍子肉、鹿肉、犴肉、野猪肉。其中狍子肉最多，吃法主要有以下几种：煮肉，带骨煮至八成熟即吃；烧肉，出猎时没带吊锅或没有时间，将肉放在火上烧八成熟吃；烤肉，也是出猎时的简便吃法，把肉割成条，插在木棍上用火烤；晒生肉干，夏季肉不好保存时，把肉割条晒干，用时再煮；晒肉干，把鹿肉、犴肉、狍子肉煮熟后切成小块晒干，以备没有鲜肉时吃；血肠，把狍子血灌入肠内，煮熟后吃，只是没有调料；生吃，主要吃鹿、犴、狍子的腰、肝；熬菜，把肉切成小块和野菜放在一起炖；杂花菜，把狍子肉和狍子肺煮熟后切成小块，再把狍子脑子合上，有时也放些野猪油拌着吃。野菜春季主要是“刺老芽”“野鸡膀子”；秋季主要是各种蘑菇、野果，多与米煮饭同食。面食的吃法有：面片，将面和好擀成片煮熟拌油，或把面片放在肉汤里；烧饼，把面和好压扁，放在热灰里烧；油炒面、油面片、饺子，年节时吃。新中国成立前，鄂伦春族人做面饼不用擀面杖、面板，只用手捏；吃粮很少，只在吃完肉以后喝点粥，只有粮食多了才吃干粮。

新中国成立前，鄂伦春族人住房最普通的是“撮罗子”，又称“仙人柱”，鄂伦春族语叫“楚伦安嘎”。这种房的屋架用 20~30 根原木组成圆锥形，室内直径 4 米，高约 2 米，顶尖露天以代烟囱，内部中央有围炉。四周夏季围桦树皮，冬季围兽皮或枯草。人口较多的人家内设 4 个铺位。右边“傲路”是父母的铺位，右边靠门的“傲路”是未婚姑娘的铺位，左边“傲路”是儿子、儿媳的铺位，正面“傲路”是老爷子、老太太和小孩的铺位。此外还有“莫纳”，也是冬季的房子，形状和“撮罗子”相似。把一丈五尺高的原木劈成两半，一根根并起来，然后培上土，这种房子只住一冬；“土窖子”，就地挖成方形的坑，盖上盖，内有火炕和冷铺，没有炉灶；“林盘”，夏季住的房子，形状和草房相同，搭起屋架后，用桦树皮遮盖，四周是木壁，排列并不严密，用以通风；“库米”，也是夏季住的房子，用柳树或桦树条子做成，将树条子插在地上，围成圆形，上面搭盖桦树皮；“帐篷”，用 3 幅白布围成长方形，用时搭在木杆上，为鄂伦春族人出猎时的临时住所。20 世纪 50 年代，鄂伦春族人开始定居，居住条件不断改善。

鄂伦春族人以前出门都骑马。马体矮小，冬季不钉铁掌，善于翻山越岭，穿林跨涧，能横跃倒木，走沼泽地，踩塔头墩子，猎人骑乘从不摔倒。鄂伦春人还善认马踪，马匹也从不丢失。新中国成立后，由于交通方便，鄂伦春族人除狩猎外，很少骑马。鄂伦春族人的婚姻，过去都由父母包办，男女幼小定亲，也有指腹为婚。求婚多由男方托媒人求婚，一般求 3 次才成，第三次尤为关键。求成后，双方商定认亲、过彩礼的日期。结婚时需要儿女双全的夫妻去接亲。新郎、新娘和陪亲的夫妇均骑马围着“乌力楞”走一圈，然后才下马进新房。进新房后，新郎、新娘先叩拜天地。酒宴开始时再依次给长辈亲友磕头。晚上，新郎、新娘要吃“毛考太”（粘饭）。新郎、新娘每吃一口，调换一次饭碗。结婚一段时间后，新郎同新娘双双回到女方家，住一个月或几个月，有的要等头胎婴儿出生后才回到男方家。

鄂伦春族礼节多而严，至今鄂伦春族晚辈在外出前或归来后都要向老人请安问好。过去鄂伦春族人走路或出猎途中，遇见长辈或亲友，很远就下马，拉着马迎面走到长辈或亲友跟前请安问好。当长辈说“上马吧”，才能骑马离去。如果出门在外，须赶回家过节。拜会长者要两次请安，一次是见面礼，一次是拜年礼。出远猎或有事出去时间较长，出门前要给老人请安，老人给他们祷告，祝愿一路平安、多打猎物。铁力大森林开发后，一些鄂伦春族人参加林区建设，成为企业职工，他们的家属也走出大森林，同汉族人一样住进家属房，生活习俗逐渐发生变化。

第三章 宗 教

铁力林区内的宗教主要有佛教、道教、伊斯兰教和基督教。

第一节 佛 教

佛教传入铁力始于清朝末期。最早是僧人闫发在安邦河大桥东侧修建关帝庙，奉祀关帝和娘娘。伪满时期闫发死后，庙内无人管理。以后又有人在铁力境内设庙堂。铁力林业局建局初期，善男信女信奉佛教，到庙堂祭祀。至今仍有一部分人信奉佛教，信守佛教的清规戒律。每年农历四月初八、四月十八、四月二十八，都到凌云山和铁力镇头屯的寺庙赶庙会。

第二节 道 教

道教是多种神教，供奉“三清四帝”，即玉清元始天尊、上清灵宝天尊、太清道德天尊和玉皇大帝、中央紫微北极太皇大帝、勾陈上宫天皇大帝、后土黄地祇。道教分多种流派，铁力林区的道教信徒多属龙门派。林业局机修厂附近原有老道庙一处，20 世纪 60 年代初搬走。

第三节 伊斯兰教

民国 29 年（1940 年）后，从绥化陆续有回民迁入铁力，散居于汉族人之中。因无神职人员，不能进行宗教活动。1958 年，铁力林业局在回民工队宿舍附近，修建 3 间草泥房作为清真寺。当时，县内的穆斯林也到此沐浴，过宗教生活。1966 年，“文化大革命”开始，“红卫兵”将铁力林业局的清真寺捣毁，把 38 部经书抄走，并勒令停止宗教活动。1982 年，铁力县将在“文化大革命”中破坏的清真寺重新修复，恢复宗教活动。

第四节　基督教

根据考察，铁力林区内的基督教会属于安东劈柴沟基督教绥化教会分支。“文化大革命”期间，教会停止活动长达6年。1980年，铁力林业局三角地住宅区修建1处教堂，局内基督教徒恢复宗教活动。

第四章　方　言

第一节　地方用语

林区职工来自全国各地及多个民族，其语言南腔北调、五花八门。人们经过几十年的生产和生活实践，形成一些独特的铁力林区用语。

一、生活用语

八成——十有八九，包含差不多的意思。
咋呼——形容好自我炫耀，不稳重。
不咋的——说话做事不光明磊落。
啰唆——说话不简练，没完没了。另指事情琐碎，麻烦。
旮旯——狭窄的角落。
好悬——非常危险。
来真格的——办事实在。
不消停——手脚不得闲。
贼鬼——形容人特别聪明。
脓包——形容人智商低下，不聪明。另有贬低别人之意。
撩杆子、挠岗子——跑掉了。
嘎嘎的——特别好，特别新。
呱呱叫——过硬。
完犊子——办事不行。
傻眼——出现意外，目瞪口呆。
三吹六哨——办事不诚实。
门子硬——有后台。
蔫巴——没精神或枯萎。
俏皮——过分打扮，显得轻佻。
撂挑子——放手不管。
毛楞——好动，不稳重。
力巴——外行。
半拉子——半劳力。
抓瞎——做事情事先无准备，事到临头束手无策。

滑舌子——说话没准，光用嘴而不办实事。
明儿个——明天。
夜个——昨天。
睁眼瞎——文盲。
不大离儿——差不多。
长虫——蛇。
取灯——火柴。
茅楼——厕所。
解手——大小便。
咕捣——忙活。
没门儿——办不到。
忽悠——瞎说。
多咱——什么时候。
没有辙——没办法。
倔眼子——说话抬杠。
光棍——未婚成年男子。
老鸹——乌鸦。
耍钱——赌博。
胡子——强盗、土匪。
急眼——急了。
插皮——弄错了。
坏菜了——坏事了。
麻溜的——快点。
赶趟——来得及。
煞愣——动作快，利索。
打怵——胆怯。
别扭——不顺当。
糊弄——骗人。
唠嗑——聊天。
差不离——比较接近。
没眼力见儿——看不出好坏。
肉筋筋——慢腾腾。
贼好——最好。

二、林业用语

流送——利用河水将木材从山里运出来。
桃花水——春融后山上雪水汇流而下。
赶羊——流送木材。
插垛——流送时许多木材插到一起不游动。
拦圈子——用铁绳横拉河面截住流送的木材。
出河——将流送的木材从河水中捞上岸。

割树——采伐树。

上挂——伐倒的树未倒地，搭在另一棵树上挂着。

迎门树——位于运材弯道迎面一侧或应伐树倾倒范围内的树。

回头棒子——树倒后崩回来的枝丫。

五花山——秋季，山上植物因成熟期不同呈五颜六色，又因降霜或早或迟而使颜色或深或淡，此山色被称为五花山。

放山——进山找人参。

铺锯——开始伐木作业。

铺棍——开始找人参。

套子——运木材的牛马爬犁。

吊死鬼——吊在树上的枝丫。

水罐子——长期浸于水中而达饱和状态的枯木。

坐殿——采伐的树应倒而由于上枝平衡故未倒。

打梓——放树时树干劈了。

捆山倒——未运下山的木材。

老杆——已枯死的树木。

山帽——山顶峰生长的树木。

上楞——将木材归成垛。

打牙——归楞时木头不齐。

件子——正造材的原木。

吊炮——木头一头支起如炮状。

卧槽——木头冻结于地上。

哈腰挂——抬木头时哈腰挂钩。

耍龙——抬木头时对最后一副肩的代称。

画龙——抬木头走路时左右拐弯。亦称“扭秧歌”。

蜡扦子——秃稍无冠的或立木。

灯碗子——树干受伤而形成的凹状疤痕。

盘丝头——木头纹理极度扭曲与交织。

红糖包——内部腐朽的木头。

蚂蚁哨——朽成无数小洞，内常见蚂蚁的木头。

老鸹眼——木材霉朽后，纹理所呈之黑色或绿色羽妆斑纹。

挨咬（踢、蹬）——被木头碰伤。

摊煎饼——木材散乱未归，放满楞场。

蒙古包——用架杆将木头捞成大圆堆。

钱包——抬木者脖子后被尖杠长期磨挤而隆起的肌肉。亦称“蘑菇头”。

开山——每年秋季开始采伐作业。

叫树——用斧子将树敲击听其发出的声音，以此判断是否腐朽。

挂号——用砍刀将预伐的树和伐区小号边界上的树砍上明显标志。

砍上颏——伐木时，按树倒方向将树的下楂口的边砍出一个深 3~4 厘米、45 度的斜面，以助树倒。

兜下颏——伐木时，将锯口下面往上砍出一个深 3~4 厘米、40 度的斜面，以便掌握树倒方向。

佛爷座子——伐区里的伐根，即树坐子。

顺山倒——被伐木顺着山坡往下倒。

迎山倒——被伐木迎着山坡往上倒。

水闸——为提高被流送的木材的速度，而提高水位的拦河设施。

骑木马——流送当中，由于木材插垛，阻碍木材通行。拆垛人将插垛木材拆开后，踏上一根原木顺流而下。

抬“蘑菇头”——人力抬木头或装车。

吊卯——将在山里造成件子的木材，用人力小集中的方法，归成小堆，一头用横木垫起来。

冻板道——为冬季汽车运材在伐区临时修筑的运材道路。

把头——旧时林区组织工人干活者。

柜头——旧时林区采集作业的公司。

木把——旧时的林业工人。

二层炕——连接在两个山坡之间的平地。

地窨子——林区开发初期，伐木工人修筑的简易房舍。即往地下挖 1 米深，上面用木杆搭起盖子。此房舍保温，但光线不足。

道士帽——一种前坡短、后坡长的林区工人老式住房。

顶趟子——对林区以捕获小动物为生的人所从事的行业的俗称。

下对——在倒木上或小兽类行走的地方，擒获小动物的狩猎装置。

三、林业术语

林班——为了便于森林调查设计和长期经营管理，在基层林区单位（如林场）内，把林地分成不相等的单位。

小班——在林班范围内，表明林地类别或林分差异的基本地块。

伐区——确定在该地块进行森林主伐和间伐的地点。

伐区调查——依据森林经理调查和复查的资料，林业部门为编制年度计划，在核定年伐量的伐区进行调查工作。目的是了解该伐区的出材量、林相、林层、林龄、坡度、坡向等林地状况，以确定采伐方式和年伐量。

伐区工艺设计——是木材生产的最基本单位组织的木材生产技术文件。其内容包括工程设计、生产设计、工艺设计三个方面。

森林分类——森林生成方式而形成的森林类别，可分为天然林、人工林。

林木组成——在伐区中各树种之间所占的比重，以十分法表示。

林龄——整个林分的平均年龄。

林相——由于林冠层次和林木组成结构的不同面表现的森林外貌。

林层——森林中的林木按其空间上所占位置的不同而划分的层次。最有经济价值的林层称为主林层，经济价值低林层称为次林层和副林层。

郁闭度——林分中林木树冠彼此相互接触闭合的状况，或树冠投影于林地上遮光与透光之比。以十分法表示。

疏密度——说明林分中单位面积上立木蓄积量多少程度的一种指标。

密度——单位面积上林木的数量。

地位级——反映一定树种立地条件的优劣，或林分生产能力的一种指标。

优势树种——在林分中，合乎经营目的的树种。

伐木——将活立木用人力或机械伐倒的一道采伐作业的工序。

打枝——树被伐倒后，树冠部分有很多枝丫，需将其砍掉或伐掉，以便造林或集材。

原木——将伐倒的树，经过打枝后，按木材标准，量木造材，截成一段一段的木材。

集材——从伐区内用人力、畜力或机械将木材运到中楞。

串坡——将高山脚或坡度较大较陡的伐区木材，通过人力，利用坡陡自滑的方法，运到坡度较缓的地带，以利集材。

轮坡——地势坡度变化较大、但不能串坡的地带，需用畜力牵引木材至山脚下可集材地带。

山楞——从伐区内将木材集至山上能够存积木材而不能装车的地方。

中楞——伐区内将木材直接集材至运材道边存积木材的地方，即可装车的楞场。

终楞——贮木场。通过“森运”或“汽运”将木材从中楞直接运至铁路旁能外运的地方。

原木集材——伐倒木经过打枝，按要求造成原木，用畜力或机械集材。

伐倒木集材——树木伐倒之后，不经过打枝，直接集材至装车场。

装车场——也属于楞场的一种。将原条或伐倒木通过集材运至该处后，即可装车运材。

采伐方式——根据伐区的不同林分情况，在有利于森林更新、有利于水土保持、方便木材生产的条件下，确定不同的采伐方式，如皆伐、择伐、渐伐等。

皆伐——采伐成熟林时，将伐区内的林木全部采光。

择伐——采伐成熟林时，有选择地伐掉一部分林木，保留一部分林木。

渐伐——介于皆伐与择伐之间的一种采伐方式。将伐区内不低于一个龄级时期内的成熟林木，分几次采伐。

主伐量——用材林的林分达到伐期龄时，每年可以采伐的数量。

间伐量——在幼林郁闭后，为抚育森林，对主伐前的一个龄级所进行的采伐方法。

伐期龄——也叫主伐年龄。在同一经营类型里，衡量树木是否达到成熟可进行主伐的年龄。

森林成熟龄——森林生长达到一定的木材生产目的或其他目的的年龄。

乔木——具有高大树干的林木。

灌木——树高在 1 米以下，没有明显的树干，且分枝较多的树。

林分——林木内部结构。即树种组成林层或林相。

原始林——尚未经人类经营活动或人为破坏的森林。

育苗新播——种子经过处理后，在苗床上播种。

留床——播种后，在第二年不起苗，仍在原床上培育一年的苗木。

换床——播种后的第二年虽然已经起苗，但由于苗木孱弱或者苗木出的不齐，需要移栽在另一苗床上的苗木。

阳性树种——凡不能忍受上方庇荫，要在阳光充足的条件下才能正常生长的树种。如落叶松、杨、桦木等。

阴性树种——凡在庇荫条件下才能正常生长的树种。如冷杉等。

中庸性树种——介于阴性、阳性树种之间的树种。

起苗——在苗床上把苗木挖出来。

假植——苗木起出来之后，对于不能马上植苗的苗木，为了防止生理干旱，需要在造林地挖出槽，将苗木成捆摆放，用土将根茎以下埋好。再另架一个遮荫篷，进行遮荫。

纯林——单一树种的林分。

第二节 谚 语

谚语，即在群众中流传的固定语句。简单通俗的语言，却能说出深刻的道理。日伪时期，林区的谚语多有仇恨、反抗的内容，如“磨洋工，屙屎撒尿半点钟”“有啥别有病，有病就送命”等。新中国成立后，林区职工结合生产、生活经验，总结出一些具有林区特点的谚语，在民间广为流传。

一、林区谚语

迷山查看树墩，年轮南松北紧。
迷山看树枝，北面稀南面密。
转向看树皮，北粗南面细。
迷路遇岗不上去，顺沟顺水走下去。
风口飘雪地，不能打小宿。
易看对面岗，难瞅山下坡。
望山跑死马。
远看一道山，近瞅百道岭。
要想穷变富，发展林业是条路。
要想长远富，莫忘多栽树。
治山治水不栽树，有水有土保不住。
林子占地一条线，农田受益一大片。
山上都是宝，看你找不找。
留得青山在，不怕没柴烧。
山火围住顶风跑。
三年小收山，五年大收山。
红松干头，白松起楼。
生态平衡，林业先行。
前人栽树，后人乘凉。
毁林开荒，后人遭殃。
五年护林人养林，十年成林树养人。
河岸树，堤坎固，消洪水，百姓富。
山上没有树，水土保不住。
儿不教不成人，树不抚育不成林。
荒山变绿山，不愁吃和穿。
治虫勤除草，树苗长得好。
靠山吃山需养山，造林成林要护林。
林农齐发展，得林又丰田。
鱼儿以水为命，山里人以林为根。
植树造林，富国裕民。
搞好园林化，风沙旱涝全不怕。
家种千棵树，不愁吃和住。

高山松树核桃沟，溪河两岸栽杨柳。
山上多栽树，等于修水库。

二、植树谚语

好树种出好树苗。
栽树穴大土碎均，苗木易扎根。
三培两踩一提苗，保证成活不用瞧。
造林要适时，一百活九十。
植树造林没诀窍，深埋根展栽牢靠。
就地育苗就地栽，节省费用成活快。
山脚板栗河边柳，荒岗滩上植青杨。
涝梨旱枣水票杆，不涝不旱落叶松。
清明前后多栽树，大好时光莫错过。
一年四季可栽柳，看你动手不动手。
松树要挤，杨树要剃，桐树要稀。

三、防火谚语

林区大事，防火第一。
造林千亩，烧毁一时。
饭可一日不吃，火不可一日不防。
春秋两季草木干，护林防火要加严。
山火初起容易打，耽误扑火酿大灾。
野外不弄火，室外不吸烟。
一点星星火，烧毁百年林。
上山不带火，野外不吸烟。
不灭桦子城，着火连成营。
防火如防盗，千万别忘掉。

四、木材生产谚语

水运爱水如爱油，滴水不白流，流水就流木，水木一起流。
桦木不扒皮，三年烂成泥。
桦木刨皮，气死杆榆。
套子最忌迎门树，放树最怕“吊死鬼”。
往前走，回头看，防止木头传过站。
焦稍树龄大，树干多半空。
爬山最怕顶稍，伐木最怕摘山帽。
看好树倒方向，下楂要砍正当。
降根一寸，得材三分。
砍树楂子不要高，造材不留大树梢。
冬季和春季，木材生产黄金季。
冬运能否按时干，准备作业是关键。

人巧不如家什妙，机械化生产效率高。
冬运期间不大干，全年任务很难完。
大的拉小的楦，疙瘩头子烧木炭。
枝丫打齐，集材容易。
打枝大抹头，好材白白丢。
采大留小，采劣留好，青山常在，林子不少。
集材单根绞，幼树碰不着。

第三节　歇后语

歇后语是劳动人民在长期劳动和生活实践中创造的一种特殊语言形式，形象、诙谐，却能表达深刻的哲理。它由两个部分组成一句话：前一部分像谜面，后一部分像谜底。日伪时期，林业工人在暗无天日的大森林这座“绿色地狱”里遭受日本侵略者和汉奸把头的欺压，歇后语具有强烈的反抗性和战斗性，如“把头设赌局——明抢”“日本鬼子洋刀——要命”“抗联下山——要小鬼子命”等。新中国成立后，人民群众在生产、生活和历次政治斗争中创造的歇后语，表达了强烈的爱憎。
黄鼠狼给鸡拜年——不怀好心。
黑瞎子打立正——一手遮天。
黑瞎子叫门——熊到家了。
黑瞎子吃山梨——不在（摘）乎（核）。
黑瞎子生孩子——抱熊了。
黑瞎子耍门扇——人熊家什笨。
黑瞎子戴手铐——锁掌（所长）。
狍子屁股——白腚（定）。
黑瞎子照镜子——熊样。
黑瞎子掰苞米——掰一穗丢一穗。
黑瞎子唠嗑——说熊话。
黑瞎子掏蜂窝——贪吃不顾脸。
山神爷打哈欠——神气十足。
张三（狼）哄孩子——不放心。
夜猫子进宅——无事不来。
叨木关子（啄木鸟）跌前失——全凭嘴支。
双手捧刺猬——扎手放不下。
马尿臊，山高粱——不能成材。
多年的青杆子——到老不成材。
榆木疙瘩脑袋——不开窍。
山神爷照镜子——二虎。
老虎跳山涧——悬乎。
山神爷串门——虎到家了。
野猪龇牙——凶相外露。
野鸡扎雪堆——顾头不顾尾。

草爬子吃食——光吃不屙。
一根木头劈两斧——四面开花。
核桃皮熬汤——全是毒水。
红松出山——到哪儿都是好材料。
杨树钻天——总要高人一头。
柳树哈腰——缺少上进心。

第四节　劳动号子

劳动号子是林业工人在劳动中自编的小调，其内容是以指挥每个具体劳动者动作、鼓动情绪和注意安全为主。经过不断充实，形成一种特殊的民歌。旧社会，林业工人遭受欺压，劳动号子倾泻着悲愤、不满和反抗。新中国成立后，工人们在唱号子时注入新的内容。

铁力林区实行机械化以前，抬木头劳动多集中在出河场、贮木场和中山楞。各种作业方式的不同，其劳动号子也大不相同。如赶楞、拽大绳、抬木归楞与装大火车，均具有不同的唱调和曲调。劳动号子的歌词多数根据实际劳动中遇到的情景即兴编创，如抬木头号子时“哈腰挂”“撑腰起”“后边甩尾”等，有着半命令半嘱咐的作用。领号者有时也与他人开玩笑、逗趣，倾吐或表露工友之间的亲切、和绪。如抬木头号子时，领号的唱“老哥八个，都是‘王八’，××媳妇，长得水灵”。众人接号都喊“嗨”。木头放下后，工友们嬉笑打闹。

一、装车号子

领：兄弟们靠上来——　　众：嘿！
领：瓦扛瓦上来呀——　　众：嘿！
领：兄弟们哪——　　众：嘿！
领：全使劲呀——　　众：嘿！
领：多装车呀——　　众：嘿！
领：支援国家——　　众：嘿！
领：注意安全哪——　　众：嘿！
领：把稳车呀——　　众：嘿！
领：上大头呀——　　众：嘿！
领：小头慢点呀——　　众：嘿！
领：木头摆正——　　众：嘿！
领：过老梁啊——　　众：嘿！
（注：老梁指车厢板。）

二、原木出河号子

领：兄弟们围上来呀——　　众：哎哎哎咳哟呀！
领：拿起押角子快钩木呀——　　众：哎哎哎咳哟呀！
领：搭住压角顺水流呀——　　众：哎哎哎咳哟呀！
领：千万别掉水里头呀——　　众：哎哎哎咳哟呀！
领：注意安全别马虎呀——　　众：哎哎哎咳哟呀！

领：大家齐心协力干呀—— 众：哎哎哎咳哟呀！
领：出完河回家喝烧酒呀—— 众：哎哎哎咳哟呀！
领：这堆木头上了垛呀—— 众：哎哎哎咳哟呀！
领：大家动手快去拆呀—— 众：哎哎哎咳哟呀！
领：一根一根拆开垛呀—— 众：哎哎哎咳哟呀！
领：拆开垛咱们就回家呀—— 众：哎哎哎咳哟呀！

三、“蘑菇头”号子

别称为“哈腰挂”。此号子适用于平地木材搬运、归楞、装大火车等抬木作业，在铁力林区至今仍流传、使用。领号和接号多种多样，并有单号、双号和单双号之分。单号可分2种，双号可分5种。

领：哈腰挂呀—— 众：嗨！
领：嗨——嗨—— 众：嗨！
领：挂上钩呀—— 众：嗨！
领：挺起腰呀—— 众：嗨！
领：朝前走呀—— 众：嗨！
领：迈开步呀—— 众：嗨！
领：齐上跳呀—— 众：嗨、嗨、嗨、嗨！
领：找准脚步—— 众：嗨！
领：推住扒门—— 众：嗨！
领：迈小步吧—— 众：嗨！
领：按住小辫—— 众：嗨！
领：振作精神—— 众：嗨！
领：鼓起劲来—— 众：嗨！
领：稳稳当当—— 众：嗨！
领：注意点呀—— 众：嗨！
领：别弄翻了—— 众：嗨！
领：后边推点—— 众：嗨！
领：这就上来—— 众：嗨！
领：哟——嗨—— 众：嗨、嗨、嗨！
领：大肩带点—— 众：嗨！
领：小肩甩尾—— 众：嗨！
领：哈腰撂呀—— 众：好！

（注：扒门指抬木用的横杠；小辫指抬木杠子两头尖细的部位；大肩指抬木用的右肩；小肩指抬木用的左肩。）

四、拽大绳号子

也称大绳号子。适合楞场、贮木场装车、归楞等运木劳动。这种运木作业的工具主要是大绳，用绳索使木头向前滚。这种号子在领唱时不拽，合唱时大家一起拽绳，木头随着号声被大绳拖着横向向前滚动。

领：准备好呀——　　众：嗨！
领：拽起来吧——　　众：嗨！
领：铆铆劲吧——　　众：嗨！
领：注意安全——　　众：嗨！
领：木头大呀——　　众：嗨！
领：留点神呀——　　众：嗨！
领：稳住气呀——　　众：嗨！
领：别慌神呀——　　众：嗨！
领：上来了呀——　　众：嗨！
领：别歇劲呀——　　众：嗨！

木头上了“爬杠”后，木头可以连续不断地向前滚动。在快要到达目的地时，号子暂停下来，把木头掩住后，继续唱号。

领：打住掩呀——　　众：嗨！
领：小头拽呀——　　众：嗨！
领：小心点呀——　　众：嗨！
领：大头松点儿——　　众：嗨！
领：齐用力吧——　　众：嗨！
领：拉起来呀——　　众：嗨！
领：上来了呀——　　众：嗨！

木头拽到车顶后，放到适当的地方。

领：放中间吧——　　众：嗨！
领：封上车吧——　　众：嗨！

（注：掩是指木材装车时，较大的原木用绳子借助滚力拽上车，为防止原木滚下来，用三角形木垫上。）

第十五篇　人　物

在铁力林区各个历史时期，涌现出一批批仁人志士。抗日战争时期，抗联将士为了收复国土、光复山河，同日本侵略者及其走狗浴血搏杀，留下了英名和悲壮的历史。大森林开发后，广大林业干部、群众为了共和国的林业事业，艰苦创业，不遗余力地贡献智慧和力量。特别是改革开放时期，广大林业干部、群众怀着对社会主义新林区美好未来的憧憬，不懈奋斗，续写着林区辉煌的历史。这些英雄、模范，还有普普通通的劳动者，是铁力林区历史的创造者，他们的业绩将永载铁力林区的发展史册。

第一章 人物传略

第一节 抗联战士

张连科（？—1938）

中共党员。1933年参加东北抗日联军，曾历任战士、班长、排长、团长、师长等职。1937年7月，他率领60余名抗联战士进驻铁骊，在依吉密河上游（今铁力林业局红旗林场）建立密营，与日本侵略者展开英勇斗争。1938年4月6日，他率领10余名抗联战士在铁骊马鞍山附近（今铁力林业局建设营林所）与日伪联合“讨伐队”作战，英勇牺牲。

雷 炎（1911—1939）

原名李辉、李树，中共党员。1911年出生于黑龙江省海伦县。1931年“九一八”事变后，他弃学从戎，参加黑龙江省政府军，被编入黑龙江省暂编第一旅学生团，驻松花江北马家船口。1932年2月，日军占领哈尔滨后，时任排长的雷炎随队向北撤退，并多次在拜泉、昂昂溪等地与日军交战。1933年，雷炎加入中国共产党。

1935年冬，雷炎在汤旺河后方军事根据地任东北人民革命军第三军（后抗联第三军）留守政治部主任。1936年夏，抗联三军远征部队顺利到达巴木通一带，雷炎任五师参谋长。为配合部队行动，他率领三军游击连转战到东兴、庆城、铁骊，开辟抗日游击区。游击连在战火的洗礼中得到发展和壮大，改编成三军第九师，雷炎任参谋长。

1939年1月，李兆麟主持召开西征部队干部会议，建立抗联西北指挥部。雷炎任指挥部参谋，主要活动在绥棱、海伦、庆城、铁骊、绥化、望奎一带，并在铁骊北部山区的小黑河地带（今铁力林业局黑河营林所）建有密营，多次与日伪军进行战斗，指挥了著名的张家湾战斗。

1939年2月16日凌晨，雷炎率70多名骑兵从绥棱云阁山一带出发，避开村镇向西开拔，于2月17日来到李老卓屯。由于汉奸告密，700多名日伪军包围李老卓屯。雷炎率领部队打死100多名敌人，在突围中不幸壮烈牺牲，终年28岁。

隋德胜（1911—1941）

中共党员。1911年出生于松江省宾县的一个农民家庭。1936年参加东北抗日联军，历任战士、排长、营长、团长、大队长等职。1937年8月21日，他率领部队在桦川县孟家岗南山袭击敌骑兵部队，歼灭敌人300余人，缴获战马200余匹、各种枪支200余支。1938年11月下旬，他任东北抗日联军第十一军九团团长，率部参加著名的西征。此后，他在庆城、铁骊一带坚持抗日斗争，并在老金沟与抗联女战士金玉坤结婚。1941 年 12 月，他率部在铁骊凌云山与日本侵略者作战时，英勇牺牲，终年 30 岁。

许亨植（1909—1942）

原名许克，化名李熙山，朝鲜族人，中共党员。1909 年出生于朝鲜庆尚北道善山郡。1929 年流亡到北满宾县新夹报站，在这里走上革命道路，并加入中国共产党。1934 年投入抗日斗争，参加哈东游击队。哈东游击队改为抗联三军独立师后，他先后担任团长、师政治部主任、总参谋长等职。

1936 年 8 月，许亨植被选为中共北满临时省委执委会委员，调任第三军第一师政治部主任。为突破敌人的秋季“大讨伐”，开辟龙江腹地新的抗日游击区域，他带领抗联部队穿越山林，驰骋平原，神出鬼没，沉重地打击了日本侵略者和伪警。他以老金沟与海伦交界的八道河子为中心，在海伦、绥棱、庆城、铁骊一带广泛开展毁木营、缴局所的游击活动，并收编山林队“占山省”120 余人。

1938 年，许亨植任新编三师师长。1939 年 1 月，东北抗日联军西北指挥部成立，许亨植任副总指挥，领导新编的三、四支队和两个独立师（由北满抗联部队混编组成），在绥棱、海伦、庆城、绥化、铁骊一带开展活动。1942 年 8 月 2 日，许亨植和警卫员陈云祥、张瑞麟及战士王兆庆在距今庆安县丰林村十几公里的少凌河上游一个转弯处露营。次日凌晨，陈云祥生火做饭，由于地势低洼且无风，炊烟迟迟不散，被敌人发现，战斗中许亨植英勇牺牲，年仅 33 岁。

周庶范（？—1942）

朝鲜族人，中共党员。历任抗联第三路军六师政治部主任、一师政治部主任。抗联西征后，周庶范率部长期活动在海伦、望奎、绥化、庆城、铁骊一带。他机智勇敢，巧妙打击敌人，被称为“智多星”。

周庶范平时沉默少语，关键时刻却总能提出独到见解，战友们说他柔中有刚。抗联三路军一师在小兴安岭南麓和松嫩平原活动期间，日伪军十分疯狂，无论兵力还是武器都强于抗联部队。在敌强我弱的情势下，时任部队政委的周庶范审时度势，运用智慧同敌人斗智斗勇，多次袭击日伪军，并智取日伪军钱粮。1942 年 3 月，周庶范被叛变的副官任永林残忍杀害。

朴吉松（1918—1943）

朝鲜族人，中共党员。1918 年出生于吉林省汪清县永昌洞的一个贫苦农民家庭。1931 年“九一八”事变后，日本侵略军占领中国东北，中国共产党领导的东满抗日战争烽火骤起，年仅 13 岁的朴吉松加入儿童团，1933 年又加入中国共产主义青年团，积极参加抗日宣传活动。1935 年，他因叛徒告密被捕入狱，后因年龄小，被敌人假释。1936 年，朴吉松带着妻子金玉顺、岳父金京鲁逃出汪清县，到北满寻找抗日游击队，于同年 6 月 20 日在宁安县找到北满抗日游击队。组织上将朴吉松、金京鲁编入抗联第五军一师二团二连，安排金玉顺到后勤部裁缝队工作。

朴吉松作战勇敢机智，入伍后，连升班长、排长、连长、组织科科长、政治部主任及支队长等职。1937 年，他光荣地加入中国共产党。1938 年转战到庆城和铁骊一带，铁骊城南的燕窝山、铁骊城北的老金沟及依吉密河畔的深山密林中都有他曾经战斗的足迹。1943 年 1 月 4 日，朴吉松率部袭击庆城伪警察署，在返回密营途中，与庆城日本“讨伐队”相遇。战斗中朴吉松为掩护部队转移，身负重伤，被敌人抓获，送往北安伪满监狱。虽然经过敌人的各种严刑拷打，但是他至死不屈，后来被判处死刑。他慷慨就义时，口中高唱雄壮的抗日歌，时年 25 岁。

金 策（1902—1951）

朝鲜族人，中共党员。1902 年出生于朝鲜咸镇北道城津郡鹤上百棒枰村。1910 年随家迁入中国吉林省延吉县平岗基成村。1925 年加入朝鲜共产党。1930 年 7 月 27 日加入中国共产党，1933 年投入中国东北的抗日斗争。

1937 年 10 月，中共北满临时省委第六次省委会议决定将金策调到省委工作，任省委常委、宣传部部长兼抗联第三军政治部主任。1938 年 8 月 7 日，金策同原三军三师政治部主任侯启刚等 70 多人从宝清出发，渡过松花江到达萝北梧桐河下游，与在那里活动的六军三师代师长王明贵领导的部队会合，并以铁骊、庆城为目标，共同向西北远征。1939 年 3 月 9 日、4 月 12 日，金策分别在通河和尖山子（今铁力林业局西北河营林所）参加省委第二次执委会。会议决定改北满临时省委为北满省委，金策任书记，负责北满地区军队、地方党的工作和政治工作。此后，金策主要活动在铁力林区的老金沟一带（今铁力林业局向阳林场）。为加强地方党的工作和对抗日救国会及抗日武装工作的领导，北满省委建立北满抗日救国会，金策任会长。同时，金策还在老金沟主办北满省委机关刊物《统一》，从 1939 年 6 月到 1940 年 9 月共出版 9 期。

1941 年 7 月 10 日，金策任第三路军政委。1943 年年末，金策到苏联参加抗联教导旅北野营整训。此后，金策任东北抗日联军教导旅第三营政治副营长、中共教导旅党委会委员。1945 年 8 月日本投降后，金策返回朝鲜，当选为朝鲜劳动党中央委员会政治局委员、朝鲜民主主义人民共和国内阁副首相。1951 年 1 月 31 日病逝，享年 49 岁。

于天放（1908—1967）

原名于九公，化名于树屏，曾用名王文礼，中共党员。1908 年 4 月 9 日出生于黑龙江省呼兰县白奎堡三道沟于家粉房屯一个封建大家族。富足的家境使他有条件读书，加上他天资聪明，学途屡屡得第，最后以黑龙江考生第一名的成绩考入清华大学。在校期间，他接受共产主义思想，秘密加入中国共产党，担任中共清华大学党支部书记。1932 年春，中共北平市委派于天放、张甲洲等人回东北组建抗日武装队伍。于天放、张甲洲所在的抗日义勇军在与日伪军交战中，因寡不敌众被打散。此后，于天放参加抗联队伍。1940 年春，东北抗联第三路军各部分别编为三、六、九、十二支队，于天放担任六支队政委。六支队以庆城、铁骊、东兴的山区为后方基地，在铁骊北部的大砬子山下（今铁力林业局茂林河林场）建立大本营，活动在绥棱、庆城、铁骊、海伦直至龙江腹地，主动打击敌人。

1944 年 12 月，由于汉奸告密，于天放在宋万金屯被捕，被押往北安监狱。在监狱中他受尽酷刑，坚贞不屈。后越狱，仍然坚持抗日。

1945 年东北光复后，于天放历任黑龙江省参议会议长、黑龙江省人民法院院长、黑龙江省军区司令员、黑龙江省副省长、黑龙江省政协副主席等职务。“文化大革命”中，于天放惨遭摧残，1967 年 5 月 30 日含冤逝世，享年 59 岁。

金玉坤（1919—1976）

女，中共党员。1919 年出生于黑龙江省依兰县三道岗。1937 年，日本侵略者的铁蹄踏进金玉坤的家乡，她在抗联的动员下，毅然参加抗联部队，进入大山，开始抗日救国生涯。她先被分配到后方被服厂制作军衣。被服厂被转移到老金沟后，她在那里坚持战斗，升任厂长。1940 年，她与隋德胜结婚，不久在老金沟生下女儿隋扬兰。

1941 年年初，金玉坤和战友们随抗联来到苏联，参加远东步兵第八旅。在军训中，她成绩优秀，手使双枪，百发百中，被提升为上尉。1945 年 8 月苏联对日宣战，金玉坤返回祖国，参加抗日战争。日本投降后，金玉坤率战友投入依兰县的缴匪斗争，为依兰县的百姓清除匪患。

在抗日战争中屡立战功的金玉坤得到党和人民的丰厚回报。组织上委派她以重任，金玉坤却再三推辞，解甲为民，在依兰县隐居起来。“文化大革命”中她受到迫害，身患多病，于 1976 年 12 月 29 日含冤去世，终年 57 岁。

李凤山（1916—1982）

原名张子荣，中共党员。1916 年 9 月出生于吉林省依兰县一个贫农家庭。1932 年参加东北抗日联军二军五团，后转入东北抗日联军第三路军第三支队任支队长，活动在海伦、庆城、铁骊一带，与日伪军多次交战。1935 年在依吉密河大桥下（今铁力林业局建设营林所）加入中国共产党。1941 年随同部队到达苏联，参加由东北抗联组成的第八旅。1945 年回国参加对日本侵略者的决战，为光复东北做出贡献。1945 年 8 月 15 日东北光复后，他在张光迪领导下的第二支队（后改为二旅）任五团二营营长。1946 年 1 月，他率领一个连的兵力在绥化、庆安地区追击白匪曹荣，因敌众我孤，作战时被俘。后经多方营救被放回。

李凤山于 1949 年转业到铁力林业局工作至 1979 年，为党和林业生产建设贡献自己的力量。1982 年因病去世，终年 66 岁。

张贵武（1910—2003）

中共党员。1910 年出生于黑龙江省德都县。1939 年 9 月至 1944 年参加东北抗日联军第三路军，任战士，随部队打击日本侵略者及其走狗。1945 年任拉林独立团副团长，同年 8 月任哈尔滨市稽查处处长，1951 年任延寿县新兵团副团长，1952 年任中国人民解放军松花江公安大队大队长。1952 年 9 月转业到铁力林业局工作，历任基层领导职务。他工作积极，吃苦耐劳，平和待人，深受人们爱戴。1981 年离休，2003 年去世，终年 93 岁。

边格方（1915—？）

中共党员。1915 年出生在山东省灵邱县。1937 年参加红军，后参加山西省八路军 115 师 34 旅，历任战士、侦察员。1941—1943 年在苏北任侦察排长，1943—1945 年任新四军某团指导员，1947 年任黑龙江省军区连长，1948 年任绥化县大队指导员，1949 年转业到铁力林业局工作。

边格方在长期的革命斗争中，忠于党，忠于人民，为民族的解放事业出生入死，屡立战功。到铁力林区后，他忠于职守，勤劳敬业，为铁力林区的发展贡献力量。已去世。

在铁力林区坚持抗日的还有赵尚志、李兆麟、张光迪、周云峰、王明贵、郭铁坚、侯启刚、冯仲云、马光迪、高继贤、陈雷、于兰阁等许许多多抗联将士，他们为了抗日救国，与日本侵略者及其走狗浴血搏杀。他们的名字，将永载铁力林区史册，并将世世代代树立在铁力林区人民的心中。

第二节　汉　奸

国长有（？—1946）

伪庆城县警察署警佐。国长有在任期间，疯狂镇压抗日联军和爱国民众，无恶不作。多次参与对铁力林区抗日联军的“讨伐”。1942 年 8 月 2 日，伪庆城县警务科抽调警察、炮手 50 多人组成“挺身队”，国长有任队长，进山“讨伐”抗联，抗日名将许亨植在战斗中不幸牺牲。国长有残暴地将许亨植和一同牺牲的抗联战士陈云祥的头颅割下，在铁骊警察署门前示众后运回庆城，挂在伪警务科门前示众。国长有为警期间，杀害、抓捕抗联战士和爱国民众100多人，罪恶深重。1946年4月，国长有被于天放诱捕，并被处以极刑。

周洪山（生卒年不详）

伪铁骊警察队分队长。经常追随日本侵略者进山“讨伐”抗联。1940年5月，周洪山在小西北河附近（今铁力林业局九连林场）抓获为抗联送给养的1名老人，严刑拷打后押送哈尔滨。同年12月，他抓获抗联战士数名及孩童1名后，当场将孩童摔死。周洪山在任期间，采用极其残酷的手段，疯狂镇压抗日人员和平民百姓。1945年东北光复后，他畏罪潜逃，下落不明。

任永林（生卒年不详）

俗称任三，是抗联第三路军一师政治部主任周庶范的随行副官，与其兄大任、二任同在一个部队。二任品行不端，经常寻花问柳。有一次二任到乡下活动，强奸了当地一名妇女，被治军极严的周庶范就地正法。任永林怀恨在心，伺机报仇。1942年3月，周庶范带着任永林从庆城北部出发去铁骊老金沟开会，走到五花山附近（今铁力林业局北关农场）时，任永林同另外一名叛徒王大山从背后开枪将周庶范打死，一同牺牲的还有车永焕。任永林、王大山割下周庶范、车永焕的头颅，到三谷峰日伪警察署领赏。1945年东北光复后，任永林畏罪潜逃，下落不明。

第三节 模范先进人物

梁振海（1908—1983）

中共党员。1908年出生于山东省惠民县一个贫民家庭。13岁后开始为地主扛活，1931年只身来到铁力林区当“木把”，直至1945年，其间受尽日本侵略者及汉奸把头的欺压。东北解放初期，土匪猖獗，为了捍卫新生的人民民主政权，他参加县大队进行剿匪。由于他作战勇敢，敢于只身闯进匪窟劝降匪首，几次立功，被提升为县大队中队长，并于1949年光荣地加入中国共产党。1950年重返林区工作，他积极投身新中国林业的开发建设，在铁骊林务局丰林作业所流送木材，其领导的班组年年月月超额完成生产任务，后被调至林务局作业股担任股长。他坚持深入生产一线指挥生产，同工人一起创造出流送安全作业法，并在东北林区水运战线推广。1951年抗美援朝前线急需木材，铁骊森林工业分局把有经验、有能力的梁振海调到依吉密作业所任主任。他以超群的工作能力抓管理、抓生产，使该所由后进变先进，梁振海为此受到林业局和东北管局的嘉奖。

1983年，梁振海逝世，终年75岁。

马永顺（1914—2000）

中共党员。1914年10月出生于河北省宝坻县沟头村。1933年，马永顺闯关东来到东北林区当上林业工人。他在日本侵略者和汉奸把头的残酷剥削和压榨下，受尽苦难，过着非人的生活，在深山老林里一干就是十几年。1945年东北光复，日本侵略者投降，受苦受难的林业工人获得解放。1948年年初，马永顺来到铁骊林务局，成为新中国第一代林业工人。当时解放战争正在激烈进行，铁路、桥梁被节节败退的国民党军队破坏，亟待修复，需要大量的枕木、桥梁木，同时后方建设也需要大量木材。刚刚翻身做国家主人的马永顺，以高度的爱国热情和冲天的干劲，投身到当年冬季的伐木会战中。他在铁骊林务局喇叭河作业所，用原始的生产方式和一把弯把锯，一个人一个冬天伐木1200立方米，完成6个人的采伐量，创造全国手工伐木之最。1949年年初，他第一次参加黑龙江省林务局召开的劳模会。从此，他成为林业工人学习追赶的伐木能手、生产标兵。他带领的伐木小组被命名为马永顺工组。1951年，他光荣地加入中国共产党。20世纪50年代，是伊春林区开发、建设时期，为适应全国大规模经济建设的需要，国家每年给林业局下达的木材生产任务成倍增长，林业局的新工人也不断增多。马永顺凭着自己的实践经验，默默地搞起革新创造。白天在山场上，他把自己20多年来用过的“大抹头”“元宝楂”“月牙楂”“对口楂”等十几种放树方法，逐个进行实验、比较、观察和分析；晚上回到工棚里，顾不得吃饭就忙着用筷子作树干，小刀当斧锯，反复实验伐树的每一个动作要领，记下来，画下来，白天再到山场实际操作。那段时间，他常常忙到三更半夜才休息。经过刻苦攻关，他终于创造出一种人安全、树保险、效率高的采伐方法——“安全伐木法”，使生产效率提高20%以上，事故也大大减少。

面对成绩，马永顺不骄不躁，继续刻苦钻研。继“安全伐木法”之后，他陆续创造出“四季锉锯法”，提高生产效率5%；“流水作业法”，提高生产效率35%。他还创造“按号分人，自采自打”和“按计划造材法”等十余项生产新技术、新方法。他和他的工组提前一年零三个月完成第一个五年计划，并保持20多年无生产事故。

“文化大革命”期间，马永顺以坚定的共产党人信念，排除动乱带来的种种干扰，常年坚持在生产第一线。为了充分利用森林资源，他和工组工人一起开始新的技术革新项目的研究，于1972年创造出“一条龙作业法”，把采、打、集、装、清和拣集枝丫等工序联结起来，提高伐区作业质量和木材利用率，为贯彻采育结合总体规划和恢复、发展森林资源发挥了重要作用。1981年，马永顺又和工组工人一起研究创造出“作业一次净号法”，使有利用价值的伐区剩余物全部得到利用。

马永顺在林业生产建设中，以创造性的劳动取得了优异的成绩，为国家做出很大贡献。他多次被评为林业特等劳动模范，曾经代表马永顺工组38次进京、14次见到毛泽东主席及其他国家领导人，4次同毛泽东主席握手。马永顺为林区人民赢得了荣誉，是林区的骄傲。1982年，马永顺离休。离休后的他，本可以在家里安享晚年。可当他看到伊春林区可采资源日益减少、经济危困不断加深的现状时，这位对中国林业生产做出过突出贡献的老共产党员立刻焦急起来。以前，他觉得伐树越多对人民的贡献越大，后来他逐渐认识到他自己伐的树木越多，他欠大森林、欠子孙的债也就越多。他计算了一下，从自己参加工作到1982年离休，他共计伐树约36500棵。他虽然边伐边补栽，但到离休时仍有8000棵树苗没有补栽上，他是身背着“债务”离休的。他决心还上这笔“欠账”，用实际行动为振兴林业经济贡献自己的力量。

为尽快还上这笔“欠账”，马永顺倡议全家三代人（包括外孙、外孙女）共19口人一同上山造林。他的倡议得到全家人的响应。从此，全家除马永顺有病的老伴和两个不能上山的幼孙外，其余16口人都上山栽树。1991年5月，77岁高龄的马永顺和全家人终于还清他的“欠账”，植树36500棵。还上“欠账”后，马永顺并没有停止栽树。他曾豪迈地说，“只要我身子骨不散，我还要上山栽树”，“只要我不停止呼吸就继续领着子孙上山造林……一代代传下去，世世代代为大山添新绿！”马永顺的“不停止呼吸”就“补苗不止”的精神，可以说是“挖山不止”的“愚公精神”在当代社会中的再现！因此，人们赞誉他是当代社会的新愚公。1998年，马永顺被联合国环境规划署授予“‘全球500佳’环境奖”。

2000年2月10日，林业老英雄马永顺与世长辞，终年86岁。他的骨灰被葬在他所钟爱并为之奋斗一生的大森林，实现他“生为大山添绿，死后守护大山”的遗愿。

马永顺在岗期间，多次到北京参加全国劳模大会和全国群英代表大会，身份是马永顺工组代表。他的模范事迹，在全国林业系统乃至各行各业产生深远影响，他的名字被载入共和国史册。

孙 江（1926—2001）

中共党员。1926 年出生于黑龙江省望奎县一个贫困荒僻的乡村。1946 年，为支援解放战争，东北林区招工开发大森林。孙江带着简单的行装，来到铁力林区，1948 年被分配到铁骊林务局喇叭河作业所，当上伐木工人。同他在一起伐木的还有马永顺。孙江的手工伐木作业产量仅次于马永顺，多次受到伐木场的嘉奖。1949 年，他到铁骊林务局贮木场工作。由于吃苦耐劳、成绩突出，他成为全场赫赫有名的生产能手，进贮木场第一年就被评为贮木场和林务局的劳模。

1988 年，孙江退休。当时，森工企业由于长期超强度采伐和超负荷上缴，酿成“两危”，铁力林业局也由巅峰向低谷下滑。孙江决心为遏制“两危”做贡献。他花 20 元钱买了一辆旧自行车，从商店要来两个竹筐，干起了收“破烂”的行当。他走街串巷从酒店收空酒瓶子和废纸箱，然后卖给废品收购部，从中赚差价。

1991 年夏天，铁力林区下起了涝套雨，林业局第三小学门前的道路低洼积水，十分泥泞。为了人们出行方便，孙江拿出 4000 元钱买沙土、雇工平整路面，自己也推着小车跟着干。两个月的工夫，一条平坦、宽阔的路修好了，学生和过往行人不再为走路难而忧心。

1998 年，我国部分地区发生特大洪水灾害。灾区人民的安危牵动着孙江的心。他通过邮局给灾区汇去 1000 元的赈灾款，并要求自己的子女赈灾。几个孩子在父亲的影响带动下，纷纷向灾区捐款捐物。

1999 年，铁力林业局发生历史性变革，停止主伐生产，封山育林，实施“天保”工程。孙江拿出 1 万元钱捐给林业局，为“天保”工程买树苗。2000 年 4 月，他再次为“天保”工程捐款 1 万元。同年 5 月，又把企业补发的 1 万元拖欠工资捐给铁力市政府修家乡路。铁力林业局党委作出向孙江同志学习的决定。广大职工群众在孙江事迹的感召下，自发成立“孙江扶贫基金会”，纷纷慷慨解囊。

2001 年 9 月 24 日，孙江因病逝世，终年 75 岁。

宋福臣（1929—？）

中共党员。1929 年出生于辽宁省新金县。1949 年参加林区工作，其后任林业局机修厂宋福臣木工组组长。他带领工组成员，针对林业生产实际，大胆革新，发明创造。针对因桥梁维修耽误运材车运行的实际情况，他与工组成员经过多次实验，成功创造出“快速修桥法”，有效地保证了森铁的正常运行。他还注意节约木材，充分利用木材加工剩余物，利旧利废，如利用木材剩余物制作森铁线路铁轨垫板钻孔机，发明多锯条的锯床等设备，大大提高了生产效率。他关心培养青年工人，经常讲传统，讲作风，使工组成员人人爱党爱国，刻苦敬业，形成风气。从 20 世纪 50 年代起，宋福臣木工组先后被评为东北森林工业管理局模范小组、东北森林工业管理局“马恒昌式模范小组”、黑龙江省第六届模范工组和全国林业先进小组。宋福臣作为工组代表，于 1956 年同妻子李金花一起参加全国劳动模范代表大会。1957 年，宋福臣和他的工组转到朗乡林业局工作。已病故。

杨福星（生卒年不详）

中共党员。1949 年到铁力林区工作，曾任铁骊林务局财务股长。1955—1963 年任铁力林业局（铁力森林工业局）副局长，后因“文化大革命”停职。又于 1976—1978 年任铁力林业局代局长、局长职务。杨福星是会计出身，精明能干，善于企业管理，被称为“铁算盘”。他在铁力林业局任职期间，尽职尽责，忘我工作。“文化大革命”后又清除动乱造成的影响，抓生产、抓管理、抓检验，在控制生产成本的情况下，年年完成木材和营林生产任务。1981 年 10 月调至伊春市工作。已病故。

李汉章（生卒年不详）

中共党员。1950年参加林区工作，当过检尺员、调度、生产科副科长、林场场长。1982—1985年任铁力林业局副局长、局长。1985年任铁力林业局党委书记。李汉章精通业务，工作勤奋。在基层工作期间，抓技术革新，创造“伐区一次净号”和“采、打、集、装、清一条龙作业法”，为促进生产管理和伐区作业质量起到一定作用。他升任局长后，认真贯彻中共十一届三中全会精神和《中共中央关于经济体制改革的决定》，打破传统经营机制，在全局范围内实行生产全项承包、劳动全员承包、场（厂）长招标全面承包。在经营责任制上，由生产岗位扩展到企业各条战线。经济结构实行全民、集体、个体一起上，大搞开发性生产，大部分生产单位实行厂长招标、百分考核，打破干部终身制。在生产经营上积极恢复和发展森林资源，充分利用木材采伐剩余物搞综合利用深加工，并发挥林下资源优势发展多种经营，使全局的改革全面启动，新的经营体制和经营形式初具雏形。1985年年末调伊春市人大常委会工作。已病故。

第二章 人物简介

温溶洸

1946—1948 年任铁骊林业公司经理、中共铁骊林业公司支部委员会书记。任职期间，正值东北光复后的木材生产恢复时期。面临林区生产、生活条件艰苦，土匪骚扰破坏频繁的困难环境，他带领职工，克服重重困难，收拣日伪遗留的木材。同时，把公司仅有的 3 名共产党员组织起来，秘密成立党支部，使林业生产置于党的领导之下。1948 年年末调离铁骊林务局。已离休。

孔金山

1947—1949 年历任铁骊森铁局副局长、铁骊森铁局局长、铁骊林务局局长。1945 年东北光复后，人民政府开发大森林，百废待兴，铁骊林务局的木材运输由单一“水运”发展为“水运”“森运”两条运输线。为了支援全国解放战争，他和职工一起战斗在木材生产第一线，年年超额完成木材生产计划，使铁骊林务局成为东北重要的木材生产基地之一。

刘恒仪

1921 年出生于黑龙江省庆安县。1946 年参加林区工作，1950 年加入中国共产党，1962 年 9 月至 1982 年 9 月，先后担任铁力林业局党委副书记、副局长等职。任职期间，他忠诚党的事业，勤奋工作，坚持深入实际调查研究，同工人同吃同住同劳动，切实解决党员和职工群众的实际困难，深受好评。“文化大革命”期间受到冲击，他不畏强势，同错误行为做斗争，保持共产党员的本色。1984 年 4 月离休。

吴永成

从 1951 年开始，他带着马套子多次到铁骊森林工业分局集材。1951 年被留用。同年 7 月任铁骊森林工业分局党总支书记。当时正值抗美援朝时期，前线和新中国建设急需木材。他忘我工作，积极组织木材生产，在生产条件十分艰苦的情况下，铁骊森工分局 1951 年完成木材产量 180418 立方米，1952 年完成木材产量 360428 立方米，受到上级嘉奖。但由于其党性不强，1951 年将非中共党员的同乡刘某私自承认为共产党员，并任命其为森铁工业分局（当时森铁处为森铁工业分局）党支部书记兼监察委员会主任。1952 年事情败露后，吴永成被开除党籍，开除公职；刘某被清除出党，回家务农。

由 森

1953 年调至铁骊森林工业局，任党委副书记、书记等职。1955 年调出。在铁骊森林工业局工作期间，林区还没有摆脱开发初期生产和生活的困境，他始终以一个普通党员的身份出现在群众中间，带头吃苦耐劳，积极推行林业机械化生产，战胜重重困难，年年超额完成木材生产计划。在发展木材生产的同时，不断改善职工生活条件，相继建造了家属房，安装了电灯，教育和卫生事业也有了发展。

马景林

1957年9月至1960年12月任中共铁力林业局（铁力森林工业局）委员会书记。在铁力林区工作的3年多时间里，他认真贯彻党的林区政策，深入实际，调查研究，带领全局党员、群众积极开展政治斗争，力排“左”的干扰，防止斗争扩大化。他还组织工人群众大力发展木材生产，提高木材产量，创造了当时东北林区年产量之最。他密切联系群众，与群众同甘苦、共患难，深受全局党员、群众爱戴。

冷振峰

1949年加入中国共产党，1957年5月任铁力森林工业局局长。当时正处于执行第二个五年计划时期，全国面临国民经济危困等诸多困难。他带领全局干部、群众认真贯彻中央八届三中全会和黑龙江省一届二次党代会精神，深入开展整风和社会主义教育运动，在林业局掀起整改高潮和生产高潮。开展以全面增产节约为内容的先进生产者运动，年年超额完成生产计划。1959年木材年产量达903941立方米，受到上级表扬。1961年2月调离铁力。1985年离休，离休前任辽宁省林业厅森工处处长兼林产工业公司经理（副厅级）。

李春贺

1951年加入中国共产党，1949—1951年在铁骊林务局喇叭河作业所做检尺、统计工作。1952年任铁骊森林工业分局人事股干事。1953—1954年任铁骊森林工业局贮木场党总支书记。1955—1960年任铁力林业局（铁力森林工业局）团委书记、党委办公室主任、党委常委。1961—1968年任铁力林业局党委书记。李春贺任铁力林业局党委书记期间，正值“文化大革命”时期，他立场坚定，旗帜鲜明，带领职工群众认真贯彻中央以农业为基础，以工业为主导发展国民经济和调整、巩固、充实、提高的方针，全面调整企业经营方向，狠抓企业管理，深入开展增产节约运动，调动全局广大职工的积极性和创造性。正因为他热衷于林业生产建设，被造反派以“走资派”的罪名揪斗。1969年调离铁力，1988年当选为中共黑龙江省委委员。1990年离休，离休前任大兴安岭地委书记兼军区第一政委。

茹长胜

1947年参加革命工作，同年9月加入中国共产党，1972年5月至1975年12月任铁力林业局党委书记。他在铁力林业局任职期间，正处于“文化大革命”后期。他一手抓政治，极力消除“文化大革命”影响，认真落实党的各项政策，调动各方面的积极因素。一手抓促进林区政治与经济发展。一面发挥党员队伍、干部队伍、工人队伍的作用，积极生产木材，支援国家建设；一面大力发展营林事业，为以后森林资源的恢复和发展打下基础。

刘万治

1949年到铁力林区工作，历任现场员、生产科科长、林场书记、场长等职务。1978年10月至1981年11月任铁力林业局局长，1985年7月任铁力林业局党委书记。他在担任铁力林业局局长、党委书记期间，注重调查研究，立足局情，抓改革，抓管理。于1984年在茂林河林场、贮木场等单位搞企业改革试点，聘用场长，建立以开放搞活为重点的经营体制和管理机制的改革，并以点带面，在全局铺开。同时，根据“七五”计划的基本指导原则和建设方针，提出“发挥优势”（发挥主观的、客观的、局内的、局外的、人财物力的、科学技术的优势）；“放宽搞活”（简政放权、宏观控制、微观搞活、放宽政策、搞活经济）；“以林为本”（以培育发展森林资源作为振兴经济的根本）；“以多制富”（多门类、多项目、多层次、多渠道、强局富民）；“长短结合”（近期建设和长期建设、近期效益和长期效益结合，达到眼前过得去、长期有后劲）；“立体开发”（山、林、水、矿，地上地下，全面开发）；“综合经营、全面发展”（多种经济并存，各行各业全面发展，把全局建设成文明富裕的新林区）方针。按照这些方针，他全面积极稳妥地搞经济体制改革，加速产业结构调整，强化经济管理，发展科技教育事业，坚持精神文明建设，使企业焕发活力，克服“两危”前期诸多困难，为之后企业成功度过“两危”困境打下一定基础。已离休。

刘恒义

1965年6月至1981年2月任铁力林业局党委副书记、副局长、局长等职务。1967年“文化大革命”时期，他被打成“走资派”，受到揪斗，停止工作。中共十一届三中全会以后，他重新站了起来，带领职工群众贯彻四项基本原则，以调整为中心，搞好生产建设，积极执行以营林为基础、采育结合、综合利用、多种经营的方针，抓营林、抓农业、抓多种经营，使全局消除“文化大革命”带来的负面影响，出现百废待兴的局面。同时，他还狠抓企业经济改革，在生产单位搞扩权试点，建立各种经济责任制，实行企业民主管理，为“文化大革命”后铁力林业局的恢复和经济发展做出贡献。已离休。

苏 铎

1984年10月至1985年6月任铁力林业局副局长，1985年6月至1989年任铁力林业局局长。针对铁力林业局日趋严峻的“两危”形势，他组织制定《关于进一步下放权力放宽政策搞活基层的若干规定》（即“44条”），并亲自组织实施，对搞活经济、增强企业内力起到重要作用。为寻找解危出路，林业局成立信息公司，招聘一部分合同工为信息员，在天津、大黑河等地设立联营点，负责招商引资和销售林业局产品。他针对林业局实际，注重发展多种经营生产，除组织开荒种地外，还动员职工搞养殖业、采集业，为以后发展家庭经济打下基础。已退休。

李万林

1954年5月参加工作，1958年加入中国共产党，1986年8月至1993年8月任铁力林业局党委书记、局长。1993年调入伊春市人民政府，任市政府副秘书长，1999年退休。他在铁力林业局任职期间，主要抓了三件事：一是森铁改公路。发动职工群众搞会战，在短时间内拆掉森林铁路，修筑林企公路，从此结束铁力林区延续几十年的“森运”方式，实现汽车运输，促进林业生产，方便广大职工群众。二是“以木换房”。借助伊春市的相关政策，山上各林场（所）都用销售自用材的收入建房，使林场（所）大部分职工住上砖瓦房。三是筹建自来水工程。组织有关部门对上积极争取资金，建立自来水设施，使山下地区职工家属全部用上自来水。

陈丛礼

1989—1991年任铁力林业局党委书记。任职期间，他针对铁力林业局“两危”现状，进行大量调查研究，寻找症结，思考对策，对局长实施治危兴林决策起到重要作用。在森铁改公路、“以木换房”等工作中，他身体力行，发挥模范作用。他还注重抓党的建设，联系实际，整顿党的作风，使党组织的战斗力得到加强。

韩连生

1992—1993年任铁力林业局局长，1993—1995年任铁力林业局党委书记。“两危”时期，他领导全局职工群众解危自救，开展治危兴林大宣传、大讨论，创造浓烈的治危兴林气氛，振奋职工精神。同时，转换经营机制，实施配套改革，先后进行人事制度改革、劳动制度改革、经营机制改革、商业体制改革和住房制度改革。与此同时，发挥现有资源优势，调整产业结构，搞综合立体开发，农业、多种经营、林产工业出现百业待兴的局面。发动群众开展增收节支活动，增强企业内力。在改善职工生活方面，开展“以木换房”“以木换电”和开通自来水等福利工作，稳定职工情绪。

杨国栋

1992—2000年任铁力林业局副局长、局长。他在铁力林业局工作期间，面临资源危机、企业经济危困形势，开拓进取，带领职工群众解危自救。针对企业经营现状，提出“大船调头”（企业由计划经济向市场经济转换），“小船扬帆”（基层单位自强自立，各自突围）和“一改两管三分”（深化改革，管住资金，管住资源，分流人员，分散突围，搞活分配）工作思路，并积极实施。他任局长期间，多方筹措资金，山上村场（所）全部接通网电，结束了林区无长电的历史。他以斐然的政绩，受到朱镕基等党和国家领导人的接见，并获得国家“五一劳动奖章”。2001年升任为伊春林管局副局长。

王忠林

1994—2004年任铁力林业局副局长、局长。在铁力林业局工作期间，他提出热爱家乡、美化林城、建设优美的林区小城镇的设想，修建办公楼，设计规划建设松涛街，创建生态园、百树园，移栽树木，开展清除白色污染、保护绿色家园活动。首创铁力林业局公开选拔聘用干部，面向全局公开、公平、公正地招聘财务科科长、旅游科科长、档案科科长、史志办主任。在生产经营中，他高瞻远瞩，2002年在伊春市首先提出不采红松、椴木等珍贵树木的建议。他亲自组建5支开荒队，在全局山上掀起开荒大会战，共开垦农田10.2万公顷。创建防火专业队伍，无火情时修路，有火情时随时奔赴火场扑火。在木材流通领域，实行木材销售统一运输、集中检尺、按户拨付、一销到底，减少贮木场生产环节，降低成本，增收效益，生产结束销售即结束，实现零库存。他密切联系群众，帮助职工群众排忧解难，设立每月两天局长信访接待日，亲自接待职工群众。同时，他注重研究铁力林区历史，亲自挖掘和整理林区抗日斗争史。由于政绩卓著，他曾获得黑龙江省十佳青年称号。1985年在国家“为边陲优秀儿女挂奖章”活动中，获得铜质奖章。1993年当选为黑龙江省第九次工会会员代表大会代表，1994年6月当选为伊春市第八届党代会代表。2004年调离铁力林业局，任伊春市森林防火指挥部副总指挥。

曹力卓

1995—2000年任铁力林业局党委书记。在企业“两危”形势严峻的情况下，他与林业局局长同舟共济，运筹治危兴林大计。组织全局职工开展治危兴林大讨论，深入群众寻求良策、倾听意见。在制定铁力林业局解危自救战略措施中，发挥重要作用。同时，全力支持局长推行“一改两管三分”战略，带领党员、群众积极实施。坚持加强党的建设，增强党组织的战斗力，对党员干部中的腐败行为敢抓狠管。他在铁力林业局任职期间，多次整顿干部作风，查处一批腐败干部。

李鹏远

2000—2003年任铁力林业局党委书记。他任职期间，把加快发展作为党的中心工作之一，大力发展绿色食品和北药产业，建起集贸、工、农为一体的松涛集团。抓生态旅游，为铁力林业局的经济复苏与发展发挥作用。同时，针对林业局实际，加强党的建设，重点加强领导班子、党员干部和基层党组织的党风廉政建设，对违规违纪人员进行查处，有效地规范和约束党员干部的廉洁从政行为。在精神文明建设和实施爱民工程上，他都倾注精力，成绩显著，促进了全局的稳定。

冯玉胜

2003年10月调入铁力林业局任党委书记。当时，正值铁力林业局企业经济复苏时期。为寻求发展之路，他带领有关人员深入基层，调查研究，走进百姓，共谋发展，并多次召开基层党政领导座谈会，摸索出在抓好森林资源培养的同时，突出发展畜牧养殖、绿色食品、北药种植、木材精深加工、森林生态旅游五大接续产业的战略措施。在措施实施中，他带领党员群众齐心协力，为发展效力，对促进全局经济发展起到重要作用。2004年，伊春市政府提出“南牛、北羊”战略，他积极组织实施，在集中榨奶、统一售奶两种经营方式的基础上，提出组建奶牛养殖股份公司的方案，为扩大奶牛养殖规模打下基础。

张 泱

1981年参加工作，1986年加入中国共产党。2004年12月调入铁力林业局，任中共伊春市委副秘书长，兼任铁力林业局局长职务。到铁力林业局工作以来，他恪尽职守，勤奋工作，针对林业局实际，把握大局，运筹整体，提出“保上缴，保工资，保稳定”的工作思路。在狠抓企业管理、简政压费、竭力增收节支的同时，结合创建新型林区，把进一步加快经济结构战略性调整，突出林业生态建设，不断发展五大接续产业的规模和总量，实现森工企业主辅换位，资源经济转型，促进林区经济快发展、大发展作为全局经济发展的定位，各项工作实现突破。为保证林区社会稳定，张泱还抓修路、扶贫、走进百姓、为群众办实事等民心工程，使上访案件大大减少。

李金花

女，1927年出生于辽宁省风城县一个贫苦农民家庭。她12岁就给地主扛活，手中的放羊鞭消耗了她整个童年时光。18岁那年，她嫁给木匠宋福臣。1949年东北林区招工，她跟随丈夫来到铁力，开始林区职工家属的生涯。当时由于林区生活条件艰苦，个别职工家属情绪低落，不愿待在林区，引发夫妻纠纷，从而影响林业生产。李金花主动找到林务局工会，要求做调解工作。她走东家串西家，先是和职工家属交朋友，帮助干家务活，然后以理动情，讲林区的远景，讲林业职工家属的责任，做夫妻双方的解劝工作。在她的劝说下，妇女们高高兴兴地留在了林区。李金花的工作得到街道组织的表扬，她被推选为街道委员会主任。

1952年，毛泽东发出扫除文盲的号召，李金花带头响应。这个被旧社会夺去上学机会的放羊女，拿起书本，在扫盲班里艰难学习，风雨不误。随着认字的不断增多、眼界的不断开阔，她对妇女学文化的意义也看得更深更远。她开始动员家属看书认字。她的家成了学习的课堂，她也当上了义务教员。在李金花的带动下，身边的妇女都参加扫盲学习，她也因为组织妇女学文化成绩突出，被铁骊森林工业分局评为扫盲模范。

大森林开发初期，林区职工生活艰苦，吃粮吃菜十分困难。为让职工吃饱肚子参加林业生产，李金花把妇女们组织起来，开荒种地。她和姐妹们起早贪黑，弯着脊梁在荒野里劳作，几年工夫开荒五六垧。在那段时间，她既要带领家属妇女参加地里劳动，又要操持家务，让丈夫安心生产，付出了大量的心血。在她的努力下，林业局实现了蔬菜自给有余，而她组织妇女开荒种菜的行为也得到了组织上的认可，在整个东北林区进行推广。1954年，她以先进妇女代表的身份参加黑龙江省妇联召开的全省妇女代表大会。在这次会议上，省妇联号召全省妇女走出家门，参加家乡的经济建设。她回到林业局后，在丈夫宋福臣所在的林业局机修厂领导的支持下，将机修厂职工家属组织起来，成立了家属队，参加机修厂的生产劳动。她在厂里当过翻砂工、电工、托儿所所长，干一行爱一行，年年被评为林业局和省劳动模范。1956年5月，她被评为全国劳动模范，和丈夫宋福臣一起出席全国劳动模范代表大会，受到毛泽东等党和国家领导人的接见，并参加“五一”劳动节观礼活动。1957年，她在参加全国第三次妇女代表大会时，受到蔡畅、邓颖超等国家领导人的接见。

于天元

1957年参加林区工作，历任林场工段长，林业局森林病防站站长、科长，林业局副总工程师，1993年退休。在他36年的林业生涯中，热爱林业事业，致力于营林科学技术领域的探索与研究。退休后，他又参加民营铁力市兴安岭农林栽培技术研究所和铁力市中药材学会、五味子栽培技术服务中心的科研活动。2000年被中植东林生态科技股份有限公司种苗基地聘为高级工程师。由于他刻苦努力，研究与实践的成果颇丰。先后完成陈旧红松种子室内综合催芽应注意的问题、紫椴种子催芽试验、红松种子催芽标准及其应用、北五味子播种育苗技术研究、刺五加萌生苗培育技术等20项课题的研究与实践，并撰写成学术论文，在《林业科技》《东北林学院学报》《吉林林业科技》《中国林业企业》等报刊上发表，多篇获得成果奖。他还潜心探索推广五味子、刺五加、刺老芽、平贝母、轮叶苦参、芦荟等药用植物栽培新技术。先后获得全国农林科技推广工作先进个人、伊春市知识分子拔尖人才、伊春市自学成才标兵、伊春市和铁力林业局劳动模范等光荣称号。1992年享受国务院政府知识分子特殊补贴。

曹　锋

1933年出生。历任《铁力林业报》和铁力林业局广播站编辑、广播电视科副科长、科长等职。他早在二十世纪五六十年代就从事业余文学创作，先后在《中国林业报》《黑龙江文艺》《工人日报》等报刊发表小说、散文、报告文学、诗歌等200余万字，其个人专著《漫长的路》在黑龙江人民出版社出版。

从1957年开始，他跟踪报道马永顺事迹40多年，为宣传马永顺精神做出了突出的贡献。1992年创作11万字的纪实文学《马永顺的故事》，先在《中国林业报》连载，后由黑龙江教育出版社出版。1996年，他和吴宝三合作，创作21万字的《马永顺传》。该书在黑龙江人民出版社出版后，省作家协会召开出版座谈会，并在黑龙江省广播电台、《黑龙江日报》连续播出和连载，先后获得黑龙江省首届文艺精品工程奖、全国关注森林文化艺术奖和北方十五省优秀图书奖。马永顺逝世后，他又创作17万字的《马永顺传奇》和10万字的《马永顺和他的孙子马立志》。

曹锋还致力于新闻和文学新人的培养工作。协助中小学校创办文学社，培养小记者、小作家。先在林业局3所中学、3所小学创办《绿地》《春蕾》《芳草》等6个文学社。此后，走出去帮助铁力市、双丰、桃山、南岔、金山屯等地的学校办文学社。截至2005年，在伊春市文联的支持下，共创办20多个文学社，有小作家1000多名，小作家在市级以上刊物发稿500多篇。

曹锋系中国林业文联会员、黑龙江省作家协会会员、黑龙江省报告文学创作委员会副主任。2002年被伊春市委、市政府授予“兴安百面旗”荣誉称号，2004年荣获伊春市“十大文化名人”称号。

第三章 先进集体、个人

第一节 先进集体

铁力林业局森铁管理处 1043 号青年包车组

其前身是铁力林业局森铁管理处107号青年包车组，始建于1952年。在长达38年的森铁运输中，铁力林业局森铁管理处1043号青年包车组（以下简称1043号包车组）人员胸怀报国之志，尽心竭力，奋战在自己钟爱的机车上，为共和国的林业建设事业做出突出贡献。1956年被黑龙江团省委命名为"保尔号青年包车组"；1958年出席全国青年社会主义积极分子代表大会；1959年出席全国群英代表会，同年被评为黑龙江省工业交通运输先进集体；1960年出席黑龙江省群英代表会；1968年小组代表应邀赴京参加国庆观礼；1979年被黑龙江省政府授予黑龙江省"先进班组标兵"称号，同年被林业部授予"林业系统先进集体"，被黑龙江团省委授予"全国青年突击队"光荣称号；1980年被伊春团市委和黑龙江团省委授予"勇往直前的先锋号包车组"和"林海飞蛟龙，钢铁运输兵"称号；1982年12月光荣出席共青团第十一次全国代表大会。

抗美援朝时期，为了支援前线，1043号包车组负责山上一个林场捣站作业任务。车组人员春节不下山，没有宿舍，就在没有窗户的磨坊里铺上几抱干草安营扎寨。隆冬季节，寒气逼人，他们夜里常常要被冻醒几次。没有食堂，就自己带个小米袋，支起饭盆烧饭。1960年国民经济困难时期，他们用玉米面掺甜菜蒸成的干粮冲饥，仍然天天坚持出车。煤少，他们就利用锯末树皮和原煤混烧，到楞场捣站不烧煤，拣木柈和树皮烧。他们拼着这股劲，抢困难，担重担，圆满地完成了成木材运输生产任务。

随着林业建设事业的不断发展，1043号包车组司机长换了5任，组员换了一批又一批。但是，车组艰苦奋斗的光荣传统没有丢。1043号包车组保存着两件"传家宝"：一件是第一任司机长张景和在国民经济恢复时期，检修机车用的一把活口搬子；另一件是20世纪60年代，车组人员用来拣煤核坚持生产的一个土篮子。每逢车组进来新人，车组人员都向他们介绍这两件"传家宝"。机车每次清炉都要清理一些煤核，车组人员把它们一块一块地拣起来，建组以来共收拣煤核5000多公斤。擦车布是清洁机车不可缺少的用品，车组人员节约利用，将使用过的擦车布用碱水洗去油污后再次使用，每年为国家节约上百元。

1954年，为了更好地节约燃料，车组人员改进压油机拉杆，把原来4个眼改为8个眼，降低了20%的汽缸油消耗。1955年，他们又研究制造单独清炉法、低压运转法及煤水车挡线器。这几项发明创造大大降低了原煤的消耗。

1043号包车组使用的机车是20世纪50年代的老设备。为了提高机车效能，车组人员坚持搞革新改造，先后完成9项大型革新项目，使老机车焕发青春。他们还做到"三勤"（勤检查、勤保养、勤给油），执行“三不交”（即小修活不完不交，清炉不彻底不交，工具不全不交）制度，做到停车就检、有毛病就修。1975年，党中央和国务院提出在20世纪末把我国建设成为四个现代化强国。1043号包车组议大干之策，定大干之计，积极执行森铁处提出的“三定”（定点、定次、定辆）运输生产方式，压缩站停时间，抢时间，昼夜三班倒。1976年4月，在承担泥河至香草河间的运转工作中，车组的两台机车被调走一台。他们在机车少、任务重的情况下，加快车辆周转，多拉快跑，创造线路坡度在40度的困难区段牵引23次、运材274立方米的高产纪录。1990年，森铁处在林业局运输方式改革中解体，1043号包车组完成了自己的历史使命，机车外调，车组人员被分配到其他战线。但是，这个模范车组的先进事迹将永远载入林业发展史册。

马永顺工组

1949年9月15日成立，是全国林业战线的一面旗帜。1959年出席全国群英代表会；1963年出席全国林业系统先进代表会；1960年出席黑龙江省群英代表会；1962年出席黑龙江省林业系统先进代表会；3次出席黑龙江省劳动模范代表会。1973年以来，12次出席伊春市先进代表会，22次出席局先进集体和先进生产（工作）者代表大会，其中8次被树为标兵，荣立一等功1次、二等功2次。

马永顺工组建组初期，共12人，均为手工作业，单一生产。在国民经济恢复时期和抗美援朝中，他们发扬一不怕苦、二不怕死的精神，舍力苦干。为提高伐木产量，马永顺工组认真总结生产经验，改双人快马锯放树为单人弯把锯放树，创造出一套完整抽片、挂耳留弦、加楔的伐木经验，不仅提高了生产效率，而且保证了生产安全。他们又将小齿弯把锯改为大齿，提高工效80%。1950年在老组长马永顺的带领下，经过近百次的试验，成功创造出“安全伐木法”和“四季锉锯法”，大大提高劳动生产率，并在全省各林业局推广。马永顺工组由于成绩卓著，1951年被评为东北林业“马恒昌式模范小组”。

1954年，马永顺工组继创造“安全伐木法”和“四季锉锯法”之后，改革劳动组织，又集体创造出小组管理经验，将原来“三三编制”的9人混合劳动组织，改为13人流水作业劳动组织，分为采伐、造材、通吊3个工序，做到上下工序衔接，提高生产效率35%。同年，马永顺工组又研究出“五好六不放”（“五好”，即树倒方向看好、安全道打好、上下茬拉好、锯锲子夹好、耳子挂好；“六不放”，即太阳不出来不放、太阳落后不放、大风天不放、大雪天不放、下大雨不放、大雾天不放）的伐木安全生产措施，既保证伐木安全生产，又提高产量25%。1955年，马永顺工组在增产节约运动中，提出降低伐根的建议。他们带头执行，不论采伐条件多复杂，伐根都降到0厘米，每年为国家节约木材近40立方米。1956年，马永顺工组增加2200立方米枕资材的生产任务，全组人员起五更，爬半夜，齐心奋战，超额10%完成任务。1957年，马永顺工组被调转到依吉密林场。这个林场实行机械集材。为了使树倒方向便于拖拉机集材，他们使用长把木楔，使树倒方向正确率达95%以上。在第一个五年计划期间，马永顺工组共完成6年零3个月的生产量，1953年被东北森林工业管理局评为一等采伐模范小组。

马永顺工组在“文化大革命”中遭到严重的干扰和破坏，被诬蔑为“假经验”“黑典型”“铁杆保皇派”。工组冲破种种干扰，顶着压力坚持生产。工组所在的卫东林场可采资源条件差，大部分伐区在石塘、高山角上，坡度最高处达44度，被视为“禁区”，运材距离近者1000米左右，远者达1500多米。面对困难，工组选择条件最差的作业号，集思广益研究生产方案。山角高，拖拉机集材盘山绕；坡度陡，先把主绳拴在大树上，拖拉机边下边放。1976年5月在摘“山帽”生产中，山帽坡度达37度，集材距离达1500多米。机车爬到半山坡，主绳不够长，得用人拽大绳上山去接，每捆主绳重达70多公斤。他们发扬吃苦耐劳的精神，早出车、晚收工，自修盘山道，轮换吃午饭。经过艰苦奋战，终于拿下了“山帽”。

20世纪90年代，森工企业陷入“两危”困境，马永顺工组承担的木材生产任务锐减。他们审时度势，积极投入到治危兴林中。一面坚持合理采伐，为大山留下绿荫；一面实施“天保”工程，植树造林，培育后备森林资源。同时，利用非宜林荒地开荒种地，发展替代产业，实行以户自立。1999年，铁力林业局停止主伐生产，马永顺工组成员全部转岗，自谋生路。有的搞种植业，有的搞小车运输，有的养鸡、养猪。每到造林季节，分散各地的工组成员都会聚集到一起植树造林，立志为后代留下一处绿荫。

第二节　先进个人

铁力林业局国家级（含系统）先进人物一览表

表 15-1

姓　名	性　别	工作单位	获得的荣誉	时间（年）
马永顺	男	卫东林场	代表马永顺工组出席全国劳动模范大会	1956
张景和	男	森铁管理处	代表1043号包车组出席全国劳动模范大会	1956
宋福臣	男	机修厂	全国劳动模范	1956
李金花	女	机修厂	全国劳动模范	1956
彭德丽	女	建设营林所	全国三八红旗手	1983
赵玉英	女	第二小学	全国优秀班主任	1984
石　兵	女	第二中学	全国优秀教师	1984
王忠林	男	贮木场	团中央祖国优秀边陲儿女奖章	1986
杨国栋	男	林业局	全国五一劳动奖章	1999
刘宝文	男	第二中学	全国优秀教师	2002

铁力林业局省级（含森工总局）先进人物一览表

表 15-2

姓　名	性　别	工作单位	荣誉称号	时间（年）	颁发单位
石　兵	女	第一中学	劳动模范	1991	黑龙江省
巴施芹	女	私营企业	特等劳动模范	1997	黑龙江省
李淑杰	女	局工会	劳动模范	2002	森工总局
韩冰峰	男	第二中学	劳动模范	2002	森工总局
宋铁岩	男	工程处	劳动模范	2004	黑龙江省
李铁生	男	防火办	劳动模范	2004	森工总局

1986—1999年铁力林业局市级先进人物一览表

表 15-3

姓　名	性　别	荣誉称号	时间（年）
李伟林	男	劳动模范	1986—1987
邹振芳	女	劳动模范	1986—1987
李丽萍	女	劳动模范	1986—1987
张玉新	男	劳动模范	1986—1987
王廷久	男	劳动模范	1986—1987
樊同权	男	劳动模范	1986—1987
刘国成	男	劳动模范	1986—1987
陆旭日	男	劳动模范	1986—1987
洪玉发	男	劳动模范	1986—1987
李新昌	男	劳动模范	1986—1987

续表 15-3

姓　名	性　别	荣誉称号	时间（年）
张占海	男	劳动模范	1986—1987
郭万金	男	劳动模范	1986—1987
于天光	男	劳动模范	1986—1987
黄淑范	女	劳动模范	1986—1987
韩玉俭	男	劳动模范	1986—1987
张成安	男	劳动模范	1986—1989
许孝云	男	劳动模范	1986—1989
芦会林	男	劳动模范	1986—1989、1991
张　成	男	劳动模范	1986—1989、1991
杨春成	男	劳动模范	1986—1989、1991
宋淑贤	女	劳动模范	1986—1989、1991
王忠林	男	劳动模范	1986—1989、1991—1993
赵志杰	男	劳动模范	1986—1989、1991—1995
韩永祥	男	劳动模范	1986—1989、1991—1995
李松海	男	劳动模范	1986—1987、1991—1993、1996—1997
关明仁	男	劳动模范	1987—1989
杨长江	男	劳动模范	1988—1989
韵灿广	男	劳动模范	1988—1989
李凤岐	男	劳动模范	1988—1989、1991、1996—1997
武占林	男	劳动模范	1990—1991
张学成	男	劳动模范	1990—1991
于淑芝	女	劳动模范	1990—1991
曲德钊	男	劳动模范	1991
梁爱华	男	劳动模范	1991
王庆新	男	劳动模范	1991
赵建林	男	劳动模范	1991
燕学成	男	劳动模范	1991
卢国胜	男	劳动模范	1991
马　涛	男	劳动模范	1991
宋兆志	男	劳动模范	1991
李国良	男	劳动模范	1991
董跃辉	男	劳动模范	1991—1995
高铁山	男	劳动模范	1991—1995
刘玉华	女	劳动模范	1991、1997
姚相臣	男	劳动模范	1991、1994—1997
王彩荣	女	劳动模范	1991、1994—1997
高玉柱	男	劳动模范	1992—1993
张树元	男	劳动模范	1992—1993
张　富	男	劳动模范	1992—1993

续表 15-3

姓 名	性 别	荣誉称号	时间（年）
赵春生	男	劳动模范	1992—1993
柏连义	男	劳动模范	1992—1993
刘尚庆	男	劳动模范	1992—1993
刘录江	男	劳动模范	1992—1995
刘文祥	男	劳动模范	1992—1995
曹传贵	男	劳动模范	1992—1995
周贵清	男	劳动模范	1992—1997
魏百山	男	劳动模范	1992—1999
贾 焕	男	劳动模范	1994—1995
胡振范	男	劳动模范	1994—1995
刘福春	男	劳动模范	1994—1995
郭继荣	女	劳动模范	1994—1995
李淑贤	女	劳动模范	1994—1997
单昭堂	男	劳动模范	1996—1997
姜玉霞	女	劳动模范	1996—1997
梁桂兰	女	劳动模范	1996—1997
陈宝英	女	劳动模范	1996—1997
卞秀兰	女	劳动模范	1996—1997
孙万海	男	劳动模范	1996—1997
杨 军	男	劳动模范	1996—1997
姜树山	男	劳动模范	1996—1997
邵世文	男	劳动模范	1996—1997
段海燕	女	劳动模范	1998—1999
李淑杰	女	劳动模范	1998—1999
马继余	男	劳动模范	1998—1999
袁 野	男	劳动模范	1998—1999
宋铁岩	男	劳动模范	1998—1999
王锡杰	男	劳动模范	1998—1999
李永祥	男	劳动模范	1998—1999
王淑芬	女	劳动模范	1998—1999
彭万臣	男	劳动模范	1998—1999
王建华	男	劳动模范	1998—1999
时洪涛	男	劳动模范	1998—1999
庞 仁	男	劳动模范	1998—1999
李明华	男	劳动模范	1998—1999
韩少成	男	劳动模范	1998—1999
韩冰祥	男	劳动模范	1999

前志补遗

《铁力林业局志》（首志）记述铁力林区开发初期到1985年各时期的历史，内容准确翔实。但由于编撰时间紧迫，有些遗漏，本志补充部分较大的历史事件。

1403—1985年大事记

明永乐元年（1403年）

女真人首领西阳哈被明成祖册封为阿者速河（即依吉密河）卫第一任指挥史。

清光绪十七年（1891年）

镇边军统领富占唐阿率兵2500人，进驻铁山包，修筑5座营盘，呈五花形，人称“五大营”。设在铁力林业局局址的营盘为东营。

清光绪二十六年（1900年）

11月24日（农历十月初三） 沙皇俄国兵入侵铁山包，焚毁镇边军“五大营”。

清光绪二十三年至二十九年（1897—1903年）

沙皇俄国在中国东北修筑“中东铁路”的北半部，疯狂掠夺东北的森林资源。据查，沙皇俄国在小兴安岭建立木站10多处，掠夺木材约28万立方米（铁力林区被沙皇俄国盗伐的木材未单独计算）。

民国4年（1915年）

2月 东北路林局由庆城（庆安）移驻铁山包，当年8月裁撤。

10月 铁骊地方把头抗税，要求减免河绠税。

民国6年（1917年）

2月 马显庭、马懂卿各自呈领北关门嘴子林地200方里，开始伐林木。

民国7年（1918年）

12月 黑龙江省属官商合办“铁嫩森林公司”，在铁力林区伐木、运销木材。

民国8年（1919年）

12月 设铁骊林业事务所。

是年 发照准许私人木商进山伐木，庆城（庆安）、铁骊有王茂林、林森、于进之等23户木商，在大小依吉密河、大小欧根河等沿岸伐木，生产规模较小，生产活动面积最大200方里，最小50方里。

民国21年（1932年）

庆铁抗日义勇军“平东洋”以依吉密河上游为基地，坚持抗日斗争。

民国 22 年（1933 年）

5 月　日本关东军入侵铁力。

民国 24 年（1935 年）

日本关东军在铁力林区的北关门嘴子、太平川、张家湾、五花山（今北星村一带）设警防所。

民国 25 年（1936 年）

8 月 1 日　东北人民革命军第三军军长赵尚志西征到达铁力，在铁骊山区活动。

是月　伪满林业株式会社铁骊分社成立。从此，日本人操纵铁力林区的森林采运大权。

民国 26 年（1937 年）

7 月中旬　日伪成立铁骊营林署，署址在今铁力林业局机修厂。

民国 27 年（1938 年）

12 月 6 日　日本开拓团修建北关等灌渠，引水种稻。

12 月 15 日　绥佳铁路绥化至神树段通车。该路修通后，日本侵略者对铁力森林资源的掠夺更加疯狂。

是年　伪第八军强迫中国劳工修警备道。

民国 28 年（1939 年）

年底　日本大仓、三井两大财团，通过共荣企业株式会社、满铁株式会社、东洋株式会社等开始在铁力林区"拔大毛"跳跃式掠夺采伐，平均每年采伐木材约 7 万立方米。

民国 30 年（1941 年）

夏　铁力大二火锯厂开锯生产，加工红松成材。厂址在今铁力林业局木材加工厂的南半部，占地 1 万多平方米。业主是日本人小川，有工人 100 余名。至 1945 年东北光复，被日本侵略者掠夺红松成材 10 万立方米。

是年　铁力至丰林沟段森林铁路道影打通，北关至丰林沟段的道影没有铺设铁轨。

民国 31 年（1942 年）

伪铁骊县公署在当年的报告上供称，铁力境内（不包括小白、朗乡）有林业事业 22 家，每年有 10 万多人上山采伐、运输。根据本报告及日伪的其他自供材料，日本侵略者侵占铁力期间，至少掠夺 400 万立方米优质木材。

民国 34 年（1945 年）

8 月 15 日　日本帝国主义无条件投降，东北光复。

民国 35 年（1946 年）

3 月 26 日　铁骊林业公司成立，从铁力行政区内划出林地 45291 公顷为其施业区。刘生暂代公司经理。

11月27日　温溶洗接任铁骊林业公司经理。公司内的3名党员秘密成立铁骊林业公司党支部，归属铁骊县委。

是年　曹士奎、沈在轩、赵宝峰等原伪铁骊营林署雇员去北关出河场踏察，筹建作业所。

是年　恢复木材生产，成立北关、南埂两个作业所，收拣日伪遗留的木材。以后作业所逐年增多。到1949年，铁骊林务局已有小呼兰作业所、丰林沟作业所、胜利作业所、二股作业所、兴安作业所、依吉密作业所、西北河作业所、鱼眼泡作业所、鹿鸣作业所、北关作业所、南梗作业所及贮木场、森铁局等14个生产单位。

1949年

9月15日　马永顺工组成立。

1950年

8月　铁骊森林公司分局在桃山林区始建上呼兰、喇叭河两个作业所。

10月25日　全局范围内开展支援抗美援朝大生产活动。

是年　开展抗美援朝运动，青年纷纷报名援朝。

是年　马永顺工组创造"安全伐木法"。

1951年

8月　开展镇压反革命运动。

11月　黑龙江省副省长于天放到铁力林区考察工作。

1952年

年初　开展"三反""五反"运动。

1953年

6月　铁骊森林工业局在桃山撤销喇叭河作业所，建上呼兰二伐木场。

是月　马永顺工组被评为东北森林工业一等采伐模范小组。

1954年

4月14日　铁力林区遭遇8~9级大风，时间长达两个小时。

是月　铁骊森林工业局在桃山林区建立柳河伐木场、桃山贮木场。撤销上呼兰二伐木场。

1955年

5月　中央林业部组织第一次森林经理调查。

是月　1043号包车组被黑龙江团省委命名为"保尔号青年包车组"。

1956年

6月　开展肃反运动。

1957年

3月　铁力森林工业局在桃山林区设计运材公路，翌年施工。

1958 年

6 月 15 日　翠峦林业局向省林业厅、伊春林管局申请将该局么河施业区划归铁力林业局。

7 月　铁力林业局子弟中学成立。

8 月 19 日　黑龙江省林业厅批复同意翠峦林业局将么河施业区划归铁力林业局的申请。

10 月 24 日　翠峦林业局致信铁力林业局，要求派员接收么河施业区。

1959 年

5 月　马永顺工组代表马永顺、1043 号包车组代表张景和、宋福臣木工组代表宋福臣、全国劳动模范李金花出席全国群英代表会。

6 月　欧根河地区出现春霜，豆角、土豆、秧苗全部被冻死。

11 月　中央林业部贺电，祝贺铁力林业局在增产节约运动和红旗竞赛运动中，提前超额完成各项生产任务。

是月　马永顺工组出席黑龙江省劳动模范代表大会。

12 月 30 日　黑龙江省人民委员会黑林工字〔1959〕1292 号文件，批准成立桃山林业局，隶属哈尔滨林业管理局，将圣朗中心林场管辖的施业区划归桃山林业局。

1960 年

8 月　1043 号包车组出席黑龙江省群英代表会。

12 月　铁力林区气温突然下降，持续 5~7 天，平均气温达零下 40 摄氏度左右。

1961 年

7 月　铁力地区发生一次水灾，水头高 5 米，一名小孩被水吞没。

1962 年

5 月　欧根河水出槽，林业局停产 3 天。

1963 年

4 月 19 日　开展“五反”运动。

1966 年

5 月　全面开展“四清”运动，东北林业总局组织近千人的“四清”工作队进驻铁力。

是月　开展“文化大革命”。

是月　黑龙江省副省长陈雷到张家湾战斗遗址回访。

1970 年

4 月　国务院决定，铁力林业局归伊春林业管理局管辖，将翠峦林业局的兴安林场 11141 公顷林地划归铁力林业局。

1977 年

4 月　铁力林业局财务科被盗，丢失 5200 元财物。

1979 年

9 月　林业局开展真理标准问题大讨论。

秋　三屯农场遭雷灾。

1981 年

7 月 31 日　黑龙江省委书记、省长陈雷到铁力林业局考察。

秋　铁力境内遭遇松毛虫灾害。

1982 年

年初　开展打击经济领域严重犯罪活动。

5 月　林业局开展企业全面整顿。

7 月中旬至 9 月上旬　铁力全境大旱，一连 30 多天没下透雨，水位降至极限。

9 月　铁力境内发生地下虫害，三屯农场的大豆和白菜等被毁坏 6.67 公顷。

是月　林业局党委再次提出“全局向马永顺工组学习”的号召。

12 月　1043 号包车组出席共青团第十一次全国代表大会。

1985 年

3 月 27—30 日　铁力林业局第十五次职工（会员）代表大会召开。

7 月　铁力林业局实现“九大养”：养畜、养家禽、养猪、养鱼、养蜂、养貂、养兔、养貉、养林蛙。

7—8 月　铁力林区受 8 号、9 号、10 号台风影响，下了 12 场大雨和暴雨，有的单位停产 6 天，半停产 8 天，部分林场停产 21 天。林业局森林铁路被水冲毁 36 处，29.2 公里。冲坏桥梁 16 座，涵洞 15 处。

日伪时期的铁力林区

一、铁力林区的抗日斗争

1931 年 9 月 18 日，日本帝国主义悍然发动侵略中国东北的战争。铁力林区地处小兴安岭南麓山区与松嫩平原交会地带，不但山高林密、地形复杂，而且资源丰富、土质肥沃，因此，被日本侵略者所垂涎。1933 年 5 月，日本关东军侵入铁骊，喘息未定，便把铁蹄踏进铁力林区。他们赶走在铁力林区经营木材的林商，把森林资源收归伪满洲国所有。在伪野林局的策划下，1935 年先后成立“四四”营林署和铁骊营林署，设立北关门嘴子、南梗两个出河场和大二火锯厂，开始大规模掠夺木材。日本侵略者还于 1937 年向中国东北推行移民入殖政策，在铁力林区建立十几个开拓团，妄图永久霸占中国土地。面对日军的侵略与掠夺，铁力林区人民没有屈服，奋起抗争。特别是 1936 年夏，著名抗日将领赵尚志率领的抗联三军部队西征到达铁骊北部山区，把铁力林区的抗日斗争推向新的阶段。之后，抗联三军一、二、三、六、九师（部分），四军一师二团，五军一师共 7 支队伍，骑兵、步兵 1000 余人先后到达这里，中共北满临时省委机关、被服厂、后方医院和抗联三军总指挥部也先后扎在尖山子（今铁力林业局西北河营林所）和老金沟（今铁力林业局向阳林场）。赵尚志、李兆麟、冯仲云等抗日将领曾在这里坚持抗日活动，抗日烽火燃遍铁力林区。从 1936 年到 1945 年 8 月 15 日日本投降，抗联在铁力林区这片英雄的土地上，坚持抗战10年，历经大小百战，直到取得最后的胜利，创造了辉煌的战绩，留下了厚重的历史。铁力林区的抗日斗争，是中国共产党领导下的北满抗日斗争及世界反法西斯斗争的一部分，闪烁着中华民族不惧外强、勇于牺牲的民族之光，将永载史册。

（一）东北抗联在铁力林区的主要活动

1932—1935年，庆铁抗日义勇军“平东洋”队以依吉密河沟里为基地，坚持抗日斗争。1936年被赵尚志收编，为抗联三军之一部。

1936年10月3日夜，抗联三军六师师长张光迪率西征先遣队，袭击大依吉密北关门嘴子警防所（今铁力林业局北关农场），缴获40多支伪山林警察的枪。刚入队的铁骊籍抗联战士张凤岐当先冲入敌人营房，被奖励1支枪和5元钱。

1937年10月，抗联三军二师政治部主任侯启刚率60人活动在铁骊北五节半一带（今铁力林业局小黑河营林所），筑有密营。

1937年，师长马光德、政治部主任朴吉松率抗联三路军独立师一部袭击北关门嘴子警防所，打死日军2人、伪警10余人。同年11月，朴吉松率抗联战士30余人在依吉密河一带密林与日伪“讨伐队”200余人（日军60人）相遇，经过几天周旋，把敌人引进深山，将其大部歼灭，日军无一生还，只有一只信鸽飞回报丧。

抗联三军九师五团团长周云阁和鄂伦春族姑娘莫金花在抗日斗争的战火中结成伴侣。1937年冬天，莫金花护理患病的丈夫同守老金沟抗联前营。在一个月明星稀之夜，日伪“讨伐队”前来偷营，被莫金花及时发现。她用裹腿拖着躺在熊皮上的丈夫机智地爬出房门，突出重围，奔回后营报告。战斗中，在这对抗联夫妇百发百中的神枪之下，20多名日伪军警死伤。

1938年4月，抗联三军三师师长张连科与十一军三旅九团团长隋德胜带60人，在马鞍山西南坡（今铁力林业局建设营林所）与伪森林警察队遭遇。战斗中，张连科壮烈牺牲。

1938年9月下旬，三军政治部主任、北满临时省委常委金策和三军政治部主任侯启刚带领三军三师从萝北、汤原出发西征。数日后，三军三师队伍到达铁骊马鞍山西北“韩老十小营子”和鱼眼泡，与先行抵达的三师老七团会师。

1939年春季到1940年年初，北满省委分别在现铁力林业局施业区内的几个不同地点举办3期“东北抗日联军第三军军事政治训练班”，每期训练学习时间都在两个月左右。北满省委书记金策、三路军总参谋长许亨植、三路军政委冯仲云、张文廉和金策秘书闵成哲等人任教员。其中第三期从1939年12月开始，地点安排在安邦河上游烟筒砬子到老金沟之间。负责此次训练班后勤供应的是六军三师师长王明贵。他率队在庆城（今庆安县）某大车店截获两车绥化日本宪兵队的大米（30多麻袋、约3000公斤）。因为通往老金沟的路途遥远，山道难行，大米无法一次送到，战士们只好边走边藏。第二天中午，正当战士们要吃饭时，敌人追了上来。战士们把刚出锅的大米饭分开，边打边撤边吃，并在一个险要的地方设下卡子，打退了追兵。天黑后，王明贵又带领战士们悄悄地返回旧地，袭击了在那里打火堆过夜的敌人，把两车大米一袋不少地送到了老金沟学习班。

1939年4—10月，北满省委和三路军训练处在铁力林区某处举办军政训练班，铁骊伪警察游击队队长周洪山、庆城（今庆安县）森警大队长国长有多次带兵袭击，抗联被打死3人，被俘2人。

1939年5月，在北大砬子（今铁力林业局茂林河林场），抗联某部与日伪庆城“讨伐队”隔河作战，抗联一个窝棚被敌人攻占。

1939年7月下旬，独立二师师长马光德、政治部主任朴吉松率部，袭击北关门嘴子警防所（铁力林业局今北关农场），打死日军2人，缴获步枪13支、子弹1200发、粮食3石多。

1939年农历九月二十九日，抗联朴吉松部将大把头康海山的18匹马拉到北关附近小依吉密河畔，康海山随即报告铁骊伪警察署。日关东军驻铁骊守备队50多人、铁骊警察游击队40多人追上抗联队伍，双方激战20多分钟，抗联1人牺牲。

1939年10月中旬，由三军政治部主任金策、三军三师政治部主任侯启刚和六军三师师长王明贵带领的三军、六军西征队伍300多人到达铁骊北部山区的鱼眼泡魏把头木营，与7月上旬就已抵达的三军三师七团会师。

1939年秋，日本关东军驻铁骊特别守备队和伪铁骊警察游击队100多人“讨伐”花皮营（今铁力林业局茂林河林场、东方红林场一带）的抗联某部。战斗中，抗联打死打伤日伪军警50余人，牺牲10多人，受伤10多人。抗联转移后，伤员被留在原地不远处养伤。一周后，日军卷土重来，找到抗联隐藏在花皮营附近的伤员，残忍地用刺刀把他们全部挑死，并放火将密营烧毁。

1939年冬，抗联某部在三谷峰（今铁力林业局卫东林场）袭击日伪“讨伐队”，打死日本少佐1人。

1940年2月9日，抗联第三路军龙南部队50余人在高继贤、朴吉松、隋德胜的带领下，袭击北关附近的青少年义勇队开拓团，缴获20匹马。2月13日，在铁骊北依吉密河上游鱼眼泡附近袭击日伪军警联合“讨伐队”，击毙日伪军70多人。2月15日，又重创前来报复的日伪军警“讨伐队”，打死日军20余人、伪军30余人。

1940年2月13日（正月初六），在铁骊东北70公里的山林中，高继贤带领六支队夜袭日伪军“讨伐队”，击毙日伪军70余人，缴获轻机关枪1架、步枪15支及大量弹药。

1940年2月，抗联三路军一师政治部主任周庶范带领队伍在北关以北与王英武、周洪山、林青雄带领的伪铁骊警察游击队交战，抗联战士2人牺牲。

1940年3月3日，三路军独立一师政治部主任周庶范率本部在依吉密河一带夜袭日伪“讨伐队”。日军10余人全部被歼灭，抗联牺牲2人，周庶范的战马被打死。

1940年3月23日（农历二月十五日），铁骊北鱼眼泡抗联三路军龙南部队与日伪“讨伐队”交战，打死日伪军警50余人，缴获大小枪支50余支、子弹2000余粒。

1940年5月，铁骊日军守备队和警察游击队袭击老金沟的抗联密营，抗联战士3人在战斗中被俘，其中2人夜间逃走，抗联密营被烧。

1940年夏末秋初，到山外活动回撤的抗联三路军六支队十六、十七大队夜宿疙瘩山北的欧根河畔，遭到跟踪敌人的偷袭，损失战马8匹、枪1支。队伍小部分撤回老金沟，大部分重返山外。数日后，敌人循着回撤的抗联战士留下的脚印，进入老金沟，袭击了那里的抗联被服厂。

1940年秋末冬初，中共北满省委交通员于兰阁为保卫省委安全，从安邦河上游的三路军总指挥部出发，经铁骊东部山区跋涉400公里至老金沟送信给北满省委书记金策，并设计除掉了11名抢先一步潜入省委驻地、以邵振鹏为首的特务组织。时隔不久，高继贤带领六支队基干队员20人，在西北河至依吉密河之间袭击日伪“讨伐队”，打死打伤伪军多人，俘虏8人，毙伤日军8人。六支队牺牲4人，受伤4人。

1940年冬的一个风雪之夜，伪庆城森林警察大队长国长有带领“讨伐队”40多人偷袭老金沟北满省委机关驻地。抗联前营及时发现并报警，金策等人被安全转移。“讨伐队”只在金策住的地窨子里发现一架不能再用的油印机、一台没了电池的收发报机和尚有余火的锅灶。

1940年11月25日，在抗联地下工作者邵振声的策动下，警防所治安队长孙克任率队员7人反正，打死不同意起义的队员1人，携机枪1挺、步枪31支、子弹3300粒、手枪2支及大量服装投诚抗联。

1941年6月，铁骊县警察游击队队长周洪山带领“讨伐队”沿铁骊北干棒子河进山“讨伐”抗联，抗联战士曲学礼被捕。

1941年10月下旬，抗联三路军副参谋长许亨植根据三路军总指挥部“暂时采取迂回办法”的指示，把原六、九、十二支队的100余人集中起来，由六支队政委于天放带队，于11月越境进入苏联野营。朴吉松率领的十二支队10余人仍在铁骊、庆城坚持游击活动。

1942年2月22日，在苏联的抗联野营负责人周保中派于天放带8人回到老金沟，接替金策工作。3月19日，于天放会见金策，传达周保中指示。金策因腿有伤，表示愿意继续留在铁骊、庆城一带，与于天放等人一起工作。10月，金策主持召开龙南地区抗联小分队干部会议，决定将朴吉松、张瑞麟、于天放3个小队重新编队，分别行动。朴吉松小队在铁骊、庆城一带活动。

1942年3月，抗联三路军一师政治部主任周庶范在去铁骊老金沟开会路经五花山附近时，被叛徒任永林、王大山杀害，一同牺牲的还有车永焕。两人的头颅被叛徒割下，送到三谷峰日伪警察署请赏。

1942年农历十一月间，铁骊大呼兰河森林警察队队长黄立强和庆城国长有一行带队到北河（今欧根河上游）“讨伐”抗联，抗联牺牲不详，日伪军被打死五六人。

1944年1月，中共北满省委书记金策接到在苏联的抗联野营的指示，带领刘铁石、张瑞麟、张祥、安福、李桂林、高玉林等9人离开铁骊老金沟前往苏联。

1945年8月15日，日本帝国主义无条件投降。8月17日，马三省、刘运平等11人从马鞍山南麓接来7名苏联红军伞兵，并于3天后在神树、庆安接受日军投降。下旬，由于日本开拓民挑衅，发生了中国农民攻打日本韩家开拓团本部（今铁力林业局机修厂农业点）的日本开拓民事件。162名日本开拓民被打死或自杀，中国农民也有伤亡。9月22—29日，集中在铁骊大训练所的7200多名日本开拓民分6批回国。

（二）中共北满省委（临时）在铁力林区召开的重要会议

1. 北满临时省委第九次常委会议

1939年1月28日，中共北满临时省委在老金沟山里一间低矮破烂不堪的地窖子里召开第九次常委（扩大）会议。出席者有张兰生、金策、冯仲云。

会议认真地总结第七次常委会议以来党的工作及反“讨伐”作战和西征以来的经验教训，分析北满游击运动形势，规定新的游击战略战术并部署下一步战斗任务。这次会议，对统一西征以来全党的思想、坚定抗战信念和提高部队战斗力具有重要意义。

2. 北满临时省委第二次执委会议

这次会议在两个时间、两个地点分别召开。两个时间分别是1939年1月19日和4月12日；两个地点分别是通河和铁骊。由于两个会议意见完全一致，因此合称为北满临时省委第二次执委会议。铁骊会议地点在今铁力林业局二股透龙山山洞中。铁骊会议参加者有金策、张寿钱（李兆麟）、许亨植等人。会议着重讨论目前迫切需要解决的组织上的重大问题，并作出决定：（1）改北满临时省委为北满省委。选举金策、张寿钱（李兆麟）、冯仲云为省委常委，金策为书记，张寿钱（李兆麟）为组织部部长，冯仲云为宣传部部长。（2）决定由许亨植任第三军军长，张兰生任政治部主任；张寿钱（李兆麟）任第六军军长，冯仲云任政治部主任。（3）改组北满抗联总司令部，以第三、六、九、十一军为基础成立东北抗日联军第三路军及其总指挥部，拟任张寿钱（李兆麟）为总指挥。

3. 中共北满省委铁骊依吉密会议

1939年12月下旬，中共北满省委在铁骊北依吉密河畔的一个山坡上（今铁力林业局透龙山一带），召开了一次决定北满抗日斗争前途、也决定赵尚志命运的临时会议。参加这次会议的有北满党、军主要负责人金策（省委书记）、张寿钱（省委常委、组织部部长、三路军总指挥，即李兆麟），许亨植（省委执委、三路军总参谋长）、张兰生（省委执委、三路军政治部主任）、赵敬夫（省委委员、三军八团政治部主任）、朴吉松（省委委员、三路军六支队书记）、于天放（省委委员、六支队组织科科长）、郭铁坚（省委委员、九军二师师长）、边凤祥（省委委员、六军十团团长）以及戴洪斌（六军军长）、陈绍宾（六军一师代理师长）等。会议讨论的中心议题是：是否按照赵尚志以东北抗联总司令名义发出的会议通知，到汤原北部梧桐河（今鹤岗境内）参加由他召集的会议。会议最终决定，取消已经成形的赴会行动，撤销赵尚志对戴鸿宾抗联六军军长的任命。这次会议，后被称为“飞行会议”。

（三）重大战斗

1. 滚鞍岭战斗

1936年9月末，抗联四军二团郑万昌、马国臣率领两个连随同三军一师渡江（松花江）北进。经过半个多月行军，10月下旬到达铁骊的滚鞍岭（今铁力林业局红光农场）。不久，西征先遣队与三军三师、九师等远征队会合，以十六道岗（今铁力林业局泥河农场）为中心开展抗日活动。一天，部队刚返回十六道岗宿营，两名当地群众就赶来报信说，从铁骊县来了一支进山“讨伐”的日军，日军由步兵和骑兵组成，共300多人。抗联接到报信时，队伍刚集合，敌先头部队已经逼近。由于抗联宿在河边，地势不利，三军三师向滚鞍岭方向撤走，郑万昌指挥四军二团过河占领山头。此时，日军只顾向前追赶三军三师部队，正好将其后尾暴露在四军二团的火力之下。郑万昌指挥机枪手向敌人猛烈扫射，敌后尾部乱作一团，前方敌人只好回援。三军三师乘机调头夹击，敌人只得匆匆撤走。战斗持续了十几个小时，从后半夜打到天亮，又持续到傍晚。晚上7时，在山头火力的掩护下，抗联向敌人展开冲锋，到夜里10时，一举击溃敌人。

这次战斗，是先遣队西征途中打得时间较长、规模较大的一次战斗。战斗中，先遣队员伤亡十几人，歼灭日军约四十人，缴获一些枪支弹药。

2. 张家湾战斗

1939年年初，庆城、铁骊两县的日本守备队和伪警察队联合组成一支搜山队，沿着依吉密河逆流而上，搜索围剿抗联部队。山外抗联交通员得知这一情况后，昼夜兼程奔回抗联深山密营，向抗联部队作了报告。当时，北满抗联第四支队在支队长雷炎的率领下，活动在依吉密河支流小黑河附近。为了准确掌握“讨伐队”的情况，抗联部队派出9名机智勇敢的战士，化装成附近的农民下山，主动接近“讨伐队”。第二天，敌人先后把他们当作农民抓住。当时“讨伐队”正缺人倒背弹药，便把他们临时编到倒背队里，负责扛运弹药、给养。他们在倒背队里留心观察“讨伐队”日伪军人数、武器配备、弹药给养等情况，发现“讨伐队”共150多人，都是步兵，另有100多人是倒背的农民，敌宿营地离此不足10公里。当“讨伐队”来到依吉密河上游张家湾休整时，4名战士在夜间偷偷溜回抗联营地，将敌人的情况告知雷炎。雷炎当机立断，挑选精壮战士，亲自带队，轻装出发，以急行军的速度奔向敌人的宿营地。夜半1时许，敌宿营地除两名游动哨外，几座帐篷都没有灯光。此时，一名哨兵发现了抗联战士，刚要鸣枪报警，就被抗联战士击毙。紧接着，抗联战士的4挺机枪同时向敌人营地开火。正在酣睡的日伪军受到突然袭击，惊慌失措，乱作一团，争相逃命。雷炎带领战士们冲到敌人宿营地，缴获一些武器弹药后迅速撤离。30分钟后，四散惊逃的敌人才镇定下来，向宿营地包抄过来，但他们见到的只是30多具日伪军的尸体。

3. 西北河战斗

1940年旧历除夕的前一天傍晚，抗联第三路军第二支队（师的建制）一部52人从老金沟出发，拟去铁骊县日本营林署大依吉密伐木场袭击伪警察队，夺取粮食、服装、枪支弹药和其他物资，以迎接新年的到来。队伍来到欧根河支流小西北河附近时，从树丛中走出一名衣衫褴褛、面黄肌瘦的人来。经盘查，此人是被日伪军抓去给“讨伐队”背给养的农民，因受不了挨饿、受冻、遭毒打，自己偷着逃了出来。经向他了解敌情，得知“讨伐队”是由绥化县日本守备队60多名日军和30多名伪警察组成的。“讨伐队”抓获70多名民工，负责背给养和帐篷。抗联获得这个重要情报后，决定改变原作战计划，不去伐木场，集中力量袭击“讨伐队”。晚10时前，按照预定的部署，队伍首先接近民工住处。民工们主动为抗联探听敌人的动静，查明岗哨的方位。为了不使敌人惊觉，抗联先派两名民工以给“讨伐队”劈木头、烧炉子为名，在敌人驻地来回走了十几趟，迷惑敌人。敌人果然上当，丝毫未加戒备。抗联战士顺着河岸悄悄地来到敌人的驻地。夜10时整，战斗猛烈地打响。抗联战士集中火力射击东边日军的帐篷，并对西边伪警察的帐篷边射击边喊话，“中国人不打中国人，缴枪不杀”，迫使伪警察投降。东边帐篷顿时被打成一片火海，日军被烧得哇哇乱叫。缓过神来的日军企图借机枪的威力，做垂死挣扎。抗联战士继续猛烈射击，压住对方火力，把日军的机枪打“哑巴”了。日军被打得落花流水，除几人逃出帐篷奔向树林外，其余的人都被消灭在帐篷里。这一仗只用时半个小时，就胜利结束。抗联以少胜多，击毙日伪军60多人，另外还有一些日伪军被冻死冻伤，抗联牺牲1人。缴获重机枪1挺，轻机枪2挺，掷弹筒1门，步枪40多支以及弹药、被服等物资。日军抓获的民工，大多数返乡，部分参加抗联队伍。

二、部分遗址、遗迹

（一）老金沟抗联遗址

位于向阳林场100林班。有南北2处遗址，相距1公里。北面有3个地窨子遗迹，每个地窨子遗迹东西宽约6米，南北长约8米，彼此相距2~4米。地窨子右侧有一个“乙”字形的堑壕。此处已挖掘出19个铁锔子，保存基本完好的铁锅，长1.4米的铡刀，10余把镐头以及大量子弹壳、马镫、搪瓷盆、碗等。南面的遗址上有两处房框子，分别为5米 ×6米和5米 ×8米。房子东西北三面有长30米、深1.5米、宽1.5米的战壕。此处只挖掘出1把铁锹、1个搪瓷盒和1个牛掌页，有火炕和锅台的痕迹。据有关专家初步推测，此处遗址可能是1940年秋金策住过的北满省委机关大院遗址。

（二）干巴河抗联密营遗址

位于茂林河林场干巴河伐区。有2处抗联密营遗址。一处在三岔线。密营遗址面积不大，长约10米，宽约6米，经推测此处很可能是前营。前营也叫哨营，是保卫大本营的哨卡。在这里挖掘出破碎的铁锅和已经烂得不成型的铁桶。另一处在五岔线，经推测很可能也是前营遗址。房基长、宽和三岔线的前营一样，只是房基中多了一个石砌的锅灶，石头被火烧成棕红色，锅灶底沉积很厚的草木灰。在这里挖掘出铁钉，做炉筒子用的铁皮和破碎的铁锅。

（三）李兆麟将军老营遗址

位于大砬子山下（今茂林河林场）北河河畔。1960年，林业局欧根河营林所与农副科在此踏察开荒地时发现该遗址。遗址呈四方形，四周用直径70~80厘米粗的红松木围着。红松木垒成3层，高2米左右。围墙有的倒伏，有的腐朽。遗址东西南北各有一门，有门柱的已经折断。门旁有土堆，土堆面积约8平方米，土堆上有腐朽的房柱木，证明这是当年的岗楼遗址。由于遗址面积较大，土质肥沃，被欧根河营林所定为开荒地。开荒时又在遗址东面挖出一块条石，长5米，0.4米见方，一面有槽，被认定是马槽。离马槽出土地点不远处有一口八棱水井。在遗址西侧，挖掘出2口大锅，锅口直径1米多；2扇石磨，直径90厘米；1个碾子，长1米，直径约65厘米。在遗址西北角，有一棵红松树干，开荒时伐倒，在树根处挖出三土篮子“九九”式步枪枪栓，已经锈蚀。在遗址西南角的一棵树下，挖出十多支手枪。营林所派人把出土的遗物送到黑龙江省军分区，经认定，此遗址是李兆麟将军老营遗址。如今，这里已是一片田野。仅剩的一口八棱形水井，2003年被新建立的亚麻种植基地掩埋。

（四）日伪铁骊营林署遗址

位于今铁力林业局机修厂东南侧。日伪铁骊营林署是日本侵略者掠夺森林资源的一个运输部门，辖北关出河场，承担北关出河场至铁骊城的森林铁路的运材。日伪时期有两栋房舍。一栋是砖房，面积不大，作为办公室；另一栋是草泥拉合房，约600平方米，当时内燃机库、工棚、食堂都设在此房里。如今草泥拉合房已被扒掉，只剩下砖房。

（五）日本关东军铁骊铁路警护团遗址

日本关东军铁骊铁路警护团的兵营遗址位于今铁力林业局址的松涛生态园。原是一个“丁”字形的平房，面积约600平方米，灰瓦黄墙，房上有碉堡2座。日军投降后，平房被用作铁力铁路职工子弟学校。2002年学校被拆掉，在原地建立松涛生态园。警护团的家属房位于兵营南侧约60米处，每栋200平方米，只住两家，每家都有浴池、卫生间，十分阔气。现保留的两栋已用作民房。

日本关东军铁骊铁路警护团是1936年组建的，主要承担鸡岭、圣浪、神树、石长、铁骊、王杨、田升、高老、庆城、龙船车站的守站护路任务。

（六）日伪太平警防所遗址

位于林业局原太平小火车站附近。遗址的四周是高出地面约1米的战壕，呈正方形，每边约200米，拐角处有机枪掩体。遗址中心有3处房基遗址，每处长约8米，宽约5米，有火烧的痕迹。从遗址中心挖出大量罐头盒、胶鞋底、步枪子弹及被改作油灯的玻璃瓶。

（七）日本韩家开拓团本部遗址

位于铁力市年丰乡靠山屯附近，今为铁力林业局机修厂农业点。开拓团本部原是500米 ×500米的大院，四周围着土墙，南面紧靠通向凌云山的警备道。大门为大扇木门。离本部约100米处，是开拓团的学校。如今，开拓团本部已被铲平，开垦成农田。开拓团学校仅剩8米 ×20米的房基。铁力市政府在此立碑，碑文是“日本韩家开拓团本部遗址”。

（八）日伪警备道遗迹

警备道是日本侵略者在小兴安岭东南一带的密林中，强迫中国劳工修建的军用道路。主干道从北安起，经过海伦、绥棱、庆城、铁骊、通河，一直通到翠峦。铁力林区境内的警备道从庆安十六道岗入境，途经香草河、石门河、泥河、保马；又从顺山泡分岔，一条奔欧根河、依通河、卫星、建设、北关、五花，直至铁骊；另一条从奶子山两山的中间穿过，奔老金沟、绥棱；第三条奔北大砬子、高峦直至翠峦。铁力林区境内的警备道全长几百公里。1945年东北光复后，由于大森林的开发，警备道已残缺不全，三谷峰原始林、卫东林场西山及张家湾西沟还能看到遗迹。

（九）透龙山抗联密营遗址

位于铁力林业局二股林场东北部的透龙山上。山腰间有一个山洞，洞深18米，高7.5米，宽4~5米，从东至西呈斜坡状。洞口偏向西北方向，洞口外有宽16米、高3.5米的台阶，可见人工痕迹。这里曾是抗联的一个密营。第二次西征前，北满临时省委曾在这里开过会。

（十）欧根河抗联密营遗址

位于铁力林业局东方红林场西南部，距林场3公里。有南北18米、东西70米的抗联密营遗址3处，另有大批马骨头（当时条件艰苦宰马为食）。同时发现抗联用过的枪筒3支、弹壳10个、白瓷扣5个、大铁锅3口及马蹬等。距森铁400米处还发现马槽等遗物。此遗址俗称于天放司令部。据当地群众介绍，1952年，于天放曾带人到此处挖出呢子料、枪支等一批抗联遗物。

（十一）抗联无名烈士墓

位于铁力林业局小黑河林场西北部，距林场4公里。墓群在一条小河两侧。河西东西90米，南北60米。坟包由北向南分三排。第一排13座坟，第二排14座坟，第三排5座坟，间距不等；河东有散坟15座。整个墓群共有47座坟，坟上桦树胸高直径已有20厘米左右。2000年勘察时挖开一座坟墓，发现长1.2米、20厘米见方的木方，证明此墓为影葬坟墓。

经抗联老战士王明贵介绍，抗日战争时期铁力林区的抗联烈士都用这种方法掩埋，一班为一组，间距不等。另据当地干部说，1951年小黑河林场建场时即有此土丘，相传是抗联烈士的坟墓。

（十二）小黑河抗联密营遗址

位于铁力林业局小黑河林场西北部，距林场 4.5 公里。遗址呈四合院状。北房基长 34 米，宽 8 米；南房基长 35 米，宽 8 米；东房基长 33 米，宽 8 米；西房基长 35 米，宽 7.5 米。西南角间距较宽，应为当时的出入口。每房都可见精瓷碗片，有的还可见房木。西房南头见 2 处石砌锅台，每处 3 个锅眼。据当地森调干部介绍，此处原为抗联密营。

（十三）滚鞍岭战斗遗址

位于铁力林业局泥河农场北部的滚鞍岭。山顶有火烧痕迹。1936 年抗联西征时，曾与日军在此展开过激烈的战斗，双方都有很大伤亡。

（十四）张家湾战斗遗址

在卫星营林所西南 2 公里处，发现东西 46 米、南北 28 米的土围子和高 1 米用土垒成的土垣，在其内可见西面有 2 处房屋废墟，东南角一处似为炮台的遗迹。另在卫星营林所东北 1.5 公里处，发现日军“忠魂碑”。此碑为方形二层水泥座，上层高 1.4 米，下层高 2 米，阶高 38 厘米、宽 30 厘米。“忠魂碑”上原有碑文记载日军战死者姓名，依吉密林场建场时被烧毁。

（十五）大二火锯厂遗址

位于铁力林业局二股林场南部，现存水泥钢筋座。大二火锯厂建于 1940 年，据传明为木材加工厂，实为日伪特务机关。

（十六）北关门嘴子警防所遗址

位于铁力林业局北关农场西 1 公里处的土山上。山上有长 20 米、宽 12 米的土垣 3 处，东、西厢房与正房废址 3 处，庭院约 150 平方米。据传，此处原为北关门嘴子警防所。

（十七）北关出河场遗址

位于铁力林业局北关农场西南 1 公里处的依吉密河两岸。在两岸发现各有一座东西 2.6 米、南北 17.5 米、高 70 厘米的人工水泥台。此处原为日军掠夺我国木材资源的北关出河场。

（十八）北关火锯厂遗址

位于铁力林业局北关农场东 300 米处。现存水泥座和钢筋。此处原为日伪时期日军所建的北关火锯厂，新中国成立后即废。

（十九）五花兵营遗址

位于铁力林业局原五花森铁火车站北 1 公里处。原系日本关东军兵营，现已全部改为耕地。老百姓在此种地时经常挖出枪支等物件。

（二十）大砬山抗联密营遗址

位于大砬山下的赵瑞森菜地。1969 年秋，一场洪水过后，在此处发现多具人骨和变形的枪支。经认定，此处是 1941 年抗联与日伪军展开战斗的遗址。茂林河林场建场时，在两棵大树中间发现一具明藏棺木，经考证是抗联某部营长肖某的棺材。2002 年，又在这里挖掘出手榴弹片、铜币、泥盆碎片、剪刀、破碎的锅铁、靰鞡后掌钉，还在不足 1 平方米的地方挖出烧焦的红土和草木灰，显然这是锅炊的遗迹。

（二十一）奶子山日本女坟遗迹

位于铁力林业局双河农场场部西 0.5 公里处的南面奶子山山顶。20 世纪 60 年代，林业局修筑双河大桥，在奶子山开山取石时日本女坟被毁，在坟中发现一把日式的木制梳子。据当地老猎人讲，日本满汉义勇军平头山开拓团的一名女子死后被葬于此地。

（二十二）日本少佐坟遗址

位于铁力林业局卫东林场三谷峰施业区，为明葬坟，棺木用暴马子杆做成。20 世纪 60 年代开发大森林时，此棺木被工人用拖拉机推碎。据当地人讲，棺木内的死者为日本少佐，叫佐佐木，在三谷峰战斗中被抗联击毙。90年代，少佐的后人曾前来寻找死者的尸骨，并悬赏10万元，但最终无功而返。

三、日伪在铁力林区设立的主要机构

日本侵略者在铁力林区参与掠夺木材的机构主要是营林署。伪野林局设铁骊营林总署，下设两个营林分署。一个是铁骊“四四”营林署，负责铁力林区木材的砍伐；另一个是铁骊营林署，负责北关出河场木材的河运与森铁运输。

（一）铁骊“四四”营林署

铁骊“四四”营林署的地址在北关门嘴子（与北关出河场毗邻）。铁骊“四四”营林署的所长是日本人，管账的也是日本人。日本人和把头都住在出河场的好房子，“木把”（伐木工人）们住的是木板房，睡地铺。木板房房顶盖着桦树皮，墙上抹着薄泥，冬不御寒，夏不挡雨。工人们吃的是经济粉（高粱米面掺橡子面），逢年过节才能吃上玉米面。抽的烟叶，日本人叫“刀力司”，得花高价从把头手里买。工人们上工带着腰牌，分组采伐，每组都有一个领工的，是日本人的亲信，监视工人们的言行。那时的采伐方式是“拔大毛”，就是专挑林子里材质好的树采，截下树干，其余部分全部扔掉。造成短件子后小集中（吊卯），冬天用马套子运到河旁，开河后推入河中流送到出河场。

铁骊“四四”营林署有上百人作业，但生产效率不高，原因是工人们不愿为日本人卖力，出工不出力。而且采伐环境差，工人们的安全得不到保障，干活时胆战心惊，没有生产热情。

东北抗联西征到达铁骊后，铁力林区是主要游击区。常有抗联战士出现在采伐号里，向工人们宣传抗日救国的道理，鼓励工人们团结起来同日本人和汉奸把头做斗争。工人们把抗联战士当作亲人，上工时还经常偷着给他们带吃的。

抗联部队经常袭击北关出河场和“四四”营林署，打死打伤很多日本士兵，据说有的情报就是营林署的工人传出去的。北关出河场北面的那片荒冢，就埋有被抗联打死的日本士兵和汉奸把头的尸体。

（二）铁骊营林署

1935年，日军设立铁骊营林署。营林署本部在今铁力林业局机修厂院内南侧。1945年年初，铁骊营林署决定搬迁至火车站附近，选中火车站北的一片空地（就是20世纪70年代铁力林业局的办公楼大院）修建了一栋砖房。竣工后还没等往里搬，东北光复了，日本侵略军撤出铁骊，铁骊营林署也随即解散。新建的营林署房子后来被铁骊林业公司占用。

日伪铁骊营林署专项负责木材森铁运输，不参与木材采集和流送作业。山上采伐归庆城县营林总署和铁骊县地方营林署负责。

日军侵占铁力林区后，只修了铁骊至北关一条森林铁路，全长17.5公里，设铁骊、广元、五花、北关4个小火车站，运材使用日本国制造的内燃机，叫嘎斯林，烧汽油。铁骊营林署共有5台嘎斯林，其中7.5吨的1台、5吨的2台、4吨的2台。车身是黑色的，很像20世纪80年代奔驰在铁力林区的内燃机车“大甩”。

日伪铁骊营林署的成员有日本人、朝鲜人和中国人，共40多人。署长是日本人，叫小田。负责公务的日本人叫马三一。负责杂务的日本人名字不详，身体粗壮，绰号“黑瞎子”。负责车辆管理的日本人取中国名，姓吴，同时兼出纳员，性格开朗，好说好闹。负责扫地、打水的日本女人名叫辛子，绰号“二姑娘”。中国人姚士义、张栋才管财务，李振东管器材，曲兴国负责翻译。工区工长、内燃司机都是朝鲜人。打更的更官有两人，一个是日本人，一个是朝鲜人。

日伪铁骊营林署有两栋房舍。一栋是砖房，面积不大，作为营林署办公室。另一栋是草泥拉合房，约600平方米，当时内燃机车库、工棚、食堂都设在此房里。工棚里除了伪职员外，还住着20多个归楞抬木头的苦力，被称为“蘑菇头”。楞场在现在的贮木场场址，当时叫“国际”。

铁骊至北关的森林铁路建于1943年。山上采伐的木材通过依吉密河流送到北关出河场出河后，用马拉着轱辘马子通过小火车道把木材拉到“国际”，再用大火车外运。1938 年，从日本运来内燃机车后，营林署机械运材代替马拉运材，运输产量大幅度增加。为了防止抗联偷袭运材车，每台车上都坐有一名荷枪实弹的日本关东军军人，负责押车。

在日本侵略者和汉奸把头的欺压下，中国工人处于苦难的深渊。营林署内的员工按国籍和职务分为四等：一等是署长，吃小灶，带家属。二等是日本的工头，伙食标准高于朝鲜和中国员工。三等是伪职员和朝鲜司机，受日本人的压迫，但能填饱肚子。最下等的是工棚里的“蘑菇头”，营林署不给他们发衣服，很多人夏天光膀子干活，冬天冻得围着火堆睡觉。睡觉时没有被子盖，有的人只有一张狗皮，白天当衣服披在身上，晚上当褥子铺在身下。工棚透风漏雨，天冷时用汽油桶作炉子，停火就冷。“蘑菇头”一天三顿吃的是苞米碴子和盐豆子。那时森铁运输没有安全措施，几乎每个月都有内燃机翻车掉道压死人的事故。

日伪时期，铁骊人烟稀少，营林署四周是一片大草塘，常有野狼出没，晚上常常能听到狼叫声。现在的林业局职工家属住宅楼后面，原是一片散乱的居民住宅，中间有一条泥泞的小道，道南是孙把头屯，道北是坎把头屯。小道从营林署通向大街，街里买卖不多。营林署的员工生活单调，无处消遣，挣来的钱几乎都花在了赌场、妓院和戏苑子里。日本人不把中国员工当人看，经常打骂。有一名从农村招来的养路工被日本人打伤，营林署不给医治，最后致残。

（三）大二火锯厂

1941 年，日军建立大二火锯厂，负责加工枕木、桥梁木、大板方材。大二火锯厂分锯木车间、锅炉房、成材院、原木场四部分，其中原木场就是西楞场（今贮木场）。西楞场有一条轱辘马子道通向锯木车间，锯木车间加工用的原木用人工推平车的方式运送。

西楞场边缘架设铁丝网，楞场中盖有木结构的守卫房，由日本关东军守卫。东北抗联西征到达铁力林区后，大二火锯厂增派日本关东军巡逻队，夜间牵着狼狗在场内外巡逻，戒备森严。

大二火锯厂的掌柜是日本人，叫小川。管原木场和成材院的也是日本人，外号叫“蛤蟆”，个头不高，精短身材，为人凶恶、狡猾。监工的把头多数是中国人，他们奴颜婢膝，为虎作伥，同日本人勾结在一起欺压中国劳工。大二火锯厂的工人分“大票”“小票”两种。技术工人叫“大票”，生活条件稍好些。原木场“蘑菇头”和推平车的工人叫“小票”，生活条件差，过着非人的生活。“小票”吃的是玉米和橡子掺在一起磨成的面，喝的是无油、无菜、无佐料的“三无汤”，穿的是更生布做的劳动服，穿几天就破，夏天干活多数工人光着膀子。“大票”住在大二火锯厂的工棚里，“小票”住在夏天不遮雨、冬天不驱寒的地窨子里。工人们每天要干十几个小时的活。太平洋战争爆发后，日本侵略战场急需军用木材，大二火锯厂的工人们不分白天黑夜连轴转。黑夜里，原木场“蘑菇头”抬木头很不安全，常有人被砸伤。原木场是露天作业，楞场内无处休息，由于常年受日晒雨淋和风雪侵袭，很多工人生病。工人冯汝清得了伤寒病，在地窨子里躺了一个多月，无人医治，最终悲惨死去。一名 14 岁的孩子得病后躺在地窨子里动弹不得，被日本监工凶残地扔到火车道旁的草甸子里，最终活活饿死。

日本侵略者和汉奸把头不把中国工人当人看，不仅欺压剥削，还在政治上压迫。不许工人谈论国家大事，外出时要带上他们发的“良民证”（也就是“国民手账”），否则就会被伪警察抓去当劳工。

（四）开拓团

1937 年，日本帝国主义向中国东北推行移民入殖政策，在铁骊地区建立大量的开拓团，仅铁力林区内就有十几个开拓团。其中不二义勇队开拓团，地址在泥河农场，原计划移入 200 户，到 1943 年 11 月，移入 56 户、166 人；平头山义勇队开拓团，团长山本冶良，地址在保马车站，原计划移入 200 户，到 1943 年 11 月，移入 155 户、155 人；此外，还有志贺开拓团、依吉密开拓团、上欧根河开拓团、下欧根河开拓团等。分布在山里的开拓团多数从事木材生产，掠夺中国的森林资源，同时也参加“讨伐”抗联的活动。1937 年，满蒙开拓青少年义勇队铁骊大训练所守备队建成，本部设在今铁力农场院东，计划把铁骊建成日本殖民者的大农场、大林场、大练兵场和大机场。1938 年训练所第一批训练生入所，自此至 1945 年 8 月 15 日的 7 年半时间里，该训练所共建 3 个大队、19 个中队，轮训学员 8 批、17151 人。铁骊大训练所是伪满洲国 9 个同类训练所中最大的一个。

（五）警防所（森林警察队）

日本帝国主义侵占铁力林区期间，不但强化法西斯殖民统治，镇压铁力人民的反抗，还不断扩大警察、特务机构的配置。特别是抗联最活跃的时期，日伪警防所几乎遍布整个铁力林区。人数最多的警防所是北关门嘴子警防所，挂的牌子是“依吉密北关门嘴子森林警察队”。1943 年 7 月庆城、铁骊合并后，更名为“庆城县警务科铁骊北关门嘴子森林警察队”。该警防所分 5 个小队，共 300 人。其中北关 70 人、三谷峰（张家湾）50 人、川之泽（二股）30 人、匪道（鱼眼泡）50 人、作业所 100 人。此外，从北关门嘴子到铁骊城，日军还设立头道河子、二道河子、五花等多个警防所。铁力林区内的日伪警防所，都参加过“讨伐”抗联和镇压铁力林区爱国民众的行动。1945 年东北光复后，日军撤回日本，一些伪警察被人民政府镇压。

铁力山区的剿匪斗争

1945 年东北光复，美丽的铁力大森林重新回到人民的怀抱。正当在日本侵略者和伪势力统治下煎熬了 14 年的铁力林区人民憧憬和准备建设美好明天的时候，匪患又起。那些曾经效忠日本侵略者为虎作伥的汉奸、伪兵、伪警察、特务和跑来抢夺抗战胜利果实的国民党反动派勾结在一起，纠集一股股反动武装，隐踞山林，时聚时散，掠夺和骚扰百姓，破坏人民民主政权的建设。

在铁力山区闹得最凶的土匪共有 4 伙。一伙是国民党中央土匪，即国民党东北挺进军庆城混成师第四团，匪首是文业显。这伙土匪由 3 个反动武装组成。一是由伪铁骊县警务局局长冯殿河伙同伪警佐何学海网罗伪警员、山林警察建立的“公安队”，130 余人；二是铁骊车站原伪铁路警护团上尉金延寿伙同少尉特务安士坤建立的“护路队”，由石长到鸡岭区间 17 个车站的警护团残余组成，70 余人，后又招收扩充到 120 人；三是由伪警佐文业显把持的神树“保安队”，30 余人。另一伙是国长有匪帮。抗战胜利后凶狠残杀抗联将士和爱国民众的刽子手、大汉奸国长有和伪县长刘绪宗串通一气，收拢汤源、东兴、铁骊、庆城一带的伪警察、消防队、山林警察，组成土匪队伍。后被国民党收编，国长有任国民党先遣第一军第四混成师一团团长。共约 80 人，以铁骊与庆城交界的深山密林为窝点，流窜于铁骊、庆城的山边地带，并经常窜入铁力林区，对林业公司的作业所进行骚扰。还有“黑龙”和“五洲”两伙土匪。“黑龙”的匪首是于振江，是庆安县大门于家人，猎户出身，枪打得准，为人凶狠毒辣。日本侵略者侵占庆城后，他在伪警察署森林警察队当警察。“五洲”的匪首是王忠清，伪满前就当土匪。这两伙土匪有分有合，最多时达 100 多人，在铁骊与庆城北部山区一带杀人、放火、抢东西，无恶不作。此外，还有在外地被打散的土匪，也流窜到铁力山区为非作歹，残害百姓。

铁力山区的土匪依托这里山险林密、地形复杂的地理环境，盘踞山林，进行罪恶活动，危害极大。他们攻打县城，破坏铁骊的政权建设。1945 年 9 月，文业显、国长有、于振江、王忠清带领 300 多名土匪进犯庆城县城。当时县委的领导同志率部队住在大兴当内（今庆安县政府楼址）的县政府办公室。那里住的多数是留用人员，没有部队和警卫。土匪们迅速占领县政府，又将大兴当四面包围起来。当时大兴当里只有 100 人左右，面对人数是自己 3 倍的土匪，大家顽强应对，土匪们几次冲锋都被打退了，一直坚持到援兵到来，内外接应，终于把土匪彻底击溃。

土匪们还残杀县委干部马三省，袭击苏联红军，抢掠百姓财物。匪队所到之处，除食宿骚扰外，还抢夺老百姓的马鞍，用于将匪队步兵变为骑兵。一次，“黑龙”匪帮窜到铁骊北部一个山缘小村，一夜之间，把全村的鸡全部抢光。土匪们还制造谣言蛊惑民心，恶毒宣传“共产党共产共妻，不能长久”，“国民党是正牌，中央军才是正规军”，离间群众与共产党的关系。

土匪的猖獗，引起了党中央的高度重视。1945 年 12 月 28 日，毛泽东代表党中央给中共中央东北局的电报中强调指出：“……将正规军的相当部分分散到各军分区去，从事发动群众，消灭土匪，建立政权……”遵照党中央的批示，1946 年 2—3 月，山东胶东地区根据地选派 700 名地方干部到东北参加剿匪建权斗争。由抗联和新四军组建的东北民主联军也配合地方武装，重点对大伙土匪进行军事进剿。首先打掉“国民党东北挺进军庆城混成师第四团”匪帮。该匪帮在文业显的带领下攻打庆城县城，被击退后，被迫化整为零，分散活动。一部分土匪分散到铁力林区。其中一股土匪于 1946 年 1 月在庆安二道岗被民主联军部队围住，双方激战两个小时后，匪首文业显被击毙。残匪逃窜到呼兰元宝岗屯，又被民主联军击溃，有的被俘，有的逃跑，有的投降。另一股土匪在铁骊北部山区被歼大半，残部投降，交出大枪 58 支、匣枪 8 支。第三股土匪人数最多，经多次战斗死伤惨重，加之饥寒交迫，土匪厌战，有的投降，有的开小差，到后来连大小头目也开始逃走。到 1946 年 2 月，“国民党东北挺进军庆城混成师第四团”匪帮被彻底瓦解。

国长有仍率残部活动在铁骊至庆城的山边地带，残害百姓，与共产党为敌。1946 年年初，黑龙江省军区副司令员于天放和参谋长周威到庆城收降国长有。老奸巨猾的国长有鉴于当时四面楚歌的形势，接受改编条件，以此作为缓兵之计。私下里他仍拉兵抢马，扩充实力，肆虐残杀农会干部，抗拒省军区和庆城县大队的命令。为预防国长有匪帮哗变，铲除匪患。1946 年 4 月 10 日，于天放和周威以视察工作为由来到庆城，决定利用召开排级以上干部会议的名义将国长有匪帮一网打尽。国长有接到开会的消息后率队进城，被县大队智擒，其他匪徒也被县大队和龙南军分区的援兵打得溃不成军，大部分被歼。4 月 14 日下午，国长有被处决。同年 11 月，逃出庆城山区的国长有残匪也被消灭在十一道岗和十七道岗（今庆安县发展乡和铁力林业局泥河农场）一带。

摧毁大伙土匪后，铁力山区只剩下“黑龙”“五洲”等小伙土匪，他们钻入深山老林继续为非作歹。鉴于这一情况，铁力山区的剿匪斗争进入以地方武装和公安机关为主，发动群众，搜捕散匪和深挖匪根阶段。进行武装围剿的同时，在靠近山林的村屯组织防匪民兵连队、自卫队和情报小组，严密掌握土匪的动向。农村、林业作业所加强户口管理，实行来客挂名制度和通行证制度。同时，组织治安儿童团、妇女会等群众组织站岗放哨，发现匪情后及时报告，使一些企图流窜、隐藏的土匪纷纷落网。

1946 年 3 月，县大队追剿“黑龙”“五洲”两伙土匪，歼匪数人，两伙土匪在死伤及离队潜逃后所剩无几。残匪潜藏于铁骊与庆城交界的山区，以老金沟（今铁力林业局向阳林场）和十八道岗（今铁力林业局双河农场）为最多。这些土匪如惊弓之鸟，到处躲藏。入冬后，因饥寒难忍，土匪们更加疯狂地抢掠骚扰百姓，百姓们恨透了他们。1946 年 6 月，“黑龙”匪帮在地方武装的追剿下，损兵折将，剩下的十几个人躲进山区的一个趟子营。猎户发现后立即报告县大队，并亲自做向导。县大队与顽匪展开了近两个小时的激战，最终毙匪 7 人，打伤 6 人，生擒 1 人，匪首于振江被就地正法。余匪向庆安方向逃窜，后全部被歼灭。另一伙土匪“五洲”在“黑龙”覆灭前，已被全歼，匪首王忠清在庆安被捉，于 1946 年 10 月被处决。

1947 年 5 月 10 日，盘踞在带岭北沟一带的“占中央”匪帮到神树村（当时属于铁骊林业公司辖区）抢掠。神树村的干部同驻守神树村的护路军得知这一情况后，立即前往搜索。土匪们闻讯逃往神树村北面的石长村。县武装大队派出一个排的兵力前去清剿，经过近距离的激战，击毙土匪 2 人，打伤 1 人，余匪逃窜。县大队副排长何世恩在此次剿匪中壮烈牺牲。

为彻底消灭铁力山区的残匪，人民政府在进行武装进剿的同时，开展深挖匪根的活动。1947 年，铁骊公安机关在一个靠山的小村就发现 18 名隐藏的土匪，收缴土匪埋藏的长枪 92 支、短枪 3 支。同时，坚持发动政治攻势，宣传收降工作，有效地分化瓦解土匪，使一些土匪走出山林向人民政府投降。

在剿匪斗争中，剿匪人员历经艰险与困苦，他们不畏天寒地冻，不怕流血牺牲，到1948年年末，基本清除了山区的匪患。

铁力林区的早期开发

一、铁骊林业公司

东北光复后，党和人民政府排除国民党匪帮的干扰破坏，建立铁力林区政权，下派大批干部到这里开发大森林。1946年秋天，已被中国人民解放军某部提升为营长的温溶洗转业离开部队，来到铁力林区，任铁力林业局前身铁骊林业公司经理。

刚从日本侵略者手里夺回来的铁力林区，到处显露着被侵略者掠夺和破坏的残迹，伐区内留下满山遍野的树头和困山材。刚刚成立的铁骊林业公司的驻地是一栋破旧的平房，几十名工作人员挤在这里。当时，流窜桃山、铁骊和庆安一带的土匪活动猖獗，经常到公司骚扰。上级考虑到安全问题，为温溶洗配了警卫员，同时还派了一个班的战士保卫公司。在这种艰苦复杂的环境下，公司的职员和工人们开始了铁力林区的开发建设。

当时，铁骊林业公司的党组织隶属于庆城（今庆安）县党委。在温溶洗的建议下，公司建立了第一个秘密党支部，温溶洗任支部书记。在党支部的领导下，公司清除株式会社伪把头，留下爱国的技术人员指导生产。同时招募农工用马套子抢运困山材，通过依吉密河与小呼兰河流送到北关出河口和南绠出河口，装大火车运往哈尔滨市办事处，每年的木材产量在三四万立方米。

由于林区交通不便，又经常有土匪出没，林业公司的生产和生活物资运输十分困难。山场的作业人员一年四季住地窨子，吃高粱米，喝黄豆汤，温溶洗也只是比其他职工多吃点蔬菜。开始阶段，林业公司没有经费，只能靠办事处卖木材的收入维持生产和生活开支。当时东北地区经济落后，木材滞销，林业公司资金周转不灵，劳动保护用品不能按时发放，工人们有时夏天还穿着棉衣干活。但是，在党支部的动员和组织下，工人们起五更、爬半夜开展劳动竞赛，没有一个人叫苦喊累，年年超额完成生产计划。为了提高木材生产效率，工人们进行生产技术革新，把两人合用的大肚子锯改成快马子锯（弯把锯）伐木造材。同时，利用工余时间收拣日伪藏匿的小火车部件，筹备机械化运材，为以后森林铁路运输事业的发展打下了基础。

二、森铁的恢复和开发

日本投降后，日本侵略军和开拓民分批撤到哈尔滨。苏联红军远东部队随即进驻铁骊，司令部设在铁骊街里。8月19日，苏联远东军接管日伪铁骊营林署，派人查封营林署财产，并贴上俄文封条。营林署解散后，营林署人员各奔东西，只剩下十几个人。铁骊县临时政府组织成立维持会，负责守护营林署的房屋和运输设备。维持会人员凭着爱国热忱，在土匪和伪残余势力十分猖獗的情势下，日夜站岗放哨，保住了营林署的财产。苏联远东军司令部撤走后，人民政府决定开发铁力大森林，以支援全国的解放战争。1946年年初，东北森林工业管理局派来一个叫"伐采组合"的组织，到铁力林区筹划木材生产。他们先后来了三五个人，调查研究了一阵子，没有结果就撤走了。是年10月，东北森林工业管理局把原铁骊营林署和铁骊县营林分署留守的雇员组织起来，成立了木材作业筹备组，成员有白笑天、曹士奎、申泽轩、赵玉波、赵宝丰等7人。白笑天是组长，曹士奎是统计员，申泽轩是计划员，赵宝丰是检尺员。他们带着粮食，推着轱辘马子首先去了北关出河场，组织劳力进行木材河运和森铁的恢复工作。当时的北关出河场遭到日本侵略者的严重破坏，又被附近的土匪抢掠，已经一片狼藉，只有两户伪警察家属还住在那里。作业筹备组经过一段时间的筹备，开始启动"河运"

和“森运”进行木材生产。日伪扔下的困山材经依吉密河流送到北关出河场出河后，装普式台车运往“国际”（今林业局贮木场）。“森运”用的是原营林署的内燃机车，共5台。其中有4台投入木材运输，1台投入铁骊镇内的货物运输。那时铁骊小火车站至大铁路的货物处有一条小火车道，内燃机拉着小平板车，往返运送货物。

日本侵略者被赶出中国后，曾经为虎作伥的山林警备所的警察跑得无影无踪，也有不知道日本投降消息还在山里死守的。1946年仲春的一天，白笑天带领调查组正在查看出河场情况，顺着依吉密河下来一个木排，上面有3名伪警察，他们气势汹汹地吆喝着要盘查白笑天等人的身份。白笑天告诉他们：日本人已经垮台了，汉奸走狗狐假虎威的日子一去不复返了。那三名伪警察才恍然大悟，灰溜溜地逃走了。

作业筹备组在北关工作不到两个月时间，绥化解放军驻军就派兵保卫出河场。解放军政委姓历，营长姓刘。他们生活有序，军纪极严。有一名战士私自没收猎人的猎物，历政委知道后严厉批评了那名战士，并责令他把猎物归还给猎人。

解放军撤走后，东北森林管理局派来几名干部，成立了森铁科，负责管理森林铁路运输，为首的姓姜。他们在铁力林区只工作了半个月，便全部被省公安厅派来的便衣公安人员逮捕。据传，逮捕那天，在姓姜的人的枕头里翻出一本记有反革命分子名单的小册子。但真正的逮捕原因不详。

1946年年初，铁力林区成立两个独立的木材生产单位。一个是铁骊林业公司，即现在的铁力林业局；另一个是铁骊43场，即“国际”，均隶属于东北森林工业管理局。1947年，绥棱林业局森铁运输处与铁骊森铁科合并，搬迁到铁力林区。东北森林工业管理局又在铁力林区成立铁骊森铁分局。局长叫谢挺，是一名大学生，个子不高，四川口音，干练利落。副局长是孔金山。从绥棱调进的蒸汽机车共有5辆，其中7.5吨的2辆、17吨的2辆、18吨的1辆。司机、机车修理工也是从绥棱调来的。20世纪80年代担任铁力林业局副局长的王建铭，就是那时从绥棱转来的小火车司机。

蒸汽机车代替内燃机车后，铁力林区开始有了汽笛声。一列列木材车像巨龙奔下山来，木材运输量大增。山上的木材靠河运已经满足不了生产的需要，北关出河场经常出现停车待装的情景。于是，铁骊森铁分局从1947年开始修筑北关至二股的森林铁路。这是一项艰巨的工程，森铁分局的干部和工人们，发扬战天斗地的创业精神，面对大自然与困难的挑战，进行顽强的拼搏。他们起早贪黑，餐风饮露，无人叫苦说累。森林铁路在人们的汗水中向林海深处延伸。在开凿北关开山口时，遇到一块巨石，他们采用“火烧后用凉水浇，使石头爆裂”的方法，干了好几天，才把巨石炸掉。森铁修到二股时设小火车站，一名姓何的工人被任命为站长，他也成为东北光复后铁力林区第一位小火车站站长。不久，这名姓何的站长在一次行车事故中被撞死，成为铁力林区第一名因公殉职的职工。他死后不久，出河场的通讯员在送信途中被老虎咬死，成为铁力林区第二名因公殉职的职工。

日本侵略者投降后，山里土匪猖獗。森铁分局的干部和工人自动组织起来，成立民兵队。民兵队保卫森林铁路运输，白天劳动，晚上发枪站岗。有一名年轻的民兵劳累过度，晚间站岗时睡着了，被查哨的领导偷着卸下了枪栓。为此，那名年轻民兵被责令反省了一天。

尽管森铁分局的干部、工人警惕性高，严防敌人的破坏，但森铁分局内部的残余伪势力破坏铁路运输的事件还是时有发生。但他们终究难逃人民布下的法网，公安局便衣几次到森铁分局逮捕罪犯，对其他坏分子产生了极大的震慑作用。

1949年，铁骊森铁分局并入铁骊林务局，成为林务局的一个基层生产单位。森铁分局局长孔金山任铁骊林务局局长。随着铁力林业局建局50多年的前进脚步，森林铁路运输对林区的经济建设和人民群众生活水平的提高，发挥了重要的作用。到20世纪90年代初，森林铁路在铁力林区已不见踪影，只有那一段辉煌的历史留在人们的记忆中。铁力林区昔日在林海中驰骋的小火车，也成了人们观瞻的历史遗物。但是为铁力林区森林铁路的创建和发展献出青春和汗水的开发者及他们的艰苦创业精神，将永远激励后来人为建设现代化林区而竭力奋斗。

附　录

民 谣

东北光复前，铁力林区被称为“绿色地狱”，林业工人饱受政治压迫和经济剥削，痛苦难熬。当时流传在林区中的民谣，反映出林区工人的哀怨和反抗情绪。

（一）

一到铁山包，
两眼泪滔滔，
来时用车拉，
走时用挑挑。

（二）

穷木把泪涟涟，
一把斧头一把锯，
终年劳累在深山，
中间是天，四面是山，
吃的是橡子面，
穿的是麻袋片，
要想糊口，得拿命换。

（三）

遭灾瘪肚肠，外奔抛爹舍娘；
空受千难万苦，挣不着一点钱粮。
谁想受骗上当，遇上了坑人的把头狼。

（四）

好女不嫁木把郎，
一年四季守空房，
空着挎兜回家来，
还得为他缝补破衣裳。

（注：木把是旧时林业工人的别称；挎兜指衣服上的口袋。）

（五）

进了林区，痛苦难熬，
餐风饮露，蚊蠓叮咬，

爬冰卧雪，贪黑起早，
潮湿寒冷，烟熏火烤，
衣难遮体，饭难吃饱，
得病受伤，死了拉倒，
想脱牢笼，插翅难逃。

（六）

来到明朗，背井离乡，
四十多里，红眼哈塘，
吃的喝的，身背肩扛，
王和买菜，一去不回乡。

（注：红眼哈塘指森林中的沼泽地，布满伐头和红锈水。）

这是20世纪50年代流传在铁力林业局明朗林场的一段顺口溜。明朗林场位于卫星营林所和建设营林所之间，这里交通不便，所需货物要人工长途倒背。食堂管理员王和下山买菜时，因嫌弃这里条件差，直接回到了原籍地，再也没有回场。这首顺口溜至今还在原明朗林场老职工中流传。

（七）

楞场“摊煎饼”，
哎呀好大张，
场长急得哭，
局长着了慌，
干部齐上阵，
半月全吃光。

这是流传在铁力林业局红旗林场的一首顺口溜。1954年冬运，红旗林场的归楞工序跟不上集材，马套子集运的大量木材散放在楞场外，而且越积越多。年仅21岁的场长刘万治急得晚上在被窝里哭。铁骊森工局副局长薛德坤闻讯后，急匆匆地赶到红旗林场，组织干部搞归楞会战。后来又请铁骊劳改农场支援，起早贪黑苦干半个月，才把散放的木材归上楞。这首顺口溜至今还在一些当年参加归楞会战的干部和工人中流传。

（注：摊煎饼是指山场马套子集材，因归楞不及时，木材散积在楞场。）

酒　令

酒令，也称划拳或猜拳，是饮酒时为助酒兴所做的可分输赢的游戏，输者罚酒。行令的方法是两人各唱酒令，同时出拳。谁唱的酒令与两人出拳的手指合计数对上谁就赢。因受生活和气候条件的影响，林区的林业职工爱喝酒，喝酒必行酒令。

吆吆吆（一）
哥俩好（二）
三星照（三）
四喜发财（四）
五魁手（五）

六六六（六）
七个巧（七）
八匹马（八）
九九归一（九）
全来了（十）

传 说

一、大麻丫头的传说

马鞍山位于铁力林业局建设营林所施业区的西北部。山高岭峻，山巅两峰并立，如同马鞍，马鞍山由此得名。马鞍山顶有一水泡，被称为天池，常年有水且水深无底，水面上鱼头攒动。相传唐代时天池边上长着一棵人参，借天地之灵气，成了人参精，常变成一名叫大麻丫头的绝美少女，到山脚下的铁利府（当时铁力地域属铁利府）玩耍。

铁利府居住着蒙古的祖先黑水靺鞨，他们多以狩猎为生，也有一部分人放山（采人参）。一天，大麻丫头到铁利府的戏苑子看戏，被一名放山的老靺鞨认出，拦腰抱住。大麻丫头边挣扎边呼救。几名铁利府的差人看见后，以为老靺鞨在调戏民女，便救下大麻丫头，把老靺鞨捆住带走。大麻丫头逃脱后，从此没了踪影。

二、杨五麻子认蛇为干妈的传说

20世纪60年代，在铁力林业局卫东林场至茂林河林场的大森林里，有一名顶趟子打猎的老猎人，叫杨五麻子。他枪法准，而且趟子搞得巧。每次出猎，从未空手而归。相传他忌蛇如仇，逢蛇必打，打死后用火烧掉，山上无论什么种类的蛇都怕他，见到他吓得肚皮朝上不能动弹。茂林河林场施业区内的大砬子山顶有一个石洞，里面住着蛇仙。杨五麻子打蛇的事被蛇仙知道后，决定惩治他。一天，天起大雾，杨五麻子背着猎枪疏趟子，走到大砬子山腰时看见一条巨蛇。巨蛇头戴红花，蛇头在山脚下的欧根河喝水，蛇尾还在山上的石洞里。杨五麻子举枪就打，可扳机就像焊在了枪体上，怎么钩也钩不动。杨五麻子自知不妙，知道自己打蛇遭到了报应，立即扔下猎枪，跪倒在地连连叩头求饶，发誓以后不再打蛇，并认蛇仙为干妈。巨蛇这才蠕动身子回到洞里。从此，杨五麻子不再打蛇，而且逢年过节，都要到大砬子山洞前烧香摆供，以谢蛇仙干妈饶恕之恩。

三、顺山泡的传说

在铁力林业局保马农场施业区内的西山脚下，有一个顺山水泡，叫顺山泡。它与欧根河中游一条无名小河相连，水深无底。无论天气多旱，泡子里的水总是满的，据猜测可能是泡底通地下河。相传泡子里的鱼条条都有几十斤重，而且鱼鳞倒长。几位捕鱼能手撒网垂钓，没能捉到一条鱼。日伪时期，日本侵略者在顺山泡附近设平顶山开拓团。开拓团得知顺山泡有大鱼后，便抬来电动抽水机，打算抽干泡子里的水后再捕鱼。可电动抽水机抽了三天三夜，泡子里的水才刚刚见少。当泡子里的水被抽干一半后，水中突然响起震耳欲聋的声音，像猛兽的吼叫声。崇尚迷信的日本人以为水中有水怪，吓得丢下抽水机就逃走了。翌日，他们抬走抽水机，在泡子边上香摆供，磕了几个头，叽里呱啦一阵子，就再也没敢回到这里。新中国成立后，小黑河一带的打鱼能手“小黑于”到这里捕获了几条大鱼，条条都有十几斤重，鱼鳞呈黑色，但不是倒长的。

考 古

一、石头里的雀羽毛

1965年秋季，铁力林区爆发一场洪水，冲坏了林区的道路和桥梁，造成木材生产停产。在抢险中，卫东林场干部、工人在林场驻地的东山头采石铺路中，发现一块石头上有雀的羽毛。羽毛为白色，约5厘米长，质地坚硬地扎在石头的一个小洞里。有人捡起来说是雀的化石，但谁也没有保留。

二、獴马象化石

1985年2月15日，邱庆之等人在距铁力县东北2公里处的林业局木材加工厂农业段打水井，当挖到9.5米深的时候，发现了獴马象的腿骨化石，长49厘米，呈三棱型，大头表面最宽处为22厘米，小头表面最宽处为21厘米。继续下挖10厘米，又发现了獴马象的牙齿化石，长约95厘米，横切面是扁圆状，直径10厘米。后经有关部门专家鉴定，系獴马象化石。

三、北宋小渔村遗址

1971年秋天，森铁处养路段推土机司机柏连贵在保马沙线开拓沙场，在沙场上的土层里推出两麻袋古铜币。1997年，有人到保马开荒种地，办家庭农场，相继发现石磨、鱼叉、泥网胶、泥盆碎片等文物。经伊春市文化局文物专家鉴定，推测此处为北宋时期女真人的群居地遗址。一次性出土这么多古铜币，证明是“窑储”的古钱币。而当时只有大户人家才有“窑储”的古钱币，足见当年群居地规模之大。

四、花轱辘车轴

在铁力林业局二十八农场西北2公里处的依吉密河河套中，发现花轱辘车轴埋没于沙泥中。据当向导的老营林员介绍，此车轴在建局初期的森调时就被发现了。由于日伪时期无人赶车进山，推测此车轴为清代遗物。

五、出土铜钱

位于铁力林业局加工厂农业段西1公里处。1981年开地挖出铜钱，约15公斤，共12种。上限系唐朝开元通宝，下限是宋朝崇宁重宝。推测此遗址为金代墓葬。

六、北山坟

位于铁力林业局贮木场北的铁力干馏厂北山上。出土一个陶瓷罐（已无存）和一件银扁钗。银扁钗长22厘米，宽5.2厘米，顶部有一圆筒形钗头，上有寿字纹和菊花纹，牡丹纹，板似薄币。此物为满族妇女头饰，俗称“京头钗”，墓主人当是女性。因墓已无存，无法考证。因新中国成立前后没人在这里做坟地，推测此墓为清末墓葬。

奇闻逸事

一、熊虎相斗、黑瞎子造坟

1955 年秋季的一天，在距铁骊森林工业局清溪林场场部 1.5 里处的清溪沟南山坡上，一只黑熊与一只老虎恶斗了 3 天，情景动人心魄。据贮木场退休干部吴喜堂的哥哥讲，林场有一名工人去南山打柈子，路上看见一只老虎躲在树后，窥视着 200 米处的一头公黑熊。当黑熊发现老虎后，奔了过来与老虎发生打斗。这名工人赶紧跑回林场把这件事告诉了场领导。林场里有的年轻人好奇心重，便偷着到南山观看虎熊打斗。他们发现：白天，老虎退出战场寻食，黑熊却在原地打扫战场；晚间，熊虎开始打斗，在场部就能听到黑熊和老虎的吼叫声和树被打断的声音。第三天，黑熊被老虎咬死，肚子被老虎掏开，内脏和肉被老虎吃掉。老虎一连吃了几天后走掉了，只剩下熊皮、熊头和熊掌。之后，一只母黑熊出来收尸，把黑熊剩下的残尸从南山往北山捞，捞到北山的半山腰后扒土堆坟，并在坟前守候。

母黑熊往北山捞公黑熊的残尸时，有工人看见了，因为距离远看不清楚，以为是黑熊咬死了人，当即报告了场领导（场长翁学忠、党支部书记王林）。场领导向林业局领导报告，说黑熊咬死了人，要求派人派枪。局领导立即派森警中队长（姓王，名字不详）带领 5 名森林警察到清溪林场打熊，林场也派几名干部上山带路。一路上他们有的鸣枪，有的敲锣打鼓，边走边吆喝，赶到坟前时母黑熊早已被吓跑了。他们扒开坟才发现里面埋的不是人，而是残缺不全的公黑熊的尸体，大家推测死去的公黑熊和造坟的母黑熊应是一对。至于老虎同公黑熊打斗时，母黑熊为什么不参战，就不得而知了。

二、马永顺三个徒弟上山打虎

1951 年 4 月，铁骊森林工业分局鹿鸣林场的工人发现作业号里有老虎，不敢上山干活，影响了生产。当时，马永顺工组正在鹿鸣林场采伐，他们决定上山打虎，解除虎患。马永顺的大徒弟王福祥带领两名组员每人手持一把大斧来到作业号，果然遇见了老虎。王福祥大喊一声：“打！”三人一起扑了上去，同老虎展开了殊死搏斗。老虎张开血盆大口，用爪扑，用尾巴打，三人并不惧怕，抡起斧子朝虎身猛砍。老虎打倒一人，没等撕咬，另外两人便扑上去猛砍虎头。经过几个小时的搏斗，老虎的头、腿、腰被砍伤，渐渐失去了威风，最后被三人砍死。而王福祥等三人也被老虎抓成重伤。林场把老虎卖了为三人治伤。

老虎的尸体被运到铁骊后，在森工分局大门口展览 3 天，此后又在铁骊县大众药房门前展览，不少人和老虎尸体合影以作纪念。

三、刘某之妻遭雷击致死

1979 年夏季的一天中午，铁力林业局卫东林场雷雨交加。工人刘某的妻子正在做饭，突然从户外的收音机天线上钻进来一个火球，接着一声闷响，刘某的妻子当场昏死。刘某赶紧跑到林场卫生所找来大夫救治，但其妻已经死亡。经验尸，刘某妻子的身上有火烧的痕迹。

四、王某黑熊口中死里逃生

1973 年夏，铁力林业局卫东林场森调队员王某在山场调查宜林地时，遇到一根大倒木。王某刚跨上倒木，从倒木后站立起一只黑熊，把王某扑倒，啃咬面部。王某奋力挣扎，用砍刀砍击黑熊的鼻子，黑熊才放下王某走掉。以后王某脸上留有黑熊啃咬的疤痕，故绰号叫“黑瞎剩”。

铁力林区之最

明永乐元年（1403年），女真人首领西阳哈被明成祖册封为阿者速河（即依吉密河）卫第一任指挥史。西阳哈为铁力林区有文字记载历史最早的人。

民国7年（1918年），林商王蔬英领取执照，在大依吉密河右岸砍伐木材，经营区面积200方里，成为铁力林区最早进山经营木材生意的人。

1946年，中国人民解放军某部营长温溶洗转业到铁骊林业公司任经理，并秘密组织3名党员成立铁骊林业公司党支部，使他成为铁力林业局第一任局长、第一任党支部书记。铁骊林业公司党支部成为铁力林业局第一个党支部。

1946年3月末，成立铁骊林业公司最早的木材生产单位——南绠作业所，所长姓宗（名字不详），是铁力林业局第一个基层领导。

1946年7月，南绠作业所流送日伪遗留的木材。有一名叫刘大个的工人从河里捞出第一棵原木，成为铁力林业局木材生产作业第一人。

1946年10月，北关作业所工人汪某与赵某乘坐运材的“嘎斯林”车下山，途中翻车，两人被砸死。这是铁力林业局最早发生的生产死亡事故。

东北光复时，铁力林区只有一家杨泽生开的私人诊所。铁骊林业公司成立卫生所时，杨泽生被招用为外科大夫，成为铁力林业局最早的医生。

原铁骊营林署雇员曹士奎被铁骊林业公司起用后，他的家人于1951年搬入铁力，成为铁力林区最早的职工家属。

1951年成立铁力林业局子弟小学，第一任校长是汪昌瑞。

1952年，铁力林业局职工住宅开始用电灯。架入户线时，电工刘富有把入户线第一个拉到自己家里，刘富有家成为铁力林区职工住宅最早用上电灯的家庭。

1952年，铁力林业局成立电影放映队，孙殿清、孙佰玲等4位放映员调入铁骊森林工业分局。放映的第一部电影是《保家卫国》，第一个放映电影的放映员是孙殿清。

1953年冬，铁力林业局使用斯大林K—80号拖拉机拉冰爬犁集原木。第一位拖拉机司机是胡俭，他从明朗林场把原木拉到依吉密楞场。

铁力林业局最早自演的大型剧目是歌剧《钢铁战士》，于1954年由林业子弟校师生演出。

铁力林业局最早的业余文工团成立于1953年，隶属于局机关工会。排演的第一个节目是《梁山伯与祝英台》。

林业局最早的军乐队成立于1953年4月，隶属于机关工会，由30人组成，乐器有黑管、小号、萨克斯等。1959年该乐团转入林业一中。

铁力林业局手工伐木产量最高的手工伐木工是马永顺，他年伐木1200立方米，一个人完成6个人的工作量，创全国手工伐木产量之最。

铁力林业局第一个家属生产队是机修厂家属生产队，成立于1954年，队长李金花被选为全国劳动模范。

1955年，铁力林业局开始使用K—12号集材拖拉机集原条，拖拉机司机席风在小黑河林场集到第一棵原条。

1956年，铁力林业局召开第一届体育运动会，产生的第一个5000米冠军是孙殿清。

1956年，铁力林业局建立有线广播站，第一任站长是冯瑞凤。

1958年，铁力林业局兽医站兽医梁平第一个被错划为右派分子。

1958 年，林业局领导上山检查工作开始坐内燃机车。第一位内燃机车司机是周某（绰号“周瞎子”）。

全局第一篇学术论文是于天元的《陈旧红松种子室内综合催芽应注意的问题》，发表在 1958 年林业刊物上。

铁力林业局最早的自办报纸是《铁力林业报》，创刊于 1958 年，第一任编辑是白荫章。

铁力林业局山上林场（所）最早建筑的砖房是香草河林场办公室和职工宿舍，建于 1959 年。由于建房时没打基础，所建房舍于 20 世纪 60 年代末期倒塌。

铁力林业局木材产量最多的年份是 1959 年，年生产木材 903941 立方米。

铁力林业局第一个女电焊工是梁春荣，1960 年在红旗林场检修所工作。

1960 年，铁力林区开始使用油锯伐木，全局使用油锯伐倒第一棵树的是马永顺。

铁力林业局第一个大学生是杨英男。杨英男，女，1961 年于铁力林业局子弟中学初中毕业，1964 年于铁力县中学高中毕业后，第一个收到大学录取通知书。

铁力林业局最大的水灾发生在 1962 年，五花大桥桥梁被冲断，只剩两根铁轨。红旗林场平地有没膝深的水。

铁力林业局最大的火灾发生在 1963 年，由木材加工厂工人王允笑吸烟引起，造成较大的经济损失。

1964 年，依吉密林场森调队王某采到一株二品叶的人参，成为全局第一个采到人参的人。

1968 年，铁力林业局最早成立的造反组织是“毛泽东思想红卫兵红色造反团”。

铁力林区发现的最大的猴头蘑重 23 公斤（雨后），是 1968 年卫东林场下放教师李福星采到的。

1972 年，卫东林场成立全局第一个女子机械化作业班，作业项目是机械割带。

铁力林业局从建局到 20 世纪 70 年代，公用和私人住宅都是平房，1973 年在原林业局机关院内建起一栋二层办公楼，结束了铁力林区无楼房的历史。

1980 年，茂林河林场首次接收开路电视。第一个有电视机的是杨崇峰家，黑白电视机，只能看 4 个频道。

铁力林业局最早研究铁力林区抗日斗争史的是王忠林。从 1976 年任茂林河林场团书记时起，就注意搜集抗联遗物，寻找抗联密营，撰写《追寻抗联遗迹三十年》文章。

1983 年，铁力林业基层法院判处并执行的第一个死刑犯是犯强奸、杀人罪的徐某昌。

1985 年，铁力林业局首次建造住宅楼，称土楼。工程处工人付长贵第一个搬进土楼，成为铁力林区职工家属住楼房的第一户。

铁力林业局人口最多的是卫东林场，1990 年达 503 户、2887 人。

1993 年，曹锋所著的《马永顺故事》一书出版，成为铁力林业局职工编著的第一部文学体裁的图书。

铁力林业局施业区最大的林场是马永顺林场，经营面积 20811 公顷。

流经铁力林区最长的河流是依吉密河，全长 82 公里，河宽 45 米。

铁力林业局职工孩子最多的是卫东林场的李某，共生育 11 个子女。

铁力林业局职工人数最少的民族是侗族，只有 1 人。

2002 年，林业局林政办公室主任李馨首次把山上成年红松移栽到铁力林业局局址。

铁力林区年纪最大的是原林业局卫生防疫站站长沈德山的父亲沈永福。沈永福 1905 年 9 月出生于吉林省梨树县，到 2005 年已 100 周岁。

出版说明

根据国务院办公厅颁发的《全国地方志事业发展规划纲要（2015—2020 年）》规定，到 2020 年必须全面完成第二轮地方志书规划任务。为确保这一目标顺利实现，针对当前部分民族地区与贫困地区志书出版经费困难的情况，在中国地方志指导小组组长王伟光、常务副组长李培林的亲自倡议和领导下，自 2015 年 8 月起中国地方志指导小组办公室启动民族地区与贫困地区志书出版资助工程，对经国务院扶贫开发领导小组办公室认定的国家级贫困县（区、旗、县级市），中西部地区、少数民族边疆地区、经济欠发达地区存在出版经费困难的省市县三级综合志书进行出版资助。

民族地区与贫困地区志书出版资助工程既是地方志系统的政治工程，又是全国地方志事业协调发展的促进工程，对于推进第二轮地方志书规划任务按期完成，实现地方志事业区域发展平衡，促进民族地区与贫困地区基础文化建设，具有重要的政治意义和文化意义。2016 年 4 月，该工程入选国家新闻出版广电总局实施的“十三五”国家重点图书、音像、电子出版物出版规划项目。

本书经民族地区与贫困地区志书出版资助工程领导小组批准，入选民族地区与贫困地区志书出版资助工程。

民族地区与贫困地区志书出版

资助工程领导小组办公室

2015 年 9 月